Aus Freude am Lesen

David Denby · Große Bücher

David Denby

# Große Bücher

## Meine Abenteuer
## mit Meisterwerken aus
## drei Jahrtausenden

*Aus dem Amerikanischen von*
*Einar Schlereth*

*Für die deutsche Ausgabe*
*gemeinsam mit dem Autor*
*überarbeitete Fassung*

btb

Die amerikanische Originalausgabe erschien 1996
unter dem Titel »Great Books: My Adventures with Homer,
Rousseau, Woolf, and Other Indestructible Writers of
the Western World« bei Simon & Schuster, New York

Übersetzung aller Zitate aus nicht in der Biblio-
graphie aufgeführten Werken: Einar Schlereth

Es war dem Verlag nicht möglich, alle Quellen zu
ermitteln. Eventuelle Rechteinhaber wenden sich
bitte an den Verlag.

btb Bücher erscheinen im Goldmann Verlag, einem
Unternehmen der Verlagsgruppe Bertelsmann

1. Auflage
Copyright ©1996 by David Denby
Copyright © der deutschsprachigen Ausgabe 1999
beim Wilhelm Goldmann Verlag, München, in der
Verlagsgruppe Bertelsmann GmbH
Satz: IBV Satz- und Datentechnik GmbH, Berlin
Druck und Bindung: Graph. Großbetrieb Pößneck
Printed in Germany
ISBN 3-442-75031-8

In liebevollem Gedenken an
EZRA LAWRENCE DENBY
und
IDA HARKAVY DENBY

# INHALT

# LEKTÜRELISTE

# KULTURGESCHICHTE DER GEGENWART

## Abschnitt I: Die griechische und römische Welt

| | |
|---|---|
| Thukydides | Geschichte des Peloponnesischen Krieges |
| Platon | Der Staat |
| Aristoteles | Politik |
| | Nikomachische Ethik |
| Cicero | Ausgewählte Werke |

## Abschnitt II: Die Quellen der jüdisch-christlichen Tradition

| | |
|---|---|
| Die Bibel | Das Alte Testament: Das 1. Buch Mose, Das 2. Buch Mose, Jesaja Das Neue Testament: Matthäus, Apostelgeschichte, Römerbriefe, Die Offenbarung |

## Abschnitt III: Das Mittelalter

| | |
|---|---|
| Augustinus | Der Gottesstaat |
| Thomas von Aquin | Über Politik und Ethik |
| Christine de Pisan | Das Buch von der Stadt der Frauen |

## Abschnitt IV: Renaissance und Reformation

| | |
|---|---|
| Machiavelli | Der Fürst |
| | Discorsi |
| Hillerbrand (Hg.) | The Protestant Reformation |
| Calvin | Institutio |

## Abschnitt V: Die neue Wissenschaft

| | |
|---|---|
| Descartes | Abhandlung über die Methode |
| Galilei | Ausgewählte Werke |

Abschnitt VI: Neue Philosophie und Staatswesen

Hobbes          Leviathan
Locke            Zwei Abhandlungen über die Regierung


_Sommersemester_


KLASSISCHE LITERATUR

| | |
|---|---|
| Die Bibel | Das Neue Testament: Die Evangelien |
| Augustinus | Bekenntnisse |
| Dante | Das Inferno |
| Boccaccio | Das Dekameron |
| Montaigne | Essais |
| Shakespeare | Was ihr wollt |
| | König Lear |
| Milton | Das verlorene Paradies |
| Cervantes | Don Quijote |
| Descartes | Abhandlung über die Methode |
| | Meditation über die erste Philosophie |
| Goethe | Faust |
| Austen | Stolz und Vorurteil |
| Woolf | Zum Leuchtturm |
| | Ein Zimmer für sich allein |
| | (Dozent wählt aus) |


KULTURGESCHICHTE DER GEGENWART

Abschnitt I: Die Aufklärung und die Französische Revolution

Rousseau          Über den Ursprung der Ungleichheit unter
den Menschen
Der Gesellschaftsvertrag

| Hume | Untersuchung über die Prinzipien der Moral |
| Kant | Grundlegung zur Metaphysik der Sitten |
| | Was ist Aufklärung? |
| Madison u. a. | Die Federalist-Artikel |

## Abschnitt II: Wirtschaft, Gesellschaft und Staat

| Smith | Untersuchung über die Natur und die Ursachen des Nationalreichtums |
| Hegel | Einführung zur Philosophie der Geschichte Appendix zur Philosophie des Rechts »Herrschaft und Knechtschaft« aus der Phänomenologie des Geistes |
| Marx | Ausgewählte Werke |
| Mill | Über die Freiheit |
| Wollstonecraft | Rettung der Rechte der Frauen |

## Abschnitt III: Darwin, Nietzsche, Freud

| Darwin | Ausgewählte Werke |
| Nietzsche | Zur Genealogie der Moral |
| Freud | Ausgewählte Werke |

## Abschnitt IV: Die Modernität und ihr Unbehagen
(Dozent wählt mindestens ein Buch aus A und B aus)

### A. Wissenschaft und Revolution im 20. Jahrhundert

| Weber | Gesammelte Aufsätze zur Soziologie und Sozialpolitik |
| Gramsci | Ausgewählte Werke |
| Arendt | Macht und Gewalt Elemente und Ursprünge totalitärer Herrschaft |

Wir suchen nur zu erkennen,
weil wir zu genießen wünschen.
Es ist nicht begreiflich, warum einer,
der weder Wünsche noch Ängste hätte,
sich die Mühe nähme nachzudenken.

ROUSSEAU
*Über den Ursprung
der Ungleichheit
unter den Menschen*

# EINLEITUNG

Im Herbst 1991, dreißig Jahre, nachdem ich die Columbia-Universität zum ersten Mal betreten hatte, begann ich wieder zu studieren, saß mit Achtzehnjährigen zusammen und las dieselben Bücher wie sie. Nicht einfach irgendwelche Bücher. Zusammen lasen wir Homer, Platon, Sophokles, Augustinus, Kant, Hegel, Marx und Virginia Woolf. *Diese* Bücher. *Diese* Seminare – die beiden Pflicht-Grundkurse des Lehrplans, die ich erstmals 1961 belegt hatte, in aller Unschuld und Unwissenheit als ein Neuling am Columbia College. Trotz meiner Erklärungen werden sich meine Mit-Studenten 1991 wohl gefragt haben, was in aller Welt ich da zu suchen hatte, warum ich in den unbequemen Eichenstühlen neben ihnen saß. Ich war gewiß ein untypischer Student: achtundvierzig Jahre alt, Filmkritiker des *New York Magazine*, Ehemann und Vater, ein gefestigter Mann, der aber trotz allem in gewisser Weise gar nicht so gefestigt war, was mir jedoch vielleicht genausowenig klar war wie ihnen. War es nur Wissen, nach dem ich suchte? Ich hatte viele der Bücher schon zuvor gelesen. Doch die Studenten haben vielleicht bemerkt, daß für mich im Leben nichts wichtiger zu sein schien, als diese Bücher von neuem zu lesen und sie mit meinen Kommilitonen zu diskutieren.

Dieses Buch ist ein Bericht über das Jahr meines Zweitstudiums. Ich habe alles so aufgeschrieben, wie ich es erlebte: als eine Reise, die manchmal gefährlich, manchmal friedlich verlief, und als eine Hinführung zu den großen Erzählungen und den bedeutenden Ideen, die ich als Mann im mittleren Alter mit solchem Hunger verschlang. Dies ist also ein Abenteuerbuch und zugleich ein naives Buch, mit anderen Worten das Buch eines Amateurs, eine Torheit also. Es konnte nicht anders sein.

Ich war mein Leben lang Journalist und bin seit 1969 Filmkritiker, und ich schreibe ausgesprochen gerne für Zeitschriften. Aber Anfang der neunziger Jahre begann ich es satt zu haben: Nicht der Filme oder der Filmkritik war ich überdrüssig geworden, sondern meines Lebens in »unserer Gesellschaft der Spektakel«, wie es der französische Philosoph Guy Debord genannt hat – diesem ungeheuren System von Darstellung und leerem Schein, der erstickenden Atmosphäre von Informationen und Bildern und Verhaltensweisen, die den geistigen Hintergrund und das Verhalten von beinahe jedem Erwachsenen prägen, der in der Mediengesellschaft des späten zwanzigsten Jahrhunderts lebt. Selbst ein Teil der Medienindustrie, war ich der Medien müde geworden; ich fühlte mich äußerst unwohl in diesem Tal der Schatten, diesem frenetischen, aber trübsinnigen Halbleben voller Namen, Orte, Geschwätz, Ereignisse, Autorennen, Gewehrschüsse, Expertendiskussionen, Lebensgefährten, die einander der Untreue bezichtigen, der ganzen Geschäftigkeit, der ständigen Bewegung, der unglaublichen Aktivität und äußersten Langeweile, dem leisen Summen der *Bedürfnisbefriedigung,* die *meine* Bedürfnisse schon längst nicht mehr stillte.

Die Medien geben Informationen, aber die Informationen sind heute flüchtig und unzuverlässig. Sind sie erst einmal da, werden sie sofort zerpflückt, die Teile aufgeblasen und der Rest unter den Teppich gekehrt. Niemand hat jemals richtig ausreichende Informationen, was einer der Gründe unter vielen ist, weshalb die Amerikaner heute halb verrückt vor Angst und Ruhelosigkeit sind. Wie so viele andere war ich übersättigt und dennoch hungrig; ich wurde in den modernen Zustand des In-den-Medien-Lebens geschleudert, einen Zustand der Erregung, gewürzt mit Ekel. Am Ende des Jahrhunderts, des Jahrtausends sogar, drohen die Medien alles zu beherrschen und die Literatur aus dem Blickfeld zu verdrängen, und mein Ekel war von intensiven Gefühlen durchdrungen, die ich nicht richtig festmachen konnte – Nostalgie, Reue, Zorn, sogar Verzweiflung.

Aber ich hatte keine Zeit, elegisch zu sein.

Ich mußte mit der Arbeit an diesem Buch beginnen, teilweise weil ich nicht mehr wußte, was ich wußte. Ich fühlte, daß mir das, was ich gelesen oder verstanden hatte, entglitt. Ich besaß Informationen, aber kein Wissen, Meinungen, aber keine Prinzipien, instinktive Gefühle, aber keine Überzeugungen. Die Fundamente meines Lebensgebäudes zerfielen zu Staub, während ich ganz oben auf dem Balkon saß und auf das Meer blickte. Als ich das Schwanken bemerkte, wußte ich, daß mir Gefahr drohte. Ich spürte, wie sich meine Identität aufzulösen begann und mit der Welt des Scheins verschmolz, und ich konnte nicht mehr sehen, wo das aufhörte und wo ich anfing. Meine eigenen Erinnerungen wurden vom Nebel des Medienlebens umhüllt, und ich führte immer mehr das ungelebte Leben eines Zuschauers. Vielleicht wird der professionelle Filmkritiker, wenn er altert, von einer spezifischen Angst überfallen, obwohl ich das nicht glaube. Denn wir sind schließlich alle Filmkritiker; ich schreibe nur zufällig meine Meinung nieder und veröffentliche sie. Aber jedermann lebt heute in den Medien.

Die »großen Bücher« zu lesen scheint eine merkwürdige Lösung der Midlife-crisis zu sein oder meiner Identitätskrise, oder was immer es war. Warum wollte ich nicht reisen oder Elefanten jagen? Junge Mädchen aufreißen? In einem Kloster leben? Dies sind, glaube ich, die traditionellen Methoden, mit solchen Problemen fertig zu werden – zumindest für Männer. Aber wenn ich schon das Abenteuer suchte, dann wollte ich es auf eine Weise tun, die für mich Sinn machte. Ernsthaft lesen, dachte ich, könnte eine Möglichkeit sein, sich nicht mehr der Medienkultur zu unterwerfen, eine Möglichkeit, die wahren Konturen wieder zu finden.

Aber warum wollte ich mich nicht einfach hinsetzen und lesen? Warum wollte ich zurück an die Columbia-Universität? Weil ich sehen wollte, wie andere lasen – oder nicht lasen. Die jungen Studenten waren mit den Medien aufgewachsen. Wie waren sie? Was war mit der Lehre im Zeitalter der ideologischen Grabenkämpfe um einen politisch korrekten Literaturkanon geschehen, in einer Ecke der Universität, die scheinbar weit weg war vom eigentlichen Kriegsgeschehen, wo aber offensichtlich der Schlachtenlärm des Kampfs der Kulturen und Ideologien zu hören war? Eine Methode, die Plumpheiten und Belanglosigkeiten der Kulturdebatte beiseite zu schieben, bestand darin, herauszufinden, was wirklich in den Hörsälen vor sich ging.

Und ich wollte einen fundierten Beitrag zu der Debatte, ob diese Seminare ein Unterdrückungsinstrument der weißen Herrschaft oder ein Bollwerk der westlichen Kultur seien, leisten, indem ich mit der Literatur begann und mit ihr endete und niemals die Bücher selbst beiseite ließ.

Ein ganzes akademisches Jahr lang beobachtete ich die Studenten und die Professoren und behielt mich selbst scharf im Auge. Abgesehen von ein paar kurzen Urlauben, sah ich gleichzeitig Filme und besprach sie für das *New York Magazine*, wie ich es seit Jahren gemacht hatte; ich half meiner Frau, die Kinder morgens aus dem Bett und abends ins Bett zu bekommen, und lebte so normal wie möglich als Vater und Ehemann, Steuerzahler, Partybesucher, Freund und Feind. Ich dachte, es käme darauf an, mein gewohntes Leben nicht aufzugeben, sondern es voll zu leben und zu sehen, wie die Bücher in meinen Alltag hineinpaßten.

Ich legte für mich ein paar grundlegende Regeln fest. Ich würde alles lesen und mir Notizen machen, aber ich würde nur über die Bücher schreiben, die mich am meisten beschäftigten. Klassikern, die einem nichts sagten, Ehrfurcht angedeihen zu lassen war ein akademisches Laster, und das wollte ich vermeiden. Ich wollte aus Freude und Wissensdurst lesen, und wenn mich ein Buch langweilte, wollte ich das auch sagen. Zweitens würde ich mich auf meine eigenen Lektüreerfahrungen und die Seminarunterlagen verlassen und mich von der Sekundärliteratur fernhalten. Ich wußte, daß ich einige Klassiker der Literaturwissenschaft einfach lesen mußte – Erich Auerbachs *Mimesis* zum Beispiel; der ein halbes Jahrhundert alte Kommentar ist ein wahres Meisterwerk und könnte als ständiger Begleiter beim Studium der klassischen Literatur dienen. Aber ich wollte nicht meine ganze Zeit damit zubringen, die neuesten Theorien zu verstehen und zu diskutieren, statt mich Machiavelli selbst zu widmen. Ich beschloß, nur so viel von der neuesten Sekundärliteratur zu lesen, wie nötig war, um eine allgemeine Vorstellung davon zu bekommen, wovon die Professoren redeten.

Als Journalist und Kritiker hatte ich gelernt, spontanen Eindrücken zu vertrauen; ich sehe sie nicht als endgültig und unumstößlich an, aber ich vertraue dem ersten Empfinden. Aus Notwendigkeit und auch vom Temperament her ist ein Kulturjournalist gewöhnlich ein Impressionist und ein Empiriker; er kümmert sich selten darum, wie wir etwas wissen oder was wir wissen und welchen Effekt das hat. Struktur und Farbe und Erfahrung erregen ihn; Kunst, wenn er nicht völlig empfindungslos geworden ist, entzückt seine Sinne. Aber der Kontext und der gesellschaftliche Hintergrund der Kunst lassen ihn kalt und spielen für ihn nur eine untergeordnete Rolle. Ich hoffe, man wird mir nicht vorwerfen, die Ignoranz zu preisen. Aber ohne falschen Stolz auf das, was einem fehlt: Man kann aus seinen Fähigkeiten und seinem Wissen eine Menge machen. Beim Schreiben dieses Buches wollte ich die Technik der Kritik vermeiden; mich verlangte danach, die (laut akademischer Kreise) unsägliche Sünde des Belletristischen zu begehen – die Sünde, dieses Buch zur Freude des Lesers und meiner eigenen zu schreiben.

Der normale Leser braucht im übrigen nur zu wissen, daß das Seminar über die Kulturgeschichte der Gegenwart, das ich besuchte, eine lange Tradition hatte. Es entstand während des Ersten Weltkrieges aus Vorlesungen der Columbia-Universität über Probleme des Krieges und wurde von Anfang an als eine Verteidigung der westlichen Zivilisation angesehen. Der Kurs in klassischer Literatur ging 1937 aus einer Vorlesungsreihe hervor, die von dem Honorarprofessor und Verleger John Erskine im Verlauf von Jahren entwickelt wurde. Der Sinn des Kurses war es von Anfang an, die Literatur des christlichen Europa an einer Universität zu verbreiten, die zunehmend von Kindern ost- oder südeuropäischer Immigranten besucht wurde – den unwissenden, aber für die Bildung nicht verlorenen Juden und Italienern, die in die umfassende Kultur des Landes integriert werden sollten. Welch eine Ironie, daß diesen Vorlesungen bei uns in den USA jetzt vorgeworfen wird, sie würden spätere Generationen von Immigranten oder Angehörige von Minoritäten oder Frauen *marginalisieren*. War in den Vorlesungen noch etwas von ihrer ursprünglichen Absicht oder Wirkung zu spüren? Das war eine Frage, die ich mir zu Beginn stellte.

Einige weitere Klarstellungen: Ich möchte nicht behaupten, daß die Bücher, über die ich schreiben werde, die einzigen Werke sind, auf die es ankommt, oder gar, daß dies notwendigerweise die beste Auswahl von westlichen Klassikern für derlei Seminare darstellt. In gewissem Maße bleiben die Lektürelisten willkürlich. Wenn wir genügend Zeit und Muße hätten, würden wir *alles* lesen können, und solche Auswahllisten bräuchte es gar nicht zu geben. Aber jeder, der ein Seminar hält, muß selektieren, und solche Listen sind in der Regel durchaus eine geeignete Ausgangsbasis für Analysen. Zweitens läßt die Columbia-Universität keinen Zweifel an der vorläufigen Natur des Unterrichtsstoffes: Der Lehrplan basiert auf der westlichen

Kultur und Überlieferung, beabsichtigt aber nicht, andere Kulturen auszuschließen, sondern lediglich eine Grundlage zu liefern, auf der die Studenten aufbauen können. Ein Student besucht diese Seminare gewöhnlich in den ersten beiden Jahren. Danach wählt er als Hauptfach Geschichte oder Biologie oder Archäologie oder Afroamerikanische Studien. Wenn er literarische Interessen hat, liest er vielleicht metaphysische Dichter und die englischen Romanciers des neunzehnten Jahrhunderts; oder afro-amerikanische Autoren wie Frederick Douglass, W. E. B. Du Bois, Richard Wright, Toni Morrison; oder die Afrikaner Ngugi wa Thiong'o und Chinua Achebe; oder Schriftsteller der islamischen Welt wie Nagib Machfus und Mahmoud Darwish. Er macht was auch immer aus seinem Hauptfach, seiner Lektüre, seiner Identität und seinem Leben. Aber zuerst beginnt er an einem bestimmten Ort, und es lohnt sich zu fragen, ob das ein guter, ein gerechtfertigter, ein notwendiger Ort ist.

*Eine Bemerkung zu den Namen der Professoren und Studenten*

Alle Professoren erscheinen unter ihren wirklichen Namen. Die Columbia-Studenten jedoch sollten nicht, nur weil ich dieses geistige Abenteuer einging, in einer kritischen Phase ihres Lebens der Presse ausgeliefert werden. Deshalb habe ich ihnen Pseudonyme gegeben. Die Studenten sind wirklich, die Namen nicht.

*Eine Bemerkung, wie das Buch zu lesen ist*

Ich habe über die Bücher in der Reihenfolge geschrieben, in der ich sie las, eines nach dem anderen, eingebettet in die beiden Seminarreihen. Aber derart gewaltige Bücher können es sich nicht in einer beliebigen Erzählung bequem einrichten; jedes Buch ist auch eine rahmensprengende Welt für sich. Daher sollte sich jeder Leser frei fühlen, die Kapitel entweder nacheinander zu lesen und mein Abenteuer chronologisch nachzuvollziehen oder aber in einer beliebigen Reihenfolge, ganz seinen Interessen und seinem Vergnügen entsprechend.

# Erstes Semester

Kapitel 1

# HOMER I

Ich hatte es vergessen. Ich hatte ihre extreme Grausamkeit und Zärtlichkeit vergessen, und als ich die *Ilias* jetzt wieder las, sie an irgendeiner Stelle der 15.693 Verse öffnete, war ich schockiert. Ein aussterbendes Wort, »schockiert«. Nur wenige Leute waren in der Lage, es richtig zu gebrauchen, seit Claude Rains in *Casablanca* die berühmten Worte sagte: »Ich bin schockiert, *schockiert*, daß hier gespielt wird« und dann seinen Gewinn einstrich. Aber es ist das einzige Wort für Erregung und Bestürzung von dieser Intensität. Die brutale Kraft des Klimas, die Großartigkeit der Schiffe, Winde und Feuer; die tobenden Schlachten, die Ebenen, über die entsetzte Pferde jagen, geschwächte, stürzende Tiere; Krieger, mit dem Gesicht in den Staub geschleudert; die zunichtegemachte Sehnsucht nach dem Heim und der Familie und den Weiden und die Rituale des Friedens, die schließlich zu einem Augenblick der Versöhnung führen, als zwei Männer, die erbitterte Feinde sind, angesichts des Edelmuts und der Schönheit des anderen in grenzenlose Bewunderung verfallen. Die *Ilias* ist ein Kriegsepos von qualvoller Lebendigkeit, eine besessene Schilderung des Schreckens, die beinahe Unglauben hervorruft.

> ...und mitten durch die Brust stieß ihm den Speer
> Der Heros Idomeneus und zerriß ihm rings das Panzerhemd,
> Das eherne, das ihm vorher von der Haut abwehrte das Verderben:
> Ja, damals erklang es dumpf, zerberstend um den Speer.
> Und er stürzte dröhnend, und der Speer haftete ihm im Herzen,
> Das ihm zuckend noch das Schaftende erbeben ließ
> An der Lanze.
> *(XIII, 438-444)*

Wenn ich jenen zitternden Speer in einem Horrorfilm in einem dritt-klassigen Kino gesehen hätte, wäre ich aus dem stickigen Raum zum Ausgang geeilt. Ausbeutung und Entmenschlichung! Jugendliche *lesen* nie etwas – deshalb lieben sie diesen gräßlichen Filmschund! Doch hier gehört das Bild zum Beginn der westlichen Literatur und zu einem ihrer berühmtesten Bücher.

Der zitternde Speer ist ungeheuerlich, obwohl es noch mehr ent-setzliche Bilder gibt: Augäpfel, die an Speerenden aufgespießt und tri-umphierend hochgehalten werden, eine Klinge, die in den Mund ein-dringt:»Und gerade hindurch fuhr hinten heraus der eherne Speer, / Unterhalb des Gehirns, und spaltete die weißen Knochen.« (XVI, 345-9) Homer zeichnet diese Verstümmelungen mit offensichtlichem physischen Vergnügen auf, das plötzlich bitterer Trauer weicht (dies ist ein Punkt, an dem sich die Bilder von jenen der Horrorfilme unter-scheiden) und der Sehnsucht nach einem normalen Leben; ein Hauch von Nostalgie dringt in die faszinierende Katastrophe vor unseren Au-gen. Die jauchzende Gewalt wird von tiefster Verzweiflung durchwo-ben. Die Griechen, die vor den Mauern Troias lagern, sind fern der Heimat, aber die Heimat und alles Liebliche, Reine und Angenehme, das dort vielleicht geschieht, wird in herzzerreißenden Bildern be-schworen. Da ist folgender Fall:

> Einen blühenden Jüngling, Simoeisios, den einst die Mutter,
> Vom Ida herabgestiegen, gebar an des Simoeis Ufern,
> Als sie den Eltern gefolgt war, um nach den Schafen zu schauen.
> Darum nannten sie ihn Simoeisios. Und er erstattete seinen El-
> tern
> Nicht den Lohn für die Pflege, denn kurz war sein Leben,
> Unter dem Speer des hochgemuten Aias bezwungen,
> Denn ihm, wie er ganz vorn ging, traf er die Brust neben der
> Warze,
> Rechts, und gerade durch die Schulter ging die eherne Lanze.
> Und er fiel in den Staub zu Boden gleich einer Pappel ...
> *(IV, 472-482)*

Die *rechte* Brustwarze. Homer mit seiner schrecklichen Genauigkeit sagt uns, wo der Speer eindringt und herauskommt, welche Glieder verletzt werden; er erzählt uns, daß die Toten nicht zu ihren fruchtbaren Feldern zurückkehren werden, nicht für ihre Eltern werden sorgen können, keine Freude mehr an ihren jungen Frauen finden werden. Seine Deutlichkeit hat eine Endgültigkeit jenseits aller Illusionen. Am Ende wird der (von den Göttern geförderte) Krieg sie beinahe alle dahinraffen, Griechen und Troer gleichermaßen. Er zieht sich hin, Jahr für Jahr, Schlacht auf Schlacht, er ist ein Mysterium in seiner unwiderstehlichen Wucht, in seiner völlig absorbierenden Augenblicklichkeit und seiner totalen Sinnlosigkeit. Zuerst stürmt die eine Seite vorwärts, vernichtet Hunderte, steht an der Schwelle des Sieges. Dann, einige Tage später, ermutigt durch eine List oder ein Trugbild irgendeines Gottes, erholt sich die Gegenseite, dringt vor und reißt alles mit sich. Das Epos setzt zu einem Zeitpunkt ein, als dieses Hin und Her bereits über neun Jahre lang so gegangen ist.

Der Professor, ein kleiner, gedrungener Mann von etwa sechzig Jahren, kam in den Raum und schrieb einige Initialen an die Tafel:

W A S P
D W M
W C
D G S I

Während die meisten von uns versuchten, ihre Bedeutung herauszufinden (ich hatte keine Probleme mit den ersten beiden Zeilen, machte für mich selbst einen lahmen Witz über die dritte und war bei der vierten ratlos), drehte er sich zu uns um, schaute im Raum umher und sagte eindringlich, beinahe flehend: »Wir sind nur ein Jahr zusammen...« Sein Ton war bittend und traurig, ein Liebender, der fürchtet, abgewiesen zu werden. Es gab eine beängstigende Pause. Ein paar Studenten blickten verwirrt zu Boden, und dann sagte er: »Dieses Seminar wird seit dreißig Jahren kritisiert. Manche haben gesagt« – wobei er auf die oberste Zeile der Initialen deutete –, »daß alle Texte, die hier behandelt wurden, von WASPs seien, von Weißen Angel-Sächsischen Protestanten. Das stimmt nicht, aber das spielt keine Rolle. Man hat uns vorgeworfen, daß die Texte alle von ›Dead White Males‹, von Toten Weißen Männern, seien; das stimmt nicht, aber das spielt keine Rolle. Daß die Studenten hier nur die ›Western Civilization‹, die westliche Kultur, indoktriniert bekämen. Das stimmt auch nicht ganz – es gibt viele westliche Kulturen –, aber das spielt keine Rolle. Das einzige, was eine Rolle spielt, ist dies.« Er schaute uns an, drehte sich wieder der Tafel zu, betrachtete die Initialen »DGSI« sorgfältig, achtungsvoll und rieb sich das Kinn.»Don't Get Sucked In. Laßt euch nicht täuschen.«

Eine weitere Pause. Ich beobachtete, wie das Mädchen mit den wilden Locken und der schlimmen Akne auf Kinn und Stirn, das neben mir saß, seinen Mund vor lauter Panik offenstehen ließ. Andere lachten. Sie waren Erstsemester, und sie belegten Literatur nicht unbedingt im Hauptfach, sondern studierten verschiedene Fächer, d. h. sie waren zukünftige Anwälte, Controller, Lehrer, Geschäftsleute, Politiker, Fernsehproduzenten, Ärzte, Dichter, Tagediebe. Sie belegten klassische Literatur, ein Pflichtfach, das fast alle Studenten der Columbia-Universität in ihrem ersten Jahr studieren. Vielleicht war dies der erste Dozent, den sie überhaupt an der Universität sahen. Er machte es ihnen nicht gerade leicht.

»Laßt euch nicht von falschen Ideen täuschen«, sagte er.»Ihr seid nicht aus politischen Gründen hier. Ihr seid hier aus ganz egoistischen Gründen. Ihr seid hier, um eine Identität zu bilden. Ihr *bildet* eine Identität aus, ihr erbt sie nicht. Es gibt eine Möglichkeit, aus der Vergangenheit heraus eine eigene Identität zu bilden. Seht, wenn ihr die *Ilias* als langweilig oder böse oder als Verherrlichung des Krieges empfindet, dann habt ihr recht. Es ist ein Epos, das in eurem Kopf existiert; laßt es in eurem Kopf Gestalt annehmen. Frauen sind Ehrengaben. Sie sind Kriegsbeute wie Dreifüße. Ja, sie sind noch weniger wert als Dreifüße. Wenn irgendein Mann, der dieses Epos gelesen hat, eine Frau auf dem Campus wie seinen Besitz behandeln würde, dann wäre das sehr seltsam. Ich vertraue euch auch, daß ihr nicht jemanden in Stücke haut, nachdem ihr die *Ilias* gelesen habt.«

Aha, wie cool, dachte ich. Er nahm den sicher erfolgenden Angriff vorweg, um ihn so abzuschwächen. Und er sagte nichts über abstrakte Werte, herausragende Meisterwerke des Westens und all das. *Wir sind aus egoistischen Gründen hier.* Seine Stimme war angenehm, aber ungewöhnlich sonor, gleichmäßig, aber mit leichtem Spott in den kurzen, definitiven Sätzen. Seine Stimme senkte sich, als ob er einen Trauerflor um seine Worte legte. Cool und geistreich. Er redete fast monoton, aber es gab immer wieder kleine Überraschungen: Ideen, die heimlich eingeschmuggelt wurden, ein plötzlicher Anflug von Gefühl. Er hatte einen etwas unheimlichen Charme, so wie einer von Shakespeares ernsten Narren.

Ich kann mich noch genau an ihn erinnern: Edward Tayler, Professor für englische Literatur. Ich hatte neunundzwanzig Jahre zuvor schon einmal einen Kurs bei ihm besucht (damals war er ein junger Hochschulassistent): ein Seminar über die metaphysische Lyrik des siebzehnten Jahrhunderts, das damals ein Pflichtkurs im Hauptfach englische Literatur war. Und ich erinnere mich daran, daß ich von seiner ins Kryptische tendierenden Art ebenso verwirrt wie beeindruckt war. Er war ganz offensichtlich brillant, aber er liebte Gedankensprünge, er liebte es, die Studenten aus dem Gleichgewicht zu bringen, Andeutungen fallenzulassen und diese dann wieder zurückzunehmen. Ich lernte ein wenig über Donne und Marvell und verließ den Kurs mit einem Seufzer der Erleichterung. In der Zwischenzeit war er ein bekannter Dozent geworden und trug nun den klangvollen Titel Lionel Trilling Professor für Klassische Philologie – die Bezeichnung bezieht sich auf den berühmtesten Professor für englische Literatur an der Columbia-Universität, der zu meiner Studienzeit Anfang der Sechziger eine große Nummer war.

»Der hermeneutische Zirkel«, sagte Tayler, »so hat Wilhelm Dilthey es genannt. Ihr wißt nicht, was ihr mit den Einzelheiten tun sollt, solange ihr die Struktur nicht kennt; und gleichzeitig wißt ihr nicht, was ihr mit der Struktur tun sollt, solange ihr die Einzelheiten nicht kennt. Dies gilt gleichermaßen für das Leben wie für die Literatur. Der hermeneutische Zirkel. Das ist ein Teufelskreis. Schaut, wir sind nur ein Jahr zusammen. Ihr müßt lesen. Während eurer vier Jahre hier gibt es aus besagten egoistischen Gründen nichts Wichtigeres für euch, als die Bücher dieses Seminars zu lesen.«

Würden sie eine eigene Identität bilden? Von meiner Position am Rande des Seminarraums aus konnte ich sie gut beobachten. Im Moment schauten sie mehr wie ein undefinierter Haufen von Erstsemestern aus. Die Jungs saßen mit weit ausgestreckten Beinen da und schauten auf ihre Aufzeichnungen. Einige trugen Baseballmützen, falsch herum aufgesetzt. Sie waren achtzehn, vielleicht neunzehn. In ihren T-Shirts, Jeans und Baseballmützen wirkten sie wie eine Sommercamp-Truppe, wie Gruppenführer, die gerade von einer Wanderung mit Zehnjährigen zurückkamen. *Gib mir ein Bier.*

Die Mädchen, von denen die meisten auch T-Shirts trugen und die ihre Haare mit einem Gummiband im Nacken zusammengefaßt hatten, waren aufmerksamer. Sie schauten auf Tayler, aber sie schauten mit leerem Blick. Tayler überreichte uns ein Blatt mit einigen Zitaten. Ganz oben stand ein Zitat aus dem Anfang der Genesis:

> Und Gott sprach: Es werde Licht! Und es wurde Licht. Und Gott sah das Licht, daß es gut war; und Gott schied das Licht von der Finsternis... Und Gott sprach: Es werde eine Wölbung mitten in den Wassern, und es sei eine Scheidung zwischen den Wassern und den Wassern!
> *(Das erste Buch Mose (Genesis). Die Schöpfung: Sechstagewerk. Kapitel 1)*

»Ihr mögt vielleicht nicht glauben, daß Gott die Welt erschaffen hat«, sagte Tayler bekümmert und finster, »aber ganz egal, schaut, was Gott in dieser Textstelle tut. Er stellt Gegensätze auf. Das ist etwas, was wir im Leben ständig tun. Moralische Gegensätze entstehen aus binären Gegensätzen. Es gibt Leute, zu denen ihr Kontakt habt, und Leute, zu denen ihr keinen Kontakt habt. Jede Entscheidung bedeutet einen Ausschluß. Wie entkommt ihr dem binären Zwang? Schaut, Augustinus, den wir später lesen werden, sagt, daß es vor der Erbsünde keine unfreiwilligen Handlungen gegeben hat. Vor der Erbsünde hatte Adam nie eine unfreiwillige Erektion.« Pause, Pause... »Wenn Adam und Eva etwas tun wollten, dann taten sie es. Aber ihr steht unter Druck, ihr habt ein Problem. Es gibt einen großen Unterschied zwischen dem, was ihr tun wollt, und dem, was ihr tun müßt. Ihr wollt ausgehen und mit Freunden ein Bier trinken, und ihr müßt euch durch eine Reihe von Schlachten kämpfen. Seit der Erbsünde habt ihr es immer mit Zweiteilungen zu tun.«

Aber es gab noch mehr Zitate auf dem Blatt, sogar eins von John Milton, doch Tayler sagte uns nicht sofort, was sie bedeuten sollten. Er schaute sich um. Hatte es irgend jemand verstanden? Vielleicht. Hatte ich es verstanden? Wir würden sehen. Dann wurde er wieder ganz charmant und ernst. Und er sagte es noch einmal.

»Schaut, legt einen Finger auf euren psychischen Puls, wenn ihr geht. Das ist eine sehr egoistische Übung.«

Zu dem Zeitpunkt, an dem die *Ilias* beginnt, wird die Tat, durch die die ganze Kette von Ereignissen in Gang gesetzt wird – ein Mann flieht mit der Frau eines anderen –, von den handelnden Personen kaum erwähnt. Homer, der seine Dichtung vor vielen Hörern sang, muß angenommen haben, daß jeder die empörende alte Geschichte kannte. Viele Jahre zuvor besuchte Paris, ein troïscher Fürst, den Hof des griechischen Königs Menelaos und floh mit der kaum widerstrebenden Helena, der wunderschönen Frau des Königs. Agamemnon, der Bruder des Betrogenen, bringt ein loses Bündnis von Königen und Fürsten zustande, deren Streitkräfte nach Troia segelten und die Stadt belagerten, mit der Absicht, die stolzen Bewohner zu bestrafen und Helena zurückzugewinnen. Aber nach mehr als neun Kriegsjahren ist der törichte Akt sexueller Preisgabe, der die ganze Katastrophe in Bewegung brachte, fast vergessen. Inzwischen sieht sich Helena beschämt als bloße Dirne (ihr verwirrtes Erscheinen auf den Mauern von Troia ist eigentlich so etwas wie eine Demütigung), und Paris, ihr zweiter »Ehemann«, der mehr ein Liebhaber als ein Krieger ist, erscheint kaum auf dem Schlachtfeld. Wenn er es doch tut und mit Menelaos einen Zweikampf ausficht, bringen die Götter den Ausgang durcheinander, und der Krieg geht weiter. Nach neun Jahren erzeugt der Krieg selbst den Krieg.

Wie kann einem ein Buch gleichzeitig das Gefühl von Kränkung und Erheiterung geben? Schockierend an der *Ilias* ist, daß in ihr die Grausamkeit und der Edelmut auseinander zu entstehen scheinen, wie die guten und bösen Zwillinge einer bösartigen Phantasie, die zusammen eine einzige unbeständige und erschreckende Persönlichkeit bilden. Letztlich beginnt die westliche Literatur mit einem Streit zwischen zwei arroganten Räubern um die Beute. Zu Beginn des Gedichts stehen die verschiedenen Stämme der Griechen, die vor den Mauern Troias versammelt sind (Homer nennt sie die Achaier – Griechenland war zu seiner Zeit noch kein Nationalstaat), an der Schwelle einer Katastrophe. Agamemnon, ihr Heerführer, der mächtigste der Könige, hat aus einer nahegelegenen Stadt eine junge Frau entführt und zur Frau genommen, die Tochter eines Priesters des Apollon; Apollon hat wütend Vergeltung geübt und über die Griechen eine Seuche geschickt. Ein verstockter, sturer König, ein unsicherer Heerführer, gibt widerwillig auf Druck der anderen Befehlshaber dem Vater die Tochter zurück. Aber dann verlangt er Ersatz und nimmt die

Sklavengeliebte von Achilleus, seinem tapfersten Helden. Die Frauen wurden herumgereicht wie Goldstücke oder Helme. Achilleus ist über diesen Raub in den eigenen Reihen so entrüstet, daß er nahe daran ist, den König, einen viel älteren Mann, zu töten. In letzter Minute zügelt er sich und zieht sich vom Kampfe zurück. Er betet zu seiner Mutter, der Göttin Thetis, für die Niederlage der eigenen Seite; dann sitzt er in seinem Zelt, spielt die Lyra und singt von den »Rühme(n) der Männer« (d. h. seinen eigenen), während seine Freunde von den Troern niedergemacht werden. Es folgt eine Serie von Schlachten, deren Grausamkeit ohne Parallelen in unserer Literatur ist.

Es ist beinahe zu viel, ein extremes und bizarres Werk der Literatur am eigentlichen Beginn unserer westlichen Schreibkunst. Man möchte sich zu ihm erheben, möchte es voll in sich aufnehmen, denn das Epos stellt das Leben in seiner äußersten Form dar, eine nahezu pausenlose Aktivität: Aufstellung der Schlachtordnung, Ausschwärmen und Vorrücken, Flucht, unterbrochen von friedlichen Perioden (Beratungen, Feste und Spiele), die so abwechslungsreich sind, daß sie kaum als Ruhepause gelten können. Wenn man das Epos zur Gänze liest, ist es, als würde man in einen Sturm geraten, der einfach nicht nachläßt oder aufhört. Zuerst mußte ich mich hindurchkämpfen; ich war nicht gelangweilt, sondern rebellisch, meine Aufmerksamkeit war wie ein bockendes Pferd, das sich nicht die Zügel anlegen lassen wollte. Es ist zu lang, dachte ich, zu brutal und voller Wiederholungen und, trotz seiner Kraftfülle als ein Porträt des Krieges, seltsam fern von uns. Wo war *Homer* in all dem zu finden? Er war überall, weil er das Material ausgewählt und geformt hatte, aber er war nirgends als greifbare Präsenz, als Bewußtsein, und für den modernen Leser ist seine Abwesenheit erschreckend. Niemand sagt uns, wie wir auf die Brutalitäten oder auf sonst etwas reagieren sollen. Wir sind uns selbst überlassen. Mit Filmen überfüttert, war ich es nicht gewohnt, so hart zu arbeiten, und als ich zu Hause auf dem Sofa saß und las, träumte ich ständig davon, aufzuspringen und im Schlafzimmer auf mein Bett zu sinken und den Fernseher anzuschalten oder in die Küche zu gehen und den Kühlschrank zu plündern. Aber ich konnte mich zurückhalten, und schließlich wurde ich ruhiger und las und las; doch ich geriet für lange Zeit aus dem Gleichgewicht und war sehr empfindlich.

Andere Menschen mögen ereignisreichere Erinnerungen haben, aber meine schönsten Erinnerungen ans College sind die ruhigen, stöbernden Momente. Zu Beginn jedes Semesters stand ich immer vor den Büchern, die ich für die Vorlesungen brauchte, und zögerte den Augenblick hinaus, wie ein Kind, das ein Fahrrad in einem Schaufenster anschaut und weiß, daß seine Eltern es ihm kaufen werden. Ich würde diese Dinge bald besitzen, aber der Akt des Kaufens konnte hinausgeschoben werden. Warum es überstürzen? Die erforderlichen Bücher für jede Vorlesung standen in den Regalen des College-Buchladens aufgereiht. Ich starrte sie lange an, nahm sie zur Hand, blätterte sie durch, tat so, als würde ich dieses oder jenes Buch nicht wirklich *brauchen*, legte es wieder hin und nahm es wieder zur Hand. Wenn niemand schaute, roch ich sogar an einigen und befühlte die Seiten. Ich hatte die fixe Idee von der physischen Natur der Bücher und war glücklich, als ich erfuhr, daß mein Idol, der große Literaturkritiker Edmund Wilson, von Büchern als sinnlichen Objekten besessen gewesen war.

Offensichtlich war es nicht einfach das Lernen, das mich erregte, sondern die *Idee* vom Lesen der großen Bücher, das Versprechen einer Erweiterung meines geistigen Horizonts, das Abenteuer der Fremdheit. Lesen hat etwas von einer Sammlerleidenschaft, vom Wunsch zu besitzen: Ich hätte den ganzen Laden verschlucken können. Die Wirklichkeit hatte zwar nie etwas damit zu tun: Die Bücher waren schwierig oder langweilig, der Professor leierte seine Vorlesung herunter – ich hätte das ganze vorangegangene Semester genausogut in Selbstversunkenheit verbringen können. Aber zu Beginn des neuen Semesters wurde ich wieder aktiv wegen des wunderbaren Rituals im Buchladen. Jedesmal, wenn ich dort stand, sah ich mich, wie ich feierlich alles absorbierte, obwohl ich ein entsetzlich langsamer Leser war und so lange kaute, bis jeder Geschmack verlorenging und ich niemals mit der vollständigen Lektüreliste einer Vorlesungsreihe durchkam.

Und so ist es bis heute geblieben. Auf dem Heimweg von Manhattan werde ich oft unglücklicherweise in einen Buchladen gezogen, wo ich jedesmal zwei oder drei Bücher kaufe, die dann oft genug jahrelang in meinen Regalen stehen, ungelesen oder nur angelesen, bis ich schließlich, wenn ich etwas nachschlagen will, das eine oder andere zur Hand nehme und verblüfft bin, daß ich es überhaupt habe. Ich liebe es, Bücher zu *besitzen:* Ich war zu einem Buchkäufer geworden, aber nicht immer zu einem Buchleser; eine Wohltat für den Buchhandel, aber keine Wohltat für mich selbst.

Das Lesen, nach dem Essen und Sex eine der natürlichsten, zentralsten und befriedigendsten Handlungen, war so im Laufe der Jahre erstaunlicherweise zu einer ärgerlichen Erfahrung geworden. Ich las eine ganze Menge, manchmal den ganzen Tag lang, aber das meiste von dem Zeug waren Zeitungsartikel, Essays, Kritiken oder Romane, die verfilmt worden waren und die ich lesen mußte, bevor ich meine Filmkritiken für das *New York Magazine* schrieb. Oder Bücher von Schriftstellern, von denen ich alles las (Philip Roth, Saul Bellow, John le Carré) und deren Werke weniger etwas Neues waren denn ein Wiedertreffen mit vertrauten Freunden. Aber was habe ich *gelesen?* Ich meine ernsthaft gelesen? Marcel Prousts *In Swanns Welt* war eine stürmische Erfahrung, aber aller Wahrscheinlichkeit nach würde der Rest von *Auf der Suche nach der verlorenen Zeit* keine ähnlichen Reaktionen auslösen. Zumindest nicht in meinem gegenwärtigen Zustand der Zerstreutheit. Um etwas so Dichtes, so üppig Detailliertes wie Proust zu lesen, muß man sich extra Zeit nehmen, wenigstens eine ruhige Stunde. Ich kenne zwar Leute, die früh aufstehen, um Proust zu lesen oder einen anständigen neuen amerikanischen Roman, aber ich komme nicht so früh aus dem Bett, und wenn ich es doch täte, dann würde ich Kaffee machen und in Ruhe die *Times* lesen, bevor die Jungens in die Küche gestürmt kommen. Meine Frau, deren Leben bestimmt ebenso hektisch und lärmend ist wie meines, liest dennoch eine Menge, Buch auf Buch, manchmal arbeitet sie sich sogar durch das ganze Werk eines Autors. Aber ich hatte die Konzentration und Disziplin für ernsthaftes Lesen verloren, die Gewohnheit, mich einfach in etwas hineinfallen zu lassen, wie es die richtigen Leser tun, die ein Buch im Bus, in der U-Bahn, am Mittagstisch verschlingen. Filme stillten mehr als ausreichend meinen Wunsch nach Trivialkultur, aber wenn ich ein ernstes Buch zur Hand nahm, war meine Konzentration meist nach zwanzig Seiten dahin. Ich wollte es lesen, aber unstete Gedanken lenkten mich ab, und die Wörter im Buch gerieten in einen Engpaß, und meine ganze Aufmerksamkeit wurde absorbiert. Mein Rhythmus hatte sich verändert. Ich war ein Kinogänger, ein Magazinleser, ein CNN-Zuschauer. Wenn ich auf CNN eine aufregende Berichterstattung gesehen hatte, verfolgte ich die Geschichte zu bestimmten Zeiten am Tage weiter, und wenn ich mitten in der Nacht durch die Alarmanlage eines Autos geweckt wurde, schaltete ich den Fernseher wieder ein, und am Morgen wollte ich dann wissen, wie die Geschichte ausgegangen ist. Diese Sache mit dem »Informiertsein« konnte zum Alptraum werden: Beschäftigte man sich lange genug mit einer Story, fühlte man sich wie ein Ball, der immer weiterrollt, oder wie die Zeiger einer Uhr, die zu demselben Punkt zurückkehren. Wenn ich wieder an die Uni zurückging, wäre ich gezwungen, alle Bücher des ganzen Regals im Buchladen zu lesen. Wenn ich zurückkehrte, würde ich mich nicht auf die Suche nach meiner Jugend begeben, ein greulicher Gedanke. Jugend, das sah ich jetzt, war die am meisten überschätzte Zeit des Lebens. Wenn man jung ist, kann man nicht seine eigenen Kinder spielen sehen oder Macht genießen, und das Geld, das man ausgibt, gehört den Eltern. Ich gab mich meinen Gedanken hin und stolperte durch den frühen Teil meines Lebens; heute genoß ich die Privilegien eines Mannes im mittleren Alter, aber ich sehnte mich nach einer zweiten *Chance*, einer Zeit, in der ich ernsthaft lesen konnte, einer zweiten Studienzeit. Ich fühlte mich schlecht, weil ich eigentlich nichts wußte; ich sehnte mich danach, mich etwas Größerem als nur meiner Karriere zu widmen.

Im Alter von achtundvierzig Jahren stand ich nun vor den Bücherregalen im Columbia-Buchladen an der 115th Street und dem Broadway, einem größeren und besser erleuchteten Ort als zu meiner Zeit, der so voll gepackt war, daß man nie den leicht süßen Duft, den neue Bücher haben, verlor. Da waren sie, die Bücher für die Seminare in klassischer Literatur und Kulturgeschichte der Gegenwart: die beiden dicken Bände von Homer; die eleganten Penguin-Ausgaben von Aischylos und Hobbes, mit einem schwarzen Rand und einem einheitlichen Schrifttyp; die ernst wirkenden akademischen Ausgaben von Platon und Locke, ganz sachlich, ohne Design auf der Vorder- oder Rückseite, einfach nur mit der Schrift des Titels und innen einem Schriftbild von wirklich strengem Typ. Sie waren so eng gedruckt wie Gesetzesbücher. Die Möglichkeit, daß sie *schwierig* sein könnten, erregte mich. Ich würde lesen; ich würde studieren; ich würde mit Teenagern zusammensitzen.

Ist Achilleus wirklich der erste große Held der Literaturgeschichte? Er scheint ein Dummkopf zu sein, ein infantiler Narziß. Das erste

Wort der westlichen Literatur ist *menin*, also altgriechisch für »Zorn« oder »Wut«. Homer schildert hier den Zorn des Achilleus, dem ein Element von göttlicher Rage anhaftet, der Armeen vernichtet und Städte zerstört. Aber für uns (nicht so für die alten Griechen) scheint der Zorn des Achilleus weniger göttlich zu sein als vielmehr eitel und egoistisch. Seine Kriegsbeute ist von einem anderen Mann gestohlen worden, und er sitzt nun düster in seinem Zelt. Aber das riesige Ausmaß seines Zorns steht doch in gar keinem Verhältnis zu seiner Ursache. Achilleus steht aber selbst dann im Mittelpunkt des Epos, wenn er sich vom Geschehen zurückzieht; seine launenhafte Beschäftigung mit sich selbst ist gerade das, was ihn so faszinierend macht. Er schafft eine Aura, den Schauder des Besonderen. Marlon Brandos großartige, finstere Rollen aus seiner Jugend lassen uns ein wenig erahnen, wie Homers Held war. Aus dem zürnenden Willen des Achilleus entsteht ein größeres Schicksal als aus den biederen Wünschen gewöhnlicher Männer.

Er ist sehr jung, vielleicht Anfang Zwanzig, furchtlos, groß, schnell, stark, eine Mischung aus Muskeln und Schönheit und so sehr von seiner eigenen Vormachtstellung überzeugt, daß er bereit ist, den Krieg einen schlechten Ausgang nehmen zu lassen, als seine Ehre beschmutzt wird. Die Troer unter Führung des tapferen Hektor töten viele Griechen und sind nahe daran, ihre Schiffe zu verbrennen und ihnen den Rückzug abzuschneiden. In der Hoffnung, die Katastrophe abwehren zu können, zieht Patroklos, der Zeltkamerad und geliebte Freund von Achilleus in die Schlacht. Er zieht Achilleus' Rüstung an, und in dieser Rüstung – als Achilleus' Stellvertreter – wird er von Hektor erschlagen.

Nun kann Achilleus dem Geschehen nicht länger fernbleiben. Rasend und untröstlich bereitet er sich schließlich darauf vor, in die Schlacht zu ziehen (wir sind schon mitten im Epos und haben ihn noch nicht kämpfen sehen), ein Ereignis, das von einem verheerenden Bersten des Himmels und des Meeres begleitet wird. Der Himmel wird schwarz, die Unterwelt öffnet sich beinahe, gewaltige Kräfte wirken unaufhaltsam. Achilleus beginnt zu kämpfen und verdrängt seinen Schmerz durch ungestümes Wüten. Mit Beginn des XXI. Gesangs treibt er die Troer zurück nach Troia:

Doch als sie nun zur Furt gelangten des gutströmenden
  Flusses,
Xanthos, des wirbelnden, den Zeus, der Unsterbliche, zeugte,
Da teilte er sie und jagte die einen in die Ebene
Zur Stadt hin, da wo die Achaier gescheucht geflohen waren
Am Tag zuvor, als der strahlende Hektor raste.
Dort strömten die einen vor, flüchtend, und einen Nebel breitete
  Here
Vor ihnen aus, einen tiefen, sie zurückzuhalten. Die Hälfte aber
Wurde in den Fluß gedrängt, den tiefströmenden, silberwirbeln-
  den,
Und sie fielen hinein mit lautem Klatschen, und es tosten die
  jähen Fluten,
Und laut hallten ringsum die Ufer. Die aber mit wirrem Geschrei
Schwammen hierhin und dorthin, herumgewirbelt in den Stru-
  deln.
Und wie wenn unter dem Andrang des Feuers Heuschrecken
  aufflatterten,
Fliehend zum Fluß; doch das verbrennt sie, das unermüdliche
  Feuer,
Das sich plötzlich erhob, und die ducken sich unter das Wasser:
So wurde von Achilleus des tiefwirbelnden Xanthos
Brausende Strömung erfüllt durcheinander von Pferden und
  Männern.
Er aber, der Zeusentsproßte, ließ dort den Speer am Ufer,
An Tamarisken gelehnt, und sprang hinein, einem Daimon
  gleichend,
Nur mit dem Schwert, und dachte im Sinn auf schlimme Dinge.
Und er schlug rings um sich her, und von denen erhob sich
  schmähliches Stöhnen,
Den vom Schwert Erschlagenen, und es rötete sich von Blut
  das Wasser.
Und wie vor dem Delphin, dem großen Untier, die anderen
  Fische
Flüchtend die Winkel erfüllen des gut anzulaufenden Hafens,
In Furcht, denn hastig verschlingt er, wen immer er faßt:
So duckten sich die Troer in den Strömungen des furchtbaren
  Flusses

Unter die Uferhänge. Doch als ihm die Hände müde waren vom
  Töten,
Wählte er sich lebend aus dem Fluß zwölf junge Männer
Zur Sühne für Patroklos, den Menoitios-Sohn, den toten.
Diese führte er heraus, angstverschreckt wie Hirschkälber,
Und band ihnen hinten die Arme mit gutgeschnittenen Riemen,
Die sie selber über den geflochtenen Leibröcken trugen,
Und gab sie den Gefährten, sie zu den hohlen Schiffen zu
  führen.
Er aber stürmte wiederum an, begierig zu morden.

*(XXI, 1-33)*

Homer mußte seinen Zuhörern nicht erzählen, daß sich die Lederrie-
men beim Trocknen zusammenziehen und in das Fleisch der troïschen
Gefangenen des Achilleus schneiden. Er mußte auch nicht erklären,
warum Achilleus später einen troïschen Kämpfer tötet, den er kannte
und der auf seinen Knien um Gnade fleht. Aber wie soll der heutige
Leser darauf reagieren? Er kommt aus einer laut Verfassung ethischen
Gesellschaft. Unser rechtliches und administratives System ist ebenso
wie unsere Populärkultur, in der sich Fernsehpolizisten hilfsbereit um
die Opfer von Verbrechen kümmern, auf Rücksicht eingestellt. Da die
Gesellschaft in Wirklichkeit aber der Not gegenüber oft gleichgültig
ist, überrascht es nicht, daß Ironie und Zynismus die Stimmung der
Nation bestimmen. Im Gegensatz dazu war die griechische Auffassung zwar roh, aber ohne Heuchelei. Die griechischen und troïschen
Aristokraten der *Ilias* akzeptieren den Tod in der Schlacht als unausweichlich und erfahren die Welt nicht als angenehm oder unangenehm oder als gut oder schlecht, sondern als ruhmreich oder schänd-
lich. Wir könnten sagen, Homers Lebensauffassung sei eher edel als
ethisch. Eine solche Gegenüberstellung führt aber letztlich in die Irre.
Für die Griechen hat das Edle eine ethische Qualität. Man ist nicht
gut oder schlecht im christlichen Sinne. Man ist stark oder schwach;
schön oder häßlich; man erobert oder wird besiegt; man überlebt oder
stirbt; man wird von den Göttern begünstigt oder verflucht. Dies sind
einige von Taylers »binären Gegensätzen«, aber zu passenden Paaren
zusammengestellt, die uns fremd sind und die Homers Lob der Überlegenheit in keiner Weise abschwächen.
   Die Kritiker der Seminare über westliche Klassiker drängen den Le-

ser ständig, das »andere« zu beachten – die anderen Kulturen, die für den westlichen Geschmack merkwürdig oder abstoßend wirken und die wir angeblich niedergetrampelt oder ins Abseits gedrängt haben, und auch das andere, das wir in unserer eigenen Kultur ausgeschlossen oder trivialisiert haben: Frauen, Farbige, jeder, der nicht weiß ist, nicht männlich, nicht westlich. Aber hier, am Beginn der schriftlichen Kultur des Westens (die *Ilias* datiert vielleicht vom achten Jahrhundert vor Christus) gibt es so etwas wie »das andere«, nämlich die Griechen selbst, eine Rasse von edlen Wilden, die den Leichen die Rüstungen ausziehen und sich gegenseitig auf gewaltigen Festen oder selbst auf dem Schlachtfeld ihre Abstammungsgeschichte vortragen. Töten, plündern, baden, essen, den Göttern Opfer darbringen – was haben wir mit diesen alten Marodeuren des östlichen Mittelmeers zu tun?

Für Studenten sahen sie fürchterlich blaß aus. Von den Stufen der Bibliothek aus, auf denen ich saß und beobachtete, wie sie am zweiten Tag ihres Studiums auf dem Campus umhergingen, war niemand mit Sonnenbräune zu erkennen. Geht denn keiner mehr an den Strand? Natürlich war dies ein Campus mitten in der Stadt, aber wir hatten doch gerade drei Monate lang *Sommer* gehabt. Sie schauten auch nicht sehr glücklich aus; sie wirkten ernst, sogar ein bißchen bedrückt und angespannt. Vielleicht die Angst vor der ersten Woche? Aber weil die Studiengebühren sehr hoch waren (ungefähr dreiundzwanzigtausend Dollar inklusive Unterkunft und Verpflegung), brauchten sie vielleicht mehr Geld, obwohl viele von ihnen Stipendien bekamen. Viele hatten den Sommer durch gearbeitet, und zwar drinnen, das war es. Keine Zeit für den Strand. Aber egal, die Studenten der Columbia-Universität sahen noch nie besonders gesund aus. Man konnte nicht von einem freundlichen, munteren Campus sprechen (die Schönen gehen woanders hin). Sie waren klug, stark und ernst und ehrgeizig, und habe ich nicht genau das an ihnen gemocht?

Zu meiner Zeit, in den sechziger Jahren, wurde die Universität vor allem von Juden und Italo-Amerikanern aus New York frequentiert, belesenen, blassen jungen Männern (wie ich), die sich für Sartre interessierten und für Kafka, Beethoven und das Modern Jazz Quartet, junge Männer in grünen Cordjacken oder Mänteln, die filterlose Zigaretten rauchten, Camel oder Gitanes, und dabei Bogart imitierten. Wir waren natürlich nicht repräsentativ für die Studentenschaft. Tatsächlich waren wir eine Minderheit, meine Freunde und ich – Studenten mit den Hauptfächern Geschichte und englische Literatur, die als Anwälte, Lehrer oder Journalisten Karriere machen wollten –, aber wir hatten uns eine eigene snobistische Variante der Columbia-Universität geschaffen, bei der sich alles um bekannte Schriftsteller (und frühere Studenten der Universität) wie Alan Ginsberg und Jack Kerouac drehte und um Dozenten für englische Literatur wie Trilling, Frederick Dupee und Steven Marcus. Neben uns gab es die typischen Elite-Uni-Studenten – die noblen Ruderer nannte ich sie –, die einen überheblichen, aber depressiven Eindruck machten, so als ob sie darüber enttäuscht wären, daß sie nicht in Princeton studierten. Ich hatte ihnen gegenüber große Vorurteile, nicht nur, weil sie sich so ganz anders benahmen als wir, sondern auch, weil sie immer so gut in Form waren. Jetzt waren die meisten männlichen Studenten in wesentlich besserer körperlicher Verfassung, als wir das damals waren; fast alle hatten gestählte Körper (1961 wäre das für intellektuelle Studenten unter aller Kritik gewesen).

Viel wichtiger aber war, daß es nicht mehr nur männliche Studenten gab; Frauen waren seit 1982 zugelassen und bildeten nun die Hälfte der Studierenden. Und die ethnischen Minderheiten waren jetzt stärker vertreten. Als ich in ein anderes Seminar über klassische Literatur ging (ich probierte verschiedene aus) und ein paar Studenten zunickte und dann noch ein paar, merkte ich plötzlich, daß das Seminar ganz anders zusammengesetzt war als diejenigen, die ich vor dreißig Jahren besucht hatte. In einem Kurs von zweiundzwanzig Erstsemestern waren genau vier weiße männliche Studenten. Vier! Die anderen Studenten kamen aus Europa, Indien, Singapur. O Amerika! Sie kamen von überall her.

»Die *Ilias* ist nicht eine einfache Glorifizierung des Krieges«, sagte Tayler, »hier geschieht etwas anderes. Und das etwas andere erfordert ein episches Lesen.«

Genug Vorgeplänkel; jetzt ging es zur Sache, zur literarischen Analyse. Tayler untersuchte mit den Studenten die Struktur des gewaltigen Epos; er brachte sie dazu, zunächst die großen durchgehenden und dann die kleineren Muster innerhalb einzelner Blöcke zu erkennen, und gab ihnen so einen Anhaltspunkt für den wuchernden Text, der plötzlich gar nicht mehr so wuchernd zu sein schien. Tayler war ein Historiker, der Ideen analysierte, aber wenn er sich direkt mit einem Text beschäftigte, benutzte er eine Methode, die von der Theorie des *New Criticism* abgeleitet war, jener Methode der literarischen Analyse, die von den vierziger Jahren bis in die sechziger Jahre hinein an den amerikanischen Universitäten florierte und die auf der formalen Einheit eines großen Kunstwerks bestand. In jüngerer Zeit war die Methode des *New Criticism* ziemlich selten geworden, sie war ein weiteres Opfer der ideologischen Veränderungen innerhalb der Literaturwissenschaft. Tayler versuchte etwas zu tun, was heutzutage weithin als unmöglich oder irreführend oder sogar als versteckt politisch angesehen wird: den Text »für sich selbst sprechen« zu lassen.

Tayler sagte den Studenten natürlich nicht einfach, was er von ihnen hören wollte. Flehend und drängend zog er es aus ihnen heraus, stellte entscheidende Fragen, machte Andeutungen, bat sie, Passagen laut zu lesen, die keine offensichtliche Verbindung haben, Passagen, die im Buch weit auseinanderliegen. Zuweilen stockten alle, und er machte einen Rückzieher, trat buchstäblich einen Schritt zurück und ließ seinen Kopf einen Augenblick sinken, bevor er sich der Frage von einer anderen Perspektive aus näherte, wie ein Guerrillero, der im Dschungel einen Beutezug macht. Schließlich trieb er die Studenten aus ihrem Versteck und umzingelte sie.

Warum war die Struktur so wichtig? Die Studenten waren etwas schwerfällig, aber er untersuchte weiter die Struktur und sprang von einem Punkt des Epos zum nächsten. Würde er die ganzen losen Fäden zusammenbekommen? In den Pausen zwischen seinen zusammenfassenden Kommentaren wuchs die Spannung. Er analysierte etwa fünf Gesänge der *Ilias* gleichzeitig und brachte die Studenten dazu, ein sich wiederholendes Muster von Treueiden, Waffenstillständen, Duellen und Festen zu erkennen, und nach etwa einer Stunde (die Studenten trafen sich zweimal die Woche zwei Stunden) fingen sie an, ohne große Hilfe selbst die Symmetrien zu finden: »die Ring-Komposition«, wie er es nannte, bei der Stücke von strukturellen Elementen immer wiederkehrten, die Elemente dabei aber die umgekehrte Reihenfolge einnahmen. Dann ging er plötzlich an die Tafel und zeichnete etwas.

»Was ist das?«
»Eine Katze«, sagte jemand, ein Student namens Hurewitz.
»Jaaah. Und, Hurewitz, was ist das?«

»Eine Ratte«, sagte Hurewitz.
»Eine *Ratte*? Hurewitz, machen Sie schon!«
»Oh, hmm... Ein Schwein!«
»Ja. Ein Schwein. Begreift doch, daß euer kulturelles Gepäck aus Romanen, Filmen und Fernsehen besteht; ihr erwartet Charaktere und eine psychologische Entwicklung. Deshalb könnt ihr die Katze erkennen. Aber wenn euer kulturelles Gepäck euch nicht den Kringel am Schwanz sehen läßt, dann seid ihr verloren. Dieses Epos ist kein Roman«, er strich die Katze durch, »es ist ein Schweinchen-Epos. Ich habe euch bei jedem Schritt ermahnt, den Kringel am Schwanz zu beachten, ich habe euch aufgefordert, einen Geist zu studieren, der anders arbeitet, als wir es gewohnt sind. Die *Ilias* ist ein Epos, sie funktioniert in Kreisen und Symmetrien. Sie ist ein Epos über den Zorn, und zwar über eine besondere Art von Zorn. Achilleus haut ab und sitzt tagelang erzürnt in seinem Zelt. Was hat also das ganze andere Zeug zu bedeuten – die Schlachten und die anderen Figuren? Wir studieren all diese Nebenfiguren und diese Muster, weil sie unterschiedliche Aspekte des heroischen Ehrenkodex darstellen. Dann verstehen wir, was es bedeutet, wenn Achilleus den Ehrenkodex verletzt.«

Ein Lächeln breitete sich aus, Erleichterung. Die Verwirrung war vorbei – zumindest für den Moment.

»Man hat euch intellektuelle Daumenschrauben angesetzt, und das tut mir leid. Ich entschuldige mich dafür. Ich habe einfach versucht, euch beizubringen, wie man die älteren Kunstwerke liest. Ihr müßt etwas aus einer anderen Kultur lesen. Das hat nichts mit Psychologie zu tun, nichts mit einem Konflikt zwischen dem freien Willen und Determinismus, nichts mit subjektiv und objektiv. Es ist ein Epos – zunächst einmal. Aber es ist nicht eine willkürliche Sammlung von Schlachten; jeder Teil enthält weiter hinten seine emotionale Entsprechung. Sobald ihr das verinnerlicht habt, könnt ihr mich loswerden, was für euch eine Erleichterung sein wird. Ihr werdet mich los und bekommt euch selbst.«

Plötzlich schauten alle auf. Wie sollte das passieren?

Die formale Analyse, so viel verstand ich, war Taylers Verteidigung gegen die Banalität. Er ging auf die heutige Abneigung gegen die *Ilias* ein. Es hatte an der Columbia-Universität in den achtziger Jahren eine Zeit gegeben, als die jährlich wiederkehrende Aussicht, das Epos in der klassischen Literatur zu behandeln, bei den jüngeren Fakultätsmitgliedern Verzweiflung ausgelöst hatte. Es sei ein Epos, das die Frauen unterdrücke und den Krieg verherrliche, und es habe einen infantilen Helden und so weiter. Ich lächelte in mich hinein, weil ich in ähnlichen Bahnen gedacht hatte, ohne die Sekundärliteratur gelesen zu haben. Tayler verlor nicht viele Worte, aber ich begriff, daß seiner Meinung nach jeder Idiot diese Kritik üben konnte, und zwar ohne je zu begreifen, wovon das epische Gedicht überhaupt handelte. Wenn man das Epos an irgendeiner modernen Auffassung von sozialer Sicht, Macht und Geschlecht mißt, nimmt man ihm jede Bedeutung, denn mit all dem hatte Homer nichts zu tun. Die älteren Klassiker, führte er an, könnten nicht leben, wenn man die Bücher in eine bloße, unzureichende Version der Gegenwart übertrug.

So viel verstand ich, aber ich begriff immer noch nicht, wie die Studenten sich durch das formale Studium des Gedichts selbst erkennen könnten. Meinte er das wirklich, oder war es nur ein übertriebenes Sprachbild? Denn wenn er es wirklich meinte, dann war es ein enormes und auch erschreckendes Versprechen. Wollten sie wirklich direkt damit konfrontiert werden – das Mädchen, das gerade vom Gymnasium kam mit seinen langen, glatten Haaren und seiner heiteren Art; der große Kerl aus Kalifornien, der seine Beine weit von sich streckte; der koreanische Junge, der kaum mit jemandem sprach, aber schrecklich höflich war? Selbsterkenntnis wäre für mich mit achtzehn Jahren das letzte gewesen, wonach ich suchte.

Wenn die griechischen und troïschen Helden in der *Ilias* fallen, dann sinken sie schwer und langsam nieder wie große Bäume, und ihre ganze Herkunft, ihre Geschichte, ihr Besitz und ihre Tiere brechen mit ihnen zusammen. Das Gemetzel ist gewaltig, aber niemals unpersönlich. Man fühlt jeden einzelnen Tod wie einen neuen Schlag; man wird nicht abgestumpft. Alles in dem Epos hat ein bemerkenswertes Gewicht und eine ebensolche Konsequenz, sogar die Prahlereien der Helden. Wenn die Männer miteinander sprechen, halten sie sich an vorgegebene Riten; sie zählen erneut die Auszeichnungen und Triumphe ihrer Familie auf – die Speere, die gefallenen Feinden abgenommen wurden, die Schilde, Helme und Panzer, die alle »im Stolz ihres Glanzes« erobert worden waren. Unser wohlerzogener moderner Geschmack verbietet das Prahlen als schlechtes Benehmen, aber das homerische Prahlen hat eine ganz andere Qualität als, sagen wir, das von zwei Mafiabossen, die ihre Reviere vergleichen. Die schimmernden Helme würden nicht so wertvoll sein, wenn die Männer, die sie trugen, nicht heldische Eigenschaften gehabt hätten. Ruhm kann durchaus allem anhaften: etwa den Helmen im *Stolz* ihres Glanzes.

Auch vernachlässigt Homer niemals die Zeremonien, die mit dem persönlichen Auftreten und dem Besitz verbunden sind. Er achtet darauf, daß alles zueinander paßt. Dies einen »Ehrenkodex« zu nennen erfaßt nicht ihre vorgeschriebene und feierliche Kraft. Das Feiern, die Kriegshandlungen und die Götteropfer können nur auf *eine* Weise korrekt ausgeführt werden, nämlich prachtvoll, mit den größten Anstrengungen, größtmöglicher Geschicklichkeit und schärfster Bloßstellung von Versagen. Eine Handlung muß in ihrem äußeren Ablauf das Risiko eingehen, eventuell Schande zu bereiten. Wenn sie außergewöhnlich gut ausgeführt ist, mag sie schmerzhaft sein, aber niemals sinnlos.

Nochmals: Nichts könnte unserer Welt ferner liegen. Das Fehlen von Mitleid war nur der erste Schock. Der zweite kam langsam und war vielleicht eher eine erschreckende Wahrnehmung: Der Glanz der *Ilias*, die Großartigkeit der Erde, der Luft, des Wetters und des Waffenklirrens wäre nicht in diesem Maße möglich, wenn das Epos von einer ethischen Komponente bestimmt würde. Die physische Begeisterung blitzt hell und ungehindert auf. Es ist kein humanistisches Werk, und es kann auch nicht in ein solches verwandelt werden (obwohl das viele versucht haben).

Als ich dies verstand – wobei Tayler kräftig mithalf –, verlor ich meine Abneigung gegen das Epos. Ich entspannte mich; ich begann es zu genießen, auch wenn meine Aufmerksamkeit Launen unterlag. Immer wieder wurde ich abgelenkt, so als ob Kobolde mein Paradies stürmten. Sie kamen unaufgefordert, wurden durch irgendeinen Energiestoß im Epos herbeigerufen und zerrten aus meinem Unterbewußtsein einen Tagtraum oder eine ganze Serie von Tagträumen hervor: Ich war ein Held und schmiedete eine gewaltige Prosa. Und plötzlich war der Traum zu Ende; in der Zwischenzeit waren fünf Minuten vergangen, eine kleine Zeitspanne, die für immer entschwunden war.

Sicher war meine Konzentrationsfähigkeit mit den Jahren schlechter geworden. Aber waren wirklich die Filme daran schuld? Die Kinogänger unter meinen Freunden klagten nicht über mangelhafte Konzentration. Es lag wohl eher daran, daß mein Leben komplexer geworden war. Ich hatte eine kluge und großartige Frau und zwei Kinder; ich hatte mehrere Jobs und mußte an viel mehr denken als mit achtzehn Jahren. Eine viel größere Erfahrung beeinflußte jetzt mein Leben. Vielleicht war die Tagträumerei nicht einfach verschwendete Zeit, sondern eine kunstvolle Arbeit, eine Art verhüllter Kommentar aus der Tiefe. Vielleicht entlastete sie mich auch von der Grausamkeit des Epos.

Wie kann ein Mann viele Tage (und viele tausend Zeilen) lang erzürnt in seinem Zelt sitzen, ohne zu handeln, während Freunde und Feinde sterben, und dennoch der Held eines Epos sein? Die Antwort auf diese Frage deutete schon an, weshalb die *Ilias* mit ihrer so erschreckenden Fremdheit, ihrer Gewalt und Barbarei nicht leicht ihren Platz oder ihre beherrschende Stellung am Beginn der westlichen Literaturtradition behaupten kann.

Die Crux dieses Epos liegt zumindest für den modernen Leser im IX. Gesang, noch lange bevor Achilleus sich wieder am Krieg beteiligt. Während die Troer nachts bei ihren Feuern wachen und sich auf den Angriff im Morgengrauen vorbereiten, schicken die Griechen, die jetzt in ernster Gefahr sind, drei Boten zu Achilleus, die ihm Geschenke versprechen. Die drei Helden, darunter Odysseus, der listigste aller Könige, bitten Achilleus, seinen Zorn zu vergessen. Und dies bieten sie ihm an: Dreifüße und Kessel, Pferde, Gold, Sklavinnen, eine von Agamemnons Töchtern als künftige Gattin und selbst die Rückkehr der Lieblingssklavin des Achilleus, von der Agamemnon schwört, sie nie berührt zu haben. Was kann Achilleus noch verlangen? Dem für alle gültigen Ehrenkodex entsprechend, müßte er die Geschenke annehmen und in die Schlacht zurückkehren. Achilleus' Ehre ist beschmutzt worden; jetzt wird sie wiederhergestellt.

Seine erste Antwort ist eine erschütternde Rede in Shakespearescher Manier von mehr als 120 Versen (Vers 308-429), bei der sich Gedanken und Emotionen abwechseln; sie hört sich ganz anders an als das übrige Epos, denn sie zeigt einen Mann, der darum ringt, etwas zu sagen, was bis zu diesem Augenblick noch niemals gesagt, ja noch nicht einmal gedacht worden ist. Während die anderen Helden allen ihren Worten durch den Bezug auf die Familientradition, die Ehre, die Trophäen und die Beute Gewicht verleihen, spricht Achilleus nur für sich selbst.

Denn verhaßt ist mir der Mann gleich den Toren des Hades,
Der das eine verbirgt im Sinn und anderes ausspricht.
Ich aber will sagen, wie es mir am besten zu sein scheint.
Nicht wird mich der Atreus-Sohn Agamemnon bereden, meine
    ich,
Und auch nicht die anderen Danaer, da ja kein Dank war,
Daß ich kämpfte mit feindlichen Männern unablässig immer.
Gleiches Teil wird dem, der zurückbleibt, und wer noch so sehr
    kämpft,
Und in gleicher Ehre steht der Schlechte wie auch der Tüchtige.
Gleichermaßen stirbt der Tatenlose und wer vieles getan hat.
Nichts hat es mir verschafft, daß ich Schmerzen litt im Mute,
Immer mein Leben daransetzend, um zu kämpfen.
Und wie eine Vogelmutter den unflüggen Jungen hinträgt
Den Bissen, wenn sie ihn findet, und schlecht geht es ihr
    selber,
So habe auch ich viele schlaflose Nächte hingebracht
Und Tage, blutige, durchgemacht im Kampfe,
Mit Männern kämpfend um der Frauen willen von denen!
*(IX, 312-27)*

Denn erbeuten kann man Rinder und feiste Schafe
Und erwerben Dreifüße und Pferde mit falben Häuptern:
Das Leben aber eines Mannes, daß es wiederkehre, kann weder
    erbeutet
Noch ergriffen werden, sobald es verlassen hat das Gehege der
    Zähne.
*(IX, 406-409)*

Der Protagonist stellt sich schließlich doch als wahrer Held heraus. Der Zorn und der Rückzug des Achilleus, ein beinahe infantil oder zumindest narzißtisch wirkendes Verhalten (er hat seine Kriegsbeute, nämlich seine Lieblingssklavin, an den Papa verloren), hatten den bemerkenswerten Effekt, diesen hochmütigen jungen Mann zu einer neuen Vorstellung vom Krieg zu bekehren. Plötzlich sucht er nach einer neuen Definition von Ehre, die nicht vom Tausch von Frauen oder Gütern abhängt oder von der Meinung, die Männer vom Heldenmut eines anderen haben. »Und in gleicher Ehre steht der Schlechte wie auch der Tüchtige. / Gleichermaßen stirbt der Tatenlose und wer vieles getan hat.« Für den größten Helden der Welt ist dies ein verheerendes Zugeständnis. Von unserem Gesichtspunkt aus hat Achilleus einen Schritt voran zu einem privaten oder sogar geistigen Werteempfinden gemacht: Ehre ist eine Angelegenheit zwischen einem Mann und Zeus oder zwischen einem Mann und sich selbst, und letztendlich kann niemand am Tod eines anderen gemessen werden; der Wert des Lebens ist nicht meßbar. Wenn man diese Rede mit dem Verhalten und den Reden der anderen Helden vergleicht (wie es Tayler mit seinen Studenten tat), dann versteht man, daß Achilleus nahe daran ist, mit dem Ehre/Schande-Kodex von Homers Kriegergesellschaft zu brechen. Er hat einen (nicht immer erfolgreichen) Versuch unternommen, Bewußtsein zu erlangen, das Bewußtsein nämlich, das (für einen modernen Leser) im Epos fehlte.

Der erste Held des Bewußtseins kann nur so weit gehen; seine Revolte ist unvollständig. Nachdem Patroklos von Hektor getötet worden ist, verwandelt sich der Zorn des Achilleus in eine persönliche Wut auf Hektor, und er beginnt mit seinem Wüten (wie wir gesehen haben) und tötet schließlich Hektor, dessen Leiche er tagelang um die Mauern von Troia schleift. Bei der Beerdigung von Patroklos opfert er zwölf junge Troer, die er im Fluß gefangengenommen hat, durchschneidet ihre Kehlen ebenso wie den Schafen und Rindern und häuft ihre Leichen auf den Scheiterhaufen. Er ist schlaflos, untröstlich und vor Kummer fast wahnsinnig.

In der selbstgefälligen »humanistischen« Lesart der *Ilias* erzielt Achilleus am Ende des Epos eine Vollkommenheit als Held. Er gibt Hektors Leiche an Priamos, König von Troia und Vater des großen Kriegers, zurück. Im XXIV. Gesang, der demütigen Bitte des Priamos an Achilleus (»Und habe gewagt, was noch nicht ein anderer Sterblicher auf Erden: / Die Hand nach dem Mund des Mannes, des Sohnesmörders, emporzustrecken!«), findet sich eine der bewegendsten Szenen der Literaturgeschichte; hier empfindet Achilleus zum ersten Mal Mitleid (so meint zumindest der Leser) und ist bereit zu sterben. Homer beendet das Epos mit der Schilderung von Hektors Beerdigung, aber wir wissen, daß Achilleus den Ruhm und einen frühen Tod gewählt hat statt ein geruhsames Alter in der Sicherheit des Landes seiner Väter. Mit geläutertem Charakter verzichtet Achilleus auf Grausamkeit und schließt sich wieder der Gemeinschaft an; er wird (im Anschluß an das Epos) als wirklicher Held sterben.

Aber diese Interpretation ist zu glatt, Sonntagsschul-Geschwätz; so hat man die klassische Literatur vielleicht vor fünfzig Jahren verstanden. Wenn das der ganze Inhalt des Epos wäre – das Heranreifen eines arroganten jungen Mannes –, könnte man leicht den Leuten recht geben, die die *Ilias* in die Ecke feuern wollen. Aber so ist es eben nicht. Ein Zorn wie der von Achilleus kann nicht zum Schweigen gebracht werden, wenn er einmal erwacht ist, denn er nimmt eine neue Grausamkeit an, die Grausamkeit des Gedankens: Die Fragen, die Achilleus über Krieg und Tod stellt, bleiben unbeantwortet, weil sie nicht beantwortet werden können. Die *Ilias* mit all ihrem prahlerischen Ruhm hält ihre Spannung, stellt ihr eigenes Ethos in Frage, wertet es sogar um, und am Ende fühlt man sich zutiefst unbehaglich. Als ich die *Ilias* zu Ende gelesen hatte, fühlte ich Erleichterung, aber auch eine Art Scheu. Konnte dies dasselbe Werk sein, das von einigen Kritikern und Professoren als bloße Verherrlichung des Krieges gegeißelt wurde, als triumphale Schule für moderne Imperialisten und Chauvinisten, die eifrig bestrebt sind, ihre Hegemonie über die physische und soziale Welt auszudehnen? Achilleus weiß, daß er als Held unsterblich sein wird, doch ist er der einzige, der am Tod Maß nimmt. Am Ende des Epos sieht man ihn immer noch untröstlich und unversöhnlich, er wütet immer noch rings um Troia. Die Literaturgeschichte des Westens beginnt mit einem Helden, der die Natur der Zivilisation, wie sie damals konstituiert wurde, sowohl verkörpert als auch in Frage stellt.

Als weißer Mann und Bürger, als ein Mann, der in der Kultur des Westens erzogen wurde, bin ich nicht gerade ein Imperialist, aber ich schreibe innerhalb der Mauern des »Imperiums« und genieße seinen Schutz. Äußerlich, von der kulturellen Linken her betrachtet, ist dies meine Identität. Aber eben nur äußerlich gesehen. Wenn eine Identität ausschließlich von der ethnischen Zugehörigkeit, dem Geschlecht und der sozialen Schicht definiert wird (die unausweichliche Dreieinigkeit der kulturellen Linken), wie können wir dann erklären, wie wir mit den Karten, die uns zugeteilt wurden, spielen? Oder wie wir unsere eigene Erfahrung empfinden? Als ich die *Ilias* zu Ende las, erinnerte ich mich, daß ich mit achtzehn Jahren, als Anfänger, der beide Grundkurse belegt hatte, von Homers Kriegsgedicht enttäuscht gewesen war. Als junger Mann, der unter den selbstzweiflerischen Qualen eines Achtzehnjährigen leidet (und Selbstzweifel waren 1961 an der Columbia durchaus in Mode), konzentrierte ich mich auf die Unterschiede zwischen mir und den Helden Homers, und das machte mich nicht glücklich. Vor dem physischen Mut und der Großartigkeit des Epos hatte ich allzu große Scheu, was ich als Hohn empfand.

In der Zwischenzeit hatte ich einen Haushalt in New York gegründet und war Vater geworden. Ich hatte jetzt eine Wohnung mit dicken Wänden, besaß edle Bettücher und trank San-Pellegrino-Wasser zum Mittag; und als ich die *Ilias* wiederlas, beunruhigte sie mich auf eine andere Weise. Die amoralische Großartigkeit des Epos, die Herrlichkeit der freien Luft, der Feste und der Feuer, das hemmungslose Ausleben der physischen Freude, die Exzesse, die einen mitrissen (nachdem der Schock erst einmal abgeklungen war), begannen mich völlig zu berauschen – was einen, zuallermindest, weit weniger zufrieden mit seinen edlen Bettüchern und dem San-Pellegrino-Wasser zurückläßt. Das Leben der Mittelklasse war nicht mehr als ein angenehmer Kompromiß verglichen mit folgender Szene:

Und wie wenn am vielhallenden Gestade die Woge des Meeres
Sich erhebt: eine dicht nach der anderen, vom West getrieben;

Fern auf dem Meer behelmt sie sich erst, dann aber am Festland
Sich brechend braust sie gewaltig, und um die Klippen
Wölbt sie sich, gipfelt sich auf und speit von sich den Salz-
    schaum:
So bewegten sich damals dicht nacheinander die Reihen der
    Danaer
Unablässig zum Kampf. Und es trieb die Seinen ein jeder
Von den Führern . . .
*(IV, 422-429)*

Ich meine damit nicht, daß die Kraft der *Ilias* an der Trauer gemessen werden kann, die sie einem Leser aus der Mittelschicht verursacht. Ein großes Kunstwerk fordert nun einmal fast jeden Menschen
heraus und wirkt subversiv auf seinen Seelenfrieden. Selbst der ruhige letzte Gesang der *Ilias*, in dem Priamos durch die griechischen
Linien fährt und um die Leiche seines Sohnes bittet, ist mit Sorge
und Drohung und Andeutungen von der kommenden Katastrophe
angefüllt – der Plünderung Troias, dem Töten der übriggebliebenen
Männer, der Verschleppung der Frauen und Kinder als Sklaven. Homer feierte reuelose Grausamkeit und verabscheute die Ergebnisse
der reuelosen Grausamkeit. Die *Ilias* mit ihrer Ambivalenz hinsichtlich Ruhm und Tod fordert die meisten gängigen Vorstellungen über
das, was recht und falsch, was wahr, was heldenhaft und schließlich
was menschlich ist, heraus.

Kapitel 2

SAPPHO

Betäubt und erschöpft von der *Ilias* legten wir eine kleine Pause
ein, bevor wir uns der *Odyssee* zuwandten, und lasen dankbar den
»Hymnus an Demeter« und einige Gedichte von Sappho – die Werke
zweier Frauen, die zwischen die beiden gigantischen Epen geschoben wurden. Der Demeter-Hymnus ist ein liebenswürdiges Werk von
495 Versen, das nichtsdestoweniger zum Kern des Lebens vordringt.
Demeter, die Göttin der Fruchtbarkeit und der Ernte, hat eine wunderschöne Tochter, Persephone, die von Hades, Bruder des Zeus und
Herr der Unterwelt, entführt (d. h. vergewaltigt) wird. Hades schleppt
sie mit sich hinunter in sein Königreich. Die Mutter, allein gelassen,
gekränkt und unversöhnlich, verbirgt sich zunächst unter den Sterblichen in der griechischen Stadt Eleusis. Aber nach einer Trauerperi-
ode beginnt sie mit ihrer Rache: Sie ruft Hunger auf der Erde hervor,
was nicht nur die Männer und Frauen auf Erden ihrer Nahrung beraubt, sondern auch die Götter ihrer Opfergaben. Wenn Persephone
nicht zurückkommt, werden die Männer und Frauen sterben, und die
Götter werden nicht mehr verehrt werden können. Auf dem Olymp
ist man beunruhigt. Nach vielen Sendboten zu Demeter und Hades
beschließen die Götter, daß die geraubte Persephone einen Teil des
Jahres (den Winter) in der Unterwelt mit Hades verbringen darf, zu
welcher Zeit auf Erden nichts wachsen wird, und den anderen Teil des
Jahres bei ihrer Mutter, die dankbar die Felder mit Blättern und Blumen und Nahrung segnet. Deshalb gibt es die Jahreszeiten, kalt und
warm, unfruchtbar und fruchtbar; und deshalb wird auch zur Ern-
tezeit das mystische Fest in Eleusis gefeiert. Die Eleusis-Riten, eine
Mischung aus Anbetung und Saturnalien, waren ein zügelloses Ereignis, bei dem die Feiernden einander wie der Mond umkreisten, große
priapische Konstruktionen hochhielten, sich liebten, obszöne Scherze

51

riefen und mit Kot warfen. Ja, die schönen, ernsten Griechen taten all dies, um ihre Angst vor leeren Feldern und dem Tod mit Riten zu verscheuchen, die sowohl heilig als auch profan waren.

Der Hymnus, voller Kummer und Liebe einer Mutter, ist reizend und oft lustig, aber er hat seine rätselhaften Seiten. In ihrem Schmerz in Eleusis nimmt Demeter eine Arbeit als eine Art Edel-Amme für ein fürstliches Kind an, und sie beschließt, es als Gott großzuziehen; nachts, wenn die Eltern schlafen, stählt sie das Kind im Feuer. Was macht sie da? Warum toastet sie das männliche Kind? Tayler bot eine anthropologische und symbolische Erklärung an: Der Hymnus drückt den Übergang von einer früheren matriarchalischen zu einer patriarchalischen Organisation der aufsteigenden griechischen Stadtstaaten aus. Das männliche Kind, vom Feuer (Erfahrung) gehärtet, wird die Macht übernehmen, teilweise deshalb, weil die Göttin der Ernte befriedet wurde und ihre bedrohliche Macht aufgegeben hat. Wenn man darüber nachdachte, liegt eine erschreckende Vorbedeutung in dem Hymnus: Sobald erzürnte Frauen ihren Segen versagen, kommt das Leben zum Stillstand.

Um der Harmonie willen nimmt die Klassische Philologie an, daß der »Hymnus an Demeter« von einer Frau geschrieben wurde. Niemand ist absolut sicher. Als ich 1961 erstmals die Vorlesungen belegte, standen weder der Hymnus noch Sappho auf dem Plan; beide wurden 1986 hinzugefügt, drei Jahre, nachdem erstmals Frauen an der Uni zugelassen wurden. Jane Austen war im Jahr davor hinzugefügt worden und Virginia Woolf vier Jahre später, im Jahr 1990. Niemand konnte etwas gegen ihren Platz auf der Liste haben. Aber wie steht es mit Sappho? War ihre Hinzufügung ein spezielles Plädoyer, ein Schlag mit der politischen Keule, die die alten Denkmäler zerschlug? Irgend etwas mußte den neu Eintretenden weichen, und so wurde der lateinische Schriftsteller Lukrez, dessen exzentrisches Epos *Von der Natur der Dinge* ich sehr mochte, wie ich mich erinnere, von der Liste gestrichen, ebenfalls Dostojewski sowie der übermäßig skatologische, angeblich sexistische Rabelais. Mißtrauisch las ich weiter.

Eros löst meine Glieder und stört mich auf,
bittersüßes, entmachtendes Ungetier.

Sappho zu lesen ist eine schwierige Aufgabe, da ihr Werk hauptsächlich in kurzen Fragmenten erhalten ist (wie das obige), die von späteren Autoren zitiert werden, oder alten, zerbröckelnden Papyri entnommen wurde. Ein Gedicht, das ich weiter unten zitiere, ist vollständig erhalten, zusammen mit ein paar längeren Fragmenten, etwa 500 Verse insgesamt, während alles andere zu Staub zerfallen ist. Sappho wurde für der Erhaltung unwürdig befunden oder unwürdig, der Jugend zugänglich gemacht zu werden, und ist im Mittelalter daher wohl nicht auf Pergament übertragen worden, das dauerhafter als Papyrus ist. Sappho schrieb Liebesgedichte, ein Genre, das in der Literaturhierarchie tiefer als Epen oder Tragödien eingestuft wird. Steckte hinter der Gattungsbevorzugung ein Vorurteil gegen Frauen? Selbst wenn Sappho kopiert worden *wäre*, hätte ihr Werk an verschiedenen Knotenpunkten verlorengehen können, als das literarische Überleben in der Schwebe hing – zum Beispiel bei der Plünderung von Byzanz 1204, während des schmachvollen Vierten Kreuzzuges. »Wenn der Palast brennt«, hörte ich einen Professor sagen, »dann rettet man die epischen Gedichte.«

Niemand bezweifelt, daß es eine ganze Menge mehr gab, vielleicht neun Papyrus-»Bücher« mit Gedichten, und es herrscht weitgehende Übereinstimmung, daß es ein Werk von Rang war. Sappho lebte nach Homer, um 600 vor Christus – auf Lesbos natürlich –, und wurde in den folgenden Jahrhunderten berühmt. Ihr Konterfei wurde auf Münzen geprägt, ihre Statue in großen Städten aufgestellt; Platon nannte sie offenbar »die zehnte Muse«. Aber das Werk ist dummerweise nicht mehr vorhanden, nur noch Indizien ihres hohen Talents und großen Ruhms.

Sappho nimmt eine problematische Stellung im Seminar ein. Steht wirklich zweifelsfrei fest, daß sie nicht *als Frau* vor anderen »verlorengegangenen« Dichtern bevorzugt wurde, deren Fragmente auch studiert werden könnten? Als ich darüber nachdachte, begann mein Widerstand gegen diese Wahl größer zu werden, und ein Hauch von Irritation trübte mein Vergnügen an Sappho (und sie ist, selbst in Fragmenten, sehr vergnüglich). Ihr ist so etwas wie eine Vorzugsbehandlung zuteil geworden, als eine deutliche Demonstration, als Tadel für jene, die sich nicht die Existenz einer bedeutenden Dichterin in der Klassikerwelt vorstellen können. Wir zelebrierten nicht eine greifbare literarische Leistung, sondern eher die Idee einer Frau, die das Reich der Toten Weißen Männer durcheinanderbrachte.

Aber man muß die grausame Geschichte ihres Ansehens in Erwägung ziehen und dann nach dieser Erwägung urteilen, ob die Demonstration nicht vielleicht doch notwendig ist. Im fünften Jahrhundert vor Christus wurde Sappho verehrt, im folgenden Jahrhundert wurde sie dann lächerlich gemacht und auch auf lange Zeit danach. Denn Sappho schrieb nicht nur über Liebe, sie schrieb über Liebe zwischen Frauen, und ihre sinnliche Lyrik rief einen Aufruhr des Unbehagens und der Mißbilligung hervor. Im vierten Jahrhundert vor Christus verhöhnten die Athener Satiriker sie als Prostituierte, als Selbstmörderin, als sexuell Unersättliche usw. Mehr als zweitausend Jahre später, Ende des neunzehnten Jahrhunderts, waren die Mythenmacher immer noch am Werk. Baudelaire, Verlaine und Pierre Louÿs, Größen der Dekadenzdichtung, deuteten ihre Lebensgeschichte als die einer wahnsinnigen, lesbischen Exotin, einer Frau von unendlicher Lust, einer Gorgo des Eros. Sie wurde zu einer Figur in der pornographischen literarischen Phantasie. Die Franzosen benutzten sie vielleicht nur für ihre eigenen Zwangsvorstellungen, aber die Verhöhnung, mit der sie von jenen Griechen des vierten vorchristlichen Jahrhunderts bedacht wurde, war schlimmer, sie war ein Höhepunkt männlicher Heuchelei, da die Griechen die männlichen homosexuellen Beziehungen höchlich romantisierten. Die Viktorianer reinigten Sappho pflichtgetreu, was eine andere Art von Entweihung darstellte.

Wie Josephine Balmer in der von ihr herausgegebenen Ausgabe von Sapphos Werk hervorhob, ist Sappho oft nicht als Schriftstellerin, sondern als *Person* beurteilt worden. Feindselige Kommentatoren, meist Männer, nehmen an, daß sie in ihren innigen Auslassungen bloß über sich selbst schrieb; sie lassen die übliche Analyse der literarischen Persona fallen – den Gedanken, daß ein Dichter sich selbst als einen Charakter erschaffen könne. (Über einen männlichen Schriftsteller würden sie nicht auf diese Weise schreiben.) Balmer hat darin offenbar recht. Sappho ist verunglimpft worden, und zwar erfolgreich; eine Aura von Skandal und Mißbrauch hat sich an ihren Ruhm geheftet. Leute, die sie nie gelesen haben, wissen nur, daß sie so eine Art von wilder Lesben-Dichterin ist. Und die Verunglimpfung wurde verewigt, weil man ihre Texte ignorierte.

Ihre Gedichte beweisen, daß Sappho eine hohe soziale Position innehatte, daß sie verheiratet war und eine Tochter hatte. Tayler, der sie kurz behandelte, beschrieb sie als »bestens erzogen, sehr intelligent, mit einer vielleicht fünfhundertjährigen poetischen Tradition hinter sich«. Wie Homer kam sie aus einer mündlichen Tradition; die Gedichte, obwohl niedergeschrieben, waren dazu gedacht, laut vorgetragen zu werden. Man stelle sich einen Salon mit wunderschönen Frauen vor, die meisten verheiratete Aristokratinnen, die sich zu einer abendlichen Unterhaltung versammelten. Es würde Musik gespielt werden. Dann würde Sappho dort stehen und singen. Ihre Gedichte handelten von privaten Emotionen, Sehnsucht, Sex, Ehe, Trennung, Lust – wie in dieser Anrufung der Liebesgöttin Aphrodite um Hilfe bei der Suche nach einer Frau.

Bunten Thrones ewige Aphrodite,
Kind des Zeus, das Fallen stellt, ich beschwör dich,
nicht mit Herzweh, nicht mit Verzweiflung brich mir,
Herrin, die Seele.

Nein, komm hierher, so du auch früher jemals
meinen Ruf vernommen und ganz von ferne
hörtest drauf und ließest des Vaters Haus, das
goldne, und kamst, den

Wagen im Geschirre. Dich zogen schöne
schnelle Spatzen über der schwarzen Erde,
flügelschwirrend, nieder vom Himmel durch die
Mitte des Äthers,

gleich am Ziele. Du aber, Selig-Große,
lächeltest mit ewigem Antlitz, und du
fragtest, was ich wieder erlitten, was ich
wiederum riefe,

was ich maßlos wünschte, daß mir geschähe,
rasend in der Seele. »Ja, wen soll Peitho
deinem Liebeswerben verführen, wer, o
Sappho, verschmäht dich?

Ist sie heut noch flüchtig, wie bald schon folgt sie,
ist sie Gaben abhold, sie selbst wird geben,
ist sie heut noch lieblos, wie bald schon liebt sie,
auch wenn sie nicht will.«

Komm zu mir auch jetzt; aus Beschwernis lös mich,
aus der Wirrnis; was nach Erfüllung ruft in
meiner Seele Sehnen, erfüll. Du selber
hilf mir im Kampfe.
                                                          *(I, S. 9)*

Ich bin sehr glücklich, daß mich jemand dazu gebracht hat, dieses Gedicht zu lesen. Nach Homers qualvollen Grenzenlosigkeiten war Sapphos fröhliche Stimmung eine außerordentliche Erleichterung. Die Dichterin stellt sich selbst als Frau dar, die um eine andere Frau wirbt, aber gefangen ist zwischen Lust und Selbstverspottung; unersättlich vielleicht, aber auch absurd. Wen soll Peitho *diesmal* deinem Liebeswerben verführen, Sappho? Aphrodite, so begreifen wir, hat diese Forderungen schon zuvor gehört und hat sie zuvor befriedigt. Doch die Göttin wird einen Unterschied machen; sie wird dafür sorgen, daß die Frau, die Sappho liebt, ihr zugeneigt ist, selbst gegen deren Willen. Vielleicht ist es dieses Element der Überredung, das die Leser irritiert hat, denn hinter der spöttischen Anrufung der Liebesgöttin liegt die bereitwillige Annahme, daß die Flamme zünden, daß die Lust übergreifen werde (Aphrodite wird uns berühren, selbst wenn wir nicht berührt werden wollen), und die Verfolgte wird zur Verfolgerin. Sappho ist beides: Im Gedicht und als Dichterin, die die Charaktere des Gedichts kontrolliert, ist sie sowohl Urheberin als auch Närrin der Lust. Der Geist des Gedichtes, dachte ich, ist leidenschaftlich und fordernd und gleichzeitig ironisch und spielerisch.

Taylers Studenten fingen den Ball auf und machten darauf aufmerksam, wie Sappho (in diesem und anderen Gedichten) die homerische Bildsprache des Krieges und der Eroberung für innige Zwecke nutzt, und wie sie sich vom heroischen Stil Homers verabschiedet. Tayler wandte sich dann an die Studentinnen, hänselte sie ein wenig bezüglich der Lust (»Ist euch das jemals passiert?«) und ermunterte danach die Männer, sich über die Liebe zu äußern, wie Sappho sie charakterisierte, nämlich als »bittersüß«. Ein paar der Frauen lächelten und

56

nickten, aber die Männer blieben mürrisch schweigsam oder sagten nur ein paar brummelnde Worte, noch unentschieden, ob sie zum Gegenangriff übergehen oder beleidigt sein sollten. Ich meinte, daß Tayler bei einem Mädchen zu weit ging; sie war jung und schwerfällig, wirkte verschlafen, vielleicht sogar depressiv, und er zog eine emanzipiert-onkelhafte Nummer ab, indem er von Sex sprach. Aber er sprach merkwürdig darüber; er sagte, die Studenten sollten sich der Lust bis zu einem gewissen Grad zuwenden, wenn sie leben wollten, doch würden sie nur Kummer erleben, wenn sie es täten. Bittersüß. Gehörten die beiden Dichterinnen in das Seminar? Ich möchte aus der Lektüreliste der Columbia-Universität keinen Fetisch machen, denn schließlich ist sie nichts anderes als eine ziemlich willkürliche Auswahl, die sich zudem häufig ändert. Andere Universitäten haben andere Listen. Aber laßt uns nicht so tun, als ob es uns gleichgültig wäre, wer auf der Liste steht und weshalb. Feministische und gegenfeministische Argumente belustigten mich. In unterschiedlicher Weise sind beide Autorinnen Leidtragende des siegreichen Patriarchats. Die alte matriarchalische Ordnung, die im »Hymnus an Demeter« beschworen wird, war mit solcher Sorgfalt beseitigt worden, daß jeder, der wie Sappho die neue patriarchalische Führung, selbst mit lyrischen Gedichten oder selbstverspottender Lust, bedrohte, auf rohe Weise niedergemacht werden mußte. Die zweitausendjährige Verleumdung von Sapphos Ruf war ein trauriges und zweckmäßiges Zeichen dafür, weshalb so wenige Frauen vor dem siebzehnten Jahrhundert große Werke der Literatur, Philosophie, Malerei und Musik schufen.

Konkurrenz zwischen großen Schriftstellern ist absurd. Doch kann ich nicht behaupten, daß ich vor dreißig Jahren mehr über Kunst oder das Leben lernte, als ich statt Sappho Lukrez las, einen Dichter, der ironisch, spaßig, modern in seiner Geisteshaltung und sehr frisch war. Es gab nicht viel *von* ihr, aber was es gab, das war, wie Spencer Tracy von einem anderen weiblichen Genie sagte, süperb. Daher begrub ich meine früheren Zweifel: Die Tatsache, daß von Sapphos Dichtung nur wenige Fragmente erhalten waren, war kein Argument, auch das zu ignorieren, was wir nun einmal *haben*. Ganz im Gegenteil. Sappho zwischen den Epen von Homer zu lesen war sowohl eine literarische als auch eine gesundheitsfördernde Erfahrung. Nicht nur ein Speer in der Brust, sondern auch die Liebe läßt die Beine schwach werden;

auch *Liebe* löst die Glieder. Wir würden Homer oder vielleicht andere Schriftsteller in der Vorlesungsreihe nicht mehr auf die gleiche Weise lesen. Die Einstellung zur klassischen Literatur war verändert worden; die Türe war aufgestoßen worden, nur einen Spalt weit, aber Gelächter und geistige Gesundheit waren hereingeflutet.

Kapitel 3

PLATON I

Ich war mal wieder in Träumereien versunken.

Mitte September las ich nachts zu Hause auf dem Sofa im Wohnzimmer, dem Schauplatz meiner weitschweifigen Grübeleien, und war zum ersten Abschnitt von Platons gewaltigem Dialog *Der Staat* gekommen, in dem Platons Lehrer und Freund Sokrates mit seiner Diskussion über Gerechtigkeit beginnt. *Gerechtigkeit!* Im Amerika der 90er Jahre schien das kaum mehr als ein nettes Ideal zu sein. Was wußten wir von Gerechtigkeit? Die Rechtsprechung war überlastet, blockiert und gespalten durch die verschiedenen ethnischen Interessen und befand sich in einem Zustand des Beinahe-Zusammenbruchs. Ein großer Teil der Bevölkerung glaubte nicht an das Ideal der sozialen Gerechtigkeit, zumindest nicht als etwas, das durch eine bewußte Handlung der Regierung erreicht werden könnte. Der Markt, der in den Augen der Konservativen den Tüchtigen belohnt und den Faulen bestraft, war schließlich das allgemein anerkannte Instrument zur Verteilung von Gerechtigkeit geworden.

Platon begann die ersten Seiten von Buch II des *Staates* mit einer verlockenden Idee, einer Versuchung, einer Öffnung zur Freiheit; und als ich sie las, begannen wieder meine Tagträume. Zur Debatte stand folgende Frage: Würde irgend jemand gesetzestreu sein, wenn er keine Angst vor Strafe hätte? Würde irgend jemand der Gerechtigkeit um ihrer selbst willen folgen? Oder würde er einfach ungestraft alles tun, was ihm einfiele? Wie immer besteht Platons Dialog aus einer Unterhaltung zwischen Sokrates und einigen repräsentativen jungen Männern der aristokratischen Klasse Athens. Einer der Burschen, der Sokrates anstachelt – Glaukon, ein Freund, der Sokrates dazu bringen will, die Sache der Gerechtigkeit aufs beste zu verteidigen –, erzählt eine seltsame und boshaft zersetzende Geschichte.

Es ist der Mythos vom Ring des Gyges. Im alten Königreich Lydien stiehlt der Hirte Gyges einen goldenen Ring vom Finger eines toten Riesen. Als er mit den anderen Hirten zusammensitzt, beginnt Gyges mit dem Ring zu spielen und dreht den Edelstein zur Innenseite seiner Hand. Plötzlich merkt er, daß die Hirten von ihm reden, als wäre er nicht da. Wenn der Edelstein nach innen gedreht ist, macht der Ring ihn unsichtbar! Glaukon fährt fort:

> Als er dessen innegeworden, habe er sogleich bewirkt, unter die Boten aufgenommen zu werden, die der König um sich hielt, und so sei er gekommen, habe dessen Weib zum Ehebruch verleitet, dann mit ihr dem König nachgestellt, ihn getötet und die Herrschaft an sich gerissen. Wenn es nun zwei solche Ringe gäbe, und den einen der Gerechte anlegte, den andern aber der Ungerechte, so würde doch wohl keiner, wie man ja denken müsse, so stahlhart sein, daß er bei der Gerechtigkeit bliebe und sich darauf setzte, sich fremden Gutes zu enthalten und es nicht anzurühren, da ihm freistünde, teils vom Markt ohne alle Besorgnisse zu nehmen, was er nur wollte, teils in die Häuser zu gehen und beizuwohnen, wem er wollte, und zu töten oder aus Banden zu befreien, wen er wollte, und so auch alles andere zu tun, recht wie ein Gott unter den Menschen. Wenn er nun so handelte, so täte er nichts von dem andern Verschiedenes, sondern beide gingen denselben Weg.
> *(S. 43)*

Ich nehme mir frei. Ich fahre zum Flugplatz, und ab geht's nach Bagdad, wo ich im Bazar ein Messer finde, mich zum Hauptquartier von Saddam Hussein durchschlage, mich an den Wachen vorbeischmuggle und das Messer in des Diktators Brust stoße...
Nein.
Ich erwache plötzlich aus meinem Tagtraum und merke zu meiner Enttäuschung, daß ich so etwas nicht machen würde. Selbst wenn ich unsichtbar wäre, könnte ich Saddam Hussein nicht töten, obwohl ich nichts dagegen hätte, wenn ein anderer es täte. Glaukon, dachte ich, hatte unrecht – zumindest in meinem Fall. Ich würde »gerecht« bleiben, allerdings nicht unbedingt aus moralischer Überzeugung. Ich würde mich wahrscheinlich aus Gewohnheit der seit langem

herrschenden bürgerlichen Gesetzestreue unterwerfen und deshalb ehrlich, gewaltfrei und sogar pflichtgetreu bleiben. Ich hätte keine Lust, mit irgendeiner Frau zu schlafen, die mit einem unsichtbaren Mann schlafen will. Na gut, vielleicht *einmal*, spaßeshalber. Aber wen lohnte es zu bespitzeln? Bestimmt nicht Madonna, die seit langem schon die ganze Welt zu Voyeuren gemacht hat. Worin bestünde dann noch mein Abenteuer? Man könnte provisorische Verbrechen verüben – einen Armani-Anzug klauen, sichtbar werden und ihn auf einer Party tragen, um ihn am Morgen wieder zurückzubringen. Man könnte die Reichen bestehlen! Aber das wäre keine unrechtmäßige, sondern eine liberale Phantasie. Was noch? Sich davonstehlen und ein Nickerchen machen, wann immer man wollte!

Das ist nicht gerade eine tolle Idee. In Wahrheit, so glaubte ich, handelten zu viele Leute in Amerika so, als ob sie den Ring des Gyges bereits trügen. Der Traum von der völligen Unsichtbarkeit – die Hoffnung, bei einem Mord davonzukommen – war etwas, was uns schadete. Das erste Mal, als ich den *Staat* las, im Alter von achtzehn Jahren, hätte ich den Ring vielleicht genommen. Aber jetzt wollte ich Frieden, eine bürgerliche Ordnung und Verantwortlichkeit. Auf jeden Fall war ich zu sehr ein Kind der Medien; ich brauchte Sichtbarkeit, nicht Unsichtbarkeit. Ich wollte gesehen werden.

Natürlich würden die Fragen nach Freiheit und Strafe niemals aufhören. Das war nicht nur ein Seminarthema. Und die Frage war dringender denn je zuvor. Hätte die Vorlesung zur Kulturgeschichte der Gegenwart, die auch eine Einführung in die politische Philosophie ist, ein einziges Thema, dann könnte dieses lauten: Was hält die bürgerliche Gesellschaft zusammen? Ist es Angst? Oder Loyalität den Idealen gegenüber? Ehrlichkeit? Ein unsichtbarer und ungeschriebener Vertrag? Könnte eine Gesellschaft bestehen, wenn ihre Mitglieder nicht auf irgendeine Weise der Gerechtigkeit verpflichtet wären? Im Moment hatte das alte Seminarthema eine ziemlich erschreckende Dringlichkeit. Amerika schien in den neunziger Jahren demoralisiert, und zwar auf eine Weise, die Platon verstanden hätte: Die Scham, die man empfindet, wenn man ein Verbrechen begeht, und die Angst vor Strafe waren beinahe verschwunden; gleichzeitig schien niemand mehr wirklich an Amerika als eine bürgerliche Gesellschaft zu glauben. Die allgemeine Vorstellung davon, was Wahrheit ist – also nicht ein Ideal, sondern ein von allen geteiltes Einverständnis darüber, woraus die Wirklichkeit besteht –, war fast verschwunden unter dem Druck der ethnischen, schicht- und geschlechtsspezifischen Interessengruppen. Die Gesellschaft funktionierte gut für einige Individuen und Gruppen, und man kämpfte für sich allein oder für die eigene Gruppe. Aber die Kehrseite des Gruppenzusammenhalts war die Gruppenschikanierung. Die Schwarzen fühlten sich von den Weißen schikaniert und die Weißen von den Schwarzen, Frauen von Männern und Männer von Frauen. Eine Gesellschaft, in der sich jeder als Opfer fühlt, kann niemals mit ihren Mißständen zu Rande kommen. Nur wenige Leute dachten an die Gesellschaft als ein System zum gegenseitigen Wohl und Schutz; nur wenige waren ihr als Ganzem verpflichtet. Hielt uns überhaupt irgend etwas zusammen? In gewisser Weise geht der *Staat* auf alle diese Fragen ein.

Platon wäre nicht mit mir zufrieden gewesen, da ich nur aus Anpassung an die Gewohnheiten der amerikanischen Mittelschicht und aus Schüchternheit ehrlich handelte. Im *Staat* versucht er unter vielen anderen Dingen zu beweisen, daß wir dazu gebracht werden können, einzusehen, ja sogar anzuerkennen, daß unsere besten und wahrsten Interessen darin liegen, uns gerecht zu verhalten. Sokrates wendet sich gegen die Skeptiker und Zyniker in seiner Gruppe, die fest behaupten, Ethik sei bloß eine Angelegenheit von Berechnung oder Macht, wo der Starke das tut, was er will. Er hält eine radikale, vorchristliche Moral dagegen: Es ist *immer* falsch, anderen zu schaden; es ist besser, Ungerechtigkeit zu erleiden als Ungerechtigkeit zu verüben. Und wenn wir das Richtige tun, wird sich das für uns am Ende besser auszahlen. Wenn wir wirklich unser eigenes Interesse erkennen würden, dann würden wir *gut* sein und sogar den Ring des Gyges zurückweisen (würde er uns angeboten). Wir wollten glücklich sein – Glück nicht verstanden als ein momentanes Vergnügen, sondern als jener Zustand der Zufriedenheit, in dem die Elemente unserer Natur in Harmonie verbleiben. Der gerechte Mensch ist ein glücklicher Mensch.

Als ich dies las, seufzte ich tief: Sag dies mal einem jungen Kerl, der gerade ein Auto zu stehlen versucht. Oder irgendeinem Wallstreet-Hai.

Der *Staat*, der erste größere Text in der Vorlesung zur Kulturgeschichte der Gegenwart, wurde 375 vor Christus geschrieben, also mindestens 350 Jahre nach Homers Epen. Frustriert von seinem politischen Engagement, das ihm viele Niederlagen beschert hatte, gründete Platon eine Schule in Athen, die Akademie, und ein Teil ihrer Aufgabe sollte sein, eine neue Generation von politischen Führern auszubilden; der *Staat* kann als eine Art Anleitung zu deren Erziehung angesehen werden. Dank seiner Form ist das Buch gleichzeitig eine Darstellung des Dramas der Erziehung. Es ist auch das im Westen am meisten gelesene Werk der Philosophie, und zwar aus unmittelbar einsehbarem Grunde. Platon, ein hinreißender Schriftsteller, hatte die Form des Dialogs zur Vollkommenheit gebracht, indem er Fragen und Antworten kunstvoll ineinander verschlang, die möglichen Einwände des Lesers vorwegnahm und listigen Spott in netten Höflichkeiten verpackte. Sokrates, der große Lehrer, scheint seinen Studenten und Freunden zu schmeicheln und lobt sie über alle Maßen. O ja, sie sind ja so weise, so klug, und seine eigenen Kräfte sind so schwach, so furchtbar schwach! Aber er würde ihnen doch gerne eine ganz kleine Frage stellen: Was meinten sie mit diesem oder jenem Wort, mit dieser oder jener Idee? Und dann rumms! nagelt er sie bei irgendeinem Widerspruch oder einer Ungenauigkeit fest, und sie sind k. o.

Neben der Bibel, der *Nikomachischen Ethik* von Aristoteles und der *Geschichte des Peloponnesischen Krieges* von Thukydides ist der *Staat* das einzige Buch, das in beiden Grundvorlesungen behandelt wird; es kann auf sehr unterschiedliche Weise gelesen werden: als Sammlung gesellschaftlicher Grundsätze, als vergleichende Studie verschiedener Regierungsformen, als gigantisches Prosagedicht über Wahrnehmung und Wissen, als Abhandlung über Kunst und Ethik. Es ist ein außerordentlich reichhaltiges und komplexes Buch. Professor Stephanson begann seine Vorlesungen, indem er die Struktur des Buches umriß, seine zentralen Begriffe erläuterte und uns so von Abschnitt zu Abschnitt führte. Diese Herangehensweise war sehr ungewöhnlich für ihn. Ich erfuhr, daß er gewöhnlich direkt zum Kern des Werkes vorstieß, ein paar entscheidende Punkte herausarbeitete und dann die Studenten miteinander streiten ließ (wenn sie dazu bereit waren).

Wir können Gerechtigkeit nicht studieren, sagt Sokrates, wenn wir einzelne Personen betrachten oder unser alltägliches Leben mit seinen unablässigen, bohrenden Konflikten zwischen Menschen und Interessen anschauen. Laßt uns statt dessen Gerechtigkeit in ihrer reinsten Form betrachten. Laßt uns das Ideal einer gerechten Gesellschaft errichten – eine wirklich durch und durch ideale Gesellschaft –, und wenn wir erst einmal Gerechtigkeit in einem großen Maßstab betrachtet haben, dann laßt uns sehen, ob es eine kongruente Form der Gerechtigkeit für das Individuum gibt. Zuerst ein Blick auf das Große, dann auf das Einzelne.

Wie vielleicht schon zu erkennen war, zeigt Platon wenig Interesse an dem, was die meisten von uns als Gerechtigkeit definieren würden: Gleichheit vor dem Gesetz. Es geht ihm keineswegs um ein rechtliches Konzept von Gerechtigkeit, sondern um Gerechtigkeit als eine Qualität des Seins, sowohl für Staaten als auch für Individuen, um eine Ethik für den öffentlichen und privaten Gebrauch, die ihrem Wesen nach gerecht ist.

Als ich die ersten Teile des *Staates* las, erkannte ich bald, daß Platon – was immer er sagen mochte – nicht mühevoll eine ideale Gesellschaft zu konstruieren versuchte, nur um dann eine Analogie mit dem Individuum herzustellen. Das glaubte ich einfach nicht. Platon mußte eine tiefere kritische Absicht gehabt haben – ein Verlangen vielleicht, die chaotische Demokratie Athens mit ihren Parteien, Gruppierungen und Demagogen in Ordnung zu bringen. Wie dem auch sei, man schaut dem Spiel fasziniert zu. Nehmt die Bausteine, beginnt von Grund auf, seht nichts als selbstverständlich an und schreckt nicht vor dem Praktischen zurück! Arbeiter, Bauern, Handwerker, Ärzte, Musiker, Künstler, Dichter, Heerscharen von Bediensteten und Sklaven, alle werden in unserer Gesellschaft notwendig sein, und außerdem werden wir Krieger brauchen, um diese reiche Kultur zu verteidigen, Krieger, die kühn sind, aber gütig zu ihren Mitbürgern – Krieger, die durch Erziehung in *Philosophen* verwandelt worden sind. Die Klasse der Krieger oder Wächter werden wir aufteilen in Herrscher, die die Zügel in der Hand haben, und Gehilfen, die dazu beitragen, die Entscheidungen durchzusetzen.

Anfangs herrscht ein schelmischer, spielerischer Ton vor. Aber sobald Platon sich der Erziehung der Wächter zuwendet, weichen die neckischen, zuweilen hitzigen, zuweilen liebenswürdigen Argumente einer Zielstrebigkeit, die ich erschreckend und ziemlich trostlos fand. Eine ideale gerechte Gesellschaft zu schaffen heißt, jeden von der Geburt bis zum reifen Alter zu kontrollieren. Die Erziehung der Wächter muß straff überwacht werden, sagt Sokrates, angefangen bei den Geschichten, die ihnen als Kindern erzählt werden, die nichts enthalten dürfen, was ihre Charaktere beeinträchtigen könnte. Folglich müssen die Episoden bei Homer, in denen die Götter sich schlecht aufführen oder sogar miteinander zanken, ausgelassen werden. Erzählungen vom düsteren Leben nach dem Tode müssen ebenfalls ausgespart werden. Unsere Wächter müssen tapfer kämpfen, ohne Todesfurcht. Platon muß aus der *Odyssee* eine Szene herausnehmen, in der die Seelen von Penelopes toten Verehrern in den Hades kommen:

So wie die Fledermäus' im Winkel der graulichen Höhle
Schwirrend flattern, wenn eine des angeklammerten Schwarmes
Nieder vom Felsen sinkt, und drauf aneinander sich hangen:
Also schwirrten die Seelen und folgten in drängendem Zuge.
*(XXIV, 6-9)*

Zu schauerlich, zu deprimierend. Szenen der Klage und des Vergnügens müssen auch gestrichen werden. Wir können nicht von Helden lesen, die wegen gefallener Kameraden weinen, oder von Göttern, die sich über einen bösen Schelmenstreich freuen. Wir wollen ihnen Selbstbeherrschung einimpfen und alle Formen von Nachsicht und moralischer Schwäche unterbinden.

Zur Verteidigung von Platon sollte gesagt werden, daß die Griechen kein Äquivalent zur Bibel oder dem Koran als Verhaltenskodex hatten; *Homer* war ihr Verhaltenskodex, und die Schüler, die ihn auswendig lernten und lange Passagen zitierten, nahmen ihn wirklich sehr ernst. Bei diesen Reden wurde von den Schülern erwartet, daß sie sich emotional in das, was sie zitierten, hineinlebten, daß sie »wurden«, was sie lasen. Dennoch gibt es keinen Zweifel, daß Platons Ideen nichts anderes sind als ein gutgemeinter Fall von Zensur. Im *Staat* gewinnt eine unnachgiebige »moralische« Vorstellung von der Natur des Lesens und der Nachahmung die Oberhand über die Kunst, denn Platon scheint buchstäblich zu glauben, daß wir werden, was wir lesen, und daher müsse die Kunst, mit der die jungen Menschen in Kontakt kommen, strikt begrenzt werden. Platon hatte wenig Interesse an der Kunst, so wie wir sie in einem modernen kapitalistischen Land am Ende des zwanzigsten Jahrhunderts begreifen – als eine autonome Aktivität, die ihre eigene Autorität und »Rechte« genießt.

Natürlich umgeben wir unsere Kinder mit Kunst in der einen oder anderen Form; wir überfluten sie mit Unterhaltung, Darstellungen, Bildern, Spielen, Geschichten. Wir mögen versuchen zu kontrollieren, was sie sehen, aber die meisten von uns wissen, daß das unmöglich ist. Wir erziehen sie hier ein bißchen anders und haben andere Vorstellungen davon, wie man »gerechte« Individuen ausbildet. Uns geht es weniger um Harmonie als um Wahlmöglichkeiten. Wir hoffen, daß die Individuen sich dafür entscheiden, gut zu sein, daß sie den Ring des Gyges zurückweisen werden, wenn er ihnen angeboten wird. Da wir jedoch nicht allzu viele richtige (gerechte) Individuen hervorbringen, haben wir vielleicht unrecht.

Vor vierzig Jahren machten sich die Eltern Sorgen über den Einfluß von Comicbüchern oder des Fernsehens, und oft machten sie sich zu viel Sorgen. Denn nichts ist in den modernen Medien von Dauer. Die Spiele und die Fernsehshows sorgen selbst für ihre eigene Auslöschung, sie schaffen eine Ruhelosigkeit im Kind, die es schnell gegen die Spiele und Shows selbst richtet. Kinder gehen von einer Besessenheit zur nächsten, sie tauschen – sagen wir – *Star Trek* gegen *Star Wars* und *Star Wars* gegen *Superman* und *Superman* gegen *MacGyver* und so weiter. Nichts hat Bestand! Jede Station dieser Via Dolorosa produziert eine Ruhelosigkeit, die die momentane Verehrung des Kindes auslöscht und es zur jeweils nächsten Station gehen läßt. Schließlich taucht das Kind am anderen Ende des Medientunnels auf. Es geht zur Schule, entwickelt Interessen, wird Lehrer, Banker, Jurist, Versager, Liebhaber und vielleicht ein Elternteil. Es überlebt.

Mir persönlich ist nichts von diesen Dingen weder damals noch heute als schädlich erschienen. Aber gesamtgesellschaftlich betrachtet bin ich mir nicht sicher. Selbst wenn der Charakter des Kindes nicht von einem einzigen Fernsehfilm, Video oder Computerspiel geformt wird, so hinterlassen die ständigen elektronischen Überfälle offensichtlich ihre Spuren an der ganzen Person. Die Medien lassen das Kind seinen Einsatz ständig vergrößern, sie zwingen es listig dazu, immer weiterzugehen (mehr Gewalt, mehr Sex), sie stacheln es scherzend an – geh *weiter!* –, sie schaffen und befriedigen neue Bereiche des Verbotenen, so daß das Kind sich nie in seinem eigenen natürlichen Rhythmus entwickeln kann, sondern sich sehnsüchtig den Vorstellungen der Medien von seiner Entwicklung anzupassen versucht. Selbst wenn die Eltern die Erfahrungen ihres Kindes mit den Medien kontrollieren, erfahren die Kinder untereinander doch alles, weil sie sich alles erzählen. Sie spielen die Spiele, die ihnen von den Medien vorgegeben werden; wenn sie sich hänseln, imitieren sie die scheußliche Gewalt und den vulgären Sex, die sie hier und dort aufgeschnappt haben. Die Medien greifen von allen Seiten an und bringen den Eltern-Schutzwall zum Einsturz. Das Kind überlebt, aber auf seinem Weg wird es zum Zyniker, oder vielmehr zum Ironiker, der um die Verschwendung weiß. Es weiß, daß alles in den Medien vergänglich, *verfügbar* ist. Alles im Fernsehen ist nur für den Augenblick – es ist einfach *Fernsehen* –, und die Kids nehmen diesen spöttischen Ton an, das Gefühl, daß nichts wirklich ernst ist. Wenn sie älter werden, wird David Letterman zu ihrem Gott der Ironie: Sie lernen von ihm, daß ihnen jeder Teil ihrer Identität weggenommen werden kann; alles ist eine Rolle, etwas Aufgesetztes. Und man fragt sich, ob solche Kinder die Festigkeit und Einfachheit des Charakters bekommen können, die Platon für »gerechte Individuen« als notwendig erachtete.

Spielte Platon mit uns? Die sozialen Ideen im *Staat* schienen eine Mischung aus autoritären und naiven Gedanken zu sein. Zuweilen gibt es einen Hauch von Spott und Ironie, aber dann ist der Ton ausweichend. Wir spüren, daß man mit uns Scherze treibt, wissen aber nicht genau, wie. Platon bezieht sich an anderer Stelle auf »zügellose Wünsche«, als wären sie eine Konstante unserer Natur, aber in seiner Diskussion der Erziehung *scheint* er die Idee zu unterstützen, daß der Charakter durch Übung unendlich formbar sei; die Menschen würden nur ein Verhalten übernehmen, von dem sie gehört hätten. Helden dürften jedoch keine sanfte Musik, sondern nur martialische Töne hören. Ein überempfindsamer Mahler wäre nichts für unsere Wächter, auch kein Rock and Roll, nur Militärmusik.

Natürlich kann man Platons Ideen nicht einfach von der Hand weisen. Wenn wir nicht glaubten, daß Erziehung den Charakter formen könnte, dann würden wir nicht so sehr um gute Erziehung kämpfen. Jeder möchte, daß seine Kinder etwas mehr als andere lesen und sehen. Aber *was* genau? Und welche Informationen sollten wir unseren Kindern verbieten? Der Begriff der kontrollierten Erziehung hat eine lange Geschichte. Platons Ideen von Erziehung tauchen in den Auffassungen von Fundamentalisten jeder Couleur wieder auf, die reden, als ob Kunst Leben *wäre* oder zumindest einen direkten Einfluß auf das Leben hätte. Salman Rushdies Roman *Satanische Verse*, in dem ein geistig verwirrter Typ Witze über Allah macht, ist ein Angriff auf den gesamten Islam. Tötet den Autor! Ein amerikanischer Film – ein Thriller –, der von einer schlechten Ehe handelt, ist nicht eine Dramatisierung einer einzelnen, fiktiven Ehe, sondern ein Angriff auf die Institution der Ehe selbst. Schützt die Institution der Ehe!

In einer liberalen Erziehung jedoch hören Kinder viele Geschichten aus den unterschiedlichsten Quellen, und sie hören von allen möglichen Verhaltensweisen – Bosheit und Güte und den vielen faszinierenden Abarten dazwischen –, und wir lehren sie, was eine Erzählung ist und worin deren moralischer Bezug zum Leben liegen könnte. Kinder lernen, daß das Leben nicht immer gerecht ist, daß die Tugend nicht immer siegt, aber daß Tugend nichtsdestoweniger Tugend bleibt. Ein liberaler Mensch, ob religiös oder nicht, geht davon aus, daß ein Kind vom Bösen hören und trotzdem dazu gebracht werden kann, das Gute zu tun. Kinder müssen tatsächlich vom Bösen hören, sonst können sie gar nicht das Gute lieben – zumindest nicht wirklich.

Diese Vorstellung lag auch dem Curriculum der Columbia-Universität zugrunde. Am ersten Tag unseres Seminars über klassische Literatur hatte Professor Tayler uns ein Blatt Papier mit Zitaten gegeben, und eines der Zitate – was er nicht gleich erläuterte – war eine außergewöhnliche Passage aus Miltons Verteidigung der Redefreiheit *Areopagitica*. Tayler benutzte das Zitat für sein Seminar, aber es galt genauso für das über Kulturgeschichte der Gegenwart.

Gewiß bringen wir keine Unschuld in die Welt, vielmehr Unreinheit: Was uns reinigt, das ist der Versuch, und der Versuch findet durch das Gegensätzliche statt... Diejenigen, die die Sünde beseitigen wollen durch die Beseitigung des Gegenstandes der Sünde, sind keine klugen Kenner der menschlichen Angelegenheiten. Denn... der Berg wird immer nur größer bei der Arbeit, ihn abzutragen... Gut und Böse, wie wir sie in dieser Welt kennen, wachsen beinahe untrennbar zusammen heran... Aus dem Biß in einen Apfel entsprang die Kenntnis von Gut und Böse, wie zusammenhängende Zwillinge, in diese Welt. Und vielleicht ist dies das Verhängnis, dem Adam zum Opfer fiel, indem er Gut und Böse kannte, das heißt, das Gute durch das Böse erkannte.

Man muß Versuchungen ausgesetzt werden, sonst kann man nicht gut sein. Man muß spüren, was es bedeutet, den Ring des Gyges zu tragen, sonst hat seine Zurückweisung nichts zu bedeuten. Kinder müssen von Bosheit hören, sonst können sie nicht die Tugend wählen.

Ich möchte meinen Kindern die »großen Bücher« der Weltliteratur weiterreichen und all die weniger großen, die guten weniger bedeutenden Romanautoren, Kriminalautoren, Reiseschriftsteller, Dichter, Journalisten, Historiker, Autobiographen – ich möchte, daß sie die großartige Angewohnheit annehmen, alles zu lesen, daß sie den großen Appetit auf alles zwischen zwei Buchdeckeln Gedruckte bekommen, den ich selbst beinahe verloren hatte, was ich jetzt bedaure. Aber ich laufe Gefahr, mich und sie verrückt zu machen. Das Lesen war zum Zwang geworden; ich erwartete *zu viel* vom Lesen.

Von den Medien beeinflußt, werden die Eltern schamlos pädagogisch. Schließlich geht es für sie um einen hohen Einsatz: Sie formen Seelen. Ohne Planung und ohne darüber zu reden, haben meine Frau und ich einen Verteidigungswall errichtet und begegnen der Anti-Information, dem ununterbrochenen, schnellen, knappen, piependen Rhythmus der Medien mit unserem eigenen Rhythmus, unseren eigenen Unterhaltungen, die langsam, sachlich, anekdotisch und offen sind. Vor dem Zubettgehen erzählen wir ihnen Geschichten, zahllose Geschichten von Bosheit und Tugend, manchmal zwei, drei oder vier, bevor sie zufrieden sind. Die Medien nehmen den Kindern manch liebenswerte Dinge, die ihren Charakter vervollkommnen würden; wir versuchen, ihnen diese wiederzugeben, oft mit einem Gefühl der Wut, weil uns die ganze Sache beinahe aus den Händen gerissen wurde.

Aber wie könnte Spaß, das Prinzip unserer Mediengesellschaft, die Kinder zu »Gerechtigkeit« und »Glück« in dem von Platon gemeinten Sinne führen? (Wir würden es einen Zustand der »Zufriedenheit« nennen, was aber dasselbe ist.) Zu viele Fragen! Platon hatte so viele Bälle in die Luft geworfen, daß ich sie nicht alle auffangen konnte: die ideale Gesellschaft, Erziehung, Glück, Autorität! Ich würde noch einmal darauf zurückkommen müssen, aber jetzt hatte Homer zu singen begonnen, und obwohl ich sicher war, daß ich genug von Homer gelesen hatte, mußte ich zuhören.

Kapitel 4

HOMER II

»Ihr seid alle Telemachos, oder nicht?« sagte Professor Tayler zu seinen Studenten, als wir uns in das zweite große Epos von Homer, die *Odyssee*, stürzen wollten. Telemachos? Der Sohn von Odysseus? Die Studenten waren schlampig und schläfrig oder angespannt und hatten die Augen auf die Notizblöcke geheftet, die Gesichter der Studentinnen wirkten merkwürdig verwischt, die Jungs hatten diesen tölpelhaften Schutzblick, ihre Käppis waren nach hinten gedreht – so waren die Studenten, wie ich meinte, Telemachos nur in ihrer Unsicherheit ähnlich. Sie waren in Deckung gegangen. War es das, was Professor Tayler meinte?

Nachdem ich durch den Feuersturm der *Ilias* gegangen war, begann ich die *Odyssee* schweren Herzens zu lesen – noch *mehr* Tieropfer, noch *mehr* ellenlange Genealogien, noch *mehr* irritierend frivole Götter. Ich hatte die *Ilias* allmählich lieben gelernt, aber mußten wir wirklich *beide* homerische Epen lesen? Mein Lesesofa war zu einer Bank der Qual geworden. Ich erinnerte mich dunkel an das Gedicht: Penelope webt, trennt auf, webt … sie sitzt in all den Jahren am Webstuhl und wehrt die Verehrer ab, während Odysseus unterwegs war, herumhurte und vorgab, nach Hause zu fahren. O Gott, ein kraftvoller Stoff. Der Kulturbetrieb hatte aus der *Odyssee* ein Klischee gemacht (sensationelle Kreuzschiffe nehmen Leute auf eine »Odyssee« von Fort Lauderdale nach San Juan mit und wieder zurück), und ich glaubte zu wissen, warum: Das Epos wirkte offiziell und fade, ein langweiliges Meisterwerk. Aber ich war neugierig zu hören, was Professor Tayler sagen würde, und ich taumelte in die Lektüre.

Also nochmals die vertraute Geschichte. Zu Beginn weiß Telemachos nicht, wer er ist. Zehn Jahre sind vergangen, seit Troia gefallen ist, zwanzig Jahre, seit Odysseus, einer der größten griechischen

Helden, sicherlich der verschlagenste und listenreichste überhaupt, in den Krieg zog. Zwanzig Jahre! In Ithaka sitzt Telemachos im Palast seines Vaters und schaut wütend zu, wie die edelsten jungen Männer des Königreiches, Bewerber um die Hand seiner Mutter Penelope, sich an den königlichen Kühen und Schafen gütlich tun. Sie sind damit schon seit Jahren beschäftigt, diese unverschämten Nichtsnutze, sie essen und zechen und schlafen mit den Dienerinnen, und Telemachos hat das Gefühl, daß sie sich an *ihm* mästen – seine »Substanz« aufessen, wie er es nennt, sein Erbe verschlingen. Ein empfindlicher und verärgerter junger Mann, ein reifer Teenager kriegerischen Temperaments, aber unsicher, inwieweit er sich Geltung verschaffen kann, mit der großmäuligen Ungehaltenheit und der Verwirrung eines jungen Menschen; Telemachos sehnt sich danach, der Sohn seines Vaters zu sein und die Verehrer zu töten, aber er weiß nicht, wie. Er hat Odysseus nie gesehen.»Meine Mutter sagt, ich sei sein Sohn wirklich«, sagt er bitter.»Doch ich weiß es nicht. Niemand kennt wirklich seinen Vater.« Eine Bemerkung, auf die nur schwer etwas zu entgegnen ist, obwohl das Epos zumindest eine teilweise Antwort vermuten läßt: Du kennst deinen Vater, wenn du zu deiner Identität gelangst, wenn du du selbst wirst. Die *Odyssee* sollte die Jugendlichen zu nichts weniger als dem erhabensten Schicksal führen: Wer bist du, und was sind deine Fähigkeiten?

Als ich mich in das Epos einlas, meinte ich, daß, was immer Tayler lehren würde, mir Schwierigkeiten bereiten würde. Probleme politischer Korrektheit lagen unheildrohend auf der Lauer: Die patriarchalische Ordnung, in ihrer Mischung aus empfindsamer Schönheit und Wildheit, entfaltete ihr Banner. Was hatte Tayler beabsichtigt, als er die Studenten derart herausforderte und ihnen sagte, sie seien alle Telemachos? Hier gab es eine unerbittlich aristokratische Ansicht von Vererbung: Die Qualitäten des Mannes werden sich im Kampfgeist des Jungen zeigen. Der eigentliche Kern der patriarchalischen Ordnung. Wollte Tayler dies seinen studentischen Neulingen auferlegen? Und den Frauen auch?

Zur gleichen Zeit, als Telemachos an seinem entehrten Tisch sitzt, liegt Odysseus mit Kalypso, der Nymphengöttin, die ihn unterhält und verführt und sich weigert, ihm die Abfahrt zu erlauben, ermattet in den Höhlen einer bewaldeten Insel. Er ist der Gefangene ihrer unerschöpflichen Gastfreundschaft,»welcher so lang, entfernt von den

Seinen, sich abhärmt / Auf der umflossenen Insel, der Mitte des wogenden Meeres«. Tayler hielt sich bei dem Namen Kalypso auf und machte ihn zum Schlüssel für das gigantische Epos. Er sah aus wie ein Tiger mit einem zitternden Tier zwischen den Zähnen und erzählte uns, daß Kalypso im Altgriechischen »Verhüllerin« bedeutet. Folglich ist Odysseus eingehüllt in das Fruchtwasser (»Mitte des wogenden Meeres«), seine Identität ist verborgen, sein Weg nach Hause in sein Königreich, zu seiner Frau und seinem Sohn vollständig abgeschnitten.

Wie schon früher verwandelte Tayler die metaphorische und symbolische Analyse in eine direkte Herausforderung der Studenten. Er wollte, daß sie alles selbst herausfänden, und verwickelte sie in hitzige Debatten. Hier war kein Raum für ein bescheidenes analytisches Herangehen, Tayler bahnte sich mühsam einen Weg. Zu Beginn des Epos ringen sowohl der Vater als auch der Sohn um ihre Identität, die unterdrückt worden ist. Telemachos ist begierig auf Nachrichten von Odysseus und reist zu den anderen Kriegshelden, die seit langem zu Hause sind; Odysseus kommt schließlich mit Hilfe seiner Beschützerin, der Göttin Athena, von Kalypso frei und versucht wieder, nach Hause zu gelangen. Jeder erzählt Geschichten, um seine Identität mit einem mal wahren, mal erfundenen Bericht von seinem Ursprung und seinen Sehnsüchten geltend zu machen. Das Epos führt durch eine zunehmend dichtere Anhäufung von strategischen Verhüllungen und Enthüllungen, die Tayler »Anerkennungen« nannte – zuerst die einfache Anerkennung, dann die tiefere Anerkennung von Charakter und Adel und schließlich die tiefste von allen, die gegenseitige im Gespräch und im Bett vollzogene Anerkennung von Odysseus und Penelope als Mann und Frau. All dies verursacht ebensoviel Mühe wie Spaß. Und diese Zweideutigkeit wendet Tayler gegen die Studenten.

»Im Altgriechischen lautet eine der Bedeutungen des Wortes ›Odysseus‹ ›Schwierigkeiten machen‹«, sagte er. »Die Entsprechung davon ist, daß ihr, alle miteinander, geboren seid, um Schwierigkeiten zu machen... es sei denn, ihr wollt begraben bleiben im Nabel der Wasser.«

Er sprach mit seiner heiseren, oberlehrerhaften Stimme und bedeutungsvollen Pausen, und aus der Stille arbeitete er die erstaunlichsten Veränderungen heraus. Dieses übermäßig intime, liberale Onkelgewäsch wich plötzlich der bittersten Reue, überwältigender Melancholie. Tayler stachelte die Studenten an und trauerte gleichzeitig um ihren künftigen Verlust der Unschuld, ihr künftiges Unglücklichsein. Er rief sie ins Leben und sagte ihnen, daß sie dadurch gebeutelt würden. Obwohl die Studenten sagten, daß sie die *Odyssee* mochten, konnten sie sie doch nicht lesen – das heißt laut lesen. Wurden sie aufgefordert, eine Passage laut vorzulesen, leierten sie, Männer und Frauen gleichermaßen, lasen schnell und flach über die Verse hin, selbst in den bewegendsten Momenten, als ob sie die Bedienungsanleitung eines Kopiergerätes läsen.

... Da umarmte der Jüngling
Seinen herrlichen Vater mit Inbrunst, bitterlich weinend,
Und in beiden erhob sich ein süßes Verlangen zu trauern.
Ach! Sie weineten laut und klagender noch als Vögel,
Als scharfklauichte Geier und Habichte, welchen der Landmann
Ihre Jungen geraubt, bevor sie flügge geworden;
So zum Erbarmen weinten sie beide Tränen der Wehmut.
*(XVI, 213-219)*

Sie hätten genausogut sagen können: »Legen Sie das Papier in das Fach auf der linken Seite...«

Ich wollte, daß sie schön und lebhaft läsen, aber sie waren kleinmütig und träge, immer noch verschlafen. In diesem Augenblick schien die Wichtigkeit, die das *Sprechen* in der *Odyssee* erhält, fast wie ein Witz angesichts der Schüchternheit der Studenten. Wenn er nach seinem Namen gefragt wird, erzählt Odysseus immer eine Geschichte über sich selbst. In einer oralen Kultur muß man in der Lage sein zu berichten, wer die eigenen Eltern sind, wieviel Land man besitzt, wen man getötet hat, von wem man besiegt worden ist und welche Götter man geneigt gemacht oder erzürnt hat. Man *ist* dieser Bericht über sich selbst. Die Studenten jedoch sind nicht das Produkt einer oralen Kultur, sondern einer schwachen Hör- und Sehkultur, in der alles eine Rolle, alles *provisorisch* ist, in der Sprache vor allem dem Spott oder der Selbstverspottung dient. In einer ironischen Kultur des Zuschauens und Zuhörens kann beinahe niemand seine eigene Geschichte erzählen. Wir kümmern uns nicht um das öffentliche Reden. Auf dem Gymnasium müssen die Schüler selten etwas auswendig lernen; manche der Studenten hatten nie zuvor laut vor der Klasse gelesen.

In den ersten paar Wochen an der Universität wurde ich Zeuge eines verwirrenden Schauspiels. Beim Versuch, die Stimmung am ersten Tag ein bißchen aufzulockern, bittet ein Professor die Studenten, kurz etwas von sich selbst zu erzählen. Sie erröten, ihre Stimmen werden fast zu einem Flüstern, und ihre Geschichten münden in lauter Fragen. »Hmm, ich heiße Joe Morrison? Ich komme aus Minnesota? Eine kleine Stadt, die Park Rapids heißt? Und jaha, ich glaube, ich weiß noch nicht, was ich zum Hauptfach wähle?«

Sie müssen Geschichten *erlebt* haben; sie haben nur Angst, sie zu erzählen, Angst, laut zu reden auf eine Weise, die irgend etwas von ihnen preisgeben könnte. Ein Sinn des Kurses war es, so erkannte ich, ihre Vorsicht niederzureißen. Es lag ein Hauch von Platonischer Charakterbildung über der Vorlesung. Indem Tayler die Studenten bat, klassische Texte zu lesen, bot er ihnen nicht nur eine Einführung in das Studium der Literatur, sondern zwang sie auch, ein kleines bißchen von sich selbst einzubringen, und dann vielleicht ein bißchen mehr bei der Angst des Telemachos oder der Wut des Achilleus oder später, wenn wir zu *Stolz und Vorurteil* am Ende des Semesters kämen, bei der kühnen Direktheit von Elizabeth Bennet. Vielleicht *würden* sie durch irgendeinen Prozeß der Umwandlung zu den Geschichten *werden*, die sie lesen, und am Ende zu ihren eigenen Geschichten. Das war nicht genau das, was Tayler sagte, aber es schien ein Teil seines Plans zu sein.

Der erschwerende Faktor bei all dem ist, daß Odysseus gewöhnlich lügt. Er wird an die Küste der Insel der Phäaken gespült, und nach einigem Zögern und Ausflüchten erzählt er ihnen seine Geschichte, und er erzählt sie genau. Aber dann fährt er nach Hause nach Ithaka und erzählt allen brillante Lügen, täuscht seine Frau, seinen Sohn und seinen Vater. Wie alle erfolgreichen Heuchler mischt er eine gute Portion Wahrheit in seine Erfindungen: Er stellt sich als ein edler, aber verarmter Mann dar und erzählt Abenteuer und Katastrophen, die seinen ähnlich, aber doch nicht ganz die seinen sind. Erst allmählich bringt er diese merkwürdigen, verwirrenden Scheinbilder der Wahrheit näher und näher und enthüllt seine Identität.

»Du kannst die Wahrheit nicht direkt sagen; es gibt keine Möglichkeit, sie direkt zu sagen«, meinte Tayler und zitierte das Gedicht von Emily Dickinson, das beginnt: »Sag allen die Wahrheit, aber sage sie gefärbt.« Er sprach sehr persönlich, erklärte seine indirekte, vor-

74

und zurückgehende Lehrmethode, bei der er niemals klar und deutlich herausposaunte, was er wollte, sondern die Studenten so lange reizte, bis sie es selbst herausposaunten. Die Wahrheit »gefärbt« zu sagen war seiner Auffassung nach auch für die westliche Kunst zentral. Die Frage nach der Identität war bei Homer keine einfache Angelegenheit: Sie nur gegenüber sich selbst geltend zu machen reichte kaum aus. Selbst zu Beginn der westlichen literarischen Tradition hat das Selbst schon Masken und erneuert sich als Fiktion, aber nicht als eine unschuldige Fiktion. »Denkt doppeldeutig«, war ein beliebter Ausspruch von Tayler. Alles in der großen Literatur, jede Handlung und jedes Wort kann neben seiner offenbaren Bedeutung noch etwas anderes bedeuten, vielleicht sogar das Gegenteil.

Nach meiner Mühe, mich auf die *Ilias* zu konzentrieren, las ich die *Odyssee* zu meiner Überraschung in einem Zug durch. Meine Vorstellung von der *Odyssee* war durch die Klischees, die dem Epos anhafteten, verschleiert und vollständig falsch. Es war ein erstaunliches Werk, es war in allen seinen Teilen ebenso anspruchsvoll wie verrückt, wie von wilder Schönheit und letztlich ebenso unbezähmbar wie die *Ilias*. Ich las mit zunehmendem Vergnügen, das mich wie Sonnenschein wärmte. Die *Odyssee* ist ein Nachkriegsgedicht, eine Aufforderung zur Entspannung und Zufriedenheit, und es wird zuweilen zu einer sinnlichen, sogar fleischlichen Feier.

Und nun wusch in den Strom der edle Dulder das Meersalz,
Welches den Rücken ihm und die breiten Schultern bedeckte,
Rieb sich dann von dem Haupte den Schaum der wüsten Gewässer.
Und nachdem er gebadet und sich mit Öle gesalbt,
Zog er die Kleider an, die Geschenke der blühenden Jungfrau.
Siehe, da schuf ihn Athene, die Tochter des großen Kronions,
Höher und jugendlicher an Wuchs und goß von dem Scheitel
Ringelnde Locken herab, wie der Purpurlilien Blüte.
*(VI, 224-231)*

Also umgoß die Göttin ihm Haupt und Schultern mit
Anmut.
Und er ging ans Ufer des Meeres und setzte sich nieder,

Strahlend von Schönheit und Reiz. Mit Staunen sah ihn die
Jungfrau.
*(VI, 235-237)*

MGM hätte in ihren besten Zeiten nicht mehr für Gable tun können.
Der alternde Homer schreibt über Empfindungen und häusliche Annehmlichkeiten, über physisches Glück und Beziehungen zwischen
den Menschen. Seine Helden kämpfen nicht mehr im Krieg, sondern
erzählen sich Geschichten über ihn, sie beweisen ihre Identität nicht
mehr auf dem Schlachtfeld, sondern an der Festtafel und im Bett.
Der Körper, der in der *Ilias* mißhandelt, verwundet und beim Töten
und bei rohen Freß- und Sauf-Festen gesättigt wurde, verlangt nun
nach seiner normalen täglichen Pflege und Annehmlichkeit. Odysseus braucht ein Bad und sein eigenes Bett; sein alter Vater Laertes,
der den Palast in Ithaka aus Abscheu verlassen hat und jetzt auf dem
Land auf dem Dachboden eines Schuppens lebt, braucht ein Tuch, in
das er sich einhüllen kann. Wir alle brauchen ein Heim, eine fest um
uns geschlungene Umhüllung, und Freunde.

Und jetzt kommt die Überraschung, die Quelle der erstaunlichen Kraft der *Odyssee*: Das Epos ist nichts anderes als eine große
schwarze Komödie. Gerade als die erschöpften Helden am meisten
Ruhe und Annehmlichkeiten und Vergnügen wünschen, finden sie
nichts als Terror und Täuschungen. Die *Odyssee* ist das berühmteste
aller *Nostoi* oder Heimkehrergedichte – der Epen über die Heimkehr
der Helden aus dem Troïschen Krieg. Eine in vielen Fällen unselige
Heimkehr, da die Männer, die von den Göttern wegen irgendeines
Verbrechens oder wegen Vernachlässigung ihrer Verehrung gestraft
werden, auf katastrophale Wetterverhältnisse treffen und Schiffbruch
erleiden oder, wenn sie schließlich zu Hause ankommen, von verräterischen Frauen ermordet werden. Gastfreundschaft kann tückisch
sein, der Anfang der Vernichtung. Die berühmtesten und bekanntesten Teile der *Odyssee* – die bizarren Untiere und Gefahren, die
Riesen und Sirenen und schicksalhaften Mißgeschicke – sind weit interessanter als bloße Science-Fiction-Spektakel. Homer scheint alle
Perversionen des Appetits herauszuarbeiten. Männer werden von ihren Bedürfnissen und den Bedürfnissen anderer verschlungen, zum
Beispiel vom zerstörerischen Hunger des barbarischen, einäugigen
Polyphemos, des Häuptlings der »wilden, gesetzlosen Kyklopen«, ei-

nes Riesen, der schrecklicherweise einige von Odysseus' Männern frißt »wie ein Leu des Felsengebirgs, und verschmähte / Weder Eingeweide noch Fleisch, noch die markichten Knochen«; und er würde auch Odysseus verschlungen haben, hätte dieser nicht einen glühenden Pfahl in das einzige Auge des Ungeheuers gestoßen.

In diesem Epos, sagte Tayler heiter, »ißt man, oder man wird gefressen, und wenn man ißt, ißt man am besten das Richtige und am richtigen Ort«. Sinnliche Freuden – Lotusblüten zu essen, die Frieden schenken, oder das Vieh des Sonnengottes, was bestraft wird, oder sich den Nymphen und Sirenen zu überlassen – können einen vernichten oder den Willen, nach Hause zu fahren, schwächen.

Ja, es ist ein grausamer Scherz! Das gigantische Epos basiert auf einem quälenden Paradox: Die Versuchung, auszuruhen, den Magen zu füllen, ist beinahe überwältigend, aber in dem Augenblick, wo man ruht, kommt man in Gefahr oder verliert das Bewußtsein oder das Leben selbst. Am Ende, kurz vor dem Tod oder dem Vergessen, gibt es *keine* Ruhe, keinen Zustand des Daseins, den man das abendländische Glück oder Elend nennen könnte. Daß Homer nicht Frieden finden kann, daß da etwas Dämonisches, Unversöhnliches und unerreichbar Fremdes im Geist sowohl der *Odyssee* als auch der *Ilias* liegt, ist nicht groß bedacht worden beim populären Ruhm des Epos als einer kraftvollen Abenteuersage. Das Werk ist raffinierter, anregender und herausfordernder, als die meisten Leute glauben.

Nur wenige Werke der Literatur flößen so viel Angst ein wie die letzten vier Gesänge der *Odyssee*. Homer, der zuvor die Technik der Spannung nicht eingesetzt hatte, hält nun alles in der Schwebe, und in den Unterbrechungen dieses Schwebezustands wächst die Angst. Nach vielen Ausflüchten und vielen listigen und launischen Halbwahrheiten reißt Odysseus schließlich vor seinem Sohn und seinem loyalen Schweinehirten die Maske herunter (er will Penelope noch nicht anrühren), und jede Szene des Wiedererkennens ruft größere Emotionen hervor als die vorhergehende. Aber inmitten der Erleichterung wächst das unangenehme Gefühl, daß Odysseus alle Verehrer niedermetzeln will. Denn er will Rache, nicht Gerechtigkeit; die Freier haben niemanden getötet und auch nicht Hand an Penelope gelegt, aber sie sollen alle sterben. Athene will das Gemetzel; und Odysseus, der ein paar Verbündete versammelt hat, will es auch.

Aber Athene erhub an der Decke den leuchtenden dunkeln
Menschenverderbenden Schild und schreckte die Herzen der
Freier.
Zitternd liefen sie rings durch den Saal wie die Herde der Rin-
der,
Welche auf grasichter Weide die rasche Bremse verfolget,
Im anmutigen Lenz, wenn die Tage heiter und lang sind.
Aber gleich scharfklauichten, krummgeschnabelten Falken,
Welche von dem Gebirg' herstürmend auf fliegende Vögel
Schießen (sie flattern voll Angst aus den Wolken herab auf die
Felder,
Doch die verfolgenden Stößer ereilen sie würgend; da gilt nicht
Streiten oder Entfliehn; es freun sich die Menschen des Schau-
spiels);
Also stürzten sie wütend sich unter die Freier und würgten
Links und rechts durch den Saal; mit dem Krachen zerschlage-
ner Schädel
Tönte das Jammergeschrei, und Blut floß über den Boden.
*(XXII, 297-309)*

So stürzen die Geier, deren Junge gestohlen worden waren und die
darob schreien, auf die kleineren Vögel herab und vernichten sie.
Ließ Homer hier eine versteckte Verurteilung von Odysseus durchscheinen, eines Mannes, der über sein verlorenes Kind weinen kann,
aber schwächere Männer tötet? Wahrscheinlich nicht: »Gerechtigkeit« war kein Begriff, von dem Homer, der etwa 375 Jahre vor Platon
schrieb, Kenntnis hatte. Homers Zuhörer fanden nichts Verkehrtes
daran, daß Odysseus die Freier abschlachtet: Er befreite seine Heimat. Da ich so viel Schrecken empfand, wußte ich, daß ich das Epos
anachronistisch las.
   Wie könnte man es anders tun? Selbst wenn man die alten Bücher
unter ihren eigenen Bedingungen zu lesen versucht, wie es Tayler von
uns verlangte, kann man kaum seine natürlichen Reaktionen unterdrücken. Es gibt etwas Verderbtes sowohl in Homers Zivilisation als
auch in unserer eigenen, was man einfach nicht übersehen kann: Der
Kult der gnadenlosen Gewalt ist auch Teil des »Abendlandes«. Gerade, als ich mit Homer und den Griechen, die nach sinnlichem Vergnügen und Annehmlichkeiten suchten, vertraut wurde, zwang mich

das Epos, sie wieder einmal als gefährlich und wild anzusehen: in gleichem Maße als »die anderen« wie auch als meine Vertrauten – das andere, was auch ein Teil von uns ist. Denkt doppeldeutig, sagte Professor Tayler.

Als Tayler die Struktur des Buches analysierte und die Studenten sich wieder auf die Aufgabe vorbereiteten, nach Mustern und Symbolen und thematischen Veränderungen zu suchen, merkte ich, daß ich einer Banalität verfallen war – genau das, was Tayler haßte. Aber ich entschied, mich des Offensichtlichen nicht zu schämen. Das Problem mit Taylers formalistischer Herangehensweise an die Literatur war, daß einige der pikanteren moralischen Fragen durch das Netz fielen. Er meinte, derlei Fragen könnten zu leicht zu zeitgenössischen Klischees verführen. Seht genau hin, wie Tayler sagen würde, seht genau hin! Nachdem Odysseus und seine Leute die Freier getötet haben, zwingt er die weiblichen Bediensteten des Palastes, die mit den Freiern geschlafen hatten, die Leichen ihrer Liebhaber zu begraben; und als sie fertig sind, tötet Telemachos auf Befehl seines Vaters alle Frauen. *Telemachos* tötet sie, ein sehr junger Mann und daher (würden wir sagen) eines absoluten Urteils in sexuellen Angelegenheiten nicht fähig. Nach Homers Wertvorstellungen gehören die Frauen natürlich Odysseus und Telemachos; das Eigentum der Männer ist beschmutzt worden, und Telemachos hat als Erbe von Odysseus das Recht, Strafen zu erteilen, und damit hat es sich. Er ist ein Mann; er hat Rechte über die Frauen.

Und der verständige Jüngling Telemachos sprach zu den Hirten:
Wahrlich, den reinen Tod des Schwertes sollen die Weiber
Mir nicht sterben, die mich und meine Mutter so lange
Schmäheten und mit den Freiern so schändliche Greuel verübten!
Sprach's, da band er ein Seil des blaugeschnäbelten Schiffes
An den ragenden Pfeiler und knüpft' es hoch am Gewölbe
Fest, daß die Hangenden nicht mit den Füßen die Erde berührten.
Und wie die fliegenden Vögel, die Drosseln oder die Tauben,
In die Schlingen geraten, die im Gebüsche gestellt sind
– Müde eilten sie heim und finden ein trauriges Lager –,
Also hingen sie dort mit den Häuptern nebeneinander,

Alle die Schling' um den Hals, und starben des kläglichsten
   Todes,
Zappelten noch mit den Füßen ein wenig, aber nicht lange.
*(XXII, 461-472)*

O übles Patriarchat! Ich war außer mir! Aber die Sache war nicht
einfach, denn die *Odyssee* ist ein schönes Buch, selbst diese Verse
sind schön als Dichtung, und was in dem Epos grausam ist, ist untrennbar von dem, was in ihm bewegend ist. Die homerische Zärtlichkeit, die in der *Ilias* zurückgehalten wird, kommt in der *Odyssee*
voll zum Durchbruch, und der Leser betritt das Paradies der patriarchalischen Vision vom Leben, in der junge Männer sich danach sehnen, die Verantwortung des Vaters zu übernehmen, und Frauen den
lange verschwundenen Männern treu sind, die sich, obwohl sie selbst
untreu sind, nach Hause sehnen; das Paradies, in dem Gastfreundschaft erwiesen wird, Sklaven die Betten der Helden wärmen und die
Diener sich den Herren gegenüber loyal verhalten. Alles im Überfluß und glänzend, duftend und angenehm – in der westlichen Literatur müßte man einen Sprung zu Tolstois *Krieg und Frieden* machen,
um wieder eine so starke Liebe zu den materiellen und physischen
Freuden des Lebens zu erfahren. Und in dieser patriarchalischen Da-
seinsvision sind Gewalt und die Behandlung der Frauen als Eigentum
ebenso unumstößlich festgelegt wie das Heranreifen von Telemachos
zum Manne.

Plötzlich und bereits zu Beginn des Semesters war ich bei der Wahrheit angelangt. Und ich merkte trotz meines Abscheus vor dem Gemetzel an den Freiern und den Dienerinnen, daß ich meinem Vergnügen vertrauen mußte. Ich war ein Filmkritiker, und ich glaubte an das
Vergnügen, und wenn ich dieses Buch, an dem ich so viel Spaß gehabt hatte, verwürfe, würde ich mich selbst verwerfen und in eine
falsche Beziehung sowohl zum Leben als auch zur Kunst treten. Die
*Odyssee* propagiert teilweise Vorstellungen, die das Leiden und die
Selbstunterdrückung der Hälfte der Weltbevölkerung verursacht haben, und das war ein Widerspruch, mit dem ich leben mußte. Sich
politisch gegen ein Buch zu wenden, das man liebte, wäre eine Lüge.

Man kann die Ungerechtigkeiten der Vergangenheit ablehnen, ohne
die Blüte jener sündenvollen alten Kulturen abzulehnen – dies ist eine
ziemlich einsichtige Idee, die aber an den zeitgenössischen amerika-

nischen Universitäten immer seltener vertreten wird, wo die Vergangenheit ständig unter Verdacht steht und selbst die Kunst der Vergangenheit behandelt wird, als ob sie eine Komplizin des Bösen wäre. Sollte Homer aus den Vorlesungen gestrichen werden? Nein, sollte er nicht. Das zu tun würde die Studenten nicht nur der Dichtung berauben, die in überwältigenden Wellen dahinströmt und die soziale Perspektive als sekundär erscheinen läßt, sondern auch einer Erfahrung, die sie unmöglich aus einem modernen Buch gewinnen können: des herzzerreißenden Eindrucks von der Süße und vom Elend des Lebens, die miteinander verflochten sind. Als ich die Studentinnen über die Dienerinnen befragte, schienen die meisten von ihnen das Verhalten zu verstehen. Sie zuckten mit den Schultern und sagten so etwas wie: »So sind die Frauen damals behandelt worden. Man kann sich nicht über die Geschichte beklagen.« Es war erst der Beginn des Semesters und wohl noch zu früh, um den Lehrplan in Frage zu stellen. Sie waren eifrig beim Lesen.

Trotz meiner Zweifel an Taylers Methode konnte ich sehen, daß er am Ende recht behielt: Zu einem Buch wie der *Odyssee* konnte man niemals durch eine soziale Perspektive Zugang erlangen; es ist zu komplex, es sprengt deine jämmerliche Kritik (die auch nur die jämmerliche Kritik von irgend jemand anderem ist). Das Gemetzel an den Freiern und den Dienerinnen ist eine moralische Katastrophe innerhalb der westlichen Literatur, aber nach dieser Aussage muß man auch betonen, daß eine Kritik an der *Odyssee* auf feministischer oder moralischer Grundlage großenteils am Eigentlichen vorbeizielt. Man könnte schwerlich sagen, daß das Epos *als Kunstwerk* unter seinen patriarchalischen Voraussetzungen leidet.

Und die Beweise sind sowieso nicht so einfach zu erbringen. Als Odysseus im Palast ankommt, prüft Penelope den breitschultrigen, aber abgerissenen Fremden genau und verwickelt ihn in ein langes Gespräch. Oder ist es eigentlich ein *Test*? Welch eine außergewöhnliche Frau sie ist – bestimmt keine, die hilflos an ihrer eigenen Bedeutungslosigkeit strickt, sondern eine Frau, die Odysseus in jeder Hinsicht an Willenskraft und vielleicht auch an Doppelzüngigkeit ebenbürtig ist. Erkennt sie ihren Mann? Homer sagt das gewiß nicht, aber die Szenen können als implizite Andeutung gelesen werden – und sie sind von manchen Experten auch so gelesen worden –, daß Penelope von Anfang an wußte, daß er Odysseus ist. In diesem Fall *weigert* sie sich, ihn zu erkennen. Das scheint möglich: Man muß sich die Stärke ihres Widerstands gegen Intimität während der zwanzig Jahre ihrer Abstinenz vorstellen. Zuvor hatte sie gesagt, die Götter sollten sie eher sterben lassen, als daß sie »der Gesinnung eines unterlegenen Ehemannes zu Gefallen wäre«. Eine erstaunliche Bemerkung: Sie wird nicht der *Gesinnung* eines unterlegenen Ehemannes zu Gefallen sein. Da spricht die erste Frau in der westlichen Literatur, die auch die erste ernsthafte Frau in der westlichen Literatur ist.

Die Intimität ihres eigenen unvergleichlichen Gatten zu akzeptieren ist keine einfache Angelegenheit. Selbst nachdem er in königlicher Kleidung vor ihr steht, sich zu erkennen gibt und über ihre Halsstarrigkeit wütend wird, zögert sie, testet und prüft ihn und behauptet, sie kenne ihn nicht, sie habe das Bett weggestellt, das er vor langer Zeit für sie gefertigt hatte. Odysseus hatte das Bett um einen Olivenbaum herum gebaut (sein Stamm war ein Bettpfosten) und damit mit dem Zentrum der Erde verbunden. Dieses Bett, sagt sie mißtrauisch, kann für den Fremden vor dem Schlafzimmer aufgebaut werden. Als Odysseus die Geduld verliert – sein in der Erde verwurzeltes Bett kann nicht bewegt werden! –, weiß sie, daß der Mann vor ihr nur ihr Gatte sein kann.

Odysseus und Penelope kehren zu »ihrem alten Ritual« in dem Bett zurück, das im Zentrum der Erde verwurzelt ist. »Odysseus hat den Bettentest bestanden«, sagte Tayler und schaute die Studenten an. »Ihr werdet alle den Bettentest bestehen müssen.« Er wurde wieder kokett. Das war wirklich ein dickes Ding, dies zu Achtzehnjährigen zu sagen, aber er wollte streng mit ihnen sein. Seine Methode, vom Formalismus wegzukommen, war es – zumindest bei den Studienanfängern –, ihr Lesen wieder auf die Frage nach ihrer eigenen Identität zurückzuführen. Er wollte sie aus ihren dösenden und trägen Persönlichkeiten herausführen, aber er würde es ihnen nicht leichtmachen, ihre Identität zu finden. Sie würden sie an der Großartigkeit dieses Textes messen müssen:

So erfreulich das Land den schwimmenden Männern erscheinet,
Deren rüstiges Schiff der Erdumgürter Poseidon
Mitten im Meere durch Sturm und geschwollene Fluten zer-
    schmettert –
Wenige nur entflohn dem dunkel wogenden Abgrund,

Schwimmen ans Land, ringsum vom Schlamme des Meeres
  besudelt,
Und nun steigen sie freudig, dem Tode entronnen, ans Ufer –,
So erfreulich war ihr der Anblick ihres Gemahles.
Und fest hielt sie den Hals mit weißen Armen umschlungen.
Und sie hätten vielleicht bis zur Morgenröte gejammert,
Aber ein andres beschloß die heilige Pallas Athene.
Denn sie hemmte die Nacht am Ende des Laufes und weilte
An des Ozeans Fluten, die goldenthronende Eos,
Und noch spannte sie nicht die schnellen leuchtenden Rosse
Lampos und Phaeton an, das Licht den Menschen zu bringen.
Aber zu seiner Gemahlin begann der weise Odysseus:
Liebes Weib, noch haben wir nicht der furchtbaren Kämpfe
Ziel erreicht...
*(XXIII, 233-249)*

Odysseus, dessen Name unter anderem »Unruhe« bedeutet, kann nicht ruhen. Er wird bald lossegeln, um seine Abenteuer zu vollenden. Tayler schaute sich um und sagte abschließend:
»Ihr könnt zum Nabel der Wasser zurückkehren, oder ihr könnt eure Oberfläche glänzend und undurchdringlich machen, so daß euch niemand erkennt. Schaut euch nur an, ihr glaubt, ihr könnt ungetrübtes Glück finden. Manche von euch sind hermetisch abgekapselt; manche von euch würden entsetzt sein, wenn sie es herausfänden. Nun, ich weiß nicht, warum ihr nicht einfach Freude empfinden könnt. Aber wenn ihr wirklich erkannt werden wollt, dann wird dies auch Unruhe und Schmerz bedeuten. Ihr könnt kalypsot oder odysseut werden, begraben oder unruhig.«
Das war ein Rat! Ein Rat für die künftigen Führungskräfte der westlichen Welt, die herrschenden Gesetzgeber, die erfolgreichen Controller des weißen Imperiums!

Kapitel 5

PLATON II

Stephanson war in seiner Analyse des *Staates* zu dem Punkt gekommen, der für den modernen Geschmack am abstoßendsten und bizarrsten ist – der Idee, daß in dem idealen Staat jeder das tun würde, was seiner vorherbestimmten wesentlichen Funktion angemessen ist. Man muß sich noch mal vor Augen führen, daß es ja darum geht, einen Staat zu kreieren, in dem jedes Element in Harmonie zu allen anderen steht und daher Gerechtigkeit möglich ist. Harmonie würde zu Gerechtigkeit führen! Und so legte Platon die Funktionen fest: Handwerker und Bauern und Geschäftsleute würden produzieren; die Herrscher an der Spitze würden zum Wohle aller herrschen; die Wächter würden die Beschlüsse durchsetzen. Frauen könnten alles tun, was Männer tun; sie würden nackt mit den Männern exerzieren und die Pflichten der Wächter teilen (wenn sie befähigt wären). Man bräuchte kaum Gesetze, weil die Herrscher nur im Interesse der Gesellschaft handeln würden (diese Absurdität revidierte Platon in einem späteren Dialog). Die Wächter würden jedenfalls gezwungen werden, ehrlich zu sein. Ihnen wäre verboten, Land zu besitzen oder Güter oder Silber, sie würden in Baracken leben und wie Soldaten in Kantinen essen. Ja, sie würden absolute Macht haben, aber sie würden Einfachheit, Nüchternheit und Selbstverleugnung praktizieren. Unter dieses Beharren auf Selbstdisziplin war jedoch eine übermütige Spur sinnlicher Phantasie gemischt – den Helden der Schlacht würde es erlaubt sein, jeden zu »küssen« (ein Euphemismus, nehme ich an), den sie wollten, Mann oder Frau, als Belohnung für ihre Tapferkeit.

Trotz der Ironie und der spielerischen Momente scheint es Platon ernst zu meinen. Sex würde den Grundsätzen für Haustierzucht entsprechend organisiert – das heißt, die überlegenen Züchtungen würden für den Geschlechtsverkehr und das Kindergebären ausgewählt und die unterlegenen davon abgehalten, damit die Zahl der überlegenen Kinder größer würde. Da die Kinder dem Staat gehörten und nicht den Familien, würden die weniger talentierten Kinder von Herrschern degradiert, die klügsten und stärksten Kinder von Handwerkern und Bauern aber in die Wächterklasse befördert. Alle würden einer solchen gewaltsamen Zersplitterung der Familie zustimmen, weil der Staat selbst eine große Familie sein würde, ein einziger Organismus, in dem Männer und Frauen gleichermaßen die persönlichen Interessen dem allgemeinen Wohle unterordnen würden.

Ich betone die indoktrinäre Seite im *Staat* so sehr, weil das Buch zu meiner Überraschung (das hatte ich offensichtlich vergessen) eine Quelle der antidemokratischen Theorien und ein möglicher Ursprung von einigen der schlimmsten Torheiten des zwanzigsten Jahrhunderts zu sein scheint – der Rassenhygiene zum Beispiel und der kollektivierten Landwirtschaft und so weiter. Hitler, Stalin und Pol Pot hatten vielleicht nicht direkt auf Platon, aber sichtlich auf Utopie-Begriffe zurückgegriffen, die Platon entworfen hatte, und mit diesen Begriffen im Hinterkopf hatten die Diktatoren gewiß nicht die geringsten moralischen Bedenken wegen der Zensur oder der Indoktrinierung und keine Schwierigkeiten, den Status ganzer Klassen von Menschen zu ändern oder sie vollständig zu eliminieren. Menschliche Wesen waren immer ein solches Hindernis auf dem Weg zur Perfektion.

Als ich als ein Mann mittleren Alters diese Texte erneut las, hatte ich den ernüchternden Gedanken, daß Ideen nicht so harmlos sind, wie sie mir erschienen waren, als ich sie mit achtzehn Jahren für ein Examen bearbeitete. Damit will ich nicht andeuten, daß Platon mit Stalin einverstanden gewesen wäre. Im weiteren Verlauf des *Staates* übt Platon eingehende Kritik an Tyrannen und der Tyrannei, und immer wieder betont er seine Absicht, das Glück für alle erreichen zu wollen. Aber wenn Platon auch nicht für Stalin verantwortlich ist, hat er doch eine Menge Unsinn geschrieben. Er selbst war vom Ring des Gyges in Versuchung geführt worden: Utopische Gedanken waren eine Methode, bei Mord ungeschoren davonzukommen.

Als Platon auf die Frage der Gerechtigkeit zurückkommt, erscheint einem das fast wie ein Witz, weil die ganze erdachte Gesellschaft (in unseren Augen) ein Abriß von Ungerechtigkeit ist. Platons Ziel der Harmonie erfordert ein Maß an Selbstunterdrückung, das wir als unerträglich empfinden würden. Im idealen Staat, sagt Platon, würde der gerechte Mensch nicht das Eigentum des anderen stehlen, und er würde seine Arbeit tun und *nur* seine eigene Arbeit, ohne die eines anderen zu usurpieren. Denn jeder verdiente zur Gänze, dort zu stehen, wo er eben stand, und zwar für immer, und er würde seine Situation als angebracht empfinden. Die verschiedenen Teile des Staates würden nebeneinander in Frieden existieren.

Und so wäre es auch mit dem Individuum. Genau wie der ideale Staat mit seiner angemessenen Zuteilung von Talenten und Verantwortung die Gerechtigkeit verkörpert, so würde das Individuum, in dessen Psyche die Kräfte des Appetits, des Verstandes und des Geistes im Gleichgewicht stünden, gerecht handeln. Jede Fähigkeit eines Individuums würde ihrer eigenen Funktion entsprechend wirken und keine andere usurpieren; das heißt, ein solches Individuum würde weder der Sklave seines Appetits oder seiner Leidenschaft sein noch übermäßig rational bis zum Punkt der Passivität und so weiter. Und in einem solchen Zustand des Gleichgewichts würde es gerecht handeln und daher das Glück erlangen, denn der stets unsichere oder ängstliche ungerechte Mensch könnte nicht glücklich sein. Glück war das Ziel, Glück war das Resultat.

Ja, aber wie kommt man dahin? Was könnte die Leute dazu bringen, ihr Begehren, ihre Ambitionen aufzugeben? Selbst Platon muß gewußt haben, daß das unmöglich ist. Um sicherzugehen, daß jeder an seinem Platz blieb, bestand Platon scherzend auf der Einprägung einer Art von Märchen, dem »wunderbaren Mythos« – dem Mythos, der allen beigebracht werden sollte, daß Gott bei der Gestaltung der Herrscher Gold verwendet habe, ein geringeres Metall, Zinn, bei den Wächtern und bloßes Eisen und Bronze bei Bauern und anderen Arbeitern. Jeder würde seinen innewohnenden Wert kennen und zufrieden sein zu bleiben, wo er wäre. Wir würden dem sozialen Neid damit ein Ende bereiten.

In einer demokratischen Gesellschaft jedoch, in der jede Person davon ausgeht, daß sie aus demselben Metall ist wie alle anderen auch, und der Glanz von jemandes äußerer Hülle (Autos, Häuser, Ferien) ihr in die Augen sticht, gibt es kein Ende des sozialen Neides; und Neid, davon bin ich überzeugt, ist einer der Gründe unserer Unordnung. Aber was sollen wir tun? Konkurrenz und Bewegungsfreiheit sind das Wesen des demokratischen Ethos, weshalb unsere Situation schwerlich zu verändern, ja sogar tragisch und unser Chaos schwerlich zu vermeiden ist: Wir werden immer unter den Folgen dessen leiden, was wir am meisten an unserem System schätzen. Platons Utopie ist faszinierend – und herzzerreißend – als Beispiel einer Harmonie, die unsere Ideale als unmöglich ausgeschlossen haben.

Den *Staat* als eine Quelle bösartiger oder unseliger sozialer Doktrinen zu lesen war, so nehme ich an, an der Columbia-Universität nicht gerade die richtige Art, mit dem Werk umzugehen. Jedermann wußte ja sowieso, daß Platon kein Freund der Demokratie war. Der anglo-österreichische Philosoph Karl Popper hatte all das in seinem Buch *Die offene Gesellschaft und ihre Feinde*, das er in einem Zustand der Verzweiflung zu Beginn des Zweiten Weltkrieges geschrieben hatte, als der Faschismus Europa überflutete, deutlich gesagt. Nein, die richtige Art, den *Staat* zu lesen, wäre, die Menge der kommunistischen und faschistischen Vorstellungen zu ignorieren oder herunterzuspielen und Platons Fähigkeit zu bewundern, eine innerlich kohärente Struktur über so viele wundervoll geschriebene Seiten hinweg aufrechtzuerhalten.

In Ordnung, ich war beeindruckt, und ich las mehrere Stunden am Stück, entzückt von dem fabelhaften Unsinn. Ich war es nun gewohnt, Philosophie zu lesen. Wie aber würde, so fragte ich mich, ein politisch links stehender Professor wie Stephanson dieses wundervoll merkwürdige und ziemlich autoritäre Buch behandeln, das die Notwendigkeit von Hierarchie propagiert? Als Stephanson auf der Wiese vor dem Gebäude der mathematischen Fakultät die Studenten wegen ihres Status als Wächter gestichelt hatte, gab es ein Gemurmel des Unmuts. Einige taten so, als würden sie nicht verstehen, was er meinte; andere faßten es als persönlichen Angriff auf, als hätte er sie angeklagt, hochmütig oder intolerant zu sein. In der nächsten Stunde, die wieder in dem üblichen Raum stattfand, ging die Diskussion weiter.

»Schaut mal, wir sitzen hier und diskutieren Platon auf diesem Campus, der einen Blick auf eines der schlimmsten Ghettos der Welt hat«, sagte einer der Studenten hitzig. »Dort unten liegt Harlem. Wir sind hier oben. Das heißt doch, daß wir eine Elite sind.«

Er hieß Rob Lilienthal, und er gab auf Stephansons Aufforderung hin eine »Einführung«, indem er uns den Text mit gelegentlichen Unterbrechungen, Fragen und Ergänzungen von Stephansons Seite erläuterte. Lilienthal war groß, schmächtig, mit einer Stirnlocke, ein Drittsemester mit Physik als Hauptfach, der Sohn eines Professors. Er hatte eine arrogante Art, die ich einnehmend fand, während die anderen Studenten eher abgestoßen zu sein schienen. Er sagte alles mit einem Grinsen, als ob es Selbstverständlichkeiten wären. Hier stand also ein Wächter-Typ, und er war bereit, es zuzugeben. Weil er es zugeben konnte, konnte er auch einsehen, was daran peinlich war.

Es trat eine kurze Unterbrechung ein, als draußen die Preßlufthämmer wieder loslegten. Die kulturelle Linke an den amerikanischen Universitäten behauptete, daß Vorlesungen wie die Kulturgeschichte der Gegenwart die weißen, männlichen Studenten als herrschende Klasse etablieren und andere Leute davon ausschließen würden, in den freien Genuß ihrer eigenen Kräfte zu gelangen. Gewiß konnte Platon als Garant für die Vorstellung von einer auserwählten und sich selbst erhaltenden Elite zitiert werden, doch die Studenten fanden diese Seite von Platon beleidigend. Nachdem sie das Werk gelesen hatten, ist ihnen also klar geworden, daß sie eine falsche Vorstellung davon hatten, was elitär ist – um so mehr, als sie für sich selbst die Rolle der Wächter explizit zurückwiesen. Stephanson hänselte die Studenten in der versteckten Absicht, sie gegen die Versuchungen der Überlegenheit zu impfen. Daher hielt ich die linksakademische Auffassung, daß die Studenten einfach die Ansichten des »herrschenden« Denkens übernehmen würden, für unwahrscheinlich.

Aber was waren Stephansons eigene Gedanken? An dieser Stelle standen sie noch nicht zur Debatte. Nicht direkt jedenfalls. Zuerst mußten die Studenten *Platons* Auffassungen verstehen. In diesen Vorlesungen übernahm Stephanson die Rolle des Erklärenden, nicht des Kritikers; er zwang die Studenten, genau hinzusehen, was im Text stand, und ihre Beziehung dazu zu definieren.

Wenn sie verwirrt waren, stellte er für sie den Zusammenhang her, erläuterte zum Beispiel, daß Platon von dem Niedergang Athens nach dem Peloponnesischen Krieg – dem langen Kampf gegen Sparta, den Athen verloren hatte – erschüttert war und das demokratische Regime haßte, das die Stadt beherrschte. Unter anderem hatte Athen seinen Lehrer Sokrates zum Tode verurteilt. »Platon«, sagte er, »hatte eine aristokratische Abneigung gegen die Heterogenität, gegen das Chaos der demokratischen Herrschaft – bei der schlechte Männer nach oben gespült und die guten Männer beiseite geschoben wurden. Er wollte eine Gesellschaft, die nicht zu einer Herrschaft des Mobs degenerieren würde, eine Gesellschaft, in der Philosophen-Könige einer organischen Ordnung vorstünden, in der jeder damit einverstanden wäre, daß es zu seinem eigenen Besten wäre, beherrscht zu werden.

Für Sokrates liegt ein wesentlicher Punkt, zur Wahrheit zu finden, darin«, fuhr Stephanson fort, »jeden dahin zu bringen zu erkennen, was für ihn selbst das Beste ist. Und jeder würde die Gerechtigkeit dieses Staates einsehen, wenn er von einem Gesprächspartner wie Sokrates dahin gebracht würde, seine wahren Interessen zu erkennen; indem er die richtigen Fragen stellt, würde er ihn oder sie zwingen, alte Vorurteile aufzugeben.« Vanessa, eine schwarze Frau, die bisher geschwiegen hatte, hob plötzlich die Hand. »Wie kann er oder sonst jemand bestimmen, was meine wahren Interessen sind?«

»Die Fragen von Sokrates«, sagte Stephanson, »werden herausfinden, was tief in deinem Innersten deine wahren Interessen sind.« Sie schüttelte den Kopf und war verwirrt, Lilienthal nutzte die Pause, schaute sie scharf an und sagte: »Du weißt vielleicht nicht, was deine wahren Interessen sind; vielleicht bist du voller Leidenschaft und begehst einen Fehler.«

»Ja«, sagte Vanessa, »aber woher *wissen* Sie, daß ich nicht weiß, was meine wahren Interessen sind?«

»Na ja, irgend jemand muß ja wissen, was die wirkliche Wahrheit ist«, sagte Stephanson und schaukelte auf seinem Stuhl hin und her. Plötzlich sah er wie der Bug eines Schiffes aus, das sich durch die Wellen kämpft. Ich war von seinen Worten überrascht. Glaubte er etwa an »wesentliche Punkte«? Für die amerikanische kulturelle Linke ist Platons Begriff einer universalen Form der Wahrheit hoffnungslos, ein klassisches Beispiel für die Sünde des »Essentialismus« oder »Fundamentalismus«. Eine Wahrheit, die als universal hingestellt wird, so lautet der Glaubenssatz, war nichts als die Methode der herrschenden Klasse, die Wahrheit zu ihrem eigenen Vorteil zu definieren. In der wirklichen Welt hat jede Gruppe ihre eigene Vorstellung von Wahrheit, die sie allen anderen aufzuzwingen versucht. Die westliche Tradition – mit Platon als dem eigentlichen Kernstück – zu entlegitimieren, wurde jetzt als notwendige Arbeit für bestimmte Gruppen der akademischen Linken angesehen. Es war eine Art, den Machtlosen zu helfen.

Stephanson hielt jetzt den Tisch mit beiden Händen fest und glättete die Wogen. »Ich glaube, was du sagst«, dabei sprach er Vanessa an, »heißt, daß es das Richtige nicht *gibt*, da jeder eine andere Auffassung von dem, was richtig ist, hat. Stimmt's? Aber du könntest unrecht haben. Platon sagt niemals ausdrücklich, was Wahrheit *ist*, nur, daß sie existiert. Wenn wir mit Hilfe eines sokratischen Dialogs tief genug graben, ich mit Hilfe von Fragen und du mit Hilfe von Antworten, kommen wir zu den latenten Ideen, und am Ende werden wir übereinstimmen. Im Grunde bist du wie ich. Aber wenn wir alle Absurditäten und Widersprüche aus dem, was du glaubst, herausfiltern, wirst du merken, daß du eigentlich nicht das denkst, was du jetzt denkst.«

Eltern, so glaube ich, erliegen einer verbreiteten Fiktion: Ihre Kinder können durchaus alles tun und alles *wissen*; jedes einzelne kann das gesamte kulturelle Leben aller Männer und Frauen wiederholen. Im demokratischen Amerika wären nur wenige Leute dumm genug, so etwas laut auszusprechen. Im wesentlichen ist die Kindererziehung eine mütterliche Aktivität. Exkremente, Wäsche, Füttern, Kleiden, Schule, Zähne, Bücher, Spielsachen, Busfahren – das heilige Leben einer Mutter mit ihren Kindern! Ein Elternteil, der mit der Kindererziehung zu tun hat, weiß ganz genau, daß es unmenschlich ist, seine Forderungen an das Kind nicht zu begrenzen. Gebe Gott, daß sie gesund bleiben und ein gutes Leben haben! Das reicht! Aber im Unterbewußtsein glauben wir, daß der Himmel keine Grenzen hat. Das Kind hat das Potential, unvorstellbar weit zu kommen. Jedes Kind eine Jeanne d'Arc, ein Napoleon, ein Michael Jordan, ein großer Liebhaber, ein großer Sünder! Das ist unser »wunderbarer Mythos«, die Vorbedingung jeder Erziehung in einem demokratischen Land. Jede Geburt ist die Wiedergeburt der menschlichen Rasse.

Der Glaube an den Mythos ist vielleicht in Amerika notwendiger als sonst irgendwo. Denn in einem Land, wo die Medien derartige Wert- und Trendsetter sind, kann der Spott die Eltern leicht einschüchtern, überhaupt irgendwelche Maßstäbe für ihre Kinder aufzustellen; und beinahe alles, was die Kinder in den Medien oder von ihren Freunden hören, macht aus der »Kultur« oder dem »Lernen« einen Witz oder eine Pflicht – im besten Fall einen Bereich andächtigen Schweigens. In Filmen ist dumm zu sein in; die überschlauen Helden und Heldinnen der alten Filme sind durch Banausen, Neurotiker und idiotische, auf mysteriöse Weise von Gott gesegnete Wissenschaftler ersetzt worden. Für Teenager ist es selten cool, etwas zu wissen (abgesehen vom Wissen über Computer). Der Mensch, der sich für etwas Besseres hält, ist die ewige amerikanische Witzfigur: In einer Fernsehkomödie zum Beispiel ist jeder, der glaubt, er sei etwas Besonderes, Zielscheibe des Spotts; wenn er erst einmal auf den Arm genommen wurde und zugibt, daß er genauso ein Einfaltspinsel wie alle anderen ist, dann ist er in Ordnung, aber nicht eher. An vielen amerikanischen Schulen ist es für einen Teenager besser, seine intellektuellen Interessen zu verstecken oder sich über sie lustig zu machen, wenn er nicht täglich der Lächerlichkeit preisgegeben sein will. Wie Studien gezeigt haben, halten schwarze Studenten nicht selten ihre Freunde davon ab, eifrig zu studieren, indem sie ihnen vorwerfen, »weiß werden« zu wollen, als ob Leistung eine Frage der ethnischen Zugehörigkeit wäre. Mittelmäßigkeit definiert, was normal und daher menschlich ist; vorzügliche Leistungen sind ein Angriff auf alle anderen. Das ist die Alptraum-Seite der Demokratie, die von Jahr zu Jahr mehr in den Vordergrund rückt.

Kann ein Kind, das nur Videospiele spielt und Fernsehen guckt und Kinofilme anschaut, glücklich sein? Wenn es gleich mit Computer-Spielen beginnt und dann nur noch im Cyberspace kommuniziert, kann es glücklich sein? Es wird Spaß haben, ja, aber Glück in Platons Sinn von harmonisch leben? Trotz all meiner Liebe zu Filmen glaube ich nicht, daß Filme und Medien genug sind, sonst wäre ich nicht zurück an die Uni gegangen und würde nicht über so vielen Problemen brüten.

Ich dachte an Vanessas Frage, wie jemand anderes ihr sagen könnte, was ihre Interessen wären, und an den afro-amerikanischen Studenten, der aus der Vorlesung hinausrannte, und ich begann zu verstehen, was das wirkliche Thema des *Staates* ist, die eigentliche Wahnvorstellung, die all dem Gerede vom idealen Staat und von Gerechtigkeit zugrunde liegt.

Als ich vierzehn, vielleicht fünfzehn Jahre alt war, sah ich zwei Männer auf der Straße miteinander streiten. Sie standen sich gegenüber und beschimpften einander, mit roten und geschwollenen Gesichtern, sie rückten einander immer näher und schubsten sich wie ein Fußballtrainer und ein Schiedsrichter. Zu jener Zeit trugen Männer noch

Hüte, und während die beiden stritten, berührten sich die Hutränder, trennten sich, berührten sich wieder wie die Schnäbel zweier exotischer Vögel beim Hochzeitsritual. Der Anblick war eher lächerlich als erschreckend, aber er riß mich in einen melancholischen Strudel. Ich lief tagelang mit meinem Kummer herum. Warum müssen Leute über Dinge uneins sein – warum sind sie überhaupt uneins? Sie haben denselben Appetit, dieselben Bedürfnisse. Die Objekte, die ihre Gefühle verursachen, mögen in den verschiedenen Teilen der Welt verschieden sein, aber die *Gefühle sind dieselben*. Angst, Lust, Sorge, Überschwang... ein angestoßener Zeh tut in Moskau (es war der Höhepunkt des Kalten Krieges) genauso weh wie in New York. Und selbst wenn der Glaube verschieden ist, so bewundert jeder oder beinahe jeder den Mut, fürchtet den Tod, liebt Kinder, verlangt nach schönen Männern oder Frauen oder beiden, zieht die Lust dem Schmerz vor und den Wohlstand dem Elend.

Als Platon den *Staat* schrieb, brach Griechenland auseinander, so wie Jugoslawien und die Sowjetunion in unseren Tagen auseinandergebrochen sind. Daher wünschte sich Platon etwas, das die Dinge zusammenhalten würde. Letztlich ist das gute Leben doch erkennbar – weshalb sind die Leute nicht einer Meinung? Die Antwort ist, daß sie verschiedene *Interessen* haben, mehr oder weniger Eigentum und unterschiedliche Gesinnungen. Wenn die Menschen durch ihre Interessen getrennt sind, so argumentierte er, dann fällt der Staat auseinander. Um Einheit zu erzielen – das heißt wirkliche Einheit, in der alle Teile wie in einem funktionierenden Organismus zusammenwirken –, muß man eine gewisse Art von Kunst und Kultur haben, ein politisches System, das die Leute überzeugt, es funktioniere zu ihren Gunsten, und Herrscher, die die Wahrheit kennen.

Aber wie erkennen sie die Wahrheit? Im VI. Buch, dem bemerkenswertesten Teil des *Staates*, hatte Platon seine Theorie der Erkenntnis entwickelt. Er stellt eine hierarchische Stufenleiter intellektueller Funktionen auf, bei der die oberste Stufe vom »Erkenntnisvermögen« besetzt ist, wie er es nennt, oder der Kenntnis von der Form des Guten – das »Gute« definiert als Quelle, die den Objekten der Erkenntnis ihr Dasein verleiht. Wir sind im Reich der reinen Idee, der reinen Ideale. Zum Beispiel gibt es viele verschiedene Arten von Hunden in der Welt, dennoch erkennen wir nicht nur unterschiedliche Rassen, sondern auch etwas allen Gemeinsames, und das ist das »Hundsein«, das Wesen des Hundes – die *Idee* vom Hund, die ewig vorhanden ist, vor und nach dem Leben eines jeden Hundes. Alle individuellen Hunde haben Teil an diesem Ideal. Dieselbe Beziehung besteht zwischen der Idee vom Tisch und den verschiedenen Tischen, an denen wir entweder essen, arbeiten oder auf die wir Dinge ablegen, oder zwischen der Idee vom Auto und dem VW oder dem Mercedes, den wir fahren wollen.

Nun, das macht einen gewissen Sinn. Wir erkennen eine formale Beschaffenheit, die allen Hunden gemeinsam ist. Sie alle funktionieren nach dem Hundeprinzip. Sie *haben* etwas, dessen Fehlen unhündisch ist. So weit – so gut. Schwer zu akzeptieren ist aber Platons Beharren, daß nur die *Idee* des Hundes wirklich ist und daß der bestimmte Hund im Zwinger oder vor unserem Haus nichts als Schein ist – das heißt, nur eine unvollständige Kopie von dem unveränderlichen und perfekten Original (nach seiner Vorstellung würde die Zeichnung von einem Hund die Kopie einer Kopie sein). Laut Platon kann nur ein Philosoph mit dem Vermögen der Dialektik das Gute und die Formen selbst erkennen.

Die meisten von uns würden das also nicht können. Die nächste Stufe der intellektuellen Funktionen, gleich unter dem vollständigen Erkennen des Guten, ist die »Vernunft« oder mathematische Logik. Zum Beispiel die Anwendung des Theorems des Euklid: Erkenntnis, die absolut stichhaltig ist. Alles andere ist von minderem Wert und fällt unter die Trennlinie in den dritten Bereich, das Reich der Meinung. In diesem leben die meisten von uns. Wir sehen die Objekte der Welt, die unvollständigen Kopien, und merken gar nicht, daß sie bloße Schatten sind. Wir sehen wunderschöne Dinge, ohne die Schönheit selbst zu sehen. Wir denken vielleicht, daß der VW oder der Porsche perfekte Autos sind, aber wir geben uns Illusionen hin; sie haben nur an der idealen Form des Automobils in einem größeren Maß teil als der viel weniger ansprechende Trabi. Mit anderen Worten, Sinneseindrücke, Strukturen, sinnliche Wertschätzung bedeuten sehr wenig. Da wir nicht die wirkliche Sache sehen, hat die Beobachtung nicht mehr als einen vermittelnden Wert. Platon vergleicht uns in seinem berühmtesten Abschnitt mit Leuten, die in eine Höhle eingesperrt sind.

Nächstdem, sprach ich, vergleiche dir unsere Natur in bezug auf Bildung und Unbildung folgendem Zustande. Sieh nämlich Menschen wie in einer unterirdischen höhlenartigen Wohnung, die einen gegen das Licht geöffneten Zugang längs der ganzen Höhle hat. In dieser seien sie von Kindheit an gefesselt an Hals und Schenkeln, so daß sie auf demselben Fleck bleiben und auch nur nach vornhin sehen, den Kopf aber herumzudrehen der Fessel wegen nicht vermögend sind. Licht aber haben sie von einem Feuer, welches von oben und von ferne her hinter ihnen brennt. Zwischen dem Feuer und den Gefangenen geht obenher ein Weg, längs diesem sieh eine Mauer aufgeführt, wie die Schranken, welche die Gaukler vor den Zuschauern sich erbauten, über welche herüber sie ihre Kunststücke zeigen. – Ich sehe, sagte er. – Sieh nun längs dieser Mauer Menschen allerlei Gefäße tragen, die über die Mauer herüberragen, und Bildsäulen und andere steinerne und hölzerne Bilder und von allerlei Arbeit; einige, wie natürlich, reden dabei, andere schweigen. – Ein gar wunderliches Bild, sprach er, stellst du dar und wunderliche Gefangene. – Uns ganz ähnliche, entgegnete ich. Denn zuerst, meinst du wohl, daß dergleichen Menschen von sich selbst und voneinander etwas anderes zu sehen bekommen als die Schatten, welche das Feuer auf die ihnen gegenüberstehende Wand der Höhle wirft? – Wie sollten sie, sprach er, wenn sie gezwungen sind, zeitlebens den Kopf unbeweglich zu halten! – Und von dem Vorübergetragenen nicht eben dieses? – Was sonst? – Wenn sie nun miteinander reden könnten, glaubst du nicht, daß sie auch pflegen würden, dieses Vorhandene zu benennen, was sie sähen? – Notwendig. – Und wie, wenn ihr Kerker auch einen Widerhall hätte von drüben her, meinst du, wenn einer von den Vorübergehenden spräche, sie würden denken, etwas anderes rede als der eben vorübergehende Schatten? – Nein, beim Zeus, sagte er. – Auf keine Weise also können diese irgend etwas anderes für das Wahre halten als die Schatten jener Kunstwerke? – Ganz unmöglich.

*(S. 206-207)*

Angenommen, ein Mensch macht sich frei und klettert an die Oberfläche (ein in Philosophie geschulter Wächter-Typ); er steigt auf durch die getrennten Reiche der Illusion, des Glaubens, der Vernunft und des Erkenntnisvermögens und kommt schließlich zu einer Vision vom Guten, d. h. der Sonne. Jetzt kann er die wirklichen Dinge der Welt sehen, ihr eigentliches Wesen. Wenn er Mut hat, wird er nicht unter diesen strahlenden Visionen verweilen, sondern wieder hinabsteigen und seine alten Freunde, die Höhlenmenschen, gegen ihren Widerstand zu überzeugen versuchen, daß sie in einer Welt der Illusionen leben. Der Heroismus des Philosophenkönigs besteht darin, daß er *zurückkehrt*. Adel verpflichtet.

Ich fand es komisch, daß Platon, der so großen Wert auf die beweisbare Wahrheit legt, sich bei seiner Ideenlehre auf reine Behauptungen stützt. Im *Staat* sagt er uns niemals, was das Gute *ist*, nur daß es vorhanden ist. Er und ein paar Leute wie er können es sehen; wir anderen können es nicht sehen. Entweder kapierst du's oder nicht. Aber das ist es, was alle selbsternannten Eliten sagen. Das »Gute« erkennen oder, mit unseren Begriffen, die »richtigen Werte«, ist eine Tautologie, zumindest als Qualifikation für Herrschaft. Wir sollen ein paar Leute in Philosophie auf die Weise erziehen, daß sie das Gute erkennen; sie werden es erkennen oder es behaupten und sind dann geeignet, uns zu führen. Alle anderen leben nicht nur in einem Zustand der Illusion, sondern werden sich auch gegen jeden Versuch, ihre Unwissenheit zu bekämpfen, zur Wehr setzen.

Ich konnte mich nicht des primitiven Verdachts erwehren, daß die Ideenlehre und der Idealismus Platons im allgemeinen eine Art von elegantem con-game, diesem vernetzten Computerspiel, waren. Wie können wir wissen, ob die Wahrheit oder das Gute existieren, von einigen bestimmten Fällen abgesehen, die durch Zeit und Erfahrung getestet wurden? Wie können wir wissen, was Schönheit ist, außer durch die mannigfaltigen Beispiele?

Wissenschaftliche und mathematische Werke hingegen sind eine andere Sache, und Stephanson hob in seiner letzten Vorlesung über den *Staat* die Bedeutung hervor, die Platon zukommt, weil er überprüfbare absolute Beweise als eines der höchsten Güter postulierte. »Das Wahre, ganz groß geschrieben«, sagte er, »das Wahre ist für unsere gesamte Konzeption von Wissenschaft paradigmatisch gewesen. Es geht später in den Rationalismus ein. Wir könnten sagen, das Wahre ist das Axiom, auf dem wissenschaftliche Forschung weltweit durchgeführt werden konnte. Das Tal zu durchschreiten, um jenseits der Welt der Erscheinungen zu gelangen, ist unsere wissenschaftliche Methode. Das Wesen in den vielfältigen Phänomenen zu sehen. Die Prinzipien des Raketenantriebs sind in China dieselben wie in den USA. Platon besteht als erster auf dem absoluten Fortschritt, der Festlegung von allgemeinen Aussagen.«

»Aber wie kann man es erkennen?« sagte eine der Frauen unwirsch. Zu Beginn war sie immer schweigsam gewesen, eine kurzhaarige Lateinamerikanerin, die Englisch ohne Akzent sprach. »Woher weiß man, daß man das Gute gesehen hat? Woher wissen wir, ob jemand es *jemals* gesehen hat?« Frauen, so schien es, wiesen Platons Idealismus mit größerem Eifer zurück als Männer. Frauen waren der Männer überdrüssig, die ihnen erzählten, was wesentlich wäre.

Stephanson ging nicht direkt auf ihre Frage ein, vielleicht, weil es keine Antwort gab. Statt dessen kam er wieder auf die Notwendigkeit nachweisbarer Beweise zu sprechen. »Seht mal«, sagte er, »Platon legte den Primat einer bestimmten Art theoretischer Aufarbeitung eines Problems fest, ob die Aufgabe eine empirische Basis hat oder nicht. Er hat recht, versteht sich. Es gibt einen Unterschied zwischen Meinung und Wissen.«

Ein Vorteil des Grundkurses könnte sein, so glaubte ich, daß er die Wurzeln der Dinge offenlegt, die wir bereits kennen. Oder zur Hälfte kennen. Studenten kommen mit allgemeinen Vorstellungen an die Uni, die sie vielleicht irgendwo aus den Medien aufgeschnappt haben, und die Vorlesungen sagen ihnen – was? Wie sie erkennen, was sie wissen. Platon zum Beispiel war im Abendland eine wichtige Quelle für jene intellektuelle Tradition, die das »Höhere« im Leben schätzte. Bis vor kurzem – sagen wir, bis vor etwa vierhundert Jahren – haben gebildete Leute mehr das Leben nach dem Tode als das auf Erden betont, die Seele mehr als den Magen, das Unbeschreibliche mehr als das Bekannte, Ideale mehr als praktische Errungenschaften, angeborene Ideen mehr als Beobachtung, das Wesen mehr als das Körperliche, Selbst-Beherrschung mehr als Selbst-Erfahrung, Tugend mehr als einen Zustand des Seins denn als eine Angewohnheit des praktischen Tuns. Man könnte für jeden der erstgenannten Begriffe ein Argument vorbringen, aber (so würden viele von uns sagen) kein überzeugendes. Das »Niedrigere« hat oft mehr Vitalität als das »Höhere«.

Wir messen dem »Höheren« nicht mehr einen einzigartigen Wert bei, und viele von uns haben die Suche nach »absoluter Wahrheit« aufgegeben. Wir sind alle in der Höhle, der Medien-Höhle, prüfen die Programme und wählen aus, was uns gefällt. Wir sind frei, uns viele Teilwahrheiten anzueignen; wir sind frei, die Tugend zu wählen, nachdem wir das Böse zurückgewiesen haben – in der nichtfundamentalistischen Welt legen wir besonderen Wert darauf. Aber indem wir dies alles tun, schwächen wir den Sinn für die Gemeinschaft und den Respekt vor überlegener intellektueller Autorität, die laut Platon für einen erfolgreichen Staat notwendig sind. Wir besitzen keinen absoluten und einfachen Weg, um eine Idee als die bessere zu etablieren. Der Prozeß um »das Gute« muß jedesmal neu geführt werden. Er kann geführt werden, und zwar unter Schwierigkeiten und individuell, aber nicht als Kategorie. Wir praktizieren keinen Gehorsam gegenüber philosophischen Lehrmeistern. Dies tut jeder für sich selbst, jede Gruppe für sich selbst, jede ethnische Gruppierung auf ihre eigene Art.

Ich möchte meine Söhne aus der Höhle hinaustreiben. In der Höhle könnten sie Spaß erfahren, aber nicht das, was Platon unter Glück verstand. Sie müssen lesen, sie müssen lernen, sie müssen die simplen zugunsten komplexerer Vergnügen aufgeben. Sie müssen sich zumindest einen Teil der Kultur der Vergangenheit zu ihren eigenen Bedingungen aneignen und die Vergangenheit nicht durch die Medien verdrängen lassen. Sie müssen das Leben erfahren und müssen gesehen werden, alles ohne den Ring des Gyges. Sie können zurückkehren, wenn sie wollen, aber erst einmal müssen sie herauskommen. Nicht, um Anführer, sondern um Menschen zu werden.

Kapitel 6

SOPHOKLES

Professor Tayler arbeitete immer nach einem genau ausgearbeiteten Plan. Seine Methode war es, die Studenten dazu zu bringen, sich dem Plan anzupassen und die Bücher auf seine Weise zu lesen; so gerne ich ihn beobachtete, wußte ich doch nach einigen Stunden, daß ich gerne eine lockerere Herangehensweise bevorzugt hätte, einen Lehrer, der den Studenten ab und zu erlauben würde, sich frei zu bewegen.

Auf den Tip eines Zweitsemesters hin ging ich in das Seminar von James Shapiro, der in seiner zweiten Stunde gerade mit der *Ilias* begonnen hatte. Shapiro war hereingekommen und hatte die Bücher mit den Worten auf den Tisch geworfen: »Na, Sportskameraden, wer ist neu hier?« Er war ein junger Professor für englische Literatur, groß und blond, ein heiterer, lockerer Typ mit nackten Armen. Er trug ein kurzärmeliges dunkelrotes Hemd, am Hals offen, und Segeltuchschuhe, und er hatte eine Sporttasche. Wer war das? Der Coach?

»Die *Ilias*! Die *Ilias*!« tönte plötzlich die Stimme Shapiros. »Die *Ilias*! Hat sie euch gefallen?«

Ob sie ihnen *gefallen* hat? Meinte er die Frage ernst? Würden sie sie ernst beantworten? Ich wäre mit achtzehn zu schüchtern und zu andächtig gewesen, um laut zuzugeben, daß ich ein Buch der klassischen Literatur nicht mochte. Als er keine klare Antwort bekam, sagte er: »Was ist euch daran merkwürdig vorgekommen?« Da begannen sie zu sprechen, zuerst zögernd, indem sie ihre Bemerkungen als Fragen vorbrachten (»Es war zu monoton?«). Sie fanden das Gedicht tatsächlich sehr merkwürdig, fremd und grausam, statisch und fern, und die Götter reizten sie, diese wilden und gesetzlosen griechischen Götter, die streiten und huren und sich bösartig in die menschlichen Angelegenheiten einmischen. Ein Mädchen, Rebecca, die ganz durcheinander war, ständig die Hände knetete und puterrot wurde, wenn sie sprach, kam auf die Frage des freien Willens zu sprechen. Wie können die Menschen frei sein, wenn die Götter wissen, was kommt – wenn die Götter eifrig damit beschäftigt sind, Sachen zu arrangieren?

Genau das war's, was ich wollte. Shapiro nickte ernst und ließ sie reden. Er saß jetzt und war nicht mehr so locker und schlaksig. Er beugte sich über den Tisch und wirkte plötzlich kleiner, konzentrierter und außerordentlich feierlich. Sein Blick war freundlich, aber nicht ausweichend. Er spielte die Studenten gegeneinander aus, beantwortete nicht immer ihre Fragen, sondern stellte selbst neue Fragen. Die Spannung stieg in den Sprechpausen.

»Im Krieg«, war eine Stimme zu hören, »im Krieg gibt es nicht Recht oder Unrecht, nur den Sieg.« Es war der einsame schwarze Student Henry. Er hatte zuvor nicht ein Wort verlauten lassen, doch jetzt schrie er geradezu, richtig glücklich. Die Diskussion hatte sich Hektor zugewandt, dem gewaltigen troischen Helden, der seine Frau und seinen Sohn liebt, gelegentlich Angst verspürt und im allgemeinen ein normaleres menschliches Verhalten zeigt als Achilleus oder sonst einer der Griechen. Aber Henry lachte über Hektor (und, wie ich vermute, über die Empfindsamkeit der anderen Studenten). »Hektors Humanität kommt ihm in die Quere«, sagte er.

Das war zynisch, aber es war zumindest ein Gesichtspunkt. Und wenn Henry seine Meinung äußerte, dann tat er das nicht in Form einer Frage wie einige der anderen. Er *sagte* uns etwas. Er war groß, sehr dunkel und trug schwarze Kleider und eine schwarz gerandete Brille, und seine Haare waren oben glatt und keilförmig geschnitten. Wenn er sprach, bewegte er seine Arme und seine Schultern und stieß Worte in die Luft. Er war erregt. Ihm gefiel die Überlegenheit von Achilleus, die Gewalt des Epos. Ich zuckte etwas zusammen. Aber warum sollte er nicht Gefallen an der Gewalt des Epos finden? Man erwartet, daß es einem gefällt – und daß man gleichzeitig entrüstet ist. Er war nicht entrüstet, aber zumindest hatte er ein Gespür für die eine Hälfte des Geistes von Homer. Den Studenten mußte man im Auge behalten.

Ein paar Wochen später, im Oktober, der angenehmsten aller Jahreszeiten in New York, hatten wir in Shapiros Vorlesungen Homer und Sappho beendet und lasen nun die griechischen Dramatiker. Wir begannen mit Aischylos, dessen Trilogie, die Orestie, ich bewundert, aber ohne Vergnügen gelesen hatte. Sophokles war als nächster dran, danach Euripides und Aristophanes. Shapiros Vorlesungen fanden im sechsten Stock des alten Hamilton-Gebäudes statt, und vor der *König-Ödipus*-Stunde hatten ein paar Studenten die Fenster geöffnet und waren auf den steinernen Balkon getreten, um ihre Gesichter in die Sonne zu halten, bis Shapiro käme. Sie hatten mich in ihren Reihen akzeptiert, zumindest provisorisch, und ich ging auch hinaus und gesellte mich zu ihnen. Shapiros Methode – sie zu fragen, was sie *dachten* – brachte einen Geist der Offenheit mit sich. Sie schwatzten über die Vorlesung und darüber, daß sie nicht genügend Schlaf bekämen, und ein paar befragten mich über neue Filme.

Die Filme? Ich versuchte es, konnte aber nicht darüber sprechen. Ich wollte am liebsten über die beunruhigenden Dinge sprechen, die ich beim erneuten Lesen des *Königs Ödipus* gelernt hatte. Es gab da etwas eigenartig Erschreckendes, sogar Bedrohliches in dieser berühmtesten und bekanntesten aller griechischen Tragödien, obwohl ich das nicht zu den Studenten sagen konnte. Sie hätten nicht verstanden, worauf ich hinauswollte. Auch ich hätte es damals, 1961, nicht verstanden oder gesagt. Damals war ich erstarrt und hatte nichts in der Klasse geäußert. *König Ödipus* war ein erschreckendes Werk.

> Die Stadt – wie du auch selbst siehst – schwankt zu sehr
> Im Wogengang bereits und kann das Haupt erheben
> Nicht aus den Tiefen mehr des blutigen Gewogs:
> Hinsterbend mit den fruchtbergenden Kelchen
> Des Lands, hinsterbend mit den Herden
> Weidender Rinder und Geburten,
> Fruchtlosen! von den Frauen, und herein
> Schwer fuhr der feuertragende, der Gott und jagt –
> Die Pest, die widerwärtigste! – die Stadt, wodurch
> Sich leert das Haus des Kadmos und der schwarze
> Hades an Wehgeschrei und Grabgesängen reich wird. –
> *(23-30)*

So spricht ein Priester im Namen der Bürger von Theben. Er redet nicht einfach von einem Alptraum, sondern von einem wiederkehrenden Alptraum: Die alte griechische Stadt Theben hatte schon zwanzig Jahre zuvor ähnliche Schrecken erlebt. Damals war Theben im furchtbaren Griff der Sphinx, »der gekrümmten, bekrallten Maid«, eines Ungeheuers mit dem Kopf einer Frau, dem Körper eines Löwen und dem Schwanz einer Schlange. Die Sphinx lagerte vor den Toren der Stadt, stellte ein Rätsel und verschlang jeden, der es nicht lösen konnte. Das Rätsel lautete: »Was geht auf vier Beinen am Morgen, auf zweien am Mittag und auf dreien am Abend?« Ja, was wohl? Ich wäre ein leichtes Fressen für die Sphinx gewesen. Aber ein Fremder, Ödipus, ein Mann, der aus dem Nichts auftauchte, wußte die Lösung (der Mensch, denn er kriecht auf allen vieren als kleines Kind, geht aufrecht als Erwachsener und benutzt im Alter einen Stock) und rettete die Stadt vor dem Ungeheuer, das sich selbst von den Felsen stürzte. Ödipus nahm dann den freien Thron ein. König Laios war kürzlich auf einer Reise auf mysteriöse Weise erschlagen worden, und die Thebaner, die mit der Sphinx beschäftigt waren, hatten das Verbrechen nicht weiter beachtet. In einer Art legaler Besitzergreifung hatte Ödipus den Thron gefordert und die Witwe des Laios, Iokaste, geheiratet. Alles in allem ist das ein merkwürdiger, plötzlicher und geheimnisvoller Anfang eines Königtums, das letztlich viele Jahre lang erfolgreich bestanden hat.

Zu Beginn sehen wir Ödipus als eine mächtige und befehlsgewohnte Persönlichkeit, die kein Interesse daran hat, irgend jemandem zu schmeicheln. Diese neue Katastrophe in Theben muß beendet werden. *Er wird etwas unternehmen.* Ödipus' Schwager Kreon kommt mit einem Spruch von Apollons Orakel zurück: Der ungelöste Mord am alten König Laios hat einen Fluch über die Stadt gelegt. Wenn der Mörder ausgestoßen oder getötet wird, wird auch der Fluch aufgehoben. Jetzt weiß Ödipus also, was zu tun ist. Intelligent, doch hochmütig, mit einem triumphierenden, zur Schau gestellten Gefühl für seine eigene Macht, so, als könnte er allein die Verantwortung für die Stadt übernehmen, verflucht Ödipus den unbekannten Mörder und verbannt ihn aus Theben.

Meine ängstliche Erregung war etwas merkwürdig. Ich hatte das Stück von Sophokles schließlich schon gelesen. Ich wußte alles über den Mythos des Ödipus (es war einer der wenigen Mythen, an die ich mich erinnern konnte); jeder weiß über Ödipus Bescheid. Aber das Stück von Sophokles besteht aus Drohungen und Verdächtigungen, die wachgerufen, beschwichtigt, wieder wachgerufen und dann zweifelsfrei bestätigt werden, und dieses Muster schaffte nicht nur eine dramatische Ironie – das Publikum weiß, was Ödipus nicht weiß –, sondern auch ein Gefühl von Ironie, das den Lebensnerv trifft. Was wir vermeiden wollen, das werden wir sein; was wir verabscheuen, das sind wir. Das ist das, was ich den achtzehnjährigen Studenten wirklich nicht sagen konnte. Ich glaube auch nicht, daß es irgend jemand anders erklären kann. Manche Dinge müssen ohne Vorbereitung erfahren werden, wie die schneidend kalte Luft an einem scheußlichen Wintertag, die man ständig einatmen muß.

Die Geschichte von *König Ödipus* entwickelt sich aus zwei miteinander verknüpften Prophezeiungen von Apollons Orakel. Lange zuvor, kurz bevor Laios und Iokaste einen Sohn bekamen, behauptete das Orakel, daß das Kind seinen Vater töten würde. Laios ließ voller Panik das Kind auf einem bewaldeten Hügel aussetzen, damit es stürbe. Jahre später hört Ödipus, der als Findelkind vom König einer benachbarten Stadt (Korinth) großgezogen worden war, vom Orakel, daß er bestimmt ist, seinen Vater zu töten und seine Mutter zu heiraten. Auch er gerät in Panik und flieht aus Korinth (er weiß nicht, daß der dortige König nicht sein richtiger Vater ist). Kurz und gut: Ein Vater hört, daß er von seinem Sohn getötet werden wird, und befreit sich daher von ihm; ein Findelkind hört, es werde seinen Vater töten und mit seiner Mutter schlafen, und flieht daher vor dem Mann und der Frau, die es für seine Eltern hält. Jetzt überdenkt Ödipus alles, er dringt mühsam immer weiter in das schwarze Entsetzen vor und erzählt Iokaste ein Ereignis aus seiner Vergangenheit:

> Als jenem Dreiweg, meines Weges ziehend,
> Ich nahe war, da kamen mir ein Herold und,
> Auf einem Pferdewagen aufgestiegen,
> Ein Mann entgegen, wie du ihn beschreibst.
> Und aus dem Wege wollten mich der Vormann
> Und er, der Alte, mit Gewalt vertreiben,
> Und ich versetzte dem, der mich verdrängte,
> Dem Treiber, einen Hieb im Ärger. Und der Alte,
> Wie er es sieht, paßt ab, wie ich vorbeigeh,
> Und von dem Wagen mitten übers Haupt
> Fuhr er herab mir mit dem Doppelstachel.
> Nun! Nicht mit Gleichem hat gebüßt er, sondern, kurz!
> Vom Stab aus dieser Hand getroffen rollt

Er rücklings aus dem Wagen augenblicklich,
Und ich erschlage allesamt. – Wenn nun der Fremde,
Jener! Mit Laios irgendwie verwandtschaftlich
Zu tun hat: wer wär unglückseliger jetzt
Als *dieser Mann*? welch Mann mehr gottverhaßt?
Den unter Fremden nicht noch Bürgern irgend einer
Aufnehmen darf im Haus und nicht ansprechen einer,
Sondern man von den Häusern stoßen muß, und dieses –
Kein andrer war's als ich, der diese Flüche
Mir zugefügt hat selber, und das Bett des Toten
In meinen beiden Armen schänd ich,
Durch die er umgekommen! Bin ich nicht schlecht?
*(802-823)*

*Und ich erschlage allesamt.* Einfach so. *Erschlage allesamt.* Ein enormer Zorn auf Befehl eines enormen Willens.

Und jetzt, was macht er jetzt? Ein mächtiger Mann muß *wissen*. Ein Präsident, ein Unternehmensboß, ein Chefingenieur oder Verleger will über alle potentiellen Anschläge und Verschwörungen Bescheid wissen, über alles, was ihn unterminieren könnte. Ödipus ist großartig, denn er geht immer weiter, obwohl er auf das stößt, was ihn unterminiert. Unwissenheit ist destruktiv, und Wissen ist ebenfalls destruktiv – das verbindet den Tatmenschen ultimativ mit dem Intellektuellen. Der Chor – entsetzte Bürger – schreckt zurück und beschwichtigt, sucht irgendwo nach einem Zufluchtsort, und Iokaste versucht, Ödipus davon abzuhalten weiterzugehen. »Ich flehe dich an«, sagt sie zu Ödipus, »geh nicht bis zum Ende, wenn dir dein eigenes Leben lieb ist.« Ihre verzweifelten Bemerkungen sind von beinahe komischer Hilflosigkeit. Sie *weiß*. Bei Gott, sie weiß es. Aber sie versucht, vor der Verzweiflung zu fliehen. Zuvor, als sie sich über die Prophezeiungen lustig macht, hatte sie gesagt: »Was deiner Mutter Hochzeitsbett angeht – fürchte es nicht. Schon zuvor, in Träumen und auch in Orakeln, hat mancher Mann bei seiner eigenen Mutter gelegen.« Ja, das ist gewiß beruhigend.

Es ist ein erschreckendes Stück. Doch Shapiros Stimmung war immer erregter geworden: Die Tragödie verursachte eine kampflustige Fröhlichkeit in dem Coach. Er konzentrierte sich und feuerte eine Serie von rhetorischen Fragen auf die Studenten ab, damit sie ihre

Ängste zum Ausdruck brächten. Franz Kafka sagte, daß er literarische Werke wünschte, die uns wie »eine Katastrophe« treffen würden, Werke, die »den gefrorenen See« in uns aufbrechen würden; Shapiro hackte auf den gefrorenen See der Studenten ein. Er begann mit den märchenhaften Aspekten des Mythos – das ausgesetzte Kind, das Findelkind, das als Prinz in einer anderen großen Stadt aufwuchs.

»Wer hat von seiner Mutter erfahren, daß er gefunden wurde?« rief er fröhlich in den Raum. »Wurde irgend jemand in einem Korb unter einer Brücke gefunden?« Ein ruhiges Mädchen mit Brille hob ihre Hand. »Irgendwo in Queens?«, sagte sie mit ansteigender Betonung, als ob es eine falsche Antwort sein könnte.

Einen Moment schaute Shapiro verblüfft drein. Er hatte keine buchstäbliche Antwort erwartet. Aber er erholte sich schnell, ging wieder zum Angriff über und hackte drauflos. »Nicht jeder von euch, ich sage es nicht gerne, ist legitim. Eure Eltern sind nicht eure Eltern. Ich habe jedoch Informationen darüber, wo sie gefunden werden können. Ist jemand daran interessiert, dem nachzugehen...«

Sie lachten, ein bißchen nervös, wie ich meinte, und er stellte ihnen weitere bedrohliche Fragen, eine ganze Menge sogar, wobei er sich über das Pult lehnte und jeden einzeln anschaute.

»Wenn ihr entdeckt, daß ihr illegitim seid, würdet ihr dann nicht die Person sein, die ihr zu sein glaubt? Würdet ihr lieber euren Zwilling als eure richtige Mutter treffen wollen? Was ist so furchtbar daran, den Vater zu töten? Was ist so schlecht daran, mit der Mama zu schlafen? Ist das eine wesentliche Phantasie, die wir alle haben? Ist es etwas, das alle Männer im Unterbewußtsein wollen? Ist es das?« – und sich den Frauen zuwendend – »Findet ihr euch unbewußt von jungen Männern angezogen, die euch an eure Väter erinnern?«

Einige von ihnen schauten angeekelt drein. Sie konnten diese Fragen nicht beantworten, außer mit Witzen oder ausgeklügelter Vernünftigkeit. »Herauszufinden, wer man ist, ist ein Kampf, den man sein ganzes Leben lang führt«, sagte eine Frau, Susan, mit beträchtlicher Würde, als ob sie die Ordnung in diesem Durcheinander wiederherstellen wollte. Es war eine gute Bemerkung, aber eine Antwort auf ganz andere Fragen. Wovon sie redete, war nicht die Art von Selbsterkenntnis, die Ödipus oder irgendein anderer Held der griechischen Tragödie gewinnt.

Sie wehrten das Spiel ab, und ich konnte sie deswegen nicht tadeln. Die griechische Tragödie ist eine erschreckende Literatur. Fürchtet man Katastrophen, Verwirrung, unsagbare Zornesausbrüche? Glaubt man, daß das Familienleben ein sicherer Zufluchtsort für den Siegreichen und Tapferen ist? Die Welt ist noch viel schlimmer, als man glaubt, und die Familie ist ein Hort des Verrats.

Der Diener, der das Kind von Laios wegbrachte, wird herbeizitiert, und der Meisterdetektiv Ödipus, der unbestechliche Bluthund, der die Spur erschnüffelt, die er selbst gelegt hat, rekonstruiert die Geschichte. *Er* ist das Kind, das dem Tod überantwortet wurde; und er ist der Mann, dessen Schicksal es war, seinen Vater zu töten und mit seiner Mutter zu schlafen. Am Ende stürmt er los und betritt den Palast, Iokaste im Gefolge, die zuvor verzweifelt geflohen war; und in einer Art geisterhafter Voraussage hören wir den Klagechor, und schließlich kommt der Mann, der einfach Bote genannt wird, und gibt seinen berühmten Bericht:

> Von dem Getanen aber
> Das Schmerzlichste bleibt fern: das Sehen fehlt!
> Doch sollst du, soviel auch in mir Gedächtnis ist,
> Die Leiden jener Unglückseligen erfahren!
> Als, der Erregung hingegeben, sie
> Den Innenhof betreten hatte, strebte
> Sie grades Wegs dem ehelichen Bette zu,
> Das Haar zerraufend mit der beiden Hände Spitzen;
> Die Türen, als sie eingetreten, schmettert
> Sie zu von innen, ruft den lange schon
> Toten und kalten Laios, die Erinnerung
> Festhalten an die alte Saat, durch die
> Er selber starb, die Mutter aber denen
> Gelassen, welche von ihm selber waren,
> Zu unseliger Kinder Kinderzeugung;
> Bejammerte das Lager, wo die Arme beides:
> Vom Mann den Mann und Kinder von dem Kinde
> Geboren, und wie sie nach diesem umkommt, weiß ich nimmer,
> Denn schreiend stürzte Ödipus herein, vor dem
> Man nicht ihr Unheil bis zum Ende sehen konnte,
> Sondern auf ihn, wie er umherfuhr, blickten wir:

Er geht und kommt, verlangt, daß wir den Speer
Ihm reichen, und: wo er das Weib – nicht Weib,
Nein: doppelt mütterliche Saatfeld fände,
Das ihn sowohl wie seine Kinder trug,
Und ihm, dem Rasenden, zeigt es der Götter Einer –
Der Männer keiner, die wir in der Nähe waren! –
Und schrecklich aufschreiend, als ob geführt von jemand,
Die Doppeltüren sprang er an, und aus den Krampen
Sprengt' einwärts er die Riegel und stürzt ins Haus,
In dem nun hangend wir die Frau erblicken,
In das Gestränge eines Schwebebordes eingeschnürt.
Er, wie er sie erblickt, fürchterlich brüllend,
Der Arme! Löst die aufgehängte Schlinge, und
Wie auf der Erde lag die Unglückselige –
Doch furchtbar war, was danach kam, zu sehen! –
Denn abreißend vom Kleid die goldgetriebnen,
Die Nadeln ihr, mit denen es war hergerichtet,
Erhob und schlug er sie in die Gelenke
Der eignen Augenkreise und schrie so ungefähr:
Es sei, damit sie sehn nicht sollten: weder
Die er erlitten noch die er getan, die Übel,
Sondern in Dunkel sollten fortan *die* sie sehen,
Die sie nicht sehn gedurft, und *die*, bei denen
Er es so nötig hatte, weiterhin verkennen! –
Mit solcherlei Begleitgesängen, oft, nicht einmal,
Stieß, ausholend, er in die Lider, und die blutgen
Augäpfel überströmten zugleich die Wangen
Und ließen nicht heraufquellen des schnell
Geronnenen Blutes zähe Tropfen, sondern
Zusammen schwarz ein Schloßenregen Blutes strömte, –

Aus Zweigen brachen diese Übel, doch nicht einzeln,
Sondern für Mann und Weib zu einem einzigen vermengt. –
Das alte Glück von einst war vormals zwar
Ein Glück, mit Recht! Doch nun, an diesem Tag:
Stöhnen, Verwirrung, Tod, Schande – so viele
Der Übel aller Namen sind, nicht einer fehlt! –
*(1237-1286)*

106

Wie merkwürdig, daß Sophokles selbst auf dem Höhepunkt der Katastrophe mit einer Leidenschaft für unbarmherzige Formulierungen schreibt: »Bejammerte das Lager, wo die Arme beides: / Vom Mann den Mann und Kinder von dem Kinde / Geboren...«. Der Stil von Sophokles war, wie Professor Tayler in *seiner* Vorlesung über das Stück hervorhob, von rhetorischer Genauigkeit, ausgewogener Antithese und der Gewohnheit geprägt, ein Element in zwei zu teilen oder zwei zu einem zusammenzufügen, eine verbale Figur, die die Spaltungen und Vereinigungen der Charaktere widerspiegelte. Gab diese wütende Genauigkeit, fragte ich mich, Sophokles und seinem Publikum eine Art Trost – einen letzten Rest von Kontrolle in dem Mahlstrom? Das Vergnügen, zu wissen, wie etwas bei allem Schrecken wirklich und ganz genau gewesen ist? Die Klassik, so stellte sich heraus, war nicht der »gelassenen Heiterkeit« verpflichtet, sondern bedeutete, aus dem Unkontrollierbaren Kunst zu machen.

Und was für Leute waren diese Griechen überhaupt, die in riesigen Theatern beisammensaßen und bei öffentlichen Festlichkeiten Tragödien anschauten? Stücke wie *König Ödipus* waren eine beliebte Unterhaltung: Sophokles war nicht irgendein obskurer, verbitterter Dichter, der erst nach seinem Tod Anerkennung fand. Er war zu seiner Zeit beliebt und gewann viele Preise für seine mehr als hundert Theaterstücke (von denen die meisten verlorengegangen sind). Das Publikum muß sich diese Stücke mit Vergnügen angeschaut haben, denn wenn sie vor Schreck gelähmt gewesen wären, wären sie kaum wiedergekommen. Sie müssen auf irgendeine Weise gestärkt worden sein. In unserer Zeit wirkt das Stück nicht mehr stärkend, sondern schockierend. Wir stehen auf Schock; die Griechen wurden vom Heldentum gefangengenommen.

Trotz all der Schrecklichkeiten wirkt die Rede des Boten würdevoll und großartig, und zwar durch den Mut des Ödipus. Er reißt die Spangen von Iokastes Kleid ab, und wenn wir uns ein wenig recken, können wir uns vorstellen, wie er auf den nackten Körper seiner Frau und Mutter schaut und dann seine Augen aussticht, als ob er sich selbst wegen der lustvollen Gedanken strafen wollte. Als er geblendet wieder auftaucht und der Chor sagt, er wäre besser tot, besteht er darauf, daß es im Gegenteil besser sei, mit der Wahrheit zu leben. »Was ich hier getan habe, war am besten – behaupt nicht das Gegenteil, gebt mir keinen weiteren Rat.« Der königliche Charakter von

Ödipus bricht wieder durch; er deutet an, daß der Tod der leichtere Weg gewesen wäre.

»Er *wußte* ja nicht, daß er seinen Vater tötet.«
   Bei Shapiros zweiter Stunde über *König Ödipus* sprach Rebecca, die Studentin, die beim Reden rot wurde und die Hände knetete, über den König. Sie war ein liberales jüdisches Mädchen aus dem mittleren Westen, mit einem energischen Sinn für Gerechtigkeit, eine moralisch gewappnete und gefestigte Leserin. Ihr Haar war straff aus dem Gesicht zurückgestrichen und wurde im Nacken von einem kleinen roten Band gehalten, und manchmal, wenn sie einfach zuhörte, löste sie plötzlich das Band, warf ihr Haar nach vorne und senkte den Kopf, als ob sie sich vor einem eifersüchtigen Gott verneigte. Dann griff sie mit gespreizten Fingern in ihre Haare und strich sie glatt nach hinten und befestigte das Band wieder. Sie war der Traum eines Lehrers – Shapiros Traum jedenfalls, das konnte ich sehen –, weil sie Bücher in einer intensiv persönlichen Weise erlebte. Sie sagte vielleicht dummes Zeug, aber sie hielt mit nichts hinter dem Berg.
   Und jetzt versuchte sie, die Sache zurechtzurücken, indem sie behauptete, daß Ödipus für den Tod seines Vaters nicht verantwortlich gemacht werden könnte. Für Rebecca und für die Studenten in anderen Vorlesungen, die ich das Stück hatte diskutieren hören, war Ödipus nur ein Opfer von Apollons boshaftem Plan. Für sie war Ödipus nicht frei, er mußte seinen Vater töten und seine Mutter heiraten; die miteinander verknüpften und eingetroffenen Prophezeiungen, meinten sie, machten das Stück moralisch unbrauchbar. Als wahre Amerikaner waren sie daran gewöhnt, einen Schuldigen zu suchen, hatten aber Schwierigkeiten, einen Mann zu verstehen, der teilweise durch seine eigene Größe zerstört wird.
   »Indem er sich selbst blendet«, fuhr Rebecca fort, »beraubt er sich der Möglichkeit, jemals herauszufinden, daß *es nicht sein Fehler ist.*« Eine seltsame Bemerkung; sie äußerte sie hitzig und wurde dunkelrot, als wäre Ödipus pervers gewesen. Aber die Griechen haben nicht unbedingt geglaubt, daß Ödipus unschuldig war, und Ödipus selbst unternimmt keine Anstrengungen, sich freizusprechen (nicht in diesem Stück jedenfalls). Daß die Götter ihn dazu auserkoren hatten zu leiden, bedeutete für die Griechen, daß er auf irgendeine Weise schuldig war; Ödipus war die Art von Mann, der tat, wozu er bestimmt

war. (Die Götter handelten nicht ganz so willkürlich, wie Rebecca glaubte.) Und Sophokles gibt Ödipus genügend Freiheit: Obwohl er dazu bestimmt ist, seinen Vater zu töten, handelt er frei von einem Moment zum nächsten und bestimmt selbst, den jähzornigen alten Mann und seine Begleitung an der Kreuzung zu töten. Jahre danach hätte er die Untersuchung verschieben können.

Das Stück lag uns sehr fern. Die ganze kranke, mit Selbstmitleid erfüllte Seite des modernen Lebens, besonders des amerikanischen Lebens, mit seinen Fühl-dich-gut-Therapien, seinen Euphemismen, seinen Selbstfindungs- und Selbsthilfegruppen, seinen Frauenbewegungen und Männerbewegungen, seinem ständigen Opfergeschrei, als ob jedermann ein Opfer wäre, als ob das *Leben* dich zum Opfer machte – all das zielte bewußt oder nicht darauf, genau den Moment der Erkenntnis, wer man ist und was man getan hat und wofür man verantwortlich ist, zu vermeiden... Uns lag dies sehr fern. Die Therapien und Lebensstrategien, die das »erkenne dich selbst« in »sprich dich frei« verwandelt hatten, nein, in »blas dich auf«, und vielleicht auch die im allgemeinen wohlgeordneten Verhältnisse der Columbia-Studenten hatten sie nicht auf Ödipus vorbereitet, der entschlossen persönliche Verantwortung übernimmt. Sie waren amerikanische Teenager, und diese Art Tragödie – sie ist nicht ganz deine Schuld, aber auch nicht ganz ein Zufall – gehörte noch nicht zu ihrem Verständnis davon, wie das Leben funktionierte. Sie lokalisierten es als »Schicksal« und lehnten es ab als einen Streich, der menschlichen Wesen von alten toten Göttern gespielt wurde. Im wirklichen Leben, so gaben sie zu verstehen, konnte man die Welt auspunkten, wenn man erst einmal herausbekommen hatte, wie sie funktioniert. Und wenn das nicht geht, dann konnte man die *Dinge zurechtbiegen*. Das amerikanische Leben, dachten die Studenten, ist nicht fair, aber es konnte durch Vernunft und Mitgefühl verbessert werden. Das Stück aber war ohne Vernunft und Mitgefühl.

Wie meine Söhne Max und Tommy waren sie Kinder der Medien, und ich hatte das Gefühl, daß Identität für sie etwas Provisorisches war; alles konnte *zurückgenommen* werden. Die Medien hatten sie trickreich davon abgebracht, dem ins Gesicht zu sehen, was junge Leute in allen Gesellschaften nicht sehen wollten, nämlich daß man manchmal eine bestimmte Wahl trifft, die man nicht zurücknehmen kann, daß Identität selbst eine Art von Schicksal ist. Daß man eine bestimmte Person ist und nicht eine andere. Sie hatten ein Schicksal, diese Studenten, jeder einzelne von ihnen.

Doch auf ihre Weise hatte Rebecca den Finger auf das gelegt, was so außerordentlich beunruhigend war. *Ödipus wußte nicht, was er tat.* Ödipus ist gebieterisch, aber weder korrupt noch kriminell. Er ist auch nicht bloß unsensibel wie Nikolaus II., der letzte Zar von Rußland, der bis zum Ende glaubte, daß das Volk seines Landes ihn liebte, und der, als er sein Todesurteil von den Bolschewiken hörte, ausrief: »Was? Was?« Armer Zar! Ödipus *verstand* die Frage. Er verstand alle Fragen. Er ist klug und hartnäckig und niemals buchstabengläubig, er kann Rätsel lösen und ist flexibel genug – ein Außenseiter muß flexibel sein –, um die Macht, zumindest nominell, mit seiner Frau und ihrem Bruder Kreon zu teilen. Das Stück ist unter anderem deswegen empörend, weil es nahelegt, daß man klug und hartnäckig sein kann und doch den eigenen Vater tötet und mit der Mutter schläft. Irrationale Kräfte kontrollieren das Universum, und das Irrationale kontrolliert das menschliche Streben. Intelligente Leute sind nicht weniger als dumme dagegen gefeit, entsetzliche Handlungen zu begehen.

Ich war davon viel persönlicher getroffen worden, als ich erwartet hatte. Blindheit, nicht Schicksal, ist die allem zugrundeliegende Metapher in *König Ödipus*. Die zuerst metaphorische und dann buchstäbliche Blindheit eines mächtigen und erfolgreichen Mannes mittleren Alters; die Blindheit, die ihn, trotz seines Verlangens nach Wissen, vom Wissen trennt. *Das* war es, was an meinem Unterbewußtsein nagte, während ich las, das Gefühl, daß das Verlangen nach Erfolg und Herrschaft – *mein* Verlangen – durch seine eigene Natur die Gefahr der Ohnmacht in sich birgt. Immer dann, wenn man in irgend etwas Erfolg hat, muß man einen vitalen Teil seiner selbst abtrennen. Denn dieser Teil kann dich zerstören. Wie kann ein Achtzehnjähriger das wissen?

Den mächtigen Mann beunruhigt das, was er nicht weiß, die Information, die ihm schaden könnte, und er merkt niemals, daß sein Erfolg ihm selbst bereits geschadet hat. Ich dachte an die mächtigen Leute, die ich kannte: meine Mutter, inzwischen gestorben; die Zeitschriftenverleger, den Präsidenten einer Aktiengesellschaft, einen Investmentbanker, etliche Filmregisseure; einige berühmte Kritiker und Universitätsprofessoren – ja, besonders sie, die Professoren. Auf einer Podiumsdiskussion konnten sie sich in einem schwerverständlichen Jargon über den Ausschluß von Minoritäten und Frauen aus der Kultur der Vergangenheit beklagen, dessen Sinn es war, alle auszuschließen, deren Hirn anders als ihr eigenes funktionierte. Sie waren groß darin, die Machtbedürfnisse eines jeden zu sehen, außer ihren eigenen. Ich hatte selten eine mächtige Person getroffen, die sich selbst kannte. Frauen waren in dieser Hinsicht nicht besser. Wie konnten sie alles erkennen, selbst aber so bleiben, wie sie waren? Denn man kann nicht zu einer vollständigen Selbsterkenntnis gelangen und gleichzeitig ein Mann oder eine Frau der Öffentlichkeit sein, eine Autorität, ein Gesetzgeber, ein Wohltäter. Blindheit war *notwendig* für die Mächtigen, die gegen den vorgehaltenen Spiegel wie gegen den Teufel persönlich kämpfen; sie wissen, daß Selbsterkenntnis sie zerstören kann. »Du bringst mich um mit diesem Zeug!« pflegte meine Mutter immer zu wimmern, als ich nach ihrer Pensionierung, wie schonungsvoll auch immer, versuchte, ihr ein paar Sachen über ihre Wirkung auf die Leute um sie herum zu sagen. In gewisser Weise *brachte* ich sie *um*. Ich erinnerte sie daran, daß sie nicht mehr die Macht hatte, sich nicht darum zu kümmern, wie sie mit den Leuten redete.

Ödipus ist ein Held, weil er danach trachtet, die Wahrheit zu erfahren, selbst nachdem er den Verdacht hat, daß sie ihn umbringen könnte. Das ist ein tragisches Schicksal, das dem Streben ehrgeiziger Leute überall inhärent ist. Wir haben nicht nur keine Kontrolle über unser Leben, sondern unser Trachten selbst kann uns unterminieren. Das war ein erschreckender Gedanke.

Kapitel 7

ARISTOTELES

Der Platonische Idealismus mit all seiner brillanten Absurdität gab mir Aufschwung. Ich konnte mich über die formalistische Theorie lustig machen, aber es steckte zweifellos etwas Gewaltiges darin. Wenn Leute ausriefen: »ein vollendeter Baum« oder: »ein vollendeter Tag«, dann meinten sie mehr als nur: »wie schön!« oder: »Meine Bedürfnisse sind befriedigt worden!« Vielleicht meinten sie, daß das Glück, das sie spürten, sie auf den Gedanken brachte, daß »da etwas mehr sein muß, etwas *anderes*, das diese Vollendung bestimmt«. Der gesunde Menschenverstand legt nahe, daß die Vorstellung von Vollendung nur von sehr vielen herrlichen Tagen oder Bäumen herrühren kann – daß Ideale nur aus Erfahrung und Vergleich entstehen können. Aber der Wunsch zu verstehen, warum man mit bestimmten Dingen höchst zufrieden ist, verschwindet damit nicht. Letztlich kann der gesunde Menschenverstand die Beziehung zwischen unserer Empfindung und der Realität, die nicht ausschließlich unser Werk ist, nicht hinreichend erklären, einer Realität, die voller Schönheit und Kraft, aber auch voller Extreme des Bösen und Häßlichen ist. Es gibt eine beträchtliche Übereinstimmung darüber, daß der Leopard eine wunderschöne Raubkatze ist, und es ist nicht unvernünftig zu fragen, woher diese Übereinstimmung kommt. Was hat die Elemente zu Schönheit geordnet, und was hat die weitverbreitete Reaktion darauf hervorgerufen? Platons Ideenlehre war keineswegs so weit von der Sehnsucht nach Gott entfernt.

Die Vorstellung, daß es ein *einziges* Ideal eines Baumes oder eines Wagens geben sollte, war für mich am schwersten zu verdauen. Vielleicht gab es tausend Muster, eins für jede Art, so daß jede Art einer Blume oder eines Busches nicht eine mehr oder weniger große Annäherung an ein einziges Ideal einer Blume oder eines Busches darstellt, sondern *eine* physikalische Verkörperung eines einzelnen Ideals – ihre eigene besondere Form. Ich erwärmte mich für diese Idee; im Unterbewußtsein hatte ich immer daran geglaubt. Wenn es eine Entsprechung der materiellen Objekte zu ihren mannigfaltigen Idealen *gäbe*, dann wäre das vielleicht der Grund, weshalb manch einer eine solch starke Genugtuung aus der Einzigartigkeit von jedem Ding auf Erden zieht. Daß ein Ding es selbst und nicht ein anderes ist – ein Wacholderbusch ein Wacholderbusch und kein Rosenbusch –, ist zutiefst bewegend, vielleicht der bewegendste Umstand in unserer ganzen Existenz. Es war auch eine moralische Wahrheit und der Beginn der Ethik, da eine solche Auffassung unausweichlich zu der Schlußfolgerung führt, daß jede Person auf Erden ebenfalls einzigartig ist und als solche behandelt werden sollte. Vielleicht gibt es von jedem von uns irgendwo ein Ideal.

Die Vorstellung, daß jedes physische Ding seine eigene Integrität besitzt, brachte mich dazu, Filme zu mögen, also ein photographisches Medium, das die einzelnen Subjekte der Welt zeigt, und das Theater zu hassen, wo alles, was eine Rolle spielt – ein Bühnenbild, ein Requisit, ein Kostüm –, aus seiner Beziehung zu anderen Dingen gerissen und in einen neuen metaphorischen Zusammenhang gebracht wird, der ihm eine Bedeutung aufzwingt. Nicht die Bedeutung seiner selbst, sondern die Bedeutung von jemand anderem, während ein Wacholderstrauch in der Natur und im Film ein Wacholderstrauch bleibt. Das Kino ist glücklicherweise nicht symbolisch und nicht metaphorisch, sondern moralisch; das Theater, in dem alles mit Bedeutung – zu viel Bedeutung – befrachtet ist, ist ehrgeizig und pessimistisch und unmoralisch. Dies ist also meine Meinung: Geht ins Kino und werdet bessere Menschen.

Im Seminar über die Kulturgeschichte der Gegenwart wurde Platons Idealismus schnell widersprochen – von seinem Schüler Aristoteles. Stephanson hob diesen als einen der wesentlichen Momente der Geistesgeschichte hervor. In Makedonien geboren, gleich nördlich von Griechenland (»er war kein richtiger Grieche, sondern ein Außenseiter«, wie Stephanson ihn beschrieb), kam Aristoteles im Alter von vielleicht achtzehn Jahren, etwa 366 v. Chr. nach Athen und studierte etwa zehn Jahre lang an Platons Akademie. Der glänzende Schüler hatte offenbar rebellische Gedanken. In der *Nikomachischen Ethik,*

dem ersten Werk von Aristoteles, das im Seminar über die Kulturgeschichte der Gegenwart behandelt wird, untersucht Aristoteles die
ideale Form des Guten oder *Idea* und verwirft sie.

Wenn auch wirklich das gemeinsam ausgesagte Gute etwas Ein-
zelnes und getrennt für sich Bestehendes sein sollte, so leuchtet
doch ein, daß der Mensch es weder in seinem Handeln verwirklichen noch es erwerben könnte. Um ein solches Gut aber handelt es sich gerade. Nun könnte man ja denken, die Kenntnis
jenes getrennten Gutes fördere einen in bezug auf das Gute, das
man erwerben und tun kann, und es wäre uns ein Muster, mit
dessen Hilfe wir auch das für uns Gute besser erkennen und,
wenn wir es erkannt, erlangen könnten. Aber wenn auch diese
Erwägung einigermaßen annehmbar klingt, so findet sie doch
an der Künsten ihre Widerlegungen. Denn während dieselben
insgesamt nach einem Gute streben und das suchen, was daran
noch mangelt, lassen sie die Erkenntnis dieses Gutes außer acht.
Es ist aber doch wenig glaubhaft, daß alle Künstler ein derarti-
ges Hilfsmittel nicht kennen und nicht einmal vermissen sollten. Auch wäre es sonderbar, was es einem Weber oder Zim-
mermann für sein Gewerbe nützen sollte, das Gute an sich zu
kennen, oder wie einer ein besserer Arzt oder Stratege werden
sollte, wenn er die Idee des Guten geschaut hat. Auch der Arzt
faßt offenbar nicht die Gesundheit an sich ins Auge, sondern
die des Menschen, oder vielmehr die dieses Menschen in con-
creto. Denn er heilt immer nur den und den. Hierüber also sei
soviel gesagt.
(*S. 10*)

Aus pragmatischen Gründen ist die »Idee« vom Guten nutzlos. Aber
hatte Aristoteles seinen eigenen Begriff vom Idealen oder vom Guten?
Und verstand Platon, was sein Schüler dachte? Vielleicht nicht: Aristoteles schrieb die oben zitierten Worte nicht, als er Platons Schüler
war. Die Werke, die er während jener Jahre schrieb, eine Reihe von
philosophischen Dialogen, sind verlorengegangen. Die *Ethik* wurde
einige Zeit nach Platons Tod zusammengestellt, als Aristoteles seine
eigene Schule in Athen gründete, das Lykeion. Jetzt war *er* der Lehrer:
Die *Ethik* sowie die anderen berühmten Werke aus jener Periode, die

*Politik*, die *Poetik* und vieles andere, bestehen aus ausgearbeiteten Aufzeichnungen seiner Vorlesungen, die formal (obwohl manchmal eher willkürlich) unter verschiedenen Überschriften und nach Sachgebieten und ähnlichem geordnet sind. Aristoteles war also ein Professor, einer von drei auf der Lektüreliste der Columbia-Universität (Hegel und Nietzsche sind die anderen beiden).

Wenn die erhaltenen Werke auch wenig von Platons Talent für Mythen und Metaphern haben, so besitzen sie gleichwohl einen ganz eigenen nüchternen Klang. Kunstlos und schlicht bieten die Abhandlungen des Aristoteles das Vergnügen der Arbeit eines Feldvermessers, nämlich Aufmerksamkeit, und ich las sie mit einer gewissen Erleichterung nach Platon, der immer einen kultivierten Scherz zu machen schien, den zu kapieren ich nicht schnell und gewitzt genug war. Aristoteles schrieb ohne die Absicht zu gefallen, er konzentrierte sich nur auf die Bedeutung, und ihn zu lesen machte mich in einer Weise glücklich, wie ich sie bislang noch in keiner Vorlesung erfahren hatte. Wenn ich im Wohnzimmer saß, während die Jungens schliefen und meine Frau auf der anderen Seite der Wand im Bett las, hatte ich zu meinem Erstaunen beinahe ein Gefühl des Wohlbefindens. Zuerst dachte ich, es wäre einfach ein Hauch von Selbstgefälligkeit, und teilweise war es das wohl auch – mein Gott, ich las wirklich etwas außer Zeitungsartikeln! Aber das war nicht alles. Das Gefühl entstand aus dem Text selbst, ein kleines unterschwelliges Vergnügen, nichts Großartiges, aber stetig; auf der Skala der Zufriedenheit stand es irgendwo bei dem Vergnügen, das man an einem perfekt gepflegten Garten oder einem frisch gewaschenen Auto hat.

In meinem eigenen Leben war Ordnungmachen kaum eine Hauptbeschäftigung: Ich mochte wohl gerne Ordnung und Höflichkeit auf den Straßen, aber ich war zu ruhelos, um einen aufgeräumten Schreibtisch zu haben, und gewöhnlich arbeitete ich mit dem Material für zwei oder drei Artikel gleichzeitig, das da gestapelt lag. Nach normalen Mittelstandsmaßstäben war ich ein Schlamper, und einen Garten bepflanzen oder pflegen wäre das letzte, was ich tun würde. Aber ich verstand das ständige Verlangen nach Ordnung, das manche Menschen hatten. Den Boden sauber zu fegen, die Laken straff zu ziehen, die Kinder zu baden, ihnen vorzulesen, sie in den Schlaf zu singen, bis sie so friedlich eingeschlummert sind, daß man das Ohr dicht an ihren Mund halten muß, um zu merken, daß sie atmen – das war ein intensives Glück von einer ganz bestimmten Art. Es war Zufriedenheit, und Zufriedenheit ist von Ordnung abhängig.

Aristoteles lieferte die Befriedigung, zu definieren und zu organisieren, Dinge einzuteilen, zu benennen und zu plazieren. Er sortierte die verschiedenen Arten von geistiger Tätigkeit, die Natur der unterschiedlichen Aktivitäten – den Unterschied, sagen wir, zwischen dem Prozeß einer Aktivität und ihrem Zweck. Er stellte die Prinzipien auf, die für viele Arten von Untersuchungen gelten, und das Maß an Präzision, das jede erfordert. »Die Natur jeder Untersuchung wird durch das *Objekt* der Untersuchung bestimmt«, wie Stephanson es formulierte. »Deshalb bedarf es einer besonderen Überlegung.« Heute ist das selbstverständlich, aber zu seiner Zeit war es revolutionär. Aristoteles hatte die Welt erfaßt, indem er viele Überlegungen entwickelte, wie sie wahrzunehmen sei. Er hatte ein Talent für Systematik und Klassifikation. Untersuchungen, die er im vierten Jahrhundert v. Chr. als Vorlesungen für seine Studenten organisiert hatte, wurden in Europa gefeiert, als sie fünfzehnhundert Jahre später wieder aufgegriffen wurden. Jahrhundertelang blieb sein Werk eine bemerkenswerte Autorität bei der Diskussion theoretischer und wissenschaftlicher Themen wie Metaphysik, Astronomie, Mathematik, Biologie, Botanik, Zoologie und Meteorologie als auch solch praktischer Themen wie Ethik, Politik, Rhetorik, Poetik und Dramentheorie. Er hatte einen besitzergreifenden Eifer: das Fundament zu legen, ein Haus zu bauen und es in Besitz zu nehmen. Er war mehr als ein Professor, er war die abendländische Universität.

Als ich Aristoteles' ruhige Klassifizierung von allem las, drängte sich mir eine Frage auf, die mir mit achtzehn niemals gekommen war. War Ordnung wirklich möglich? Ist sie außerhalb eines gut gepflegten Gartens möglich? In der Diskussion, ja, da war es möglich, aber im Leben, in der Kunst? Wir mögen uns nach mehr bürgerlicher Ordnung, mehr Anstand und Verantwortung sehnen, aber jetzt, nachdem ich beim Lesen von Aristoteles dieses Vergnügen genossen hatte, rebellierte ich gegen die Selbstgefälligkeit seines Geistes. Aristoteles würde mich mißbilligt haben, eine moderne Person, selten zufrieden, ständig auf der Suche nach dem Gegenteil und nach Unregelmäßigkeiten, dem Unkraut, das den Charakter der Rose zur Geltung bringt.

Zu dieser Zeit lasen wir im Kurs über klassische Literatur die griechischen Tragödien und auch die *Kunst der Dichtung* oder *Poetik* von Aristoteles, einen Klassiker der ästhetischen Theorie, der auf den Erfahrungen von Aristoteles mit den Stücken von Aischylos, Sophokles und Euripides und vieler anderer Dramatiker beruhte. Aristoteles hatte Glück; er lebte nach einer großen Ära der Kunst. Aber obwohl die *Poetik* als eine darstellende Theorie geschrieben wurde, paßten die Begriffe von Aristoteles, wie ich entdeckte, nicht immer zu den Stücken, die wir lasen. Für Aristoteles war der tragische Held weder perfekt noch bösartig, sondern etwas dazwischen, eine hochgeborene Person mit Fehlern der Wahrnehmung oder des Urteils. Das war allerdings ein großer Fortschritt gegenüber Platon, der die Identifikation der Zuschauer derart fürchtete, daß er auf der Bühne nur tugendhafte Charaktere zugelassen hätte – ein Verbot, das natürlich dem Drama unmittelbar den Garaus gemacht hätte. Aristoteles glaubte, daß Sympathie oder Identifikation ein integraler Bestandteil der Form war. Am berühmtesten ist seine Aussage: »Durch Mitleid und Furcht erzielt (die Tragödie) die Reinigung (Katharsis) von solchen Emotionen.«

Aber ist es wirklich so? Stücke wie *König Ödipus* von Sophokles und die *Bakchen* von Euripides (siehe Kapitel 8) waren viel wilder, viel irrationaler und viel beunruhigender, als er bemerkt zu haben schien. Ich fühlte mich nach dem Lesen nicht gereinigt, sondern in meinen anfänglichen Ängsten bestätigt. Die Dramatiker wußten, was Aristoteles nicht wußte – daß Ordnung eine Illusion ist, daß die Irrationalität unser Dasein beherrscht. Die Figuren der Tragödien, selbst der brillante Ödipus, besaßen nur eine begrenzte Fähigkeit, die Gefährlichkeit des Lebens zu begreifen. Das Universum war für den Geist von Ödipus kein Spiegel.

Doch selbst schon beim Lesen der *Ethik* und der *Poetik* und beim Genießen der Schlichtheit und Effizienz von Aristoteles und des Gepflegter-Garten-Vergnügens, das es vermittelte, hatte ich das Gefühl, daß Ordnung oft etwas von der Macht Auferlegtes war – aufrichtig zwar, aber nicht eigentlich, nicht natürlich. Ich wollte Aristoteles stürzen oder zumindest ihm die Stirn bieten. Ich war gelangweilt von seinem schlauen, sehr vernünftigen Rat in der *Nikomachischen Ethik*, daß wir die extremen Verhaltensweisen vermeiden und das »Goldene Mittel« oder den Mittelweg wählen mögen, eine Methode, die vom tugendhaften Menschen praktiziert wird, um die Exzesse des Appetits zu zähmen. Wohl wahr, und was soll das heißen? All diese Platitüden in bezug auf die Tugend waren vielleicht die große Sorge der alten Griechen, die den modernen Geschmack am wenigsten beeinflußt. Cicero, den Philosophen der Tischredner, der in der Kulturgeschichte der Gegenwart etwas später dran war und der auch die Tugendtrommel schlug, konnte ich nicht einmal zu Ende lesen.

Unter dem Summen der Zufriedenheit machte sich ein anderer Ton bemerkbar, der aus mir selbst hervorkam – ein Verdacht, daß im gejäteten Garten unter den Hortensien möglicherweise eine Leiche begraben liegt, daß die straff gezogenen Bettlaken beim Ehebruch befleckt wurden, daß die schlafenden Kinder Träume hatten, die sie weit, weit weg aus ihren friedlichen Betten führten.

Wir sehnen uns nach Ordnung; wir wissen, daß sie unmöglich ist.

Stephanson stürzte sich mit Volldampf in das Werk von Aristoteles und arbeitete den Unterschied zu Platon heraus. »Platon glaubte, es gebe das ideale Weiß, an dem alle weißen Dinge teilhätten; Aristoteles dachte, wir wüßten von den vielen weißen Dingen her, was weiß bedeutet. Er ist beinahe ein Empiriker, aber doch nicht ganz. Er dachte an die Vortrefflichkeit eines Dinges nicht im Sinne eines transzendenten Ideals, sondern im Sinne seiner Funktion, seines Zwecks oder *telos*. Ein Tisch war nicht gut, weil er an irgendeiner idealen Form von Tischheit teilhatte, sondern weil er seine inhärente Funktion als ein Tisch erfüllte.«

Nun, das *machte* wirklich Sinn. Der Bürger der Mittelklasse ist von Natur aus Aristoteliker. Idealismus ist etwas für Aristokraten, Eremiten und Terroristen.

»Ist Aristoteles also ein Relativist?« fragte Stephanson, schaute mit seinen hübschen blauen Augen in die Runde und lächelte die Studenten keck an. Sie erwiderten seinen Blick abwartend. Die Vorlesung lief jetzt schon über einige Wochen. Zusammengedrängt in einem winzigen Raum im Gebäude der Mathematik begannen sie langsam aufzutauen. Manche waren eingeschüchtert von Stephansons gewaltigem Vorbrechen, seiner nachdrücklichen Art; die anderen wurden mutiger und brachten sich mehr zur Geltung. Sie wußten recht gut, daß Relativismus ein Codewort für die angeblichen Sünden der modernen amerikanischen Schicht der Gebildeten war.

»Relativismus«, sagte Stephanson, »könnte als die Idee definiert werden, daß es keine überhistorischen Standards gibt, daß alle Wahrheiten historische Wahrheiten, daß alle Wahrheiten eine Funktion der *Perspektive* sind. Man muß sich die sozialen Umstände einer gegebenen Gesellschaft vorstellen, um zu verstehen, warum gewisse Dinge als wahr oder gut angesehen werden. Die Handlung A kann ebenso gut sein wie die Handlung B. Es gibt keinen eigentlichen Wert dieser Handlungen, nur einen sozial festgelegten oder *konstruierten* Wert. Platon hingegen sagt, es gebe ein absolutes Gutes, das man entweder erkennt oder nicht.«

Platon war eindeutig das Gegenteil eines Relativisten. Im modernen Jargon war er ein »Essentialist«. War Aristoteles, dessen Begriff vom Guten so verschieden von dem Platons war, deshalb ein Relativist? Von dieser Frage hing etwas mehr als nur eine philosophische Meinung ab, obwohl es momentan um die Meinung ging. Kritiker der Vorlesungen wie Kulturgeschichte der Gegenwart behaupteten, daß die Existenz eines Literaturkanons auf der Vorstellung von »zeitlosen« Wahrheiten beruhte – vermutlich ein Extrakt von Annahmen, die immer wahr gewesen waren und sein werden. Stephanson selbst hatte mal mit einem Anflug von Ironie, der für die Universität Oxford typisch ist, gefragt: »Entsprechen die Vorlesungen in Kulturgeschichte der Gegenwart nicht einer Art platonischen Idee: Bücher, die durch die Zeitalter rollen und ihre Wahrheit für alle Zeiten mit sich tragen...?« Ohne eine Antwort zu erhalten fuhr Stephanson fort: »Das Problem ist folgendes: Wenn wir von Dingen wie dem *Guten* sprechen, beziehen wir uns da nicht auf etwas, das in vielen unterschiedlichen Zusammenhängen immer dasselbe ist? Wir sind also der Frage nach einer Wesenheit, einem Ideal nicht entkommen, oder? Aristoteles ist nicht wirklich ein Relativist, oder? Aristoteles glaubte, die grundlegende Ursache von allem sei ihr Zweck – und der Zweck ist vor dem Anfang vorhanden, ist der *Natur* der Dinge inhärent. Das ›Ziel‹ von Kindern ist es, Erwachsene zu werden, was erklärt, daß sie nicht für sich selbst sorgen können. Das Ziel oder *telos* der menschlichen Wesen ist die Selbstbeherrschung, die Unabhängigkeit, Glück. Aristoteles beginnt *innen* und geht nach *außen*. Das Werden ist ihm wichtiger als das Sein. Die allgemeinen Begriffe sind nicht ein abstraktes Ideal wie bei Platon, etwas Transzendentes. Sie sind eine den Dingen innewohnende Substanz, aber sie sind *da*, und es ist egal, was sie sind.«

Aristoteles war also auch kein Relativist. Er war einfach eine andere Art von Idealist als Platon – das Ideal war der physischen Natur der Objekte eingeprägt. Es war dumm zu sagen, wie ich es vorher getan hatte, daß philosophischer Idealismus eine Zeitverschwendung wäre – diese Antwort war zu schnell formuliert worden. Ohne Idealismus war die höhere Erziehung einfach nicht möglich. Das ideale Schicksal jedes Studenten war es, zu einer vollendeten Version seiner selbst zu werden.

Eine Eichel wird zu einer Eiche, eine Raupe zu einem Schmetterling, und Aristoteles, der sich in Griechenland umschaute und sah, daß Sklaven (großenteils aus eroberten Völkern) körperliche Arbeit taten und Frauen keine Philosophie ausübten, kam zu bestimmten Schlußfolgerungen: Er entschied, daß Sklaven von Natur aus nicht zu vernünftigem Denken geschaffen waren und daß Mädchen zu Frauen wurden, um Kinder zu bekommen und den Haushalt zu führen. Wenn Sklaven den Marmor schleppten und Frauen Kinder erzogen, dann war das alles, wofür sie gedacht waren – und alles, was ihre Natur *war*. Wenn ihr *telos* etwas anderes wäre, dann würden sie auch etwas anderes sein, denn man könnte sich niemals über das hinausentwickeln, wofür man bestimmt war. (Wenn du völlig entwickelt bist, dann war dein Zweck eindeutig.) Frauen, so gestand er zu, besaßen die Fähigkeit zu denken, aber ihnen fehlte das Talent, eine Wahl zu treffen. Sklaven fehlte die Fähigkeit zu denken überhaupt, sie waren beseelte Objekte, die als Instrumente benutzt wurden. Mit anderen Worten, was immer in seiner zu beobachtenden Form existiert, ist natürlich und definitiv.

Diesmal konnte ich nicht über politisch korrekte Einwände hinwegsehen; wollte ich auch nicht. Egal, wie man die Sache betrachtet – und egal in welch richtigen historischen Zusammenhang man es stellt –, Aristoteles hatte einen verheerenden Fehler begangen. Modern ausgedrückt, hatte Aristoteles die sozialen Kräfte nicht berücksichtigt, die Macht, einschließlich seiner eigenen, die Menschen in die eine oder andere Rolle hineinzwingt, und er lieferte eine Rechtfertigung dieser Macht durch den Bezug auf die Natur – womit er gleichzeitig der Macht half, sich ihrer selbst nicht bewußt zu werden, sich selbst als gegeben zu betrachten. Das aristotelische Denken war griechischen und römischen Aristokraten gemeinsam, den

Sklavenbesitzern im amerikanischen Süden (die Sklaverei mit Varianten der Aristoteles-Argumente rechtfertigten) und beinahe allen erblichen Eliten überall. Die Macht rechtfertigte sich selbst, indem sie auf die Machtlosigkeit der anderen als Beweis für deren Unfähigkeit deutete.

Stephanson diskutierte die Verbindung von Macht und Besitz im Denken von Aristoteles mit aller Ausführlichkeit, aber ich beschloß, es wäre an der Zeit, sich noch weiter auf die akademische Linke einzulassen. Daß niemand von »Natur« aus für irgendeine soziale Rolle bestimmt ist – daß die Verteilung von Macht und Besitz von Menschen gemacht ist –, war vielleicht die wesentliche Idee hinter allen radikalen Reformen. Daher war ich neugierig zu erfahren, wie eine radikale Person Aristoteles lehren würde. Folglich besuchte ich die Vorlesung in Kulturgeschichte der Gegenwart von Ti-Grace Atkinson, die in den Sechzigern und Siebzigern als feministische Theoretikerin sehr bekannt war, einer lesbischen Separatistin, die wollte, daß sich die Frauen aus dem Patriarchat verabschieden. Jetzt mit fünfzig Jahren erhielt Ti-Grace Atkinson ihren Doktor in Philosophie an der Columbia-Universität. »Mir ist Logik wichtig« – das Thema ihrer Dissertation –, »mehr als alles andere«, sagte sie zu mir. Alles in allem eine Außenseiterin, die Kulturgeschichte der Gegenwart unterrichtete, eine Vorlesung, die von vielen an den Universitäten als reaktionär angesehen wird.

Sie war eine große und wunderschöne Frau, streng, beinahe bedrohlich; und sie stand vor den Studenten mit der *Politik* von Aristoteles in der Hand, zitierte lange Passagen und erklärte den Text Punkt für Punkt. Sie erläuterte; die Studenten hörten zu. Sie begann, den Gegensatz zu Platon am Thema des privaten Besitzes aufzuzeigen. In Platons idealem Staat würden »dein« und »mein« verschwinden. Schließlich würden die Wächter zwar große Macht besitzen, aber wenig oder gar kein Eigentum. Sie lebten in Baracken, aßen in Kantinen, besaßen kein Land. Andererseits würde es Handwerkern und Bauern, die keine Macht hätten, erlaubt sein, Besitz zu haben. Unter einem linken Gesichtspunkt, sagte sie, wäre diese Trennung von Macht und Besitz (eines der vorgeblichen Ziele des revolutionären kommunistischen Staates) das bemerkenswerteste und radikalste Element bei Platon.

Der Begriff von Eigentum bei Aristoteles hingegen war ein Fundament konservativen Glaubens: Der Besitzende soll herrschen. Denn Besitz war das Band der Zuneigung, das Band, das beschützte. Die Leute sorgten sich um ihre eigenen Familien und ihr Land, während die Leute, die nicht Teil der Familie waren, litten und die Dinge, die allen gehörten, verfielen. In Platons Utopia, argumentierte Aristoteles, würden die Kinder vernachlässigt. »Genau das«, dachte ich für mich selbst.

»Unsere Gesellschaft hat Aristoteles akzeptiert«, sagte Ti-Grace Atkinson und ging quer durch das Zimmer, wobei die eine ihrer Hände den Text hielt und die andere auf ihrem Rücken lag. »Wir sehen unseren Besitz als Verlängerung von uns selbst; wenn wir etwas nicht besitzen, fühlen wir keine Zuneigung dafür«, und sie erwähnte die Verwahrlosung der New Yorker U-Bahn. Amerikaner waren beinahe absolut bei der Trennung von Öffentlichem und Privatem. Hier war das Private alles, das Öffentliche beinahe eine Abfallgrube.

Sie sprach mit entschiedener Abneigung, und ich meinte, sie hatte recht. Gewiß erschien uns das griechische Ideal von öffentlichen Leistungen als altmodisch. In Amerika roch der Begriff öffentliche Leistungen nach Sozialbau, liberalen Stiftungen und Sozialhilfe. Aber wir waren dem Thema gegenüber geradezu blind. Das griechische Ideal war eine beschämende Zurechtweisung. Wir stellten nur nominelle Forderungen an die Bürger – daß sie Steuern zahlen, wählen, Geschworene sind und ab und zu eine Schulversammlung besuchen. Trotz der minimalen Forderungen oder vielleicht gerade wegen ihnen liegt unsere Wahlbeteiligung weit unter der aller industrialisierten Staaten. Der Geist des bürgerlichen Republikanismus ist tot. Aber in Aristoteles' Vorstellung vom Stadt-Staat gibt es für die Bürger in den Ämtern das Rotationsverfahren. Alle Bürger waren im wesentlichen gleich: Du herrschst und *wirst* beherrscht. Das war völlig gleich.

Aber wer konnte ein Bürger sein? Das war der springende Punkt, der gewöhnlich beim begeisterten Lob der »Athenischen Demokratie« vergessen wird. Atkinson hielt das Buch geöffnet vor sich und nahm diesen Punkt ins Visier. Die Bürger mußten Männer sein, und zwar griechische Männer in der dritten Generation. Frauen waren nicht qualifiziert, sondern dienten grundsätzlich nur als Produzenten von Männern. Handarbeiter waren auch disqualifiziert, weil die Leute sich nur einer einzigen Aktivität widmen sollten, und wenn die Arbeit der Bürger das Nachdenken und das öffentliche Wohl war,

122

dann durften die Bürger natürlich nicht körperlich arbeiten. Das Leben der Tugend, das in der *Ethik* gepriesen wurde, war nur wenigen zugänglich – jenen, die von körperlicher Arbeit befreit waren.

»Er wollte eine radikale Demokratie«, sagte Ti-Grace Atkinson lächelnd, »aber mit sehr wenigen Leuten, und das war den tatsächlichen Verhältnissen in Athen ziemlich nahe, obwohl in Athen einige Arbeiter auch Bürger sein konnten.«

Ihre Stimme war fest wie ein Felsen, aber »Logik« berechtigte zu Spott; denn die Wirklichkeit, wie sie sie sah, war hart, fremd und ungerecht. Die Logik des Aristoteles würde auf Gegenlogik treffen, *ihre* Gegenlogik, und vielleicht war die Herausforderung, ihn wieder und wieder zu widerlegen, der Treibstoff, der sie dazu brachte, Kulturgeschichte der Gegenwart zu lehren.

»Aristoteles glaubte, daß Platon einen fatalen Irrtum begangen hatte«, fuhr sie fort, »indem er den privaten Haushalt und die männliche Autorität über die Frauen und Sklaven abschaffen wollte. Er meinte, gleichberechtigte Partnerschaft zwischen den Menschen würde zu Zwistigkeiten führen. Hierarchie führt hingegen zu Ordnung. Ein großer Teil der *Politik* ist ein Versuch, ungleiche Beziehungen zu rechtfertigen, beginnend bei der Struktur des Haushalts.«

Sie wandte sich zur Tafel und zeichnete schnell ein Diagramm.

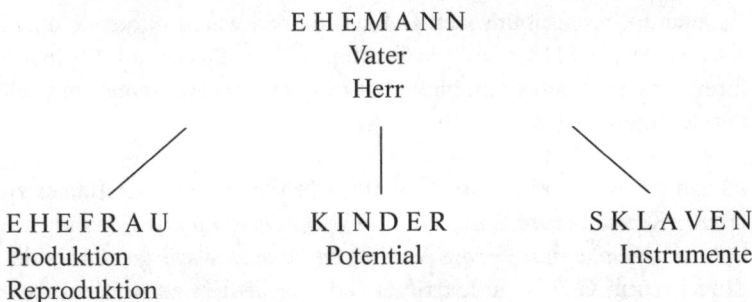

EHEMANN
Vater
Herr

EHEFRAU — KINDER — SKLAVEN
Produktion — Potential — Instrumente
Reproduktion

»Aristoteles«, sagte sie, »betrachtete den Vater als den Herrscher eines Haushalts. Er herrschte über Frau, Kinder und die Sklaven, und der Haushalt lieferte das Modell, vermittels dessen die größeren sozialen Strukturen – Dorf, Stadt-Staat – errichtet werden sollten.« Sie benutzte niemals das Wort »Patriarchat«, aber natürlich war es das, worüber sie redete; sie führte die Ideologie der männlichen Herrschaft und ihrer Verknüpfung mit Besitz auf Aristoteles zurück, und sie tat dies, wie ich meinte, mit einer gewissen grimmigen Befriedigung.

»Unglücklicherweise«, sagte sie, »müssen wir die Tatsache berücksichtigen, daß die *Politik* noch heute das Denken beeinflußt und immer noch als Rechtfertigung für ungleiche Partnerschaften wie zwischen Ehemann und Frau oder Herr und Sklave herhalten muß.«

So viel zur modernen Ehe, die dasselbe war wie Herr und Sklave. Als sie über Aristoteles und die Macht sprach, eine große, wunderschöne Frau, blaß, mit einem langen Rücken und rotgerandeter Brille als einzigem Farbtupfer, stand sie regungslos da und lächelte wieder.

»In Aristoteles' Version der Beziehung zwischen Männern und Frauen«, sagte sie, »sind die Frauen im Grunde Tiere – mehr Tier als Mensch –, und Männer sind das Gehirn.«

Sie sprach überlegt und ohne überflüssige Wörter. Sie legte den Text dar, Punkt für Punkt – Aristoteles' Idee von der besten Verfassung (monarchisch oder aristokratisch), seine Verteilung des Stimmrechts (zugunsten der landbesitzenden Klasse). Die Studenten machten ihre Notizen und redeten nur am Ende der Vorlesung gemäß einem Frage-und-Antwort-Muster. Sie bat die Studenten nicht, wie Stephanson es machte, ihre Meinung zu äußern. Zu Beginn der Vorlesung kontrollierte sie die Anwesenheit, und sie riet den Studenten, einen Entwurf anzufertigen, bevor sie eine Arbeit schrieben. Wenn sie auch in ihrem politischen Denken radikal war, glaubte sie doch, so schien es, daß Hierarchie zu Ordnung führte. Die strenge Ordnung ihrer Sprache, dachte ich, paßte hervorragend zu Aristoteles mit seiner diagrammatischen Klarheit.

Es gab einen sehr einfachen Grund für Feministinnen, Aristoteles zu lesen: »Kenne deinen Feind.« Und wieso, fragte ich mich, konnte die kulturelle Linke darin etwas Verkehrtes sehen? War irgendeiner der Studenten in Gefahr, indoktriniert oder erniedrigt zu werden? Aristoteles' Ansichten über Frauen waren auch in der Vorlesung von Stephanson behandelt worden, und es wurde klar, daß die meisten Frauen bereit waren, Aristoteles historisch zu lesen, als Sprachrohr der landbesitzenden Klasse im Griechenland des vierten vorchristlichen Jahrhunderts. Sie »*glaubten*« nicht alles, was Aristoteles über die Fähigkeiten der Frauen sagte. Daß sie ihn an der Uni lasen, war selbst schon der Beweis dafür, daß er unrecht hatte.

## Kapitel 8

## AISCHYLOS UND EURIPIDES

»Seht... schaut mal«, sagte Professor Tayler. »Vor Homer gab es eine orale Kultur, eine mnemonische Kultur – stimmt's? –, aber dann übernehmen die Griechen die Schrift von ihren Handelspartnern, den Phöniziern, und unter der Herrschaft des Tyrannen Peisistratos, im sechsten Jahrhundert v. Chr., wird auf seinen Befehl ein passender homerischer Text ausgesucht, und Homer wird niedergeschrieben. Also seht her – hier habt ihr Athen, ungefähr die Größe von Plainfield, New Jersey, vielleicht dreißigtausend Einwohner – nein, es ist kleiner als Plainfield, New Jersey – und im fünften Jahrhundert v. Chr. beginnen die Athener, sich mit Philosophie und Geschichte zu befassen. Und auch Dramen zu inszenieren. Die griechische Poetik verläuft von der Epik zur Lyrik, und sowohl die Epik als auch die Lyrik haben die Anliegen der Stadt-Staaten zum Inhalt. Wenn die Athener etwas tun wollten, dann führten sie eine Debatte. Es gab ein außerordentliches Maß an sozialem Austausch. Sie redeten auf den Straßen, auf dem Markt, bei Gericht. Das Drama ist eine Form der Debatte.«

Er schaute hoch und blickte durch den Raum, als ob er erwartete, daß die Studenten wie die Athener zu debattieren begännen. Aber sie saßen erwartungsvoll lauschend da. In diesem Raum war es Tayler, der die Genehmigung zum Reden erteilte, wie er selbst wohl wußte.

»Wahrscheinlich«, fuhr er fort, »wahrscheinlich war es also Peisistratos, der eine Art Festival in Athen einrichtete, die Pan-athenischen Spiele, bei denen Leute aus anderen Stadt-Staaten kamen, um miteinander zu wetteifern. Er brauchte Prestige, den Handel mit den anderen Stadt-Staaten, deshalb richtete er ein Theater ein, das Dionysos-Theater – Dionysos, der Gott der Trunkenheit, des Sex und der Gelage. Und sie wollten auch einen *agon*, einen Wettbewerb zwischen den Dichtern, haben. Und Tragödien, Komödien und Satyrspiele – eine Art Burleske als Abwechslung zu den Tragödien. In den Satyrspielen verprügeln sich die Leute mit Phallen. Von den drei Genies sind dreiunddreißig Stücke erhalten, angefangen mit den *Persern* von Aischylos um 472 v. Chr. und endend etwa siebzig Jahre später mit dem *Philoktetes* von Sophokles und den *Bakchen* von Euripides. In Athen wurden auch danach noch Dramen geschrieben, aber die Hochzeit dauerte nur ungefähr siebzig Jahre.«

Zumindest im Westen entwickelte sich also die erzählende Unterhaltung auf einer Bühne aus der rituellen Verehrung von Dionysos, aus dem Gesang und dem Tanz und vielleicht auch aus Trunkenheit und Gelagen.

Tayler sprach nicht von Nietzsche, aber an jenem Abend ging ich zu meinem Bücherschrank und las abermals Teile aus Nietzsches aufregendem Buch *Die Geburt der Tragödie*, das er mit Mitte Zwanzig schrieb und 1871 veröffentlichte. Der junge Professor für Klassische Philologie an der Universität Basel führte die Entwicklung der Tragödie auf ihre Quelle des Dionysos-Rituals zurück, bei dem »die Personen sich selbst völlig vergessen«, oft in einer Entfaltung von »sexueller Promiskuität, die jede Form von Stammesgesetzen überschritt«. Diese Raserei erforderte die bändigende Hand Apollons – des Gottes der Vernunft – und die Entwicklung des dramatischen Mediums des Chors, bevor sie verwandelt in die geordnete und verheerende Kunst der Tragödie münden konnte. Aber der Ursprung in der Raserei ist der Urstoff, die erste Ursache.

»Seht mal«, fuhr Tayler fort, »davor sangen sie, trugen Hymnen und Gebete vor, damit die Kühe nach Hause kämen und die Sonne aufginge. Und Thespis sagte: ›Laßt uns so tun, als würden wir in Persien oder Sparta singen, und laßt uns so tun, als wären die Sänger griechische Frauen.‹ Das ist eine große Erfindung, wirklich eine umwerfende Entwicklung. Man hat einen Schauspieler, der jemanden darstellt, und man schaut den Schauspielern zu, wie sie Frauen spielen, die ihre Ehemänner töten, oder Könige, die sich selbst blenden – all diesen schrecklichen mythischen Stoff. Warum?«

Delores Merton, eine kernige Frau aus Texas von sehr unkomplizierter Art, hob die Hand. »Es ist Unterhaltung, es ist Spaß, es ist spannend.«

»Ja«, sagte Tayler. »Es ist eine sehr seltsame Situation, wenn man darüber nachdenkt. Im Drama verwandelt man sich vom Teilnehmer an Gebeten und Ritualen zu einem Zuschauer. Der Schauspieler ist geboren, und der Zuschauer ist geboren. Jemand, der sieht und hört, aber nicht gesehen und nicht gehört wird. Seht mal, lange Zeit über war Athen nichts als ein Seefahrts- und Handelszentrum. Alles, was man bekam, waren *Töpfe*. Aber als die Athener mit dem Drama und der Philosophie anfingen, wurde die Stadt zu einer kosmopolitischen Kultur, dem Nabel der Welt. Was machten sie da? Warum hat es überdauert? Hurewitz, wie war noch mal der Traum, den du von deinem Vater und deiner Mutter hattest?«

Nate Hurewitz, der Junge, der bei Taylers *Ilias*-Vorlesung Probleme hatte, eine Ratte von einem Schwein zu unterscheiden, war ein ruhiger junger Mann chinesisch-jüdischer Abstammung; er hatte ein rundes, ernstes Gesicht, trug eine Brille und kurzes Haar.

»Hmmm... Meine Mama kochte meinen Papa.«

»Ja. Kochte sie ihn ganz?«

»Nein, da hätte er nicht hineingepaßt« – Töne unterdrückter Heiterkeit kamen aus den Ecken –, »aber ich sah nicht, wie sie ihn zerstückelte.«

»Ja«, sagte Tayler. »Ja, gut.«


Die gewalttätigen und erotischen Handlungen der Götter, die »Geschichte« des Troïschen Krieges – das war der Stoff der Tragödien, die den moralischen Sinn des heiligen und mythischen Materials neu formulierten und besetzten. Von jedem, der ins Theater ging (das heißt von jedem), wurde erwartet, daß er die Geschichten und Mythen kannte. Die Dramatiker mußten nicht alles erklären; sie konnten die offensichtlichen Bedeutungen interpretieren, unterbrechen, umarbeiten und umkehren.

Im ersten Stück der Aischylos-Trilogie. *Die Orestie*, mit der für uns die Tradition der Tragödie beginnt, kehrt der siegreiche Agamemnon aus Troia nach Hause zurück, und in den Äußerungen des Chors wird das Gefühl vermittelt, daß die Griechen in ihrem Gemetzel zu weit gegangen sind, daß die Plünderung Troias weniger eine Erfüllung denn eine Entweihung war und daß die Griechen sich selbst moralisch erniedrigten, als sie ihre Feinde besiegten. Der Krieg, eine Rachehandlung, wurde zu Beginn von Obszönitäten begleitet (Agamemnon opferte seine Tochter Iphigenie, um die Götter gnädig zu stimmen) und im Moment des Triumphes von Grausamkeiten. Der Mythos, den Homer als tragisch begriff, aber tragisch ruhmreich, erscheint jetzt als düster und verderbt. Hier also, am Beginn dessen, was später zum Kern der westlichen Kultur erklärt wurde, feierten die führenden Geister nicht einfach früheren Ruhm oder bauten auf ihm auf, sondern überdachten dies neu, kritisierten, vertieften und verdüsterten die Geschichte.

Aischylos baute die *Orestie* auf zwei miteinander verknüpften Mythen auf, dem von Troia und dem des furchtbaren Hauses Atreus. Mord, Ehebruch, Kinderopfer. Alles geht auf das erste Verbrechen zurück, das schamlose Bankett, als Atreus, Vater des Agamemnon, aus Wut auf seinen eigenen Bruder Thyestes dessen Kinder zerstückelt und ihm gebraten vorsetzt. Im Mythos entkommt ein Kind dem Bankett – Aigisthos, der Jahre später Klytaimnestra, die Frau des Agamemnon, verführt, während der König in Troia ist, und seinen Thron usurpiert. Als Agamemnon im ersten Stück der Trilogie nach Hause kommt, veranlaßt Klytaimnestra ihn, aus seinem Triumphwagen auf einen karminroten Teppich zu steigen. Der Pfad des Blutes. Wenige Minuten später werfen Klytaimnestra und der wartende Aigisthos ein Netz über den König und töten ihn im Bad.

Aischylos bietet nicht einen Schimmer gerechter Rache, sondern den Schmerz verwundeter Männer und Frauen im Kampf. Im Rest der Trilogie nehmen die Kinder des Agamemnon an ihrer mörderischen Mutter und ihrem Liebhaber Rache, und die Erinyen, die verhaßten Göttinnen der Vergeltung, jagen die Rächer – bis am Ende die Göttin Athena eine Jury von Athenern einberuft, um den Fall zu entscheiden. Orestes, der Sohn des Agamemnon, wird freigesprochen, die Erinyen werden fortgeschickt; der Stadt-Staat triumphiert, das Gesetz triumphiert, der schwarze Traum ist vorbei. Die *Orestie* kann als eine nicht selbstgefällige (dazu ist sie zu blutig) Fabel verstanden werden, die den Übergang von der Barbarei zur Zivilisation, von der Blutfehde zum Gesetz, von der Rache zur Gerechtigkeit, mit anderen Worten: von der primitiven Vergangenheit zum Athen des fünften Jahrhunderts v. Chr. aufzeichnet.

Ich sagte es nicht laut, aber ich war froh, als wir die *Orestie* hinter uns hatten. Sie ist ein großes Werk, aber ich mochte sie eigentlich nicht. Von allen griechischen Dramen, die wir lasen, zeigt die Trilogie von Aischylos am deutlichsten die Ursprünge des Dramas im Ritual: Die dunkle Rede von Opfern in der Eröffnung des Chors führt zum

Opferrachemord des Agamemnon und immer weiter zu einer großen und (für mich) bedrückenden Folge von Verbrechen und Leiden, und Aischylos dramatisiert dies alles mit der übertriebenen Grellheit seines hochfahrenden, warnenden Stils.

> Hinaus! befehl' ich; dieses Tempelhaus verlaßt
> Sogleich! Hinweg zieht aus des Sehers Heiligtum,
> Eh diese zischende schnellbeschwingte Schlange dich
> Von meines Bogens goldgeflochtner Sehne trifft,
> Vor Schmerz du ausströmst schwarzen, menschentsognen
>     Schaum
> Und Klumpen Blutes speist, die vom Mord du zogst!
> *(Die Eumeniden, 179-184)*

Die Tiere vernichten ihre Jungen, die Schlangen beißen ihre Mütter... Aber abgesehen von der ständigen Gewalttätigkeit des Stils, die mich kaltließ, konnte ich eine erstaunliche Gewalttätigkeit der Konzeption verzeichnen. Nietzsche mag mit den eher betulichen viktorianischen Vorstellungen von der griechischen Kultur aufgeräumt haben, aber selbst heute übergeht das alltägliche Gerede vom »Wunder« Athens gerne die irrationale und barbarische Strenge der griechischen Kunst. Leute, die sich nach einem idyllischen Gegenmittel zum chaotischen zwanzigsten Jahrhundert sehnen, vergessen manchmal, daß das eigentliche Wunder nicht die »griechische Heiterkeit« war, sondern die griechische Furchtlosigkeit – die unstreitige Möglichkeit, daß diese ungeheuer kultivierten Menschen noch mit den wilden Anfängen ihrer Kultur in Berührung standen. Sowohl Shapiro als auch Tayler machten klar, daß die Rituale, die die Angst vor Dürrekatastrophen bekämpfen sollten, die Rituale etwa, die den Hintergrund des »Hymnus an Demeter« bilden, immer noch emotional wichtig für die Leute waren, die die Demokratie erfanden, das Parthenon bauten und Fragen danach stellten, warum wir wissen, was wir wissen. Sie waren zivilisierte Männer und Frauen mit Zugang zu ihrem Unterbewußtsein.

Da sie keine Angst hatten, hatten sie nicht das Bedürfnis, die Dinge zu vereinfachen, und sie schufen das Drama, nicht das Melodram, den Kampf von richtig gegen richtig, statt richtig gegen falsch. Als wir Sophokles lasen, bat uns Professor Shapiro, der die gefälligen Theorien von Aristoteles satt hatte, Hegels großartigen Essay über die griechische Tragödie in seiner *Philosophie der Künste* zu lesen. Der größte Teil des Essays – einer der wenigen Texte von Hegel, die ein Anfänger durchaus verstehen kann – drehte sich um ein anderes Stück von Sophokles, um *Antigone*, das wir auch im Kurs über klassische Literatur lasen. Bevor er sich mit Ödipus beschäftigte, hatte Sophokles ein bemerkenswertes Stück über die Tochter von Ödipus geschrieben. Das folgende ist verwirrend, also tief Luft holen: Chronologisch finden die Ereignisse in *Antigone* erst *nach* den Ereignissen in *König Ödipus* statt. Ödipus ist tot; Kreon, sein Schwager, ist an der Macht und hat gerade einen Aufstand niedergeschlagen, bei dem Antigones Bruder Polyneikes gefallen ist. Niemand dürfe die Leiche dieses Verräters begraben, hat Kreon bestimmt. Aber Antigone, eine widersprüchliche junge Frau von strenger Klarheit (sie wird »das Verbrechen des Mitleids« wagen, indem sie die Leiche begräbt), geht lieber in den Tod, als daß sie die Leiche liegenläßt. Hegel behauptet, daß das Wesen solcher Stücke wie *Antigone* im Zusammenstoß zweier Individuen mit entgegengesetzten ethischen Prinzipien liege – eine persönliche oder soziale Pflicht von überwältigender Kraft. Der Konflikt muß mit dem Tod des einen oder anderen enden oder mit dem Tod beider, was zu einer neuen Synthese auf der ethischen Ebene führt. Richtig gegen richtig.

Shapiro begann wieder mit seinen rhetorischen Fragen. Brecht den gefrorenen See auf! Hackt drauflos! Antigone riskiert ihr Leben, um ihren Bruder zu begraben, und Shapiros Frage lautete: Welche persönlichen Bande, welche Verpflichtungen sind die wichtigsten im Leben? »Wen würdet ihr aus einem brennenden Haus retten«, fragte er, »das Kind, die Eltern oder die Ehefrau?«

Die Frauen sagten: »Das Kind«, aber Henry sagte: »Ich würde gar nicht reingehen«, womit er zu verstehen gab, daß ein schwarzer Mann ohnehin einen schweren Kampf der Selbstbehauptung führt und keine Zeit für altruistische Handlungen verschwenden kann; und einige Studenten seufzten – Shapiro stellte sich an ihre Seite, was ihnen gar nicht gefiel. Aber eine Sekunde später änderte er seine Meinung und sagte: »Ich würde meine Mama herausholen.«

»Was hat Kreon für eine Wahl?« fragte Shapiro. »Polyneikes hat versucht, die Regierung zu stürzen. Wenn er siegt, werden Kreon und die anderen in die Sklaverei verschleppt. Aber er verliert. Der Leichnam von Polyneikes soll auf einem Feld verwesen. So hat Kreon es befohlen. Hat Kreon recht?«

Kreon und Antigone haben beide recht. Kreon verkörpert nach Hegel das Gesetz des Staates und die Macht des Königtums, die von Zeus garantiert ist, Antigone verkörpert die persönlichen Loyalitäten, die Familienliebe und die Verehrung der Götter der Unterwelt, die eine unbeerdigte Leiche verabscheuen. Sie haben beide recht, und sie werden beide vernichtet. Hegels Analyse der griechischen Tragödie, dachte ich, war zuverlässiger und bewegender als die von Aristoteles.

Sophokles verzichtete auf die schrecklichen Mystifikationen, die Beschwörungen und die beinahe krankhafte Erhabenheit, die mein Vergnügen an Aischylos beeinträchtigten. Er war der größte, der gewaltigste aller griechischen Dramatiker. Beim erneuten Lesen von *Antigone* und *Ödipus* wurde ich in derselben Weise aufgewühlt, wie ich von Beethoven, Tolstoi und Verdi aufgewühlt werde, den großen »ethischen«, durch und durch soliden Künstlern, die in ihrer Kunst den allergrößten Schwierigkeiten gegenüberstanden und das Leiden als Preis des Wissens akzeptierten. Euripides hingegen führte Sarkasmus und ein subversives Element ein – er war vielleicht der erste Meister der Dissonanz in der westlichen Literatur. Euripides gewann niemals einen Preis. Er stellte die Götter in Frage, machte sich über den Troïschen Krieg lustig, parodierte die erhabene Art von Aischylos. In *Elektra, seiner* Version des Rachemordes an Klytaimnestra durch ihre Kinder, ist Elektra, die Tochter der Königin, ein ehrgeiziges, böswilliges Mädchen – eine streberische, neurotische Märtyrerin. Nach *Elektra* lasen wir ein sehr spätes Werk von Euripides, die *Bakchen*, das zweifellos eines der ausgefallensten, antagonistischsten und verwirrendsten Kunstwerke ist, die mir je untergekommen sind. 1961 standen die *Bakchen* auch auf der Literaturliste des Kurses über klassische Literatur, aber ich kann das Werk nicht gelesen haben (o nein!). Als ich es jetzt zum ersten Mal las, wehrte ich mich heftig dagegen, und ich wußte auch, warum: Es hat mich aufgestöbert, entdeckt, wo ich lebe, und mein Haus wie ein Erdbeben gerüttelt. In den *Bakchen* sind es nicht nur die Familienmitglieder, die getötet werden, sondern auch der Zuschauer – in meiner Auffassung der Kinogänger. Und du vielleicht auch.

Am Gymnasium vergaß ich immer, was in der Büchse der Pandora war; ich konnte die Musen nicht auseinanderhalten, und mir blieb unklar, wie die Toten über den Fluß kommen sollten. Wäre ich einer der Verstorbenen gewesen, hätte ich vielleicht eher den dreiköpfigen Hund gestreichelt, statt den Fährmann zu bezahlen. Kurz und gut, ich konnte die griechischen Mythen nie behalten. Als die Amerikaner Bücher über die Mythen zu Hunderttausenden kauften, war ich verblüfft. Ich konnte mich nicht einmal an die Mythen erinnern, wenn ich Gedichte las oder Opern oder Ballette sah, die auf ihnen basierten. Ich war ein Junge der Großstadt, der glaubte, daß Tiere dazu da wären, entweder verwöhnt oder gefürchtet zu werden, der sich danach sehnte, die Sterne oder den Schein von Stadtlichtern zu sehen, dessen tiefstes Glück es war, die Natur als das zu erleben, was sie war, den Sturm im Gesicht, heißen Sand unter den Füßen – der deshalb nicht an die Götter als verkörperte Kraft der Natur glaubte. Gebt mir keine Metaphern, gebt mir das kalte Wasser eines Bergsees in den Adirondacks.

Aber laßt es mich versuchen. O ja, Zeus vergewaltigte... Leda, die in einer Wolke entfloh in... die Unterwelt, wo sie Zwillinge gebar, Paris und Narziß, die beide ihrem Kopf entsprangen und goldene Äpfel aßen und so schön waren, daß Sisyphos, ja, Sisyphos sie verwundert anstarrte, seinen Zaubergürtel abnahm und sich weigerte, sein Boot über den Fluß Styx zu rudern, an dessen Ufern er von einer Viehbremse gestochen wurde und starb. Aber dann versuchte Orpheus – natürlich! – Persephone zurückzugewinnen, spielte seine Flöte so wunderschön, daß Sisyphos als Stier wiedergeboren wurde. Und deshalb haben Stiere Hörner. Ja, das war's. Jetzt hatte ich es.

Doch ich weiß, daß ich von jetzt an trotz aller Konfusion zumindest einen Mythos immer behalten werde: Ich werde mich immer an die Geburt des Dionysos erinnern, denn ich werde die traurige Weise in Erinnerung rufen, in der Euripides sie in seinem bösen späten Meisterwerk, den *Bakchen*, bearbeitete. Das traditionelle Muster im Kurs über klassische Literatur war, »anhand des *Ödipus* das Stück zu lehren und nicht den Mythos«. Aber die *Bakchen* handeln *von* den Mythen, dem Mythos des Dionysos, des Schirmherrn des Theaters, in dem alle diese Stücke aufgeführt wurden. Und seine Bedeutung für den moralischen Hintergrund des Theaters und unserer Beziehung zu Filmen und zum Fernsehen, für unsere ganze Existenz in Platons

Höhle ist unberechenbar und unberechenbar übel. Als ich las, suchte ich nach meinem eigenen Mythos, dem Mythos des Zuschauers.

Er wurde in einer Explosion der Gewalt geboren. Zeus steigt vom Olymp herab und schwängert eine sterbliche Frau, eine Tat, die den Zorn von Hera hervorruft, seiner eifersüchtigen Frau. Die sanfte Hera befiehlt den Titanen, das neugeborene Kind zu zerreißen und es roh zu essen. Was sie auch tun. Aber Zeus vernichtet die Titanen mit Blitzen und stellt das Kind wieder her, und dieses Kind, das zum Leben erweckt wird, ist Dionysos – der Sohn des Zeus, der zweifach geborene, ein halbmenschlicher Gott, der stirbt und wieder aufersteht, und die Verehrung seiner Göttlichkeit kann auch darin bestehen, ein lebendes Wesen zu zerreißen. Verstanden? Die symbolische Zerstörung und Verspeisung des Gottes (sagen wir in Form einer Ziege), gefolgt von seiner Wiedergeburt in seinen Anbetern. Das hört sich doch leicht vertraut an? Dieser Teil des Rituals hat eine eindeutige Beziehung zum Christentum und seinem Ritual der Transsubstantiation, bei der das Blut und der Leib Christi in den Körper der Gläubigen eingehen. In beiden Religionen ist es ein Dogma.

Aber jetzt wollen wir sehen, was Euripides mit dieser Dogmatik anstellt. Gleich zu Beginn der *Bakchen* tritt Dionysos oder Bakchos auf, und zwar in Gestalt eines Mannes mit langem, blondem, gelocktem Haar. Ein neuer, noch nicht ganz etablierter, ein erobernder, eifersüchtiger, jugendlicher Gott. Dionysos ist durch ganz Persien und Arabien gezogen und hat Männer und Frauen in seine Mysterien eingeführt; er kommt jetzt nach Theben, seinem Geburtsort, mit einer Gruppe von asiatischen Bakchantinnen, Frauen, die seinem Kult anhängen und seinen Spuren folgen. In Theben haben sich die Frauen über seine verstorbene Mutter lustig gemacht und sich geweigert zu glauben, daß sie von Zeus geschwängert worden war; Dionysos rächt sich an ihnen, treibt sie in den Wahnsinn und schickt sie in die Berge, wo sie sich dem... dem... dem *was* widmen? Dem Trinken? Tanzen? Blumenpflücken? Unzuchttreiben mit den Hirten? Wir wissen es anfangs nicht. Die Riten sind geheim. Wir hören nur, daß die Feiernden in Rehhäute gekleidet sind und daß sie einen Thyrsos hochhalten – einen mit wildem Wein umwundenen Fenchelstab, der, als erste von vielen verwirrenden Geschlechtsverwandlungen, als ein Symbol der männlichen Genitalien gelten kann. Die Frauen halten die männlichen Genitalien hoch. Das ist bereits ein Hinweis darauf, daß die sexuelle Hierarchie durcheinandergeraten ist.

Dionysos ist wütend auf jene, die nicht glauben wollen, aber er ist anders als der strenge und majestätische alttestamentarische Gott; er ist eigentlich so etwas wie ein Betrüger. Rachsüchtig und trickreich findet er seinen perfekten Antagonisten, seinen Sündenbock, in Pentheus, dem unerfahrenen König von Theben. Der junge König war unterwegs, und als er auf Grund merkwürdiger Berichte zurückkehrt, sind alle Frauen verschwunden, einschließlich seiner Mutter Agaue. Wütend beklagt er sich über die »scheinbaren Ekstasen« und die »obszöne Unordnung« – er glaubt, die Frauen täuschten die Anbetung nur vor oder seien eigentlich Anbeterinnen der Aphrodite und trieben oben in den Bergen Unzucht.

Pentheus ist vielleicht sechzehn oder siebzehn, jünger noch als die Erstsemester der Columbia-Universität, ohne Bart, athletisch, ein sturer und ungewandter Junge, dem viel zu früh die Macht übertragen wurde, auf die er verhängnisvollerweise schlecht vorbereitet ist. Er sperrt einige der Frauen ein und versucht, alles unter Kontrolle zu bringen. Henry, einer von Shapiros Studenten, gab dem König ein paar nachhaltige Ratschläge: »Dionysos steht für das irrationale und begehrliche Vergnügen, und man kann nicht erwarten, daß diese Art der Machtausübung etwas bringt. Schließt ein Abkommen: Macht ein Fest, betet ihn ein paar Tage lang an. Gebt dem Gott, was er will.«

Das ist es auch, was alle in dem Stück Pentheus raten. Gib *nach*. Das ist es, was der moderne, tolerante Leser von ihm erwartet. *Verehre den Gott und kümmere dich im übrigen um deine eigenen Angelegenheiten. Hör auf, dich querzulegen. Hör auf, die Gläubigen zu bestrafen.* Aber Pentheus ist sicher, daß der Gott nicht echt ist. Er ist ignorant, dünkelhaft und gewalttätig und hat die schmutzigen Gedanken eines Teenagers, der noch nie mit jemandem im Bett gewesen ist. Die Furcht vor der entfesselten weiblichen Sexualität verfolgt ihn. Er hat Angst, die Kontrolle über die Frauen zu verlieren – und vielleicht auch über sich selbst.

Für einen Zuhörer im Theater des Dionysos und für den Leser ist die Falle schon zugeschnappt. Zu Anfang scheint das Stück eine Warnung zu sein: Mache dich nie über den Gott eines anderen lustig! Ja, sagen wir zu uns selbst, es ist eine Warnung vor der Dummheit, religiösen Enthusiasmus zu verachten, der Dummheit, den Willen Gottes zu bekämpfen. Intoleranz zeugt Gewalt. Seht euch Pentheus an, er will alle kontrollieren. Aber Euripides spielt nur mit uns. Seine Bosheit und Parodie quälen uns. Die Bedeutungen sind unbeständig. Und als Leser teilen wir etwas von dieser Unbeständigkeit: Der junge König ist vielleicht ein Tugendbold, aber wir wollen, genauso wie Pentheus, wissen, was in den Bergen vor der Stadt vor sich geht. Ich las mit einem Unwohlsein weiter und spürte, daß ich geködert wurde.

Pentheus trifft Dionysos (in seiner Gestalt als Goldgelockter), und sie hassen einander. Der Gott ist sanft und sinnlich, und Pentheus findet ihn weibisch, aber da wendet sich Dionysos wütend gegen den König. »Du kennst die Grenzen deiner Macht nicht. Du weißt nicht, was du tust. Du weißt nicht, wer du bist.«

Die letzte Zeile beinhaltet natürlich ein drohendes Echo aus *Ödipus*, aber mit neuen sexuellen Nebenbedeutungen. Die beiden Männer toben erneut gegeneinander, als ein Bote – ein Hirte – vom Lande kommt und über die Aktivitäten der Frauen in den Bergen berichtet. Und so hören wir schließlich:

Ich trieb die Rinderherden grade auf die Alm
empor, zu jener Stunde, in der die Sonne
schon ihre Strahlen sendet und die Flur erwärmt.
Da sah ich Frauenschwärme, drei an Zahl; dem einen
stand Autonoe vor, dem zweiten deine Mutter
Agaue, und des dritten Führerin war Ino.
Im Schlummer lagen alle sie dahingestreckt;
die einen lehnten sich an das Gezweig der Tannen,
die andern hatten lässig ihren Kopf am Boden
auf Eichenlaub gebettet, sittsam, jagten nicht,
wie du gewähnt, vom Wein und Flötenschall berauscht,
im Walde einzeln ihren Liebesfreuden nach.
    Und jetzt erhob sich deine Mutter und begann,
im Kreis der Bakchen, sie mit lautem Ruf zu wecken;
des Hornviehs Brüllen war zu ihrem Ohr gedrungen.
Vom Auge schüttelten die Fraun den tiefen Schlaf
und sprangen auf, ein Wunderbild an Zucht und Keuschheit,
teils jung, teils alt, dabei auch Mädchen, unberührt.
Erst ließen frei das Haar sie auf die Schultern wallen,

dann schürzten sie die Hirschkalbfelle, deren Knoten
gelockert waren, und umgürteten mit Schlangen,
die ihre Wangen leckten, die gefleckte Tierhaut.
Und junge Mütter, deren Brüste überquollen,
weil sie ihr Kind zu Haus gelassen, hielten auf
dem Arm ein Rehkitz oder auch ein wildes Wölflein
und säugten es; und Kränze legten sie sich um
aus Efeu, Eichenlaub und blütenreichen Winden.
Manch eine auch schlug mit dem Thyrsos an den Felsen,
und gleich sprang einer Quelle frisches Naß hervor.
Manch andere stieß ihre Gerte in den Boden,
da ließ die Gottheit einen Born von Wein aufsprudeln.
Wenn eine Durst nach Milch verspürte, brauchte sie
den Boden nur mit Fingerspitzen aufzukratzen,
schon floß ihr Milch in Strömen. Von den Efeustäben
jedoch troff süßer Honigseim. Ja, wärest du
dabeigewesen, hättest du bei diesem Anblick
den Gott, den jetzt du tadelst, im Gebet verehrt!
*(677-714)*

Ich wüßte nicht, daß ich jemals etwas gelesen hätte, das eindrucks-
voller ein Gefühl der Fremdheit hervorruft, die beinahe unbehagliche
Freiheit und Schönheit heidnischer Kultur, wie es diese erstaunliche
Passage des Dramas tut. Selbst in der Übersetzung ist es überwältigend. Hier findet sich die Dionysos-Verehrung als eine Feier der
berstenden Kräfte des Lebens. Männliche und weibliche sexuelle
Energien im Übermaß wechseln einander im fliegenden Übergang
ab, was gewiß zu viel Feuchtigkeit für den trockenen, jungen König war. Was für eine Religion! Dionysos ist eitel und grausam, aber
er befreit die Lebenskräfte der Menschen. Man versteht die Angst,
die Pentheus fühlen muß – die Wunder in den Bergen künden einen
Zusammenbruch der Ordnung, der Hierarchie, der geschlechtlichen
Unterschiede an. Aber oh, es ist so wild und süß!

Jetzt aufgepaßt, ich habe euch ganz im Geist des Stückes einen bösen Streich gespielt. Ich habe nur den ersten Teil der Rede des Boten
zitiert. Der Hirte und seine Freunde versuchen in der Hoffnung, sich
beim König einzuschmeicheln, Pentheus' Mutter Agaue einzufangen
und in die Stadt zu bringen. Aber Agaue und die anderen greifen sie an.

Nur Flucht ersparte uns das Schicksal, von den Bakchen
zerfleischt zu werden. Dafür stürzten sie sich auf
das Weidevieh, mit ihren waffenlosen Händen!
Und manche sah man eine Kuh mit vollem Euter,
die kläglich brüllte, kraftvoll auseinanderzerren,
und wieder andre rissen Färsen wild in Stücke.
Da sah man Rippen, sah gespaltne Hufe wirbeln
nach hier, nach dort. Und an den Tannen blieb es hängen
und ließ, blutüberströmt, die Tropfen niederrinnen.
Die Stiere, sonst so übermütig und geneigt
zum Stoße mit den Hörnern, taumelten zu Boden,
von tausend starken Frauenarmen fortgeschleift,
und schneller ward das Fleisch in Fetzen fortgetragen.
Dann stürmten, wie ein Vogelschwarm, der aufsteigt, sie
zur Niederung hinab, die längs des Asopos
die fetten Ähren der Thebaner reifen läßt,
und stürzten sich, ein feindlich Heer, auf Hysiai
und Erythrai am Fuße der Kithaironberge
und schleppten alles fort in buntem Durcheinander.
Aus Häusern rafften sie sich Kinder auf. Und was
sie auf die Schultern luden, das blieb ohne Riemen
dort haften, stürzte nicht herab zur schwarzen Erde,
auch Erz, auch Eisen nicht. Auf ihren Locken trugen
sie Feuer, das nicht sengte. Wütend nun ergriff
das Volk, das von den Bakchen sich geplündert sah,
die Waffen. Das ergab ein seltsam Schauspiel, Herr:
Die Bauern schlugen mit den Waffen keine Wunden,
die Bakchen schleuderten den Thyrsos aus der Hand
und trafen bis auf Blut und jagten, sie, die Weiber,
die Männer in die Flucht! Da war ein Gott im Spiel!
Dann kehrten sie zurück zum Ort des Aufbruchs, zu
den Quellen, die der Gott für sie entspringen ließ.
Sie wuschen sich das Blut ab, und wo ihr Gesicht
bespritzt war, leckten es die Schlangen züngelnd sauber.
(733-768)

Die Tiere werden in Stücke gerissen, die Ruten, die einige Augenblicke zuvor noch Honig spendeten, zerreißen nun das Fleisch der

Menschen. Derart grob wird dem Zuschauer im Theater des Dionysos der Teppich unter den Füßen weggezogen, und dem Leser zwei-
tausendvierhundert Jahre später ebenfalls. Nachdem wir akzeptiert
haben, daß die Riten nichts weniger waren als die strömende Kraft
der schöpferischen Ekstase, eine notwendige, überwältigende Erlösung, die nur Pentheus' entsetzte, geile Phantasie als schädlich oder
verderblich ansehen konnte, werden wir plötzlich mit dieser tobenden
Zerstörungswut konfrontiert, wo die Wölfe gesäugt, aber die Kinder
gestohlen werden. Gerade noch beglückwünschten wir uns zu unserer Großmut – niemals über die Religion eines anderen zu spotten! –,
und schon stellen sich die Riten als noch gefährlicher heraus, als
Pentheus gedacht hatte. Religiöser Dogmatismus! Der Mensch, der
Toleranz für neue Formen der Anbetung propagiert, entpuppt sich
als der Hanswurst in Euripides' Scherzen. Und das war erst der Anfang seiner Scherze.

»Seht mal«, sagte Professor Tayler plötzlich, »hier steht ein kleiner
Professor und sagt euch, daß dies eins der großen Meisterwerke der
Literatur ist. Jetzt vergeßt mal alles andere und beschäftigt euch nur
mit dieser Sache. Wenn ihr nicht an die ›tragischen Fehler‹ und die
›Hybris der übermäßigen Vernunft‹ und das ganze Aristoteles-Zeug
denkt, könnt ihr etwas Aufregendes bemerken. Vergeßt also den gan-
zen Kram, schaut euch die Einzelheiten an; der hermeneutische Kreis:
Man kann nicht das Ganze ohne die Teile sehen, und man kann die
Teile nicht ohne das Ganze sehen.«

Das Drama der Selbstverwandlung und Selbstopferung erreicht eine
unaussprechbar zerstörerische Klimax. Der immer noch verkleidete
Dionysos überzeugt Pentheus, daß er die Riten in den Bergen selbst
sehen kann, aber nur, wenn er Frauenkleider anlegt, denn als Mann
würde er von den Zelebranten zerrissen werden. Der Gott sagt einen
Zauberspruch, kleidet Pentheus in eine Rehhaut und gibt ihm eine
Perücke aus langen blonden Locken. Plötzlich geht Euripides zu einer unheilvollen Burleske über: Der junge Pentheus ist benommen,
er gefällt sich als Mädchen und beginnt sogar, sich zu zieren, und
er schaut, ob der Saum auch richtig sitzt. Ist er geworden, was er
fürchtete, insgeheim sein zu wollen? In Shapiros Seminar ging eine
Diskussion zwischen jenen Studenten los, die in der grausamen Ir-

rationalität des Stückes schwelgten, und jenen, die versuchten, es an irgendeinem Standard moralischen Gleichgewichts zu messen. »Ich habe Probleme damit«, sagte Rebecca und knetete die Hände, »daß es niemanden gibt, den man hassen kann.« Sie suchte immer noch nach Verantwortlichkeit, nach einer Welt, die einen moralischen Sinn hatte. Sie wollte einen Schurken. Und Fareed, ein Rationalist indianischer Herkunft, der im Nahen Osten (Abu Dhabi) aufgewachsen war und oft die Stumpfsinnigkeit der Amerikaner verachtete, meinte, er habe den Sinn des Stückes gefunden. »Wenn man alle sozial bedingten Konstruktionen entfernt, würden sich Männer und Frauen ähnlicher sein. Das ist ein Argument für die Gleichheit der Geschlechter.«

»Oder bedeutet es vielmehr die Feindschaft der Geschlechter?« fragte Shapiro. »Sie zerreißen sich schließlich.«

Das Ende kommt mit katastrophaler Unbarmherzigkeit. Dionysos biegt die obersten Zweige eines Baumes herunter und läßt den König hinaufsteigen, woraufhin er den hilflosen Jungen hintergeht und ihn lauthals als Voyeur denunziert; die Frauen, mit Schaum vor dem Mund und Wahnsinn im Blick, reißen den Baum um und zerfetzen Pentheus. Agaue, die zu sehr berauscht ist, um zu wissen, was sie getan hat, trägt den Kopf ihres Sohnes auf ihren Stab gespießt in die Stadt.

»Wenn ihr euer Porridge eßt«, hatte Tayler zu uns gesagt und Hurewitz angeschaut, der jene ekelhaften Träume hatte, »dann verdaut ihr die Götter.«

Die boshafte Brillanz des Stückes war verblüffend. Bei den üblichen Dionysos-Riten wurde der Gott, verkörpert durch einen Ziegenbock oder einen Bullen, von den Zelebranten zerstückelt und verspeist (in Erinnerung an die Art und Weise, wie Dionysos zuerst von den Titanen verschlungen wurde), und hier, in einer grausam ironischen Verschiebung des Mythos, übernimmt Pentheus die Rolle des Gottes. Die *Bakchen* haben einen sadistischen Unterton: Der junge Mann wird zuerst unmännlich gemacht und dann vernichtet; seine Mutter Agaue ist anfänglich stolz auf ihre mutige Handlung in den Bergen (sie ist noch berauscht), doch dann merkt sie, was sie getan hat. Sie ist ruiniert – sie wurde von Dionysos dem Schicksal preisgegeben, ihr »Verbrechen« zu sühnen. Die ganze königliche Familie ist ruiniert. Der Triumph des Dionysos ist komplett – so komplett, daß niemand aus der

Familie des Pentheus übrigbleibt, um daraus zu lernen. Was zuerst wie eine Warnung vor übermäßiger Vernunft aussieht, vor der Verachtung der Götter oder der Verachtung »religiösen Dogmatismusses«, wendet sich in das Gegenteil, in eine Warnung vor den Exzessen religiösen Enthusiasmusses und (vielleicht) in einen Protest gegen die Willkür der Götter. Pentheus hatte recht: Schmutzige Dinge *passierten* oben in den Bergen.

Aber selbst, wenn man es so sieht, wirkt es muffig anständig. Eine solche Formulierung kann nicht die rein antagonistische Bitterkeit der *Bakchen* erfassen. Man bedenke: Wir brauchen Feiertage, wir brauchen Entspannung, wir brauchen Überschreitungen, Rituale und Rollenwechsel, die Verkleidung in eine Person des anderen Geschlechts, die Umkehrung von Machthierarchien, zumindest eine Weile, und in diesem Stück machen die Leute all dies, und sie werden deshalb vernichtet. Man ist verdammt, wenn man dem Gott widersteht, und verdammt, wenn man in der Anbetung zu weit geht.

Dieses Stück ist ein Meisterwerk, aber ist es eine Tragödie oder eine Obszönität? Und man glaube nicht, daß ich die beißende Attacke auf Leute wie mich nicht bemerkt hätte. Man glaube nicht, daß ich durch dieses Stück nicht tief in meiner Seele und meiner Eitelkeit verletzt worden wäre, denn offensichtlich sind die *Bakchen* eine Art Allegorie auf die Erfahrung mit dem neuen Medium des Theaters, auf das besondere, neue Verhältnis zwischen Zuschauer und Schauspiel. Es ist, als wollte Euripides zum Publikum sagen: »Ihr, die ihr zuschauen wollt, ohne beteiligt zu sein, die ihr euch hinter den Büschen versteckt; ihr, die ihr meint, mehr zu wissen als der mächtige Ödipus oder die wütende Klytaimnestra – seid ihr etwas anderes als Feiglinge?« Genau wie Pentheus wird der Zuschauer aus seinem Versteck gezerrt. Das Stück umgarnt ihn mit angenehmen Gedanken (man soll die Götter respektieren) und straft ihn dann für den guten Willen und die krankhafte Neugier (komm nicht zu nahe heran, sonst könntest du jemanden zerreißen oder selbst zerrissen werden).

Ins Kino zu gehen war natürlich mehr noch als der Theaterbesuch eine Art, im Dunkeln zu spionieren. Und beim Fernsehschauen im Schlafzimmer oder der Küche war man noch sicherer als im Kino. Und die Computerspiele, die der Spieler kontrolliert, z. B. aus Kernschußweite auf Hitler zu schießen, waren noch sicherer. Das moderne Leben dreht sich nur um gefahrloses Beobachten. Wir sitzen im Baum, in der Höhle, wir versuchen, im Sicheren zu sein. Als mir das klar wurde, war ich entsetzt. Ich hatte einen guten Teil meines Lebens der einen oder anderen Form dieser Aktivitäten gewidmet. Kein Wunder, daß ich nichts zu erzählen hatte. Kein Wunder, daß ich zwischen mir und den Medien keinen Abstand sehen konnte, zwischen mir und den Schatten der Darstellung.

Aber war es nur Schwäche? Im Kino zogen wir Voyeure Nutzen daraus, allein im Dunkel zu sein, und nicht nur, weil es sicher war. Denn es war doch genau diese feige Art, sich im Publikum zu verstecken (würden wir Euripides antworten), die Kunst und auch eine neue Art der moralischen Reaktion auf Kunst möglich machte. Statt direkt teilzunehmen, identifizieren wir uns mit einem Charakter und dann mit dem nächsten und werden von den dramatischen Kräften des Stückes manipuliert und gezwungen, Klarheit zu schaffen. Voyeur zu sein, war keine leichte Verantwortung. Schließlich ist auch das Erzählen selbst eine Art Ritual, ein weltliches Ritual. Die Art, wie eine Geschichte »ausgeht« – die realistische oder symbolische Darstellung von bestimmten Handlungen –, verkörpert eine Wahrheit oder Unwahrheit des sozialen oder persönlichen Lebens. Wir können unsere Sympathie zurückziehen oder gewisse Möglichkeiten im Hinterkopf behalten, wir können Geschmack an Kriminellen und Versagern, Kriegern, Liebhabern und Heiligen finden.

Das Zuschauen war unverantwortlich und bis zu einem gewissen Grad moralisch bedenklich, aber letztlich eben doch nicht. Wir mußten aussieben und wägen, und wenn ein Werk ein bestimmtes Maß an Wahrhaftigkeit hinsichtlich der Komplexität der Erfahrung besitzt, dann wird das Aussortieren zum harten Kampf durch Ungewißheiten, Verwerfungen und Mißgeschicke. Wir werden zu Kritikern. Nicht nur ich, sondern alle.

Doch niemand, glaubte ich, konnte in die *Bakchen* Klarheit bringen. Mit einem Seufzer der Erleichterung stolperte ich aus dem griechischen Drama, ein weißer Mann der herrschenden Schicht in einem völligen Schockzustand.

Kapitel 9

VERGIL


Der November war genau die richtige Zeit, um ein langes Epos über den Verlust zu lesen oder, sagen wir, ein langes Epos, das doppeldeutig, auch kryptisch und rätselhaft, von Verlust handelt. Vergils *Aeneis*, das große epische Gedicht des römischen Zeitalters, berichtet vom Fall Troias und der Gründung Roms. Es ist ein paradoxes, unbehagliches Werk, ein großartiger Lobgesang auf die Pflicht, die wohl die am wenigsten aufregende aller Tugenden ist; gleichzeitig bringt es die Trauer um alles, das der Pflicht geopfert wird, zum Ausdruck. Wer weiß, was man mit der *Aeneis* anfangen soll? Man hört von Leuten an der Columbia-Universität, die es seit Jahren immer wieder lesen und nicht behaupten, sie hätten es je verstanden. Das Epos ist überragend schön, einmalig aufgebaut und in den einzelnen Zeilen ganz klar, aber in seiner Gesamtbedeutung nicht zu verstehen. Es ist voller Gefühle – voller Tränen jedenfalls –, und trotz einiger unvergleichlicher Abschnitte empfindet man es im Innersten doch als kalkuliert und voll kalten Ehrgeizes. In gewisser Weise bestätigte die *Aeneis* die Kritik an der wahren Absicht der kanonischen Bildung und des ganzen Grundcurriculums. Denn dies war ein offizielles Herrschaftsepos, ein bewußt hegemoniales Epos.

Vergil schrieb es zwischen 29 und 19 v. Chr. unter der Herrschaft von Kaiser Augustus – dem großen Augustus, der nach der Ermordung Caesars die Ordnung brutal wiederherstellte. Das Reich erstreckte sich nun von Britannien bis Syrien; die Epoche der Verwaltung und des Gesetzes – die *Pax Romana* – brach an. Vergil, der Hofpoet, schrieb für einen hochgebildeten und mächtigen Kreis und schuf Rom eine legendäre Vergangenheit, einen großen Mythos, der den neuen kaiserlichen Staat vorausgesehen, propagiert und gesegnet zu haben schien. Er ging auf Homer zurück. Gebildete Römer, erzählte uns Professor Tayler, kannten ihren Homer beinahe ebenso gut wie die Griechen, und obwohl Vergil etwa 750 Jahre nach Homer lebte – ebenso viele Jahre nach Homer, wie wir nach Eleonore von Aquitanien leben –, siedelte er sein Gedicht in der mythischen Periode von Homers Helden an. Wie immer man es betrachtet, hat er einen unerhörten Akt der Aneignung begangen. Er erzählt aus troïscher Sicht die Plünderung Troias und das Entkommen des troïschen Helden Aeneas und die folgende Gründung einer neuen Zivilisation in Italien. Er verarbeitete beide Epen von Homer in *seinem* Epos, doch in umgekehrter Reihenfolge. Die erste Hälfte der *Aeneis* ist eine Art Neuerzählung der *Odyssee*; ein Heimkehrerepos mit Seeabenteuern. (Das »Heim«, in das Aeneas kommt, nämlich Italien, wird für alle Zukunft sein einziges Heim bleiben, aber nichtsdestotrotz ist es ein Heim.) Die zweite Hälfte der *Aeneis* ist Vergils Version der *Ilias*, ein Kriegsepos mit viel Leid und Gemetzel. Kurz und gut, Homer und der troïsche Mythos wurden einfach in Roms Geschichte eingebaut und vom fiktiven Standpunkt der Vergangenheit aus bis zur gegenwärtigen ruhmreichen Epoche weiterentwickelt. Homer wird benutzt, um die neue römische Macht vorherzusagen und zu segnen.

Macht schafft eine besondere Art von Grausamkeit, die Grausamkeit der Gleichgültigkeit. Zu Beginn des Epos durchstreift Aeneas, nachdem er aus dem brennenden Troia entkommen ist, wie Odysseus die Meere und leidet unter Stürmen und Mißgeschicken. Er wird an die libysche Küste getrieben, wo er die Schiffe ankert, er wandert landeinwärts und steht verwundert vor einer großen Stadt im Aufbau. Die Stadt heißt Karthago, und ihre Herrscherin, Königin Dido, befindet sich auch im Exil (aus Tyros). Sie ist eine fleißige und brillante Frau, die Mauern, Tempel und ein Theater bauen läßt. Dido heißt den edlen Überlebenden willkommen und verliebt sich fast augenblicklich in ihn. Vergil malt das breit aus: Sie ist eine Witwe, und sie ist auf eine Weise erregt, wie eine Frau, deren sexuelle Gefühle lange schlummerten, erregt sein kann – fiebrig, besessen, ohne Schutz und Grenzen.

Aber die Königin, lange schon krank an lastendem Sehnen,
Nährte, von heimlicher Glut ergriffen, die Wunde des Herzens,
Sah im Geiste den hohen Mut des Mannes, die hohe

Würde des Stamms. Sein Antlitz, die Worte blieben im Innern
Eingeprägt. Freundliche Ruhe versagte das Sehnen den Glie-
dern.
*(IV, 1-7)*

Ihre Leidenschaft ist jedoch auf verhängnisvolle Weise fehlgeleitet.
Denn Aeneas macht nur einen vorübergehenden Besuch. Zuvor, als
die Griechen Troia in Brand steckten, erschien der große troïsche
Held Hektor Aeneas im Schlaf und flehte ihn an, die brennende Stadt
zu verlassen und woanders ein neues Troia aufzubauen. Als Aeneas in
Libyen landet, weiß er schon, daß es sein Schicksal ist, mit den Überlebenden nach Italien zu gehen und ein großartiges Volk zu gründen.
»Fromm« nennt ihn Vergil und »hingebungsvoll«. Mit anderen Worten, während er Liebe macht, denkt er ständig an seine Zukunft. Er
schließt die Augen und denkt an Rom.

Die Verwegenheit von Vergils Entwurf ist erstaunlich. Er läßt Zeit
und Raum zusammenbrechen, zitiert alte Mythen, alte Prophezeiungen und wilde Geschichten von den Göttern; er mischt Legende und
Geschichte, oder besser, er zwingt die Legende *in* die Geschichte,
um so göttliche Gutheißung zu erhalten und die Regentschaft sowohl
Caesars als auch seines Adoptivenkels Augustus als glanzvoll und unausweichlich darzustellen. An einer Stelle des Epos werden in einer
Vision von der kaiserlichen Zukunft die eroberten Völker – Afrikaner und Inder – durch die Straßen Roms geführt. In jüngerer Zeit
wurden Vergils Motive zumindest in akademischen Kreisen mit einem gewissen Verdacht, wenn nicht gar mit direkter Verachtung gestraft. War das Epos, wie großartig es auch immer sein mag, nicht ein
gigantisches Propagandastück, das nur geschrieben wurde, um Augustus, Vergils Chef, zu schmeicheln? Um Stephansons Worte zu gebrauchen: Es ist kein unschuldiger Text. Arme Dido! Sie ist schrecklich verliebt und weiß nicht, daß sie von der Geschichte manipuliert
wird. Kopfüber stürzt sie in die Katastrophe.

> Dido, die Unglückselige, glüht. Benommen durchirrt sie
> Rings die Stadt, wie, vom Pfeile durchbohrt, die Hindin – ein
>   Hirte
> Setzte von ferne der Arglosen nach in kretischen Wäldern,
> Traf sie und wußte es nicht und ließ das geflügelte Eisen

Haften. Doch sie entflieht. Durch dichte Wälder und Schluchten
Schweift sie dahin. Ihr steckt in der Flanke die tödliche Spitze.
Bald geleitete sie ins Herz der Feste Aeneas,
Zeigte die Stadt, für ihn bereitet, Sidoniens Schätze,
Schickte sich an zum Gespräch und stockte mitten im Reden.
Bald, bei sinkendem Tag, begehrte sie wieder ein Gastmahl.
Ihrer nicht mächtig, verlangte sie von den Leiden der Troer
Wieder zu hören, und wiederum hing sie am Mund des Er-
    zählers.
Schieden sie dann voneinander und wechselte Helle des Mondes
Wieder mit Dunkel und mahnten die sinkenden Sterne zum
    Schlummer,
Härmte sie einsam sich auf verlassenen Pfühlen im leeren
Hause. Sie sah und hörte nur ihn, die Ferne des Fernen.
Oder sie herzte, bestrickt vom Bilde des Vaters, Ascanius,
So die Liebe vielleicht, der die Rede verwehrt war, zu täuschen.
*(IV, 95-120)*

Dies war etwas Wunderbares und Neues. Homer hätte das nicht
schreiben können – hätte es nicht schreiben wollen. In den Werken,
die wir bis dahin im Kurs über klassische Literatur gelesen hatten, hatte nur Sappho etwas von dieser Zartheit und Innerlichkeit
angedeutet, von diesem Gefühl des Körpers als eines vibrierenden
Instrumentes, das Lust und Schmerz erleidet. Dido ist ein genau ge-
stalteter weiblicher Charakter, intelligent, liebend, spöttisch. Aeneas
ist im Vergleich ein kalter Fisch und letztlich ein übler Charakter. Er besitzt kein Ich, nur sein Schicksal, seine heroische Funktion
(»der fromme Aeneas«); er ist bei weitem weniger interessant als der
stolze und betrübte Achilleus, der verschlagene Odysseus, der schwache, sich rechtfertigende sture Agamemnon. Die unbegreifliche Frage
lautet: Was sollen wir gemäß Vergil mit dem pflichtversessenen Stoizismus des Aeneas anfangen? Der Mann, der Dido so kunstvoll zum
Leben erweckt hat, konnte wohl nicht die unattraktive Ferne des
Aeneas übersehen haben? Das Schicksal hatte aus diesem Helden
eine Attrappe gemacht. Bot Vergil hiermit vielleicht ein verdecktes
Eingeständnis der Hohlheit seines großartigen poetischen Unternehmens? Oder hat er einfach versagt, war er ein Opfer seines eigenen
Unternehmens?

Wer *ist* diese Chiffre Aeneas? Er hat einen kleineren Auftritt in der *Ilias* als troïscher Held, der einen Kampf mit Achilleus überlebt. Die Götter haben eine nicht benannte Zukunft für ihn vorgesehen: Er ist, wie Achilleus, der Sohn einer Göttin, und obwohl Troia zum Untergang verurteilt ist, wird er über die künftigen Troer herrschen. Vergil ging von dieser fragmentarischen Bemerkung Homers aus. In Vergils außerordentlichem Bericht vom Fall Troias (Buch II) – einer der großartigsten Sachen, die ich je gelesen habe – entkommt Aeneas aus der brennenden Stadt, verliert in den Flammen oder in dem ganzen Durcheinander seine Frau, aber nicht seinen Vater, den er auf seinem Rücken hinausträgt, und auch nicht seinen kleinen Sohn, den er an der Hand führt. Die männliche Linie ist intakt, der Weg in die Vergangenheit und in die Zukunft gesichert. Aber als Charakter wird Aeneas nirgendwo den gigantischen Ereignissen gerecht, die um ihn herum geschehen. In der zweiten Hälfte des Epos, als er gegen die Latiner um die Vorherrschaft in Italien kämpft, führt er einen Krieg, den er kaum verlieren kann (Rom muß gegründet werden), und verschwindet in seiner heroischen Rolle.

O welch ein Spott über die Hoffnungen einer Frau! Als Dido merkt, daß Aeneas davonschleichen will, ist sie wütend und ihr Herz bricht (»Hält meine Liebe dich nicht, die Hand nicht, einst mir gegeben?/ ...Grausamer!«); sie bittet und droht, und später, als klar wird, daß er seine Meinung nicht ändert, beschließt sie, Selbstmord zu verüben. Ihre letzten Flüche fassen die wilde Vergangenheit der Griechen zusammen: Sie stellt sich vor, wie sie den Vater von Aeneas und Ascanius, seinen Sohn, hätte töten und sie ihm auf einem Bankett à la Thyestes hätte servieren können; sie beschwört eine Jahrhunderte dauernde Blutfehde (die Fehde, die zur künftigen Rivalität zwischen Rom und Karthago führt) und fordert den frühen Tod von Ascanius.

> Soll wirklich er, der Verruchte,
> Je dem Land sich nähern, den Hafen erreichen? Verlangen
> Jupiters Sprüche dies so, ist doch die Grenze gezogen:
> Kriegerisch heimgesucht von Waffen verwegenen Volkes,
> Flüchtig, den Armen des Julus entrissen, soll er um Hilfe
> Flehn, die weihelose Bestattung der Seinen erblicken.
> Beugt er sich auch dem Gesetz eines ungelegenen Friedens,
> Soll er des Reiches sich nicht, erwünschten Lichtes nicht freuen!

Liege er ohne Grab im Sande, vorzeitig gefallen!
*(IV, 851-863)*

Ungerächt sterb ich,
Aber ich sterbe. So zu den Schatten zu gehen ist Wonne.
Schlürfe mit Augen dies Feuer der grausame Troer vom Meer
aus,
Und begleite ihn stets mein Tod als böse Verheißung.
*(IV, 915-919)*

Dido fällt in ihr Schwert. Aeneas entkommt über das Meer und ist verwirrt von den Flammen des mysteriösen Scheiterhaufens, setzt aber seine Reise fort.

Die Großartigkeit und emotionale Intensität dieser Zeilen ist unvergleichlich, aber die Frauen in Shapiros Vorlesung blieben unbewegt. Zumindest nach außen. Reflektierte ihre Verachtung für Dido und ihre Billigung von Aeneas vielleicht ihr eigenes Pflichtbewußtsein? Die Frauen mußten Gas geben; von ihnen wurde jetzt nicht weniger als von Männern erwartet, große Karrieren zu machen. Oder waren sie zu sehr bewegt – wirklich erschrocken in einer Weise, wie ich es nicht sein konnte? Und war es ihre Angst, die manche offen ihre Verachtung für Dido zeigen ließ? Als sie redeten, fiel mir ein, daß einige von ihnen auch Schwierigkeiten mit jener anderen außergewöhnlichen Frau, der Antigone bei Sophokles, hatten, die den Leichnam ihres Bruders begräbt (der vom König als Verräter angesehen wurde) und dafür in den Tod geht; manche hatten nicht verstanden, wie sie ihr Leben für ein Prinzip hingeben konnte. Wie Antigone geht Dido in ihren Handlungen und Emotionen zu weit; sie kann nicht zurück. Und Dido tut es aus Liebe.

Sally, eine wunderschöne junge Frau mit kastanienbraunem Haar, aus einer Kohlenstadt in Pennsylvania, meinte: »Wenn jemand Selbstmord begeht, ist er selbst schuld.«

Und andere äußerten sich auf ähnliche Weise. Die Frau, die aus Liebe starb, stieß sie ab. *Sie hatte selbst schuld.* Es wird erwartet, daß man sich selbst aus seiner Verzweiflung reißt. »Warum mußte sie sich selbst töten?« sagte Fran, eine Frau aus dem Mittleren Westen, die lange ruhig gewesen war, kaum etwas gesagt hatte und nun herausplatzte: »Nicht alle Leute, die lieben, können zusammenkommen. Andere Leute in der Vergangenheit sind auch darüber wegge-kommen.«

Shapiro grinste und schüttelte den Kopf. »Das ist das erste Mal im Kurs über klassische Literatur, daß die Liebe nicht verteidigt wird«, sagte er.

Fran wurde rot; sie war jetzt wütend. Vielleicht hat ihr die Art nicht gefallen, wie ihre Bemerkung im Raum angekommen war (ei-nige Männer hatten höhnische Geräusche gemacht). Aber egal, ob sie verwirrt war oder nicht, sie war ein echtes Kind ihrer Zeit. Das Tragische, so wußte sie, war nicht möglich, außer durch Zufall. Und Shapiro hatte wahrscheinlich den Finger auf eine Wunde gelegt. Sie waren achtzehn oder neunzehn, und vielleicht waren sie noch nie lei-denschaftlich verliebt gewesen. Das war ein unangenehmer Gedanke, und ich wollte ihn nicht weiter verfolgen: Vielleicht konnten sie sich einfach nicht vorstellen, sich so zu verlieben, wie Dido es getan hatte, und so hart zu fallen, daß man nicht mehr leben möchte. Wenn es das war, dann hatte ihr Ärger Sinn, aber dennoch war ich darüber er-staunt. Von Jugendlichen erwartet man doch, daß sie romantisch sind, oder nicht? Dreißig Jahre zuvor waren wir alle von D. H. Lawrence und Lawrence Durrell beeinflußt und nahmen die Leidenschaft sehr ernst. Selbst wenn wir sie noch nicht erlebt hatten, so glaubten wir an sie und hatten Ehrfurcht vor ihr. Aber diese jungen Frauen waren über Dido vor allem verärgert. Sie hielten sie für lächerlich.

Insgesamt war die Reaktion der Frauen verwirrend. Sie schien gleichzeitig präfeministisch und postfeministisch zu sein. Präfemini-stisch, weil ihre Kommentare zu Antigone den Eindruck vermittelten, als glaubten sie, es wäre für Frauen gefährlich, sich so zu offenba-ren; und postfeministisch, weil ihre Verachtung für Dido nahelegte, daß eine Frau, die so sehr der Liebe verfiel, verrückt wäre. *Sie hatte sich an einen Mann verloren.* Was ich schon in Shapiros Vorlesungen über *Ödipus* bemerkt hatte, bestätigte sich abermals: Die Studen-ten begegneten der Literatur mit ihrem mediengeprägten Gefühl für Ironie und Rollenspiel und der Meinung, daß alles durch Thera-pie gelöst werden könnte, wohingegen echte Entschlossenheit des Charakters sie irritierte und möglicherweise sogar erschreckte.

Klassische Literatur war anstrengend; manche dieser klassischen Werke waren nicht mehr ohne weiteres zugänglich. Aber durch das Lesen wurden die Studenten, männlich oder weiblich, vielleicht erschüttert, sie wurden sich eines größeren Lebens bewußt, eines größeren Prinzips von persönlicher Kraft. Es liegt schließlich in der Natur des Studenten, »unrecht« zu haben. Irrtum ist der Weg zum Wissen, und Shapiro nickte wie immer ernsthaft und akzeptierte die naiven Bemerkungen der Studenten; dann machte er sich an die Arbeit und wendete das, was sie gesagt hatten, gegen sie selbst, zwang sie in einen Konflikt mit der Literatur, die ihre Unschuld unweigerlich herausforderte und ihnen manchmal auch nahm.

Nachdem ich die *Aeneis* dreißig Jahre später wieder gelesen habe und nachdem ich jetzt weiß, was ich damals nicht gewußt haben konnte – wie schwierig es ist, gut zu schreiben, selbst eine Filmrezension von tausend Worten, einen kurzen Essay, einen anständigen Brief –, war ich von Vergils Können ergriffen. Welch eine Überraschung! Ein Journalist stellt fest, daß der berühmteste Dichter des klassischen Rom schreiben kann! Vergil ist tatsächlich ein vollendeter Schriftsteller, jedem Thema in überlegener Weise angemessen. Schlachten, Stürme, Liebesgeschichten, wilde Tiere – alles beschrieb er besser als sonst jemand. Aber als ich das zu mir selbst sagte, merkte ich, daß meine Bewunderung eine schmale Basis hatte und mir selbst sogar zuwider war. Irgend etwas stimmte nicht: Die zweite Hälfte des Werkes, die Bücher VI-XII (der *Ilias*-Teil, in dem Aeneas gegen die Latiner kämpft), war merkwürdig uninteressant. Da Aeneas nicht verlieren kann, scheint der Krieg überflüssig zu sein, beinahe absurd, und deshalb um so brutaler, bitterer und erschöpfender als alles in der *Ilias*. Die Kriegsszenen sind nicht gerade langweilig, aber sie kommen einem so entfernt und gewollt vor; und nach einer Weile war es mir egal, wer wen tötete und warum. Homer läßt einen den Schmerz der Schlacht spüren; Vergil bringt einen dazu, seine Kunstfertigkeit zu bewundern, mit der er uns den Schmerz der Schlacht vor Augen führt.

Angesichts meiner Frustration beim Lesen des Buches erhielten einige der ideologischen Argumente gegen die Grundkurse etwas mehr Sinn.

Vergil packte sowohl die *Ilias* als auch die *Odyssee* in die *Aeneis* und benutzte sie als Grundlage, als Referenz, als ein Thema, das einer Veränderung bedurfte. Das hatte etwas Durchtriebenes, beinahe Unheimliches, eine besitzergreifende Unbarmherzigkeit. Und dahinter steckte eine politische Realität: Die Römer hatten Griechenland unterworfen. Aeneas trifft auf seinen Irrfahrten irgendwann einen der Männer des Odysseus, einen verwirrten Überlebenden des Zusammenstoßes mit den Zyklopen; er wurde zurückgelassen, irgendwo in der Ägäis, und er ist in einem aufgelösten Zustand. Dies, nahm ich an, war eine Art Insiderwitz der klassischen Literatur, eine antike Version von Brian De Palmas »Zitat« einer berühmten Passage von Alfred Hitchcock, allerdings über eine Zeitspanne von 750 Jahren hinweg. Aber auch wenn es lustig ist, berührte es einen eher unangenehm, beinahe als ob Vergil den alten Mann umschreiben, ihn glätten, die rohen Stellen seines Genies ebnen und ihn in einem neuen Zusammenhang benutzen wollte. Wir bekommen mit der *Aeneis* eine bewußte Mythenerzeugung im Gegensatz zu Homers spontaner Verkörperung des Mythos geliefert; eine absichtliche Manipulation der Phantasie im Gegensatz zu Homers Arbeit im Dienste der Phantasie.

Die *Aeneis* ist der Abriß dessen, was Gegner des Literaturkanons hassen: ein selbsternannter Ursprungsmythos, eine Verherrlichung des Kaiserreichs als eines göttlich sanktionierten und prädestinierten Triumphs. Da gibt es keinen Zweifel: Das Epos betont die Zentralmacht Rom in einer Weise, daß alle anderen Völker außer der griechisch-troïsch-römischen Linie als marginal erscheinen. Da ist Vergil sehr deutlich. Als Aeneas seinen Vater Anchises in der Unterwelt besucht, breitet dieser vor ihm die ganze römische Geschichte bis zu Julius Caesar und Augustus aus. Vergil bemüht die Macht und die Majestäten, und er rechtfertigt die Eroberung. Und es ist nicht überraschend, daß die *Aeneis* in den Jahren nach Augustus, mit den Worten eines Gelehrten, »als Roms Nationalepos und als ideologische Stütze der Ein-Mann-Herrschaft über das Imperium etabliert wurde«[*]. Im zwanzigsten Jahrhundert trieb T. S. Eliot, der nichts gegen Imperien hatte, die Glorifizierung noch erheblich weiter: »Das römische Imperium und die lateinische Sprache waren nicht irgendein Imperium und irgendeine Sprache, sondern ein Imperium und eine Sprache, die unser Schicksal auf einzigartige Weise beeinflußt haben; und der Dichter, der dem Imperium und jener Sprache Ausdruck verlieh, ist ein Dichter von einzigartigem Geschick« und so

---

[*] David Quint: *Epic and Empire: Politics and Generic Form from Virgil to Milton* (Princeton: Princeton University Press, 1993).

weiter. Na ja! Das war Hegemonie mit Rache: Eliots reimende Syntax war wie ein Eisengitter, das jede abweichende Meinung ausschloß. Vergil, meinte Eliot, sei *der* Klassiker der gesamten europäischen Kultur. Nachdem ich Eliot gelesen hatte, wurde der stumpfe Aeneas für mich zur Verkörperung der eigentlichen Kultur des Abendlandes, die grimmig, aber zielbewußt in die Zukunft marschiert. Er nahm seinen Vater und seinen Sohn mit, aber ließ seine Frau zurück. Doch wenn Dido stirbt, stirbt auch fast das Aeneas-Epos.

Shapiro ging flüchtig auf die politische Lesart der *Aeneis* ein. Aber er argumentierte, daß Vergil die Glorifizierung des Imperiums ständig untergrabe und klarmache, daß der Glanz der Herrschaft nicht der Mühe wert sei. Aeneas verliere alles: nicht nur Dido, sondern auch seine Freunde, sein Glück, sein Gefühl für Mitleid – alles, was wir seine Seele nennen würden. Das Werk sei zutiefst doppeldeutig.

Es ist also ein melancholisches Epos; eine düstere Glorifizierung, großartig, aber gespenstisch in ihrer Mischung aus Hochmut und Trauer. Und in gewisser Weise stumm. Vergil kommentiert nicht die Leiden des Aeneas, seine außergewöhnliche persönliche Degradierung, zumindest nicht explizit. Er schreibt mit einer Undurchdringlichkeit, die beinahe erschreckend ist in ihrer merkwürdig blinden Kraftfülle. Ganz am Ende hat Aeneas seinen Rivalen Turnus in seiner Gewalt. Turnus erwartet, getötet zu werden, bittet aber darum, daß seine Leiche seinem Vater übergeben werde, ein Echo des schönen Ausklangs der *Ilias,* wo Achilleus einwilligt, Hektors Leiche an Priamos auszuliefern. Aber Aeneas erinnert sich an einen jungen Mann, den Turnus in der Schlacht getötet hat, und der Geist der Gnade erlischt in ihm. Das Gedicht endet wie folgt:

Noch jähen Sinnes, gewaffnet,
Stand Aeneas und rollte die Augen, doch hielt er die Rechte
Nieder, und mehr und mehr begann ihn die Rede zu rühren.
Aber zum Unglück sah er das Wehrgehenk hoch auf der
Schulter.
Mit den bekannten Buckeln erglänzte der Gürtel des jungen
Pallas, den Turnus besiegt und den er zu Tode verwundet.
Und nun führte er selbst auf den Schultern das Zeichen des
Feindes!
Als Aeneas die Beute, das Denkmal des rasenden Schmerzes,

Mit den Augen erfaßt, übermannte ihn loderndes Rasen.
Fürchterlich rief er im Zorn: »Du, mit den Waffen der Meinen,
Sollst mir entkommen? Nein! Mit diesem Hiebe erschlägt dich
Pallas. Mit deinem Blut, dem verruchten, rächt sich nun
Pallas.«
Also redete er und stieß ihm in wilder Erregung
Tief das Schwert in die Brust. Die Kälte des Todes befiel ihn,
Und mit dem Stöhnen des Unmuts entfloh zu den Schatten sein
Leben.

*(XII, 1277-1298)*

Aeneas spürt »Wut«, aber diese Zeilen sind weniger von Wut als von einer gefrorenen Trauer durchdrungen, einem Kummer sowohl über den geistigen Tod des Aeneas als auch den physischen Tod des Turnus. Das erscheint uns alles so weit weg! Als ein moderner Leser wünschte ich Transparenz und Verantwortlichkeit, statt dessen bekam ich ein unangenehmes Gefühl, daß Vergil gegen seine eigene Absicht angekämpft, daß er gegen sein eigenes Ziel geschrieben hatte. Kein Wunder, daß Leute, die das Epos jahrelang immer wieder lasen, es nicht verstehen konnten. Vergil selbst hat es vielleicht nicht verstanden.

Ich war ratlos und meinte, daß ich die politischen Angriffe auf die *Aeneis* nicht als philisterhaft und bloß politisch korrekt beiseite wischen konnte. In der zweiten Hälfte des Epos gibt es ein eindeutiges künstlerisches und emotionales Manko, und da eine politische Absicht – die von Vergil – für dieses Manko verantwortlich sein mag, wird auch eine politische Kritik des Epos plausibel. Daß Vergils Haltung »falsch« war, sollte niemanden bekümmern. Daß sein Epos als Kunstwerk durch diese Haltung gelitten hat, ist etwas, das man beklagen und bedauern kann.

Vergil zwang sich selbst in ein großartiges Schema, das die Macht rechtfertigte, und zog sich dann in sein Werk zurück. Die von Verlust geprägte Stimmung erstreckte sich auf mein Lesen: Ich verlor einen guten Teil der *Aeneis*, doch würde ich nie dagegen argumentieren, daß Studienanfänger sie lesen. Nichts in der Literatur ist größer als Buch II und IV, und ein Student, der sich bemüht, Pflicht und überwältigende Liebe zu verstehen, lernt, was er ist oder was er nicht ist; er lernt etwas über Mut und Furcht, über tödliche Selbstopferung und auch über ein Ich, das durch die Pflicht reduziert wird.

Kapitel 10

## DAS ALTE TESTAMENT

Wie konnte ein so bestimmendes und unumgängliches Buch sich als so ungewohnt erweisen? Und auch als so feindlich: schroff, erdrückend und schrecklich. Und nicht erläuternd und verständlich, sondern verwirrend und fragmentarisch. Die Geschichte eines einzigen Volkes wird als die maßgebende, die universale Geschichte dargestellt; die Genesis handelt ebensosehr von Macht wie vom Geist, oder vielmehr vom Mysterium der Macht, die der Gnade weicht. Die Macht gewährt das Leben und nimmt es, gewährt es abermals und schließt, immer noch unter der Drohung, das Leben zu vernichten, statt dessen einen speziellen Pakt, einen Vertrag, der durch das eigenmächtige Segnen der Söhne – einiger Söhne – durch ihre Väter in seinem wesentlichen Mysterium erneuert und wiederholt wird.

Auf den ersten Seiten der Genesis macht sich die Macht ohne Grund, ohne Rechtfertigung geltend. Die Macht »ergibt keinen Sinn«. Per definitionem ist es die Sache, die dich dazu zwingt zu gehorchen, ohne daß es Sinn hat. Später führt die Macht zum Gesetz und zur Gnade. Es entsteht eine Ethik der gegenseitigen Verpflichtung, die Ethik erlaubt den Hebräern zu existieren. Aber zu Anfang kümmert sich die Macht nur darum, sich selbst aufzuzwingen: nämlich Gott.

Ich hatte die Genesis schon früher gelesen (als Kind, als Studienanfänger und mehrmals als Erwachsener), aber nie richtig, und als ich sie jetzt las, hatte ich das höhnische, merkwürdige, sogar feindselige Gefühl, der eigenen Stadt im Traum zu begegnen. Jedes Gebäude, jeder Wegweiser und jedes Denkmal stand am richtigen Ort, aber nicht ganz so, wie ich es in Erinnerung hatte. Ich kannte die Bibel; ich kannte nichts von der Bibel. Meine Verwirrung und meine Furcht waren nicht anders, wie ich schnell merkte, als bei jedem modernen

Menschen, der nicht ständig mit diesem Buch zu tun hat. Schliefen Lots Töchter wirklich mit ihrem Vater, nachdem ihre Männer in Sodom getötet worden waren? Und billigte der Erzähler wirklich diesen Akt als notwendig zur Erhaltung des Geschlechts? So scheint es. Vielleicht wurde das merkwürdige Gefühl beim Lesen der Genesis von dem unangenehmen Versuch hervorgerufen, den Text mit der eigenen Erinnerung zu versöhnen, oder vielmehr mit der Parodie der Erinnerung, der Information aus zweiter Hand, die am Ende des zwanzigsten Jahrhunderts die Erinnerung beeinflußt und sie schließlich ersetzt – in diesem Fall war es der Bezug auf die Genesis, mit dem man ein Leben lang in Nachrichtenmagazinen, Kinderbüchern, Filmen, Inschriften und an allen Orten außer der Bibel selbst konfrontiert wird. Als junger Mann hatte ich viele der »biblischen Ausstattungsfilme« gesehen, und die lagen jetzt wie feuchte und schwere Lappen über meiner Erinnerung an die Bibel. Das zentralste aller Bücher schien jetzt eine erschreckende Korrektur der Texte zu sein, die auf es Bezug nehmen.

Warum erschafft Gott zuerst den Menschen »ihm zum Bilde«, und dann schafft er ihn nochmals, nur elf Verse weiter, »aus einem Erdenkloß«? Ist der Mensch ein Spiegel Gottes oder ein wohlgestaltetes Gefäß, das auf einer Töpferscheibe modelliert wurde? Ist er wesentlich Geist oder unausweichlich Staub? Ja, eine Mischung aus beidem, aber in welchem Verhältnis? Warum wird die Erkenntnis, die Erkenntnis von Gut und Böse, die Mann und Frau erlangen, indem sie von der verbotenen Frucht essen, mit Schande und Tod bestraft? Konnte Gott Gehorsam schätzen, der *ohne* Erkenntnis erbracht wurde? Warum wünschte er Gehorsam von den Unschuldigen?

Ich war gespannt. Warum zieht Gott Abel Kain vor, Jakob Esau, Joseph seinen Brüdern? Immer, wie sich herausstellt, den jüngsten oder jüngeren Bruder, was ich, als Vater von zwei Söhnen, verwirrend fand, da natürlich der ältere Bruder, nur wegen der Tatsache seiner Erstgeburt, in seinem Herzen Wut gegenüber seinen Brüdern verspüren muß, die das Paradies von Vater, Mutter und sich selbst zerstören. Wieso, fragt er sich, hat er versagt? Gottes Segen für den jüngeren Bruder war beinahe grausam – oder soll es als symbolische Bestätigung des Elends des älteren aufgefaßt werden?

Fragen eines säkularen Zeitalters, in dem heilige Bücher in Uni-Seminaren gelesen werden.

»Aus orthodoxer Perspektive steht die hebräische Bibel für sich selbst, ein heiliger Text, ein Lehrtext, ein historischer Text. Es gibt auch die christliche Bibel, aber das ist etwas anderes.«

Leora Cohen, eine von Stephansons Studentinnen, die bereits im zweiten Semester war, gab eine Einführung – analysierte den Text und arbeitete Probleme und Diskussionsmöglichkeiten heraus. Noch war die Beteiligung der Studenten nicht so gut, wie Stephanson gehofft hatte. In der ersten Stunde des Jahres hatte er um ein intellektuelles Engagement für die Bücher gebeten, eine Kritik vielleicht, und sei es eine ablehnende Kritik. Aber die Studenten waren verständlicherweise verlegen und nicht darauf erpicht, ihre Beziehung zu Platon oder Aristoteles zu »problematisieren« (Stephansons Worte), sie gaben nur manchmal flüssige, manchmal zögerliche Zusammenfassungen dessen, was sie gelesen hatten. Leora jedoch faßte nicht zusammen, sondern erläuterte. Sie war gläubig, eine orthodoxe Jüdin. Klein, blaß, mit einem Wuschel schwarzer Locken, die ihr in die Stirn fielen. Sie hatte fast das ganze Jahr geschwiegen, nur tief über das Pult gebeugt Notizen gemacht. Aber jetzt konzentrierte sie sich auf ihre Bibel und ihre Notizen und sprach mit großer Klarheit. Die Bibel, sagte sie, war buchstäblich wahr. In ihrem eigenen Leben befolgte sie alle Essensvorschriften. Sie war beharrlich und entschlossen, und die Studenten waren von ihr fasziniert. Sie glaubte wirklich an etwas.

»War die Sintflut ein Fehler Gottes?« platzte jemand boshaft heraus.

»Nein, die Juden verdienten Bestrafung«, sagte sie. »Menschliche Wesen haben einen freien Willen. Wenn sie falsch wählen, werden sie bestraft.«

Großes Gelächter.

Es war kein Wunder, daß viele nicht einverstanden waren. Die meisten von ihnen waren Amerikaner aus der Mittelschicht und vielleicht die Frucht zarter Liebe; ihnen war eine zweite und dann eine dritte Chance gegeben worden. Rob Lilienthal, der selbstbewußte Student, beklagte, daß die Liebe im Alten Testament zu hart sei – mißbräuchlich und strafend. Als Kind war er nie geschlagen worden. Wenn er etwas Falsches gemacht hatte, wurde ihm gesagt, daß es falsch war. Wenn er denselben Fehler nochmals machte, wurde ihm wieder gesagt, daß es falsch war. Nun gut, dachte ich, so wurde ich auch erzogen, und so erziehe ich auch meine Söhne, bis auf die Gelegenheiten, wo ich die Geduld verliere und sie anschreie. Aber wie groß sind Lilienthals Vergehen gewesen? (Meine waren belanglos.) Der bequeme amerikanische Liberalismus seiner Bemerkung ärgerte mich. Was wußte er von Wut, Hunger, Ausschluß? Er trug nicht das Zeichen Kains. Ich konnte mich nicht beherrschen: »Hast du jemals deinem Bruder ein Messer in den Leib gestoßen?« Er grinste mich nur an.

Es gab mindestens sechs Studenten im Raum (von vierundzwanzig), die offen und intensiv religiös waren, und mehrere von ihnen nickten und lächelten, als Leora sprach. Ihre Worte waren Manna vom Himmel, die Worte des Glaubens, die wunderbarerweise in der weltlichen Atmosphäre einer modernen Universität erschienen. Und sie hatte Mut: Die Bibel zu interpretieren, insbesondere die Thora, bedeutete für jüdische Frauen – die von den meisten orthodoxen Gemeinden ausgeschlossen wurden – das große Risiko, Streit und Aufregung zu provozieren.

Leora benutzte die Worte »Hebräische Bibel«. In der Lektüreliste der Columbia-Universität wurde das Buch unter seinem üblichen Titel »Das Alte Testament« geführt. Welches war der richtige Name? Teile des Alten Testamentes sind vielleicht schon 950 v. Chr. verfaßt worden, d. h. vor Homer. Aber die Columbia-Universität plazierte das Buch, wie es allgemein üblich war, vor dem Neuen Testament, das natürlich im Jahrhundert nach dem Tod von Christus geschrieben worden war. Folglich wurde das Alte Testament aus seinem chronologischen Zusammenhang gerissen, und zwar nicht ganz unbewußt. Die Christen betrachten es als Vorspiel. Professor Tayler beklagte in einer seiner seltenen Anwandlungen von politischer Korrektheit, daß es direkt vor das Neue Testament gestellt wurde. Er betrachtete es als eine Verunglimpfung der durchaus eigenständigen jüdischen Tradition.

Na ja... ich konnte nicht zustimmen. Okay, es war verblüffend, daß liberale amerikanische Universitäten, die im allgemeinen so empfindsam gegenüber den Belangen der Afro-Amerikaner und anderer Kulturen ethnischer Minoritäten sind, in dieser Angelegenheit an der christlichen Tradition festhielten und den Juden die kalte Schulter wiesen. Aber war das eine Sache, aus der man eine große Affäre machen mußte? Ich war als weltlicher Jude in diesem Fall durchaus damit einverstanden, an dem hegemonistischen Brauch festzuhalten, denn wenn das Alte Testament, wie Tayler es offenbar wünschte, im

156

Kurs über klassische Literatur vor Homer und in dem über die Kulturgeschichte der Gegenwart vor Platon gelesen würde, würde das Buch am Beginn der jeweiligen Vorlesung stehenbleiben. Die Studenten würden dann die Griechen und die Römer lesen, bevor sie zum Neuen Testament zurückkämen. Nein, das Alte und das Neue Testament gehörten zusammen. Die Geschichte hat sie nebeneinandergestellt. Die Studenten mußten den Unterschied zwischen, sagen wir, der jüdischen und der christlichen Ethik begreifen. In diesem Fall, wie in vielen anderen, traf die politische Korrektheit einfach daneben.

Für Leora, so nahm ich an, war das Neue Testament einfach irrelevant. Es gab nur das Buch der Bücher, die »Hebräische Bibel«. Zu Beginn ihrer Ausführungen erklärte sie, sie werde ihre Bemerkungen mit Material aus der oralen Tradition ergänzen – Worte, die Moses von Gott bekam und die nicht niedergeschrieben, sondern mündlich weitergereicht und in den endlosen Kommentar der Bibel gewoben wurden, eine Praxis, die in über zweitausend Jahren die hauptsächliche intellektuelle Tätigkeit von religiösen Juden gewesen ist.

Demgemäß, sagte sie, umfaßte der erste Tag der Schöpfung eine unbestimmte Zeitperiode, auch wenn Gott die Welt wirklich in sechs Tagen erschuf, wie es in der Genesis heißt – die formlose »Leere« der noch nicht erschaffenen Erde bestand tatsächlich, bevor das Konzept der Zeit irgendwelche Bedeutung hatte, und konnte folglich nicht als ein einziger »Tag« betrachtet werden, wie wir ihn kennen. Und später sagte sie, daß die orale Tradition den Standpunkt billige, daß Gott die Frau nicht aus einem nachträglichen Einfall heraus aus Adams Rippe schuf (»Es ist nicht gut, daß der Mensch allein sei; ich will ihm eine Gehilfin machen, die um ihn sei«), sondern als eine dem Mann Gleichgestellte: Mann und Frau waren ursprünglich an der Rippe zusammengewachsen und wurden dann getrennt – ein Wesen, das von Gott in zwei geteilt wurde.

Als sie redete, schaute ich mich um, um zu sehen, was geschehen würde. Nicht nur Juden und Christen, sondern auch Moslems, die die alttestamentarischen Propheten als ihre Vorfahren anerkennen, hatten lange mit diesem störrischen, unbezähmbaren Text gerungen. Plötzlich war ich sehr glücklich. Wir waren nur eine Bibelstudiengruppe in einem gesichtslosen kleinen Seminarraum im Erdgeschoß des Mathematik-Gebäudes. Ein paar kahle Bäume standen draußen auf dem Hof hinter dem Klotz der Bibliothek. Wir waren an diesem

Ort zu diesem Zeitpunkt zusammen. Wir waren Teil einer endlosen, ewigen Kette solcher Diskussionen. Der Grundkurs war eine säkulare Einrichtung, aber an diesem Tag war er Teil einer endlosen Kette. Leora redete, und da Stephanson schwieg, stellten die Studenten Fragen. Sie waren beschwingt und arbeiteten ganz selbständig.

»Wieso wird Isaak von Abraham auf dem Opferaltar festgebunden?« fragte Leora, schaute auf und strich sich ein paar Locken aus dem Gesicht. »Die Antwort beruht auf der oralen Tradition und lautet, daß ein Mann von außergewöhnlicher Glaubensstärke wie Abraham von Gott wußte, daß er der Vater der Nationen sein sollte, und deshalb konnte Isaak nicht sterben. Der Abschnitt sollte als eine Demonstration Gottes von Abrahams Größe als menschlichen Wesens gelesen werden.«

Die Antwort war suggestiv (und beantwortete eines meiner Rätsel), obwohl ich ein unangenehmes Gefühl dabei hatte. Wenn man glaubte, daß die Genesis das Wort Gottes war, wie es seinem Diener Moses übergeben wurde, dann konnte man schwerlich glauben, daß Gott mit Ironie gesprochen, daß er das eine gesagt und das andere gemeint, den Wissenden Signale gegeben und die Buchstabengläubigen verwirrt hat. Warum sollte Gott die Leute verwirren? Wenn man auf diese Weise vorging, konnte man beinahe jeden Satz durch »Interpretation« in sein Gegenteil verkehren.

Aber dann verschwand ein Teil meiner Verwirrung, als ich tiefer in die Genesis eindrang. Die mörderische Feindschaft zwischen Brüdern endet zum Beispiel in der großartigen Versöhnung von Jakob und Esau, und Joseph, der große Joseph, der erstaunlichste Glücksfall in der Literatur, eine frühe Version von Jesus mit dem Charakter eines ungewöhnlich erfolgreichen und zuversichtlichen Managers, Joseph vergibt seinen Brüdern das Unrecht, das sie ihm angetan haben. Der Vater zweier Söhne, der diese Passage las, atmete etwas freier.

Ich war erleichtert, aber ich wußte auch, daß nicht jede Frage beantwortet werden muß. Es wäre hoffnungslos, die Menschen zu bitten, die Bibel nicht weiter zu interpretieren. Ich zog das Mysterium allem vor, das die Macht des Wortes verringern würde. Die Wucht und der Rhythmus der autorisierten englischen Bibelübersetzung, der Klang und die Abfolge der Worte hatten ihre eigene Bedeutung. Für Millionen Menschen *war* die Bibel der Klang dieser Worte. Und die gesamte englische und amerikanische Literatur trug diesen Klang und auch seine begleitenden Bedeutungen in sich – Bedeutungen, die verschwinden würden, wenn die Leute sich weigerten, die Bibel zu lesen, oder nur neue tonlose, wortwörtliche Übersetzungen läsen, die den Text verständlicher machten. Jakob, der die ganze Nacht mit dem Engel ringt, bevor er die Vergebung seines Bruders Esau sucht, wird in ein paar Zeilen geschildert, aber die Idee einer Auseinandersetzung, die das persönliche Schicksal und das Schicksal des eigenen Volkes bestimmt, ist so außergewöhnlich, daß sie immer wieder und wieder aufgegriffen wird und sich durch die jüdische Geschichte und die jüdische Literatur zieht und selbst die moderne jüdische Identität prägt – die Kontroverse mit Gott wird zur Kontroverse mit anderen Formen des Ichs, mit Zweifel und mit Furcht.

Ich war bewegt, ohne zu glauben; oder vielmehr, ich glaubte an die Größe der Bibel. Als die Erzählung die frühen Generationen der Hebräer vorüberziehen läßt, bleibt Gott zürnend, aber er ist nicht mehr willkürlich. Er wird von der Hoffnung geleitet, daß er Sinn schaffen kann. Gott lehrt den Menschen; der Mensch lehrt Gott. Das Ringen mit dem Engel geht ewig weiter.

Aber als Leora redete, begann sich die Atmosphäre im Raum zu verändern. Anfangs waren die Studenten von ihr fasziniert, weil sie verwurzelt und gebildet war und eine Verpflichtung hatte, weil sie an etwas *glaubte*, nun aber wurden sie darüber böse, wie sie die orale Tradition für sich benutzte. Sie entfernte das meiste aus dem Alten Testament, was primitiv und irrational war. Sie glättete es, so meinten ihre Kommilitonen, damit es leichter zu glauben wäre.

Sie hatte sich festgebissen, und es wurde klar, wie schwierig ihre Aufgabe war, als sie sich in eine feministische Interpretation der Bestrafung Evas durch Gott stürzte: »Der Vers ›und dein Verlangen soll nach deinem Manne sein, und er soll dein Herr sein‹ hat eine sexuelle Bedeutung«, sagte sie, »dies ist die einzige Erklärung: Der Vers ist im sexuellen Sinne gemeint. Die Haupthandlung verläuft von Männern zu Frauen. Er ist nicht als politische Erklärung zu verstehen oder als Darstellung der Natur eines Menschen. Der Mann initiiert den Sex.«

»Kannst du hier unterscheiden?« fragte Stephanson und brach das verlegene Schweigen. »Kannst du sexuelle Macht von anderen Formen der Macht trennen?«

»Ja, ist hier denn von der Missionarsstellung die Rede?« fragte eine der Studentinnen. »Denn ansonsten...«

»Gehen wir nicht in die technischen Details«, unterbrach sie Stephanson. Die Unterhaltung war etwas merkwürdig geworden. Leora versuchte, das Alte Testament, eine Säule des Patriarchats, mit dem zeitgenössischen Feminismus zu versöhnen, eine Aufgabe, die wohl die meisten Leute für unmöglich halten würden – die Quadratur des Kreises. Wir beobachteten, so wurde mir plötzlich bewußt, einen Kampf für den Glauben. Leora mußte auch Fragen gehabt haben, grundlegende Fragen. Wie hätte es anders sein können? Es spielte keine Rolle, ob sie unrecht hatte. Sie kämpfte, sie war großartig. Wie viele aus meiner Familie und von meinen Freunden kämpften so? Mir fiel nicht ein einziger ein.

Was mich anging, so hatte ich die Bibel niemals zur Belehrung und zum Trost gelesen – weder als meine Eltern starben, noch als einer meiner besten Freunde, Steven Harvey, ein Filmwissenschaftler und Kritiker, jung an Aids starb; als Steven starb, habe ich Gott allerdings ein- oder zweimal verflucht. Ich hatte die Bibel niemals zur Inspiration gelesen, auch nicht zur ethischen Schulung, außer vor sehr langer Zeit in der Sonntagsschule, aber da auch nur, genauso wie jetzt, aus Vergnügen und als Literatur. Dennoch bin ich Jude, so offenbar Jude in meinen Ängsten und Freuden wie manch ein gläubiger Mensch, und jetzt, wo ich über den ersten beiden Büchern des Alten Testaments brütete, fühlte ich mich, als ob ich den verborgenen Seiten meines Seins gegenüberstände. Es war ein gewalttätiger, ergreifender, fruchtbarer Text, der ein starkes Gefühl von Recht, von einer der Barbarei abgerungenen Verpflichtung bot. Was hatte das alles mit der Filmkritik zu tun? Die jüdische Tradition, wie ich sie von meiner Familie und von New Yorker Lehrern und Intellektuellen mitbekommen hatte, bestand auf den wesentlichen Dingen und den richtigen Dingen. Diese Männer und Frauen trennten das, was dauerhaft und ernsthaft war, von dem, was vorübergehend und ohne Wert war; sie wollten ein Buch oder einen Film, um eine Handlung zu haben, einen Witz, um eine Pointe zu haben, ein Leben, um ein Ziel zu haben. Das jüdische Verlangen, zum Kern einer Sache zu kommen und daran festzuhalten, konnte (und kann) zu humorloser Selbstüberschätzung und Heuchelei führen, aber nicht (zumindest nicht ohne große Schuldgefühle) zu Trivialität und Zeitverschwendung. Kritik ist eine Beschäftigung, die zu dem quälenden Verlangen, in den Kern einer Sache vorzustoßen, paßt; vielleicht könnte kein Kritiker, egal welcher Religion, es für der Mühe wert halten, viel zu lesen, wenn er nicht etwas von einem Jeremias in sich hätte.

Die Unterhaltung in Stephansons Seminar war gereizt geworden. Leora sprach über die Geschichte der Juden und die wechselnden Interpretationen der Bibel, und so weit die nichtgläubigen Studenten sehen konnten, versuchte sie, zwei Sachen unter einen Hut zu bekommen: einmal die Bibel als unveränderlich und ewig darzustellen und gleichzeitig sie in den geschichtlichen und kommentatorischen Zusammenhang zu stellen. Noah Martz, der bestinformierte und aufrichtigste aller Studenten – er war der Typ eines liberalen Juden, der die palästinensische Seite im Konflikt mit Israel zu verstehen suchte und viele Bücher darüber las –, Noah schaute sie plötzlich kalt an und sagte: »Ich dachte, die Orthodoxie erlaubt nicht eine derartige relativistische Interpretation.«

Leora hob ihr Gesicht vom Text. Die beiden blaßgesichtigen Juden sahen sich an. »Je mehr Leute die Verbindung zu ihrer Religion verlieren...«, sagte Leora, wobei sich eine Anklage auf ihren Lippen formte und die alte Wut der Orthodoxen auf die Assimilierten in ihr plötzlich hochkochte. Aber sie vollendete ihren Satz nicht, weil Stephanson ihr plötzlich zu Hilfe eilte.

»Nun mal halt«, schrie er beinahe. »Obwohl du die Geschichtlichkeit des Textes anerkennst, kannst du immer behaupten, daß *dies,* und dies allein, ursprünglich gemeint war. Obwohl ich in der Geschichte existiere, macht das den Text nicht relativistisch. Es kann dennoch eine richtige Bedeutung geben.«

Ich hatte ein Gefühl, als ob ich Stephanson zum ersten Mal sähe. Hinter seinem Gepolter steckten echte Fairneß und echtes Gefühl. Er glaubte kein Wort von dem, was Leora sagte (das bestätigte er mir später unter vier Augen); er glaubte nicht, daß es eine Bedeutung außerhalb der Geschichte gebe, und er war, nehme ich an, ein Atheist, doch er führte Gründe an, die absolute Wahrheit zu suchen. *Er sagte, es sei legitim, sie zu suchen.* Daß Leora unrecht hatte, spielte keine Rolle; er wollte den Studenten beibringen, ein Argument anzuführen, daran festzuhalten und es zu verteidigen.

»Du fragst: ›Wie kann man ein Argument anführen, das nicht relativ ist, wenn man die Geschichte berücksichtigt?‹«, sagte Stephanson. »Die Antwort ist: Es gibt keine Erlösung von der Interpretation.«

Die Bibel war eines der wenigen Werke, die sowohl im Kurs über klassische Literatur als auch in dem über die Kulturgeschichte der Gegenwart gelesen wurden, und als Shapiro sie später im Herbstsemester drannahm, begann er mit Fragen an die Studenten. Wie vertraut waren die vierundzwanzig Männer und Frauen mit dem Alten Testament? Viele sagten, sie hätten Teile daraus gelesen, aber nur fünf hatten eine gründliche religiöse Schulung erhalten (zwei orthodoxe Juden, zwei Katholiken, ein Baptist), und nur zwei dieser Studenten – die orthodoxen Juden, beides Frauen – gaben zu, daß sie sie für ihre Lebensführung wichtig fanden. Henry, der afroamerikanische Student, der Baptist war, sagte, er lese sie wegen ihres »sozioökonomisch-philosophischen Gehalts«, der mir in der Tat recht umfangreich zu sein schien. Aber für die meisten der anderen, die die Bibel gelesen hatten, war sie etwas aus ihrer Kindheit, etwas Beliebiges und Kurioses, eine Sammlung von Geschichten ohne Bedeutung für ihr Leben, und auch ungeeignet, ihr Leben zu bestimmen. Sie betrachteten sie mit einer Mischung aus Verdruß und Belustigung.

Und eine ansehnliche Zahl *hatte sie überhaupt nie gelesen*. Nicht nur die fünf asiatischen Studenten, die mit den Schultern zuckten und belustigt zu sein schienen, sondern auch mehrere Amerikaner und eine italienische Frau, die akzentfreies Englisch sprach, erklärten, daß sie das Buch zum ersten Mal am Abend vor dem Seminar geöffnet hätten. Sie waren erstaunt, daß irgend jemand das Alte Testament als Anleitung für das eigene Verhalten ernstgenommen haben könnte.

Die Studenten lebten mit den allseitigen Reaktionen auf die Bibel, im institutionellen und politischen Bereich, in Kunst und Literatur, aber nichts in ihrem Leben oder ihrer Erziehung hatte sie gedrängt hineinzuschauen. Und ohne daß jemand von ihnen verlangt hätte, die Bibel in einem Literaturkreis zu lesen, wäre sie für sie vielleicht für immer verloren gewesen, aufgelöst in den lächerlichen Medienechos. Der Grundkurs wirkte als Gesundheitstraining für ihre eigene Existenz.

Shapiro arbeitete hart mit ihnen und brachte sie dazu, den moralischen Sinn (und gelegentlich die Perversität) in den primitiven Erzählungen zu erkennen. Wir gingen die schmerzlichen Geschichten von Gottes Segen und Gottes Vergebung durch. Wenn so viele der Geschichten in der Genesis von Unfruchtbarkeit und Fruchtbarkeit handelten, so mag die Besessenheit der Hebräer aus keiner geringeren Kraft als der Entschlossenheit zu überleben entsprungen sein – ihr Geschlecht fortzuführen, damit sie das Schicksal erlangen könnten, das Gott ihnen versprochen hat. Das Buch war auf Furcht gegründet. Und im 2. Buch Mose (Exodus) macht die Furcht den Begriff vom Bündnis fast zum Paradox. Die Hebräer wurden bevorzugt und beschützt, sie waren für das Gelobte Land bestimmt, aber das Schicksal war widerrufbar. Waren sie würdig? Oder würde Gott sie in ihrer Unwürdigkeit vernichten? Im 2. Buch Mose verschwinden diese Fragen niemals völlig. Und die Hebräer sind höhnisch und skeptisch und leicht entmutigt. Mensch und Gott scheinen ein Bündnis geschlossen zu haben, um des anderen nicht sicher sein zu können.

Als Moses in Midian ist und Gott ihm aus einem brennenden Busch erscheint, haben Herr und Diener eine angespannte kleine Konferenz. Wie soll Gottes Autorität anerkannt werden? Und wie soll die Autorität von Moses, als Seinem Vertreter und Diener, anerkannt werden?

> Siehe, wenn ich zu den Kindern Israel komme und spreche zu ihnen: Der Gott eurer Väter hat mich zu euch gesandt, und sie mir sagen werden: Wie heißt sein Name? was soll ich ihnen sagen?
>
> Gott sprach zu Mose: *Ich werde sein, der ich sein werde.* Und sprach: Also sollst du zu den Kindern Israel sagen: *Ich werde sein* hat mich zu euch gesandt.
> *(2. Mose 3:13-14)*

Idiot! Man fragt Gott nicht nach seinem *Namen,* obwohl sich herausstellt, daß er einen hat, YHWH oder Yahweh, den er gleich darauf (im hebräischen Text) in bezug auf sich selbst benutzt. Yahweh, was in der autorisierten Bibelübersetzung schlicht mit Herr wiedergegeben wird, heißt (wörtlich) »er läßt sein«. ICH WERDE SEIN, DER ICH SEIN WERDE – vielleicht der ehrfurchtgebietendste Satz in irgendeiner Sprache – ist Gottes Ankündigung des Prinzips des Seins. Er ist die Existenz selbst.

Ich habe mein ganzes Leben lang innerhalb des Monotheismus gelebt. Aber indem ich auf diese Weise darauf stieß, gleich nach der Lektüre der Griechen und Römer, fühlte ich seine intellektuelle und emotionale Kraft, als läse ich die Bibel das erste Mal. (Dreißig Jahre zuvor hatte ich einfach darüber hinweggelesen.) Hier liegt eine der Verschiebungen des Bewußtseins, die alles verändert. In der Genesis und im Exodus gibt es nicht die vielen lärmenden, boshaften, unzuverlässigen Götter der griechischen Religion, sondern nur den einen ehrfurchtgebietenden, unkörperlichen, immateriellen, absoluten Gott, der das eigentliche Prinzip der Existenz auf Erden ist, ohne den nichts existieren und das Leben enden würde. Ebenso dringend wie die Studenten brauchte ich selbst auch ein Gesundheitstraining für meine Existenz.

Wurde der Monotheismus immer noch »als Vorteil« gegenüber dem Heidentum angesehen? Professor Tayler hatte im Vorübergehen gesagt, daß der Kurs über klassische Literatur von den christlichen Humanisten der Columbia-Universität (Ende der 30iger Jahre) eingeführt wurde, die das Heidentum für eine faszinierende Unbesonnenheit in der moralischen Geschichte des Abendlandes hielten, eine Unbesonnenheit, die überwunden worden ist. Niemand an der Columbia-Universität sprach mehr in dieser Weise; niemand wollte dabei ertappt werden, die jüdisch-christliche Tradition zu bevorzugen. Aber ich hatte mir selbst gelobt, nicht vor naiven Fragen zurückzuschrecken. Ich wußte, daß ich die griechische Verbindung von Ernsthaftigkeit und Frivolität vermißte, die Hingabe an Vernunft und Tugend, die irgendwie nicht die Liebe zum Vergnügen, zum Sex und zur Kunst ausschloß und auch nicht einen spannenden und schrecklichen Zugang zum Irrationalen. Monotheismus hingegen war eine Vorstellung, die wenig zum Lachen beigetragen hat. Eine neue Feierlichkeit und ein neuer Eifer kamen in die westliche Literatur, eine ethische Inbrunst. Gemessen an Lebhaftigkeit und Brillanz, war der Monotheismus kein Vorteil, sondern eine Vereinfachung. Aber welche Kraft lag in dieser Idee! Gott mag den Menschen nach seinem Bilde geschaffen haben, aber den alten Hebräern zufolge konnte der Mensch sich kein Bild von Gott machen. Man muß sich ihn vorstellen, nicht abbilden. Durch diese Anstrengung machten Männer und Frauen sich selbst zu Empfängern der Gesetze und der Gestalt der Dinge. Sie widmeten sich zielbewußten Aktivitäten, und sie waren nicht allein; sie wurden von einer Idee geleitet, die ihnen ein besonderes Schicksal auferlegte und ein unerbittliches Gefühl für das Richtige, ein Licht, dessen streng ausgerichteter und fokussierter Strahl sowohl den vor ihnen liegenden Weg beleuchtete als auch die Gebiete außerhalb in um so größeres Dunkel setzte.

Das Vergnügen war mein Lehrer; nicht Blasphemie, sondern Vergnügen. Ich mußte ihn wiedersehen. Wie konnte ich anders? Ich war ein Filmkritiker, der die Bibel liest, und jetzt mußte ich eine der mir vertrautesten Aufarbeitungen der Bibel wiedersehen. *Die Zehn Gebote,* den »biblischen Ausstattungsfilm« von 1956, das krönende Werk von Cecil B. Demilles langer Karriere als Marktschreier. Einige nüchterne und gute Filme waren nach biblischen Geschichten gedreht worden, sogar ein paar aufregende, aber diese gigantische Blüte des Kitsches war liebenswert in ihrer ungestümen Absurdität. Ich hatte den Film immer geliebt.

Was lehrte mich also das Vergnügen? Genau wie Platon haßten die biblischen Verfasser das Schauspiel und die Darstellung. Wir modernen Menschen liegen im Streit mit den grundlegendsten moralischen Forderungen der alten Texte. Wir verbringen einen guten Teil unseres Lebens damit, Schauspiele zu besuchen, und wir erwarten nicht, dafür bestraft zu werden, sowenig wie der pathetische junge König in den *Bakchen,* als er aus seinem Versteck gezogen und zerrissen wurde. Die Welt ist voller Bilder; es ist zu spät, die Welt von Darstellungen zu reinigen. Ich habe vielleicht das geheime Muster meines Lebens in der Bibel gefunden, aber ich fand Vergnügen an einem Werk, das die Bibel verriet. Darüber würde ich nachdenken müssen. Wir alle mußten unsere Moral im Dunkeln finden. Wir mußten die Moral des Zuschauers finden.

Vergnügen zieht man aus vielen Erzählungen, selbst aus Erzählungen, deren Bedeutung das Gegenteil von Vergnügen nahelegt. Es war an der Zeit, sich wieder dem Alten Testament zuzuwenden und das Buch Hiob zu lesen, das zuweilen der erste Roman genannt wird.

Im Buch Hiob macht Gott eine Art Wette mit »dem Gegner«. (In der autorisierten englischen Bibelübersetzung heißt es »Satan«, obwohl es nicht der Satan des christlichen Textes ist.) Er geht die Wette ein, daß sein Diener Hiob, ein frommer und wohlhabender Mann, seiner Gottesfurcht treu bleiben wird, egal welche Katastrophen ihn heimsuchen werden. Mit Gottes Erlaubnis vernichtet Satan die Haustiere, Diener und Kinder des Hiob; dann schlägt er Hiob selbst mit Beulen und anderen Krankheiten und Leiden, so daß der verwirrte Mann, der sich seiner Unschuld bewußt ist – oder zumindest weiß, daß er keine Sünde begangen hat –, am Ende auf der Erde sitzt und seinen

Körper mit Asche reibt. Er kehrt sozusagen wieder an den Beginn der Schöpfung zurück, als Gott den Menschen aus Staub erschuf.

Die Tage drehen sich langsam im Kreis, ein Rad, das immer wieder zum selben Punkt zurückkehrt.

> Wenn ich mich legte, sprach ich: Wann werde ich aufstehen? Und der Abend ward mir lang; ich wälzte mich und wurde des satt bis zur Dämmerung. Mein Fleisch ist um und um wurmig und kotig; meine Haut ist verschrumpft und zunichte geworden.
> *(7: 4-5)*

> Wenn ich gedachte: Mein Bett soll mich trösten, mein Lager soll mir meinen Jammer erleichtern, so erschrecktest du mich mit Träumen und machtest mir Grauen durch Gesichte, daß meine Seele wünschte erstickt zu sein und meine Gebeine den Tod.
> *(7: 13-15)*

Solch schrecklicher Schmerz wirft die Frage auf, ob der Leidende überhaupt noch im Besitz seines Körpers ist. Leprakranke müssen sich wie Hiob fühlen.

> Wenn mit Seifkraut ich mich badete
> mit Lauge meine Hände wüsche –
> dann tauchtest in den Kot du mich,
> daß mein sich meine Kleider ekeln.
> *(9: 30-31)*

Der letzte Satz nimmt in seiner komischen äußersten Selbstentfremdung – die Kleider verabscheuen den, der sie trägt – die groteskesten, quälendsten Momente bei Kafka vorweg. Ebenso wie die direkt feindliche Rationalität von Hiobs Freunden, die offenbar kommen, um ihn zu trösten, die sich aber schnell in Ankläger verwandeln und Hiob selbst die gesamte Verantwortung für sein Unglück aufbürden. Gott straft nicht den Unschuldigen, versichern sie; deshalb mußt du schuldig sein. Und es ist arrogant von dir zu behaupten, daß du nichts getan hast, denn indem du das sagst, stellst du das Urteil Gottes in Frage.

Shapiro nahm Abschnitt für Abschnitt durch, verglich das biblische Gedicht mit der griechischen Tragödie, mit den Dialogen von Platon (vieles im Buch Hiob ist in Form eines Dialogs geschrieben), und die Studenten waren ungewöhnlich ernst bei der Sache. »Bekommt man das im Leben, was man verdient?« fragte Shapiro, rhetorisch wie immer, aber eindringlich, mit einem Hauch von Ärger, den ich früher nicht vernommen hatte.

Hiobs Freunde lassen ihm keinen Ausweg: *Sein Leiden ist Beweis seiner Schuld.* Was sie ihm antun, ist der ursprünglichste und größte Fall »einer Beschuldigung des Opfers«, und diese Handlung gibt in ihrer unbeugsamen Gründlichkeit die exakte psychologische Basis, das Grundprinzip aller ähnlichen Fälle von Beschuldigung vor: Wenn das Opfer nicht schuldig ist, dann macht die Welt keinen Sinn mehr. Die Freunde beschuldigen Hiob, um sich selbst zu schützen, denn sie haben – wie alle Leute immer – Angst vor sinnlosen Katastrophen. Hiobs Unglück *muß* eine Bedeutung haben.

Die religiösen Studenten beantworteten Shapiros Frage mit tiefem Ernst: Das Buch Hiob war eine Prüfung des Glaubens. Sally, die mich immer durcheinanderbrachte, weil sie so überaus schön war, mit ihren kastanienbraunen Farben, wie das Model in einem Modemagazin, das nicht dem Klischee entspricht, mit ihren sanften Lippen und dem vollen, leuchtenden, rotbraunen Haarschopf, hatte niemals etwas gesagt, das nur im geringsten interessant gewesen wäre – ihr Verstand war unangenehm konventionell geprägt –, jetzt sagte sie jedoch: »Es ist zu einfach, an Gott zu glauben, wenn alles nach Wunsch verläuft.« Das war eine intelligente Bemerkung und traf gewiß ins Schwarze dessen, wovon das Buch Hiob handelte. Und in ihre Kerbe schlug Joseph, der anständige katholische Junge aus Washington, D.C., immer konservativ gekleidet und sehr ehrerbietig: »Es reicht nicht aus, wenn Gott für dich nur eine Bequemlichkeit ist.«

Das hatten sie gut gesagt. Beide waren sie in einer eher strengen Variante des Christentums erzogen worden. Für sie war der Glaube nicht einfach eine Fahrt nach Disneyland. Aber ich ärgerte mich auch, weil sie ganz genau wußten, daß die Geschichte am Ende »gut ausgehen« würde, und ich konnte nicht anders, als mich fragen, wie sehr sie von dem Buch wirklich geprüft wurden.

Einige der anderen Antworten waren vergleichsweise nüchtern. Und ihnen gegenüber fühlte ich mich fremd, trotz ihrer Ernsthaftigkeit. Sie hatten wenig Gefühl für das, was Hiob *verloren* hatte. Ich war dreißig Jahre älter als sie und glaubte es zu wissen. Ich las das

Buch Hiob nach einer langen Periode, nicht des Unglücks, aber des alltäglichen Kampfes, ein gutes Leben zu führen. Anders als Hiobs Freunde konnte ich mich mit ihm allzugut »identifizieren« – mit seiner Verlassenheit, der unverschuldeten Zerstörung seiner Familie, seiner Güter und seines Körpers. Denn als ein Mann der Mittelschicht, ein Ehemann, ein Vater, versammelt man eine ganze Menge Kamele und Ziegen um seine Zelte. Wie Hiob versucht man, das Richtige zu tun: Du hast Kinder, allerdings nicht so viele wie in der Bibel, die du auch nicht für schwere Arbeit einsetzest und die die Kinderkrankheiten gut überstehen; du hast vielleicht zwei Kinder oder drei oder vier, und du beschützest sie, du tust alles, um sie zu beschützen, und in deinem eigenen Leben tust du alles, um den richtigen Job zu finden, einen Job, der dich befriedigt und der gut bezahlt ist; und du tätigst Investitionen, und selbst wenn du dir wie ein Idiot vorkommst, schließt du sogar ein paar Lebensversicherungen ab. Diese ganze ermüdende Pflichterfüllung scheint notwendig zu sein, weil es nur noch wenigen Menschen gutgeht, wenn sie spontan und ins Blaue hinein leben. Nein, man baut seine kleine Festung aus den versammelten Zelten, mit vielen Decken drinnen und einem großen Feuer davor, um die wilden Tiere zu verscheuchen, die draußen in der Dunkelheit umherstreifen. Du mußt das *Richtige* tun, und du wirst belohnt werden – das ist die Glaubensversion des modernen Bourgeois, der säkulare Glaube, daß das System dich nicht hintergeht, wenn du hart arbeitest.

Und natürlich läuft es trotz aller Berechnungen nicht immer so. Manche Menschen stürzen, die Wirtschaft setzt andere ins Abseits. Unter meinen eigenen Bekannten gab es meinen Freund Steven, der einen frühen Tod an Aids starb; und Kathy Huffhines, eine Filmkritikerkollegin, die von einem umstürzenden Baum in ihrem Auto getötet wurde; und einen jungen Arzt, der Sohn enger Freunde meiner Eltern, der im Himalaja auf Klettertour war, bewußtlos aus den Bergen heruntergetragen wurde und mysteriöserweise wenige Tage später in New York allein in seiner Wohnung starb; und mehrere Freunde, die aus ihren guten Jobs gefeuert und ihrem Schicksal überlassen wurden. Schreckliche Dinge passieren, und es gibt keine Sicherheit. Deshalb dachte ich: Was *wissen* die Studenten eigentlich? Und verärgert nahm ich ihnen ihre Jugend und ihre Sorglosigkeit übel.

Shapiro führte sie tiefer in das Buch hinein, durch die erschreckenden Passagen von Hiobs Zweifeln. Hiob durchläuft Verwirrung und Verzweiflung und bewegt sich in Richtung Auflehnung; er sagt, was niemand, der Gott fürchtet, leichthin sagen kann: daß der Böse häufig glücklich stirbt und der Gute häufig im Elend. Er stellt Gottes Urteil in Frage.

Aber während Shapiro die Studenten beinahe wütend anschaute und diese milde und fromme Bemerkungen machten, wurde mir mit einem Mal klar, daß ich die ganze Sache falsch aufgefaßt hatte. Es waren nicht die Studenten, die seicht und trivial waren. Es war der reife Leser, der Haushaltsvorstand – ich selbst. Ich saß am Rand des Raumes und schaute in meine Notizen und hoffte, niemand werde bemerken, daß ich rot wurde. Ich saß hier und machte mir Sorgen, daß das Dach über meiner Familie zusammenbrechen könnte, während es uns eigentlich gutging. Uns ging es gut, einfach gut, und dieses Buch, gerade dieses Buch, sollte keine Angst vor Zerstörung auslösen. Auf diese Weise sollte es nicht gelesen werden. Die religiösen Studenten in Shapiros Vorlesung hatten ganz recht. Das Buch Hiob handelt wirklich vom Glauben; Sally und Joseph haben vielleicht nicht gewußt, was für eine quälende Forderung der Glauben sein kann, aber sie gingen zumindest in die richtige Richtung. Während ich einfach nur ängstlich war.

Während Hiobs Freunde versuchen, an dem Üblichen festzuhalten (der Gute wird belohnt, der Böse bestraft), und Hiob sagt, daß das Leben nicht mehr gerecht wirkt, erscheint zu guter Letzt Gott. Gott spricht nun aus dem Gewitter, zornig, wütend, daß Hiob Ihn in Frage gestellt hat. Er bestätigt seine Macht, seine Macht zu *erschaffen.* »Wo warst du, da ich die Erde gründete? ... da mich die Morgensterne miteinander lobten und jauchzten alle Kinder Gottes?« Daß Hiob oder sonst jemand *existiert,* ist allein Gott zu schulden. Er zählte die Wunder Seines Universums auf. Da ist das Streitroß:

Kannst du dem Roß Kräfte geben oder seinen Hals zieren mit seiner Mähne? Läßt du es aufspringen wie die Heuschrecken? Schrecklich ist sein prächtiges Schnauben. Es stampft auf den Boden und ist freudig mit Kraft und zieht aus, den Geharnischten entgegen. Es spottet der Furcht und erschrickt nicht und flieht vor dem Schwert nicht, wenngleich über ihm klingt der Köcher und glänzen beide, Spieß und Lanze. Es zittert und tobt

und scharrt in die Erde und läßt sich nicht halten bei der Drommete Hall. So oft die Drommete klingt, spricht es: Hui!...
*(Hiob, 39: 19-25)*

Und da ist der Leviathan:

Er macht, daß der tiefe See siedet wie ein Topf, und rührt ihn ineinander, wie man eine Salbe mengt. Nach ihm leuchtet der Weg; er macht die Tiefe ganz grau. Auf Erden ist seinesgleichen niemand; er ist gemacht, ohne Furcht zu sein. Er verachtet alles, was hoch ist; er ist ein König über alles stolze Wild.
*(Hiob, 41: 23-26)*

Das ist ein bedrohlicher Schock. In der Genesis wird dem Menschen die Herrschaft über die Tiere gegeben, aber jetzt geht Gott in seinem Zorn die ganze Schöpfung nochmals durch, und diesmal sagt er, daß der Mensch (»das stolze Wild«) nichts ist, nur eines der niederen Tiere. Hiob ist entgeistert (»Darum spreche ich mich schuldig und tue Buße in Staub und Asche«, Hiob, 42: 6) und akzeptiert die Unerforschlichkeit Gottes. Der Vertrag ist beiseite gelegt. Nach dem langen Aufstieg zur Ethik und gegenseitigen Verpflichtung kommen wir auf das Prinzip der Macht zurück – man stellt es nicht in Frage, man gehorcht ihm einfach. Denn außer Gott existiert nichts.

Die Studenten hatten recht. Das Buch Hiob handelte letzten Endes vom Glauben und erst in zweiter Linie von Verlust und Schmerz. Es handelte von der notwendig irrationalen Bindung an Gott als das Prinzip allen Seins, von der Verpflichtung zum Glauben, die Leuten wie mir oder den rationalistischen Studenten wie Rob Lilienthal und Noah Martz entgingen, die versucht hatten, Leora Cohen zum Straucheln zu bringen. Hiob muß glauben, auch wenn Gott unverständlich und ungerecht ist. Als Hiob Gehorsam verspricht, wird er erlöst, und Gott stellt sein Wohlbefinden wieder her, belohnt ihn mit noch größerem Wohlstand und noch mehr Kindern denn zuvor.

Shapiro erklärte, daß das Happy-End der Geschichte – von der die meisten Gelehrten annehmen, daß sie das Ergebnis der Verschmelzung von zwei oder mehr Texten durch einen antiken Verfasser ist – vielen Lesern als nicht überzeugend und nicht passend erschienen sei. Aber das Ende, wie unbefriedigend auch immer es als Literatur sein mag, hat Sinn als Konsequenz des endgültigen Gehorsams. Statt es zu vollkommen zu finden, sah ich das Ende eher als beunruhigend an: Gott erbarmt sich *diesmal*. Wenn man es genau liest, entdeckt man, daß der eigentliche Sinn des Buches Hiob darin liegt, daß der Glaube belohnt werden kann, aber daß das Gute nicht notwendigerweise triumphieren muß. Was bedeutet, daß der Glaube für den Gläubigen selten einfach ist, und das war es genau, was Leora demonstriert und Sally und Joseph auf ihre ruhige Art gesagt hatten. Und für weltliche Männer und Frauen ist das Äquivalent zu Hiobs Glauben ohne Voraussetzung, daß man das Leben voll und beherzt lebt, ob es Sinn ergibt oder nicht; dann erträgt man die unausweichlichen Unfälle und Schmerzen des Lebens ohne Überraschung und Klagen. Selbst wenn die Studenten nicht all dies verstanden, war ich beschämt über meine Wut auf sie und mein melodramatisches »Es gibt keine Sicherheit«. Natürlich gibt es keine Sicherheit. Das ist genau der Punkt. Gläubig oder nicht, man mußte stark genug sein, mit diesem Wissen zu leben. Letzten Endes ist das gewaltige Buch Hiob ein Aufruf, keine Angst zu haben, sondern Mut.

Kapitel 11

DAS NEUE TESTAMENT

Alles war für Anders Stephanson ein Gegenstand der Diskussion, selbst der religiöse Glaube. Widerstreitende Begriffe vom Göttlichen – Uneinigkeiten, die jahrhundertelang zu Abscheu und Mord geführt haben – wurden jetzt zu »Unterhaltungen« gemildert, und in den Unterhaltungen kam es Stephanson nicht darauf an, wie ich an Leoras Zusammenfassung der Genesis sah, ob die Studenten die »richtige« Meinung hatten, sondern ob sie verstanden, daß sie tatsächlich *eine Meinung* hatten. Er wollte, daß sie sich wirklich bewußt wurden, daß sie nicht irgend etwas »Natürliches« oder »Universales« oder Unantastbares zum Ausdruck brachten. Das war ein zentraler Grundsatz der kulturellen Linken: Keine Wahrheit, nicht einmal der eigene Begriff von Gott, kann unabhängig von der Perspektive derjenigen Person, die sie erringt, verstanden werden, und keine Perspektive kann jemals als gegeben angesehen werden. Stephanson war ein Historiker: Selbst die Offenbarung fand innerhalb der Geschichte statt.

Als wir mit der Diskussion des Neuen Testaments begannen, sprach er mit seiner normalen heiteren, stentorhaften Art, und diese Art war selbst schon Kommentar: Heilige Texte waren *Texte* wie alle anderen auch. Er sah die neue Religion nicht nur als Ergebnis einer besonderen Zeit und eines besonderen Ortes – Palästina unter römischer Herrschaft –, sondern auch eines ganz besonderen Verständnisses von Geschichte. Die frühen Christen glaubten, sie würden am Ende der Zeit leben. Stephanson war fasziniert von dem aufregend Dunklen und Erschreckenden der Offenbarung des Johannes, mit ihrer Vorstellung von einem apokalyptischen Kampf zwischen Gut und Böse, dem ein Jahrtausend christlicher Herrschaft folgen würde, von einem *weiteren* und abschließenden Kampf zwischen Gut und Böse. Er konnte gegenüber der Rolle, die solch ein Denken in der Geschichte tatsäch-

172

lich gespielt hat, nicht gleichgültig sein. Wenn die frühen Christen sich als Teil der apokalyptischen Ereignisse sahen, die das Ende der Zeit bewirkten, so führten die »Heiligen der Letzten Tage« des puritanischen Exodus nach Amerika diese Vorstellung im frühen siebzehnten Jahrhundert weiter, indem sie sich selbst als das neue vertraglich gebundene Volk bezeichneten, das die Neue Welt als erlösende Kraft beanspruchte. Die abschließenden Kämpfe von Armageddon und dem Tausendjährigen Reich würden sich hier, in Amerika, abspielen.*

Jack McKeon, der Student, der freiwillig einen Abriß des Neuen Testaments geben wollte, hatte jedoch nichts Apokalyptisches an sich. Er war groß und ausgemergelt, mit eingefallenen Wangen, ein ernster, gut erzogener junger Mann, der als Zweitsemester bereits das Auftreten eines Bankpräsidenten oder Marketing-Direktors hatte. Seine Haut war jugendlich unrein, aber das machte nichts, das würde verschwinden, und mit fünfundzwanzig würde er distinguiert aussehen. Wenn Leora verwirrt und ruhelos war, so wirkte er ruhig, ja sogar feierlich.

Jack faßte den Konsens unter den Bibelgelehrten mit bewundernswerter Frische zusammen. Er erklärte, daß es viele Berichte vom Leben Jesu gebe, aber nur vier, die von den frühen Kirchenvätern als authentisch angesehen würden, nämlich die im Evangelium des Matthäus, des Markus, des Lukas und des Johannes beschriebenen. Die meisten Wissenschaftler glaubten, daß das Markus-Evangelium zuerst und das Matthäus-Evangelium, das wir an jenem Tag diskutierten, zwischen 70 und 85 n. Chr. für eine christliche Gemeinde in Jerusalem und Umgebung geschrieben wurden und daß der Text auf eine dreißig- oder vierzigjährige orale Tradition von Erzählungen über Jesus sowie auf eine hypothetische Niederschrift des mündlichen Materials, das die Wissenschaftler als Q, der Abkürzung für *Quelle*, bezeichnen, zurückzuführen ist. Die Jünger Matthäus, Markus, Lukas und Johannes hätten vielleicht zuvor verschiedene Fragmente zu den Evangelien beigesteuert, aber sie hätten sie nicht selbst niedergeschrieben. Jack akzeptierte das leichthin, aber er stellte klar, daß nichts von dem, was die Wissenschaft über die materielle Produk-

---

* Stephanson ging später auf dieses Thema in einem kleinen Buch ein: *Manifest Destiny: American Expansion and the Empire of Right* (New York: Hill & Wang, 1995).

tion der Bibel erforscht hat, der Auffassung zuwiderlaufe, daß diese Texte, aus welcher Quelle sie auch stammen mögen, eine göttliche Offenbarung seien.

Stephanson war einverstanden, aber er kam wieder auf die historischen Umstände zu sprechen und zwang die Studenten, eine gewaltige mentale Anstrengung vorzunehmen und zwei Jahrtausende christlicher Interpretation und christlicher Hegemonie beiseite zu schieben. Dies sei ein Seminar in sozialer Theorie und nicht in religiöser Unterweisung, und er wollte, daß die Studenten Jesus und seine Jünger historisch sähen, als eine oppositionelle Bewegung innerhalb des Judaismus und als eine Episode in der Geschichte der Ethik und der Beziehung des Menschen zum Staat und zur Zeit selbst. Von den vier kanonisierten Evangelien bot das Matthäus-Evangelium die vollständigste Darstellung der Lehren Jesu (einschließlich der Bergpredigt) und behauptete sehr direkt, ein Nachfolger des Alten Testaments zu sein. »Ihr sollt nicht wähnen, daß ich gekommen bin, das Gesetz oder die Propheten aufzulösen«, sagte Jesus. »Ich bin nicht gekommen aufzulösen, sondern zu erfüllen.« Es kam Jesus nicht in den Sinn, daß er eine neue Religion gründete.

Manuel Alon, ein Student mit heiserer Stimme, war empört über Stephansons historische Perspektive. Er bestand auf dem riesigen Ausmaß des philosophischen Bruchs mit dem Judentum. »Man braucht kein Symbol mehr für seinen Vertrag mit Gott«, sagte er. »Das Ende der Beschneidung, das Ende der Tieropfer... Jesus sah, daß die Leute alles praktizierten, aber im Herzen schwach waren.«

Seine Stimme war überraschend rauh und belegt – beinahe krächzend – für so einen jungen Mann. Er war aus New York, von puertorikanischer Abstammung und blind. Während er sprach, schloß er die Augen, legte den Kopf nach hinten, lächelte und wiegte sich vor und zurück im Rhythmus der Wörter, die wie endlose Wogen heranrollten. Er spielte Schlagzeug und andere Instrumente, und wenn er mit seiner schwarzen Sonnenbrille im Raum auftauchte und sich beim Reden wiegte, erinnerte er mich an die Jazzmusiker meiner Jugend, die oft einen stolzen, gedankenverlorenen Ausdruck hatten.

Manuel war einer dieser verschrobenen brillanten Studenten, die entweder den Nagel direkt auf den Kopf trafen oder sich in phantasievoller Eloquenz weit vom Thema entfernten. Er konnte pathetisch, beinahe geheimnisvoll oder schockierend vertraulich sein. Einige Monate zuvor, in einem Seminar über Platon, hatte Stephanson die Studenten gefragt, ob sie mit Sokrates' Bemerkung einverstanden seien, daß es besser wäre, das Opfer als der Täter von Ungerechtigkeit zu sein. Die meisten schüttelten den Kopf: Sie wollten lieber die Täter sein; Selbstaufopferung kam für sie nicht in Frage. Aber Manuel sagte: »Letztlich war es besser, daß ein bestimmter Doktor nicht wußte, was er tat.«

Niemand sagte ein Wort, aber ich konnte spüren, wie in dem Schweigen eine Art Bestürzung wuchs: Er sprach von seiner Blindheit.

»Ich hatte eine Operation... Ob es Inkompetenz oder Nachlässigkeit war, ich weiß es nicht, aber letztlich lernte ich mehr. Frieden.«

Das Schweigen hielt an und vertiefte sich zu einem Schock: Er meinte, daß er als Blinder mehr gelernt hatte als als Sehender. Es war eine jener Bemerkungen, mit der niemand in unserer höhnischen Kultur gut umgehen konnte, eine ungebetene Vertraulichkeit, die oberflächlich gesehen wenig Sinn hatte. Auf jeden Fall gab es nur wenig Leute, die umfassende christliche Aussagen wie diese machten, und noch weniger, die sie ernst meinten. Manuels Großzügigkeit (wenn es das war) verwirrte die Studenten. War er großmütig und weigerte sich, einen Arzt zu verurteilen, der eine Operation verpfuscht hatte? Oder war es nur Getue? Es trat eine Pause ein, und Stephanson, der gewöhnlich so überschwenglich und kämpferisch war, sagte schließlich sehr sanft: »Gut« und machte weiter. Aber Manuels Bemerkung und ihre implizite Aufforderung an uns hing monatelang in der Luft. Manuel wollte, daß wir ihn entweder akzeptierten oder ablehnten.

Im Seminar über das Neue Testament sprach nun wieder Jack. »Ein Unterschied zwischen dem Christentum und dem Judentum«, sagte er, »ist der, daß mehr Mitleid herrscht, weil Gott seinen eigenen Sohn als Opfer zur Erlösung der Menschen schickt.«

Einige der jüdischen Studenten rutschten unruhig hin und her. Wir blieben alle höflich, aber wir näherten uns der Grenze des Anständigen. Stephansons Begriff von »Unterhaltung« war dehnbar – ihm gefiel es, die Studenten an den Rand der Grobheit zu treiben, aber nicht darüber hinaus. Doch in diesen Bemerkungen, so zaghaft sie auch sein mochten, lag eine Andeutung des uralten Streites. Was als eine Diskussion über das Christentum in der Geschichte und über christliche Ethik begonnen hatte, war etwas ganz anderes geworden, und eine israelische Studentin, die schon einige Jahre in den Vereinigten Staaten lebte, biß in den Köder und sagte: »Die meisten Juden glauben nicht an Jesus, weil es so viele Messiasse gab, die sie aus der römischen Knechtschaft führen wollten.«

Daraufhin räusperte sich Manuel und erneuerte seinen Angriff. »Die mächtigeren Juden verkauften sich an die Römer«, sagte er, und los ging es. Er sprach gewandt und ausladend und kannte viele Informationen und Meinungen wie ein Mensch, der nicht schlafen kann und lange die Nachtprogramme der Radiosender hört. Er hielt sich nicht an den Text; er schweifte weit ab. Aber wie konnte man einen blinden Mann bitten, still zu sein? (Stephanson tat es schließlich.) Der blasse und etwas dickliche Manuel mit dem Dreitagebart war, soweit ich es beurteilen konnte, ein christlich-marxistischer Humanist lateinamerikanischer Prägung. Er schimpfte auf die Ungerechtigkeit und die Armut.

Ein paar Wochen nach dem Seminar über das Neue Testament aß ich mit ihm in seinem Zimmer ein paar Sandwiches. Er wohnte in der 112th Street zwischen Broadway und Amsterdam, gleich unterhalb des Blocks mit der plumpen, neugotischen Kathedrale St. John the Divine, in einem der alten Wohnhäuser, die von der Columbia-Universität in Studentenheime umgewandelt worden waren. Ich fragte ihn, wie er es mit dem Lesen mache. Manchmal läsen ihm Leute vor, sagte er, aber dann deutete er auf einen besonderen Scanner auf einem Tisch am anderen Ende des schmalen, unbequemen Zimmers. Er kaufte normal gedruckte Bücher und legte sie mit der Druckseite nach unten in den Computer, und dann kamen die Worte mit einschmeichelnden Robotertönen über den kleinen Lautsprecher.

Die Bibel stellte ihn jedoch vor besondere Probleme. Die meisten Bibeln sind natürlich zweispaltig gedruckt, und da der Scanner einfach die Zeile in der linken Spalte liest und dann in die zweite Spalte springt, kommen selbstverständlich unsinnige Sätze heraus. Als wir zu Mittag aßen, erzählte er mir von seiner Suche nach einer normal gedruckten Bibel, deren Text einspaltig über die ganze Seite ginge. Er rief viele Verlage an und fand schließlich einen in der Nähe des Times Square. In strömendem Regen nahm er die U-Bahn von der Columbia-Universität zur Forty-second Street, aber als er die Treppe zur Straße hochkam, hatte er die Orientierung verloren und konnte den Weg zum Verlag nicht finden. Aus dem Nichts tauchte ein Mann auf, ebenfalls Puertorikaner, der ihn in das Verlagsbüro führte, wo die Leute, die er dort traf, von seiner Geschichte so gerührt waren, daß sie ihm die Bibel, die fünfzig Dollar kostete, gratis gaben.

Manuel! Als ich in seinem Zimmer saß, fühlte ich eine Welle von Zuneigung für ihn. Im Seminar konnte er schwierig sein, aber er hatte eine gewisse Größe. Er weigerte sich, jene zu verurteilen, die ihm weh getan hatten – zumindest sagte er, daß er es täte –, und er inspirierte andere zu großmütigem Handeln. Wenn Jack McKeon die Kirche als eine mächtige und feierliche, für ewige Zeiten errichtete Institution darstellte, dann war Manuel ein früher Christ mit empfindsamer Seele, hungrig nach Konfrontation und Erfahrung, nach der Spannung und der Unruhe geistiger Wahrheit.

Im Seminar schlug Leora nun eine Bresche für die Pharisäer. Die Diskussion wurde zunehmend erregter. Die Studenten schienen nicht zu wissen, daß das zweite vatikanische Konzil 1965 offiziell den Antisemitismus verurteilt und die Juden vom Tod von Jesus Christus freigesprochen hatte. Unsere »Unterhaltung« war nahe daran, in Wut umzuschlagen. Indem er die Religion *in* die Geschichte stellte, hatte Stephanson unabsichtlich die ganze dazwischenliegende Geschichte ebenfalls herbeizitiert, weshalb zwei Jahrtausende der Bitterkeit in den Raum wehten und die Studenten streitsüchtig machten.

Als ich das Matthäus-Evangelium las, spürte ich nichts von diesen alten gewaltsamen Kontroversen. Zumindest nicht gleich. Ich empfand Freude an Jesus, eine unerwartete Begeisterung und Erregung. Als ich die Evangelien mit achtzehn las und das Neue Testament in den vergangenen Jahren ab und zu durchblätterte, hatte ich nur Ethik, Predigten, Wunder und die Leiden Christi selbst beachtet – die doktrinäre und sozusagen spektakuläre Seite des Christentums. Mir war das meiste von dem entgangen, was so außerordentlich bedeutend an Jesus ist. Wie konnte ich das übersehen haben? Er besaß eine intellektuelle Kraft, die ohne Parallele in der Literatur war. John Updike, ein (unter anderem) christlicher Schriftsteller, charakterisierte Jesus, wie er im Markus-Evangelium dargestellt wird, mit den Worten: »Ein junger Mann, ein Muster an Vitalität und poetischer Bejahung.«[*] Das war die richtige Einschätzung, dachte ich, die treffende Betonung

---

[*] *Odd Jobs* (New York: Knopf, 1991), S. 233.

auf Jugend, Energie und Wagemut. Dieser Mann, der dem Tod entgegenging, war unbesiegbar – nicht nur bewegend und beredt, sondern auch äußerst witzig. Das Wort »witzig« mag blasphemisch erscheinen, aber nicht, wenn man die Definition von Witz auf die Bedeutung von geistiger Beweglichkeit und Angriffslust ausdehnt. Ein Witz attackiert den Dünkel der Person, an die er gerichtet ist. Sieht man es in dem Licht, dann sind einige der vertrautesten Verse nicht einfach nur »alte Kamellen«. Es sind wirklich harte Nüsse; man konnte sich die Zähne daran ausbeißen.

> Und der Versucher trat zu ihm und sprach: Bist du Gottes Sohn, so sprich, daß diese Steine Brot werden. Und er antwortete und sprach: Es steht geschrieben: »Der Mensch lebt nicht vom Brot allein, sondern von einem jeglichen Wort, das durch den Mund Gottes geht.«
> *(Matthäus 4: 3-4)*

> Ihr habt gehört, daß da gesagt ist: »Auge um Auge, Zahn um Zahn.« Ich aber sage euch, daß ihr nicht widerstreben sollt dem Übel; sondern, so dir jemand einen Streich gibt auf deinen rechten Backen, dem biete den andern auch dar. Und so jemand mit dir rechten will und deinen Rock nehmen, dem laß auch den Mantel. Und so dich jemand nötigt eine Meile, so gehe mit ihm zwei.
> *(Matthäus 5: 38-41)*

Reißt den Boden auf! Rollt ihn auf, so daß der Hörer nirgendwo mehr stehen kann! Jesus wollte keine Reform, sondern komplette Veränderung, einen neuen Menschen, um den faden, gefühllosen alten Menschen zu ersetzen. Man denke an das berühmte »Richtet nicht, auf daß ihr nicht gerichtet werdet. Denn mit welcherlei Gericht ihr richtet, werdet ihr gerichtet werden, und mit welcherlei Maß ihr messet, wird euch gemessen werden«.

Dies war vernichtend: Heuchelei würde auf den Menschen zurückfallen, der sich ihrer bediente, der Wille würde wie ein herrenloses Geschoß auf sich selbst zurückprallen.

Eine Möglichkeit, diese Bücher zu lesen, war, sich irgendeinen beliebigen Teil, der einen im Innersten ansprach, zu nehmen und sich für immer anzueignen. Und indem ich derart egoistisch las, um, wie Professor Tayler sagte, ein Ich aufzubauen oder, in meinem Alter, ein Ich neu aufzubauen, hatte ich entdeckt, was ich von Jesus wollte. Der Mann, dessen Abbild auf Kalendern und Postern in perlmuttfarbener Blässe glänzte, wie von innen durch ein schwaches fluoreszierendes Licht erleuchtet; der Erlöser, dessen Plastikkörper am Armaturenbrett der Taxifahrer baumelte und dessen starrer Blick als Lichtsäule in alten Hollywood-Filmen den Leib von Victor Mature öffnet und Charlton Heston mit Stummheit schlägt – wenn man diesem Jesus in seiner ursprünglichen Gestalt begegnete, war er eine erstaunliche Figur, die eine Herausforderung nach der anderen bot. Beim erneuten Lesen war ich gezwungen, den Kitsch des Christentums beiseite zu lassen und zu seinem Kern vorzustoßen, und ich war aufgewühlt.

»Und so dich dein Auge dich ärgert, reiß es aus«, sagte Jesus. Egal, wie metaphorisch man diesen außergewöhnlichen Satz liest, so wird er nicht weniger aufregend. Du sollst einfach *weggehen,* den Ruf, Ihm zu folgen, akzeptieren und *weggehen,* aus deinem Haus, weg von deiner Frau und den Kindern, deiner Mutter und deinem Vater. Um Gott zu erreichen, mußt du ein unerträgliches Stück deiner Seele abwerfen. Und dies war keine besänftigende und tröstende Botschaft des Mitleids und des Vertrauens; es war eine so radikale Forderung, wie sie nur je an Menschen gerichtet worden war, die meinten, sie wüßten, was Tugend wäre. Selbst die andere Wange hinzuhalten, was viele heute als bizarr ansehen, als schwachen, sogar masochistischen Akt – wie wir uns erinnern, wollten alle Studenten außer Manuel lieber Täter als Opfer sein –, konnte als Triumph angesehen werden, die Absicht des Gegners durchkreuzt zu haben. Man hat die Feindseligkeit des Gegners unterminiert und sie als Liebe zurückgesandt. Man hat ihn verblüfft, indem man ihm mehr gab, als er wollte, sowohl den Rock als auch den Mantel, und man hat seine Gier beschämt.

Jemand könnte zu Recht einwenden, daß ich zu meiner eigenen Bequemlichkeit die geistige und emotionale Kraft des Evangeliums übersah – die Realität von Jesu Tod und Auferstehung, das unermeßliche Opfer, das Er den Menschen brachte, den Bericht von einem Menschen, der gegeißelt, verhöhnt und gekreuzigt wurde. Vielleicht, aber wenn jemand, der kein Christ ist, die Passionsgeschichte liest, dann überrascht ihn am stärksten die außerordentliche Geistesgegenwart von Jesus, seine Stärke und sein Scharfsinn sowie seine Milde und seine manchmal erstaunliche Zähigkeit – eine geistige Kraft, die teilweise seiner frohen geistigen Stimmung und guten Gesundheit zuzuschreiben ist. Eine unvergleichliche intellektuelle Vitalität, die von der Notwendigkeit des Todes besiegt wurde – das war meine nichtchristliche Auffassung von Jesus.

Oh, ich liebte meinen Jesus! Und ich fürchtete ihn auch. Die Lektüre im Seminar, das erkannte ich bald, konnte schwierig und anspruchsvoll sein, vor allem, wenn man nicht aufpaßte und die Bücher einen unmittelbar trafen, und ganz besonders, wenn man im mittleren Alter war und Forderungen, wie Jesus sie stellte, den verkrusteten Schutz der Gewohnheit bedrohten. Der »Erfolgsmensch« in mittleren Jahren – Jesu bevorzugtes Ziel – verließ sich auf seine Stärke, versteckte seine Schwächen und schliff alle Ecken und Kanten ab; er lebte oberflächlich gemäß der äußeren Form der Gesetze und fragte sich, was in seiner Seele noch lebendig sei. Ich kannte diesen Typ nur allzugut, und obwohl ich nicht bereit war, meine Familie zu verlassen und irgend jemandem zu folgen, dachte ich, daß es keine schlechte Idee wäre, mein Innerstes nach außen zu kehren. Zumindest könnte ich meine Grenzen entdecken und versuchen, über sie hinauszukommen.

Ein großer Teil der europäischen und amerikanischen Geschichte entstammt diesen Büchern des Neuen Testaments – Kriege, die Bildung von gesellschaftlichen Strukturen, eine ungeheure Menge an Kunst und Ideen –, und als ich die Evangelien weiter las, verschwand meine ursprüngliche gehobene Stimmung und wich einem Unbehagen.

Der Grund war vollkommen klar. Die Evangelien und die Episteln (die früher zusammengestellt worden waren) waren geschrieben worden, um christliche Gruppierungen – die neu konvertierten und jene, die konvertiert werden sollten – kampfbereit zu machen. Stephanson nannte sie die effektivsten Werkzeuge der Organisation, die jemals erfunden wurden. Innerhalb von ein paar hundert Jahren war das römische Imperium christlich. Als ich zu Hause saß und diese Traktate las – diese spannende, einschüchternde Bewegungs-Literatur –, überfiel mich immer wieder eine ziemlich unselige Phantasie. Selbst während meines neuen Vergnügens an Jesus hatte ich wie so oft

Tagträume, aber diesmal mit immer gleichen Bildern, wieder und wieder: Ich wurde in die ganze europäische Geschichte hineingezogen, wie eine widerstrebende, geschlagene Figur in einem Trickfilm einen langen Korridor entlanggestoßen, weiter und weiter, an Fenstern und Türen und Treppen vorbei, die in alle Richtungen führten. Diese geschlagene Figur verlor die Kontrolle und rutschte aus, sauste auf dem Hintern den Boden entlang, mit erhobenen Armen, und langte...

Mein Tagtraum, das wußte ich, entsprang meinem Gefühl, daß die Evangelien nur erdacht worden waren, um als Waffe gegen mich benutzt zu werden. Nicht gegen mich persönlich, sondern gegen mein Volk, meine Vorfahren, die Juden. Im zentralsten aller Texte des Abendlandes war ich der Feind, derjenige, dem menschliche Qualitäten und Verständnis fehlten. Ich war der »andere«. Frauen und Schwarze haben beklagt, daß die klassischen Texte des Abendlandes ihnen Rollen zuwiesen, die ihre Ausschließung rechtfertigten; und jetzt beklagte ich dasselbe. Es hatte mich überhaupt nicht bekümmert, daß in den Seminaren der Columbia-Universität das Alte Testament wie ein bloßes Vorspiel zum Neuen Testament behandelt wurde, aber jetzt schauderte es mich, obwohl ich Jesus liebte wie nie zuvor.

Bis 70 n. Chr. verstanden sich die Christen als eine Bewegung innerhalb des Judentums. Aus der Agonie des Bruchs, jenem bitteren Familienstreit, jener Scheidung, ging das Christentum als etwas Eigenes hervor, und die Evangelien, die etwa um dieselbe Zeit geschrieben wurden, um jenen, die mit Verfolgungen zu rechnen hatten, Stärke und Zuversicht zu geben, machten die Juden oder zumindest die Pharisäer zu Feinden (es wäre nicht klug gewesen, sich die Römer zu Feinden zu machen). Und so wurden im langen Korridor der europäischen und dann amerikanischen Geschichte die Juden aus den Büchern der Institutionen, Kriege und Sitten hinausgeworfen, und die Geschichte von Inkarnation, Tod und Auferstehung feierte einen schnellen Triumph über die griechisch-römischen Gottheiten; in diesem langen Korridor wurden die Juden, die nun eine verhaßte Minorität waren, entlanggeschleift, gelegentlich bekehrt (oft genug unter Todesandrohung), aber auch gefoltert, in Ghettos gesteckt, zu Sündenböcken gemacht, beneidet, dämonisiert und vernichtet. Sie waren ebenso Teil des Abendlandes wie die Christen, aber in der ganzen Geschichte

181

mußten sie dafür büßen, daß sie Jesus an die Römer ausgeliefert und sich geweigert haben, ihn als den Messias anzuerkennen, Jesus, den Sohn Gottes, der natürlich seine göttliche Funktion für die Christen deshalb so gut erfüllt, weil er »verraten« und gekreuzigt wurde.

Ich las abermals die Gleichnisse und fand einige verwirrend und feindselig.

> Und er fing abermals an, zu lehren am Meer. Und es versammelte sich viel Volks zu ihm, also daß er mußte in ein Schiff treten und auf dem Wasser sitzen; und alles Volk stand auf dem Lande am Meer. Und er predigte ihnen lange durch Gleichnisse; und in seiner Predigt sprach er zu ihnen: Höret zu! Siehe, es ging ein Säemann aus, zu säen. Und es begab sich, indem er säete, fiel etliches an den Weg; da kamen die Vögel unter dem Himmel und fraßen's auf. Etliches fiel in das Steinige, wo es nicht viel Erde hatte; und ging bald auf, darum daß es nicht tiefe Erde hatte. Da nun die Sonne aufging, verwelkte es, und dieweil es nicht Wurzel hatte, verdorrte es. Und etliches fiel unter die Dornen; und die Dornen wuchsen empor und erstickten's, und es brachte keine Frucht. Und etliches fiel auf gutes Land und brachte Frucht, die da zunahm und wuchs; und etliches trug dreißigfältig und etliches sechzigfältig und etliches hundertfältig. Und er sprach zu ihnen: Wer Ohren hat, zu hören, der höre! Und da er allein war, fragten ihn um dies Gleichnis, die um ihn waren, samt den Zwölfen. Und er sprach zu ihnen: Euch ist's gegeben, das Geheimnis des Reiches Gottes zu wissen; denen aber draußen widerfährt es alles durch Gleichnisse, auf daß sie es mit sehenden Augen sehen, und doch nicht erkennen, und mit hörenden Ohren hören, und doch nicht verstehen, auf daß sie sich nicht dermaleinst bekehren und ihre Sünden ihnen vergeben werden.
>
> *(Markus 4: 1-12)*

Jesus erklärt dann die Gleichnis vom Sämann und erzählt den Zuhörern:

> Wer Ohren hat, zu hören, der höre! Und er sprach zu ihnen: Sehet zu, was ihr höret! Mit welcherlei Maß ihr messet, wird

man euch wieder messen, und man wird noch zugeben euch, die ihr dies höret. Denn wer da hat, dem wird gegeben; und wer nicht hat, von dem wird man nehmen, auch was er hat.
*(Markus 4: 23-25)*

Mit anderen Worten, entweder kapierst du's oder nicht. Und da es explizit die Juden oder zumindest die Pharisäer sind, die es nicht kapieren, sind sie zur Finsternis verurteilt – obwohl die Jünger es natürlich auch oft nicht kapieren. Jesus muß sich selbst *ihnen* gegenüber erklären. Wer also kapiert es überhaupt?

Viele Leser vor mir fanden es unwahrscheinlich, daß Jesus wünschen konnte, nicht verstanden zu werden. Schließlich beginnt der Absatz bei Markus mit dem Satz, daß er »lehrte«. Was ist hier also los? Hatte Jesus zu der Zeit seine jüdischen Mitmenschen bereits aufgegeben? Glaubte er, daß insbesondere die Pharisäer nicht die Art Leute wären, die verstehen könnten, was er zu sagen hatte, weshalb es also keinen Grund gäbe, klar und deutlich zu ihnen zu reden?

Oder haben die Chronisten der Evangelien geändert, was Jesus wirklich sagte? In seinem Buch *The Genesis of Secrecy: The Interpretation of Narrative* schreibt der große englische Literaturkritiker Frank Kermode*, der viel über die Bibel veröffentlicht hat: »Seit etwa einem Jahrhundert gibt es so etwas wie einen Konsens unter Experten, daß die Gleichnisse, wie sie im Neuen Testament stehen, im wesentlichen sehr einfach waren und immer dieselbe Pointe hatten, so daß sie unmittelbar von allen Hörern, einschließlich der Außenseiter, verstanden werden konnten. Gegenteilige Erscheinungen (d. h. solche Absätze wie jene aus dem Markus-Evangelium) werden damit erklärt, daß in den Originaltexten große Veränderungen vorgenommen wurden, was schon in allerfrühester Zeit geschah.«

Von diesem Konsens unter Experten ist es nur ein kleiner Sprung zu meiner (und nicht nur meiner) Vermutung, daß die Evangelien, die für die Gemeinden von frisch konvertierten Christen, die von einem feindlichen Meer von Juden, Römern und Griechen umgeben waren, geschaffen wurden, dazu dienen sollten, den Menschen eine gewisse Sicherheit im Hinblick auf die Risiken, die sie eingingen, zu bieten: »Ihr, die ihr verfolgt seid, müßt wissen, daß jene, die euch quälen,

---

* (Cambridge: Harvard University Press, 1979), S. 25.

183

das Wort nicht verstehen und verurteilt sind.« Die Gleichnisse schließen, zumindest in der Form der Evangelien, alle Nicht-Christen absichtlich aus. Verwirrung war Teil ihrer wirklichen Absicht; um sie zu verstehen, bedarf es keiner Logik, sondern des Glaubens, einer Bindung an Jesus. Daher schien mir die Herausforderung von Jesus, die mich zuerst so erregt hatte, jetzt unangenehm restriktiv in ihrer Kraft. Entweder bekehrst du dich, oder du wirst verstoßen.

Der Same echter Feindseligkeit liegt hier. Das Alte Testament wurde erst im zweiten Jahrhundert als Vorspiel im christlichen Kanon zugelassen, als sich nämlich die christlichen Theologen davon überzeugt hatten, daß es als Einleitung zum Neuen Testament taugte. Daß das Neue Testament (besonders das Markus-Evangelium) möglicherweise so gestaltet war, daß es mit dem Alten Testament übereinstimmte, ist eine Annahme, der wohl nicht viele Christen zustimmen möchten. Die Geschichte hat ihr erstaunliches Werk getan und die weniger durchsetzungsfähigen Traditionen früherer Zivilisationen in ihrem triumphierenden, gleichgültigen Strom mitgerissen.

Plötzlich fühlte ich mich verloren. War ich möglicherweise ein Opfer der »Hegemonie« und hatte mir dies einfach nie eingestanden?

Tayler wollte die Verknüpfungen zwischen dem Alten und dem Neuen Testament behandeln. Aber als erstes ging er zum ersten Tag des Semesters zurück und ließ die Studenten die Zitate hervorsuchen, die er ihnen vier Monate zuvor gegeben hatte. Da war er wieder, der Anfang der Genesis. Adam und Eva befanden sich im Paradies in einem Zustand der *integritas*. Es gab keinen Konflikt zwischen dem, was sie zu tun wünschten, und dem, was sie tun sollten. »Euer ganzes Leben lang«, sagte Tayler, während er die Studenten anschaute und sein Bariton immer höher wurde, »euer ganzes Leben lang haben die Leute euch gesagt: ›Warum könnt ihr nicht ein bißchen wie Adam im Garten Eden sein?‹« Und damit meinte er, daß die Leute von sich selbst und anderen eine unmögliche Beständigkeit und Einfachheit und einen eindeutigen Willen verlangten. »Aber ihr habt diese Brüche in euch oder nicht«, sagte er, »weil Adam und Eva den Apfel aßen und der Mensch in die Zeit und in die Dualität gefallen war«, und er verteilte ein weiteres Blatt, diesmal mit der Kopie des Gedichtes »Original Sequence« (Ursprüngliche Wirkung) des modernen amerikanischen Dichters Philip Booth. Das Gedicht beginnt mit »Zeit war der Apfel, den Adam aß« und endet wie folgt:

Eva hielt den Stengel, das Gehäuse;
sie hört' die Schlange zischen und warf
ihn blind und weiblich sorglos dorthin,
wo ihr neugewonnener Ärger stach.
Das Futter für die Zweier-Herde
fiel, ein alter Kern, zur Erde,
zu Füßen Gottes, der die Uhr aufzog.

»Seht ihr«, sagte er, »Gott zog die Uhr auf, und die Zeit begann. Wenn man aus dem Garten Eden fällt, dann fällt man, wie euch jeder Dichter sagen kann, in die Zeit – ›Zeit war der Apfel, den Adam aß‹ –, und man fällt in die Dualität. Alles existiert in Gegensatzpaaren. Denkt an den Beginn der Genesis. Licht und Dunkelheit, Land und Wasser. Gott trennte das Universum durchgehend. Auch in Gut und Böse. Milton sagt in dem Zitat aus *Areopagitica,* das ich euch am ersten Tag gab, daß Gut und Böse Teile voneinander seien. ›Es war aus dem Biß in einen Apfel, daß das Wissen von Gut und Böse, wie zwei Zwillinge aneinander hängend, in die Welt kam. Und vielleicht ist dies die Verdammnis, in die Adam fiel, als er Gut und Böse kennenlernte – das heißt das Gute durch das Böse.‹ Man muß aus Eden vertrieben werden, um die Sünde kennenzulernen. Man muß das Böse kennen, um Liebe und Mitleid zu empfinden.«

Tayler lehrte seit vielen Jahren klassische Literatur und hatte eine Sprache herausgebildet, die aus einer Reihe von beidseitigen Bezügen bestand, die die Bücher zusammenhielten, als wäre der Kurs selbst eine Art epischen Gedichts mit einer eigenen organischen Struktur, mit Schwierigkeiten und Geheimnissen, die nur von den Studenten durchschaut werden konnten, die alle Hinweise verstanden. Im Seminar konnte er von einer Sache zur nächsten springen, weil er den Kurs wie ein episches Gedicht strukturiert hatte. Aber würde diese Geschichte diesmal zu mir sprechen? Ich bezweifelte es.

Tayler war jetzt beflügelt und legte los, und etliche Studenten, die erst ein halbes Jahr nach Beginn ins Seminar gekommen waren, schauten verwirrt, beinahe schockiert drein, besonders eine Studentin mit Namen Judith Sterngold, die keineswegs zu schüchtern war, ihre Meinung zu sagen. Sie neigte den Kopf zur Seite und starrte Tayler stumm an.

»Seht mal«, sagte er, »die griechischen Götter vögelten herum, genau wie wir. Sie waren wie wir. Aber im Alten Testament gibt es eine Kluft zwischen Mensch und Gott. Gott sagte zu Hiob: ›Du warst nicht *da,* als ich das Universum schuf, und du *weißt* nichts.‹ In diese Kluft wird Jesus treten. Jesus, der sowohl Mensch als auch Gott ist, verkörpert und definiert sie.«

Dann feuerte er eine Frage nach der anderen ab, und die Studenten waren ihrer Aufgabe gewachsen und arbeiteten die literarische Struktur in den Evangelien und ihre sprachliche und metaphorische Beziehung zum Alten Testament heraus. Sie verstanden die scharfsinnige Rede über Zeit und Verdoppelung, und er machte seinen Karnickel-aus-dem-Hut-Trick, ignorierte die falschen Antworten, griff ein Wort oder einen Satz der eher eigensinnigen Antworten auf und brachte die anderen Studenten dazu, darauf zu reagieren.

»Ihr seid alle dazu erzogen worden, in eine Richtung zu denken, so als ob ihr im Garten Eden wärt. Denkt doppelt. Ihr seid in die Dualität gefallen. Jesus tut als Lehrer was? Er schlägt euch auf den Kopf.« Und dabei schaute er Judith Sterngold an. »Er sagt, ihr habt keine Augen zu sehen und keine Ohren zu hören. Er wird euch lehren, indem er die Linie überschreitet und in den Tod geht, und ihr müßt es akzeptieren.«

Judith Sterngold nickte mit dem Kopf und schwieg. Tayler fuhr fort: »Gott läßt die Ewigkeit in die Zeit fallen, und das bringt die Zeiten durcheinander. Rhetorisch gesehen erhält man ein Paradox. Sir Thomas Browne sagte im siebzehnten Jahrhundert: ›Eva hatte mit mir eine Fehlgeburt, bevor sie Kain gebar.‹ Um zu *wissen,* was Zeit ist, muß man senkrecht zu Gott hochschauen.«

Als ich ihm so zuhörte, fühlte ich meinen Schmerz verschwinden. Er vermittelte uns die Version von Zeit und Geschichte, die das Christentum in das westliche Bewußtsein gebracht hat, eine Art, Zeit zu begreifen, die zumindest bis in die Renaissance einen enormen Einfluß auf die Theologie und Literatur gehabt hat, und das System war verblüffend. Es war ein Beispiel für eine bestehende Hegemonie, die man beschreiben, analysieren und demaskieren konnte, aber viel mehr auch nicht. Die christliche Art zu denken hatte die Literatur, die Kunst und die Institutionen geformt, sie war in die Geschichte ge-

186

woben worden und konnte nicht herausgeschüttelt werden. Sie war auch in mich hineingewoben worden.

Ich fragte mich, ob er auf sein altes Thema von der Überlagerung der hebräischen Bibel zurückkommen würde. In der nächsten Stunde stellte er die bei bestimmtem Wissenschaftlern beliebte Theorie vom Typus und Anti-Typus vor. Bestimmte Passagen des Neuen Testaments, sagte er, seien so gestaltet, daß sie mit Passagen des Alten Testaments korrespondierten. Die wunderbare Geburt von Jesus verweist auf Isaak, der wunderbarerweise Abraham und seiner unfruchtbaren Frau Sarah geboren wurde. Wenn man das Neue Testament jedoch völlig ahnungslos und mit der Absicht liest, die Unvermeidbarkeit von Jesus aufrechtzuerhalten, dann scheint das frühere Ereignis das spätere vorwegzunehmen – allerdings wurde dem früheren Ereignis genau das Maß an Mysterium und Rätselhaftigkeit hinzugefügt, das die Erfahrung unheimlich erscheinen läßt und somit als Andeutung von Gottes allumfassendem Griff gedeutet werden kann, mit dem er das gesamte Leben, die ganze Geschichte umfaßt. David kann als Jesus-Typus interpretiert werden, und Moses symbolisiert ebenfalls Jesus, wenn er die Arme über dem Roten Meer ausbreitet, auch wenn er dies selbst nicht weiß.

Wir wurden in die christliche Geschichte geschleudert. »Schaut euch den Anfang des Johannes-Evangeliums an«, sagte Tayler. »›Am Anfang war das Wort, und das Wort war bei Gott.‹ Das ist eine spektakuläre Eröffnung, eine gewaltige, skandalöse Revidierung der Eröffnung der Genesis. Die Evangelien wurden auf griechisch geschrieben, und auf griechisch heißt ›Wort‹ logos, ein sehr aussagekräftiges Wort für das sehr gebildete, griechisch-römische Publikum, das wahrscheinlich das Johannes-Evangelium lesen würde. Seht mal, die ganze Kultur der Griechen – logos – wird in diese eine Person gesteckt. ›Und das Wort ward Fleisch.‹ Das ist die große Abwendung von der griechisch-römischen Kultur.

Dies ist die Religion, die gerade dabei war, die Macht zu übernehmen«, sagte Tayler zusammenfassend. »Kaiser Konstantin wird bekehrt, und das römische Imperium wird zum Heiligen Römischen Reich. Das Christentum wird mit der Zeit Süd- und Nordamerika erobern, und wer sich nicht bekehren läßt, der wird verbrannt. Es hätte die Welt nicht in Besitz nehmen können, ohne eine neue Auffassung von Zeit und von Geschichte zu haben.«

Er stellte die Basis des christlichen Triumphes dar. Es war eine doppelte Sichtweise: Tayler demaskierte, und gleichzeitig feierte er die Maske.

Und erstaunlicherweise war ich besänftigt. Mein unglückliches Gefühl nahm schnell ab und verschwand bald ganz. Der Antisemitismus war eine Katastrophe und eine Schande, aber ich konnte mich nicht über den Erfolg des Christentums ärgern, und nach einer Weile verschwand auch meine Phantasie, in einem endlosen Korridor gejagt zu werden. Man kann nicht vernünftig gegen die Geschichte ankämpfen, gegen das, was war, mit einer Vorstellung von dem, was nicht war – das wäre eine vergebliche und hoffnungslose Tat. Die Geschichte schloß immer jemanden aus: In den meisten Definitionen erscheint sie als eine Liste von Siegen einer Macht oder Gruppe über eine andere. Was nicht heißt, daß man Ungerechtigkeit »akzeptieren sollte«, sondern nur, daß man sich sein Leben nicht außerhalb der historischen Erinnerung vorstellen kann. Zumindest konnte ich das nicht. Selbst nachdem ich viel über den Holocaust gelesen und auch einiges geschrieben hatte, und nach einem erschreckenden Besuch in Auschwitz und genauer Beachtung der antisemitischen Bemerkungen von Pat Robertson, Pat Buchanan und Louis Farrakhan konnte ich mich nicht als Opfer von Antisemitismus begreifen, ohne vollkommen unglaubwürdig zu sein. Nicht in Amerika, nicht in New York. Ich konnte und sollte von mir als einem Juden denken, aber nicht als einem Opfer.

Worauf es jetzt ankam, war das Überleben und die Fähigkeit voranzukommen, und niemand konnte sagen, daß die Juden, nach Jahrhunderten der Bitternis und Sorge, in Amerika nicht überlebt hätten und vorangekommen seien. Ich hatte das Glück, sagte ich zu mir selbst, Glück und abermals Glück, als amerikanischer Jude, im Schutz der traditionellen Toleranz des Landes und seiner konstitutionellen Ablehnung einer Staatsreligion.

Kapitel 12

AUGUSTINUS

Vielleicht war es ein Fluch. Augustinus, der große heilige Augustinus, der, neben seiner Bedeutung als christlicher Theologe, ein hervorragender Schriftsteller war, einer der heroischen Chronisten des Bewußtseins und der Begierde, und keiner, über den ich mich jemals lustig machen könnte – der große Augustinus war mit seinen unbeabsichtigten Erektionen beschäftigt. Er erfuhr sie als eine Prüfung Gottes, eine Strafe für die Erbsünde. In der ersten Stunde, als er Augustinus' Interesse für derlei Dinge erwähnte, scherzte Professor Tayler nicht. Augustinus kommt immer wieder auf das unbändige Glied zu sprechen; es wurde zu einem der etwas weniger wichtigen Grundgedanken seiner Theologie des Stolzes, der Sünde, des Ungehorsams und des gespaltenen Willens.

Wir waren zum Ende des Altertums gekommen. Augustinus, 354 n. Chr. am Rande des Römischen Reiches in Tagaste im heutigen Algerien geboren, lebte in Hippo nahe Karthago im heutigen Tunesien, als Alarich und die Goten im Jahre 410 Rom plünderten. Im ganzen *Gottesstaat*, dem großen Werk, das Augustinus zwischen 413 und 426 schrieb, spürt man den Schrecken über das unvorstellbare Ereignis: das bevorstehende Auseinanderbrechen des Römischen Reiches. Trug das Christentum die Schuld? Etwa fünfundzwanzig Jahre vor der Geburt des Augustinus hatte Kaiser Konstantin das Christentum zur herrschenden Religion des Reiches gemacht; das Christentum war dabei, Europa zu erobern. Augustinus, der spät bekehrt, aber am Ende selbst ein Bischof der Kirche wurde, schrieb den *Gottesstaat* offenbar, um die Vorstellung zu bekämpfen, daß Rom durch die Verbreitung des neuen Glaubens geschwächt wurde.

Aber das ist nur der Ausgangspunkt des *Gottesstaates*. Es ist ein außergewöhnliches Werk, mit Sicherheit eine der großen Bemühungen, alles miteinander zu verknüpfen, das gesamte Leben als strahlendes Muster darzustellen. In Hunderten von durchnummerierten und in zwanzig Teile gegliederten Absätzen werden die Argumente vorgebracht, zurückgenommen, in deutlicheren und definitiveren Erklärungen wieder vorgebracht, so daß ein Argument das jeweils vorherige überlappt, und immer so weiter, Prosa-Welle auf Prosa-Welle. Der *Gottesstaat* ist ein Buch, das tatsächlich immer so weitergehen könnte: Es geht vor und zurück und zur Seite und füllt den gesamten intellektuellen und konzeptionellen Raum, so wie Gott, wie Augustinus sagte, bei der Schöpfung jeden Raum ausfüllte. Augustinus faßt die klassische Kultur zusammen, diskutiert das Heidentum und lobt Platon; er bietet eine Deutung des Alten und des Neuen Testaments; er spekuliert über Fragen wie nach der Schöpfung, der Zeit, dem zivilen Staat und der Seligkeit von Gottes Geschöpfen im Himmel. Der *Gottesstaat* ist ein sowohl labyrinthisches als auch klares Buch, denn Gott, so glaubte Augustinus, hatte einen verständlichen Plan für den Menschen und die Geschichte. Und gleichwohl (und dies ist der Grund, weshalb ich Augustinus liebe) gab es in Gottes Plan auch Platz für das Irrationale, das Mißtönende, das Unerklärliche. Dreißig Jahre zuvor lasen wir im Kurs über die Kulturgeschichte der Gegenwart nur kurze Abschnitte aus dem *Gottesstaat,* und ich gewann keine besondere Vorstellung davon. Aber jetzt verlor ich mich beim Lesen großer Teile in dem Labyrinth und akzeptierte Augustinus' führende Hand als einzige Möglichkeit, wieder hinauszufinden.

In der engen und beschränkten Perspektive des Seminars Kulturgeschichte der Gegenwart an der Columbia-Universität sollte der *Gottesstaat* den Grundkurs über das fünfte Jahrhundert n. Chr. abrunden, d. h. das Buch stieß die griechische und römische Kultur in die sich formierende Karawane der christlichen Geschichte, und zwar sowohl als eine brauchbare Vergangenheit als auch als Projektion der Karawane, wie sie in die Zukunft schreitet. Stephanson betonte Platons Einfluß auf Augustinus als eine der Hauptlinien des westlichen Denkens. Augustinus und die anderen Neu-Platoniker übernahmen Platons Idealismus, die Hierarchie des Guten, bei dem die Idee von einem Ding vollkommen ist und die irdische, materielle Gestalt eines Dings eine bloß minderwertige Kopie. Augustinus formte Platons Idealismus in der Weise um, daß die Vollkommenheit Gottes jetzt die unsichtbare Idee des reinen Guten ist, die wahre Wirklichkeit, die unabhängig von uns existiert. »Platons Geist und Materie wurden«, wie Stephanson meinte, »bei Augustinus zu Geist und Fleisch; das Höhere und Niedrigere werden zum Unwandelbaren und zum Hier-und-Jetzt. Die Welt ist eine Verkörperung von Gottes Plan. Das Sein – die Existenz – ist nicht wie bei Platon das Ergebnis des Teilhabens am Guten, sondern des Teilhabens an Gott.« Auch der Körper nahm teil, aber unbotmäßig und störrisch. Und das war der Teil, der mich faszinierte und der jetzt in der Erinnerung auftauchte wie ein alter Flecken auf vergilbten Seiten.

Augustinus war einer der bedeutendsten Schöpfer der europäischen Kultur. Daher legte man an der Columbia-Universität besonderen Wert auf ihn. Später, im zweiten Semester des Kurses über klassische Literatur, lasen wir die *Bekenntnisse,* die nach allgemeiner Auffassung die erste wirkliche Autobiographie, das erste umfassende private Dokument der westlichen Literatur sind. In den im Jahre 397 begonnenen *Bekenntnissen* berichtet Augustinus elf Jahre nach seiner Bekehrung zum Christentum (und etwa sechzehn Jahre, bevor er mit dem *Gottesstaat* begann) von den verhängnisvollen Lebensabschnitten seiner Jugend, von seinen Sünden und Ausschweifungen (Augustinus hatte eine große Zahl gewollter Erektionen), von seinem früheren Glauben an den Manichäismus (die Auffassung, daß Gut und Böse getrennte, gleichwertige Kräfte im ständigen Konflikt miteinander seien) und von seiner vorausgesehenen, erwünschten, lange hinausgeschobenen und sehr gefürchteten Auslieferung an Gott im Alter von dreiunddreißig Jahren, demselben Alter wie Jesus bei seinem Tod. Offenbar hatte Augustinus es nicht eilig; er fand zu großen Gefallen an Vergnügungen, obwohl die Vergnügungen von Schuldgefühlen und Verzweiflung überschattet waren. Er war ein Mann des Fleisches, ein Liebhaber der Frauen, kein verschreckter Mensch in einer Mönchszelle. Und daher neigt man dazu, seinen Kampf gegen sich selbst als authentisch anzusehen. Er sehnt sich, wälzt sich, überwindet sich, stürzt wieder, sein Wille ist oft stark, aber sein Fleisch schwach – Augustinus ist immer ein gespaltener Mensch, und dies ist das aufregende »moderne« Element an ihm. Selbst nach seiner Bekehrung muß er mit dem Fleisch kämpfen, das seinen eigenen Willen hat.

Anfangs, im Garten Eden, war alles gut. Adam und Eva »lebten in einer Partnerschaft von ungetrübtem Glück... Sie wurden nicht von heftigen Gemütserregungen erfaßt, noch vom Aufruhr ihrer Körper geplagt«. Sie liebten einander, wann immer sie wollten (doch irgendwie ohne Begierde), aßen, was immer sie wollten; sie waren unsterblich. Aber der Stolz ließ zuerst Eva und dann Adam ungehorsam werden: Sie aßen von der verbotenen Frucht. Ein erstaunlicher Akt! Sie hatten alles zu ihrer Verfügung, die ganze Schöpfung, und doch, gerade da, wo Gehorsam so einfach gewesen wäre, so leicht, gehorchten sie nicht. Und sie wurden mit den Schmerzen des Fleisches bestraft, mit Scham und mit dem Tod. Der Eigensinn oder die Sünde des Stolzes – daß der Mensch lieber auf eigenen Füßen steht, als von Gott abhängig zu sein – ist daher für das menschliche Leben zentral und ruft universelle Konsequenzen hervor. Denn wir sündigen alle mit Adam, und zur Strafe verlieren wir nicht nur die Unsterblichkeit, sondern auch die Kontrolle über uns selbst. Oder, wie Tayler es im Seminar über das Neue Testament ausdrückte, wir fallen in Dualitäten.

> Denn die Seele, der ihre eigene, dem Bösen sich zuwendende Freiheit gefiel und der Dienst Gottes mißfiel, verlor die frühere Herrschaft über ihren Leib, und da sie den Herrn über sich eigenwillig verlassen, vermochte sie den Diener unter sich nicht mehr unter ihren Willen zu beugen und besaß nun nicht mehr ein fügsames Fleisch, wie sie es immer hätte haben können, wenn sie ihrem Gotte fügsam geblieben wäre. Damals also fing das Fleisch an, »zu gelüsten wider den Geist«, und mit diesem Widerstreit sind wir geboren.
> *(Der Gottesstaat, S. 123)*

... er, der in eigenem Hochmut an sich selbst Gefallen gehabt hatte, durch Gottes Gerechtigkeit sich selber überlassen wurde. Dies nun freilich nicht so, daß er sich selber in voller Gewalt gehabt hätte, sondern, mit sich selbst in Zwiespalt, mußte er unter dessen Herrschaft, dem er bei seinem Sündenfalle nachgegeben hatte, statt der begehrten Freiheit harte und jämmerliche Knechtschaft eintauschen... Endlich, um es kurz zu sagen, was geschah bei der Bestrafung jener Sünde anderes, als daß Ungehorsam mit Ungehorsam vergolten ward? ... da er nun will, was er nicht kann, während er einst nicht wollte, was er konnte?

... Denn wer zählt es auf, wie vieles er will, was er doch nicht kann, weil er selbst nicht gehorcht, das ist, weil der Geist und das unter ihm stehende Fleisch seinem Willen nicht gehorcht? *(S. 187-88)*

Das rebellische Glied war eine der unglücklichen Konsequenzen dieser Spaltung, und die andere Konsequenz (wie Augustinus nicht versäumt hervorzuheben) war das Gegenteil, das gelegentlich schlaffe Glied, das den Befehlen der Lust den Dienst verweigert. Daß solch erniedrigende Ärgernisse Frauen nicht plagten, hätte Augustinus zu denken geben sollen; es hätte andeuten können, daß in diesem Teil seiner Analyse etwas Wichtiges fehlte. Frauen wurden schließlich nach dem Sündenfall auch bestraft. Aber alles übrige trifft auf Frauen genauso zu wie auf Männer, denn in der Strafe war (natürlich) viel mehr enthalten – die Verwirrung, die Verzweiflung, mit der wir alle leben, wir sind niemals in der Lage, genau das zu tun, was wir wollen, wir werden so oft zwischen Vergnügen und Pflicht, Phantasie und Wirklichkeit, Spiel und Arbeit hin- und hergerissen, wir sind im Innersten gespalten, wir alle oder beinahe alle, die Studenten sind unfähig, ihre Gedanken auf das Buch zu konzentrieren, meine Aufmerksamkeit wird genau dann vom Lesen abgelenkt, wenn ich am liebsten lesen möchte... Wir sind kein Ganzes, wir sind nicht die Herren unser selbst.

Augustinus' Ausführungen haben ebensoviel Sinn wie jeder andere Versuch, die zänkische Unberechenbarkeit des Verstandes und des Willens zu erklären, Professor Tayler hielt sie offenbar für kraftvoll und aufschlußreich – ein ebenso guter Mythos wie etwa Freuds Theorie der Neurosen als Erklärung, warum Leute nicht das tun können, was sie wollen. Millionen Menschen hatten ihr moralisches Leben nach diesen Leitlinien ausgerichtet. Der Grundkurs sollte historische und gleichzeitig moderne Theorien einbeziehen: Er machte die Studenten mit gewissen Denkmustern vertraut, die stark genug waren, mit vielen Veränderungen über Jahrtausende hinweg zu bestehen, wobei jede Generation das Muster eigenen Obsessionen entsprechend veränderte.

Der Eigensinn ist der Schlüssel zu unserer Natur. In einer berühmten Episode der *Bekenntnisse* heißt es:

Da stand in nächster Nähe unseres Weinbergs ein Birnbaum, reich mit Früchten behangen, die jedoch weder durch ihr Aussehen noch durch ihren Wohlgeschmack zum Genuß einluden. Wir bösen Buben machten uns nun in später Nacht – so lange hatten wir aus übler Gewohnheit unser Spiel auf den freien Plätzen fortgesetzt – daran, den Baum zu leeren und das Diebesgut fortzuschaffen; es war eine Unmenge Birnen, die wir da schleppen mußten, doch nicht etwa, um unseren Hunger zu stillen, sondern um sie den Schweinen vorzuwerfen. Und wenn wir schon davon aßen, dann nur, weil es uns Spaß machte, Unerlaubtes zu tun.

*(S. 41)*

Es ist wieder die verbotene Frucht, die Sünde des Hochmuts.

Schau, das war mein Herz, mein Gott, das war es, und Du hattest Mitleid mit ihm in seiner tiefen Verworfenheit! Jetzt aber soll mein Herz Dir bekennen, was es damals suchte, nämlich daß ich ohne jede Ursache schlecht sein wollte und daß meine Bosheit keinen anderen Anlaß hatte als eben die Bosheit. Es war eine schändliche Bosheit, und ich hatte mein Vergnügen daran, ich liebte meinen Untergang, ich liebte mein Versagen. Nicht liebte ich das, woran ich mich verging, nein, das Vergehen selbst war der Gegenstand meiner Neigung. Du schändliche Seele, die sich vom festen Grund losriß, um im Nichts zu schweifen; denn es war ja nicht so, daß sie in ihrem Frevel nach irgend etwas die Hand ausstreckte, es ging ihr nur um den Frevel selbst.

*(S. 41)*

»In ihrem Frevel streckte sie nicht die Hand nach irgend etwas aus, es ging ihr nur um den Frevel selbst.« Augustinus schrieb auf Latein, doch der Rhythmus des Satzes könnte beinahe von Shakespeare sein. Was bedeutete das für mich, als ich neunzehn war? Ich zermarterte mir den Kopf, aber ich konnte mich nicht erinnern, ob die Geschichte mit den Birnen 1961 irgendwelche eigene Erinnerungen in mir wachgerufen hatte. Wenn ich als Erstsemester nur wenige solcher Gedanken hatte, so lag es zweifellos daran, daß meine Karriere als Sünder niemals richtig in Gang gekommen war.

Aber jetzt fiel mir eine Sache wieder ein... Ich kann mich an ein kleines Ereignis erinnern. Ich saß mit meinem Vetter auf einem Bulldozer, der an einem Strand geparkt stand. Ein Strand bei Atlantic Beach, nicht weit von Long Island, wo meine Eltern ein Sommerhaus hatten. Ich war vielleicht zehn Jahre alt, und er war elf, und es war ein kalter, grauer Tag (wahrscheinlich im Herbst), und niemand war in der Nähe. Der Bulldozer war dort von Arbeitern stehengelassen worden, die einen neuen Strandclub bauten. Mein Vetter, der keineswegs schüchtern war, drückte auf den Starter, legte einen Gang ein, alles ohne den geringsten Protest meinerseits, und fuhr in eine große, vielleicht sieben Meter lange Glaswand, die in tausend Stücke zersprang. Der Knall war enorm, aber niemand kam angerannt. Ich wollte es meinen Eltern erzählen, aber ich schaffte es nicht. Ich blieb das restliche Wochenende im Haus, saß die meiste Zeit zitternd auf der Veranda, aber die Polizei kam nie, und es passierte überhaupt nichts.

Ein Minibekenntnis bestenfalls. Aber die Handlung, selbst meine passive Rolle dabei, wurde gewiß aus keinem anderen Wunsch begangen, als etwas Böses zu tun; und bestimmt wollte ich genauso waghalsig wie mein Vetter sein, genau wie Augustinus, der den bösen Einfällen seines Freundes nacheifern wollte.

Aber diese Erinnerung führte zu einer anderen, diesmal ein paar Jahre später, als ich in einem Sommerlager war. Es war ein schreckliches Lager, ein schlecht geführtes Haus an einem See irgendwo in der Nähe von Willimantic, Connecticut. Die jugendlichen Aufseher, die sechzehn oder siebzehn waren, wohlgenährte blonde Burschen aus den nahegelegenen kleinen Städten, quälten die kleinen Jungen, von denen einige Heimweh bekamen und ihr Bett näßten. Zur Strafe packten die Aufseher die Bettnässer, hielten sie an den Armen zum Fenster hinaus, bis sie um Gnade baten. Ein älterer Aufseher, der bei der Marine gewesen war, kroch in eine Koje und warf aus dem Hinterhalt ein Messer in eine hölzerne Tür, um uns zu zeigen, wie er im Krieg einen Koreaner getötet hatte. Das Messer fuhr nicht in den Bauch des Koreaners, sondern schlitzte ihn nach oben auf. Das war aufregend, aber ich gehörte zu der Sorte Kinder, denen der Koreaner leid tat.

Zur Mittagszeit gab es Schwärme von Fliegen, die sich um die offenen Schüsseln sammelten, die auf den Tischen stehengelassen worden waren. Und nachts, wenn keiner der Aufseher in der Nähe war, lungerte ein Junge, der in der Küche arbeitete, mit den zwölfjährigen in der Turnhalle des Lagers herum, und zwischendurch griff er sich immer einen der Jungen, zog ihm die Hosen herunter und gab ihm ein oder zwei Klatscher auf den nackten Hintern. Was die anderen kleinen Jungen sehr amüsierte. *Klatsch! Klatsch!* Wir standen fasziniert drum herum und kicherten, und niemand machte Aufhebens von der Sache oder zeigte den netten Klatscher an. Eines Nachts kam der Küchenjunge in meine Kabine und dann in mein Bett. Seine Hände, die mich überall anfaßten, rochen nach Seife. Ich wehrte mich, und plötzlich stand er, ohne ein Wort zu sagen, auf und ging hinaus. (Ein Aufseher sagte mir später, daß er draußen gestanden habe, um mich »zu beschützen«.) Der Küchenjunge, so glaube ich jetzt, war kein Sünder. Augustinus hätte sicher gemeint, daß er mit großer Wahrscheinlichkeit zu retten gewesen wäre.

Ich weiß nicht, wie ein kleiner jüdischer Knabe aus New York an solch einen Ort geraten ist. Ich war tatsächlich der einzige Junge aus New York; die meisten Kinder kamen aus der Gegend von Willimantic, und weil ich einer der »netteren« Jungen war (d. h. meine Familie hatte etwas mehr Geld als die Eltern der anderen), wurde ich von den Besitzern, einem mürrischen älteren Ehepaar, in ihr großes Haus am Rande des Lagers eingeladen. Sie setzten sich auf eine geblümte Couch und machten mir Komplimente, weil ich ein Gentleman sei. Sie schenkten mir mehr Likör ein und gaben mir kleine Sandwiches, an denen die Krusten abgeschnitten waren. Ich war zu jung, um zu wissen, was Snobismus ist, aber mit Sicherheit genoß ich den Likör damals.

Warum wollte ich diese unglücklichen und dunklen Erinnerungen aufschreiben, diese Fragmente eines heimlichen erotischen Lebens in einem schlecht betriebenen Sommerlager 1955 im nördlichen Connecticut? Weil ohne diese ungebetenen Erinnerungen, die fleischlichen Beweise vergangener Erfahrungen, meine Existenz als Zwölfjähriger ausgelöscht gewesen wäre.

Unfreiwillige Erinnerungen kehrten jetzt immer wieder.

In jenem letzten Jahr im Lager gab es einen Jungen, vielleicht zehn Jahre alt, der von allen verabscheut wurde, ein unflätiger kleiner Schreihals, der Halleck hieß. Sein Vater besaß das örtliche Unternehmen, das die Eiscreme für das Lager herstellte, ein weiterer Grund, ihn nicht zu mögen, zumindest was die Jungen anging. (Warum? Weil er so viel Eiscreme essen konnte, wie er wollte? Kleine Jungen sind fast völlig irrational und konformistisch in ihren Vorlieben und Abneigungen.)

Die jugendlichen Aufseher haßten Halleck ebenfalls; oder es machte ihnen Spaß, sich gegen ihn zu verschwören, was auf dasselbe hinauslief; sie beschlossen, ihn zu bestrafen. Unten an der Straße, vielleicht einen guten Kilometer vom Lager entfernt, gab es ein Spukhaus mit einem eingestürzten Dach und brüchigen Mauern, das richtig Schrecken einflößte. Die Aufseher erzählten uns, daß das Haus immer und immer wieder vom Blitz getroffen worden war. In Gruppen gingen wir jede Woche zum Spukhaus, weil es im Lager so wenig anderes zu tun gab. Irgendwann fragten die Aufseher nach Freiwilligen: Wer aus dem Lager hätte den Mut, die Nacht in dem Haus zu schlafen? Viele meldeten sich freiwillig, weshalb die Aufseher einen Wettbewerb veranstalteten, wobei sie tricksten. Der »Gewinner« sollte allein in dem Haus schlafen. In der Nacht, als der arme Halleck allein in seinem Schlafsack beim Haus lag, schlichen die Aufseher und einer aus dem Lager – ich – durch den finstern Wald zu dem verwünschten Ort und heulten und johlten und warfen mit allem möglichen, bis der verhaßte Eiscremeerbe in das Lager zurückrannte und Zeter und Mordio schrie. Am nächsten Morgen kam er mit verbundenem Kopf und einem mit »Blut« verschmierten Gesicht zum Frühstück. Er beschuldigte die Aufseher, daß sie ihn ermorden wollten. Er spielte Theater (das Blut war Mercurochrom), aber er war gründlich erschreckt worden, und ich, der unerkannte Verschwörer, der einzige Lagerinsasse, der an dem Überfall teilgenommen hatte, war über die Maßen glücklich.

Ich erinnere mich, daß ich darum gebeten hatte, bei dem Streich mitzumachen, aber ich habe keine Ahnung, warum die Aufseher zugestimmt hatten. Offenbar hatte ich mich bei ihnen, meinen Unterdrückern, eingeschmeichelt, damit sie mich mitnähmen. Als einer der »netten« Jungen identifizierte ich mich mit der einzigen anwesenden Macht; ich wollte daran teilhaben.

Als ich Augustinus jetzt zum zweiten Mal in meinem Leben las, trat mir die Szene mit ziemlich unangenehmer Deutlichkeit vor Augen. Doch auch einen zehnjährigen Eiscremeerben aus Willimantic zu erschrecken ist kein Verbrechen, dessen man sich rühmen könnte (was das angeht, war auch das Eindringen des Augustinus in den Birnengarten keines), aber es war Sünde, es war gewiß Sünde im Sinne von

Augustinus, denn ich kannte Halleck kaum und hatte nichts gegen ihn und wollte dennoch an dem Spaß, ihn zu erschrecken, teilnehmen.

Augustinus glaubte, daß die Schmach und das Schmutzige einer Handlung – und das Verbotene an ihr – die Versuchung und das Vergnügen erhöhten, sie zu begehen. Er hatte ein erstaunlich modernes Verständnis von den Fallstricken der Moral, von dem Schuldgefühl, das der Schmach folgte, und davon, daß einen die Tatsache, daß man beim Sündigen unglücklich ist, nicht davon abhält, abermals zu sündigen. Er kannte die Wollust des Schuldgefühls. Und auch die Hölle auf Erden, zu der die Schuld führte, denn ohne Gnade, ohne Jesus Christus in die Seele aufzunehmen, würde man sein ganzes Leben so weiterführen (jetzt ist von Erwachsenen die Rede), man würde dem ewigen Tod mit Bitterkeit entgegengehen, unerlöst, in Verderbtheit befangen; im Innersten gespalten, würde man das eine wollen und das andere tun. Selbst wenn man getauft und Christ wurde, war der Weg nicht einfach, weil Gott nicht notwendigerweise den Bösen straft und den Tugendhaften belohnt. Nein, er macht es nicht so einfach; ER schenkt Seine GNADE nicht jedem faulen, opportunistischen Menschen. Seine Wege sind unerforschlich, und dies, sagt Augustinus, sei genau richtig, denn wenn jede Person, die sich Gott anschließt und anständig handelt, auf Erden sofort belohnt würde, dann würden die Sünder an Gott glauben und einfach um der Belohnung willen gut sein. Es würde kein Ringen geben, keinen *Glauben*.

Augustinus versuchte, alle mißtönenden Elemente des Lebens zu erklären und zu rechtfertigen – das Böse, den Tod, den Schmerz, das Gute, das bösen Menschen zuteil wurde, und umgekehrt –, ohne irgend etwas zu vereinfachen. Er würde unser sinnloses, häßliches Handeln gegenüber Halleck verstanden und den unerwarteten Ausgang geschätzt haben. Halleck war zum ersten Mal während seines Aufenthaltes im Lager beliebt. Den Rest des Sommers murmelten die Kinder bedeutungsvoll von der Nacht, in der Halleck »beinahe ermordet worden wäre«. Sie sammelten sich um ihn, das symbolische Opfer der Unterdrückung durch die Aufseher. Und ich war durch ein Geheimnis an die Aufseher gebunden, die ich verabscheute.

Augustinus verstand die Eigenarten des wirklichen Lebens; er war mehr als vertraut mit Eigensucht, Egoismus, mit all den Lastern, die wir als Grundlage der menschlichen Persönlichkeit hinnehmen, und er verstand, daß der Wunsch nach Freiheit, den er Ungehorsam nannte, so mächtig war, daß er als einziges im Leben niemals gezähmt werden konnte. Er spürte den Saft des Lebens in sich. Deshalb hatte ich mein Vergnügen an ihm, während ich den trockenen, autoritären Thomas von Aquin (der ebenfalls auf der Lektüreliste stand) ungenießbar fand, dessen Festlegung der Doktrin achthundert Jahre später die Macht der mittelalterlichen Kirche festigte. Auch hatte ich kein großes Lesevergnügen an dem zornigen und starren Luther, der sich gegen die Korruption der Römischen Kirche auflehnte, oder an dem strengen Calvin, der sich an den Buchstaben des Gesetzes festhielt.

Da ich als Jude aufgewachsen bin, habe ich eine gewisse Verachtung für Katholiken geerbt. Sie sündigen und beichten, sie sündigen wieder und trösten sich mit dem Gedanken an das Leben nach dem Tode. Dies war eine Karikatur von Katholiken – ein Vorurteil –, und doch waren die jüdischen Eltern in einem Punkt sehr bestimmt: Verantwortlichkeit muß man *jetzt* übernehmen. Dinge, auf die es ankam, kann man nicht aufschieben, denn die Juden glauben nicht wirklich an ein Leben nach dem Tode. Wie David Ben-Gurion, der Löwe von Israel, es einmal ausdrückte: »Für einen Juden bedeutet die Hölle, auf Erden mittelmäßig zu sein.« Ich zitiere aus dem Gedächtnis, aber ich bin sicher, daß ich den Sinn von Ben-Gurions Bemerkung richtig erfaßt habe. Es war natürlich unerträglich chauvinistisch, so etwas zu sagen, aber das war es, was ich viele Jahre lang über Juden im Vergleich zu anderen Völkern glaubte. Ich glaubte daran, obwohl es viele glückliche mittelmäßige Juden gab und ebenso viele katholische Freunde, die Glauben und Gottesdienst keineswegs leichtnahmen, sondern als ständiges, erschöpfendes Ringen auffaßten. Als ich Augustinus, das christliche Herzstück, jetzt wieder las, glaubte ich, zumindest ein Vorurteil für immer ausgelöscht zu haben. Den gespaltenen Willen, den Augustinus so klar beschreibt, gibt es in jedem Menschen, und der Kampf, ihn zu überwinden, ist vielleicht für Gläubige härter als für Nichtgläubige. Die Lektüre des Grundkurses konnte keinen Glauben erzeugen, aber sie konnte, zumindest bei mir, den Glauben an den Glauben hervorrufen.

Kapitel 13

MACHIAVELLI

Wie ich mich nach einer extra Stunde zum Lesen sehnte! Ich hätte nachts davon träumen können. Das Wochenende, wenn ich einen meiner Söhne im Haus eines Freundes zum Spielen absetzte, war eine gute Zeit. Ich setzte mich in ein nahegelegenes Café und trank herben, zu lange gekochten Kaffee, der mein Gehirn anregte. Ich war bereit. Aber ein paar Minuten später wurde ich abgelenkt, weil sich die seichte Radiomusik oder die Talk-Show, die im Raum ertönte, mit dem Gelesenen vermischten und meine Aufmerksamkeit zunichte machten. Die Musik und das Gerede erfüllten jeden öffentlichen Platz in Amerika, die Cafés, Fahrstühle, Läden, Passagen, Lobbys, sogar einige der pompösen »Atrien«, die mitten in Manhattan in den Zentralen großer Unternehmen aus dem Boden geschossen waren, riesige, verglaste Räume mit blassen Bäumen wie aus Stoff. Zwischen den Bäumen schwebte wie Nebel das Geflüster elektronischer Violinen.

Ich liebte die immer gegenwärtige Kantigkeit New Yorks, den dauernden Tumult, das Gefühl, daß ständig irgendwo wichtige Geschäfte im Gange sind. Aber in dieser großen Geschäftsstadt gab es tatsächlich nirgends einen öffentlichen Ort, außer der Bibliothek oder dem Central Park, wo man irgend etwas Anspruchsvolleres als eine Zeitung oder einen Grisham lesen konnte. Wenn jemand dem allgemeinen Geräuschpegel entrinnen wollte, griff er zu einem Walkman.

Als ich Machiavelli las und auf eine verheerende Explosion seines berühmten und unvergleichlichen Zynismus wartete, fand ich die ersten Seiten seines kleinen, 1513-14 geschriebenen Buches *Der Fürst* ziemlich ungewöhnlich. Zuerst eine übertrieben spöttische Widmung für Lorenzo de' Medici, dessen mächtige Familie Machiavelli sich geneigt machen mußte. (Machiavelli, der altgediente Diplomat hatte seinen

Posten in Florenz verloren und schrieb den *Fürsten,* in der Verbannung auf dem Lande.) Daraufhin ein paar scharfsinnige Worte darüber, wie man eine Kolonie regiert. Aber dann kam dies:

> Es gilt also festzuhalten, daß man die Menschen entweder verwöhnen oder vernichten muß; denn für leichte Demütigungen nehmen sie Rache, für schwere können sie dies nicht' tun; also muß der Schaden, den man anderen zufügt, so groß sein, daß man keine Rache zu fürchten braucht.
> *(S. 17-19)*

Doch das ist nicht einfach zynisch. Mehr als alles andere ist es lustig. Und gewagt. Menschen können sich nicht für schweres Unrecht rächen, weil sie dann nämlich, wie der Anfang des Satzes empfiehlt und das Ende bestätigt, tot sind. Der Humor dieser Sätze entspringt ebensosehr der ausgewogenen Sparsamkeit der Wörter als auch der Idee selbst; die Syntax hat die Endgültigkeit des Mordes. War Machiavelli vielleicht sowohl ein großer tödlicher Witzbold als auch der berüchtigtste Lehrer des politischen Realismus? War »Realismus« per definitionem witzig?

Der *Fürst* könnte ein Führer zur politischen Macht genannt werden – zu ihrer Erringung und ihrer Erhaltung, ein Handbuch über den Umgang mit Feinden und Freunden, die Eroberung feindlicher und die Aufrechterhaltung der Loyalität freundlich gesinnter Völker, den Einsatz von Söldnern und regulären Armeen und so weiter. Es ist ein extrem weltliches Buch. In den vorangegangenen Wochen hatten wir Ausschnitte von Thomas von Aquin und Christine de Pisan gelesen, und ich wollte gerne von der scholastischen Philosophie und dem Mittelalter im allgemeinen loskommen. Ich wollte zur Moderne kommen. Kulturgeschichte der Gegenwart war kein Geschichtskurs, sondern eine Sammlung von Schlüsselwerken der Philosophie und der politischen Theorie, und das Seminar überging viele historische Perioden, übersprang z. B. beinahe achthundert Jahre von Augustinus zu Thomas von Aquin. Obwohl ich letztlich alles las, habe ich selbst auch einiges übersprungen, indem ich mehrere außerordentlich wichtige Schriftsteller auf der Lektüreliste ausließ, nicht nur Thomas von Aquin, sondern auch Luther und Calvin, deren Schriften für die Reformation von zentraler Bedeutung waren, sowie Bacon, Galilei und Descartes, die Schöpfer der modernen wissenschaftlichen Forschung. Ich hatte meine eigenen Vorlieben, und ich war begierig, ihnen zu frönen. Ich wollte die soziale Demoralisierung verstehen, von der die Vereinigten Staaten ergriffen wurden, die Angst, die Verbrechen, den Kampf zwischen den sozialen Schichten, die mörderischen Schwierigkeiten der Armen und die Konsolidierung der politischen Stimmung gegen sie. Das Seminar über die Kulturgeschichte der Gegenwart war in seine entscheidende Phase eingetreten – die Schlüsseltexte der modernen politischen Theorie und politischen Ökonomie. Der Suche nach den Elementen der bürgerlichen Gesellschaft und der gemeinsamen Identität. Was hielt eine Gesellschaft zusammen? Verbrechen und die Feindseligkeit ethnischer und verschiedener Interessengruppen schienen der amerikanischen Gesellschaft in gewisser Weise ihre Legitimation zu entziehen. Was legitimierte sie in erster Linie?

Mit Machiavelli wurden wir in die Moderne geschleudert. Der Staat ist nach Machiavelli etwas, das der Mensch willentlich erschafft. Stephanson erklärte uns den geschichtlichen Hintergrund. Italien war zur Zeit der Renaissance ein Chaos von sich bekriegenden Herzogtümern und Staaten, die oft von fremden Mächten wie Frankreich, Spanien und Österreich beherrscht wurden. Machiavelli, der Florenz jahrelang als Botschafter am päpstlichen Hof und in anderen Staaten gedient hatte, suchte nach einem einigenden Band. Das Spiel war im Gange: Der Sieg würde dem Waghalsigen, dem Wissenden, dem strategisch Skrupellosen zufallen. Machiavelli hatte die endlosen Intrigen satt und war der Leute mit bloß gutem Willen überdrüssig. Cesare Borgia, der brillante und ehrgeizige Bastard von Papst Alexander VI., stand seinem Ideal näher. Machiavelli war ihm einige Male begegnet.

Als der Herzog die Romagna erobert hatte, fand er, daß sie von unfähigen Landesherren beherrscht wurde, die ihre Untertanen mehr ausplünderten als regierten und ihnen eher Grund zur Uneinigkeit als zur Einigkeit gaben, so daß das ganze Land von Räubereien, Händeln und jeder Art von Ausschreitung heimgesucht wurde; so hielt er es für notwendig, ihm eine gute Regierung zu geben, um es zu innerem Frieden und zu Gehorsam gegenüber der Obrigkeit zurückzuführen. Deshalb stellte er an

die Spitze des Landes Herrn Remirro de Orco, einen grausamen und entschlossenen Mann, dem er uneingeschränkte Vollmacht erteilte. Dieser stellte in kurzer Zeit Ruhe und Ordnung wieder her und verschaffte sich damit die größte Achtung. Doch danach hielt der Herzog solch übermäßige Machtvollkommenheit nicht mehr für notwendig, da er fürchtete, sie könnte Haß auf sich ziehen; und er setzte im Zentrum des Landes eine bürgerliche Verwaltung mit einem hervorragenden Präsidenten ein, bei der jede Stadt ihren Vertreter hatte. Da er jedoch wußte, daß die bisherige Härte ihm etlichen Haß eingetragen hatte, wollte er, um die Bevölkerung zu besänftigen und sie ganz für sich zu gewinnen, zeigen, daß Grausamkeiten, soweit sie vorgekommen waren, nicht auf ihn zurückgingen, sondern auf den boshaften Charakter seines Statthalters. Daher ergriff er die erste beste Gelegenheit und ließ ihn eines Morgens in Cesena auf dem Marktplatz in zwei Stücke teilen und mit einem Stück Holz und einem blutigen Messer daneben zur Schau stellen. Die Brutalität dieses Schauspiels löste bei der Bevölkerung zugleich Genugtuung und Betroffenheit aus.
*(S. 55-57)*

Ja, ich wette, daß es das tat. Dem Leser auch. Mir gefiel die Art, wie die Beseitigung des bösen, aber nützlichen de Orco bis zum letztmöglichen Moment aufgeschoben wird. Ein großartiges Comic-timing. Machiavelli war ein außergewöhnlicher *Schriftsteller,* was ich mit Sicherheit nicht bemerkt hatte, als ich den *Fürsten* vor dreißig Jahren zum ersten Mal las. Und nachdem ich so viele Dichter gelesen hatte, die auf der Jagd nach der Tugend waren, nach so vielen geistigen Bemühungen und metaphysischen Bestrebungen, war ich von diesem, unserem ersten bösartigen Text fasziniert, einem Buch, das auf seine Weise der geistigen Atmosphäre unserer heutigen Welt so nahe kommt. Wer sollte die Macht haben? In welcher Art Staat würden wir gerne leben? Wieviel Freiheit würden wir aufgeben, um einen stabilen Staat zu erhalten? Hier gab es wenigstens eine Darstellung der Autorität.

Aus der erschreckenden Offenheit schälten sich ein Ethos und ein Realitätsgewinn heraus, und ich glaube nicht, daß man es einfach Zynismus oder Machtanbetung nennen kann. Man beachte, daß Machiavelli in dem obigen Zitat die Errungenschaft von Ordnung und einer guten Regierung – nicht den Besitz der Macht selbst – preist. Was aber sollte getan werden, um die Ordnung aufrechtzuerhalten?

Gut angewandt kann man solche [Grausamkeiten] nennen – wenn es erlaubt ist, vom Schlechten etwas Gutes zu sagen –, die man auf einen Schlag ausführt aufgrund der Notwendigkeit, sich zu sichern, und bei denen man dann nicht verharrt, sondern sie – soweit wie möglich – in Wohltaten für die Untertanen verwandelt; schlecht angewandt sind solche, die zwar anfangs von geringer Zahl sind, mit der Zeit jedoch zunehmen statt zu schwinden. Diejenigen, welche nach der ersten Methode verfahren, können mit Gottes und der Menschen Hilfe manch ein Mittel zur Sicherung ihrer Herrschaft finden, wie dies für Agathokles zutraf; den anderen ist es unmöglich sich zu behaupten.

Demnach ist festzuhalten, daß bei der Aneignung eines Staates der Eroberer alle Gewalttaten in Betracht ziehen muß, die zu begehen nötig ist, und daß er alle auf einen Schlag auszuführen hat, damit er nicht jeden Tag von neuem auf sie zurückgreifen braucht, sondern, ohne sie zu wiederholen, die Menschen beruhigen und durch Wohltaten für sich gewinnen kann. Wer anders handelt, sei es aus Furchtsamkeit, sei es aus Unverstand, ist immerzu genötigt, das Messer in der Hand zu halten; er kann sich niemals auf seine Untertanen verlassen, da diese wegen der immer neuen und ständigen Gewalttaten nie vor ihm sicher sein können. Daher muß man alle Gewalttaten auf einmal begehen, damit sie weniger fühlbar werden und dadurch weniger verletzen; Wohltaten hingegen muß man nach und nach erweisen, damit sie besser wahrgenommen werden.
*(S. 73)*

Dieser Absatz ist kein Lob der Grausamkeit. Er ist ein Versuch, die Natur der politischen Wirklichkeit zu beschreiben. Einfachheit und Beständigkeit – was die meisten von uns politische Moral nennen würden – sind für einen Fürsten nicht möglich, weil seine jeweiligen Handlungen unausweichlich den Kontext für spätere Handlungen verändern. Er schafft ständig seine eigene Realität. Das ist die

Natur der Macht. Um sich den durch seine eigenen Handlungen bewirkten Veränderungen anzupassen, muß er notwendigerweise heu-
cheln, unaufrichtig handeln, als tugendhaft erscheinen, auch wenn
er es nicht ist. Der mit Verzögerung eintretende doppeldeutige Witz
wird durch Machiavellis dynamischen Begriff der Realität hervorgerufen, bei dem eine Machtausübung immer die Basis für die nächste
bildet. Die Wirklichkeit ist in sich selbst ironisch; und Machiavellis
Schreiben ist ein Akt der Bosheit gegen die Buchstabengläubigen, genau wie das Leben ein Zustand der Bosheit ist, der sich gegen die
Buchstabengläubigen richtet.

Es gibt nämlich kein anderes Mittel, sich vor Schmeicheleien
zu hüten, als den Menschen zu verstehen zu geben, daß sie dich
nicht beleidigen, wenn sie dir die Wahrheit sagen; wenn dir aber
jeder die Wahrheit sagen darf, bleibt die Ehrerbietung dir gegenüber aus.
*(S. 185)*

Was ein harmloser tugendhafter Rat zu sein scheint – bestrafe niemanden dafür, daß er dir die Wahrheit sagt –, wird zu beißender
Ironie. Unbedeutende Leute, so stellt sich heraus, *sollten* dem Fürsten schmeicheln, da er die Wahrheit nur von den Mächtigen erfahren kann. Kein Wunder, daß so viele Leute Machiavelli haßten; er
war unverzeihlich offenherzig. Aber Machiavelli ist weniger ein Zyniker als vielmehr jemand, der um den Nutzen des Zynismus weiß.
Die Leute würden nicht tun, was man von ihnen erwartet oder was zu
tun man ihnen aufträgt. Der Herrscher kann ihre Zustimmung erlangen, aber nur durch Arglist, Gewalt, Weisheit, willkürliche Großzügigkeit und eine schlaue, jeweils aktuelle Einschätzung der Situation.
Alles andere wäre Illusion.
   Stephanson war glücklich, wie ich bemerkte. Seine blauen Augen
funkelten; er überschlug sich beinahe bei seiner genüßlichen Darle-
gung. »Hier gibt es einen ungeheuren Bruch mit der scholastischen
Tradition des Mittelalters«, sagte er, wobei er sich auf Thomas von
Aquin bezog, den wir kürzlich besprochen hatten. »Die scholastische
Tradition beschäftigt sich mit Allgemeinbegriffen. In der Welt eines
Theologen ist das Leben vorübergehend. Aber Machiavelli ist an den
Besonderheiten des *Hier und Jetzt* interessiert. Er hat kein Interesse

an einem religiösen Moralstück; er beschäftigt sich mit dem, was ist, nicht mit dem, was sein sollte. Geschichte bezieht sich für ihn auf die Zeit – auf Strategie, Taktik – nicht auf den Raum.«

Machiavelli vermied nicht nur jede Äußerung über das Naturrecht oder die idealen Ziele des Lebens, sondern trug auch wenig zu dem bei, was als »Essentialismus« bekanntgeworden ist – jede a priori aufgestellte Aussage über eine inhärente von Gott geschaffene Qualität bei Menschen, Staaten, Zielen. Die Menschen waren allein auf dieser Erde und konnten – und würden – tun, was sie wollten. Die meisten Menschen heutzutage, ob religiös oder nicht, glauben das, doch im sechzehnten Jahrhundert war dies mit Sicherheit etwas vollkommen Neues. Diese freche, illusionslose Art, die Dinge zu nehmen, wie sie waren, war sowohl ungeheuer aufregend als auch beinahe moralisch, da sie auf Aktualität bestand; es wäre unverantwortlich, sagte Machiavelli, zu leugnen, daß das Leben eben genau so wäre, und unverantwortlich, so zu handeln, als ob die Menschen im christlichen Sinne gut wären, also freundlich, liebevoll, gnädig, uneigennützig, verzeihend.

Daraus ergibt sich die Streitfrage, ob es besser ist, geliebt als gefürchtet zu werden oder umgekehrt. Die Antwort ist, daß man das eine wie das andere sein sollte; da es aber schwerfällt, beides zu vereinigen, ist es viel sicherer, gefürchtet als geliebt zu werden, wenn man schon den Mangel an einem von beiden in Kauf nehmen muß. Denn man kann von den Menschen im allgemeinen sagen, daß sie undankbar, wankelmütig, unaufrichtig, heuchlerisch, furchtsam und habgierig sind; und solange du ihnen Gutes erweist, sind sie dir völlig ergeben: sie bieten dir ihr Blut, ihre Habe, ihr Leben und ihre Kinder, wenn – wie ich oben gesagt habe – die Not fern ist; kommt diese dir aber näher, so begehren sie auf. Ein Fürst, der sich völlig auf ihre Versprechungen verlassen hat, ohne andere Vorbereitungen zu treffen, ist dann verloren; denn Freundschaften, die man durch Geld und nicht durch Großmut und Seelenadel erwirbt, hat man zwar bezahlt, aber man besitzt sie nicht und kann sie in Zeiten der Not nicht in Anspruch nehmen. Auch scheuen sich die Menschen weniger, einen zu verletzen, der sich beliebt macht, als einen, den sie fürchten; denn die Liebe wird durch das Band der Dankbarkeit

aufrechterhalten, das, weil die Menschen schlecht sind, von ihnen bei jeder Gelegenheit des eigenen Vorteils wegen zerrissen
wird; die Furcht aber wird durch die Angst vor Strafe aufrechterhalten, welche dich niemals verläßt.
*(S. 129-131)*

Dies ist eine erstaunliche Anwendung der Vernunft, um böse Gedanken zu produzieren. Gott, was für ein Gemüt! Seine Illusions-
losigkeit hatte ihm den Ruf gefühlloser Amoralität eingetragen. Er
brachte die Dummköpfe zur Weißglut, die in seinem Werk ein bloßes
Handbuch für Diktatoren sahen. Aber in seinen umfangreichen Betrachtungen über die römische Geschichte, den *Discorsi,* von denen
wir auch einige Abschnitte lasen, sprach Machiavelli von republika-
nischen Grundsätzen und sogar von getrennten Gewalten – das Volk,
der Herrscher und der Senat –, die einander in Schach halten sollen.
Und es wurde klar, daß Machiavelli, wie Isaiah Berlin betont hat, keineswegs ein Amoralist war, sondern ein Mann, der an eine frühere,
heidnische Form von Moralität glaubte, an solche Eigenschaften wie
Stolz, Mut, Pflichtbewußtsein, Stoizismus und so weiter, die Perikles
und die Führer der römischen Republik auszeichneten.[*] Solche Qualitäten würden einen Staat zu Ruhm bringen. Die christliche Moral
sei nicht falsch, aber bei einem Staatsführer im allgemeinen nutzlos
und könne zu größeren Katastrophen – im Sinne von Anarchie und
Chaos – führen als bloß zu offener Unbarmherzigkeit. Was im privaten Bereich von grundlegender Bedeutung sein mag, kann im öffentlichen Bereich unglücklich, sogar schädlich sein. »Wir neigen dazu,
Machiavelli auf eine realistische oder machtbesessene Tradition festzulegen, bei der das Ziel immer die Mittel heiligt«, sagte Stephanson.
»Aber das trifft auf Machiavelli nicht zu. Manchmal ist es gerechtfertigt, rücksichtslos zu sein, und manchmal ist es richtig, gut zu sein.
Es ist eine pragmatische Auffassung, das Gegenteil von Moral, bei
der gewisse Dinge *universale Geltung* haben – wie etwa, daß Töten
immer schlecht ist. Aber Machiavelli sagt nirgends, daß das Ziel die
Mittel rechtfertigt.«

---

[*] Berlins großartiger Essay »The Originality of Machiavelli« wurde in dem Sammelband *Against the Current: Essays in the History of Ideas* (New York: Penguin, 1982)
veröffentlicht.

Stephanson führte uns weiter zum nächsten politischen Denker, der im Seminar über die Kulturgeschichte der Gegenwart behandelt wird, Thomas Hobbes. »Machiavelli ist gleichzeitig international und provinziell«, sagte Stephanson. »Der Staat war eine Belohnung, die man in die Hand nehmen konnte. Aber Machiavelli ist nicht an Legitimität interessiert, und er konnte nicht wissen, daß die folgenden zweihundertfünfzig Jahre von den absoluten Herrschern der Nationalstaaten dominiert werden würden.«

Legitimität war das Hauptthema des nächsten Teils der Lektüreliste im Seminar über die Kulturgeschichte der Gegenwart. Was rechtfertigte den Staat? Was rechtfertigte die Einschränkung der absoluten Freiheit der Individuen? Wie kam es überhaupt zu bürgerlichen Gesellschaften und Regierungen? Es gab keinen Grund, weshalb Machiavelli diese Fragen hätte behandeln sollen, aber das Fehlen jeglicher Darstellung von Beständigkeit in seinem Werk machte die Lektüre zu einer schwindelerregenden, beinahe nervenaufreibenden Erfahrung. Man gelangte niemals zu einem Ruhepunkt; die Macht lag immer in Reichweite – doch dann entglitt sie wieder. Einige seiner Beispiele aus der römischen Geschichte bilden eine Art tragischen Zyklus, in dem die Macht von Exzessen abgelöst wird oder von der Degenerierung der Herrschaft, die ihrerseits zur Herrschaft des Mobs und zum Chaos führen, auf die wiederum die Machtergreifung eines neuen Herrschers folgt und immer so weiter. Man suchte vergeblich nach einem Prinzip des Gleichgewichts; statt dessen bekam man den Eindruck universellen Kampfes und universeller Unzufriedenheit.

Die Frage nach Legitimität brach von allen Seiten über die Studenten herein, und das Fehlen jedweder Hoffnung, bei dem erstaunlich modernen Machiavelli eine Antwort zu finden, machte allen schwer zu schaffen, es war ein Hinweis auf das mögliche Chaos, das uns in der Zukunft treffen konnte.

Kapitel 14

HOBBES UND LOCKE

Ich bin einmal überfallen worden, auf dem Weg zur Arbeit. Ich war verschlafen und einen Moment lang nicht auf der Hut. 1982 oder 1983, irgendwann, als ich noch keinen Computer hatte, blieb ich einen Sonntagabend sehr lange auf und tippte und korrigierte eine Filmrezension fertig, dann schlief ich eine oder zwei Stunden und wollte den Artikel anschließend ins Büro bringen. An diesem typischen drögen Montagmorgen verließ ich die U-Bahn an der Forty-second Street zwischen Park und Lexington Street, ziemlich nahe am Hauptbahnhof, und sah unten an der Treppe, die zur Straße hochführte, einen jungen Kerl untätig herumhängen. Er trug Sprinterschuhe – so viel hatte ich bemerkt –, und er hielt sich am mittleren Treppengeländer fest. *Dreh um,* sagte ich zu mir selbst. *Nimm einen anderen Ausgang.* Aber ich war müde, und dieser Ausgang lag dem Büro am nächsten. Also ging ich an ihm vorbei und die Treppe hoch, und oben auf Höhe der Straße, nicht *auf* der Straße, sondern noch in dem riesigen Gewölbe des Eingangsbereichs zur Bowery-Sparkasse, stand ein zweiter junger Mann mit Sprinterschuhen und wartete, und ich dachte: *Jetzt bist du dran.* Der Kerl oben trat vor mich und setzte mir eine Pistole auf die Brust. Inzwischen war auch der erste die Treppe hinter mir hochgekommen. Niemand sonst war in der Nähe.

Sie verlangten meine Brieftasche. Ich weiß nicht, wie es in anderen Städten ist, aber in New York sind die Leute von Jugend an darauf getrimmt, ihr Geld aus der Brieftasche zu nehmen, wenn sie überfallen werden. Man gibt den Räubern sein Bargeld, und auf die Weise nehmen sie nicht deine Kreditkarten, Ausweise und den Führerschein. Ich griff nach meiner Brieftasche, aber dann hielt ich inne und stand bewegungslos und schaute die Pistole an. Ich bin kein tapferer Mensch,

aber ich war empört. Ich dachte daran, mich zu weigern oder wegzu-
laufen. Die vernünftige Reaktion auf einen bewaffneten Überfall war
mir plötzlich fremd; oder vielleicht war ich so müde, daß ich blöde
geworden war. Sie hatten kein Recht auf mein Geld, kein Recht. *Halt
aus, halt aus, vielleicht kommt jemand vorbei.* Die Pistole, die direkt
auf meinen Bauch gerichtet war, sah unecht aus – eher wie eine Spiel-
zeugpistole als wie ein Revolver. Sie war klein, graufarben und billig
gemacht. *Sie ist nicht echt. Lauf, lauf einfach los!*

Sie verlangten nochmals die Brieftasche, diesmal wütend, und wieder stellte ich mich taub und gab sie ihnen nicht. Aber ein paar Sekunden später holte ich meine Brieftasche hervor, nahm das Geld heraus und hielt es ihnen hin. Einer der Männer schnappte es, und weg
waren sie. Sie waren einfach weg, einfach die Treppe hinunter und
verschwunden in dem riesigen Komplex von Schienen, Menschenge-
wühl, Treppen und U-Bahn-Linien – drei verschiedenen Linien insgesamt, die unterirdisch in der Nähe des Hauptbahnhofs zusammentra-
fen, und ich war so müde und angeekelt, daß ich ihnen nicht hinter-
herlief oder jemandem etwas sagte, sondern einfach gemächlich den
Weg ins Büro fortsetzte. *Ist das alles? Ist das alles?*

»Ich bin gerade überfallen worden«, erzählte ich allen vom *New
York Magazine,* als ich ins Büro ging, und alle gratulierten mir, weil
ich nicht verletzt worden und noch im Besitz meiner Brieftasche war.
*Glückwunsch, du hast einen erfolgreichen Überfall gehabt.*

Nichts war eigentlich passiert. Es war einfach Routine. Ich rief die
Polizei an, aber es war sinnlos, auf die Wache zu gehen und Fotos
von den Tätern anzuschauen, weil ich keinem ins Gesicht geguckt
hatte. Die beiden Männer waren groß, schlank, schwarz, jung, vielleicht neunzehn Jahre alt; sie trugen Sprinterschuhe und hatten so
etwas, was wie ein selbstgemachter Revolver aussah. Den Revolver
hatte ich mir angeschaut.

Im Büro vor meinem Schreibtisch begann ich zu lachen, weil mir
die Gedanken einfielen, die mir durch den Kopf gegangen waren, bevor ich die Brieftasche endlich herausgenommen hatte. Und das waren meine Gedanken gewesen: Ich müßte mit ihnen diskutieren. Ich
müßte sie fragen, *warum.* Warum sollte jemand fünf Jahre Gefängnis
riskieren für hundert Dollar?

Blödsinnige Gedanken eines amerikanischen Liberalen! Er fühlt
eine Pistole auf seiner Brust und will mit den Straßengangstern disku-

tieren! Er will sie überzeugen, daß *Verbrechen nicht zu ihrem Besten sind.*

Ich hatte das alles so gut wie vergessen. Der Zwischenfall war weder dramatisch noch lehrreich gewesen, und wenn man sich mit solchen Ereignissen aufhielte, während man in New York oder irgendeiner anderen der großen amerikanischen Städte lebte, würde man die Wohnung nie mehr verlassen. Aber als ich im Seminar über die Kulturgeschichte der Gegenwart Hobbes las, den sauertöpfischen und unerbittlichen Thomas Hobbes, fiel mir diese Erfahrung wieder ein. Hobbes war besessen von dem, was er für die Konstanten menschlichen Verhaltens hielt: Aggressivität und Selbsterhaltungstrieb. Der bewaffnete Überfall am U-Bahnausgang war sicherlich ein Beispiel für den erstgenannten Instinkt. Aber war er irgendwie auch ein Beispiel für den Selbsterhaltungstrieb? Ich hatte mit den Dieben diskutieren wollen, weil ich bestürzt war. Der Mensch der Mittelschicht war immer leicht bestürzt, schockiert darüber, daß irgend jemand so selbstzerstörerisch handeln konnte. Eine Menge junger Menschen in den Innenstädten handelten auf diese Weise. Niemand aus der weißen Mittelschicht konnte sie verstehen. Aber jetzt, als ich Hobbes las, wollte ich verstehen.

Hobbes begann von Grund auf; am Anfang stand seine Auffassung, daß die menschliche Natur auf der Kontinuität des egozentrischen Verhaltens basiert oder auf dem, was wir Begehren und Habsucht nennen würden. Hobbes hatte eine prinzipiell dynamische Auffassung vom Leben. Aber als er *Leviathan* schrieb, sein 1651 veröffentlichtes Hauptwerk der politischen Theorie, verarbeitete er den Einfluß von Galilei, den er 1630 in Florenz kennengelernt hatte. Hobbes folgte den Theorien Galileis und nahm an, daß die Himmelskörper in ihrem natürlichen Zustand nicht unbeweglich wären, wie es die Wissenschaft des Mittelalters, die unter dem starken Einfluß von Aristoteles stand, angenommen hatte. Statt dessen wären die Körper, wenn sie nicht aufgehalten würden, in ständiger Bewegung und konnten folglich auch kollidieren. Und so wäre es auch mit den Menschen. Wir seien aggressiv und habgierig und würden vom Wunsch nach Macht und der Angst vor dem Tod (im wörtlichen Sinne) angetrieben.

Denn es gibt kein *finis ultimus,* d. h. letztes Ziel, oder *summum bonum,* d. h. höchstes Gut, von welchem in den Schriften der alten Moralphilosophen die Rede ist. Auch kann ein Mensch, der keine Wünsche mehr hat, so wenig weiterleben wie einer, dessen Empfindungen und Vorstellungen zum Stillstand gekommen sind. Glückseligkeit ist ein ständiges Fortschreiten des Verlangens von einem Gegenstand zu einem anderen, wobei jedoch das Erlangen des einen Gegenstandes nur der Weg ist, der zum nächsten Gegenstand führt. Der Grund hierfür liegt darin, daß es Gegenstand menschlichen Verlangens ist, nicht nur einmal und zu einem bestimmten Zeitpunkt zu genießen, sondern sicherzustellen, daß einem zukünftigen Verlangen nichts im Wege steht. Und deshalb gehen die willentlichen Handlungen und Neigungen aller Menschen nicht nur darauf aus, sich ein zufriedenes Leben zu verschaffen, sondern auch darauf, es zu sichern. Sie unterscheiden sich nur im Weg; dies kommt teils von der Verschiedenheit der Leidenschaften bei verschiedenen Menschen, teils von ihren unterschiedlichen Kenntnissen oder Meinungen, die jeder einzelne von den Ursachen hat, die die begehrten Wirkungen hervorbringen.

So halte ich an erster Stelle ein fortwährendes und rastloses Verlangen nach immer neuer Macht für einen allgemeinen Trieb der gesamten Menschheit, der nur mit dem Tode endet. Und der Grund hierfür liegt nicht immer darin, daß sich ein Mensch einen größeren Genuß erhofft als den bereits erlangten oder daß er mit einer bescheidenen Macht nicht zufrieden sein kann, sondern darin, daß er die gegenwärtige Macht und die Mittel zu einem angenehmen Leben ohne den Erwerb von zusätzlicher Macht nicht sicherstellen kann.
*(S. 75)*

Dies war die überzeugendste Darstellung der natürlichen Ursache der Habgier, die ich jemals gelesen hatte: Wenn man nicht auf der Hut ist, dann behält man nicht, was man bereits erworben hat. Habgier wurde in Hobbes' System durch eine begründete Paranoia hervorgerufen. Was Hobbes hier in seiner zwingenden, unangenehmen Art geschrieben hatte, war auch eine verblüffende Vorwegnahme des Freudschen Es: Niemals läßt es nach. Wir werden getrieben vom Wunsch nach

Lob, nach Ruhm, nach Reichtum und Ehre. Hobbes maß der vornehmen Geburt, dem Primat von Königen und Aristokraten, kaum Bedeutung zu und schuf eine rudimentäre Ideologie von einer neuen Gesellschaft, einer kapitalistischen Gesellschaft. Die Menschen sind im großen und ganzen gleich, in dem Sinne, daß jeder Mensch einen anderen töten könnte; Vorteile an Stärke und Geist können durch Schlauheit und List ausgeglichen werden. Zu einem gewissen Zeitpunkt, bevor die Regierungen existierten, waren wir alle gleich und frei, und Gleichheit führt zu einem Ethos, das auf Wettbewerb und Kampf basiert.

Aus dieser Gleichheit der Fähigkeiten entsteht eine Gleichheit der Hoffnung, unsere Absichten erreichen zu können. Und wenn daher zwei Menschen nach demselben Gegenstand streben, den sie jedoch nicht zusammen genießen können, so werden sie Feinde und sind in Verfolgung ihrer Absicht, die grundsätzlich Selbsterhaltung und bisweilen nur Genuß ist, bestrebt, sich gegenseitig zu vernichten oder zu unterwerfen. Daher kommt es auch, daß, wenn jemand ein geeignetes Stück Land anpflanzt, einsät, bebaut oder besitzt und ein Angreifer nur die Macht eines einzelnen zu fürchten hat, mit Wahrscheinlichkeit zu erwarten ist, daß andere mit vereinten Kräften anrücken, um ihn von seinem Besitz zu vertreiben und ihn nicht nur der Früchte seiner Arbeit, sondern auch seines Lebens und seiner Freiheit zu berauben. Und dem Angreifer wiederum droht die gleiche Gefahr von einem anderen. *(S. 94-95)*

Was für ein grausamer und unerfreulicher Schriftsteller! Aber wie schwer läßt er sich abschütteln! Er hat einen eigenen Klang – bedrohlich, düster, unbarmherzig –, und allmählich fand ich an seinen methodisch exakten, unangenehmen Äußerungen Gefallen, seinem überladenen, schwerfälligen Stil des siebzehnten Jahrhunderts. Hobbes war der erste Autor, den wir in einem der beiden Kurse lasen, der auf englisch geschrieben hatte, und meine Erleichterung, endlich meine eigene Sprache lesen zu können und nicht die Annäherungen eines Übersetzers, war überwältigend, aber auch überschattet von einer Angst, wie sie von Hobbes immer hervorgerufen wird.

Sein Pessimismus entsprach unseren Ängsten – vor dem, was wir sind, was wir werden könnten. Er war das Schreckgespenst der politischen Theorie, ein überdimensionales Monster, das in seiner traurigen Ernüchterung beinahe komisch wirkte. »Meinen wir wirklich, daß die menschlichen Wesen so sind?« Stephanson erklärte, daß Hobbes' Ideen von der Gesellschaft auf seinem Eindruck von der englischen Gesellschaft während der Bürgerkriege von 1640 basierten. Hobbes war ein schüchterner Mann mit einem eingefleischten Abscheu vor Chaos und floh nach Frankreich, wo er dann *Leviathan* schrieb. Seine Beschreibung des Lebens in einem Naturzustand – ein Leben ohne eine starke funktionierende bürgerliche Regierung – ist vielleicht der berühmteste Passus innerhalb der politischen Theorie.

Deshalb trifft alles, was Kriegszeiten mit sich bringen, in denen jeder eines jeden Feind ist, auch für die Zeit zu, während der die Menschen keine andere Sicherheit als diejenige haben, die ihnen ihre eigene Stärke und Erfindungskraft bieten. In einer solchen Lage ist für Fleiß kein Raum, da man sich seiner Früchte nicht sicher sein kann; und folglich gibt es keinen Ackerbau, keine Schiffahrt, keine Waren, die auf dem Seeweg eingeführt werden können, keine bequemen Gebäude, keine Geräte, um Dinge, deren Fortbewegung viel Kraft erfordert, hin- und herzubewegen, keine Kenntnis von der Erdoberfläche, keine Zeitrechnung, keine Künste, keine Literatur, keine gesellschaftlichen Beziehungen, und es herrscht, was das Schlimmste von allem ist, beständige Furcht und Gefahr eines gewaltsamen Todes – das menschliche Leben ist einsam, armselig, ekelhaft, tierisch und kurz.
*(S. 96)*

Angst perlte wie Schweiß aus diesen gnadenlosen Zeilen, aus diesem berühmten, höchst schrecklichen »ekelhaft, tierisch und kurz«. Der erste Naturzustand in ferner Vergangenheit war kein Eden, sondern das Gegenteil, ein Zustand des Mangels, der Entbehrung und der Furcht. Im gegenwärtigen Augenblick, sagt Hobbes, existiert der Naturzustand nirgends mehr, außer während eines Bürgerkrieges oder vielleicht unter den Wilden in Amerika oder möglicherweise als Beschreibung der Beziehungen *zwischen* souveränen Staaten. Der Naturzustand ist eine Fiktion – ein theoretisches Konstrukt –, aber weil er so schrecklich ist, ist es im Interesse eines jeden Menschen, seiner bloßen Möglichkeit zu entsagen. Was bedeutet, daß man auf einen Teil seiner Freiheit verzichtet. Nicht auf die ganze Freiheit: Man kann nicht auf sein Recht verzichten, sich zu verteidigen. Aber man kann, um Frieden zu erhalten, das Recht auf grenzenlose Freiheit und Aggression aufgeben – das heißt, so viel von der eigenen Freiheit im Verhältnis zu anderen aufzugeben, wie diese im Verhältnis zu einem selbst aufgeben. Ich werde deinen Besitz nicht stehlen, weil ich nicht will, daß du meinen stiehlst. Eine vernünftige Berechnung des Eigeninteresses besiegelt den Pakt.

Und dann, wenn du das Recht auf absolute Freiheit aufgegeben, d. h., jemand anderem, z. B. einem Souverän, übertragen hast, bist du dazu verpflichtet zu gehorchen. Du mußt selbst den Gesetzen gehorchen, die du für ungerecht hältst, denn ein Gesetz zu brechen bedeutet, gegen dich selbst zu handeln, da der Souverän jetzt deine Rechte und deine Freiheit verkörpert. Da die Menschen, wie wir gesehen haben, aggressiv und unersättlich sind und den Wunsch haben, ständig ihre Herrschaft auszuweiten, bloß um das zu behalten, was sie bereits besitzen, muß der Souverän über die absolute Macht des Bestrafens verfügen. Die Menschen müssen eingeschüchtert werden: Der häusliche Friede basiert auf Furcht. Das ist die konservative Auffassung *in excelsis.*

Dies ist auch der Punkt, der so viele Leser von Hobbes, mich nicht ausgenommen, beunruhigt hat: Es gibt eine verwirrende Zweischneidigkeit in Hobbes' Beschreibung des Naturzustandes. Als ich sie las, konnte ich mir nicht vorstellen, daß man sie als eine Beschreibung einer anormalen Situation auffassen sollte. Nein, was immer Hobbes sagen würde, ich war überzeugt, daß er sie als eine übertriebene Version des normalen Lebens verstanden wissen wollte. Und wenn wir Hobbes nicht als eine Alptraumversion unserer normalen Wirklichkeit lesen würden, dann hätte er sicherlich nicht die Macht, uns heimzusuchen. Was er tut.

In Stephansons Seminar ging Noah Martz, der eifrigste aller Studenten, der auch Leora Cohen zu ihrer Auslegung der jüdischen Orthodoxie herausgefordert hatte, zum Angriff über. »Das ist ein Rezept für den Totalitarismus«, sagte er.

»Für den Totalitarismus?« fragte Stephanson in spöttischem Ton. »Wie kann man etwas so Bourgeoises sagen.«

Er hänselte Noah, um ihm eine Nasenlänge voraus zu sein. In seiner Sprache war »totalitär« ein Wort, das durch zu häufige ignorante antikommunistische Tiraden korrumpiert worden war. Und er sagte: »Sie als Intellektueller sollten das Wort nicht so leichtsinnig gebrauchen.« Gleichzeitig bedauerte ich seine Verwendung des Wortes »bourgeois«, denn es war automatisch eine Beleidigung. Aber ich hatte keine Gelegenheit, Protest einzulegen; die anderen waren schon weitergegangen. »Es geht um alles oder nichts«, sagte Noah, und sein blasses Gesicht verfärbte sich ein wenig, als er die Aussage leicht modifizierte. »So, wie Hobbes es darlegt, bedeutet es entweder die totale Kontrolle oder keine Kontrolle. Das ist manichäisch.«

Das war das zentrale Problem. Hobbes' Ansichten mangelte es an Differenzierung. Die Angst vor gesellschaftlichem Chaos reißt den Bürger wie ein Sturzbach bis zu dem Punkt mit sich, an dem er seine Freiheiten für immer an den Souverän abtritt. »Hobbes wünschte die Zensur«, sagte Noah. »Er widersetzte sich der freien politischen Diskussion an den Universitäten.« Und ihm war es egal, ob, worauf Stephanson Wert legte, Karl I. oder Oliver Cromwell England regierte, wenn sie es nur absolut taten. Es schien Hobbes nicht eingefallen zu sein, daß das Leben unter einem absoluten Souverän schlimmer sein könnte als der Naturzustand. Was wäre, wenn der Souverän Caligula hieße?

In Stephansons Seminar hatte ich beinahe von Anfang an immer wieder die Hand gehoben und eine Frage formuliert oder ein Problem zur Diskussion gestellt, und Stephanson hatte meine Einmischung toleriert, sogar willkommen geheißen; »Interventionen« nannte er meine Bemerkungen, das gab ihnen einen formellen und gewollten Klang, was ich jedoch nicht beabsichtigte. Die Wahrheit war einfacher: Ich war unfähig, meiner Rolle als Betrachter treu zu bleiben. Ich saß abseits an der Wand, machte Notizen und wurde ungeduldig. Ich wollte schreien, aufspringen, mit Stephanson diskutieren. Beschämt ertappte ich mich dabei, wie ich mit den Studenten wetteiferte. Stephanson schien meinen Hunger zu verstehen, denn er erteilte mir bei einer Gelegenheit das Wort und ließ zu, daß ich mit meinen Gedanken zu Machiavelli herausplatzte.

Im Seminar über Hobbes platzte ich ebenfalls dazwischen. Denkt an die Wall Street und die Innenstädte, sagte ich. Hier könnte man einen Hobbesschen Fall konstruieren. Die Reduzierung der Vorschriften für die Hochfinanz zur Zeit Reagans, der die Habgier pries, den Leuten sagte, daß sie moralisch in Ordnung, ja sogar eine gute Sache sei, und der die Reichen mit niedrigeren Steuern belohnte. Und siehe da, das Ergebnis waren exzessive Ausbeutung, Korruption, Insidergeschäfte, ein Rückfall in den Kapitalismus in seiner extrem gesetzlosen und zerstörerischen Form ... Und in den Innenstädten hat die Verminderung der Polizeipräsenz, die Einsparung der Polizeistreife – und letztlich die Reduzierung der Angst – es den jungen Leuten leichter gemacht, kriminell zu werden. In den achtziger Jahren ist die Angst vor Strafe zurückgegangen. Der Kampf aller gegen alle ist ausgebrochen. Kinder jagen einander mit automatischen Waffen. Hobbes hat eine schreckliche Beschreibung nicht nur von Jugoslawien nach dem Zusammenbruch geliefert, sondern auch von der Wall Street, von Washington D.C. und South Central Los Angeles in den vergangenen fünfzehn Jahren.

Die Studenten erwiderten, daß es außer der Verminderung des äußeren Zwangs viele andere Gründe für Insidergeschäfte und driveby shootings (Leute aus dem fahrenden Wagen heraus zu liquidieren) gebe. Was das letztere anging, stimmte ich ihnen zu – ich wußte, daß in Städten wie New York nach dem Krieg viele Fabriken geschlossen wurden, ich wußte vom Fortbestehen des Rassismus, dem verminderten Polizeischutz für die Bürger in den Innenstädten. Aber könnten sie nicht zugeben, fragte ich sie, daß Hobbes ihnen vielleicht etwas zu sagen hätte? Könnte Freiheit nicht genausogut zum Schlechten führen wie zum Guten?

Dies waren unangenehme Worte, und niemandem gefiel das. Die Diskussionen in Stephansons Seminar verliefen meist ungezwungen, aber ich hörte nie eine einzige Verallgemeinerung über das Verhalten einer bestimmten sozialen Gruppe oder der ganzen Menschheit. Der Unwille, *überhaupt* zu verallgemeinern – der Wunsch, absolut alles als besonderen Fall zu sehen, der durch spezifische historische Umstände hervorgerufen wurde –, war die studentische Version von politischer Korrektheit. Die Verbrechensrate von schwarzen Jugendlichen in den Innenstädten war extrem hoch, und die Angst vor dieser Kriminalität und auch vor dem Verbrechen selbst war ganz klar eine

Bedrohung für das Wohlbefinden der Gesellschaft.[*] Doch würden alle Studenten das Verhalten dieser jungen Leute niemals genau kennzeichnen. Sie konnten auch nicht die Möglichkeit der Hobbesschen Vorstellung von einer wesentlichen und unveränderlichen menschlichen Natur in Erwägung ziehen.

Wenn ihnen der akademische Jargon geläufig gewesen wäre, hätten die Studenten vielleicht etwas wie dies geäußert: Die Vorstellung von einem universalen »rationalen Eigeninteresse« ist eine Täuschung. Die Leute handeln nicht notwendigerweise in ihrem eigenen Interesse. Im Gegenteil, das »Eigeninteresse« ist ein Konstrukt, das von den Leuten kommt, die bereits Macht besitzen und gerne einen angeblich angeborenen Charakterzug entdecken möchten, der es rechtfertigen könnte, noch mehr Macht zu erwerben. Machtlosigkeit ist genau die Situation, die Leute wie die jungen Menschen in den Innenstädten daran hinderte, ihr »Eigeninteresse« zu formulieren und dementsprechend zu handeln.

Mit oder ohne Akademikerjargon spürten die Studenten, daß ich sie dazu verführen wollte, die politisch inkorrekte Sünde der sozialen Verallgemeinerung zu begehen, und sie wichen zurück. Nur bestimmte Menschen, sagten sie, Menschen, um mit diesem Beispiel zu beginnen, die habsüchtig seien, fühlten sich von einer Karriere im organisierten Verbrechen angezogen, und eine ähnliche Selbstauslese bestimmte die jungen Männer, die boshaft genug sind, Crack- oder Heroindealer oder Mörder zu werden.

Die Diskussion endete nicht überzeugend, aber ein paar Tage danach erinnerte ich mich an meinen schmerzlosen Überfall ein Jahrzehnt zuvor, und die Art, wie ich im Büro über mich selbst gelacht hatte, weil ich mit den Räubern hatte diskutieren wollen. In gewisser Weise war die Situation in den Innenstädten schlimmer, als Hobbes sie sich hätte vorstellen können. Hobbes nahm an, daß die Leute, wie aggressiv und gewalttätig sie auch waren, vom Selbsterhaltungstrieb geleitet würden. Aber das besonders Erschreckende und Verwirrende an den jungen Straßengangstern in den Innenstädten war, daß sie zuweilen so handelten, als ob ihnen ihr Überleben unwichtig geworden wäre. Oder zumindest weniger wichtig als Ehre und Rache. Die

---

[*] Mitte der neunziger Jahre war die Verbrechensrate im allgemeinen etwas niedriger, aber nicht unter Jugendlichen.

218

Angst war durch etwas Stärkeres verdrängt worden: Es gab nicht genug Selbstachtung, und die aggressivsten und gesetzlosesten jungen Leute erhöhten ihre eigene Selbstachtung, indem sie die anderer verminderten. Sie handelten, als ob Würde ein Nullsummenspiel wäre. Sie begingen Gewalttaten gegen Rivalen, Freunde, Lehrer, Ältere und unschuldige Umstehende; sie wurden von anderen jungen Männern oder von der Polizei getötet, oder sie endeten im Gefängnis.

Ich gebe zu, daß es für eine wohlgenährte Person vermessen war, darüber zu spekulieren, was jemand, der auf der Straße aufgewachsen ist, gefühlt haben mag. Wenn ich tapferer gewesen wäre, hätte ich meinen beiden Angreifern prüfend in die Augen geschaut. Dann hätte ich vielleicht etwas gelernt. Aber ich war von der Pistole hypnotisiert; und ich wußte, daß man nicht jemandem in die Augen schauen sollte, der einem eine Pistole auf die Brust setzt. Viel konnte ich nicht sehen. Die Räuber hatten schwarze Jeans an, T-Shirts und Sprinterschuhe, während ich meinen normalen Büroanzug trug, einen Trenchcoat und eine Aktentasche. Sie waren mager, ich nicht; sie waren arm, ich nicht. Der Bürger und seine Feinde. Wenn, wie man so sagt, eine auf die Brust gehaltene Pistole die Person offenbart, die man geworden ist, dann wurde ich als gespalten, wütend und verwirrt offenbart.

Straßenräuber stehlen, um Drogen oder Kleidung oder vielleicht sogar Nahrungsmittel zu kaufen; sie greifen Wohlhabende weit seltener an als die Leute in ihrer eigenen Nachbarschaft. Die meisten schwarzen Verbrechen werden an Schwarzen begangen, weshalb es die Afro-Amerikaner sind, die am meisten unter der hohen Verbrechensrate der jungen Leute in den Innenstädten zu leiden haben und unter dem Fehlen richtiger Schlösser, privater Sicherheitsdienste und dem Mangel an Geld, um wegzuziehen und sich in den Industriegebieten der Vorstädte und den geschützten Wohnsiedlungen einzuigeln, was ängstliche Weiße getan haben, um dem Verbrechen zu entgehen. Als weißes Opfer war ich schon so etwas wie eine Anomalie, denn ins Zentrum von Manhattan zu kommen und sich *mich* vorzuknöpfen ist für die beiden Männer bestimmt ein Ausnahmefall gewesen. Aber wenn die meisten Kriminellen so handelten, wie Hobbes meinte, daß sie handelten, wenn sie ihre Nachbarn angriffen, dann gab es doch diesen Unterschied: Sie lebten, so schien es beinahe, als ob sie glaubten, keine Zukunft zu haben, als ob ihr Leben nicht auf eine »Geschichte« hinausliefe, sondern nur auf eine Serie von zufälligen Handlungen und improvisierter Verteidigung.

Die kulturelle Linke, meinte ich, hat vielleicht in gewissem Sinne recht mit ihrer Auffassung von der gesellschaftlich konstruierten Natur eines universalen »rationalen Eigeninteresses«. Aber inwieweit hat sie recht? Letztlich konnte ich nicht verstehen, warum der frühere Besitz von Macht eine notwendige Voraussetzung sein sollte, Eigeninteresse zu formulieren. In der Vergangenheit hatten viele machtlose Leute in Amerika – arme Immigranten aus Irland, China, Italien, Schweden, Rußland, Haiti, Korea und Vietnam zum Beispiel – irgendeine Auffassung von Eigeninteressen und handelten entsprechend. Konnte der Wunsch zu *überleben* wirklich »konstruiert« werden?

Nein, in unserer postindustriellen kapitalistischen Gesellschaft geschah etwas ganz Neues. Es hat ein kulturelles Versagen gegeben – der konservative Sprachgebrauch war mir zuwider, aber es gab keine anderen Worte. Das Zusammentreffen mehrerer Umstände, wie das Verschwinden von Arbeitsplätzen aus den Innenstädten, Jahrzehnte der Abhängigkeit von der Wohlfahrt und die Verallgemeinerung des Konsums als Lebenseinstellung, hat die ökonomische Stabilität zerstört und das Wertesystem, das notwendig ist, um »rationales Eigeninteresse« zu schaffen. Und die Medien, einschließlich *meiner* Kunstform, des Films, spielten dabei eine Rolle, jedoch nicht in der Weise, wie Janet Reno und andere Moralisten meinten.

Ich glaube zum Beispiel nicht, daß junge Männer nachahmen, was sie in Filmen sehen oder in Rap-Texten hören. (Andere Länder konsumieren dieselbe Massenkultur wie wir, haben aber viel geringere Verbrechensraten – Japan zum Beispiel, das unsere Filme und Fernseh-Shows importiert und selbst einige der blutigsten und gewalttätigsten Filme der Welt produziert.) Aber die mediale Speerspitze des Kapitalismus – die Reklame, die Filme, das Fernsehen – trug dazu bei, soziale Unruhe zu schaffen. Sie heizte den Neid an. Die Medien verhöhnten die jungen Männer mit der erotischen Verlockung des Siegerpreises, der vielen Preise, ohne ihnen die geringste Andeutung zu geben, wie man sie erhält. Fernsehen, Filme und die Popmusik sagten: »Vergnügen, Vergnügen, Vergnügen«, und praktisch nichts und niemand in der Umgebung der jungen Leute in den Medien sagte: »Arbeit.« Hier liegt die Crux: Als ein Filmkritiker und als amerikanischer

Mann glaube ich an Vergnügen, selbst an »niedrigere« Vergnügen, an »seichte« Vergnügen, und doch bringt uns offenbar der unaufhörliche Hedonismus des Medien-Ethos um. Die kriminellen jungen Männer, bei denen Bedürfnisse geweckt wurden, die aber mittellos sind, sind zu den Deppen des Kapitalismus geworden. Sie wollen Güter. Erfolgreiche Leute besitzen Güter. Es gibt kaum andere Möglichkeiten, Erfolg und Status zu definieren. Diese Begehrlichkeit zerstört das normale Eigeninteresse. In Ermangelung väterlicher Kontrolle oder äußeren Zwangs beherrscht Chaos die Innenstädte.

Ich will damit nicht andeuten, daß das Verbrechen die einzige Kraft ist, die der amerikanischen Gesellschaft ihre Legitimation nimmt, aber es hat offensichtlich einen großen Effekt auf die Art, wie wir miteinander umgehen. Indem es das Vertrauen zwischen Fremden untergräbt, die Aufgabe von Geschäften verursacht, die Gesetzestreuen vertreibt, den öffentlichen Austausch verkümmern läßt und die Menschen dazu bringt, unnatürlich und gereizt miteinander umzugehen, korrumpiert das Verbrechen jeden, nicht nur den Kriminellen. Bei meinem Zusammenstoß bin ich nicht physisch verletzt worden. Aber sein Gift war in mein Leben eingedrungen; ich bewegte mich weniger unbekümmert in der Stadt, wurde vorsichtiger, mißtrauischer, zog mich mehr auf mich selbst, meine Familie und meine Freunde zurück – ich war in meinem Lebensbereich wie in einer Festung eingeschlossen –, und ich hatte diese unglückliche Wachsamkeit und Einkapselung auch an meine Kinder weitergegeben. In verschiedener Hinsicht hatte ich einen Teil meiner Seele an die Angst vor Verbrechen verloren. Wenn ich meinen Blick von der Pistole gehoben und den beiden bewaffneten Tätern ins Auge geschaut hätte, dann hätte ich vielleicht irgendeinen Sinn entdeckt, der mir jetzt fehlte, irgendein Zeichen oder ein Gefühl, das die ganze Begegnung zu einem weniger hoffnungslosen, leeren und überflüssigen sozialen Austausch gemacht hätte. Aber ich hielt die Augen gesenkt, nicht nur weil ich Angst hatte, sondern auch weil ich nicht wollte, daß die jungen Leute sähen, wie sehr ich sie verachtete.

Eine bürgerliche Gesellschaft kann nicht existieren, wenn Männer und Frauen einander auf der Straße nicht vertrauen – das war eine Fußnote zu Hobbes' Fiktion eines Gesellschaftsvertrags. Es hört sich dumm an zu sagen, daß Straßenräuber einen Gesellschaftsvertrag ablehnten, da niemand sie (oder uns) jemals gefragt hat, ob sie (oder wir) ihn akzeptieren. Nichtsdestoweniger haben sie ihn verworfen, indem sie den Impuls zum Überleben verloren.

Im Seminar über die Kulturgeschichte der Gegenwart hat uns kein Text, den wir vor Hobbes gelesen haben, auf eine so gräßliche Auffassung von der sozialen Realität vorbereitet. Hätten sich Platon und Aristoteles Amerika angeschaut, dann hätten sie die Gesellschaft, in der es so wenig Sinn für gemeinsame Unternehmungen gibt, einfach nicht verstanden. Das Alte Testament spricht von Rache, das Neue von Gnade, aber sowohl Rache als auch Gnade ergeben moralisch nur einen Sinn, wenn sie für *Ausnahmen* gelten – die seltenen und verzweifelten Fälle, die besondere Reaktionen erfordern. Wenn beinahe ein Drittel einer bestimmten Gruppe der Bevölkerung mit dem Gesetz in Berührung kommt, werden weder Rache noch Gnade Aussicht haben, einen besonderen Effekt als Abschreckung oder Heilmittel zu erzielen. Wenn es ein gewisses Ausmaß erreicht, wird das Verbrechen selbst zum Impuls und verändert die moralische Landschaft, indem es Erfolg neu definiert als Der-Strafe-Entgehen und Scheitern als Geschnappt-Werden.

Es wäre schrecklich, von jemandem zu behaupten, daß er den Willen zum Überleben verloren habe; es bedeutete unter anderem, daß man den Tod einer solchen Person leichter akzeptieren würde. Ich war mir der Widersprüchlichkeit dieses Gedankens bewußt, der jetzt weit verbreitet ist. Was mich angeht, so wünsche ich niemandem den Tod. Auch nicht den beiden Männern, die mich überfallen haben. Ich wollte nur meine Freiheit auf den Straßen von New York. Die beiden kriminellen jungen Männer schuldeten mir meine Freiheit. Bleibt die Frage: Was schulde ich *ihnen*? Es war etwas Spezielles. Ich hatte nicht das Gefühl, daß ich die beiden jungen Männer verraten oder ihnen gegenüber versagt hätte. Ich hatte mein liberales Verständnis von Schuld aufgegeben. Da eine Pistole auf eine Stelle direkt über meinem Bauch gerichtet war, kümmerte es mich nicht, daß diese beiden jungen Männer vielleicht Opfer von historischer Ungerechtigkeit waren. Ihr Versagen war nicht mein Fehler. Aber das ist nicht dasselbe wie zu sagen, daß ich keine Beziehung zu ihnen hatte, keine Verpflichtung ihnen gegenüber oder daß ich der nächsten Generation nichts schulde.

In unserem Seminar über Hobbes hatte uns Stephanson einiges erklärt. Die englische Feudalgesellschaft, sagte er, unterschied sich von der des übrigen Europa. Die kriegerische Aufgabe der Aristokratie verlor frühzeitig an Bedeutung; der antikatholische Heinrich VIII. verkaufte im sechzehnten Jahrhundert die Ländereien der Kirche an den Adel, um seine kontinentalen Abenteuer zu finanzieren, wobei er den Handel förderte und so weiter; diese Serie von historischen Zufällen schuf eine »frühe« Form des Kapitalismus in England sowie eine neue Form des Erwerbsverhaltens, der Hobbes seine Ideen über die grundlegende wettbewerbsorientierte Natur des Menschen entnommen haben könnte.

Und nun waren wir mit John Locke in die Moderne eingetreten. Im Grunde waren wir schon so weit in die Wirklichkeit des modernen England und der Vereinigten Staaten vorgedrungen, daß ich Locke anfänglich etwas langweilig fand. Er schien milde und vernünftig und in hohem Maße mit gesundem Menschenverstand begabt und, verglichen mit Hobbes, sogar etwas prosaisch und kaum aufregend. Zumindest anfänglich. Doch dann fühlte man sich aufgrund der Normalität seiner Ideen erleichtert und war glücklich, der schrecklichen Angst entronnen zu sein, die Hobbes einflößt. Man gewann wieder ein Gefühl der Hoffnung für die menschlichen Angelegenheiten. Am Ende wurde man sich ganz plötzlich der Tragweite dessen bewußt, was Locke geschaffen hatte. Er hatte wahrhaftig die komplette Ideologie des liberalen, bürgerlichen Staates entwickelt.

Für mich war wichtig, ob er etwas über unsere Ängste sagen konnte. Über unser Chaos, über die jungen Männer, die ihre Freiheit oder ihr Leben für ein paar Dollar riskierten.

Locke war zum Arzt ausgebildet worden und leistete bedeutende Beiträge zur Philosophie und Psychologie. Sein politischer Schlüsseltext, den wir zur Gänze lasen (er war sehr dicht geschrieben, aber kurz), war die zweite der *Abhandlungen über die Regierung,* eine theoretische Arbeit, die er, wahrscheinlich zusammen mit einer weiteren Abhandlung, irgendwann zwischen 1679 und 1683 geschrieben und mit der er eine äußerst praktische Absicht verfolgt hatte. Er hatte sich einer Gruppe von Verschwörern angeschlossen, die nach Wegen suchten, Karl II. zur Aufgabe seines Plans, seinen katholischen Bruder Jakob zum Thronfolger zu ernennen, zu zwingen; Locke wollte zweifellos die theoretische Basis für die Absetzung eines Königs liefern.

Die Verschwörer scheiterten, Jakob bestieg den Thron, und Locke floh für eine Weile nach Holland. Aber nach der siegreichen Revolution von 1688 / 89, in der Jakob II. gestürzt wurde, kam Locke zurück und veröffentlichte sein kleines Büchlein, das am Ende als De-facto-Rechtfertigung der eben stattgefundenen Revolution diente. Locke argumentierte gegen das Königtum von Gottes Gnaden und zugunsten einer konstitutionellen Regierung; er legte die theoretische Basis für die *Rechte* – nicht nur die politischen, sondern auch die Eigentumsrechte. Beim Lesen der *Abhandlung* stolpert man über Begriffe (wie das Recht, willkürliche Steuern zu verweigern), die hundert Jahre später in der amerikanischen Unabhängigkeitserklärung wieder auftauchten. Locke war der Lehrmeister von Thomas Jefferson.

Wir waren wieder im Naturzustand, der theoretische Laufstall war mit den Bauklötzen Land, Menschen, Gütern gefüllt, aber diesmal waren die Menschen weniger wild, weniger kriegerisch. Nur *einige* Menschen bedrohten das Eigentum oder Leben der anderen Menschen. Die meisten Menschen wurden vom Verstand geleitet, und der Verstand legte nahe, daß man sich gegenseitig schützen sollte, um sich selbst zu schützen, da alle im selben Boot saßen. Genau wie in Hobbes' theoretischem Konstrukt traten die Menschen ihr Recht auf absolute Freiheit ab und bildeten eine Regierung, doch mit einem außergewöhnlichen Unterschied – sie konnten jede Art von Regierung bilden, die sie wünschten, und sie *ändern,* wann immer sie wollten. In Lockes System gab es keine Rechtfertigung für den Absolutismus. Wie hätte es eine solche geben können? Wenn der Souverän, dem man seine Freiheiten übertragen hatte, einem den Besitz oder das Leben stahl, dann wäre man wieder im Naturzustand. Was hätte es dann also für einen Sinn gehabt, den Naturzustand zu verlassen?

Der langweilige Locke! Der gute Locke! Oder gar »der kluge Locke«, wie Rousseau ihn herablassend genannt hat. Doch diese langweilige Theorie hatte die wichtigsten Dinge äußerst richtig dargestellt und jetzt, in den 90er Jahren, schien es, als ob sie alles vorweggenommen hätte, Locke lieferte die theoretische Basis nicht nur des modernen, westlichen Staates mit seinen ausgedehnten Rechten, seinen parlamentarischen Gremien und der Souveränität des Volkes, sondern auch die Basis des Kapitalismus mit all seiner Energie und Ungleichheit.

In ihrem Naturzustand besaßen die Menschen nicht nur ihre Körper, sondern auch ihre Arbeit. Was besaßen sie noch? Alles, womit sich ihre Arbeit beschäftigte.

§ 28  Wer sich von Eicheln ernährt, die er unter einer Eiche aufliest, oder von Äpfeln, die er von den Bäumen des Waldes pflückt, hat sich diese offensichtlich angeeignet. Niemand kann bestreiten, daß diese Nahrung sein ist. Ich frage nun, zu welchem Zeitpunkt wurden sie sein Eigentum? Als er sie verdaute? Oder als er sie aß? Als er sie kochte? Als er sie nach Hause brachte? Oder als er sie aufsammelte? Wenn sie ihm nicht durch das erste Aufsammeln gehörten, dann ist es klar, daß nichts anderes sie ihm zu eigen machen konnte. Diese *Arbeit* bewirkte einen Unterschied zwischen ihnen und dem gemeinsamen Besitz. Sie fügte ihnen etwas hinzu, was mehr war, als die Natur, die gemeinsame Mutter von allem, ihnen gegeben hatte, und somit gelangte er zu seinem persönlichen Recht auf sie. Und will jemand behaupten, er besitze kein Recht auf jene Eicheln oder Äpfel, die er sich so angeeignet hat, weil er nicht die Zustimmung der gesamten Menschheit hatte, sie in seinen Besitz zu bringen? War es ein Raub, sich etwas anzumaßen, was allen gemeinsam gehörte? Wäre eine solche Zustimmung notwendig gewesen, so wären alle Menschen verhungert, ungeachtet des Überflusses, den Gott ihnen gegeben hat. Was auch durch einen Vertrag *gemeinsamer Besitz* bleibt, *beginnt,* wie wir sehen, dadurch *Eigentum zu werden,* daß irgendein Teil aus dem, was allen gemeinsam ist, herausgenommen und aus dem Zustand entfernt wird, in dem es die Natur belassen hat. Ohne dies ist der gemeinsame Besitz von keinerlei Nutzen. Es hängt nicht von der ausdrücklichen Zustimmung aller Mitbesitzer ab, wenn wir diesen oder jenen Teil nehmen. Das Gras, das mein Pferd gefressen, der Torf, den mein Knecht gestochen, und das Erz, das ich an irgendeiner Stelle gegraben, wo ich mit anderen gemeinsam ein Recht dazu habe, werden ohne die Anweisung und Zustimmung von irgend jemandem mein *Eigentum.* Es war meine *Arbeit,* die sie dem gemeinsamen Zustand, in dem sie sich befanden, enthoben und mein *Eigentum* an ihnen *bestimmt* hat.
*(Zwei Abhandlungen über die Regierung, S. 218-219)*

Das ist geradewegs genug, ausgenommen der bemerkenswerte Schwenk gegen Ende, wo die Arbeit, die Lockes Eigentum an materiellen Dingen bestimmt, nicht allein seine eigene Arbeit ist, sondern auch die seines Knechtes und auch dessen, der das Erz zusammen mit Locke gegraben hat. Folglich ist das, was sein Besitz wird, nicht einfach so viel, wie er essen oder benutzen kann. Die Erfindung des Geldes – oder irgendeines Tauschmittels – verändert die Spielregeln. Die Leute können mehr kaufen, als sie gebrauchen können; sie können verderbliche Nahrung in unverderbliches Geld verwandeln. Und sie können die Arbeit von Menschen kaufen, die kein Land besitzen, Arbeit, die, wenn sie mit Besitz in Berührung kommt, auch zur Arbeit des Besitzers wird. Insgesamt gesehen *akzeptierte Locke, daß die Ungleichheit des Besitzes für die Menschen unvermeidbar war, wenn sie ihren Naturzustand aufgaben.*

Ein guter Trick. Der Kapitalismus mit seiner ungleichen Anhäufung von Besitz, seinen Extremen von Arm und Reich, hatte theoretisch den Segen der Legitimität erhalten: Das Anhäufen großer Mengen von Eigentum war ein natürliches Recht. Letztlich wurden derlei Begriffe in die amerikanische Verfassung aufgenommen, die sich, wie es heißt, zu neun Zehnteln um Besitz dreht. Für einen Anhänger Rousseaus oder einen Marxisten oder sonst einen radikalen Vertreter der Gleichheitstheorie war dies ein verhängnisvoller Moment in der politischen Theorie; für den Kapitalismus war es die glorreiche Revolution schlechthin.

Aber Locke ließ einige Dinge aus, und ich dachte wieder an meine Begegnung auf dem obersten Treppenabsatz. Die beiden Männer, die mich meines Geldes beraubten, hatten nach den Begriffen von Locke die Regel des Eigeninteresses gebrochen, indem sie mich und sich in einen Kriegszustand versetzten. Das Eigeninteresse hätte uns alle schützen sollen, aber es versagte bei jener Gelegenheit, und Locke hatte wenig zu bieten außer rationalen Überlegungen und Rechten als Mittel, eine Gesellschaft zusammenzuhalten. Wenn etwas im Amerika der 90er Jahre offensichtlich war, dann folgendes: Egal wie zentral die »Rechte« für unsere Einschätzung, welchen Platz wir in der Gemeinschaft einnehmen, sein mögen, die »Rechte« reichen nicht aus. Das Gefühl der »Verpflichtung« hatte versagt; das Gefühl für das Recht der *Gemeinschaft* war verlorengegangen; das Gefühl, daß wir alle im selben Boot sitzen, war abhanden gekommen.

Was die Nation den jungen Menschen in den Innenstädten schuldet – was ich ihnen schulde –, ist eine Umgebung, die Arbeit fördert. Aristoteles' und Platons Vorstellung von einer vollständigen Teilhabe am Bürgerrecht war offenbar hoffnungslos in einem Land, das derart wie dieses dem Mythos des Individualismus, der persönlichen Bedeutung, des privaten Vergnügens und des privaten Erfolgs verpflichtet ist. Arbeit ist unser Bürgerrecht; Arbeit ist die Basis des Gesellschaftsvertrags in einer bürgerlichen Demokratie. Die Reform der Sozialfürsorge, schwarzer Kapitalismus, Investitionen und die Ansiedlung von Geschäften und Banken in den Wohnvierteln – wenn wir den Willen hätten, dann könnten wir die Arbeit wieder heiligen. Das ist das einzige langfristige Mittel gegen die hohen Verbrechensraten.

»Locke wollte das *Eigentumsrecht* legitimieren«, brummte Stephanson. »Das Land, das genutzt werden kann, und die Bereitschaft, es zu nutzen, *verleihen* Rechte. Diese Vorstellung gibt die Richtung für den Imperialismus und die Vertreibung der Indianer in Amerika vor. Andrew Jackson benutzte eine Abwandlung von Lockes Argument: Die Indianer haben kein Recht auf ihr Land, weil sie es keinem produktiven Nutzen zuführen können. Teddy Roosevelt sagte dasselbe. Wohingegen wir ein Recht darauf haben.«

Mit erhobener Stimme erwähnte er auch die Rechtfertigung Israels für die Übernahme von Land, das von den Palästinensern nicht genutzt wurde. Aber niemand wollte ihm auf *diesem* strittigen Weg folgen, weshalb die Frage in der Luft hängen blieb.

»Ich wage zu sagen«, meinte Manuel, »daß die Ureinwohner Amerikas im Lockeschen Sinne *produzierten,* und nicht nur das, sondern die Indianer *zeigten* den Europäern auch, wie das Land genutzt werden konnte.«

Aha! Andrew Jacksons Argumente für die Vertreibung der Indianer von ihrem Boden waren der Deckmantel für eine riesige Landaneignung. Und diese Argumente waren von Locke abgeleitet worden. Ein Tor für die politische Korrektheit. Ich wartete nur darauf, daß Stephanson auch erläuterte, daß Locke im hohen Alter in den Sklavenhandel investiert hatte, eine Handlung, die seinem Begriff des unveräußerlichen Rechts des Menschen auf seine eigene Arbeit zu widersprechen schien. War Locke nicht ein Heuchler? Ein Rassist? Aber Stephanson überraschte mich wieder einmal. Er ging den sicheren Weg hin zu einer Schlußfolgerung.

»Die Regierung hält die Ordnung aufrecht und schützt den Besitz – sie *schützt* deine Rechte. Es ist ein unglaublich nützlicher Gedanke, der in der Unabhängigkeitserklärung und in der Verfassung neu formuliert wurde. Eine der Methoden, die vor willkürlicher Macht schützt, ist die Gewaltenteilung. Und wenn die Regierung sich deiner Rechte bemächtigt, kannst du rebellieren – es ist eine Rebellion, die behauptet, keine zu sein, sondern eine *Wiederherstellung* der natürlichen Rechte von jemandem, der hintergangen worden ist.« Seine Stimme wurde lauter. »›Unsere Rechte als wahre Engländer sind vergewaltigt worden.‹ Das war es, was die kolonialen Revolutionäre sagten. Sie stellten ihre unveräußerlichen Rechte wieder her. Man steht niemals über oder jenseits des verfassungsmäßigen Rahmens, und wenn jemand diese Grenze überschreitet, haben wir das Recht, ihn zu stürzen.«

Und so sprach er weiter; er feierte die verfassungsmäßige Demokratie, und diesmal war ich gerührt, beinahe zu Tränen. Es war lächerlich, so emotional zu werden, ich weiß, aber mir gefiel es, daß ein linksgerichteter Schwede mir mein eigenes System erklärte. »Dies ist ein sehr radikales Argument«, sagte er ganz plötzlich und hielt schließlich ein. Das Wort »radikal« kam überraschend, aber er hatte natürlich recht – so vertraut es uns auch war, das Argument wurde vom größten Teil der Welt immer noch nicht akzeptiert. Im Gegensatz zu einem großen Teil der akademischen Linken, die behaupteten, daß die amerikanischen verfassungsmäßigen Rechte ein Schwindel seien, wußte Stephanson, daß die demokratische Idee immer radikal sein würde.

# Zweites Semester

Kapitel 15

DANTE

Ich war vom *Inferno* beeindruckt. Alle waren beeindruckt, von den Schrecken, den Obszönitäten, dem Dreck, der ganzen Aura einer Vision, in der Ekel oft die wesentliche Empfindung und Leiden das wesentliche Verlangen war. Die Sünder – die Wollüstigen, die Gefräßigen, die Verräter – waren für immer verdammt. *Für immer.* Man mußte sich selbst immer wieder daran erinnern. In diesem Abschnitt, der im Achten Kreis spielt, werden die Diebe von Schlangen verfolgt und durchstochen, fangen dann Feuer, verbrennen und erstehen von neuem wie ein Phönix. Aber wenn die Diebe aus ihrer eigenen Asche wiedergeboren werden, dann nur, um erneut zu leiden.

Durch diesen argen Knäuel, diesen schroffen,
Sah nackte Knäuel laufen ich voll Bangen;
Auf Loch und Heliotrop war nicht zu hoffen:

Die Hände hinten ganz verschnürt mit Schlangen,
Die durch die Lenden Kopf und Schwanz gestochen
Und vorne sich zu einem Knoten schlangen.

Und eine Schlange kam herangekrochen,
Bei uns, zu einem, den sie dann durchstieß,
Wo sich der Hals knüpft an die Schulterknochen.

So schnell schrieb man die O's nie und die I's,
Als Feuer fing und brannte der Geselle
Und fallend nichts als Asche übrigließ.

231

Und als er so zerstört lag auf der Schwelle,
Vereinte sich zur früheren Gestalt
Der Staub dann ganz von selber auf der Stelle.

So wie es von den großen Weisen hallt,
Stirbt auch der Phönix nur, um neu zu leben,
Sobald er die fünfhundert Jahre alt.

Er nährt sich nicht von Korn und Kraut im Leben,
Von Balsam einzig und von Weihrauchzähren;
Im Tod ist er von Nard und Myrt umgeben.

Wie einer fällt und kann sich's nicht erklären,
Sei's, daß ein Dämon ihn zu Boden zieht,
Sei's, daß ihn sonstige Stockungen beschweren,

Und, wenn er aufsteht, in die Runde sieht,
Noch ganz verängstigt von des Schreckens Toben,
Den er erlitt, und seufzt beim Umsehn müd;

So hat sich auch der Sünder dann erhoben.
Wie bist du streng, o Gott, in deiner Macht!
Wie führst du rächend Schlag auf Schlag von oben!
*(XXIV. Gesang, 91-120)*

Kopf und Schwanz durch die Lenden gestochen, das ist natürlich eine unerhörte Verletzung, ein Bild permanenter Erniedrigung und Knebelung. So viel Leiden und obszöne Folter! Und was war Dantes Beziehung dazu? Die Studenten waren schockiert, denn dieser ganze Terror wird im Namen der »ursprünglichen Liebe« inszeniert. Und egal wie sehr einige von ihnen es versuchten, sie konnten im *Inferno* keine Liebe finden. Dante, ein großer religiöser Schriftsteller, verletzte ihre Pietät. Und endlich einmal, dachte ich mit Unbehagen, hatten die Studenten recht.

Wie manche von Dantes Sündern – die Abtrünnigen, genauer gesagt – war ich in zwei Teile gespalten. Zu Beginn des ersten Semesters hatte ich mir vorgenommen, daß ausschließlich mein eigenes Vergnügen darüber entscheiden sollte, welche Texte ich loben würde. Keine

Verbeugung vor Idolen; keine Verehrung ohne Freude. Freudlose Anerkennung war ein akademischer Fluch, und ich wollte ihm nicht erliegen. Ich würde an meinem eigenen Glauben festhalten: Das Vergnügen ist der Weg zum Wissen. Was bedeutete, daß ich zugeben würde, wenn mir etwas nicht gefiele und ich nichts daraus gelernt hätte. Aber das Vergnügen muß kultiviert werden; Vergnügen allein konnte nicht ausreichend sein, und zum ersten Mal glaubte ich, daß Vergnügen durch Ignoranz entstehen könnte. Meine Vergnügungen mochten zu beschränkt sein, um Dante zu lesen. Im Kurs über klassische Literatur ist es folgendermaßen: Man fällt, wenn man sich nicht erhebt, oder, mit den Worten von Professor Tayler, man schrumpft, wenn man sich nicht genug streckt, um ein Werk zu lesen, das außerhalb der eigenen Erwartungen liegt. Man sieht nicht das Einzigartige an einem Werk, sondern nur das, worin es sich von den eigenen Erwartungen unterscheidet. Im Grunde liest man sich selbst. O Narziß! Das Buch wird zum spiegelnden Wasser. Ich wußte, daß ich Gefahr lief hineinzufallen.

Die meisten ernsthaften Werke des italienischen Mittelalters wurden in Latein geschrieben, aber Dante schrieb im Volgare, einem florentinischen Italienisch. Das war ein radikaler Bruch. Wie so viele revolutionäre Werke in der Kunst ist das Gedicht eine gewaltige Wendung nach unten – hinab zur Mundart, zum Körperlichen, zu den gewöhnlichen Empfindungen und dem gewöhnlichen Leben. Und es ist eine Wendung, die eine völlig neue Literatur schafft und vielleicht auch eine neue Art zu leben. Für T. S. Eliot und W. H. Auden, für Christian Gauss, Edmund Wilsons Lehrer an der Universität Princeton, und für Millionen von Lesern und Studenten war die *Göttliche Komödie* das zentrale literarische Werk des christlichen Zeitalters.

Mit achtzehn Jahren hatte ich das *Inferno* als Ausdruck eines glühenden, leidenschaftlichen mittelalterlichen Glaubens betrachtet. Um es lesen zu können, sagte ich mir selbst, mußte ich nicht denken, wie ein Florentiner am Anfang des vierzehnten Jahrhunderts gedacht hat. Das Gedicht war auf fesselnde Weise durch den Gegensatz von Angst und Hoffnung strukturiert, und Dante selbst war gespalten zwischen der Angst vor der Sünde und einer besessenen Vorstellung von Strafe. Ich erinnere mich, daß ich die Stimmung von düsterer Furcht in Dantes Werk bewunderte und sogar an manchen Abschnitten Spaß hatte, die auf grausame Weise lustig waren – so exakt und detailliert in ihrer Schilderung der Mißgebildeten und Entstellten. Ich wollte das Gedicht als eine Metapher lesen; es hatte nichts mit mir zu tun.

Aber jetzt begriff ich, daß ich es falsch verstanden hatte. Die Art, wie ich es als Erstsemester gelesen hatte, war trivial und selbstgefällig. Weil man es nicht einfach metaphorisch lesen kann, als eine Allegorie oder als ein moralisches Stück. Man mußte es in erster Linie als eine poetische Verdeutlichung des Unaussprechlichen lesen – als eine gigantische Schöpfung einer Wirklichkeit, die gleichzeitig eine Reflexion des Lebens auf Erden war. Dantes Hölle war in Kreisen angelegt, konzentrischen Kreisen, die in die Erde in Form eines Trichters eingelassen waren. Ganz oben am Trichter, auf der Erdoberfläche, lag Jerusalem, der Todesort von Christus; tief unten, in dem Mittelpunkt der Erde, war das Reich des Satans, der neunte und unterste Kreis. Man stieg hinab zu immer schlimmeren Sünden und Strafen; für jedes Laster und jede Verfehlung gab es eine spezielle Folter; am Ende lag eine gefrorene Höhle, wo selbst die Tränen zu Eis gerannen. Dort im tiefsten Grunde nagt Luzifer an Brutus und Cassius, den Verrätern Caesars, und Judas, der Christus verriet. Das *Inferno* war sowohl die Einleitung zu Dantes kosmischem, geometaphysischem Plan (zwei weitere gigantische Gedichte folgten) als auch eine Aufstellung der ethischen Werte. Die Wollüstigen, die Diebe, die Verräter. Schlecht, schlechter, am schlechtesten. Kreise, Ringe, Zonen. Schmerz, Qual, Agonie.

Mit achtzehn hatte ich nicht bemerkt, wieviel Schmutz und Dreck des mittelalterlichen Lebens Dante in dieser imaginären Landschaft geschildert hatte – die Abfälle auf den Straßen, die schlammigen Straßen, der Gestank und die Miasmen, die Kranken und Mißgebildeten, die dort entlangkrochen. Und die strafende Härte wird ebenfalls beschrieben – Folter und Kerker, Anschläge und Verschwörungen, Betrug und Skandale. Was man sonst noch in dem Gedicht finden mochte, es war eine geniale Darstellung des düsteren Mittelalters, so wie wir es uns vorstellen. Man spürte die Macht der Flüche, die Angst vor geheimen Pakten und lange genährtem Haß.

Es war ein erstaunliches sowohl realistisches als auch fiktives Werk. Aber beim Lesen empfand ich zunehmend Abscheu und Zorn. Dante selbst oder vielmehr eine poetische Fiktion von Dante ist der Protagonist. Zu Beginn des *Inferno* ist die Figur Dante fünfunddreißig Jahre alt und hat sich in »einem schattigen Wald« verirrt. Er leidet an etwas, das wir Midlife-Crisis nennen würden. Seine Seele ist in Gefahr. Um sich selbst zu retten, muß er die Erfahrung machen, sich die Konsequenzen, die Verkörperung der Sünden leibhaftig vor Augen zu führen. Er wird von niemandem anders als Vergil durch die Hölle geführt, dem größten Dichter der Antike (die Italiener des Mittelalters kannten Homer nur durch Nacherzählungen seines Werkes). Vergil geleitet Dante über die Terrassen und Plateaus der Sünde, aber er selbst kann die Hölle (die Vorhölle, wo er sich zusammen mit den anderen großen heidnischen Persönlichkeiten aufhält) niemals verlassen. Das kleine Mädchen, Beatrice, die der wirkliche Dante gesehen hatte, als er neun Jahre alt und sie neun Monate jünger war, und die später mit fünfundzwanzig Jahren starb – Beatrice, die Dante vor langer Zeit zu seiner Muse erkoren hatte, wird ihn durch den nächsten Teil der *Göttlichen Komödie* führen, das Purgatorium *(Purgatorio),* und dann durch das Paradies *(Paradiso),* und am Ende wird Dante eine seligmachende Vision haben. Dante nannte sein Werk *Comedia,* weil es vom Dunkel zum Licht führt, von der Verdammung zur Erlösung.

Die Arroganz des Werks ist verblüffend. Sowohl Odysseus als auch Aeneas machen im Verlauf ihrer Abenteuer erschreckende Abstecher in die Unterwelt, wo sie gefallene Kameraden treffen und der Vorhersage ihres eigenen Schicksals lauschen. Aber diese Männer sind Kriegshelden, die mit dem Tod in gewisser Weise vertraut sind. Dante, der Dichter, machte sich *selbst* zum Helden seiner Reise in die Unterwelt, und er brachte eine Menge florentinische Geschichte und Politik ein. Dante schrieb das Gedicht im bitteren Exil. 1302 stand er bei einem der endlosen Machtkämpfe in Florenz auf der falschen Seite. Er war nach Rom mit einer Mission zum Papst geschickt und in seiner Abwesenheit zum Exil und später zum Tode verurteilt worden. Er kehrte nie wieder nach Florenz zurück. Er schrieb die *Göttliche Komödie* und andere Werke, während er von einem italienischen Hof zum anderen wanderte. Etwas Wütendes und Persönliches, so etwas wie eine Abrechnung, bestimmte nun seinen sublimen Plan.

Man konnte aber leicht übersehen, in welchem Ausmaß Dante notwendigerweise von öffentlicher Moral besessen war. Wenn man bedenkt, daß Florenz eine verwundbare, häufig belagerte mittelalterliche Stadt war, dann hat die Aufstellung der Werte im Gedicht mehr Sinn. Dante versetzte die feigen, ängstlichen Leute in seine

Hölle – Leute, die sich nicht »engagieren«, wie wir sagen würden –, und er schätzte Leute, die ihren Besitz verschwendeten, niedriger ein als Mörder. Im allgemeinen waren persönliche und die Lust betreffende Sünden nicht so schwerwiegend wie Gewalt gegen Gott oder sich selbst; Sünden gegen die Gemeinschaft wogen noch schwerer, und politischer Verrat war die schlimmste Sünde von allen. Kurz gesagt, bestimmt das Verhältnis zum Wohl der Gemeinschaft das Schema der Strafen. Der Schurke, der der falschen Person Geheimnisse erzählt oder Bündnisse bricht oder die Tore offenläßt, so daß der Feind eindringen kann, verursacht Unglück für alle.

Der fiktive Dante wandert in Begleitung Vergils durch jeden Kreis und beobachtet, wie die Sünder kopfüber in Schleim, Kot oder Feuer stürzen und sich bis zum Hals darin winden. Sie werden von Moskitos gestochen, von Orkanen gepeitscht, von Dämonen mit der Pferdepeitsche traktiert, von Teufeln und Huren zerrissen, verstümmelt, ausgeweidet, gezwungen, mit den Köpfen nach hinten verdreht, auf allen vieren zu kriechen, so daß ihre Tränen in die Spalte ihres Hinterns rinnen. Es ist nicht so, daß sich die Figur Dante ganz heraushält – das tut er nicht. Er ist verletzt und entsetzt von dem, was er sieht, und verliert einmal sogar das Bewußtsein. Schließlich dient das Leiden seiner geistigen Erziehung und Besserung. Und auch der Besserung des Lesers.

Aber was für ein Vergnügen bietet das Leiden von anderen? Es war kein Gefühl, das viele Leute im vierzehnten Jahrhundert als sündig betrachteten. Aber wir betrachten es so. Eine Studentin beklagte die moralisch fragwürdige Erfahrung der *Faszination*, die wir als Kinogänger alle kennen. (Ehrlich gesagt, vielleicht hat sie Dante auch gekannt: Einmal warnt Vergil die Figur Dante, daß er nicht *allzu* interessiert sein möge.) Faszination kann ein Zustand von unverantwortlicher Gewalt sein: der Anblick von Gewalt als Unterhaltung. Gewalt in der Kunst, sagen wir Kinogänger, kann nur durch die Schönheit, Stärke oder moralische Bedeutung der Darstellung gerechtfertigt werden. Sonst ist es Ausbeutung unseres Vergnügens an Grausamkeit. Ich habe schon früher über »die Moral des Zuschauers« gesprochen. Widerwillen vor ungerechtfertigter Gewalt ist ein Beispiel dafür. Und obwohl das *Inferno* jedes denkbare Kriterium für Gewalt in der Kunst erfüllte, gab es irgend etwas, wovon der Leser abgestoßen und verletzt wurde.

236

Als die Studentin ihre Bemerkung machte, war Tayler zum ersten Mal fassungslos. Er starrte sie durch seine Brille an. »Sieh mal«, sagte er steif, »du bist doch nicht von einem anderen Stern; du mußt versuchen zu verstehen, bevor du urteilst. Die Alternative wäre, das Buch zu nehmen und kaputtzumachen.«

Das war ein Schlag unter den Gürtel. Niemand wollte die Verantwortung dafür übernehmen, ein Buch *kaputtzumachen,* das er nicht mochte. Natürlich waren mir Studenten lieber, die das *Inferno* weiterlesen wollten, wenn auch nur, um zu verstehen – ohne die Fragen nach literarischer Größe und Einfluß zu beantworten –, wie der Fanatismus eines der großen Geister des Abendlandes aussieht. Tayler analysierte die Details, er suchte nach Hinweisen, wie Dantes Vorstellung funktionierte, und wir untersuchten verschiedene Episoden, die erstaunlich bedeutungsgeladen waren. Die Studenten begannen mürrisch zu reagieren, und zumindest einige von ihnen waren bald überzeugt, daß das Gedicht ein bemerkenswert kompliziertes, doch einheitliches Werk war.

Während ich vom hinteren Teil des Raums zuschaute, rekonstruierte Tayler diese einheitliche Struktur aus den verschiedenen Teilen. Aber ich war wie betäubt. Ich konnte mich noch so sehr bemühen, aber es gelang mir nicht, auf den Text zu reagieren. Ich konnte nicht, wie ich es mit achtzehn getan hatte, sagen: »Das geht mich nichts an« und das *Inferno* einfach als düstere und groteske Unterhaltung oder als ein erstaunlich durchstrukturiertes Werk oder als ein Gedicht über den Menschen genießen. Meine Rolle als unbetroffener Connaisseur des Leidens wäre würdelos. Hier wurden Greuel und Verstümmelung *systematisch* durchgeführt. Ja, das war der Punkt. Die Darstellung der Gewalt war zu exakt, zu gründlich; man mußte an sie glauben oder das ganze Gedicht verwerfen. In seinem ausgeklügelten System gab es symbolische und allegorische Ebenen der Bedeutung – um genau zu sein, waren es *vier* Ebenen, wie Dante selbst hervorhob (die historische, allegorische, moralische und anagogische) –, aber man konnte schwerlich die ethischen Voraussetzungen auf der wörtlichen (»historischen«) Ebene übersehen oder sie als bloß formale Elemente des Gedichts betrachten, sonst wäre die formalistische Betrachtung wirklich schwachsinnig. Obwohl ich mich letztlich mit Taylers Auffassung von der *Odyssee* versöhnt hatte, stand ich diesmal abseits. Gewiß erwartete Dante von seinen Lesern, daß sie sein ethisches System ernst nähmen, das äußerst sonderbar, aber in sich folgerichtig war: eine persönliche Interpretation der Kirchendoktrin, die durch eine wilde, erschreckende Vorstellung von Gewalt bekräftigt wird.

Die Studenten in Shapiros Seminar waren der Meinung, daß Dante, der über die Sünden urteilt, sich selbst der Sünde der Grausamkeit schuldig gemacht habe, daß der Gesetzgeber selbst gesetzlos war, da er ohne ein Regulativ handelte, das die Studenten beachteten, das Regulativ der Toleranz, die es verbot, jemanden zu hassen. Sie schätzten Offenheit und Toleranz höher ein als Genie, und ihr Begriff von Religion war naiv: Religion war einfach *Moral,* ein Bereich ethischer Transzendenz, der vom übrigen Leben getrennt war. Als einziger von Shapiros Studenten gab Henry, ein Baptist aus Maryland, der Religion etwas mehr Kraft. Henry sagte, daß der Aufruf des militanten Jesus an seine Anhänger, alles liegenzulassen und ihm zu folgen, Strafe für jene implizierte, die zurückbleiben wollten.

Viele der Studenten benutzten »Toleranz«, um das zu verdecken, was sie nicht verstanden. Sie waren Amerikaner, denen beigebracht worden war, alle Traditionen zu respektieren, so daß sie das Christentum für eine Religion unter vielen hielten. Man konnte sie annehmen oder nicht; man konnte wählen. Das mag heutzutage stimmen, und es mag die richtige Haltung in einem Land sein, dessen Verfassung die Gewissensfreiheit garantiert, aber im europäischen Mittelalter war das Christentum praktisch alles, Gut und Böse, Haß und Liebe, Lehre und Unterhaltung; es verschlang alles und war nicht vom Leben getrennt, sondern eine Kraft, die sich bis zum Horizont erstreckte, ein Mittel, alles übrige zu erfassen. Im Zeitalter des Glaubens war freie Wahl kein Thema. Die Handlung im *Inferno* beginnt am 7. April 1300, am Karfreitag, dem Tag der Kreuzigung Christi, und endet am Ostersonntag, dem Tag seiner Auferstehung. Dante stellte sich selbst in die christliche Kosmologie; er steht zwischen Vergangenheit und Gegenwart und schaut in eine apokalyptische Zukunft. Shapiro hatte am Ende genug von der politisch korrekten, ökumenischen Sichtweise der Studenten: »Jeder war damals ein Christ, Leute. Das *Inferno* ist kein Gebet, sondern Papst, Politik und Religion sind vollkommen miteinander verknüpft. Es ist ein Gedicht, das für ein christliches Publikum in einem christlichen Rahmen geschrieben wurde.«

238

Sie hielten sich zurück; sie versteckten sich. Zum Beispiel waren sie alle moderne Menschen und akzeptierten Sex, akzeptierten den Körper. Aber sie akzeptierten das Körperliche nur theoretisch. Sie waren zu weit weg von einem Zeitalter, das den Körper aus doktrinären Gründen hassen, doch ohne Hemmung in einem Körper leben konnte – und das Physische wütend als Notwendigkeit akzeptierte. Shapiro hakte nach und betonte, daß das *Inferno* eines der großen Werke über die physische Existenz war. »Körper werden *unrein*«, sagte er, hob den Kopf und frohlockte beinahe. »Sie haben Sex mit den falschen Partnern, mit Leuten desselben Geschlechts. Es gibt unerlaubten Sex, zu *viel* Sex. Sie sind gewalttätig; sie entleeren sich; sie essen. Sie stoßen sich Dinge ins Gesicht. Der Körper ist ein sonderbarer Behälter, aus dem Dinge herauskommen.«

Die Studenten schauten grimmig drein. Aber der Lehrer machte fröhlich weiter. »Körper können Schmerz empfinden – Schmerz durch Verstümmelung, durch Erfrieren, durch Fesselung. Wo findet das Vergnügen Platz? Der Körper repräsentiert die Sünde, nicht das Vergnügen.«

Das System der Strafen war ebenso brillant wie abstoßend. Dantes in Aussicht gestellte Methode der körperlichen Tortur wurde *contrapasso* genannt – wörtlich »Vergeltungsstrafe«. Die Bestrafung entsprach dem Verbrechen. Aber die Ausarbeitung des *contrapasso* machte aus der Bestrafung beinahe ein Verbrechen – und dies war ein schwerer Schlag. Der Prozeß beginnt im Leben. Durch das Sündigen liefert man sich der Besessenheit aus, und Besessenheit wirkte entstellend. Die Sünde zeigte sich in dem Gesicht und in den Gliedern, eine Vorstellung, die sowohl von primitiven Ängsten zeugte als auch von einer bemerkenswerten Einsicht in die Art und Weise, wie der Körper sich selbst entsprechend der Deformation der Psyche verändert. In der Hölle geht dieser Prozeß seiner Vollendung entgegen: Der Sünder wird zu seiner Sünde; sein Charakter erfüllt sich im Tode. Du stirbst und wirst du selbst, und der lebende Dichter, Dante, tritt jedem der Toten gegenüber und erkennt dessen Wesen, ohne weltlichen Schutz. Die Abtrünnigen sind aufgespalten; die Geizigen und die Hamsterer sind verurteilt, mit ihrer Brust Gewichte im Halbkreis herumzuschieben und sich anzuschreien; die Homosexuellen (Sodomiten), Verfluchte seinem Urteil nach, sind zu dritt aneinandergefesselt.

Sie hoben wieder an die Litanei,
Sobald wir standen; als sie bei uns waren,
Vereinten sich zum Rade alle drei;

So pflegen sich die Kämpen zu gebaren,
Um ihren Griff und Vorteil zu erspähn,
Bevor sie sich noch liegen in den Haaren;

Ein jeder wandte das Gesicht beim Drehn
Zu mir hin da, so daß bei ihnen Hals
Und Füße niemals schienen stillzustehn.
*(XVI. Gesang, 19-27)*

Gefangen in einem Zustand kinderloser Nutzlosigkeit, drehen sich die Homosexuellen buchstäblich im Kreis. Die Episode vermittelt eine außergewöhnliche eisige Angst, die Angst vor endloser Wiederholung. Durch die Sünde dreht man sich immer im Kreis.

Das war verblüffend, aber für junge Leute vielleicht schwer zu akzeptieren. Die physische Grenzenlosigkeit, die schweren Prüfungen, die viele von Dantes Lesern kannten und erfahren hatten, aber auch die Vergnügungen, die sie sündhaft in der Fülle des Lebens genossen hatten – die italienische Art –, lagen so weit weg von ihrer narkotisierten Welt, daß die Studenten auswichen. Shapiro rannte gegen eine Wand. Er versuchte es mit einem Experiment, um zu sehen, ob er die Wand wegsprengen konnte. »Ich möchte, daß ihr eure eigenen Höllenkreise schafft«, sagte er, »indem ihr eure Auffassungen von Dantes Strafen benutzt.« Das verkündete er ihnen ohne Vorwarnung, so daß sie keine Zeit hatten, ihr Unterbewußtsein zu zensieren. Es gab eine kurze Pause, und dann zeigten einige Hände nach oben.

Susan (lebhaft, unerbittlich): Ich würde die Absolutisten in die Hölle werfen, die Leute, die glauben, daß sie immer recht haben, und immer nur andere Leute verletzen...

Henry: Aber was ist, wenn sie recht haben?

Susan (Henry mit einem Achselzucken übergehend): ... Sie gehören zwischen den achten und neunten Kreis. Ihre Strafe ist es, das Leben der Leute, das sie zerstört haben, wieder in Ordnung zu bringen; sie müssen ihre eigenen Glieder abreißen und den Leuten geben, die sie verletzt haben.

Sally (das Mädchen aus Pennsylvania, das eine harte Meinung über soziale Vergehen hatte): Leute, die ihre Kinder im Stich lassen. Die letzte Ebene des achten Kreises. Ihre Hölle soll sein, daß sie in den Wahnsinn und in Schuldgefühle getrieben werden und isoliert leben wie ihre Kinder.

Henry: Das ist alles zu körperlich. Für Leute, die nicht ihrer Natur entsprechend leben, ist Hölle die Abwesenheit des Guten. Die Hölle ist, sich vorzustellen, wie gut sie hätten sein können, wenn sie ihr wahres Selbst erkannt hätten.

Ich fand faszinierend, wie sich die Persönlichkeiten und Charaktere der Studenten offenbarten. Henry zum Beispiel hatte oft von seiner persönlichen Methode berichtet, mit der Bedrohung seiner Identität umzugehen und sie zu überwinden (Nietzsche war sein bevorzugter Schriftsteller). Überwindung und Selbstüberwindung waren Henrys beliebteste Themen. Er würde keinesfalls einem anderen Ich begegnen wollen als dem, zu dem er sich mit Anstrengung entwickelt hatte.

Shapiro amüsierte sich, aber er wurde bissig. »Und ihr wehrt euch gegen den Text«, erklärte er. »Gegen seine physische Seite.« Und er schaute sie finster an.

Fareed (der rationale Indianer, der in Abu Dhabi aufgewachsen war): Der Selbstgerechte und der Ignorant. Sie sollen im sechsten Kreis sein und einander anbrüllen und versuchen, sich gegenseitig zu überzeugen.

Alex (ein neuer Student; mager, blaß, intellektuell, mit Brille): Leute, die Kaugummi in der Öffentlichkeit kauen. Sie haben die Sünde der mangelnden Enthaltsamkeit begangen. Zur Strafe sollen sie in der Hölle ständig laut lachen. Das ist eine falsche Nutzung der Kiefer im Leben und im Tode.

Lucas (ein feiner Pinkel aus dem tiefen Süden, der auf eine matte, langweilige Art spricht): Die Höhle der Langweiligen: Leute, die nachts anrufen oder auf der Straße ohne Unterbrechung reden. Die sollen neben dem Ofen sitzen, und zur Strafe sollen ihnen die Augenlider entfernt werden, so daß sie nicht schlafen können.

Joseph (der höfliche Junge aus Washington, D. C.): Leute, die das Wissen verwerfen. Ihre Augen sollen brennen, und sie kratzen sie heraus.

Rebecca: Ich glaube nicht an die Hölle. Ich würde die Nazis und Hitler in einen großen Raum sperren zusammen mit den Überlebenden und Opfern des Holocaust. Sie müßten ihren Leiden zuhören. Sie sitzen am Grunde der Hölle. Sie sind Verräter nicht nur an einzelnen Leuten, sondern an der Menschheit.

Shapiro schüttelte den Kopf. Er wandte sich zu mir um und verdrehte die Augen. Die Studenten waren außergewöhnlich einfallsreich, aber unglaublich hochmütig. Außer Susan, Alex und Lucas – und die beiden letzten nur in der Parodie – konnten sie sich nicht in das ungehemmte und rachsüchtige physische Leben des *Inferno* hineindenken. Sie glaubten an Ethik, nicht an Sünde, und deshalb errichteten sie eine politisch korrekte Hölle, in der Intoleranz und Ignoranz die schlimmsten Vergehen waren. Christine Wong schlug vor, Dante selbst in den Kreis, der für Bigotte und Rassisten reserviert war, zu stecken, wo er an ein Monster gekettet werden sollte, das so verschieden wie möglich von ihm sein solle. Die meisten unter ihnen verwandelten die physische in psychologische Folter; sie fürchteten die Grausamkeit so sehr, daß sie den Punkt einfach nicht trafen. Rebecca zum Beispiel schien nicht zu wissen, daß einige Nazis »die Leiden ihrer Opfer angehört« *hatten* und davon nicht besonders beeindruckt gewesen waren. Ich fühlte mich elend, weil ich keine Alternative bieten konnte.

Ich bekam jedoch so etwas wie eine Gnadenfrist – einen Augenblick des Vergnügens. Eine von Shapiros Studentinnen, Francesca, eine große junge Frau mit vollen, rosigen Lippen und wirren Locken, sprach so gut Englisch, mit einem so geringfügigen Akzent, daß ich sie kaum als Italienerin erkannt hätte. In der Abschlußstunde des Seminars bat sie der Professor, die einleitenden Zeilen des *Inferno* zu lesen, und als sie die ersten dreißig Zeilen des Canto I las, war es mucksmäuschenstill im Raum. Ich möchte den Leser bitten, die Zeilen laut zu lesen, selbst wenn er, wie ich, kein Wort Italienisch spricht.

Nel mezzo del cammin di nostra vita
mi ritrovai per una selva oscura,
ché la diritta via era smarrita.
Ahi quanto a dir qual era è cosa dura
esta selva selvaggia e aspra e forte
che nel pensier rinova la paura!
Tant' è amara che poco è più morte;
ma per trattar del ben ch'i' vi trovai,

dirò de l'altre cose ch'i' v'ho scorte.
Io non so ben ridir com'i' v'intrai,
tant' era pien di sonno a quel punto
che la verace via abbandonai...

Jetzt haben Sie es also gehört oder etwas Ähnliches – auf jeden Fall haben Sie *etwas* gehört. Francesca las ohne große Betonung. Sie las mit leiser, fester Stimme, leiser und flacher als ihre normale Sprechstimme, aber der Klang war unheimlich: Es war wie eine hinreißende Melodie auf einer Viola, wobei die Musik mühelos aus den ruhigen, tiefen Tönen aufstieg. *Nein, das kann nicht passieren. Es kann nicht sein – dieser Moment ist zu vollkommen.* Aber es passierte tatsächlich; die Studenten waren ganz still, und als sie, die Augen auf das Buch gerichtet, las, wurde ihr Sopran immer höher, und die Musik von Dantes Italienisch strömte mühelos in den Raum.

Tayler und Shapiro lehrten uns, epische Dichter auf Struktur und Bedeutung, symbolische Ausdruckskraft und dramatische Gewichtung hin zu lesen. Wie die meisten Leiter von Kursen über klassische Literatur sprachen sie nur selten über Metrik und beinahe niemals über den Klang von Poesie. Wir arbeiteten mit Übersetzungen, welchen Sinn würde das also machen? Was die klassische Literatur anging, so mußten die Erstsemester diese schwierigen Werke meistern und durften sich nicht über Aspekte beklagen, die sie vielleicht vermißten. Eine gewisse Herabminderung durch die Übersetzung wurde in Kauf genommen. Aber der Klang von Dantes Dichtung war so stark, daß ich das Gefühl bekam, ich hätte das Gedicht gar nicht gelesen. In Allen Mandelbaums Übersetzung kam die Kraft des Gedichts heraus – die örtliche und sinnliche Beschaffenheit der Qualen –, aber nicht die Süße, die Liebe zum Leben, die Dante für so viele Leser zu einem »universalen« Schriftsteller machte. Die Schönheit seines Italienisch muß das beste Zeichen dieser Liebe gewesen sein.

Ich hatte mich selbst in einem dunklen Wald verirrt. Ich konnte mich nicht erheben, ich war als Leser unfähig, der ewigen Verdammnis irgendwelchen Glauben zu schenken (und vielleicht gab es viele Arten von Glauben, denen man nicht absolut vertrauen konnte); ich war also unfähig, das Gedicht so zu lesen, wie Tayler es von uns erwartete, »unter seinen eigenen Bedingungen«. Ich saß, wie so viele der Studen-

243

ten auch, in der Falle *meiner* Bedingungen, das heißt der Bedingungen aller, der banalen, rechtgläubigen, post-aufklärerischen Ethik, in deren Licht mittelalterliche Annahmen von einer ewigen Verdammnis als ein System glühenden und gefährlichen Aberglaubens erschienen.

Dante stellte nicht nur wirkliche Schrecken dar, sagte ich mir selbst, sondern er erfand auch viele eigene. Ja, das Werk war Phantasie und Darstellung, nicht wirkliches Leben, aber ich konnte mich nicht von der Vorstellung befreien, daß Dante mit der Folter in Komplizenschaft getreten war. In gewisser Weise glaubte er an Folter; er rechtfertigte sie. Im wirklichen Leben führt die Lust der Folterer zum Tod; das Opfer stirbt. Hier geht die Folter für immer weiter. Ein Mensch würde in alle Ewigkeit für »Ämterkauf« – für Bestechung – gefoltert werden. (Genau das, wofür Dante *in absentia* verurteilt wurde.) Man stelle sich vor, ein New Yorker Polizist, der dabei erwischt würde, gegen Schmiergeld Knöllchen zu vernichten, müßte ewig in Exkrementen schmoren! Wenn Gott das täte, würde ihm jeder Sinn für Humor fehlen.

Die dem Gedicht eigenen Emotionen waren mir nicht zugänglich. Sie waren an den Glauben geknüpft, durch den derlei Gefühle einst hervorgerufen wurden. Ich konnte mich nicht erheben. Meine Lektüre Dantes war ein Mißerfolg, und zwar einer von der unmittelbaren Sorte: Ich konnte sie nicht *genießen.* Und ich war zu alt, um mir selbst einreden zu können, daß es gut für mich wäre, etwas zu lesen, was mir nicht gefiel.

Kapitel 16

BOCCACCIO

Professor Marina Van Zuylen saß an einem kleinen, dunkelbraunen Pult – einem normalen Tisch eigentlich – und betrachtete die Studenten vor sich. »Eure große Frage im Anschluß an die Lektüre der Bibel und von Augustinus lautete: ›Wozu sind wir hier, wenn nicht, um das zu genießen, was uns gegeben wurde?‹ Diese Frage wird nun beantwortet werden. Hier haben wir ein eintausenddreihundert Seiten starkes Buch von Boccaccio darüber, wie man sich vergnügt. Aber sehe ich ein Lächeln auf euren Gesichtern?«

Die Studenten mögen nicht gelächelt haben, aber ich bestimmt. Vielleicht gegrinst. Es war schwer, nicht zu lächeln, wenn Marina Van Zuylen sprach. Sie war Anfang Dreißig, dunkelhaarig, schlank und trug eine purpurrote und grüne Bluse, einen dunklen Rock und dunkle Strümpfe. Sie hatte einen leichten französischen Akzent; der leicht fremdländische Klang ihrer Stimme war verwirrend. Sie war entweder eine französierte Amerikanerin oder eine amerikanisierte Französin, da war ich mir nicht sicher. (Ihrem Namen nach zu urteilen, hatte sie auch holländische, flämische oder belgische Wurzeln.) Sie war schon seit ein paar Jahren in der romanistischen Abteilung der Columbia-Universität, und sie liebte es, klassische Literatur zu lehren. Sie kannte die Literatur Europas ausgesprochen gut und war offen, zwanglos und äußerst direkt.

»Ihr habt euch letztens alle in kleine Augustinusse verwandelt«, sagte sie. »Ihr seid alle sehr moralisch. Aber ihr habt immer noch das Recht zu rebellieren, zu sagen: ›Warum wurden wir mit diesen Körpern und diesen Gliedern geboren, wenn nicht, um sie zu benutzen?‹«

Wahrlich, es war an der Zeit. Was in der Grundkurslektüre bisher gefehlt hatte, das war der Sex. Außer Sapphos verstohlener und

245

charmanter Provokation und den quälenden Beziehungen zwischen Ehemännern und -frauen in den griechischen Tragödien und ein paar außerordentlichen Abschnitten in der *Aeneis* (die alles in allem Didos Kummer reichlicher behandelte als ihr Vergnügen, während Aeneas zum Vergnügen überhaupt unfähig gewesen zu sein schien) und *sehr* wenigen sehnsüchtigen Rückblicken der Sünder in Dantes Hölle – von den Momenten also abgesehen, war nur wenig Eros vorgekommen, zumindest nicht im unmittelbar körperlichen Sinne. Eros, die Kraft des Lebens, der Erbauer der Städte, der heldenhafte Streiter – Eros als Metapher für die universale schöpferische Energie – war allgegenwärtig, aber der Kobold der Lust erschien hauptsächlich als gefährlicher Impuls für unsolide Götter oder als Gefährdung der christlichen Erlösung. Wir hatten mehrere der verdammenden Episteln von Paulus gelesen, und seine Geißelung des Fleisches hallt kräftig bei Augustinus und Dante nach. Das Fleisch mußte gezähmt und unterworfen werden, denn es war gefährlich, die Hölle auf Erden und ein mögliches Vorspiel zu ewiger Verdammnis. Und viel Vergnügen hatten wir auch nicht erlebt. Tragödien und Epen, Geschichte und Philosophie – die Grundkurslektüre war mit Ausnahme der Komödien des griechischen Dramatikers Aristophanes ernst und anstrengend, und es war wohl für die Studenten ein leichtes, so vermute ich, anzunehmen, daß Ernst und Anstrengung die einzigen Eigenschaften von Größe sind. Aristophanes verwandelte den Körper in eine explodierende Hülle, aber wo, fragte ich mich, waren die Autoren, die den Körper als ein williges Medium für Abenteuer und Vergnügen sehen?

Eine Versöhnung zwischen Ernsthaftigkeit und Spaß könnte den Absichten einer humanistischen Erziehung dienlich sein. Jahrzehnte zuvor hatten die Gründer des Kurses über klassische Literatur an der Columbia-Universität nach Augustinus und Dante eine Pause gemacht, die der Komödie und »dem Körper« gewidmet war. 1961, als ich den Grundkurs zum ersten Mal besuchte, hatten wir den fröhlichen und obszönen François Rabelais gelesen, dessen gewaltiges Werk *Gargantua und Pantagruel* eine Orgie physischer Üppigkeit war. Aber Rabelais war einer jener Autoren, die 1986 von der Liste gestrichen wurden, als Frauen an der Uni zugelassen wurden. *Gargantua und Pantagruel* beleidigte einige Leser, und es ist sowieso ein Buch voller Spezialwissen aus der Renaissance, das sowohl schwer zu lesen als auch schwer zu lehren ist. Rabelais war sowohl aus Gründen der politischen Korrektheit als auch aus praktischen Gründen gestrichen worden, und Boccaccio hatte seine Stelle eingenommen. Wir hatten eine Auswahl aus dem *Dekameron* zur Verfügung gestellt bekommen, einer Sammlung von einhundert, meist erotischen Novellen, die Boccaccio um 1350 zusammengestellt hat. Boccaccio benutzte doch tatsächlich die Beulenpest zur Rahmenerzählung. Um der verheerenden Seuche zu entgehen, zieht sich eine kleine Gruppe von jungen aristokratischen Männern und Frauen aus Florenz auf das Land zurück und unterhält sich damit, einander pikante Geschichten zu erzählen, während sie absolut schicklich leben. Sie sind keine Tugendbolde oder Heuchler; sie glauben an die Existenz verschiedener Möglichkeiten. Die Fröhlichkeit entsteht auf dem Hintergrund des Schreckens. Boccaccio bekräftigt die ursprünglichen Energien des Lebens inmitten des allgegenwärtigen Todes.

Ich war erstaunt, als ich beim Lesen von Boccaccio bereits nach ein paar Seiten eine enorme Erleichterung spürte. Wie Marina Van Zuylen sagte, wurden durch mein Gefühl schlafende Gliedmaßen geweckt. Ich wurde schnell quicklebendig.

Boccaccio ist ein heiterer Schriftsteller; er ist auch ein ironischer Schriftsteller. Etwas, so meinte er, müßte dem Leser unmittelbar klarwerden, und das behandelte er mit würdiger Zurückhaltung, als ob es ein *Geheimnis* wäre. Woran er glaubte, war 1990 für einige Leser genauso beunruhigend, wie es für sehr viele Leser über sechshundert Jahre zuvor gewesen sein muß – daß Frauen gierig waren, ebenso gierig nach Sex wie Männer. Nicht alle Frauen; es gab solche, die zu Hause blieben und strickten. Aber die Mutigen waren ebenso entschlossen, sich bei den Partnern ihrer Wahl durchzusetzen, wie die Männer.

Natürlich waren die Frauen nicht immer frei zu tun, was sie wollten, und in seiner äußerst liebenswürdigen Einleitung liefert Boccaccio einige praktische Hinweise. Da sie unter dem Pantoffel der Ehemänner, Brüder und Eltern stehen, können sich Frauen nicht frei bewegen, deshalb müßten sie lernen, ihr Leben klug einzurichten. In vielen der Novellen leiten die Frauen die Ränkespiele ein, die zum irdischen Paradies führen. Sie verstellen sich oder verkleiden sich; sie liegen des Nachts im Bett neben ihrem unzulänglichen Ehemann und haben Bindfäden an ihre Zehen gebunden, die zum Fenster hinaushängen, damit ihre Liebhaber sie zum nächsten Treffen bestellen können. Sie verstecken Männer in Kisten und Schränken oder treffen sie in Höhlen oder Gärten oder auf Balkons. Sie erfinden Geschichten und Täuschungen, das verbale Zubehör der sexuellen Liebe. Die Frauen waren große Schöpferinnen von Dichtung, sowohl in ihrem Leben als auch in ihrer Sprache. Sie wurden eingeschränkt, aber sie waren endlos erfinderisch, sie sind die wahren Erben des Odysseus. Sie schaffen ihre eigenen Geschichten, und manchmal erzählen sie auch ihre eigenen Geschichten. Nicht *alle* Novellen Boccaccios sind von dieser Art – es gibt auch genug lüsterne Männer –, aber im allgemeinen entsteht Sex bei Boccaccio aus Wille und Begierde, nicht aufgrund von Verführung. Und die Frauen sind Heldinnen. Boccaccio ist ein Autor von Fabeln, der seine Leser dazu bringen möchte, ihre Freiheit auszuüben.

Selbst die Tochter des Sultans, die, soviel wir sagen können, vor ihrem Schicksalsschlag passiv ist, genießt eine Art von Freiheit. Hier ist nichts schurkenhaft oder aber schüchtern; die Geschichte ist flott und klar geschrieben und beinahe bösartig lustig. Der Sultan von Babylon gibt seine wunderschöne Tochter Alatiel dem König der Algarve zur Frau. Aber auf ihrem Weg über das Mittelmeer zu ihrem künftigen Gatten erleidet die Dame Schiffbruch. Sie wird an die Küste von Mallorca gespült, wo sie zu ihrer Erleichterung am Strand von einem einheimischen Edelmann gerettet wird. Er kann ihre Sprache weder verstehen noch sprechen, aber er nimmt sie mit auf sein Schloß, und eines Nachts, nachdem er sie auf einem Festessen betrunken gemacht hat, legt er sich neben sie ins Bett. Zuvor hatte sie Widerstand geleistet, aber jetzt genießt sie die Liebe mit ihm.

Das Glück wird jedoch durch das Erscheinen des hübschen jüngeren Bruders des Edelmanns unterbrochen, der von der Schönheit Alatiels so geblendet ist, daß er seinen Bruder ermordet und Alatiel mitnimmt. Boccaccio stellt dies als ein weiteres »Unglück« für sie dar (wie den Schiffbruch), doch wieder wird sie im Bett getröstet. Und so geht es immer weiter; ein Edelmann nach dem anderen verliebt sich in Alatiel und tötet den vorhergehenden »Ehemann« und nimmt sie mit. Es ist eine Komödie der Schande. Die Männer verletzen jede Vorschrift der Moral und Gastfreundschaft, berauben ihre Brüder, Freunde, Herren und Anführer; sie sind derart in Lust entflammt, daß sie töten, und dann sind sie so sehr durch das Töten entflammt, daß sie unmittelbar darauf mit ihrer Beute Liebe machen. Krieg und Chaos folgen im Kielwasser dieser Handlungen. Die Geschichte ist eine Feier von Eros, dem Eroberer und Zerstörer.

Alle diese skandalösen und gesetzlosen Vorgänge werden ohne Urteil oder Empörung erzählt, aber mit einer scharfen Beobachtung der Details der Ränke, als ob Mord und Verschleppung nichts als eine Frage der Technik wären.

> Und da ihn seine Ungeduld zur Eile trieb, ließ er Vernunft und Rechtlichkeit völlig beiseite und richtete seine ganzen Gedanken auf tückischen Trug. Und gemäß dem schändlichen Plane, den er bald gefaßt hatte, ließ er eines Tages im Einverständnis mit dem Leibkammerdiener des Fürsten, der Ciuraci hieß, heimlich alle seine Pferde und sein Gepäck zur Abreise bereithalten; und in der Nacht darauf wurde er mit einem Gesellen, der ebenso wie er bewaffnet war, von dem besagten Ciuraci leise in das Gemach des Fürsten geführt. Die Dame schlief; den Fürsten hingegen sah er der großen Hitze halber nackt bei einem Fenster, das aufs Meer hinausging, stehn, um sich an dem Lüftchen, das von dorther kam, zu erquicken. Seinen Gesellen hatte er schon früher unterrichtet, was er zu tun haben werde, und so schlich er durch das Gemach zum Fenster, stieß dem Fürsten den Dolch mit solcher Wucht in die Seite, daß die Spitze auf der anderen Seite herauskam, packte ihn augenblicklich und stürzte ihn zum Fenster hinab.
>
> *(S. 166)*

Die Geschichte entpuppt sich als ein erotisches Märchen mit einem dunklen, frechen Hauch von Ironie. Jeder von diesen Meistern der Technik protzt mit seiner wunderschönen »Frau«, behandelt sie als seinen Besitz und wird prompt ihrer beraubt. Sie ist eine Helena von Troia, die niemand festhalten kann, und überlebt alle ihre Liebhaber unbeschadet in ihrer Unschuld und ihrer Lust. In dieser Geschichte sind es die *Männer,* die geschändet werden – durch andere Männer. Und was fühlt Alatiel? Das ist Boccaccios zweiter ironischer Scherz. Er hält sich auf Distanz, bietet keine »Psychologie« oder dergleichen an, nur die kunstvolle Betonung von Alatiels »Unglück« und »Mißgeschicken«, was die offensichtliche Wahrheit verbirgt, daß sie der

Schicklichkeit gegenüber ebenso gleichgültig ist wie ihre Liebhaber. Alatiel, mutmaßen wir, verbringt eine schöne Zeit im Bett mit den entflammten Männern; ihr Vergnügen ist ihre Rache und ihre Rettung, und sie genießt eine recht komische Vergötterung. Nach Jahren dieser seltsamen Reiseabenteuer wird sie zu ihrem Vater zurückgebracht und erfindet eine lachhafte Geschichte, wie sie unter Nonnen gelebt und ihre Jungfräulichkeit verteidigt hat; am Ende wird sie – als »Jungfrau« – mit ihrem ursprünglichen »Ehemann« verheiratet, dem armen, geduldigen König der Algarve. Die Geschichte endet wie folgt:

> Und sie, die mit acht Männern vielleicht zehntausendmal geschlafen hatte, legte sich als Jungfrau zu ihm und machte ihn glauben, sie sei es; und dann lebte sie lange als Königin in Freuden mit ihm. Und darum sagt man: Ein geküßter Mund büßt nichts ein, sondern erneut sich wie der Mond.
> *(S. 180)*

Ich habe genau diese Geschichte von allen, die wir gelesen haben, ausgewählt, weil sie am ehesten von einem modernen Leser abgelehnt werden könnte. Ist es nicht eine Geschichte wiederholter Vergewaltigung? Schließlich versucht niemand, Alatiels Zustimmung zu erhalten. Müßte nicht Boccaccio, wie das arme, unzeitgemäße Genie Rabelais, aus dem Kanon gestrichen werden?

Aber Boccaccio verstand die Geschichte nicht als eine Chronik von Vergewaltigungen. Wir können in seinen vielen anderen Novellen lesen, daß Frauen, die an ihren Männern kein Vergnügen haben, etwas dagegen unternehmen – sie klettern Balkons hinunter, verkleiden sich, nehmen sich Liebhaber, und dann stehen sie vor Gericht und verteidigen sich gegen die Anklage des Ehebruchs. Sie weisen manchmal auch Liebhaber zurück. Vermutlich würde Alatiel, wäre sie unglücklich gewesen, genauso gehandelt haben. Die unausgesprochene Annahme, daß Alatiel *Vergnügen empfindet*, ist genau das, was die Geschichte ihrer »Mißgeschicke« so lustig macht. Man darf die Geschichte nicht im Licht unserer eigenen vorgefaßten Meinungen über Sex und Macht lesen, sondern auf dem Hintergrund der mittelalterlichen, christlichen Gesellschaft, in der es für hochwohlgeborene Frauen nicht vorgesehen war, Spaß am Sex zu haben.

Das »Sprichwort«, das am Ende des Textes zitiert wird, könnte sogar ein expliziter Tadel Dantes sein: Die sexuelle Existenz einer Frau zeigt sich *nicht* in ihrem Gesicht; man wird *nicht* von der Sünde für alle Zeiten gezeichnet. Boccaccio wurde vor den Toren von Florenz geboren, als Dante noch lebte, und er liebte Dante sehr. Er war sozusagen der erste Humanist der Renaissance und schrieb enzyklopädische Werke auf Latein und frühe Versionen »psychologischer« Romane, aber er schrieb auch den ersten großen Kommentar zur *Göttlichen Komödie,* in dem er den strafenden, mittelalterlichen christlichen Fatalismus verwarf, dessen poetischer Meister Dante war. In Boccaccios Geschichten wird der Körper nicht vom Sex betrogen; auch bilden Fleisch und Geist keinen Widerspruch wie in so vielen Werken der christlichen Literatur. Sexualität wird mit Charakterstärke in Verbindung gebracht, nicht mit Charakterschwäche: Gott wollte, daß du dich selbst auf Erden erfüllst, und Keuschheit ist nur Verschwendung. Boccaccio verurteilt die kirchliche Trennung von Frauen in Jungfrauen und Huren, und statt dessen verherrlicht er die sinnliche Frau, die bekommt, was sie wünscht.

Ich hatte einen skandalösen Text entdeckt, und der Skandal war noch nicht zu Ende, sondern hatte bloß eine andere Form erhalten. Etwas, das vor 650 Jahren geschrieben wurde, war wieder präsent und hat uns an einer empfindlichen Stelle gepackt. War nicht doch Boccaccios Betonung der sexuellen Aktivität von Frauen der wahre Grund und nicht, wie behauptet wird, die Gottlosigkeit und Verherrlichung des Ehebruchs in dem Werk, weshalb das *Dekameron* wieder und wieder verboten oder zensiert wurde, bis in die Viktorianische Epoche hinein? Boccaccio ist vielleicht der einzige große männliche Schriftsteller, der ständig die größere sexuelle Kapazität der Frauen hervorhebt. Konnte das erklären, weshalb einige der jungen Männer im Seminar sich über »Schund« und »Ausschweifungen« beklagten und so reizbar nach der Lektüre waren? Männer sind häufig von dem Gedanken heimgesucht worden, daß Frauen potentiell unersättlich und daher unbezähmbar seien. Die Lektüre im Grundkurs konnte dein wahres Ich offenbaren. Aber das war in Ordnung. Mit neunzehn mußte man sich auch den unangenehmen Seiten der Erziehung stellen; man mußte erkennen, was man fürchtet. Das Ich bildete sich um Wünsche und Furcht herum. Es bildete sich um eine Abwesenheit und auch um eine Gegenwart.

Boccaccio, der Befreier! Ich rief alle an, die ich kannte: Sie müßten diese Geschichte lesen. Sie müßten von diesem bisher unbekannten Genie Boccaccio erfahren! In unserer Epoche, einer trostlosen Zeit von sexueller Gewalt und Krankheit und (in mancher feministischen Literatur) der Verteufelung der Männer – als auch der Furcht der Männer vor dem Urteil der Frauen –, ist Boccaccios gute Laune beinahe revolutionär. In manchen feministischen Werken wird der Keuschheit neue Wertschätzung zuteil, weil sie das geringste Übel sei: Verweigert euch den Männern, und ihr nehmt dem Patriarchat seine Macht. Das größere Übel ist natürlich, daß das sexuelle Verhalten eine »soziale Konstruktion« ist, je nach Zeit, Ort, gesellschaftlicher Schicht und Geschlecht. Im Patriarchat beherrschen die Männer die Frauen. Frauen haben nur geringe und begrenzte Freiheiten. Man könnte jetzt natürlich behaupten, daß Boccaccios Ansicht die tatsächliche Wirkung der Machtverhältnisse nicht berücksichtigt – die sexuellen Vorrechte des Geldes zum Beispiel und Vergewaltigung und Mißbrauch. Wir könnten auch sagen, daß er eine männliche Phantasie von jederzeit verfügbaren Frauen liefert, eine Phantasie von erregten Frauen, die nach Männern gieren.

Aber wenn man die Geschichten liest, dann erscheinen sie nicht als Projektionen männlicher Wünsche, sondern als Zelebrierung eines rebellischen Hedonismus, der uns abhanden gekommen ist. Indem er betont, daß Sex in erster Linie mit Vergnügen zu tun hat, nicht mit Macht, untergräbt Boccaccio unsere heiligste Frömmigkeit. In seinen Geschichten kann der Sex die stärksten sozialen Mauern umstürzen. Hochgeborene Frauen können mit Dienern und Stallknechten Liebe machen und dann frech mit ihren besitzergreifenden Ehemännern reden. Boccaccio war nicht dumm: Die Frauen in seinen Geschichten halten den sozialen Schein aufrecht. Aber unterhalb der öffentlichen gesellschaftlichen Ebene bedeuten aristokratische Stellung und Reichtum weniger als die natürliche Aristokratie gesunder junger Körper. Die ganze Natur verlangt danach, dem jeweiligen sexuellen Temperament entsprechend zu leben. Es war die alte normative (d. h. mediterrane) Auffassung von den Beziehungen zwischen den Geschlechtern, das Spiel, in dem jeder gewinnt außer jenen, die nicht mitspielen wollen. Wir waren wieder im Paradies, aus dem wir, vor langer Zeit, vertrieben worden waren.

Boccaccio war also eine große Entdeckung. Als ich ihn las, dachte ich öfters, daß er nicht irgendein »ordinärer« Vorgänger von Fellini war, sondern klar und prickelnd, im Geiste näher an Mozart und Fred Astaire. Er hatte Charme und eine unerwartete Kraft, die wie Stahlfedern in den eleganten Gliedern seiner liebenswerten, schweren, aber schnell dahinfließenden Sätze wirkte. Er teilte mit Mozart und Fred Astaire die Freude daran, Kunst zu schaffen, und in seinem Fall war die Freude nicht zu trennen von seiner Liebe zu seinem geheimen Wissen – seinem Mythos, wenn man will – oder zu der Art und Weise, wie Sex funktionierte. Die Geschichten verströmen die Heiterkeit der Freiheit, und zum ersten Mal im ganzen Jahr fühlte ich mich übermütig, als ob ich mich von irgend etwas befreit hätte.

Van Zuylen fragte die Studenten: »Legitimieren die Geschichten die Sünde oder die List?« Ihre Antwort war richtig (das zweite). Nach ihrer anfänglichen Schüchternheit waren sie munter geworden. Sie redeten stolz und klug darüber, daß Boccaccio als Antwort auf Augustinus zu verstehen sei, und sie nickten, als Van Zuylen sagte: »Das *Dekameron* handelt vom Sieg der Gegenwart – von demjenigen, der das meiste aus der gegenwärtigen Situation macht. Die Beweggründe interessieren Boccaccio nicht. Es geht darum, wie man sein Leben lebt.« Aber sie blieben ernst; und sie hielten sich in bezug auf Sex zurück, wie es Studenten häufig tun. Van Zuylen ging noch mal zum Abschnitt in der Einführung zum vierten Tag zurück, in dem Boccaccio, um sich gegen den Vorwurf zu wehren, er würde den Frauen im *Dekameron* zuviel Raum bieten und die Tatsachen übertreiben, eine Geschichte von einem jungen Mann erzählt, der von seinem frommen Vater in einer Höhle großgezogen wurde. Als er mit achtzehn die Höhle verläßt, sieht der eben befreite Eremit ein paar wunderschöne Frauen, die von einer Hochzeit kommen, und ist vor Bewunderung überwältigt. Boccaccio wendet sich dann an die weiblichen Leser seines Buches:

Dürfen sie mich denn tadeln, verwunden und zerfleischen, daß die Kraft des Lichtes eurer Augen, die Süßigkeit der honigfließenden Worte« und die von innigen Seufzern entzündete Flamme auf mich, dessen Leib der Himmel ganz für die Liebe zu euch gebildet hat und der euch von der Kindheit an seine Seele geschenkt hat, die Wirkung haben, daß ich euch zu gefallen trachte, sonderlich wenn sie bedenken, daß vor allen andern ihr es gewesen seid, die einem Einsiedler, einem gefühllosen Knaben, ja einem wilden Tiere gefallen haben? Wahrlich, nur wer euch nicht liebt und nicht danach begehrt, von euch geliebt zu werden, wer also weder die Wonne noch die Kraft der natürlichen Neigung fühlt oder kennt, kann mich so tadeln, und das schert mich wenig.

*(S. 346)*

Zweifellos liegt etwas von einem sentimentalen Kavalier darin, dem Opportunisten, dem ewig Werbenden, dem professionellen Liebhaber. Aber da ist auch noch etwas mehr, wie überhaupt bei Boccaccio, nämlich ein Tribut an den innigen Liebreiz der Frauen.

Kapitel 17

## HUME UND KANT

In der ersten Stunde über Hume geriet Charlie Kim, einer der Zweitsemester, ziemlich außer sich. Stephanson erklärte verschiedene Aspekte der Aufklärungsgedanken, und Charlie hingen bald die philosophischen und theologischen Theorien zum Halse heraus, die unter dem Namen Deismus bekannt waren. Gewisse Vertreter der Aufklärung im achtzehnten Jahrhundert glaubten, daß Gott sich aus den Tagesgeschäften der Welt zurückgezogen habe. Nachdem er die Arbeit der Schöpfung vollendet hatte, sei Gott sozusagen von der Szene abgetreten. Er war das höchste Wesen, aber sehr fern. Das war ein Glaube für Menschen, die keine Angst vor dem Alleinsein hatten. Viele der amerikanischen Gründerväter – einschließlich Franklin und vielleicht Jefferson – hatten solch eine Auffassung. Aber Charlie glaubte, daß der Deismus eine hoffnungslose Auswirkung auf die Moral habe.

»Sie beseitigten die ganze Grundlage der Transzendenz«, sagte Charlie Kim. »Wie kann es dann eine absolute Moral geben?«

Durch den Verzicht auf eine »Grundlage der Transzendenz« – das direkte Wort und die aktive Teilnahme Gottes – öffnete der Deismus, so meinte er, den Weg zum Relativismus, worunter er eine Situation ohne irgendwelche moralischen Grundsätze verstand.

Wie könnte man ohne einen solchen absoluten und transzendenten Kodex nicht in die Falle des Relativismus geraten, in dem alle ethischen Gesichtspunkte gleich zu sein scheinen, wo Recht einfach ergriffen wird und vielleicht nichts als reine Machtsache ist? Zwei Wochen lang diskutierten wir diese Fragen, wobei Hume und Kant mal eine Rolle spielten, mal nicht.

Nur wenige von Stephansons Studenten waren, wie ich schon vorher bemerkte, in besonderer Gefahr, Relativisten zu werden. In jenem

Seminar gab es sowohl jede Menge – auch absolute – Überzeugungen als auch viel moralischen Eifer. Doch hörte man gelegentlich von einem ganz anderen Typ von Studenten – von Columbia-Studenten, die so großartig tolerant waren, daß sie von dem 1992 verstorbenen Allan Bloom hätten erfunden sein können, dessen Bannstrahl gegen den Relativismus in *The Closing of the American Mind* Ende der 80er Jahre eine große Aufregung verursacht hatte. Bloom bedauerte jene Art von Studenten, die Tugend mit einer absoluten Offenheit für alle Kulturen und Ansichten gleichsetzten. Er meinte, daß eine solche Einstellung nicht zu einer Öffnung, sondern zu einer Abkapselung des amerikanischen Geistes führe, zur Aufgabe der Suche nach dem guten Leben (das erzielt werden könne, indem man die westliche Philosophie, politische Theorie und Literatur studiere), zum Unwillen, amerikanische Prinzipien ernst zu nehmen (wie sie in der Unabhängigkeitserklärung und der Verfassung verkörpert sind), und zu einer allgemeinen Kritiklosigkeit und Ignoranz; all das würde die Auflösung unserer nationalen Moral herbeiführen.

Bloom würde sich an den Kopf gefaßt haben, wenn er zum Beispiel gehört hätte, was ich über die Studenten in einem anderen Seminar über die Kulturgeschichte der Gegenwart gehört hatte, die sich weigerten, irgendein Urteil über andere Kulturen abzugeben. Das Thema der rituellen Opferungen – die Aztekenkönige, die jungfräulichen Mädchen das Leben nahmen – war aufgetaucht. Eine Frau im Seminar hatte gesagt: »Wenn eine Kultur an das rituelle Opfer glaubt, dann ist es innerhalb dieser Kultur in Ordnung, Menschen zu opfern.« Was richtig war, wenn man den Satz »innerhalb dieser Kultur in Ordnung« wörtlich nahm. Aber sie stand nicht innerhalb der aztekischen Kultur. Da sie weit außerhalb stand, konnte sie da nicht sagen, daß rituelle Opfer falsch sind? Nein, sie konnte es nicht.

Die Professorin[*] befragte die Studentin über die philippinischen Frauen, die in Kuwait als Dienstmädchen arbeiteten. Nach dem Golfkrieg waren einige zu ihrer Botschaft in Kuwait-Stadt gelaufen, um Schutz vor ihren Arbeitgebern zu finden, die sie schlugen. Konnte man es moralisch vertreten, daß sie geschlagen wurden? Schließlich

---

[*] Obwohl sie ausführlich über ihr Seminar mit mir sprach, zog sie es vor, mich nicht als Beobachter zuzulassen, weil sie befürchtete, daß es ihre Beziehung zu ihren Studenten stören könnte; deshalb wahre ich ihre Anonymität.

sei es in Kuwait erlaubt, Bedienstete zu schlagen, oder nicht? Ja, es sei erlaubt, sagte die Studentin, aber in diesem Fall würden die philippinischen Frauen Rechte aus ihrer eigenen Kultur *mit*bringen, und deshalb dürften sie in Kuwait nicht geschlagen werden. Andere Studenten im Seminar pflichteten ihr bei.

»Gut«, sagte die Professorin, holte tief Luft, ließ aber nicht locker: »Was ist mit den kuwaitischen Frauen, die geschlagen werden?« Aber da wichen die Studenten aus. Sie konnten sich kein Urteil bilden, und das fand ich schmerzlich komisch, da sie wahrscheinlich alle instinktiv oder aus Überzeugung Frauen (vielleicht sogar Männern) gegenüber feministisch eingestellt waren. Doch selbst ihre Instinkte und Überzeugungen wurden von ihrem Widerwillen dagegen betäubt, einer anderen Kultur moralische Grundsätze aufzuzwingen. Sie konnten auch nicht einfach sagen: »Es ist falsch, überhaupt jemanden irgendwo zu schlagen«, denn diese Bemerkung würde erfordert haben, den »westlichen Humanismus« (den sie als ortsgebundene Konstruktion ansahen) zum Status eines universalen Prinzips zu erheben, und das zu tun weigerten sie sich.

Und durch ihre Weigerung liefen die Studenten in eine Falle. Saddam Hussein und andere Diktatoren, die vom Westen wegen der Unterdrückung ihrer Völker kritisiert werden, beschwerten sich auch über die Arroganz des »westlichen Humanismus«. Der Westen scheine seine verderbten Vorurteile Völkern aufzwingen zu wollen, die die Notwendigkeit von Folter und Unterdrückung der freien Rede guthießen. Der arrogante Westen! Wenn es ihren Zwecken paßte, dann sprachen die Diktatoren der Dritten Welt eine Sprache, die der politisch korrekten Diktion in Amerika gleicht. Durch ihren Unwillen, ein Urteil zu riskieren, stellten sich die Studenten törichterweise auf die Seite von bekannten autoritären Führern, die sofort die Freiheiten einschränken würden, die die Studenten für selbstverständlich hielten.

An den Universitäten war die Nachsicht gegenüber den Brutalitäten islamischer Regime ein besonders wunder Punkt. In seiner großen gegen die politische Korrektheit gerichteten *Culture of Complaint* (1993) verwies Robert Hughes darauf, daß, »je politisch korrekter jemand [unter den Akademikern] ist, er es um so eher für falsch hält, ein islamisches Land zu kritisieren, egal was es tut«. Hughes bezog sich auf die bemerkenswert gedämpfte Reaktion der Universitäten auf die Bekanntmachung der *fatwa* oder des Todesurteils durch die iranischen Mullahs für Salman Rushdie, dessen Roman *Die Satanischen Verse* von 1988 ein paar gegenüber dem Islam respektlose Abschnitte enthielt. Hughes fuhr fort:

> Zu Hause in Amerika wissen solche Leute, daß es der Gipfel sexistischer Ungehörigkeit ist, von einer jungen weiblichen Person als einem »Mädchen« statt einer »Frau« zu reden. Im Ausland jedoch, in Teheran, ist es mehr oder weniger in Ordnung, wenn eine Clique von regressiven theokratischen Frömmlern am Tschador festhält, Dieben im Fernsehen die Hände abschlägt, Missetätern die Augen aussticht und Schriftsteller im Rahmen staatlicher Politik ermorden läßt. Unterdrückung ist das, was wir im Westen tun. Was sie im Nahen Osten machen, ist »ihre Kultur«.

Wie können wir also diesen Fallstricken amoralischer »Toleranz« entgehen, die dazu führt, daß wir alles verraten, woran wir glauben? Stephanson meinte: »Daraus, daß wir keine *absoluten* Grundsätze haben, folgt nicht, daß wir überhaupt keine Grundsätze haben.«

»Absolut« war das Schlüsselwort. Absolute Grundsätze waren in der Tat ohne Gott unmöglich oder ohne das, was die Philosophen die »metaphysische Wahrheit« nannten – sie war etwas irgendwo Greifbares, etwas das man packen konnte, eine Wahrheit, die überall galt und in deren Licht man wußte, wie man die unterschiedlichen Wünsche und Bedürfnisse des Lebens zu ordnen hat. Der christliche oder islamische Gott zum Beispiel oder Platons Ordnungsprinzipien. Wenn man nicht an Gott oder Platon glaubte, dann liege diese Art von Wahrheit jenseits menschlicher Erkenntnis, sagte Stephanson. Aber wenn man sagt, sie liege jenseits der menschlichen Erkenntnis oder existiere nicht, dann kann die Frage der Ethik schwerlich beantwortet werden. Und Stephanson begann mit der Arbeit am nächsten Text. Der Philosoph David Hume hatte über alle diese Fragen vor 250 Jahren nachgedacht:

> Wenn jemand einen anderen seinen »Feind«, seinen »Nebenbuhler«, seinen »Widersacher«, seinen »Gegner« nennt, so hört man heraus, daß er die Sprache der Selbstliebe spricht und Gefühle

ausdrückt, die ihm eigentümlich sind und auf seiner besonderen Zuständlichkeit und Lage beruhen. Wenn er aber irgend jemand als »lasterhaft«, »hassenswert« oder »verdorben« bezeichnet, so spricht er eine andere Sprache und bringt Gefühle zum Ausdruck, die alle Zuhörer mit ihm teilen sollen. Er muß darum hier von seiner persönlichen, besonderen Lage absehen und einen Standort wählen, den er mit anderen gemein hat: Er muß auf irgendein allgemeines Prinzip der menschlichen Natur einwirken und eine Saite anschlagen, die bei allen Menschen widerklingt. Wenn er also zum Ausdruck zu bringen sucht, der und der Mensch besitze Eigenschaften, deren Tendenz der Gesellschaft verderblich sei, so hat er damit schon diesen gemeinsamen Standpunkt gewählt und das Prinzip der Menschenliebe berührt, an dem jeder in irgendwelchem Maß teil hat. Solange sich das Menschenherz aus denselben Elementen zusammensetzt wie bisher, wird es dem allgemeinen Wohl gegenüber nie völlig gleichgültig sein und nie von der Tendenz der Charaktere und Sitten ganz unberührt bleiben. Mag nun auch dieses menschenfreundliche Gefühl im allgemeinen nicht für so stark gelten wie Eitelkeit oder Ehrgeiz, so kann doch nur es als Allgemeinbesitz aller Menschen die Grundlage für die Moral oder für ein allgemeines System des Tadels und Lobes bilden. Der Ehrgeiz des einen Menschen ist nicht der des anderen, auch pflegt nicht das gleiche Endergebnis oder Objekt beide zufriedenzustellen. Aber die Menschenliebe des einen ist die Menschenliebe des anderen, und bei allen menschlichen Wesen wirkt das gleiche Objekt auf diesen Affekt. *(S. 121)*

So weit Hume in *Eine Untersuchung über die Prinzipien der Moral,* einem kleinen Buch, das ich später in der Nacht auf einen Schlag durchlas. Hume beantwortete auf seine Weise Charlies Angst vor der Leere. Hume wurde 1711 in Schottland geboren und war vielleicht der größte aller philosophischen Skeptiker, ein Atheist, der jede Art absoluter, selbst wissenschaftlich absoluter Begriffe in Frage stellte. Er wollte nicht in Gott oder der »Vernunft« eine Basis für Moral finden, sondern im gesellschaftlichen Leben selbst. Zusammenfassend sagte Stephanson zu uns: »Hume wollte nicht über Moral und Religion in demselben Zusammenhang sprechen. Man könne Moral nicht auf transzendentale Ideale gründen, meinte er. So würden wir nicht moralisch werden. Statt dessen wollen wir die Moral als natürlich erklären.«

Wir handeln auch ohne transzendente Grundsätze moralisch, meinte Hume, weil wir in einer Gesellschaft leben müssen. Was nur für Individuen gut ist – d. h. was egoistische Wünsche befriedigt –, ist definitionsmäßig partikulär und kann daher nicht als Basis für eine allgemeine Moral dienen. Aber wenn man von allgemeinen Tugenden und Lastern spricht, deren Nutzen oder Schaden offensichtlich sind, dann spricht man von Werten, die allen gemeinsam sind. Die positiven und negativen Eigenschaften *können* verallgemeinert werden. Manche Verhaltensweisen (Ehrlichkeit, Mut, Nächstenliebe, Freundlichkeit) sind nützlich und liebenswert. Wir schätzen sie. Andere Verhaltensweisen (Unehrlichkeit, Boshaftigkeit, Ehebruch) sind nicht nützlich oder liebenswürdig. Wir schätzen sie nicht. Dies führt zu einer Ethik, die auf Nützlichkeit basiert, einer Moral des sozialen Konsenses, die nicht von der Vernunft, sondern vom Gefühl abgeleitet wird. Denn nichts kann mit Vernunft bewiesen werden. »Es ist nicht vernunftwidrig«, sagte Hume mit einem seiner berühmtesten Sätze, »die Zerstörung der ganzen Welt der Verletzung meines Fingers vorzuziehen.«

In dem Augenblick, wo eine Papierkante in deinen Finger schneidet, kann die übrige Welt, sosehr man sie liebt, zugrunde gehen. Alles wäre besser als dieser Schnitt. Ethik sei, so behauptete Hume, eine Sache nicht des Verstandes oder der Logik, sondern der Erfahrung. Wir werden durch die Erwartung von Vergnügen oder Schmerz motiviert; unsere Erfahrung mit derlei Dingen veranlaßt uns, moralische Prinzipien aufzustellen. Eine endgültige Rechtfertigung ist nicht möglich, aber in jeder Gesellschaft gibt es gewisse Regelmäßigkeiten, gewisse Wiederholungen (gewisse Dinge, die nützlich sind oder die uns glücklich machen), und indem wir sorgfältig beobachten, können wir eine Reihe von allgemeinen Maximen für das Verhalten ableiten. Ist die Folter politischer oder krimineller Gefangener – in vielen Ländern Routine – etwas, das entweder nützlich oder liebenswert ist? Nützlich vielleicht für die herrschenden Mächte und die Polizei, aber für sonst niemanden.

Hume schien begierig darauf, Hobbes' bittere Vorstellung von der menschlichen Natur zurückzuweisen. Er preist die Fähigkeit der Menschen zu Mitgefühl und Sympathie; er preist die Geselligkeit selbst. Er ist ein wunderbarer Schriftsteller, und man hat den Eindruck eines engagierten Mannes, eines glücklichen, Vergnügen liebenden Geistes, stark, witzig, verständnisvoll. Lob kam ihm leicht von den Lippen.

Wenn ein gütiger, wohltätiger Mensch gerühmt wird, unterläßt man, wie wir beobachten können, nie, *einen* Umstand ausführlich hervorzuheben, nämlich das Glück und die Befriedigung, die der Gesellschaft aus seinem Umgang und seinen Leistungen zufließen. Die Liebe seiner Eltern, so sagt man dann wohl, gewinnt er durch pietätvolle Anhänglichkeit und durch ehrerbietige Fürsorge mehr noch als durch natürliche Zugehörigkeit. Seine Kinder fühlen nie seine Autorität, sie bestätige sich denn zu ihren eigenen Gunsten. Bei ihm festigen sich die Bande der Liebe durch Wohltätigkeit und Freundlichkeit. Die Bande der Freundschaft werden dadurch, daß er gern jede Gefälligkeit übt, denen der Liebe und Zuneigung ähnlich. Seine Diener und Untergebenen haben an ihm ihren sicheren Hort und fürchten das Schicksal mit seiner Macht nur noch insoweit, als es diese an ihm ausläßt. Von ihm empfängt der Hungrige Nahrung, der Nackende Kleidung, der Unwissende und Faule Kenntnisse und Arbeitslust. Gleich der Sonne erfreut, belebt und versorgt er, ein untergeordneter Diener der Vorsehung, die Welt um ihn her.
*(S. 13-14)*

Sind die patriarchalischen Tugenden jemals mit solch offener Wertschätzung verkündet worden? Bei der Lektüre von Hume glaubte ich, ein Echo nicht nur eines fröhlichen Haushaltsvorstands zu hören, sondern auch von Kumpanen in Kneipen und Gasthäusern, dem Volk, das den rauhen Vergnügungen der Landstraße und der Städte frönt, der vitalen geselligen Öffentlichkeit also, wie man sie in Romanen aus der Mitte des achtzehnten Jahrhunderts findet, wie z. B. in *Tom Jones* von Henry Fielding. Die Stimme war männlich, weltlich, hedonistisch, konservativ. Gute Kameraden handeln in einer bestimmten Weise und versammeln sich am Ende des Tages auf ein Glas oder zwei und wollen nichts von dem ganzen Nonsens über Gott und Selbstaufopferung wissen. Mönchisches Leben und Kasteiung sind absurd.

Wir sind gesellige Wesen, und wir haben Freude an Tugenden bei anderen und uns selbst. Denn es gibt eine »soziale Sympathie in der menschlichen Natur«. Selbst der verdorbene und egoistische Mensch, sagt Hume, würde nicht sozial nützliche Handlungen verwerfen oder willkürliche Akte der Gewalt und schweren Körperverletzung begehen...

An diesem Punkt der Lektüre wurde ich deprimiert. Die kulturelle Linke könnte sagen, daß Humes »soziale Sympathie« ziemlicher Nonsens sei, eine Illusion, der Hume unterlag, weil er all jene, die von ihr ausgeschlossen waren, nicht bemerkte. Gewiß mußte man Geld und Freiheit haben, um an der Humeschen Geselligkeit teilzuhaben. Hatten die niedrigeren Klassen daran teil? Wahrscheinlich nicht.

Aber auch wenn man dieser Kritik eine teilweise Berechtigung zugesteht, gab es etwas anderes, das mich noch mehr deprimierte – die Kluft zwischen der Art, wie Hume soziales Verhalten begriff, und der Art, wie viele von uns es heute begreifen. Er hatte, so schien es, wenig Erfahrung mit oder wenig Verständnis für Perversionen oder selbstzerstörerische Eigenschaften. Kein finsterer Terror, keine Boshaftigkeit, keine Schadenfreude beeinträchtigte diese ungeheuer überschwengliche, positive Akzeptanz. Er nahm Nächstenliebe in einem erstaunlichen Maße als gegeben an. Hume achtete nicht auf Eigeninteresse und Eigenliebe, sondern zeigte, daß die Nächstenliebe sich am besten mit dem allgemeinen Interesse verträgt. Tugend ist sozial nützlich.

Er hat ganz bestimmt nicht so etwas wie unsere höhnische Konsum-Gesellschaft vorausgesehen, in der extreme Selbstsucht weithin als Tugend bewundert wird, Engagement für das Gemeinwesen meist als Witz oder Zeitverschwendung verspottet wird und der Gemeinschaftssinn fast auf Null gesunken ist. Selbst wenn wir es nicht verhöhnen, interessiert uns öffentliches Engagement meist gar nicht. Wenn es nicht eine militärische Form annimmt, mißtrauen wir ihm; wir glauben, daß es womöglich unehrlich ist und in Wahrheit dem Eigennutz dient. Politik ist letztlich nur eine Karriere. Die Frage »Was springt für mich dabei raus?« ist ein Zeichen für allgemeine menschliche Reife. Die Frage »Wie kann ich der Gemeinschaft helfen?« wird von Kindern oder ein paar wenigen wohltätigen oder frommen Leuten gestellt. Wenn sie von Erwachsenen gestellt wird, könnte dies ein Zeichen für eine betrügerische Person sein, die ihre wahren Absichten hinter hohler Effekthascherei verbirgt. Denn in einer Marktwirtschaft hilft man der Gemeinschaft am besten, indem man seinen eigenen Interessen folgt. Produktive Individuen helfen der Gemeinschaft einfach dadurch, daß sie ihre Fähigkeiten anwenden, indem sie Geld verdienen und konsumieren und eine Familie unterhalten.

Ich halte diese Einstellungen nicht für gut, ich zitiere sie nur. Unsere soziale Welt ist nicht die von Hume. Einige der Bücher des Grundkurses (Platon, Aristoteles, Locke, Hume) verdeutlichen, wie weit wir uns von einem Ideal aktiver Bürgerschaft entfernt haben. Die bloße Tatsache, in einer Gesellschaft zu leben, mag durchaus noch moralische Normen erzeugen, wie Hume sagt, aber sie erzeugt auch Besitzgier, Gefühllosigkeit, Rückzug aus der Gemeinschaft und eine allgemeine Gehässigkeit, die mit Selbstmitleid abwechselt. In unserer Zeit hat das, was Hume die »soziale Sympathie in der menschlichen Natur« nannte – im Sinn von Mitgefühl mit anderen Bürgern auf der Straße, in Läden, im Viertel – bemerkenswert nachgelassen; sie wurde von Gleichgültigkeit und Angst hinweggefegt und durch Paranoia oder eine böse Mutation ihrer selbst ersetzt, eine widerliche von den Medien geschaffene Faszination für »persönliche« Geschichten. Einfühlungsvermögen ist zu einer auf das Opfer fixierten Betroffenheit verkommen.

Abgesehen von diesen pessimistischen Gedanken war ich davon überzeugt, daß Hume einen plausiblen Mittelweg zwischen Absolutismus und Relativismus aufgezeigt hat. Daß die moralischen Grundsätze sich verändern, würde ihn an sich nicht verwundert haben. Da wir moralische Prinzipien nicht aus dem Verstand, sondern von moralischen Gefühlen ableiten, verändert sich die Moral von einer Gesellschaft zur anderen. Aber das ist nicht dasselbe, wie zu sagen, daß es überhaupt keine Grundsätze gibt. Die Abschwächung der sozialen Sympathie in Amerika macht es schwerer, moralische Regeln zu finden, und noch schwerer, sie aufrechtzuerhalten; das bedeutet nicht, daß sie aufgehört haben zu existieren. Ein wahrhaft moralischer Aufruf in unserer Zeit könnte darin bestehen, die unterschiedlichsten Menschen davon zu überzeugen, daß sie aus gemeinsamen Grundsätzen einen Vorteil ziehen könnten.

Stephanson erklärte Hume, doch Charlie, der schweigsam mit gesenktem Kopf und gerunzelter Stirn dasaß, war mit diesen stückchenweisen Lösungen nicht zufrieden. Und die anderen auch nicht. Die Studenten wünschten Beständigkeit des Verhaltens und des Urteils. Hier gab es keine Relativisten. Hume war als Philosoph nicht hinreichend dramatisch für den studentischen Geschmack; Humes gesunder Menschenverstand erschien ihnen kaum als Philosophie. In diesem Augenblick wünschten die Studenten stärkeren Tobak. Sie wollten Ethik.

Und sie bekamen sie gleich von Immanuel Kant.

> ... wenn man dem Begriffe von Sittlichkeit nicht gar alle Wahrheit und Beziehung auf irgend ein mögliches Objekt bestreiten will, man nicht in Abrede ziehen könne, daß sein Gesetz von so ausgebreiteter Bedeutung sei, daß es nicht bloß für Menschen, sondern alle *vernünftige Wesen überhaupt,* nicht bloß unter zufälligen Bedingungen und mit Ausnahmen, sondern *schlechterdings notwendig* gelten müsse: so ist klar, daß keine Erfahrung, auch nur auf die Möglichkeit solcher apodiktischen Gesetze zu schließen, Anlaß geben könne. Denn mit welchem Rechte können wir das, was vielleicht nur unter den zufälligen Bedingungen der Menschheit gültig ist, als allgemeine Vorschrift für jede vernünftige Natur in unbeschränkte Achtung bringen, und wie sollen Gesetze der Bestimmung *unseres* Willens für Gesetze der Bestimmung des Willens eines vernünftigen Wesens überhaupt und nur als solche auch für den unsrigen gehalten werden, wenn sie bloß empirisch wären und nicht völlig a priori aus reiner, aber praktischer Vernunft ihren Ursprung nähmen?
> *(S. 408)*

Und nochmals:

> ... (die Philosophie muß) Grundsätze angeben (können), die die Vernunft diktiert, und die durchaus völlig a priori ihren Quell und hiemit zugleich ihr gebietendes Ansehen haben müssen: nichts von der Neigung des Menschen, sondern alles von der Obergewalt des Gesetzes[*] und der schuldigen Achtung für das-

---

[*] Mit »Gesetz« meint Kant in dem folgenden Abschnitt nicht die Gesetzesparagraphen, sondern die Gesetze der Moral, die aus der Vernunft und dem Willen abgeleitet sind.

selbe zu erwarten, oder den Menschen widrigenfalls zur Selbstverachtung und innern Abscheu zu verurteilen.
*(S. 426)*

Mein Gott, welche Angst steckt hinter diesen Sätzen! Welcher Abscheu vor Chaos und Verwirrung, welcher Haß auf ein Dasein, das von bloßen Umständen oder Leidenschaft oder irgend etwas anderem außer der Vernunft bedingt wird! Kants Eindringlichkeit ist erschreckend. Nur die Philosophie, nicht die Beobachtung kann uns moralische Gesetze geben. Man könnte sagen, daß Kant seine Schrift *Grundlegung zur Metaphysik der Sitten (1785)* teilweise als Antwort auf Fragen wie die von Charlie verfaßte. Er wollte eine Moralphilosophie begründen, die absolut wäre und nicht auf Gottes Wort gründete. Und um absolut zu sein, sollte sie frei sein von allem, was durch das soziale Leben bedingt wird. (Frei vom Leben überhaupt, würden manche von uns sagen.) Denn solange sie nicht frei wäre von einem sozialen Muster, von individueller Belastung und Schwäche und den besonderen Umständen, könnte sie nicht ein Regelwerk sein, das überall und unter allen Umständen wahr wäre. Sie könnte kein moralisches *Gesetz* sein. Statt dessen würde sie eine Sammlung von »Imperativen« hervorbringen, die bloß hypothetisch wären – wahr in diesem und jenem Falle oder für diese und jene Person und im Hinblick auf dieses und jenes Ziel. Und was eine Person glücklich und zufrieden macht, würde eine andere Person nicht glücklich und zufrieden machen. Sobald ein besonderes Ziel erreicht wäre, wäre die Regel anschließend nicht mehr gültig. Und das wäre nicht ausreichend, denn das, was wir wollen, sind Regeln, die immer gültig sind.

Kants Ziel war also genau das Gegenteil von dem, was wir jetzt Relativismus nennen, und zur Erreichung eines solchen Ziels war Humes Gründung der Moral auf das soziale Sein und das Gefühl ein Anathema. Gefühle ändern sich, und die »Menschen unterscheiden sich in vielerlei Hinsicht«, wie Stephanson sagte. »Aber sie teilen sich die Vernunft«, die natürlich das Instrument war, mit dem, wie Hume betonte, nichts bewiesen werden konnte. »Vernunft«, fuhr Stephanson fort, »könnte bei ganz unterschiedlichen Menschen frei und in gleicher Weise funktionieren. Kant wollte feststellen, was man über die Moral a priori wissen kann – vor jeder Beobachtung oder Erfahrung – durch freie Ausübung der Vernunft.«

Stephanson war aufgeregt, beinahe begeistert. Er liebte diese schwierigen deutschen Probleme; er verabreichte den amerikanischen Studenten die fremde Sprache als eine notwendige Medizin. »Die Bedeutung von Kant ist beunruhigend«, sagte er. »Seine ganze Herangehensweise an die Erkenntnistheorie. Die Natur der Subjektivität. Welches sind die Seinsbedingungen von irgendeinem X, um X zu sein? Wenn es etwas wie Moral gibt, dann muß sie *so* aussehen. Welches sind ihre Bedingungen? Nicht, was sie *ist,* sondern, wenn sie existiert, dann muß sie so sein; und was *ermöglicht* sie? Wie ist es möglich, über irgend etwas zu reden? Welche Begriffe erlauben es uns, über irgend etwas zu reden?«

Kant war also weniger am Inhalt der Ethik interessiert (er akzeptierte konventionelle Moralvorschriften) als an der Art, wie wir darüber reden. Was ist es, das es unseren Moral-Auffassungen erlaubt, Gesetzeskraft zu erlangen? Welche *Form* muß eine Regel annehmen, um zur Moral zu werden?

»Er war Hume diametral entgegengesetzt«, sagte Stephanson. »Seine Hauptangriffsziele waren der Skeptizismus und Anti-Fundamentalismus, die Vorstellung, daß wir, seit wir in einer säkularen Welt leben, alle Garantien vergessen können, weil es nichts gibt, mit dem wir rechnen können, außer vielleicht mit uns selbst. Kant dachte, das wäre Nonsens. Wir *können* von sicherem Wissen oder sicherer Moral reden.«

War das möglich? War es vernünftig? Eine Ethik allein aus der Vernunft und dem Willen abzuleiten, einen Leitfaden zum Handeln aufzustellen unabhängig von den Zwängen, denen jeder handelnde Mensch unterliegt, einem Rumpeln des Magens, einer Laune, Zögern, Schwerfälligkeit und Gleichgültigkeit? Unabhängig vom Einfluß *nicht* getaner Handlungen, von Impulsen, denen man nicht folgte? Lohnte es sich überhaupt, etwas zu tun? Wenn man etwas erreicht, was macht man dann damit? Gut, vielleicht lohnte es sich, etwas zu tun. Kant erwartete von der Philosophie, dorthin zu gelangen, wohin die Kirchenlehren und der gesunde Menschenverstand nicht mehr gelangen konnten. Würde ich nicht alles dafür geben, Studenten sagen zu hören, ohne über Saddams Spitzfindigkeiten über den westlichen Humanismus zu stolpern: »Niemand dürfte irgendwo geschlagen werden«?

Es war unmöglich, die Reinheit von Kants Forderung überzubewerten. So lange, wie wir unseren Neigungen entsprechend handeln, sagt er, sind wir nicht völlig frei. Wir tun nur, was wir gerne tun. Der Wille funktioniert nur dann wirklich frei und in voller Ausübung der Vernunft, wenn er die Neigungen ignoriert und *gegen* die Neigungen handelt, ohne Hoffnung auf Belohnung oder Glück. Ein Individuum mit einem guten Herzen, das von Natur aus freundlich ist, mag Lob verdienen, aber es verdient keine Hochachtung.

Gesetzt also, das Gemüt jenes Menschenfreundes wäre vom eigenen Gram umwölkt, der alle Teilnehmung an anderer Schicksal auslöscht, er hätte immer noch Vermögen, andern Notleidenden wohlzutun, aber fremde Not rührte ihn nicht, weil er mit seiner eigenen genug beschäftigt ist, und nun, da keine Neigung ihn mehr dazu anreizt, risse er sich doch aus dieser tödlichen Unempfindlichkeit heraus und täte die Handlung ohne alle Neigung, lediglich aus Pflicht, alsdann hat sie allererst ihren echten moralischen Wert. Noch mehr: wenn die Natur diesem oder jenem überhaupt wenig Sympathie ins Herz gelegt hätte, wenn er (übrigens ein ehrlicher Mann) von Temperament kalt und gleichgültig gegen die Leiden anderer wäre, vielleicht weil er, selbst gegen seine eigene mit der besonderen Gabe der Geduld und aushaltenden Stärke versehen, dergleichen bei jedem andern auch voraussetzt, oder gar fordert; wenn die Natur einen solchen Mann (welcher wahrlich nicht ihr schlechtestes Produkt sein würde) nicht eigentlich zum Menschenfreunde gebildet hätte, würde er denn nicht noch in sich einen Quell finden, sich selbst einen weit höhern Wert zu geben, als der eines gutartigen Temperaments sein mag? Allerdings! gerade da hebt der Wert des Charakters an, der moralisch und ohne alle Vergleichung der höchste ist, nämlich daß er wohltue, nicht aus Neigung, sondern aus Pflicht.
*(S. 398-399)*

Es gibt, meine ich, eine gewisse Größe in dieser Darstellung vom Elend, Gutes zu tun. Aber der Abschnitt hat seine verrückten und komischen Seiten, ein quälendes Pathos. Es ist beinahe so, als ob Freude und Spontaneität für Kant die Tugend verdürben und Niedertracht und gewollter Anstand sie heiligten. Großer, edler Tölpel!

Ich dachte an Ingmar Bergmans hoffnungslosen Pastor in *Licht im Winter,* der pflichtbewußt in seiner leeren Kirche hockt und dessen Seele kaum noch am Leben ist. Bergman meinte nicht, daß dieser Mann eine ganz bewundernswerte Person wäre. In der Moderne legen wir einen viel größeren Wert auf Authentizität, als Kant es tat, und wir fassen als moralische Eitelkeit auf, was er als Erhabenheit betrachtete. Wenn der vernünftige Wille das einzig Freie an uns ist, behauptet Kant, dann sind es die Absichten, die zählen. Einer Handlung kann nur dann moralischer Wert beigemessen werden, wenn sie von »einem guten Willen« erzeugt wird; und moralischer Wert hängt in keiner Weise vom Erfolg oder den Konsequenzen der Handlung ab. Wenn eine Handlung an sich gut ist, dann ist sie gut unabhängig von ihrem praktischen Erfolg.

Aber ich konnte das nicht akzeptieren, und auch die meisten Studenten konnten das nicht.

Ich bin nicht ganz ehrlich gewesen. Bislang habe ich Abschnitte von Kant zitiert, die ich verstehen konnte. Aber ein großer Teil der kleinen Schrift lautet wie folgt:

Alle Menschen denken sich dem Willen nach als frei. Daher kommen alle Urteile über Handlungen als solche, die hätten *geschehen sollen,* ob sie gleich *nicht geschehen sind.* Gleichwohl ist diese Freiheit kein Erfahrungsbegriff und kann es auch nicht sein, weil er immer bleibt, obgleich die Erfahrung das Gegenteil von denjenigen Forderungen zeigt, die unter Voraussetzung derselben als notwendig vorgestellt werden. Auf der anderen Seite ist es ebenso notwendig, daß alles, was geschieht, nach Naturgesetzen unausbleiblich bestimmt sei, und diese Naturnotwendigkeit ist auch kein Erfahrungsbegriff, eben darum weil er den Begriff der Notwendigkeit, mithin einer Erkenntnis a priori bei sich führt. Aber dieser Begriff von einer Natur wird durch Erfahrung bestätigt und muß selbst unvermeidlich vorausgesetzt werden, wenn Erfahrung, d. i. nach allgemeinen Gesetzen zusammenhängende Erkenntnis der Gegenstände der Sinne, möglich sein soll. Daher ist Freiheit nur eine *Idee* der Vernunft, deren objektive Realität an sich zweifelhaft ist, Natur aber ein *Verstandesbegriff,* der seine Realität

an Beispielen der Erfahrung beweiset und notwendig beweisen
muß.
*(S. 455)*

Ich nehme an, daß ich unter großen Anstrengungen herausfinden
könnte, was das bedeutet, aber irgend etwas in mir *will* einfach nicht.
Wiederholung und nochmals Wiederholung, ein technisches Vokabu-
lar, ein Fuß in der Spur des anderen – oft derselbe Fuß auf derselben
Stelle – und dann die plötzliche Einführung einer neuen Idee ohne
jede Vorbereitung... Ich habe jemanden an der Columbia-Universität
sagen hören, daß man Kant rückwärts lesen müßte, man müßte ganz
hinten anfangen, damit man seine Begriffe verstünde, und dann mit
diesem Verständnis alles noch mal von vorne lesen. Wenn man ihn
zweimal liest, dann kann man ihn einmal lesen.»Kant kam aus einer
scholastischen deutschen Tradition«, sagte Stephanson. »Er benutzt
eine Terminologie, die die Aufhebung der anglosächsischen Forderung, klar zu schreiben, erfordert.« Nun, das bedeutete, es diploma-
tisch auszudrücken.

Ich las, aber nur nachts, wenn es im Haus still war, und nur, wenn
ich mich physisch gut fühlte. Auf *dieses* Buch konnte ich mich nicht in
Cafés oder U-Bahnstationen stürzen. Das kleinste Jucken hinter meinem Ohr lenkte mich ab. Ich kratzte mich, und Kant war weg, tote
Worte auf einer Seite, und ich mußte den Absatz von vorne beginnen. Für einen Menschen, der in den Medien lebt und dessen Aufmerksamkeit von hundert kleinen Tricks angezogen, festgehalten, beherrscht und schließlich wieder losgelassen wird, besitzt die Prosa
von Kant eine äußerst feindliche Neutralität. Kant zu lesen war, als
ob man auf einen komplizierten architektonischen Plan schaute, in
dem die Durchgänge zwischen den Räumen vergessen worden waren. Um Kants schwierigste Texte zu verstehen, brauchte man beinahe ebensolche geistigen Fähigkeiten wie er selbst.

Ich saß zu Hause, und meine Konzentration, die ich mit größter
Mühe aufbrachte, war wie ein LKW, der einen Berg hochkeuchte.
Wenn ich erst einmal in die Gänge kam, bewegte ich mich langsam,
langsam vorwärts, mit einem Auge auf das gelegentlich stockende,
aber schließlich schrittweise Vorankommen von Kants Gedanken. Er
war dort oben vor mir, und ich mußte in den Gängen bleiben. Ich hielt
am Sinn fest und folgte ihm. Aber dann ging er in seiner eigenen Spur

zurück oder schlingerte in diese oder jene Richtung oder verlor sich in einem Dickicht undefinierbarer Begriffe – oder, was noch wahrscheinlicher war, meine Aufmerksamkeit ließ eine Sekunde nach – und das Verständnis entwischte mir. Ich fiel wieder zurück, und sosehr ich mich auch bemühte, kam ich nicht mehr voran. Ich spürte, wie das Verständnis meinen Körper *physisch* verließ; also mußte ich ganz weit zurück und von neuem beginnen, auf einer niedrigeren Ebene, ich mußte wieder Halt finden und wieder anfangen hochzuklettern. Auf diese Weise las ich etwa sechs oder sieben Seiten die Stunde. Ich studierte Kant, und der Kampf mit dem Text war heftig, erschöpfend und nicht immer erfolgreich.

Aber merkwürdig vergnüglich. Diese unselige Kompliziertheit des Stils, die ungeschickte, wunderliche, dickköpfige Sturheit und Geradlinigkeit ohne Rhythmus, konnte, wenn man erst einmal ein Ende zu fassen bekommen hatte, große Befriedigung verleihen, vielleicht weil man härter um das Verstehen kämpfen mußte als gewöhnlich. Kant in den 90er Jahren zu lesen erforderte eine Reinheit der Absichten, wie er sie von moralisch Handelnden forderte. Kant war ein furchtbarer Schriftsteller. Und er war auch ein großer Schriftsteller, und das war das Mysterium an der Sache.

Wie können wir einen bindenden moralischen Kodex aufstellen – eine Reihe von Vorschriften, die für alle und jeden gelten? Wenn eine moralische Vorschrift oder »Maxime« für jedermann oder zumindest für alle vernünftigen menschlichen Wesen gelten soll – und folglich ein kategorischer statt ein hypothetischer Imperativ sein muß –, dann muß man seinen Willen einsetzen und frei als vernünftig Handelnder agieren, um eine Maxime aufzustellen, die notwendigerweise für jedermann *funktionieren* würde. Man handelt dann »nur entsprechend dieser Maxime, von der man gleichzeitig wollen kann, daß sie zu einem universellen Gesetz werde«.

Mit Hilfe des kategorischen Imperativs weiß man, daß es falsch ist (ein Beispiel von Kant), ein Versprechen zu geben ohne die Absicht, es auch zu halten. Denn wenn jedermann Versprechen bräche, würde kein Versprechen mehr etwas wert sein; man könnte nicht annehmen, daß einem künftige Versprechen geglaubt werden würden. Selbst der Versuch, mit einem falschen Versprechen davonzukommen, würde nicht mehr funktionieren. Damit einem falschen Versprechen geglaubt werden soll, muß man wollen, daß die anderen Versprechen Glauben schenken. Aber man kann nicht zu gleicher Zeit den Willen, falsche und glaubhafte Versprechen zu machen, universalisieren; den kategorischen Imperativ entfalten sagt uns also, daß es falsch ist, falsche Versprechen zu geben. Ehebruch ist falsch, denn wenn jeder Ehebruch begehen würde, würden Familien und am Ende die Gesellschaft auseinanderbrechen. Abfälle in der Umwelt zu verteilen ist falsch: Wenn dies jeder täte, würden wir in einem Meer von Abfällen versinken. Du sollst niemand schlagen, über den du Macht hast, weil du sonst selbst von jemandem, der mehr Macht als du hat, geschlagen werden könntest.

Die Studenten suchten nach einem festen Verhaltenskodex, aber die meisten von ihnen konnten Kants Formulierungen nicht akzeptieren. Plötzlich herrschte eine gehörige Portion Wut im Raum. Noah, der gut informierte Student, der immer alle Seiten eines Themas zu betrachten versuchte, haßte die Art und Weise, wie Kant alles im Leben seiner Einzigartigkeit beraubte, um so seine Theorie zu ermöglichen. Andere widersetzten sich der Idee, ein unabänderliches »universelles« Gesetz aufzustellen, auch nicht als philosophische Regel. Viele von ihnen glaubten, es sei absurd, eine Handlung von ihren Konsequenzen zu trennen. Sie waren zu sehr das Produkt der amerikanischen Vielfalt und des amerikanischen Pragmatismus, um Kant zu akzeptieren.

Manuel Alon zeigte am deutlichsten seine Verachtung. Die ganze Idee sei widersinnig, sagte er mit seiner rauhen Stimme. Und er tat, was andere vor ihm getan hatten – er versuchte, ein Beispiel zu finden, das eine bestimmte Maxime in Widerspruch zu sich selbst setzen würde. »Wenn man festlegt, daß man das Recht hat, einen Verbrecher zu töten, der einem das Messer an den Hals setzt«, sagte er, »dann legt man auch das Recht des Verbrechers fest, sich zu verteidigen und einen selbst zu töten.«

Ich dachte, das sei schlau – zuerst jedenfalls. Dann wurde mir klar, daß es keinen Grund gibt, ein Recht festzulegen, den Verbrecher zu töten. Der kategorische Imperativ, den du aufstellen würdest, gäbe an, so zu handeln, als ob dein eigenes Leben wert wäre, erhalten zu werden. Durch diese Maxime – das Recht auf Selbstverteidigung – hättest du das Recht, dem Verbrecher zu entfliehen, aber nicht, ihn zu töten (wenn er nicht gerade *dich* töten wollte). Und durch Ausübung

271

dieses kategorischen Imperativs gehst du davon aus, daß sein Leben auch wert wäre, erhalten zu werden. Ich wollte die Männer, die mir am U-Bahnausgang Forty-second Street in der Nähe der Lexington Avenue eine Pistole auf die Brust gehalten hatten, nicht töten. Ich wollte, daß sie mich in Frieden ließen.

Aber wie steht es mit diesen jungen Männern? Was war ihre Maxime? Einige der Jugendlichen in den Innenstädten praktizierten eine nihilistische Version des kategorischen Imperativs: Ich werde so handeln, als ob dein Leben keine Bedeutung hätte. Wenn man Kants Formulierungen anwendet und in ein universelles Gesetz verwandelt, bedeutet dies, daß ein junger Revolverheld, der ohne Grund tötet, andere bevollmächtigt, ihm gegenüber so zu handeln, als ob *sein* Leben keine Bedeutung hätte. Das Ergebnis wäre, wie Kant es vorausgesehen haben würde, daß in zunehmendem Maße niemandes Leben mehr eine Bedeutung hätte. Die Triebe werden universalisiert: Gangs kämpfen um jeden Fußbreit Boden; junge Leute, die das Gefühl haben, daß ihnen nichts bleibt außer ihrem Ruf, werden wütend über eine Beleidigung oder kleine Zeichen von Mißachtung und töten einander sowie unschuldige Passanten.

Während ich dies in meinem Kopf durchspielte, fuhr Manuel mit seinem Angriff fort: »Dies ist der erste Text, den ich verwerflich und skrupellos finde. Dies ist die Theorie eines Akademikers.« Er lächelte Stephanson an: »Er mußte niemals hinaus und mit diesen Problemen kämpfen, und wenn man es auf den Punkt bringt, dann gibt es nur eine korrekte Wahl. Du hast das Recht, die Wahl zu treffen oder zu unterlassen. Aber es gibt nur eine *korrekte* Wahl. Das ist totalitär.«

Nun ja, in einer Hinsicht hatte er recht. Kant glaubte, daß der gesunde Menschenverstand und die konventionelle Ethik gegeben seien. Es gibt nur eine korrekte Wahl, und bei Kants Ethik geht es genau darum, die ethischen Vorstellungen, die sich aus dem gesunden Menschenverstand ergeben, mit etwas logischem Fleisch zu versehen. Aber konventionelles Verhalten ist weit von den vernichtenden Zwangsmaßnahmen entfernt, die Manuel Totalitarismus nannte. (Die Nazis kannten wirklich ihre Feinde und verbrannten Kants Bücher.) Kants berühmteste Maxime, die alle anderen zusammenfaßte und bestimmte, lautete, jedes menschliche Wesen als ein Ziel und nicht als ein Mittel zu behandeln. Seine tiefste Hoffnung war es, in einem

»Reich der Ziele« zu leben, in dem jeder jeden als einen freien moralisch Handelnden respektierte. Als Anhänger der Französischen und amerikanischen Revolution haßte Kant blinden Gehorsam Autoritäten gegenüber; er wollte die moralische Wahl ins Zentrum des individuellen Willens setzen, der autonom und frei von Begierden wirken sollte. Jeder Mann und jede Frau sollte seine oder ihre eigene moralische Autorität sein! Würde der Wille auf diese Weise funktionieren, dann würden wir uns mit Ruhm bedecken.

Aber Manuel hatte bezüglich der Engstirnigkeit nicht ganz unrecht. Kant, der ewige Junggeselle, war nie weiter als zehn Kilometer aus der kleinen Stadt Königsberg in Ostpreußen herausgekommen. Er war siebenundfünfzig Jahre alt, als er die *Kritik der reinen Vernunft*, sein erstes größeres Werk, und einundsechzig, als er die *Grundlegung zur Metaphysik der Sitten* schrieb. Gab es da nicht etwas Provinzielles, Begrenztes, Unterdrücktes, vielleicht Privilegiertes in seiner Auffassung von einem moralischen Leben? Hatte die Welt nicht damit recht, sich mehr um den Erfolg einer Handlung zu kümmern als um ihre Reinheit?

Ich stimmte den Studenten zu. Die bodenständige Tradition des Pragmatismus kam zum Tragen. Man bedenke: Als Europa von den Nazis besetzt war, retteten der schwedische Diplomat Raoul Wallenberg und eine Reihe von Dänen, vielleicht aus einem Kantschen Pflichtgefühl heraus, einige Juden, die zum Tod bestimmt waren. Aber die Italiener retteten auch Juden, vielleicht aus Abscheu vor den deutschen Befehlen; und der sudetendeutsche Katholik Oskar Schindler rettete, wie alle Welt nun weiß, auch Juden, aus *Gewinnsucht* – zumindest anfänglich aus Gewinnsucht und dann vielleicht aus persönlicher Zuneigung. Moralisch sind die Unterschiede zwischen diesen Handlungen weniger wichtig als die Heldenhaftigkeit, die sie alle verbindet. Indem sie den Befehlen der SS trotzten, riskierten sie alle ihr Leben; derjenige unter ihnen, der die reinsten Motive hatte, Wallenberg, genoß diplomatische Immunität und ging wahrscheinlich das kleinste Risiko ein – kleiner als die polnische christliche Familie, die meine Freundin Nechama (Autorin von *Eine moderne Art Leben* und anderen Werken über den Holocaust) versteckte. Nechama Tec hatte blaue Augen und blonde Haare und ging als Christin durch. Die Familie, die sie aufnahm, wurde bar bezahlt, aber sie riskierte auch den Tod durch die SS. Wenn wir den moralischen Wert von Handlungen

273

messen wollen, dann war gewiß das Risiko ein zwingenderer Maßstab als die Reinheit der Absicht.

Die Grundkurse der Columbia-Universität selbst boten wie auch die allgemeine Erfahrung eine schlagende Kritik am kategorischen Imperativ. Die schwierigsten moralischen Probleme erfordern letztlich nicht, die Pflicht der Neigung vorzuziehen, sondern *unter* Pflichten zu wählen. Was, sagte Hegel, war der Kern der griechischen Tragödie? Das Schauspiel von Recht gegen Recht: Antigone, die zwischen dem Gehorsam gegenüber dem Staat und dem Gehorsam gegenüber dem Gebot der Götter, ihren Bruder zu beerdigen, zerrissen war. In einem solchen Fall ist der moralische Grund trügerisch. Wir sollten immer die Wahrheit sagen, aber mit sechzehn sprach ich einmal ehrlich zu meinem Vater, als ich ihn brutal mit meiner Geringschätzung gegenüber ihm beleidigte, und er war verletzt und wütend. Ich hätte von einem höheren Imperativ zurückgehalten werden sollen als dem, die Wahrheit zu sagen: niemand grundlos und grausam mit der Wahrheit zu verletzen.

Ich fühlte mich zutiefst unzufrieden mit Stephansons Seminar. Die Studenten wollten eine feste Basis für Urteile und gleichzeitig Flexibilität. Sie weigerten sich, das Leben zu vereinfachen, damit sie einfacher damit fertig würden. Sie haßten einen Relativismus, der es ablehnte, die Kuweitis zu verurteilen, weil sie ihre Dienstmädchen schlugen, aber sie konnten keine Ethik akzeptieren, die nicht zumindest teilweise die sozialen Umstände einzelner beachtet. Und ich fühlte mich auch unwohl. Unser Chaos, unsere Konfusion würde nicht leicht durch moralisches Urteilsvermögen eingedämmt werden können. In meinem Unglück griff ich auf das zurück, was Stephanson über Hume gesagt hatte.

»In der Geschichte der Philosophie galt Hume früher als Prolog zu Kant«, sagte er, »weil Kant so stark auf das, was Hume über Moral und Gefühl gesagt hatte, reagierte. Aber die Stellung von Humes Werk im Kanon hat eine Veränderung erfahren. Es ist Interesse an ihm als Vorläufer des Utilitarismus und des Pragmatismus nach Art von Dewey erwacht. Er hatte auch Einfluß auf den amerikanischen Philosophen Richard Rorty und seine Schüler.«[*]

---

[*] Sowohl John Dewey (1859-1952) als auch Richard Rorty, der an der Universität von Virginia lehrt, sprechen von Pluralismus, von der Vorstellung, daß es nicht ein einziges

Er wandte sich wieder an Charlie: »Gewinnt man erst einmal einen skeptischen Standpunkt, ist man erst einmal davon überzeugt, daß moralische Regeln eine historische Grundlage haben, dann, ja dann kann man im Relativismus, sogar im Nihilismus enden. Eine absolute Norm läßt sich weder von Gott noch aus der Wissenschaft oder dem Rationalismus herleiten. Aber Hume bringt das Problem, Normen zu finden, die als allgemein für die Gemeinschaft anerkannt werden, wieder zur Sprache. Wir müssen uns genau ansehen, was wir gutheißen und was wir nicht gutheißen. Individuen machen im Laufe der Zeit Erfahrungen. Wir *lernen;* es gibt eine wachsende Menge von Augenblicken, die es uns im Verlauf der Zeit erlaubt, im Rahmen eines gewissen Kontextes zu handeln. Wir beurteilen Handlungen nicht nur mit individuellen Begriffen.«

Er brach also eine Lanze für die Erfahrung, für die Erinnerung, für die angehäufte moralische Weisheit der menschlichen Rasse und für das Urteil. Und er sagte nochmals: »Wenn man kein Absolutist ist, heißt das noch lange nicht, daß man ein Relativist ist. Wenn man diese ganze Dichotomie zurückweist, dann ändert man die Vorzeichen. Humes Projekt war es, eine kontingente Grundlage für Moral zu schaffen. Wir haben nichts Absolutes bekommen, sondern wir reagieren auf verschiedene Geschmäcker und Wünsche. Das menschliche Leben hat eine Art Form.«

*Das menschliche Leben hat eine Art Form.* Das war eine sehr bescheidene Aussage, aber man konnte tatsächlich zu einer vorgesellschaftlichen Lebensform zurückgehen, diese Form lokalisieren und die Rudimente eines grundlegenden Kodex entdecken. Das heißt, wir alle essen, schlafen, urinieren und defäzieren, und die meisten von uns haben Sex, und die Gemeinsamkeiten unserer physischen Zusammensetzung führen zu beträchtlichen Ähnlichkeiten in der Natur der einzelnen Menschen. Folglich wäre es möglich, daß, selbst wenn wir Werte »schufen«, gewisse »suprahistorische« Maßstäbe übrigblieben, die überall oder fast überall zu finden wären, die also nicht von historisch abgeleiteten Begriffen von Gut und Böse abhingen. Einige bedeutende Werte im Leben müssen wir als einen relativen Wert besitzen. Jede Gesellschaft bewundert zum Beispiel Mut.

---

oder letztliches Ziel im Leben gebe, sondern viele mögliche Ziele, von denen einige nützlicher als andere für die Erfüllung gesellschaftlicher Aufgaben sind.

Hume führte die Art und Weise, wie Leute im Theater reagieren, als Beweis dafür an, daß eine gemeinsame Natur existiert: Jeder lacht und weint im Theater zur selben Zeit. Ich dehnte dies auf die Filme aus: Die Existenz von Filmen und eines Filmpublikums widerlegt den Relativismus. Film könnte nicht ohne die Erwartung als Massenmedium existieren, daß das Publikum am wohlverdienten Erfolg Freude hätte und von Bosheit abgestoßen würde; daß es erleichtert wäre, wenn der Tugendhafte in Sicherheit ist, und zufrieden, wenn der Übeltäter stirbt. Filme wären ohne die Moral des Zuschauers nicht möglich, die das Drama erst möglich macht. Sylvester Stallone ist sowohl in Bangkok als auch in Pittsburgh ein Held. (Daß er an beiden Orten ein Held ist, ist eine Schande, aber das ist nicht das Thema.) Wenn die Zuschauer leiden, sobald beliebte Charaktere in Gefahr geraten, wird das Leiden nicht nur durch Empathie ausgelöst, sondern auch durch eine gemeinsame Vorstellung davon, wie das Leben laufen sollte. Selbst ein Krimineller würde beim Tod eines kleinen Kindes weinen. Hume wäre der erste, der zugeben würde, daß der Kriminelle weint, weil seine eigenen egoistischen Interessen nicht berührt sind; und wir könnten hinzufügen, daß seine Tränen ihn nicht davon abhalten werden, Kinder zu töten. Aber sie sagen uns, daß es falsch ist, Kinder zu töten. Ein Filmkritiker *muß* ein Anhänger von Hume sein. Wenn ich an das Publikum glaube und an die Gruppenreaktion auf allgemeine Gefühle, dann muß ich auch glauben, daß es, wie oft er auch verletzt wird, einen moralischen Pakt in der Gesellschaft gibt – nicht nur den Lockeschen Vertrag oder das Eigeninteresse, sondern eine Übereinstimmung des Gefühls. Abermals: Die höchste politische Aufgabe in unserer Zeit wäre es, eine Übereinstimmung des allgemeinen Gefühls bei allen Menschen zu erreichen.

Das menschliche Leben hat eine Form – das war vielleicht nicht genug, um uns zur Solidarität zu verpflichten, aber es war weit mehr als nichts. Stephanson paßte weder in mein Klischee von einem akademischen Radikalen noch in das von irgend jemand anderem. Indem er uns durch Kant und Hume führte, hatte er gleichzeitig sowohl den Relativismus als auch die Starrheit abgewehrt.

Kapitel 18

MONTAIGNE

»Während dieses ganzen Seminars, des ganzen Seminars, steht euer Leben auf dem Spiel und besonders in dieser Minute.«

Von allen Autoren des Grundkurses war Michel de Montaigne, den wir in dieser Woche lasen, vielleicht der am wenigsten imposante (auf den ersten Blick zumindest), der zwangloseste und angenehmste, der am eindeutigsten und ermutigendsten menschliche. Tayler liebte ihn, lachte ständig in sich hinein und wiederholte wie ein Mantra solche Sätze (Montaigne spöttisch nachahmend) wie: »Es ist schlimm genug zu pissen, wenn man läuft; man sollte nicht scheißen müssen, während man rennt.« Trotz unserer nüchternen Meditationen über Ethik im Seminar über die Kulturgeschichte der Gegenwart fühlte ich mich dank Boccaccios befreiender Erzählungen immer noch in Hochstimmung, und Montaigne akzeptierte noch mehr als Boccaccio den Körper mit all seinen vielen Aktivitäten, seinem Fieber, seinen Verdauungswindungen und Entleerungen, genauso wie mit seinem Vergnügen am Essen, Sex und Schlaf. Die Angst des Augustinus vor dem rebellischen Stolz des Fleisches war endlich beiseite gelegt worden. Der Körper wurde als Ganzes befreit. Montaigne ließ einen sich gut in seiner Haut fühlen. Wie konnte also durch die Lektüre seiner Texte das Leben von irgend jemandem aufs Spiel gesetzt werden?

Montaigne hätte vielleicht über Taylers professorenhaftes Melodrama gelacht. Er war Aristokrat und ein Mann des öffentlichen Lebens, zog sich 1571 mit 38 Jahren aber auf seinen Besitz bei Bordeaux zurück, um zu lesen und zu schreiben. Im Laufe der Jahre (die er nicht alle in Zurückgezogenheit verbrachte) machte er Notizen zu seiner Lektüre, kopierte Auszüge aus der klassischen Literatur und fügte dann seine Beobachtungen und Reflexionen hinzu. Selbst heute erscheint sein Hauptwerk, die *Essais*, das er schrieb und umschrieb und veröffentlichte und neu veröffentlichte, äußerst originell. Zwölfhundert Jahre zuvor hatte Augustinus seine geistliche Autobiographie geschrieben; Montaigne, der katholischen Glaubens, aber von seiner Art her weltlich und nicht religiös war, schuf etwas vielleicht noch Wagemutigeres: Er legte ein komplettes Inventar seiner physischen und geistigen Gewohnheiten an, suchte seine Seele erstaunlicherweise in jedem Glied und Organ seines Körpers und verlor niemals die Frage aus den Augen, wie man leben und sterben müsse. Philosophie, Theologie, Sitten, Gesetze und viele andere Themen durchströmen diese Seiten, aber ihr wichtigster Impuls war immer autobiographisch. In arroganter Weise bestand er auf seiner Bescheidenheit. »Ich führe ein Leben ohne Glanz und Gloria vor Augen –«, schrieb er in seinen berühmten einleitenden Passagen des Essais »Über das Bereuen«, »warum auch nicht? Man kann alle Moralphilosophie ebensogut auf ein niedriges und namenloses wie auf ein reicher ausgestattetes Leben gründen. Jeder Mensch trägt die ganze Gestalt des Menschseins in sich.« Meinte er das wirklich? Oder dachte er, daß alle Menschen in einem bestimmten Menschen, nämlich Michel de Montaigne, offenbart waren? Das ist nicht Bescheidenheit. Wir wollen auch keine Bescheidenheit. Montaigne führt das Ego in die Literatur ein. »Zumindest habe ich eine Sache, die den Regeln entspricht: daß kein Mensch jemals ein Thema, das er kannte und verstand, besser bearbeitet hat als das Thema, das ich in Angriff genommen habe; und in dieser Hinsicht bin ich der gebildetste lebende Mensch.« Schon vor Whitman stellte Montaigne eine lange und rühmende Liste über sich selbst auf:

»Obwohl man mich, soweit man konnte, zur Freiheit und Offenheit nach allen Seiten erzogen hat, bin ich aus Trägheit mit den Jahren nun doch bei bestimmten Verhaltensformen stehengeblieben (denn mein Alter ist über das Lernen hinaus, es vermag fortan nur noch auf seine Lebenserhaltung zu sehen). So hat die Gewohnheit auf unmerkliche Weise in manchen Dingen bereits derart von mir Besitz ergriffen, daß ich es geradezu Exzeß nenne, wenn ich einmal davon abweiche.

Zum Beispiel kann ich jetzt, ohne daß ich darunter litte, weder tagsüber schlafen noch einen Imbiß zwischen den Mahlzeiten zu mir nehmen, weder frühstücken noch mich ohne große Zwischenpause von gut drei Stunden nach dem Abendessen schlafen legen, weder zu andrer Zeit als vor der Nachtruhe noch im Stehen Kinder machen, weder meinen Schweiß ertragen noch pures Wasser oder puren Wein trinken, weder lange barhaupt bleiben noch mir nach dem Mittagessen Haare und Bart schneiden lassen.

Auch würde ich mich ohne Handschuhe ebenso unwohl fühlen wie ohne Hemd und ohne Waschen nach Tisch oder nach dem Aufstehn ebenso unwohl wie ohne Bettvorhänge und -himmel: All dies sind mir wesentliche Bedürfnisse. Zwar könnte ich ohne Tischtuch speisen, aber wie die Deutschen ohne weiße Serviette nur sehr widerwillig. Ich verschmutze die Tischwäsche mehr, als Deutsche und Italiener es tun, und benutze kaum Löffel und Gabel.
*(Über die Erfahrung, S. 547)*

Hier fand sich nichts Lebensbedrohliches, obwohl der Ton wundersam vollendet klang. Montaigne, so fühlt man, war ein guter Mensch (das würde ich nicht im Traum von den meisten der anderen Autoren des Kanons der Columbia-Universität sagen). Von der Auflistung seiner Gewohnheiten geht keine Furcht und Vorsicht aus und gewiß auch keine Scham, sondern eine sehr edle Entschlossenheit. Tayler berichtete, daß Montaigne, der schwer unter Gallensteinen litt, von einem frühen Stoizismus zu einem mehr und mehr zuversichtlichen und fröhlichen Epikureismus übergegangen war – das heißt, seine frühere Sorge um den Schmerz und wie man gut stürbe (ein großes Thema der römischen Schriftsteller, die er bewunderte) wich im mittleren Alter einer immer größeren Akzeptanz des Lebens, besonders der Vergnügungen seines Lebens. Aber die stoische Note verschwand niemals ganz, auch nicht in »Über die Erfahrung«, seinem letzten Essai, bevor er mit neunundfünfzig Jahren starb.

Wie, wenn schon das Nachgrübeln über unsere Gesundheit die Phantasie entfesselte und unser Verhalten änderte? Wer diesem Sog überstürzt nachgibt, beschwört sein eigenes Verderben herauf. Mir tun viele Edelleute leid, die sich, jung und kerngesund, in ihren Stuben aus Furcht vor der Feuchte eingekerkert haben, weil sie dem dummen Rat ihrer Ärzte folgten. Man sollte doch

wohl eine so verbreitete Gewohnheit wie den abendlichen Ausgang auch um den Preis eines gelegentlichen Schnupfens lieber
beibehalten, als den gesellschaftlichen Umgang durch Entwöh-
nung für immer einzubüßen. Welch widerwärtige Wissenschaft,
die uns die süßesten Stunden des Tages versalzen will.

Steigern wir unsere Kräfte soweit wie irgend möglich! Gefähr-
dungen die Stirn bieten macht uns meistens stärker und läßt uns
selbst angeborne Gebrechen überwinden, wie Caesar es mit seiner Fallsucht tat, die er, indem er ihr mit Verachtung begegnete,
zu Fall brachte. Man sollte sich stets an die besten Regeln halten, sich ihnen aber nicht knechtisch unterwerfen – es müßten
denn solche sein (falls es sie gibt), denen sich zu unterwerfen
nützlich wäre.

Sowohl die Könige wie die Philosophen scheißen, und die Damen auch.

*(Über die Erfahrung, S. 547)*

Das war außergewöhnlich, aber ich war mir bei der Lektüre sicher,
daß mein Leben nicht auf dem Spiel stand.

Während ich Tayler zuhörte, merkte ich, daß ich selbst eine Krise
hatte, allerdings nur eine sehr kleine: Ich liebte Montaigne, aber
würde nicht in der Lage sein, über ihn zu schreiben. Der Grund war
vielleicht seltsam. Er war der erste Schriftsteller in der Grundkurs-
Lektüre, dem ich mich nahe fühlte. Ich sage dies in vollem Bewußtsein
des Abstandes zwischen uns: Wenn Montaigne mit einem modernen
Bourgeois konfrontiert wäre, würde er sich wahrscheinlich in der
Turmbibliothek auf seinem Anwesen einschließen. Aber wenn er
sagt, daß er unter Unwissenheit, einem schlechten Gedächtnis und
schwacher Aufmerksamkeit leidet, dann weiß ich, daß ich nicht allein
bin. Montaigne sagt, daß er Bücher durchblättert, ohne sie zu lesen,
und das tue ich auch. »Was weiß ich?« war seine berühmteste Frage.
Nun, Montaigne, ein Leser der klassischen Literatur, ein Philosoph,
Soldat, Rechtsanwalt, zweimaliger Bürgermeister von Bordeaux, ein
enger Freund großer Männer, war in jeder Hinsicht kein Ignorant.
Was er meint, ist, daß ihm Spezialwissen fehlt, und die ironische Fol-
gerung ist natürlich, daß er solch ein Wissen gar nicht will und sich
jenen überlegen fühlt, die es haben wollen. Ich mochte seine Verachtung der Pedanten, die häufig in seinen *Essais* auftaucht, und wie er

auch wußte ich, daß ich etwas anderes als Spezialwissen besaß – Urteilsvermögen –, und ich fühlte, daß diese Fähigkeit meine einzig mögliche Rettung wäre. Montaigne schrieb ein Buch, indem er las und sich umschaute und sich selbst beobachtete. Er ist der Schutzheilige der Amateure, ein Genie der Nicht-Genies... Aber es ist peinlich fortzufahren. Stiehl von ihm und sei still.

Noch etwas anderes: Ich kann nicht über ihn schreiben, weil er aus einem Guß ist. Bei ihm sind Körper und Seele, Idee und Bild, Gegenstand und Wahrnehmung, die moralische Vorschrift und die konkreten Umstände, die der Anlaß waren, miteinander verknüpft – alles in allem war er vielleicht der am wenigsten entfremdete Mensch, der jemals Prosa geschrieben hat. Er gründet auf wunderbare Weise in sich selbst. Und ob er über eine philosophische oder theologische Frage nachdachte oder auf der Toilette saß – er schrieb auch darüber, wie er sich den Gehörgang kratzte –, blieb er immer derselbe Mann, derselbe Schriftsteller, und ihn auseinanderzureißen wäre wirklich Mord. (Es ist nicht so, daß dieses Verbrechen nicht schon begangen worden wäre oder nicht begangen werden könnte. Es ist von vielen begangen worden, manchmal auf großartige Weise. Aber ich könnte es nicht.)

Ein Blick auf Montaigne ließ die üblichen linksakademischen Klagen über Hegemonie absurd erscheinen. Montaigne verabscheute die Hegemonie der Pedanten – die Tyrannei der scholastischen Philosophie. Zu Montaignes Zeit begann der Dogmatismus dahinzuschwinden, aber Montaigne ging einen Schritt weiter als zum Skeptizismus. Als einer der großen Humanisten der Spätrenaissance lehnte Montaigne intellektuelle und geistige Autorität ab, und diese Ablehnung *wurde* seine Autorität. Er war nicht an scholastischen Beweisen für dieses oder jenes interessiert, sondern an geistiger Aktivität, der Tätigkeit der Gedanken, und diese Tätigkeit überführte er direkt in seine *Essais*.

Ich wußte jedoch immer noch nicht, weshalb Tayler von Leben und Tod sprach. Montaigne war ein üppiger, aber bescheiden blühender Busch mitten zwischen solchen Eichen wie Homer, Vergil und Kant. Wollte Tayler die Studenten mit Geheimnissen beeindrucken, zu denen nur er selbst den Schlüssel besaß? Er wandte sich der Metapher und dem Klang zu, die für ihn immer wichtig waren. Und zu Beginn des kurzen, frühen Essais »Über den Müßiggang« sagt Montaigne, daß die Köpfe beschäftigt werden müssen: Er bezieht sich auf das, was »wir« sehen und wissen, und sagt dann ganz allgemein über den Verstand: »Beschäftigt man ihn nicht mit einer bestimmten Aufgabe, die ihn zügelt und an die Kandare nimmt, jagt er im weiten Feld der Phantasie bald diesem nach, bald jenem ...«

Zuerst erscheinen diese Vorstellung und ihre Formulierung als konventionell: Ein Pferd braucht einen Zügel, um ein nützliches Haustier zu werden; ein Verstand braucht die Disziplin von Aufgaben. Dahingesagt wie von einem richtigen Essayisten, einem Verfasser von Weisheiten. Aber dann, keine halbe Seite weiter, schreibt Montaigne wie folgt (das Zitieren von Passagen klassischer Literatur inmitten eines Absatzes ist eine seiner beliebtesten Gewohnheiten):

> Als ich mich kürzlich nach Hause zurückzog, entschlossen, mich künftig soweit wie möglich mit nichts anderem abzugeben, als das Wenige, was mir noch an Leben bleibt, in Ruhe und für mich zu verbringen, schien mir, ich könnte meinem Geist keinen größeren Gefallen tun, als ihn in voller Muße bei sich Einkehr halten und gleichmütig mit sich selbst beschäftigen zu lassen – hoffte ich doch, daß ihm das nunmehr, da er mit der Zeit gesetzter und reifer geworden ist, leichter fallen werde. Nun aber sehe ich, daß umgekehrt
>
> > *der Geist, vom Müßiggang verwirrt,*
> > *zum ruhelosen Irrlicht wird;*
>
> wie ein durchgegangnes Pferd macht er sich selber heute hundertmal mehr zu schaffen als zuvor, da er für andre tätig war; und er gebiert mir soviel Schimären und phantastische Ungeheuer, immer neue, ohne Sinn und Verstand, daß ich, um ihre Abwegigkeit und Rätselhaftigkeit mir mit Gelassenheit betrachten zu können, über sie Buch zu führen begonnen habe. So hoffe ich, ihn mit der Zeit dahin zu bringen, daß er selbst sich ihrer schämt.
> *(Über den Müßiggang, S. 20)*

Was geht hier vor? Das wilde Pferd, das kürzlich erst gezügelt wurde, hat sich gleich wieder losgerissen. »Montaigne benutzt keine Metaphern zur Dekoration«, sagte Tayler. »Er *denkt* in Metaphern. Ihr seht, daß er mit ›wir‹ beginnt und dann zu ›ich‹ übergeht. Man beginnt mit geordneten, zügelnden und kontrollierenden Gedanken von Thomas von Aquin, und man endet bei Montaigne auf einem Pferd, das in seiner Vorstellung durch die Zeit rast. Montaigne widerspricht sich selbst; er ist wie die vielen Ichs von Walt Whitman oder D. H. Lawrence. Und diese Schriftsteller sind genau wie wir. Ihr hegt in euren Herzen immer das Gefühl, daß ihr so individuell seid.«

Ich war ein wenig verwirrt von der Entwicklung des Gedankens, und die Studenten sahen wohl auch etwas verwirrt drein, weshalb Tayler sich wieder in den Dschungel zurückzog, seinen Angriff neu formierte und wieder seine Guerrilleros ausschickte. Er legte uns die neo-aristotelische Definition eines menschlichen Wesens dar, die Vorstellungen, die im christlichen Zeitalter vor Montaigne vorherrschten. »Die Seele ist die Form des Körpers. Der wirkliche Teil von dir ist die *Form*. Boethius sagte, es gebe eine Substanz, eine Wesenheit, ein einziges zentrales Ich, eine rationale Seele, die von Gott garantiert wird, einen Kern.« Tayler schaute sich einige der Formen vor sich an. »Das Problem mit so einer Definition ist jedoch, daß sie nichts beschreiben kann, das sich in der Zeit bewegt. Es ist eine statische Position: Der Mensch ist überall derselbe.«

Und dann las Tayler den Anfang von Montaignes »Über das Bereuen« vor.

»Die anderen bilden den Menschen, ich bilde ihn ab; und ich stelle hier einen einzelnen vor, der recht mangelhaft gebildet ist und den ich, wenn ich ihn neu zu formen hätte, gewiß weitgehend anders machen würde. Doch nun ist er halt so.

Obwohl die Züge meines Portraits wechseln und sich vielleicht wandeln, bleiben sie doch stets wahrheitsgetreu. Die Welt ist nichts als ein ewiges Auf und Ab. Alles darin wankt und schwankt ohne Unterlaß: Die Erde, die Felsen des Kaukasus und die Pyramiden Ägyptens schaukeln mit dem Ganzen und in sich. Selbst die Beständigkeit ist bloß ein verdammtes Schaukeln.

So vermag ich den Gegenstand meiner Darstellung nicht festzuhalten, denn auch er wankt und schwankt in natürlicher Trunkenheit einher. Deshalb nehme ich ihn jeweils so, wie er in dem Augenblick ist, da ich mich mit ihm befasse. Ich schildere nicht das Sein, ich schildre das Unterwegssein: weniger von einem Lebensalter zum andren oder, wie das Volk sagt; *von Jahrsieht zu Jahrsieht,* als von Tag zu Tag, von Minute zu Minute.

Ich muß mich mit meiner Darstellung nach der Stunde richten, könnte ich mich doch bald wieder verändern, durch Vorsatz nicht minder denn durch Zufall. Dies hier ist also das Protokoll unterschiedlicher und wechselhafter Geschehnisse sowie unfertiger und mitunter gegensätzlicher Gedanken, sei es, weil ich selbst ein andrer geworden bin, sei es, weil ich die Dinge unter andern Voraussetzungen und andern Gesichtspunkten betrachte. Daher mag ich mir zwar zuweilen widersprechen, aber der Wahrheit, wie Demades sagte, widerspreche ich nie. Könnte meine Seele jemals Fuß fassen, würde ich nicht *Versuche* mit mir machen, sondern mich entscheiden. Doch sie ist ständig in der Lehre und Erprobung.

*(Über das Bereuen, S. 398)*

»Diese Beschreibung bewegt sich in der Zeit«, sagte Tayler. »Es ist keine Definition, es ist ein Prozeß. Montaigne bietet zum ersten Mal in der Geschichte eine Deutung des Ichs, die nicht auf dem *Sein* basiert. Seht mal, alle Philosophen bis zu Montaigne – Augustinus und alle anderen – waren mit dem Sein beschäftigt; Gott ist das *große* Sein. Aber Montaigne wollte das Sein in Bewegung beschreiben. ›Ich schildere nicht das Sein‹, sagt er. ›Ich schildre das Unterwegssein.‹ Vergleicht das mal mit Dante, wo jede Person eine wesentliche Natur besitzt. Ihr versteht, der Mensch ist nicht statisch; er hat keine festgelegte Natur. In dem kleinen Essai ›Über den Müßiggang‹ geht Montaigne von einem ›wir‹ zu einem ›ich‹ über.«

Die vielfachen Ichs! Da steht es auf dem Papier. Französischen Schulkindern wird Montaigne schon mit elf Jahren vorgelegt, und vielleicht ergibt er in diesem Alter am meisten Sinn. Aber je älter man wird, um so komplexer und mysteriöser erscheint er, entzückend klar von einem Satz zum nächsten, aber gräßlich unklar insgesamt. Er verkündet seinen Plan nicht, um ihn dann zu erfüllen. Er stellt kein Gerüst seines Themas auf. Er bewegt sich mit Hilfe von Assoziationen und Metaphern und entwickelt anhand von durchaus materiellen und weltlichen Gegenständen komplexe philosophische Ideen. Wo sind die Geländer? Man hat das Gefühl, daß man vom Weg abkommen und verlorengehen könnte.

284

Er revidierte die *Essais* und gab sie erneut heraus, ließ die verschiedenen Ebenen aber Seite an Seite im Werk stehen. (»Ich füge hinzu, aber ich korrigiere nicht.«) Wenn man die letzte Version liest, ist es, als ob man gleichzeitig durch viele geologische Strata schaute. Nicht nur das, die Strata sind obendrein *in Bewegung*. Er verändert die Dinge, widerspricht sich selbst, entschlüpft dir, während du ihn liest. Ein paar Wochen nachdem ich einen seiner *Essais* gelesen hatte, fiel es mir schwer, mich daran zu erinnern, was er gesagt hatte – sein Ton, der seine Bedeutung zu einem großen Teil trägt, war verschwunden. Man könnte die Ordnung seiner wunderbaren Gedanken sicherlich herausarbeiten, aber nur durch erschöpfende Analysen. Er ist ein Steinbruch voll Bedeutungen, wie die Bibel. Nein, er ist wie ein Fischschwarm – die Ironien entschlüpfen und blitzen beim Verschwinden in der Ferne kurz auf. Er scheint sich zum Beispiel selbst zu kritisieren, aber in Wirklichkeit setzt er Leute herab, die versucht sind, ihn zu unterschätzen. Nochmals aus »Über das Bereuen«:

> »Mir sei hier ein Wort der Rechtfertigung gestattet: Wenn ich immer wieder sage, daß ich selten etwas bereue und daß mein Gewissen mit sich im reinen sei, nicht als ein Engels- oder ein Pferdegewissen, sondern als das eines Menschen, füge ich doch stets den Kehrreim hinzu (und dies keineswegs der äußeren Form halber, sondern aus wahrhafter innrer Unterwerfung), daß ich nur als Fragender und Unwissender spreche – die Antworten überlasse ich voll und ganz den allgemeingültigen Glaubenssätzen. Ich lehre nicht, ich berichte.
> *(Über das Bereuen, S. 399)*

Das Bewußtsein eines Engels oder eines Pferdes ist vermutlich einfach und klar. Das Bewußtsein eines Menschen kann keins von beidem sein, weshalb es Reue im allgemeinen religiösen Sinn von sich selbst verneinen oder aufgeben verweigert, was, mit modernen Begriffen, ein Akt der Unaufrichtigkeit wäre. (Montaigne erfaßte instinktiv, was wir »Authentizität« nennen würden.) Das Erzählen ist eine viel kraftvollere Handlung als die üblichen moralischen Vorträge. Montaigne scheint den alten religiösen Auffassungen beizupflichten und sie gleichzeitig zu unterminieren. Seine Schriften schmettern jeden nieder, der versucht, sie zu schnell zu verstehen.

Ich verstand jetzt, worauf Tayler mit seinem ominösen einleitenden Ausbruch hinauswollte. Montaigne haßte mechanisches Lernen; er klagte über sein schlechtes Gedächtnis, glaubte aber an sein Urteil. Zu lesen und zu urteilen lernen, das war es, worauf es für Tayler in seinem Kurs ankam. In diesem sollte sich der Student mit einigen der großen Leistungen der Literatur auseinandersetzen, und jedes Buch würde ihn in eine andere Richtung ziehen. Der Kurs war nicht ein spezifisches Wissenskorpus, das dem Studenten wie ein Wahrheitsserum eingeimpft werden sollte; er war auch keine Methode, einem die Rüstung »westlicher Werte« anzulegen. Es war ein Kampf mit schwierigen und sehr unterschiedlichen Texten, die einen wohl oder übel zwangen, verschiedene Ichs auszuprobieren; und er endete mit der individuellen Einzigartigkeit eines jeden Studenten, die aus den vielen Ichs hervorging. Deshalb war das Leben der Studenten in Gefahr, wenn sie Montaigne lasen, denn Montaigne war das beste Beispiel dafür, wie man das Ich herausbilden konnte, an das Professor Tayler glaubte.

»Meine Krise der Eitelkeit«, sagte Professor Marina Van Zuylen lächelnd und mit anschwellender Stimme zu ihren Studenten. »Gestern hatte ich eine Krise der Eitelkeit. Am Tag zuvor hatte ich einen öffentlichen Vortrag gehalten, der gut besucht war; alle waren gekommen, und gestern strahlte ich, herausgeputzt wie ein *Pfau*. Und ich bekam ein furchtbares Schuldgefühl. Es war furchtbar! Ich wollte mich selbst geißeln! Aber am Ende sagte ich zu mir: ›Entspann dich. Wir sind alle überheblich, wir sind alle eitel.‹ Montaigne rettete mich. Montaigne dachte, daß die Fixierung auf die Eitelkeit selbst eine Form der Eitelkeit sei.«

Es war sehr lustig, als sie erzählte, wie sie von ihren Skrupeln und Gegenskrupeln hin- und hergerissen wurde, und alle lachten mit ihr, als sie ihre widerstreitenden Gefühle schilderte. Sie war eine Mischung aus Jeanne d'Arc und einem französischen Schulmädchen, eine gelehrte Heroine, jedoch selbstkritisch und gereizt. Sie schwelgte in Montaigne, der alles anerkannte, das Hohe und das Niedere, sowohl Eitelkeit als auch Selbstzweifel und Selbstkritik.

Einige von Van Zuylens religiösen Studenten – eine konvertierte Christin, die eine brillante Studentin war, und ein orthodoxer Jude – wurden durch Montaigne nervös. Ihnen fehlte etwas, was sie nicht benennen konnten; ihnen fehlte vielleicht die Autorität, eine Hierarchie von Werten und die Position des Menschen innerhalb der Hierarchie. Aber Van Zuylen und viele ihrer Studenten waren guter Laune; die Studenten waren bei Montaigne entspannter als bei Boccaccio, und ich war auch glücklich, weil mir bei Van Zuylens Bemerkung klar wurde, daß Montaigne etwas ausdrückte, das ich immer gefühlt hatte, nur niemals in der Lage war auszudrücken.

Es gibt keine höhere und niedere Natur bei menschlichen Wesen. Alles ist eins: Jede Handlung des Geistes ist fleischlich, und jede physische Handlung wird vom Geist bestimmt. Dualismus ist absurd. Wenn ich einem meiner kleinen Jungen den Hintern wischte, kam ich Gott so nahe, wie es überhaupt möglich war; allein dazusitzen und Boccaccio oder Rousseau zu lesen ist eine physische Handlung. Ich lese etwas nicht Journalistisches, und ich fühle mich besser, mein Puls sinkt; ich fühle mich entspannt und gleichzeitig angespannt, aber auf eine andere Art und Weise angespannt, ich kämpfe, um zu verstehen, um alles aufzunehmen. Ich reagiere physisch. Die physische und die mentale Aktivität sind niemals getrennt. Es gibt nicht so etwas, wie »zu intellektuell« oder »zu körperlich« zu sein, es gibt nur unterschiedliche Grade von Mut, Anstand, Intelligenz und Witz.

Ausgehend von dem großen Montaigne, würde ich sagen, daß seine Vorstellung vom »Unterwegssein« nicht gerade mein Ideal ist, ich habe ein amerikanisches Ideal. Wir sind immer im Fluß. Der Amerikaner sagt: Mein Leben kommt erst noch, alles liegt vor mir. Der Amerikaner »reift« niemals; er wird nie erwachsen. Er sagt, ich gehe einen Hügel hinauf, ich bin nicht vollendet, ich bin nicht fertig, ich werde mich entfalten, ich werde mich verändern. Wie Montaigne, doch ohne sein Genie, revidiert er ständig und legt eine Version von sich selbst über die andere.

Kapitel 19

ROUSSEAU

»Rousseau!« sagte Stephanson dröhnend in einem schrecklich falsch ausgesprochenen britischen Französisch. »ROU-sseau ist kein üblicher Aufklärer. Viele der Aufklärer glaubten, das Mittel, den Fortschritt zu erzielen, sei intellektuell *zugänglich.* Rationalität *könne* eine Gesellschaft hervorbringen. Fortschritt sei möglich. Aber in dem ersten Rousseau-Text, den wir lasen, *Über den Ursprung der Ungleichheit unter den Menschen,* gibt es keinerlei Hinweis auf ein lineares Fortschreiten.«

Das war das Schöne an diesen Grundkurs-Seminaren wie etwa der Kulturgeschichte der Gegenwart. Wir lasen ein überzeugendes Argument, und dieses bestimmte fortan unser Denken; wir wurden zu Verfechtern dieses Textes, gingen mit ihm schwanger und wuchsen richtig an dieser unumstößlich korrekten Weise der Betrachtung der Welt – eine Woche lang. Wir wurden zu Rationalisten, Empirikern und Skeptikern, Hegelianern, Marxisten. Wir nahmen eine Identität nach der anderen an und waren eine Weile in dem seligen Zustand, keine Verantwortung übernehmen zu müssen. Niemand würde dich wegen eines falschen Gedankens oder eines falschen Enthusiasmus auf dem Scheiterhaufen verbrennen. Ein Vorteil, in einer Zeit zu leben, die Ideen nicht zu einer Frage auf Leben und Tod macht, ist der, daß man viele Ideen haben, die einen behalten, die anderen verwerfen und dann das zusammenmischen kann, was übrigbleibt. Wenn man klug und diszipliniert war, würden aus diesem anfänglichen Durcheinander so etwas wie intellektuelle Erfahrung und eine Bereitschaft für mehr entstehen. Am Ende des Semesters behielt man unbewußt die Version von sich selbst, die am besten zur eigenen Psyche paßt. Man ließ das Durcheinander hinter sich.

Rousseau hätte das Rollenspiel und das Ausprobieren verschiedener Ichs verstanden; sein ganzes Leben lang spielte er solche Strategien auf seine eigene intellektuell verblüffende Art durch. Rousseau schuf den Anfang eines entschieden modernen Radikalismus und einer (für meine Begriffe) entschieden modernen Sentimentalität. Ich hatte ihn vor dreißig Jahren zum ersten Mal gelesen, war Ende der sechziger Jahre halbherzig seinem Zauber erlegen und hatte ihn seither abgelehnt, einfach weil ich in New York als Ehemann, Vater, Wohnungsinhaber – als Mann der Mittelschicht lebte. Diesmal las ich ihn mit steigender Aufregung, aber mit heftigem Unglauben; ich *grollte* ihm, wie ich jedem überlegenen Geist grollen würde, der entschlossen wäre, mein Leben auf den Kopf zu stellen. Er nagte trotzdem an mir; sein Eigensinn sprach die unangepaßte und unbefriedigte Seite eines jeden gut versorgten und scheinbar zufriedenen Bürgers an.

Rousseau behauptete, daß wir uns selbst aus dem Paradies vertrieben hätten, dessen wir uns einst erfreuten, und uns selbst verurteilt hätten, in dem Gefängnis zu leben, das wir selbst gebaut hätten. Zuerst über den Menschen im Paradies:

Nehme ich nun diesem Geschöpf alle übernatürlichen Gaben, die es zu erlangen, und alle Geschicklichkeiten, die es durch ständige Übungen zu erwerben vermocht hat, und betrachte es so, wie es vermutlich aus den Händen der Natur hervorgegangen ist, dann sehe ich ein Wesen vor mir, das von einigen Tieren an Stärke, von anderen an Schnelligkeit übertroffen wird, das aber, im ganzen genommen, am vorteilhaftesten von allen ausgerüstet ist. Ich sehe dieses Wesen, wie es sich unter einer Eiche sättigt, aus der nahen Quelle seinen Durst stillt und unter dem gleichen Baume, der ihm sein Mittagsmahl geboten hat, seine Ruhestatt findet und so alle seine Bedürfnisse befriedigt. Die Erde, die von natürlicher Fruchtbarkeit strotzt und von unermeßlichen Wäldern bedeckt ist, welche noch kein Beil verstümmelt hat, bietet den Tieren aller Gattungen auf Schritt und Tritt Vorräte und Zufluchtsstätten. Die Menschen, die unter den Tieren verstreut leben, beobachten deren Fleiß, ahmen ihn nach und steigen so zur Stufe des tierischen Instinkts empor. Ja, die Menschen haben noch einen Vorteil allen Tieren voraus. Während jede Tiergattung nur einen ihr eigenen Instinkt besitzt, eignet sich der Mensch, der ursprünglich gar keinen Instinkt hatte, alle tieri-

schen Instinkte an und nährt sich ohne Unterschied von den meisten Arten der verschiedenen Nahrungsmittel, in die sich die anderen Tiere teilen. So findet der Mensch seinen Lebensunterhalt leichter als alle übrigen Lebewesen.
*(S. 48)*

Soweit ist es hinreichend klar. Aber dann fährt Rousseau fort:

Die Natur behandelt sie genauso wie das Gesetz zu Sparta die Kinder der Bürger: Wer von guter Konstitution ist, wird noch stärker und kräftiger, die übrigen kommen um. In unserer Gesellschaft dagegen überläßt der Staat die lästigen Kinder ihren Vätern und tötet sie so ohne Unterschied schon vor der Geburt.
*(S. 49)*

Dieser letzte Satz ist natürlich mit Absicht empörend und unverständlich. Ernstes Unheil – großes Unheil – war im Gange. In diesem Abschnitt von *Über den Ursprung der Ungleichheit unter den Menschen*, der 1755 als Einleitung zu einem akademischen Wettbewerb geschrieben wurde, machte Rousseau sich über Hobbes' Behauptung von der Boshaftigkeit der menschlichen Wesen im Naturzustand lustig. Was *ist* das Wesen der Menschen? Haben sie überhaupt eine wesentliche Natur? Und wie sollten sie in einer Gesellschaft leben? Ist die Gesellschaft ein Ausdruck ihrer Natur oder deren Pervertierung?

Rousseau behauptet, nicht nur im Widerspruch zu Hobbes, sondern auch zur allgemeinen Auffassung, daß der Mensch im Naturzustand glücklich war – das heißt unbewußt und daher unschuldig. Er hatte glücklicherweise kein Bewußtsein von Natur als etwas, das unterworfen oder »geschätzt« werden müsse. Er lebte statt dessen *in* der Natur, als Teil von ihr. Er jagte, wenn er hungrig war, schlief, wenn er müde war, hatte Geschlechtsverkehr, wenn er dazu Lust hatte, und mit wem auch immer, der gerade zur Verfügung stand. Schönheit war kein Thema; niemand war sich ihrer bewußt und reagierte auf sie. Familiäre Bande waren minimal vorhanden; die Männer erkannten nicht einmal ihre eigenen Kinder. (Feministische Einwände scheinen hier absolut angebracht zu sein: Oft, wenn Rousseau »Mensch« sagt, meint er offensichtlich Männer. Könnten Frauen in einem Naturzustand oder in einer Gesellschaft als unfähig, ihre eigenen Kinder zu

290

erkennen, beschrieben werden? Rousseau gab übrigens seine eigenen Kinder, alle fünf, in ein Waisenhaus. Er hat sie buchstäblich und gesetzlich nicht an»erkannt«.)

Die Künste, Hoffnungen, das Wissen und die Pläne dieses zufriedenen Wesens starben mit ihm. Das spielte keine Rolle. Es hatte vielleicht zuweilen Hunger oder fror, aber es konnte nicht unglücklich sein, weil es ihm an ausreichendem Bewußtsein fehlte, um unglücklich zu sein. Es wäre absurd zu sagen, daß es im Innern räuberisch und böse gewesen wäre, weil es keine Notwendigkeit für Aggressionen gab; es lebte vom Reichtum des Landes. Sein moralisches Leben bestand aus zwei Gefühlen, dem Wunsch, sich zu schützen, und dem Gefühl des Mitleids beim Anblick jedes lebenden Wesens. Als Marx nach dem Bild einer idealen Gesellschaft suchte – etwas, das er dem Elend des industriellen Kapitalismus entgegensetzen konnte – hatte er Rousseau viel zu verdanken.

Und etwas von seinem Zorn kann auch bei Rousseau gefunden werden. Als Rousseau auf den Spuren des »Fortschritts« des Menschen bei der Zivilisation ankommt, schreibt er wütend:

Denken wir doch an die außerordentliche Ungleichheit in der Lebenshaltung, an den übertriebenen Müßiggang bei den einen und die unmäßige Arbeit bei den anderen! Wie leicht reizen und befriedigen wir unsere Triebe und Gelüste! Wie groß ist der Unterschied zwischen den auserlesenen Speisen der Reichen, die erregende Säfte zu sich nehmen und unter Verdauungsstörungen leiden, und der schlechten, häufig sogar unzureichenden Kost der Armen, die, wenn sie einmal genug zu essen haben, verleitet werden, ihren Magen zu überladen. Oder denken wir an den Mangel an Schlaf, an die Ausschweifungen jeglicher Art, an die übermäßigen heftigen Gemütsbewegungen infolge allerlei unmäßiger Leidenschaften! Welche verheerenden Folgen haben die Zerrüttungen und Erschöpfungen des Geistes, der Ärger, der Verdruß und die Sorgen, von denen kein Stand frei ist und die uns ständig an der Seele nagen! Dies alles sind die traurigen Beweise, daß die meisten Leiden, die uns widerfahren, von uns selbst verursacht wurden und daß wir sie alle hätten vermeiden können, wenn wir so ungekünstelt, so einfach und zurückgezogen lebten, wie es uns die Natur vorschreibt. Hat uns die

Natur dazu bestimmt, gesund zu sein, so wage ich zu behaupten, daß das Nachdenken ein widernatürlicher Zustand und ein Mensch, der sich in Betrachtungen vertieft, ein aus der Art geschlagenes Tier ist.
*(S. 52-53)*

»Der Wunsch, auf allen vieren zu gehen«, schrieb Voltaire an Rousseau, »erfaßt einen, wenn man Ihr Werk liest.« Das war kein freundlicher Scherz. Jean-Jacques Rousseau beleidigte viele Leute. Der Sohn eines Genfer Uhrmachers bildete sich großenteils als Autodidakt zu einem Philosophen, Ökonomen, Soziologen, Musiker und Literaten aus; er reiste zwischen der Schweiz und Frankreich hin und her, fühlte sich nirgends richtig wohl und machte sich überall ebenso viele Freunde wie Feinde. Der Ton spielerischer Arroganz – seit jeher der Zug französischer Intellektueller – irritierte Leute wie Samuel Johnson, der, nach Aussage von Boswell, Rousseau sowohl als böse als auch affektiert ansah, als Mann, der modische Absurditäten schriebe, um Aufmerksamkeit zu heischen. Der große, radikale Unglaube an die Gesellschaft erscheint in Rousseaus Text zu Beginn in beinahe scherzhafter Laune.

Der erste, der ein Stück Land umzäunte und auf den Einfall kam zu sagen, *dies gehört mir,* und einfältige Leute antraf, die es ihm glaubten, war der eigentliche Begründer der bürgerlichen Gesellschaft. Welche Verbrechen, wie viele Kriege, Morde und Greuel, wieviel Elend hätten dem menschlichen Geschlecht erspart bleiben können, wenn einer die Pfähle ausgerissen, den Graben zugeschüttet und seinen Mitmenschen zugerufen hätte: »Glaubt diesem Betrüger nicht! Ihr seid verloren, wenn ihr vergeßt, daß die Früchte euch allen, der Boden aber niemandem gehört!«
*(S. 86)*

Hobbes, scheint es, hatte einen groben Fehler begangen. Hobbes hatte sich die Engländer um 1650 angeschaut, und als er bemerkte, daß viele von ihnen rivalisierend und gewinnsüchtig waren, projizierte er diese Eigenschaften in die Geschichte zurück und behauptete, daß sie die wesentliche Natur des Menschen darstellen. Im Gegenteil, sagte

292

Rousseau, es war das Eigentum, das das schuf, was Hobbes für den natürlichen Zustand des Menschen gehalten hatte.

»Eigentum kommt an erster Stelle«, sagte Stephanson, »vor dem Wettbewerb. Das ist eine revolutionäre Idee.«

Sie ist deshalb revolutionär, weil sie behauptet, daß die Natur des Menschen durch soziale Kräfte verändert wurde. Was Hobbes den Naturzustand nannte, war, wie Stephanson betonte, eine »Konstruktion«, dieses Lieblingswort der akademischen Linken. *Männer und Frauen müssen nicht so sein. Gott hat uns nicht so geschaffen. Das »Naturgesetz« hat uns nicht so geschaffen. Das Eigentum und die sozialen Institutionen haben uns so geschaffen.* Der ganze Bereich radikaler sozialer Kritik, bis hin zu den orthodoxen Vorstellungen der kulturellen Linken in der Gegenwart, nahm von diesem bestürzenden Gesichtspunkt seinen Ausgang.

Rousseau läßt auch Locke nicht gelten. Locke hatte angenommen, daß der Mensch ein Gesellschaftswesen, daß Kooperation ein natürlicher und fruchtbarer Akt, daß Abhängigkeit unausweichlich sei, und daß Ungleichheiten des Eigentums, wo einige Leute das Land und die Produktionsmittel kontrollieren, während andere nur ihre Arbeit haben, schon früh existierten. Für Locke war der Privatbesitz die Basis von Gesellschaft. Für Rousseau war es der Beginn des Übels und dessen, was später Entfremdung genannt wurde. Wenn er sich im Frankreich des achtzehnten Jahrhunderts umschaute, am Ende der Adelsherrschaft, in einer Zeit großer Pracht und großen Elends, muß er von dem überwältigenden Gefühl besessen gewesen sein, daß *all das falsch war*. Und er benutzte seine eigene Methode anthropologischer Spekulation, um die Stadien zu rekonstruieren, die wir von einem primitiven Zustand des Glücks zu einem kultivierten Zustand des Elends durchlaufen haben. *Über den Ursprung der Ungleichheit unter den Menschen* ist eine moralisierende Fabel über die Entwicklung: Die offenbare Aufwärtsbewegung hin zur Zivilisation war in Wirklichkeit eine Abwärtsbewegung hin zur Barbarei. Die Gesellschaft war krank; die Psyche des Individuums war krank geworden beim Versuch, sich ihr anzupassen. Es gibt Abschnitte bei Rousseau, die unheimlich modern erscheinen. Er verstand einen Aspekt unseres Gemützustandes, den Gemützustand jedes rebellischen Heranwachsenden, jedes erschöpften kleinen Angestellten, der die Kriecherei und das Drangsalieren im Büro satt hat, jeder Frau auf einer Cocktailparty, die sich ungläubig die Leute angeschaut hat, die erfolglos so tun, als mochten sie einander. Es ist der verbreitete moderne Zustand des *Ekels*.

Nun waren all unsere Fähigkeiten entwickelt. Das Gedächtnis und die Phantasie waren erwacht, die Eigenliebe beteiligt, die Vernunft wirksam, und der menschliche Geist hatte beinahe die Stufe der Vollkommenheit erreicht, deren er fähig ist. Jetzt waren alle natürlichen Eigenschaften in Tätigkeit. Der Rang und das Schicksal eines jeden Menschen wurden nicht allein durch die Glücksgüter bestimmt oder durch die Macht, anderen zu nützen oder zu schaden, sondern auch durch Geist, Schönheit, Kraft oder Geschicklichkeit, Verdienst oder Fähigkeit. Da diese Eigenschaften die einzigen Mittel waren, sich Achtung zu erwerben, mußte man sie entweder besitzen oder aber den Anschein erwecken, daß man sie habe. Man mußte sich seines Vorteils wegen anders geben, als man in Wirklichkeit war. Sein und Scheinen wurden zwei ganz verschiedene Dinge. Aus diesem Gegensatz entsprangen aufdringliche Pracht, betrügerische List und in ihrem Gefolge alle übrigen Laster. Auf der anderen Seite erkennt man, daß sich der Mensch, der vorher frei und unabhängig war, einer Vielzahl erworbener Bedürfnisse zuliebe sozusagen der gesamten Natur und, was noch schlimmer ist, seinen Mitmenschen unterwerfen mußte. Er wurde der Sklave anderer Menschen selbst dann, wenn er ihr Herr war. Der Reiche braucht die Dienste anderer, der Arme ihren Beistand, und der Angehörige des Mittelstandes ist ebenfalls auf andere angewiesen. Jeder muß sich bemühen, andere für sein Schicksal zu interessieren. Er läßt sie entweder tatsächlich oder nur dem Scheine nach ihren Vorteil finden, wenn sie für ihn arbeiten. Er wird schlau und betrügerisch gegen die einen, streng und gebieterisch gegen die anderen. Er muß alle betrügen, deren er bedarf, falls es ihm nicht gelingt, sie in Furcht zu versetzen, oder falls es ihm nicht nützlich erscheint, ihnen zu dienen. Der heftige Ehrgeiz und die Gier, seine Glücksaussichten zu erhöhen, nicht aus wahrem Bedürfnis, sondern um sich über andere zu erheben, flößt allen Menschen den schändlichen Trieb ein, sich gegenseitig zu schaden und heimlich aufeinander neidisch zu sein – eine

Leidenschaft, die um so gefährlicher ist, als sie oft die Maske des Wohlwollens annimmt, um desto sicherer ihre Streiche austeilen zu können. Kurzum, es entstehen Konkurrenz und Rivalität auf der einen, Interessengegensätze auf der anderen Seite. Stets aber herrscht die geheime Begierde, sein Glück auf Kosten anderer zu machen. Alle diese Übel sind die ersten Wirkungen des Eigentums und die untrennbare Folge der entstehenden Ungleichheit.
*(S. 99-101)*

Ich wüßte nicht, wie dieser Abschnitt an Eloquenz und Kraft überboten werden könnte. Wenn man ihn liest, kann man kaum die Kraft finden zu widersprechen. Ob man ganz oben, in der Mitte oder ganz unten ist, die Gesellschaft ist eine Falle, und man kann niemals Kompromissen, der Unehrlichkeit, dem Haß von anderen und der Eitelkeit entgehen. »Wir schaffen alle diese Dinge in guter Absicht, damit sie uns nützen«, sagte Stephanson über die sozialen Einrichtungen, »und es endet damit, daß sie uns kontrollieren. Die Zivilisation ist ein eiserner Käfig, eine Zwickmühle.«

Aber ich fragte mich: Wenn die Zivilisation ein eiserner Käfig ist, wozu brauchen wir dann Erziehung? Um besser an den Gitterstäben rütteln zu können? So könnte es scheinen. Rousseau war der erste »brillante« Autor, den wir im Seminar über die Kulturgeschichte der Gegenwart lasen, der erste, der mit bewußter Virtuosität schrieb. (Rousseau strebte danach, brillant zu sein; Machiavelli war es einfach.) Wir hatten die Moderne erreicht mit allen ihren begleitenden literarischen und moralischen Fragen nach Aufrichtigkeit, Verantwortung, Rollenspiel und Ironie. Glaubte Rousseau wirklich dieses Zeug? Oder wollte er einfach nur die französischen Aristokraten und Bürger verhöhnen, die sich einbildeten, in der besten aller Welten zu leben? Wollte er zu einem primitiven Zustand zurückkehren? Das wollte er nicht. Das Bewußtsein war so wenig wie das Leben selbst etwas, das jemals aufgegeben werden konnte. Es gab keine andere Wahl, als damit zu leben und mehr und mehr zu begreifen. Das war das Wesen des Lebens in der Moderne.

Im Seminar wandten wir uns nun Rousseaus berühmtestem Text zu, dem *Gesellschaftsvertrag,* der in den Jahren der Französischen Revolution in den Zeitungen zitiert wurde. Es ist ein aufrüttelndes, widersprüchliches, aber beinahe unverständliches Werk, sehr geeignet für ausgewählte Zitate (»Der Mensch ist frei geboren und liegt doch überall in Ketten«), doch insgesamt frustrierend und letztlich von geringem Nutzen. Rousseau behandelt das bekannte Problem von Autorität und Gesellschaft. Wieviel Autorität ist notwendig, und wieviel Freiheit sollte das Individuum haben? Hobbes hatte die Frage mit der Konzentration der absoluten Macht bei einem Souverän beantwortet, Locke bestand auf begrenzter Souveränität und Rechten. Rousseau definiert das Problem wie folgt: »Wie findet man eine Gesellschaftsform, die mit der ganzen gemeinsamen Kraft die Person und das Vermögen jedes Gesellschaftsmitgliedes verteidigt und schützt und kraft dessen jeder einzelne, obgleich er sich mit allen vereint, gleichwohl nur sich selbst gehorcht und so frei bleibt wie zuvor?« *(Der Gesellschaftsvertrag, S. 43)*

Was ein ziemliches Kunststück wäre. Was er offenbar meinte, war, daß die Individuen ihre Rechte dem »allgemeinen Willen« übergeben sollten, der, dem Kontext entsprechend, entweder eine mystische Verbindung aller ist oder eine öffentliche Versammlung von gebildeten und vernünftigen Bürgern – eine Art idealisiertes Genf, das sich aus Individuen zusammensetzt, die nach den Prinzipien Rousseaus erzogen worden sind. Was er *nicht* meint, ist eine Vertretung wie das Unterhaus. Rousseau hegt in der Tat eine beträchtliche Verachtung für den englischen Parlamentarismus. »Das englische Volk wähnt frei zu sein; es täuscht sich außerordentlich; nur während der Wahlen der Parlamentsmitglieder ist es frei; haben diese stattgefunden, dann lebt es wieder in Knechtschaft, ist es nichts.« (S. 140) Er wollte eine Republik des Geistes – das vereinte Volk, das seinen Willen in Gesetzen niederlegt – keine Gentleman-Politiker und definitiv keine professionellen Politiker.

Aber das ist der Haken: Was als ein freiwilliger Vertrag beginnt, endet mit Zwang. Wie bei Hobbes und Locke einigen sich die Menschen darauf, eine Gesellschaft zu bilden. Ist der allgemeine Wille erst einmal in dem Gesellschaftsvertrag niedergelegt, dann wird der allgemeine Wille souverän, und »... jeder, der dem allgemeinen Willen den Gehorsam verweigert, [soll] von dem ganzen Körper dazu gezwungen werden; das hat keine andere Bedeutung, als daß man ihn zwingen werde, frei zu sein« (S. 48). Auf diese Weise, und nur auf diese

296

Weise, verläßt der Mensch den gesegneten Naturzustand, verbessert aber dennoch sein Los, denn indem er den allgemeinen Willen herausbildet und sich ihm unterwirft, gewinnt er die Ganzheit und die Einheit wieder, die er verloren hat. Er konnte Souverän und Untertan zur gleichen Zeit sein. Er verliert die natürliche Freiheit und gewinnt die soziale Freiheit; er verliert den Besitz von allem und gewinnt das Eigentumsrecht an wenigen Dingen.

Es war Aristoteles' alte Idee einer aktiven Staatsbürgerschaft mit eingestreuten Elementen von Spontaneität und Enthusiasmus. Wir würden stark am Bürgerrecht beteiligt sein, an der Macht teilhaben; wir würden Gesetze machen, und wir müßten ihnen gehorchen, ob wir wollen oder nicht. Das, was Rousseau da vorschlägt, dachte ich, könnte die Situation nach einer Debatte in der Bürgerversammlung eines Dorfes oder einer Gemeinde beschreiben oder in einem Rettungsboot, das versucht, den Ozean zu überqueren. So etwas wie ein allgemeiner Wille könnte vielleicht im Anfangsstadium einer Revolution entstehen, mit ihren unaufhörlichen Versammlungen und ihrem begeisterten Drang nach Entscheidungen und Aktionen. Oder in irgendeiner kompakten, homogenen Gesellschaft, in der Rousseaus Wunsch nach Einheit in einer Gemeinschaft von Gleichen, die sich selbst regieren, Ausdruck findet. Ross Perot mit seinen unglücklichen Phantasien von nationalen Bürgerversammlungen, die im Fernsehen übertragen werden, und unmittelbaren Abstimmungen hat Rousseaus Feindseligkeit gegen die repräsentative Demokratie neu entfacht. Skeptiker nennen es »Telefaschismus«. Perot will wie Rousseau Patriotismus, Wille, Erregung – einen beinahe religiösen Enthusiasmus für das Kollektiv –, nicht einen langweiligen Beschluß auf der Basis vieler privater Interessen. Aber der langweilige Beschluß auf der Basis privater Interessen war genau das, was James Madison für die Aufrechterhaltung eines Staates für notwendig hielt. Madisons Ansichten brachten die Verfassung hervor. Rousseaus Ansichten brachten ... nun, das Thema ist umstritten. Einige würden sagen, daß sie die revolutionäre Diktatur, den Stalinismus, hervorgebracht haben.

»Das Problem«, sagte Stephanson zusammenfassend, »ist doch, wenn man erst einmal einen allgemeinen Willen konstituiert hat, dann gibt es keine Grenzen mehr. Man hat die Möglichkeit, ein System zu schaffen – ich will nicht bösartig sein –, das totalitär ist.«

Es ist ein Allgemeinplatz zu sagen, daß Rousseau die beiden großen Angriffslinien gegen die besitzenden Neureichen formiert und die Bürger sowohl als Ausbeuter (die Linie, die zum Marxismus führte) und als Philister (die Linie, die zum Bohèmewesen des neunzehnten und zwanzigsten Jahrhunderts führte) gegeißelt hat. Bürger zu sein hieß, von seinem wahren Ich entfremdet zu sein. Doch ich wußte gegen Ende der sechziger Jahre, daß ich für ein Leben in der New Yorker Mittelschicht bestimmt war. Nichts anderes kam jemals ernsthaft in Frage.

Rousseau war jedoch immer noch voller Kraft und aufrüttelnd und würde es immer bleiben. Lockes Verbindung von Eigentumsrechten, gesetzlichen Rechten und konstitutionellen Grenzen für die Herrschaftsgewalt war für ihn nicht genug. Zu zahm, zu sanft, zu seelenlos. Er wollte etwas für den Geist, für das Blut, eine Macht so stark wie die Religion. Und seine Herausforderung nagt an unserem persönlichen Frieden. Im bürgerlichen Leben vertrieb man die Gefahr und erreichte Sicherheit, indem man Zelte aufschlug und Schafe und Ziegen davor versammelte – alle die Güter, die Hiob genommen wurden. Aber die Anstrengung, sicher zu leben, Hiobs Schicksal zu entgehen, rief Angst hervor. Hin und wieder schlich sich ein Gefühl des Verlustes, gar der Verzweiflung ein. War *es* das? War da nicht noch etwas anderes? Man machte sich über solche Fragen lustig, weil andere Menschen hungrig waren und nichts hatten. Aber die Frage blieb. Andere Menschen, die unter der Unzulänglichkeit oder der Langeweile des Lebens innerhalb des Gesellschaftsvertrages litten, fielen völlig von der Gesellschaft ab, griffen zu Gewalt, der mystischen Bruderschaft des amerikanischen Outlaw-Geistes. Gewalt war keine Wahl, die mir offen stand. Aber dennoch fragte ich mich: Wo ist die große Sache, der transzendentale Moment? Wo ist der ruhige, dauernde Anblick des blühenden Hügels, die Wohltat eines größeren, freieren Lebens? Würde ich es überhaupt bemerken, wenn ich es verpaßt hätte?

Kapitel 20

SHAKESPEARE

Meine Mutter starb so, wie sie alles tat, entschlossen und in großer
Eile. Ich war mit meiner Frau und den beiden Jungen beim Bruder
meiner Frau in Kalifornien zu Besuch gewesen, und am Abend, als
wir nach New York zurückfuhren, rief ich meine Mutter an, wie ich
es immer nach der Rückkehr von einer Reise machte. Es war Februar
1991, und sie war fünfundsiebzig. Als niemand antwortete, wußte
ich, daß sie in Schwierigkeiten war, und insgeheim dachte ich, *sie ist
tot.* Ich wußte es, obwohl sie sich ein paar Tage zuvor, als ich mit
ihr von Los Angeles aus gesprochen hatte, gut fühlte. Es war nicht
möglich – es war unvorstellbar –, daß sie nicht zu Hause sein würde,
wenn ihre Familie von einer Reise zurückkäme. Manchmal schien sie
nur für die Momente des Kontaktes mit der Familie zu leben; diese
geschahen täglich oder beinahe jeden Tag, wenn ich meinen üblichen
Anruf machte. Manchmal schien sie erstaunt, wenn ich anrief, als ob
ich sie gemieden hätte. Und wenn ich es ein paar Tage lang versäumte,
sie anzurufen, dann trat an die Stelle des Erstaunens Kummer: Es sei
ihr Schicksal, einen Sohn zu haben, der seine Mutter vergessen habe;
eine Kluft habe sich zwischen uns geöffnet, die sie jetzt, mit großer
Erleichterung, schließen werde.

Gefolgt von zwei leise murmelnden New Yorker Polizisten betrat ich ihre Wohnung mit einem Gefühl des Unglaubens, das man
hat, wenn eine Katastrophe tatsächlich eintritt, sich in der physischen Wirklichkeit abspielt und seltsamerweise nicht ein Film oder
ein Traum ist: ein Unfall, ein Kampf, eine Leiche auf dem Boden.
Meine Mutter lag in der Badewanne, nackt; die Dusche lief. Ihr Gesicht war schwarz, ihre Lippen zusammengepreßt. Ich fühlte ihren
Puls und stellte die Dusche ab, aus der kaltes Wasser floß. Hinten
am Badewannenrand war etwas dunkles Blut zu sehen – aus ih-

299

rem Mund wahrscheinlich. Warum war die Dusche kalt? Sie hatte einen Anfall bekommen, während sie duschte, und war hingefallen; ein Hirnschlag wahrscheinlich oder eine Gehirnthrombose; ein Aneurysma. Ich wußte, daß es kein Herzinfarkt war: Sie hatte ein Herz wie Tolstoi. War sie zusammengebrochen, bevor sie die Dusche hatte einstellen können? In einem großen, modernen Mietshaus in New York wäre das warme Wasser nicht ausgegangen. Na ja, vielleicht doch. Ich verließ das Bad, ging ins Wohnzimmer und setzte mich auf das Sofa.

Ein Arzt kam, ein kleiner, aufgeregter Mann, ein Haitianer, der in einer öffentlichen Einrichtung New Yorks angestellt war. Die Polizisten waren wie Engel, sie schwiegen nun und trösteten mich mit Blicken aus feuchten Augen – auch sie hatten Mütter –, aber der Arzt redete eine Menge Zeug, rieb sich sogar die Hände und verbeugte sich. Verschwommen merkte ich, daß sich die Situation verändert hatte; es handelte sich nicht mehr um diesen erstarrten Das-kann-nicht-geschehen-aber-es-*ist*-geschehen-Zustand. Die Wirklichkeit setzte sich durch; die Farce setzte sich durch. Der Arzt und einer der Polizisten mühten sich, die Leiche aus der Wanne zu heben und sie auf den Boden des Badezimmers zu legen. Dann rieb der Arzt wieder die Hände und schwätzte weiter. Es sei kein Verbrechen; er werde eine Autopsie anordnen. Sie sei am vorausgegangenen Tag gestorben, vielleicht sogar schon vor vierundzwanzig Stunden. Ich schloß die Augen und lehnte mich auf dem Sofa zurück.

Als wir im Sommersemester im Kurs über klassische Literatur *König Lear* zu lesen begannen, war meine Mutter schon etwas über ein Jahr tot. Dieses Stück war mir, wie sich herausstellte, eigenartig und unvermutet vertraut. Als meine Mutter krank war und es sehr schlimm um sie stand, etwa vier Jahre bevor sie starb, hatte ich mehr an *König Lear* gedacht, als sich jemand wünschen kann. »Sie *ist* König Lear«, konnte ich nach einem unerträglichen Anruf oder Besuch ärgerlich zu meiner Frau sagen, wobei der Scherz immer schaler und weniger geistreich wurde. Sie war auch meine Mutter, Ida Denby, todunglücklich und eifrig bestrebt, es mich wissen zu lassen; ein Ärger aus Fleisch und Blut, für mich und für sich selbst auch.

Nicht nur mir war *König Lear* vertraut. Ausnahmsweise war das Echo, das in den Medien und unseren Köpfen widerhallte, nicht weit von der Wahrheit entfernt. Jedermann kennt dieses überwältigende Werk, zumindest vom Hörensagen, als eine Fabel vom eigensinnigen, unvernünftigen Alter und der rachsüchtigen und undankbaren Jugend. Wenn man nicht erst kürzlich *König Lear* gelesen hat, kann man nicht wissen, daß das Stück durch eine schmerzliche Kombination von Zärtlichkeit und Bosheit bestimmt ist. Als ich mich daran machte, es wieder zu lesen, fühlte ich so etwas wie Angst. Es war so ungeheuer, gefahrvoll, bedrohlich, sowohl unheilvoll und gewalttätig als auch edel, ein großes Werk, das uns bloßstellt. Und gewiß, wenn es *nicht* etwas Vertrautes in uns anspricht, kann es scheußlich und unwahrscheinlich wirken, als widersinnige Fabel mit überzogenen Gefühlen und übersteigerter, verbitterter Poesie.

Vieles – Details der Geschichte und einzelne Verse – waren mir schnell wieder präsent, mit anklagender Kraft. Ich wurde gleich zu Beginn durch die jähzornige Gewalt der Eröffnungsszene verwirrt – die Härte und Bitterkeit, das Gefühl der Katastrophe, die sich wie ein Scherz anbahnt. Lear, ein hartnäckiger alter Kerl, intelligent, aber ohne Einsicht, tritt seine Macht ab, weigert sich aber, den Vorrang und die Insignien seiner königlichen Stellung aufzugeben. Wir wissen nicht, warum er das tut. Abgesehen von der Dummheit, sich selbst zu entthronen, macht er keinerlei Fehler. Er beschreibt sich später als »jeder Zoll ein König«, und das ist er auch. Seine Abdankung ist ein Rätsel, ein Rätsel, das aus Eitelkeit und Zorn entsteht.

Aber das erfaßt nicht ganz den eigentümlichen Charakter. Das Stück wird durch eine übertriebene elterliche Forderung nach Liebe in Gang gebracht. Die Forderung nach *Liebe.* Könnte irgend etwas alltäglicher und banaler sein? Vor der ersten Szene hat Lear beschlossen, den größten Teil seines Königreiches Cordelia, seiner jüngsten und liebsten Tochter, zu vermachen. Aber dann fragt er, um Bestätigung zu finden und mit dem Versprechen einer Belohnung, jede seiner drei Töchter, wie sehr sie ihn liebe. Es ist eine Art Prüfung, eine verwirrende befohlene Darstellung von Zuneigung. Angeekelt weigert sich Cordelia stolz, mit den überschwenglichen Liebesbezeugungen ihrer Schwestern zu konkurrieren (»Ich kann nicht mein Herz in meinen Mund nehmen«), und Lear enterbt sie unmittelbar.

LEAR. So jung und so unzärtlich?
CORDELIA. So jung, mein Vater, und so wahr.

301

LEAR. Sei's drum. Nimm deine Wahrheit dann zur Mitgift;
    Denn bei der Sonne heil'gem Strahlenkreis,
    Bei Hekates Mysterien und der Nacht,
    Bei allen Kräften der Planetenbahn,
    Durch die wir leben und dem Tod verfallen,
    Sag' ich mich los hier aller Vaterpflicht,
    Aller Gemeinsamkeit und Blutsverwandtschaft,
    Und wie ein Fremdling meiner Brust und mir
    Sei du von jetzt auf ewig. Der rohe Scythe,
    Ja der die eignen Kinder macht zum Fraß,
    Zu sätt'gen seine Gier, soll meinem Herzen
    So nah' stehn, gleichen Trost und Mitleid finden
    Wie du, mein weiland Kind.

*(I, 1)*

Das Stück beginnt mit Dummheit und Unglück und führt dann immer weiter hinab. Die beiden schmeichlerischen Töchter, Goneril und Regan, teilen das Königreich und betrügen fast unmittelbar ihren Vater, rauben ihm nach und nach seine Ehre, seine Vorrechte, seine Ruhe und das Dach über dem Kopf. Zur Verteidigung von Goneril und Regan läßt sich nicht viel sagen. Sie wünschen den Tod ihres Vaters. Aber ihre Räubereien und Cordelias stolzes Schweigen können beide als eine Revolte gegen die erniedrigende Forderung nach Liebe gesehen werden.

Das ist ein Gefühl, das die meisten von uns als zu peinlich ansehen würden, um darüber zu reden. Aber Shakespeare war zu jenem Zeitpunkt seiner Laufbahn überaus apokalyptisch, und wenn die Familienbande erst einmal zerrissen sind, zerbricht alles. Alles. Der Rahmen des Staates, das physische Universum selbst kracht und splittert, und auch die Elemente wirbeln im Streit durcheinander. Die Zivilisation weicht der Barbarei, das schützende Dach der brutalen Schutzlosigkeit, das Mitgefühl dem ungezähmten und fleischfressenden Appetit. Die Bildsprache wird immer wilder: Das niedere Tierreich der Wölfe, Schlangen, Ratten, all dessen, was beißt und schlingt, wendet sich voller Wut gegen den Menschen. Lear selbst legt seine frühere Gesittung ab, seine Vernunft und seine Kleider; es ist ein unvorstellbar gewalttätiger Prozeß der Auflösung, Entwurzelung und Entkleidung, bis der König mit ein paar wenigen verbliebenen Getreuen in einen

Sturm gerät und zum ersten Mal in seinem Leben erfährt, was arme und elende Menschen erleiden müssen.

> LEAR. Ihr armen Nackten, wo ihr immer seid,
> Die ihr des tück'schen Wetters Unbill duldet,
> Wie soll eu'r schirmlos Haupt, hungernder Leib,
> Der Lumpen offne Blöß' euch Schutz verleihn
> Vor Stürmen so wie der? O daran dacht' ich
> Zu wenig sonst! – Nimm Arzenei, o Pomp!
> Gib preis dich, fühl einmal, was Armut fühlt,
> Daß du hinschütt'st für sie dein Überflüss'ges
> Und rettest die Gerechtigkeit des Himmels!
> *(III, 4)*

Ein Mann ohne Haus, ohne Kleidung – ohne Zivilisation, Gesetze, Formen des Respekts – ist nichts, und Lear, der jetzt reuig und voll Angst ist, muß die Nichtigkeit in seiner eigenen Haut spüren.

> LEAR Nun, dir wäre besser in deinem Grabe, als so mit unbedecktem Leib dieser Wut der Elemente zu begegnen. Ist der Mensch nicht mehr als das? – Betracht ihn recht! Du bist dem Wurm keine Seide schuldig, dem Tier kein Fell, dem Schaf keine Wolle, der Katze keinen Bisam.
> Ha, drei von uns sind überkünstelt; du bist das Ding selbst. Der Mensch im Naturzustand ist nichts mehr als solch ein armes, nacktes, zweizinkiges Tier wie du. Fort, fort, ihr Zutaten! – Kommt, knöpft auf!
> *(III, 4)*

Lear stellt sich seinen Fehlern, quält sich, gewinnt ein neues Bewußtsein seiner selbst. Die Kräfte des Guten schließen sich zusammen, und Lear versöhnt sich mit Cordelia und mit seinem alten Freund Gloucester, der, in Fehleinschätzung seiner Familie, eine ähnliche Zerreißprobe von Verrat und Erneuerung durchgemacht hat. Eine Art Erlösung scheint möglich und wird auch fast erreicht, aber das Böse ist so widerspenstig und umfassend geworden, und die Hilfe kommt zu spät. Die Leichen türmen sich zu Bergen, auch die von Lear und Cordelia.

*König Lear* beginnt mit Banalität und Angst und führt dann geradewegs an den Rand der Vernichtung, es ist ein Mythos des Leidens und der Erfahrung vom selben Rang wie *König Ödipus*, reich an trostlosen Bildern, eine beinahe manische Torheit, die auch beim dritten und vierten Lesen nicht weniger erstaunlich wirkt. Wenn es in dem Stück viel Leiden gibt, so findet sich in ihm auch eine große Fröhlichkeit. Insgesamt schenkte es mehr Vergnügen und Leid als irgendein anderes Werk in beiden Seminaren der Columbia-Universität.

Vor ein paar Jahren, als ich mir um meine Mutter Sorgen machte, dachte ich ständig an das Stück; jetzt, beim erneuten Lesen von *König Lear* dachte ich ständig an *sie*. Das Stück handelt von wilden, vorchristlichen Aristokraten, nicht von amerikanischen, jüdischen Müttern. Aber Ida Denby war der Lear meines Lebens.

Als es meiner Mutter richtig schlecht ging, war sie ein Scheusal, und ich war bestürzt. In der Vergangenheit war sie nicht unterzukriegen gewesen, eine starke Frau, um die ich mir keine Sorgen zu machen brauchte. Sorgen um sie? Die Idee war unvorstellbar. (Ich mußte mir um mich selbst Sorgen machen.) Sie war während des Ersten Weltkriegs geboren worden, und während der Weltwirtschaftskrise gehörte sie zu jenen Frauen, die einfach loszogen und einen Beruf ergriffen, ohne jede Bildung oder Ausbildung und ganz bestimmt ohne jede Theorie über die Rechte und die Fähigkeiten der Frauen. Aus Notwendigkeit und aus Instinkt wurde sie Geschäftsfrau, und viel später, in den sechziger und siebziger Jahren, verwirrte sie das Aufkommen eines modernen feministischen Bewußtseins. Sie konnte dafür keine Notwendigkeit sehen; das Gerede vom »Patriarchat« und der »Unterdrückung der Frauen« amüsierte sie nur. Wahrlich, ich glaube nicht, daß sie sich jemanden vorstellen konnte, der sie hätte bändigen können. Sie wollte Geld verdienen – nein, sie *mußte* Geld verdienen –, und daher hatte sie wie ihre beiden Schwestern die Schule verlassen und zu arbeiten begonnen (ihre vier Brüder blieben an der Schule und gingen schließlich zur Universität). Sie war damals vierzehn, und als sie Anfang Zwanzig war, fuhr sie auf der *Mauretania* nach Europa, um in Paris Sportkleidung für amerikanische Kaufhäuser einzukaufen. Sie war ein kleines jüdisches Mädchen (gut 1,50 m groß) aus Washington Heights in New York und konnte sich nicht besonders gut ausdrücken. Ohne je eine Bildung genossen zu haben, *riß sie sich selbst zusammen* (ein Lieblingsausdruck von ihr) und entwickelte irgendwie ein steinerweichendes Selbstvertrauen, kombiniert mit einem unerschütterlichen System, ihre Unwissenheit in allem, was nicht für ihre Arbeit, ihre Familie, ihre Reisen, ihre Kleider und ihren Tisch notwendig war, zu verbergen. Bis zum Ende kannte ich sie nicht anders als ein leuchtendes Erfolgsbeispiel.

Und ich wüßte nicht, daß sie sich ihres Eindrucks auf andere Leute bewußt gewesen wäre oder bemerkt hätte, wenn sie sich irgendwie durchgemogelt oder gelogen hatte. Meine Mutter war vielleicht das *unschuldigste* selbstsüchtige menschliche Wesen, das je gelebt hat. Mit anderen Worten, sie war eine glückliche Frau. Sie war auch eine Heldin. Das merkte ich, als ich ein sehr kleiner Junge war.

Außerhalb des Hauses beunruhigte sie mich. Als ich dreizehn oder vierzehn war, hübsch angezogen mit meinen grauen Flanellhosen und der blauen Jacke, ein perfekter junger Herr, begleitete ich sie zum Besuch eines Industriebetriebs in Pennsylvania oder Long Island. Sie stürzte hinein, direkt zum Büro des Chefs, setzte sich auf die Kante seines Schreibtisches mit gekreuzten und entblößten Beinen (sie hatte schöne Beine) und sagte etwas in der Art von: »Wann bekomme ich endlich die verdammte Lieferung mit den Blusen?« Das war um 1956, als nicht viele weibliche höhere Angestellte eine solche Sprache benutzten. Natürlich führte sie ihren kleinen Jungen vor. Leicht zitternd dachte ich: Mein eigener Filmstar! Barbara Stanwyck! Sie war sicher, spontan, umwerfend. Sie hänselte die Männer, mit denen sie es zu tun hatte, und man ließ ihr Dinge durchgehen, die man selbst nicht versucht hätte. Soweit ich es beurteilen konnte, mochten sie sie, ein präfeministisches »Working girl« der dreißiger und vierziger Jahre, das sich ihrem lauten Meinungsaustausch in einem Laden in der Seventh Avenue anschloß, als im Hintergrund die Maschinen ratterten.

Sie schalt auch die Verkäuferinnen. Es war die Hölle, mit ihr einkaufen zu gehen, und ich schämte mich gelegentlich wegen ihrer überheblichen Art. Da sie in den vierziger Jahren bei McCreery's gearbeitet hatte, dem längst verschwundenen Kaufhaus an der Thirty-fourth Street nahe der Fifth Avenue – laut Familienlegende war sie die erste Jüdin bei McCreery's –, wußte sie alles über Verkäuferinnen. Wenn eine Angestellte sich weigerte, etwas zu suchen oder einen Einkauf zurückzunehmen, dann tyrannisierte sie das Mädchen, bis es nachgab, und ich litt. »Ich habe dich samstags bei Doubleday's gesehen«, sagte ein Mädchen in meiner achten Klasse zu mir. »Du warst mit deiner Mutter da und hast geweint.«

Dennoch hielt ich mich für glücklich. Und mein Vater, der von ihr eingeschüchtert und verrückt nach ihr war, war auch glücklich, denn zu Hause war sie liebevoll und unbeschwert. Uns gegenüber war sie raffiniert; sie versuchte, alles selbst zu machen, und dann zog sie sich plötzlich zurück. Unser Zuhause war nicht das Geschäft, das wußte sie und gab nach. Auf jeden Fall war sie glücklich mit meinem Vater, einem Modeschmuckhersteller und geschickten, kühlen Verkäufer. Er war ein ruhiger und gebildeter Mann, ein Gentleman, der sich wie Fred Astaire anzog, und kein Kämpfertyp. Sie liebte ihn und war vernarrt in mich, ihr einziges Kind, ihren Prinzen . . . Ich habe ein Foto jetzt von ihr im Wohnzimmer, wo sie in einem Krankenhausbett liegt, den Kopf auf den Arm gestützt und in voller Montur: die Lippen geschminkt, die Augenbrauen bemalt, mit einer Rita-Hayworth-Frisur – die ganze Chose. Sie ist beinahe schön! Und das, obwohl sie in einem Krankenhausbett liegt! Ein Fotograf war offenbar an ihr Bett bestellt worden, um festzuhalten, daß Ida Denby sich zusammengerissen hatte. Ich wurde, meine ich, ein paar Tage, bevor das Bild gemacht wurde, geboren. Der Ausdruck ihres Gesichtes ist eine Mischung aus Triumph und Ungeduld.

Der Prinz hatte nicht zu klagen. Wenn ich Witze über jüdische Mütter hörte oder *Portnoys Beschwerden* las, konnte ich denken, ich sei die Zielscheibe des Witzes – aber ich wußte, daß ich es nicht war. Ich war davongekommen. Das war nicht ich. Auch nicht sie. Dank ihrer Forschheit befreite meine Mutter Leute, die sich vor ihr fürchteten, von ihrer Verlegenheit oder ihrem Ärger. Meine Mutter war in Ordnung.

Bis mein Vater starb. Er war einige Jahre lang krank gewesen, geschwächt durch Angina, und meine Mutter hatte ihn mit reiner Willenskraft am Leben erhalten. Sie hielt seine Laune aufrecht, pflegte ihn, wenn notwendig, und nahm sogar eine Weile Urlaub, um mit ihm auf dem Lande zu leben. 1980 starb er ganz plötzlich. Wir waren in einer Bank in der Thirty-fourth Street, er und ich, schauten im Tresorraum Papiere durch, als er eine kurze Warnung, einen Schmerzschub, bekam. »Nicht gut«, sagte er. »Laß uns weitermachen.« Und er sah weiter die Papiere durch. Aber einen Augenblick später beugte er sich vor und verlor ohne ein Wort das Bewußtsein. Es war vorbei, bevor ich wußte, was los war. Ich rief eine Ambulanz und war wie betäubt, bis ein Arzthelfer, der nicht erkannte, wer ich war, den Puls meines Vaters fühlte und sagte: »Das hier ist 'ne Leiche.« Ich verzieh ihm sofort – er hatte an dem Tag zweifellos mehrere andere Leichen gesehen. Und ich verzieh ihm niemals.

Meine beiden Eltern starben direkt in New York, und ich kann mit der Eigensüchtigkeit eines Überlebenden und eines Einzelkindes sagen, daß beider Tod für mich sowohl leicht als auch schwer war, da es keine Zeit gab, etwas zu sagen. Ich hatte mein Leben lang die Existenz meines sanften Vaters einfach als selbstverständlich angesehen; wie lebten beide im Schatten einer starken Frau, und manchmal hatte ich gewünscht, daß er ebenso stark wie meine Mutter sei. Ich sah ihn als ihr Anhängsel, als jemanden, mit dem sie Mitleid hatte; mir war nicht klar gewesen, wieviel Arbeit es erfordert hatte, ihr ständiger Lebensgefährte zu sein. Aber nachdem sie gestorben war, sah ich das recht deutlich. Er hatte viel ihrer Energie absorbiert, hatte ihre Aggressivität auf sich gelenkt und sie neutralisiert. »Man kann sie erschöpfen«, hatte er mir einmal mit einem Seufzer anvertraut, »aber man kann sie nie zum Einhalten bringen.« Doch ich glaube, daß er sie nicht zum Einhalten bringen wollte.

Als mein Vater starb, fiel meine Mutter, damals Mitte Sechzig, erstaunlicherweise zusammen. Und es ging ihr schlechter und schlechter. Ein paar Jahre danach murmelte sie irgend etwas von Steuern und hörte abrupt und rätselhafterweise auf zu arbeiten und war dann wie ein Krieger in voller Ausrüstung, aber ohne Auftrag. Plötzlich war sie eine reduzierte Person, eine amerikanische Witwe; sie hatte kein Betätigungsfeld mehr, auf dem sie ihren Willen zu kommandieren und ihren Ärger auslassen konnte. Sie hielt wütend ihre Wohnung und ein Haus in Long Island in Ordnung und weigerte sich, etwas anderes zu tun. Nichts war gut genug für sie. Sie wollte keinen Menschen sehen, nicht einmal zum Essen, und sie weigerte sich, neue Freunde kennenzulernen, selbst als sie viele der alten verscheucht hatte. In einem Zustand ständiger Irritation konnte sie Leute, mit denen sie dreißig Jahre befreundet war, vor den Kopf stoßen. Nur an ein paar jungen Frauen, loyalen Gehilfinnen aus ihrer Geschäftszeit, war sie noch interessiert.

Ich denke, daß dies gar nicht so rätselhaft war. Sie hatte ihren Mann verloren, ihren Sohn (durch Heirat) und ihre Arbeit – eine dreifache

Verringerung ihrer Macht. Meine Mutter, die mit Geld um sich geworfen hatte, ein prima Kerl und fast allzu großzügig gewesen war, konnte nun nicht mehr Ausgaben- und Reisebudgets verwalten; sie konnte keine Leute in ihre Wohnung oder ihr Haus einladen, weil ihr der Esprit fehlte, um sie zu unterhalten, und als Gast im Haus anderer Leute war sie ruhelos und mäkelnd. Wenn nicht der ganze Tag um sie herum geplant wurde, war sie aufgebracht.

Ich hörte ihr zu und litt mit ihr und wurde ratlos. Sie hatte ein halbes Jahrhundert alles gemeistert, und jetzt schien sie sich selbst nicht mehr finden zu können. Ich machte Vorschläge, bot ihr an, ihr bei dieser oder jener Erfahrung zu helfen, aber sie tat nichts von dem, was ich ihr vorschlug, und manchmal drohte mein Mitleid zu verschwinden. Wollte sie vielleicht zu Vorträgen gehen und mit anderen pensionierten Leuten an Aktivitäten im New Yorker YMHA (der Hebräischen Vereinigung junger Männer, einer der bestgeführten kulturellen Institutionen in der Stadt) teilnehmen? Sie war wütend. Mit Hausfrauen zusammensitzen? Sie, die überall gewesen war, die alles getan hatte?

»Du bringst mich um mit diesem Quatsch!«

»Mit dem Vorschlag, daß du zur YMHA gehst?«

»Du bringst mich um.«

Also gut, wollte sie vielleicht ihre Brüder und Schwestern in Florida besuchen? Nein, dort gab es nichts zu tun, es gab niemanden zum Reden außer alten Leuten. Sie würde nicht dort *hinunter* fahren. Sie würde sterben in Florida. Und tatsächlich, das einzige Mal, als ich sie dazu gebracht hatte, ihre jüngere Schwester und deren Mann zu besuchen, kam sie zurück und beschuldigte sie, sie umbringen zu wollen.

»Was soll ich denn nur tun?« fragte ich meine Frau.

»Frag deine Mutter.«

Sehr witzig, aber meine Mutter sagte mir auf ihre Weise ganz genau, was ich zu tun hatte. Ich sollte sie lieben, und diese Liebe sollte unerschrocken, rückhaltlos, ohne Vorbehalte, blind sein.

Jetzt traf es meine Mutter zum ersten Mal mit voller Wucht, daß sie die Schule bereits mit vierzehn verlassen hatte. Sie hatte wenige Interessen, auf die sie zurückgreifen oder die sie kultivieren konnte, und sie war zu stolz nach Jahren der Selbständigkeit, Belehrung anzunehmen. Sie hatte nicht die Geduld, Romane zu lesen, und nicht die Bildung und Neugier, um z. B. historische Werke zu lesen, weshalb sie Biographien von Schauspielerinnen, Herzoginnen und Gigolos las und viel ins Kino ging. Ausnahmsweise konnte ich behilflich sein, aber es gab niemals genug Filme von der richtigen Sorte, und ihre Klagen brachen wie ein Gewitter über mich herein. Händler und Zahnärzte betrogen sie; jeder log sie an. Sie war plötzlich hilflos, sie, die eine Meisterin im Handeln gewesen war. Jahrelang hatte ich mich vor ihr in acht genommen – ich liebte sie, aber ich nahm mich vor ihr in acht –, und jetzt wollte sie, daß man alles für sie tat. Sie wollte, daß man sich um sie kümmerte, konnte es aber gar nicht akzeptieren, wenn man sich um sie kümmerte. Sie hätte es niemals in Betracht gezogen, einen »Klapsdoktor« aufzusuchen, und das einzige Treffen, das ich mit einem Psychologen arrangieren konnte, endete in einer komischen Katastrophe. Wie der mächtige Ödipus zerschmetterte sie jeden Spiegel, den man ihr vorhielt. Und so war sie, die weder sah noch gesehen wurde, schonungslos in ihr Leid versunken, und es gab Tage, an denen ich mein Herz vor ihr verschloß.

Shapiro begann damit, den andauernden Vorrang Shakespeares zu betonen. »Sein Werk ist zentral für unseren Kulturbegriff«, sagte er. Zuweilen hätten Leute gemeint, wenn sie Shakespeare beherrschten, dann beherrschten sie die Kultur. Der wissenschaftliche Streit um Texte und Interpretationen war zu einem hitzigen politischen Thema geworden.

Shapiro wollte die eminente Bedeutung Shakespeares und insbesondere von *König Lear* für die angloamerikanische Bildung beweisen. *König Lear* schien geradezu unser Seminar über klassische Literatur bis zu diesem Punkt zu rekapitulieren. In dieses Stück war eine Menge eingeflossen. Frühere Dramatiker und Dichter hatten den Stoff von Lear und seinen Töchtern bearbeitet oder sich darauf bezogen. Die unmittelbare Quelle für Shakespeare war eine der alten Chroniken gewesen, die er so oft verwendete (wo die Geschichte glücklich ausging). Shapiro betonte den märchenhaften Charakter des Stückes. Der König hatte drei Töchter, zwei böse und eine gute, wie in *Aschenbrödel*. Und Gloucester, Lears Ratgeber, ebenfalls ein alter, törichter Mann, hatte zwei Söhne, einen guten (Edgar) und einen bösen (den Bastard Edmund), wie in der Geschichte von Kain und Abel. Es fand sich viel aus dem Alten Testament in *König Lear*, besonders aus dem Buch Hiob, und Lear selbst hatte eine offensichtliche Ähnlichkeit mit Ödipus – gewiß wird das Stück ebenso sehr durch Blindheit als Metapher und Ereignis beherrscht wie *König Ödipus.* Shakespeare kannte wahrscheinlich das Stück *König Ödipus* nicht, aber es *gab* im *König Lear* einen Hinweis auf das gespenstische Familienbankett der Atreus-Legende, deren Streit zwischen den Generationen hier ein Echo findet, ebenso wie Dantes Verwünschungen und Leiden. Und es gab auch etwas von Montaignes Besessenheit von der Natur und den Sitten, denn es bestand eine Wechselwirkung zwischen den beiden (Montaigne war 1603 übersetzt worden, zwei Jahre bevor Shakespeare die Arbeit am *König Lear* begann). Und – wenn ich einen Moment zur Kulturgeschichte der Gegenwart übergehen darf – Gloucesters böser Bastard Edmund ist bestimmt ein Beispiel für Machiavellismus im bösen Sinn von rein egoistischer Berechnung. Beim erneuten Lesen von *Lear* dachte ich, er käme einer Zusammenfassung des ganzen Lebens so nahe wie nur möglich.

Ich wußte sehr gut, warum mich das Stück so erschreckte, und ich war nicht überrascht, als Shapiro mit einigen seiner Zweitsemester heftig zu kämpfen hatte, um mehr als nur eine oberflächliche Antwort aus ihnen herauszuholen. Ein Stück über mörderische Beziehungen zwischen Eltern und Kindern konnte jeden empfindlich treffen – und wen mehr als Teenager, die gerade dem Kommando von Mutter und Vater entronnen waren, aber vielleicht noch nicht deren emotionalem Griff? Die Studenten konnten diese Situation nicht beschreiben; sie steckten *in* ihr. Vielen von ihnen war das Stück zu gewalttätig und unglaubwürdig. Vor allem die männlichen Studenten waren streng; manche wehrten sich gegen Lear, indem sie Cordelia verachteten oder mit Zynismus straften. (»Ich hätte zu Lear gesagt: ›Ich liebe dich‹«, meinte Lucas, der Junge aus dem Süden, mit einer trägen, verschmitzten Miene, »um ein Drittel des Königreichs zu bekommen, hätte ich es gesagt.«) Oder sie lasen das Stück einfach als einen Kampf zwischen gleichwertigen Kräften, deren Interessen zufällig zusammenstießen. Es war widersprüchlich, dachte ich – die Auflehnung der jungen Studenten gegen das, was sie für die sentimentale Lektüre eines Klassikers hielten. Henry konnte die Handlungen der Bösen nicht als äußerste Negierung der sozialen Bindungen begreifen, was Shakespeare sicherlich beabsichtigte; Goneril, Regan und die übrigen waren einfach Teilnehmer am Kampf um die Macht.

Aber etliche Studenten konnten das Stück würdigen – die Frauen waren diesmal emotional beteiligt, so sehr, daß einige von ihnen vor dem berühmten unglücklichen Ausgang zurückschreckten, bei dem Cordelia und dann auch der geläuterte Lear stirbt. »Ich hätte das Stück mit ihrer Versöhnung enden lassen«, sagte Christine Wong. »Sonst gibt es keine Gerechtigkeit in der Welt.« Shapiro war entzückt: Ihre Antwort hatte eine lange Geschichte. Genau diese Gefühle hatten 1681 zur Änderung des Stückes durch den Dramatiker Nahum Tate geführt. Er schrieb eine Fassung von *König Lear* mit Happy-End, die dann vom siebzehnten bis Anfang des neunzehnten Jahrhunderts die Bühne beherrschte. Selbst Dr. Johnson fand Shakespeares Ende beinahe unerträglich (obwohl er Shakespeares Text für seine Ausgabe der Stücke beibehielt). In der Tate-Fassung endet die Geschichte so, wie es die Gerechtigkeit, und besonders die poetische Gerechtigkeit, zu erfordern scheint: Lear gewinnt sein Königreich zurück und tritt dann ab, und Cordelia heiratet Edgar, Gloucesters guten Sohn. Shapiro las uns etwas aus dem schwülstigen Tate vor: »Mein Edgar, oh!« – »Wahrheit und Tugend müssen am Ende siegen.« Alle lachten. Shapiro sprach die Studenten unmittelbar auf ihr Gelächter an. Wenn sie so klug seien zu erkennen, daß die Tate-Version Kitsch ist, dann werde er sie in das Innerste der tragischen Gefühle des Stückes führen. Er bearbeitete sie wie immer pausenlos weiter. »Was soll Literatur für euer Leben bedeuten?« fragte er. »Was ist das für ein Widerstand, mit dem ihr diesem Stück begegnet?« Er hatte sie ausgetrickst, wie sich zeigte, denn selbst in Shakespeares Text gab es (in gewisser Weise) ein mögliches Happy-End. Cordelia ist gehängt worden, und Lear betritt die Bühne mit ihrem leblosen Körper in seinen Armen und hält eine Feder an ihre Lippen.

> LEAR. Die Feder regte sich, sie lebt! O lebt sie,
>   So ist's Glück, das allen Kummer tilgt,
>   Den ich jemals gefühlt.
> *(V, 3)*

> LEAR. Und tot mein armes Närrchen? – Nein! Kein Leben!
>   Ein Hund, ein Pferd, 'ne Maus soll Leben haben,
>   Und du nicht einen Hauch? – O, du kehrst nimmer wieder,
>   Niemals, niemals, niemals, niemals, niemals! –

Ich bitt' Euch, knöpft hier auf! – Ich dank' Euch, Herr!
Seht Ihr dies? Seht sie an! – Seht ihre Lippen,
Seht hier, – seht hier! *(Er stirbt.)*
*(V, 3)*

Ist Lear verblendet? Stirbt er glücklich, weil er glaubt, daß Cordelia lebt? Oder macht er einen letzten bitteren Scherz? (Das glaube ich.) Shapiro ließ sie nicht in Ruhe. »Wehrt ihr euch immer noch gegen die tragische Schwere des Stücks? Hättet ihr gerne, daß Lear verblendet stirbt? Entfernt ihr euch nicht ebensosehr wie Nahum Tate von der Tragödie?«

Er schob ihre glatten Leugnungen beiseite; er war überzeugt, daß sie die schreckliche Bedeutung des Stückes nicht ertragen konnten. Er zitierte einen der berühmtesten Verse: »›Gleich Fliegen in böser Buben Hand sind wir den Göttern; sie töten uns zum Zeitvertreib‹«, und führte sie an den Rand des Nihilismus: »Vielleicht gibt es da oben gar nichts und wir denken uns die Götter nur aus, die Belohnung und Strafe verteilen.« Was mit einer Diskussion über das Ende des Stückes begonnen hatte, wurde zur Diskussion der Frage, ob es überhaupt *irgendwelche* moralischen Imperative im Universum gebe. »Shakespeare zwingt uns keine Philosophie auf. Geschichte wird von den Siegern *und* den Verlierern geschrieben.« Am Ende von so viel Leiden gab es im *König Lear* eine Art von brennender Klarheit.

Aber im Gedenken an meine Mutter meinte ich, daß das Stück – und der Widerstand der Studenten gegen es – auch von etwas so Offensichtlichem handelte, daß niemand darüber sprechen wollte: der Angst, die aufkommt, wenn sich die gewohnte Beziehung zwischen Eltern und Kindern mit der Zeit umkehrt. Als sich die Situation meiner Mutter verschlechterte, schwand allmählich ihr Kurzzeitgedächtnis (das passierte, als sie siebzig war), und sie vergaß Verabredungen und Adressen und ging auch einige Male in Morgenrock und Hausschuhen in die Stadt. Eine Frau, die viele Leute tyrannisiert hatte (mich allerdings nicht), war beinahe unterwürfig geworden, und ein- oder zweimal bemerkte ich an mir selbst, was ich schon bei anderen bemerkt hatte, daß ich insgeheim von ihrer schändlichen Schwäche fasziniert war. Die Leute schauten plötzlich neugierig und erschrocken, wenn sie zu spät zu einem Abendessen erschien. Wo war sie – auf der Straße? Orientierungslos in irgendeinem Taxi? Sie würde schließlich erscheinen und jemand anderem die Schuld für ihr Zuspätkommen geben, und alle wären erleichtert, wollten aber doch sämtliche *Details* hören. (Da half ihr ihr Stolz; sie gab niemals etwas zu.)

Die Schutzvorrichtungen der gehobenen Mittelschicht, die Kleider und Juwelen und Pelze und die Möbel, die sie sich glücklich verdient und genossen hatte, die Restaurantbesuche in New York und die Theaterbesuche, die sie so gut gemeistert hatte – nichts von all dem konnte sie mehr schützen. Ihr Zustand wurde immer gefährlicher, und ich war wie gelähmt. Ich konnte es nicht richtig fassen. Sie schien plötzlich nackt zu sein, und ich hatte keine Ahnung, wie ich sie kleiden sollte. Sie verließ ihre Wohnung und tauchte in unserer Wohnung auf, verstört und abwesend. Sie lebte eine Weile bei uns, schlief im Wohnzimmer und wanderte mit grauem Gesicht durch die Wohnung, und ihr Blick wurde nur milder, wenn Max auftauchte, mein ältester Sohn, der damals sieben Jahre alt war und den sie vergötterte.

Nach einer Weile zog sie wieder nach Hause – sie wollte in ihrer eigenen Wohnung leben –, und wir stellten Frauen an, die bei ihr wohnen und sich um sie kümmern sollten; sie waren alle darin ausgebildet, mit »schwierigen« älteren Leuten umzugehen. Aber sie konnte es nicht ertragen, daß irgend jemand auf sie aufpaßte, und feuerte sie alle und beschuldigte nach ein paar Wochen jede der Inkompetenz und des Diebstahls. Sie schien völlig übergeschnappt zu sein. Hatte sie Alzheimer? Die Frage wurde unvermeidbar. Meine Frau und ich brachten sie zu einem bekannten Neurologen, der ihr Fragen stellte wie: »Wer ist der Präsident der Vereinigten Staaten?« Wie so viele Ärzte hatte er einen tiefen Abscheu vor dem, was er für Senilität hielt. Da könne er nichts machen, und er zeigte während der ganzen Untersuchung offen seine Verachtung.

Ich war drauf und dran, meine Mutter in ein Heim zu bringen, was für uns alle eine Niederlage bedeutet hätte – beinahe das moderne Äquivalent zu Regan und Goneril, die Lear in den Sturm hinausjagten. Aber meine Frau war anderer Meinung. Die arrogante Art des Neurologen hatte sie so rasend gemacht, daß sie darauf bestand, daß meine Mutter einen anderen Arzt aufsuchte – einen jungen Mann, der aber auch etwas von Geriatrie verstand –, und von dem Augenblick an, als meine Mutter die Praxis des neuen Arztes betrat, wurde es besser. Er kam schnell zu dem Ergebnis, daß sie zu viel Kalzium in ihrem Blut hatte, eine Tatsache, die ihr früherer Arzt fälschlicherweise der Paget-Krankheit zugeschrieben hatte und die in manchen Fällen zu Demenz führen kann. Nach ein paar Wochen wurde ein gutartiger Tumor in einer ihren Nebenschilddrüsen entdeckt, und die Drüse wurde entfernt. Am Tag nach der Operation, als meine Mutter noch Schmerzen hatte, bemerkte ich, daß sie so logisch sprach wie schon seit Jahren nicht mehr. Die Schwestern waren langsam, aber sie versuchten nicht, sie zu ruinieren. Nein, sie hatten nur Schwierigkeiten, sich um alle zu kümmern. Meine Frau hatte das Leben meiner Mutter gerettet.

Ida Denby hatte schnell wieder ihren Verstand beisammen, zog wieder in ihre Wohnung, fand wieder zu ihrer Seelenruhe und genoß beinahe ihre letzten Lebensjahre. Ihr ging es besser, bedeutend besser, aber sie konnte sich immer noch nicht mit ihrer Situation abfinden und verlangte mehr Liebe, als ich ihr geben konnte. Die Krankheit hatte ihre Leiden verstärkt, aber ihre grundlegende Natur und Situation war unverändert geblieben. Sie war eine starke Frau, die schon lange die Zügel losgelassen hatte, aber immer noch ein Pferdegespann lenken wollte.

Alle die Leute, denen sie in der Vergangenheit das Gefühl gegeben hatte, faul oder erfolglos gewesen zu sein, stürzten sich auf ihre Probleme, und nach ihrer Operation weigerten sie sich, zur Kenntnis zu nehmen, daß es ihr besserging. Selbst nachdem sie große Fortschritte gemacht hatte, konnte ich niemanden von ihnen überreden, sie mal anzurufen. »Scheint, daß du schwach bist«, sagt Regan zu Lear, als der alte König, der abgedankt hat, sich beklagt, daß sein Bote eingesperrt wurde. Es ist eine böse Bemerkung. Aber sie ist fast auch verständlich, weil mächtige Leute, wenn sie alt werden, ganz besessen sind von Loyalität und den Zeichen und Floskeln des Respektes ihnen gegenüber und nicht bemerken wollen, wie sehr ihre Kinder und Freunde ihren *Selbst*-Respekt wahren müssen.

Anders als Regan und Goneril verursachte ich meinen Eltern keinen großen Kummer – um meine Mutter kümmerte ich mich auf eine leicht distanzierte Weise, aber regelmäßig, wie vorsichtige Einzelkinder sich um ihre Mütter kümmern –, aber ich war oft wütend. Macht nichts, sagte ich mir dann. Das, was von erwachsenen Söhnen erwartet wird, ist Pflichterfüllung. Was du fühlst, ist unwichtig. Du hast Verpflichtungen, und du mußt sie erfüllen. Sie hatte mich niemals im Stich gelassen, und ich konnte sie nicht im Stich lassen. Aber als sie starb, weinte ich ebensosehr Tränen der Erleichterung wie des Kummers.

Die enorme Kraft von *König Lear,* so wurde mir jetzt klar, entsprang den Gefühlen, die wir uns kaum eingestehen. Viele von uns sind besessen von Macht, Arbeit, Geld, Liebe, Sex und Kunst, und unterdessen sind wir der ständigen Belastung zweier der grundlegendsten und unfaßbarsten Aufgaben unseres Lebens ausgesetzt, der Kindererziehung und der Sorge um unsere Eltern bis zu ihrem Tod – was wir uns nur ungern eingestehen und manchmal auch gar nicht wahrnehmen. Letztendlich verläuft die berufliche Karriere nach einer bestimmten Struktur; ist man erst einmal über das anfängliche Zittern hinweg, den anfänglichen Widerstand, dann lernt man, wie es läuft, und es gibt viele Orte, an denen man Pause machen und auftanken kann. Aber keinerlei Regeln oder Richtlinien, kein Training und keine Sachkenntnis helfen dir wirklich dabei, dich um deine Kinder und deine alten Eltern zu kümmern.

Das Stück führt einem wieder den unausweichlichen Machtkampf zwischen den Generationen vor Augen. Es zeigt, daß die grundlegenden Beziehungen der Menschen zum Zeugen und zum Sterben unerträglich sein können. Vielleicht war es dies oder die Ungerechtigkeit des Endes, was Dr. Johnson intolerabel fand. Denn Lear ist bei weitem nicht der einzige Elternteil, der von seinen Kindern zu viel Liebe verlangt. Wollte ich nicht, daß meine Söhne meine Sichtweise, meine Kultur, meinen Geschmack annähmen – eine Forderung nach Liebe, die auf ihre Art ebenso unbarmherzig ist wie jede andere? Und wer hat nicht Momente erlebt, in denen er seine Eltern tot wünschte wie Goneril, Regan und Edmund? Ein erstaunliches Kunstwerk: Shakespeare präsentiert uns dieses erniedrigende und unangenehme Zeug und reißt damit die Erde auf.

Tayler plante zehn intensive Stunden – fünf Sitzungen – für Shakespeare ein. Zuerst hatte er mit den Studenten eine genaue Analyse der poetischen Wirkung in einigen Szenen von *Richard II.* durchgeführt, Shakespeares frühe tragische Geschichte von einem betrogenen und abgesetzten König. »Ihr seid endlich zur englischen Sprache gekommen«, sagte er, »und die englische Sprache ist sehr schwierig.« Sein Fachgebiet war die englische Renaissance, Shakespeare, die metaphysischen Dichter und Milton; manchmal eilte er den Studenten weit voraus, sie gerieten durcheinander und wurden schweigsam, aber dann beruhigte er sie wieder, und sie fanden wieder den Anschluß. Die Arbeit ging in die Details, war sehr spezifisch und analytisch; er riß die Studenten aus ihren Anfänger-Lesegewohnheiten und führte sie in die Feinheiten der Hochschule ein.

Als wir zu *König Lear* kamen, begann er auf dieselbe Weise; analysierte Metaphern und Strukturen, zählte das Übermaß an Verneinungswörtern im Stück – die vielen »neins« und »nichts«. Aber plötzlich sagte er: »Niemand bekommt dieses Stück in den Griff. Dies ist das Größte, das jemals von irgend jemandem, irgendwann und irgendwo geschrieben wurde, und ich weiß nicht, was ich damit anfangen soll. In einem Fall wie diesem weiß das auch sonst niemand.«

Er hatte niemals eine Bemerkung gemacht, die dieser auch nur entfernt glich, und meine Frau, die mich an jenem Tag ins Seminar begleitet hatte, schaute mich verwundert an, als ob sie fragen wollte: »Was *ist* das für ein Typ?«, denn Tayler, der immer so überaus geistreich und voller Anspielungen und normalerweise unerschütterlich war, war den Tränen nahe. Doch dann kam er schnell zu einem Begriff, den wir im Herbst bei der Analyse der *Odyssee* entwickelt hatten: dem Unterschied zwischen der oberflächlichen oder nominalen Erkennung und der tiefen oder substantiellen Erkennung (*anagnorisis,* wie Aristoteles es ausdrückte). Odysseus' Sohn Telemachos, der seinen seit langem vermißten Vater nie gesehen hat, verläßt Ithaka, um Nachrichten über Odysseus einzuholen; zu der Zeit bricht Odysseus von Kalypso auf. Die beiden treffen sich in Ithaka, und dort beginnt eine Serie von quälenden Wiedererkennungsszenen, die in der gegenseitigen Erkennung von Odysseus und Penelope vor dem Schlafzimmer und dann im Bett ihren Höhepunkt finden, ein Zusammentreffen, das zuerst unerfreulich und dann fröhlich ist.

*König Lear* handelte gleichermaßen von der tiefen Erkennung – eine Erfahrung, die sowohl von Schmerz begleitet wird als auch von Freude. »Das Stück beginnt schlecht und wird schlimmer und schlimmer«, sagte Tayler mit seinem sonoren Bariton. »Und wir haben hier eine Verzögerung, ein Hinausschieben bis zu den Augenblicken des tiefsten Erkennens.« Und wir lasen die Szenen des gebrochenen Lear am Ende des Stücks, wie er seinen Freund Gloucester, der inzwischen erblindet ist, und kurz darauf Cordelia trifft. Tayler konzentrierte sich wie der Harvard-Philosoph und Kritiker Stanley Cavell auf einen starken Wortwechsel zwischen Gloucester und Lear. Gloucester sagt: »Oh, laß mich diese Hand küssen«, und Lear entgegnet: »Laß mich sie erst abwischen; sie riecht nach Sterblichkeit.«

»Tut mir leid, das geht mir nah«, sagte Tayler zögernd und schlug einen Moment die Augen nieder. »Lear empfindet Scham. Und Scham ist eine der stärksten Empfindungen.« Er hielt kurz inne und schaute dann einige der Studenten im Seminar an. Nun schrie er beinahe. »Ihr habt die ersten Pickel im Gesicht; eure Freundin überrascht euch, als ihr gerade masturbiert. Das ist *Scham*!« Die Studenten schauten auf, elektrisiert, aber schweigend. »Scham, das elementarste Gefühl. Lear will *geliebt* werden. Lear sagt: ›Wer von euch liebt uns am meisten?‹ Aber was würde er nicht geben? Um Liebe zu erhalten, muß man durchschaut und nicht einfach gesehen werden. Man muß die Leute seine mörderischen und auch seine guten Motive sehen lassen. Um Gloucester und Cordelia zu erkennen, muß Lear einen Prozeß durchmachen.«

Und Tayler zitierte die erstaunliche Rede, in der Lear, der jahrelang das Haupt des Staates war, nun die legale Basis der Autorität in Frage stellt.

> LEAR. Und der Wicht lief vor dem Köter; da konntest
> Du das große Bild des Ansehns erblicken; dem
> Hund im Amte gehorcht man.
> Der Wuchrer henkt den Gauner. Zerlumptes
> Kleid läßt kleinen Fehl erkennen,
> Talar und Pelz birgt alles.
> *(IV, 6)*

»Seht ihr«, sagte Tayler, »Lear hat sich selbst erkannt. Man erkennt etwas in sich selbst und straft jemand anderen dafür. Man will die Hure ficken, aber statt es zu tun, bestraft man sie lieber. Freudsche Gedanken. Dies ist ein Stück über Scham und Liebe und Erkennung.«

Um uns herum saßen die Studenten ungerührt. »Ich weiß, daß die meisten von euch denken, daß ihr keine Probleme habt, Liebe zu er-

317

kennen«, sagte Tayler, »aber ganz tief innen wird die Erkennung immer teuer erkauft. Wir alle wollen Liebe, aber wieviel sind wir bereit durchzumachen, um sie zu erhalten? Werden wir riskieren, durchschaut zu werden? Um erkannt und geliebt zu werden, muß man diesen Punkt der Scham überwinden – man muß an den Punkt gelangen, wo Penelope und Odysseus einander erkennen. Und um an den Punkt zu kommen, muß man Schmerzen erleiden. Danach kennen Lear, Gloucester und Cordelia – die Guten – die Wahrheit und sterben.« Deshalb ist das Ende, wie Shakespeare es geschrieben hat, notwendig und unvermeidbar. »Hier habt ihr eine unglaubliche Parabel des menschlichen Seins«, sagte Tayler. »Es geht um Dinge, auf die es wirklich ankommt. Liebe und Scham und den Willen, sowohl durchschaut als auch gesehen zu werden.«

Bei der Beerdigung meiner Mutter sang ein junger Kantor sehr gut, so gut, daß er die Reue und die Ambivalenz, die mich beinahe erstickten, von mir nahm. Nachdem ihre jungen Freundinnen Lobesworte gesprochen hatten, war ich bereit, etwas zu sagen: »Von Anfang an bis vergangene Woche war sie die Stärke, meine Autorität, mein Schwert und mein Schild.« Was sicher stimmte. Und dann erzählte ich ihre Geschichte, wie ich sie hier erzählt habe, aber ohne den bestürzenden Teil über ihre letzten Jahre.

Als Lear alles verliert und fürchtet, wahnsinnig zu werden, spricht sein liebevoller Narr, der ihm weiter folgt, in durchsichtigen Rätseln zu ihm: ein scheinbarer Wahnsinn, um Lears Wahnsinn zu spiegeln, eine wahnsinnige, aber äußerst ehrliche Kritik an Lears Handeln und Zustand. Und ganz ähnlich redet Edgar, Gloucesters guter Sohn, zu seinem getäuschten Vater und zu Lear in Gestalt des Armen Tom, eines lauten Hohlkopfs, der glaubt, daß das Universum sich gegen ihn verschworen habe. Shakespeares Dichtung über vorgetäuschten Wahnsinn wird durch die zutiefst liebende Absicht dahinter beinahe unerträglich bewegend: Der Narr und Edgar hoffen, die beiden gequälten Alten mit ihren Provokationen wieder gesund machen zu können, während Goneril und Regan zu Lear im Ton kältesten Rationalismusses reden und versuchen, seinen ängstlichen Forderungen mit Vernunft zu begegnen. Wie viele Edelleute sollen Lear zu Diensten bleiben, wenn er bei einer von ihnen bleibt?

LEAR *(zu Goneril)*. Ich geh' mit dir.
Dein fünfzig macht doch zweimal fünfundzwanzig,
Und du bist zweifach ihre Liebe.
GONERIL. Hört mich:
Was braucht Ihr fünfundzwanzig, zehn, ja fünf?
In einem Haus, wo Euch zweimal so viel
Zu Diensten stehn?
REGAN. Was braucht Ihr *einen* nur?
LEAR. O streitet nicht, was nötig sei. Der schlechtste Bettler
Hat bei der größten Not noch Überfluß.
Gib der Natur nur das, was nötig ist,
So gilt des Menschen Leben wie des Tiers.
Du bist 'ne Edelfrau;
Wenn warm gekleidet gehn schon prächtig wäre,
Nun, der Natur tut deine Pracht nicht not,
Die kaum dich warm hält.
*(II, 4)*

Diese berühmten Verse verletzten mich, als ich das Stück erneut las, weil ich immer versucht hatte, mit meiner Mutter zu diskutieren, um ihre wirklichen Schwierigkeiten von den eingebildeten zu trennen. Als sie allein am Wochenende in ihr Landhaus fuhr, fiel der Strom aus; auf der Wiese hatten sich riesige Löcher gebildet; Wasserrohre barsten; Ameisen fielen ein. Katastrophe auf Katastrophe, die reale Welt verspottete ihren schlechten Zustand. Ihre Rückkehr in die Stadt am Sonntagabend wurde gekrönt von einer Schadensmeldung auf dem Anrufbeantworter. Aber wieviel davon war wahr? Nichts davon geschah, wenn meine Frau und ich bei ihr waren. Daher versuchte ich, es herauszubekommen, versuchte, daß *sie* es herausbekam.

Half ich ihr wirklich mit meinen logischen, geduldigen Fragen? Hätte ich nur meiner Phantasie freien Lauf gelassen und eine Methode aus der Liebe heraus entwickelt – eine Methode wie die des Narren und von Edgar! Beim erneuten Lesen von *König Lear* sehe ich etwas von Gonerils und Regans steinerner Härte in meiner verzweifelten Beziehung zu meiner Mutter durchscheinen. Ich rächte mich an ihrer so lange andauernden Stärke, indem ich mich weigerte, ihren Wahnsinn anzunehmen. Wie konnte ich nicht gemerkt haben, daß sie emotionale Beruhigung brauchte und keine Realität?

Meine Mutter begriff nicht viel von dem, was mit ihr vorging, als sie krank war, und danach gab sie nicht zu, daß sie *krank gewesen* war. Sie konnte nicht einmal dem jungen Arzt zugestehen, daß er sie vor dem Wahnsinn gerettet hatte. Nach ein paar unglücklichen Versuchen sprach ich niemals mehr davon. Meine Mutter wußte nicht, daß sie ein Unterbewußtsein hatte. Sie verfügte über die noble, wütend machende Beschränktheit eines vollendeten Ego, eine prä-Freudsche Persönlichkeit. Das war zum Teil die Quelle ihrer Stärke – und ihrer Fähigkeit, glücklich zu sein. Unser ganzes gemeinsames Leben hindurch mühte ich mich ab, sie dazu zu bringen, sich selbst zu sehen, aber sie wollte nicht meine Schülerin sein.

Kapitel 21

HEGEL

Also los, tun wir es. Tauchen wir hinein wie Zweitsemester. Keine Reling, kein Rettungsring, kein Floß. Lesen wir einfach. Lesen wir Hegel.

Der einzige Gedanke, den die Philosophie mitbringt, ist aber der einfache Gedanke der *Vernunft*, daß die Vernunft die Welt beherrsche, daß es also auch in der Weltgeschichte vernünftig zugegangen sei. Diese Überzeugung und Einsicht ist eine *Voraussetzung* in Ansehung der Geschichte als solcher überhaupt; in der Philosophie selbst ist dies keine Voraussetzung. Durch die spekulative Erkenntnis in ihr wird es erwiesen, daß die Vernunft – bei diesem Ausdrucke können wir hier stehenbleiben, ohne die Beziehung und das Verhältnis zu Gott näher zu erörtern –, die *Substanz* wie die *unendliche Macht*, sich selbst der *unendliche Stoff* alles natürlichen und geistigen Lebens wie die *unendliche Form*, die Betätigung dieses ihres Inhalts ist.

Oh, gut. Der letzte Satz hilft enorm weiter.

Die *Substanz* ist sie, nämlich das, wodurch und worin alle Wirklichkeit ihr Sein und Bestehen hat; – die *unendliche Macht*, indem die Vernunft nicht so ohnmächtig ist, es nur bis zum Ideal, bis zum Sollen zu bringen und nur außerhalb der Wirklichkeit, wer weiß wo, als etwas Besonderes in den Köpfen einiger Menschen vorhanden zu sein; – der *unendliche Inhalt*, alle Wesenheit und Wahrheit, und ihr selbst ihr Stoff, den sie ihrer *Tätigkeit* zu verarbeiten gibt, denn sie bedarf nicht, wie endliches Tun, der Bedingungen eines äußerlichen Materials, gegebener

Mittel, aus denen sie Nahrung und Gegenstände ihrer Tätigkeit empfinge; sie zehrt aus sich und ist sich selbst das Material, das sie verarbeitet; ...

Natürlich.

... wie sie sich nur ihre eigene Voraussetzung, ihr Zweck der absolute Endzweck ist, so ist sie selbst dessen Betätigung und Hervorbringung aus dem Inneren in die Erscheinung nicht nur des natürlichen Universums, sondern auch des geistigen – in der Weltgeschichte. Daß nun solche Idee das Wahre, das Ewige, das schlechthin Mächtige ist, daß sie sich in der Welt offenbart und nichts in ihr sich offenbart als sie, ihre Ehre und Herrlichkeit, das ist es, was, wie gesagt, in der Philosophie bewiesen und hier so als bewiesen vorausgesetzt wird.
*(Band 12, S. 20)*

»Bewiesen«, vielleicht, aber noch nicht verstanden. Ja, Vernunft existiert in der Welt, nicht nur in den Köpfen von ein paar Kantschen Moralisten. Aber wie kann die Vernunft der »unendliche Inhalt« sein? Inhalt der Wirklichkeit? Die Wirklichkeit der Kriege, Seuchen und Katastrophen? Wenn das so ist, dann muß die Vernunft auch Unvernunft enthalten. Was ist mit der Vernunft in einem Kinderheim voller Kinder? Zutiefst ernste Männer und Frauen könnten sagen, daß der »unendliche Inhalt« des Lebens nicht die Vernunft, sondern die Anarchie sei. Und wie kann die Vernunft aus sich selbst »zehren« und sich selbst reproduzieren? Die Vernunft wirkt wie ein Seidenwurm, der in seinem eigenen Kokon erstickt. Insgesamt erscheint der Abschnitt beim ersten Lesen wie ein Puzzle, das aus Lehm gemacht ist.

Vor dreißig Jahren hatten wir nur ein paar Abschnitte aus der Einleitung zur *Philosophie der Geschichte* gelesen, aber jetzt schrieb das Seminar über die Kulturgeschichte der Gegenwart die ganzen hundert Seiten eines Textes vor, der als »leichter« Hegel-Text gilt. Leicht für wen? Ich las ihn noch langsamer, als ich Kant gelesen hatte. Ich kroch durch ihn – aber nicht, weil er langweilig war. Ich wollte ihn lieber lesen als alle anderen Texte, die wir bisher im Seminar über die Kulturgeschichte der Gegenwart behandelt hatten. Wir hatten die Ethik hinter uns gelassen. Jetzt war die Geschichte unsere Leidenschaft; die

Geschichte selbst war der Protagonist in Hegels Buch und in unseren Diskussionen im Seminar, und ich hätte nicht eifriger dabei sein können. Aber Hegel schrieb furchtbar schwierig, und ich fühlte mich in meine schrecklichen Tage mit Kant zurückversetzt. Um diese eigenartige, dahinfließende Prosa zu lesen, mußte ich so viele Gewohnheiten ablegen, daß ich beinahe ein neuer Mensch hätte werden müssen. Ich mußte nicht nur meine Trägheit bekämpfen, meine Unaufmerksamkeit und mangelnde Disziplin; nein, ich würde mein hauptsächlichstes Laster und Vergnügen, die Tagträumerei und all ihre wohligen, sinnlichen Befriedigungen, aufgeben müssen, denn in dem Moment, in dem man von Hegel fortgleitet, verliert man ihn voll und ganz, und man muß ganz von vorne beginnen, wie ein Kind, das das Alphabet aufsagt, nach einem Fehler wieder von vorne anfangen muß.

Ich konnte es kaum glauben. Ich ging vor, zurück, wieder vor, und manchmal, wenn ich denselben Abschnitt zum dritten Mal las, Schritt für Schritt wie an einem Seil, das in die Dunkelheit führt, dachte ich, ich sei blind. Der Journalist in mir, der auf Verständlichkeit und Tempo gedrillt war, war der Verzweiflung nahe: Dies war lächerlich, ich kam einfach nicht weiter. Zur Hölle mit diesem Buch.

Georg Wilhelm Friedrich Hegel war ein Akademiker, Professor an verschiedenen Universitäten, einschließlich der von Berlin, und als er 1831 starb, stellten seine Schüler die *Philosophie der Geschichte* und eine Reihe anderer Bände aus seinen Vorlesungsnotizen und aus Notizen seiner Studenten zusammen. Er war zweifellos der größte deutsche Professor aller Zeiten, der deutsche Professor als verrücktes Genie, und in meinen schlimmsten Momenten saß ich zu Hause und tröstete mich mit Erinnerungen an die Marx Brothers und ihren unvergleichlichen deutschen Hanswurst Sig Ruman (der in Hamburg als Siegfried Albin Rumann geboren wurde), den riesigen, bärtigen, hysterischen Opernchef oder großen Chirurgen aus Wien, der versuchte, die Pläne der Brüder irgendwie zu durchkreuzen. Sie quälten ihn, täuschten ihn, jagten ihn fort, Harpo hopste hinter Rumans Rücken und drückte zwischen den Falten seines Morgenrocks kräftig auf seine Hupe...

Der Wunsch nach Satire ist bei einem Amerikaner schwer zu unterdrücken. Ich war verwirrt von der Unklarheit, den drückenden Überbetonungen, den Passagen reinen Schwulstes; ich wurde verrückt von den Wiederholungen, der Art, wie die Sätze sich in die Länge zogen und dann sich um sich selbst wickelten wie Karamelbonbons (»...so wie in der römischen Geschichte Rom der Gegenstand und damit das die Betrachtung des Geschehenen Leitende ist, wie umgekehrt das Geschehene nur aus diesem Gegenstande hervorgegangen ist und nur in der Beziehung auf denselben einen Sinn und an ihm seinen Gehalt hat« [S. 76]). Ich war an die Art von Denken gewohnt, in der ein Objekt oder eine Kraft auf eine andere einwirkt, sie zerstört, verändert, ersetzt – die Art, wie Journalisten normalerweise die Welt sehen –, und diese ständige Bewegung von Kräften, die auf sich *selbst* reagierten, verwirrte mich.

Ich holte tief Luft. Mehr als einmal. Ich rüstete und wappnete mich und legte los; und ich zwang mich, genügend zu lesen, um in den Rhythmus hineinzukommen – den Rhythmus des Schwulstes –, und obwohl ich noch immer nicht viel verstand, unterdrückte ich nach einer Weile meinen Drang zum Spott und begann das Anschwellen und die Spontaneität von Hegels Stimme während seiner Vorlesungen zu erfassen, einen Klang von gewichtigem, aber beinahe rhapsodischem Eifer. Die Wiederholungen verstärkten nur die beschwörende Qualität, und spät in der Nacht begann ich, den Text laut zu lesen, deklamierte in aller Ruhe im Wohnzimmer, während die Autos auf der West End Avenue rauf- und runterfuhren.

Der kleinste Satz, wie Hegels beiläufige Bemerkung (anderswo): »...in seiner Wahrheit, in seiner an und für sich seienden Allgemeinheit, kann es [das Bewußtsein] sich nur dem nachdenkend kund gewordenen Bewußtsein offenbaren«, setzt eine Kette von Reflexionen in Gang. Denn hier fand sich die wesentliche Beschreibung der modernen Selbstempfindung: Um irgend etwas zu lernen, muß man nicht nur bewußt sein, sondern sich seines eigenen Denkens bewußt sein – eine Vorstellung, die einen in ihrer Melancholie traf, meinte ich. Sie rief ein Gefühl beinahe von Drohung hervor: Es gab kein Zurück; wir hatten eine Geschichte, wir waren uns unser selbst in der Geschichte und unser selbst als Denkende und Handelnde bewußt. Spontanes Verständnis war unmöglich oder sinnlos. Unter anderem spiegeln die Lektürelisten der modernen Universitäten derlei Annahmen wider: Die Studenten sollten die Elemente der Vergangenheit herausdestillieren, die eine moderne Erkenntnis konstituierten. Das Seminar über Sozialtheorien an der Columbia-Universität wurde Kulturgeschichte der Gegenwart genannt, obwohl die meisten der Texte vor langer Zeit geschrieben wurden. Ein bewußt lebender moderner Mensch trug die Geschichte mit sich; die einzelnen Stadien waren Aspekte seiner persönlichen Entwicklung.

Nach einer Weile lernte ich Hegel lesen. Die Vor- und Zurück-Bewegungen meiner Aufmerksamkeit wurden weniger hinderlich, und ich konnte einiges verstehen; dann ging ich zurück zu einem Abschnitt, den ich nicht verstanden hatte, und nun, nachdem ich *das eine* begriffen hatte oder zumindest glaubte, es verstanden zu haben, fühlte ich mich wie ein Reisender in einem exotischen Land, der die Landessprache sprechen gelernt hat, oder wie ein Geistlicher, der einen unerwarteten Zugang zum Glauben und zur Klarheit gewinnt. Ich würde aber nie ein richtig guter Leser von Hegel werden; mir fehlten die Veranlagung und das Training dafür. Aber zumindest *las* ich Hegel. Obwohl ich in einem Beruf und einer Lebensweise gefangen war, die meine Aufmerksamkeit streuten und Filmbilder in meinem Kopf ungefragt Tag und Nacht herumschwirren ließen, las ich doch immerhin diesen bizarren, zähen Text, und ich klopfte mir beinahe vor Erleichterung auf die Schulter. Ich war in die Gänge gekommen: Der Bergsteiger liebt den Felsen, den er erklimmen muß und der jeden Muskel schmerzen läßt. Es war für mich der glücklichste Moment des Jahres.

Der oben zitierte Abschnitt von Hegel ist fast am Rande des Kauderwelsches, doch ist alles vollendet, selbst die Teile, die anfänglich verwirrend sind.

Fangen wir also noch mal an.

Der Mensch konnte nicht mehr auf die alte Weise betrachtet werden, als zwischen Geist und Körper, zwischen Vernunft und Leidenschaft gespalten. Ein neues Konzept vom Menschen war notwendig und eine neue Logik ebenfalls. Im Bewußtsein war ein dynamisches Ganzes enthalten: Der Mensch war sowohl Subjekt als auch Objekt, sowohl er selbst als auch das andere, beides in einen ewigen Kampf verwickelt, denn jedes Element enthielt sein eigenes Gegenteil, und die beiden Elemente stießen zusammen, verschmolzen und erzeugten ein neues Element, das eine Synthese von beiden war – und dann begann der Kampf wieder von neuem, da die Synthese ihr eigenes Gegenteil hervorbrachte und so weiter. Geschichte war nicht blind und formlos, auch nicht bloße Ansammlung von Mächten, Erfolgen, Niederlagen und Konsequenzen. In der Geschichte verwirklicht der Geist (d.h. das kollektive menschliche Bewußtsein) oder die Vernunft sich selbst durch den Kampf der Gegensätze. Die ganze Welt – nicht nur die Religion oder die Seele – war ein Gegenstand des Geistes. Unsere Realität war geistig – ein Beharren auf dem Unaussprechlichen, das mich zu Platons »Mustern« zurückführte, was mich zuerst nicht glücklich machte. Stephanson drückte es so aus: »Die Vernunft ist überall; sie ist nicht dem Körper entgegengesetzt wie bei Kant; nein, sie ist in den menschlichen Wesen *ver*körpert, die ihre Vehikel sind, und in allen materiellen Dingen.«

Es gab einen zusammenhängenden Fortschritt in dem, was zufällig oder chaotisch oder gar katastrophal schien, ein Muster, das alles zu einer einzigen *universalen* Geschichte vereinigte. Die Weltgeschichte bewegte sich auf ein gegebenes Ende zu. Natürlich hatten wir im Seminar über die Kulturgeschichte der Gegenwart bereits zuvor verschiedene Versionen hiervon kennengelernt. Das Christentum bestand auch auf einem gigantischen Plan der Geschichte, der mit dem Jüngsten Gericht und der Auferstehung endet. Aber Hegel meinte, daß Jesus spät in die Geschichte eintrat; ER war ein wichtiger Teil des Hegelschen Planes, aber nicht sein Sinn.

Untersucht man eine Episode nach der anderen, das gab Hegel zu, dann könnte Geschichte wie eine »Schlachtbank« erscheinen. Aber die Vernunft war »gewitzt«; sie versteckte sich, und manchmal verbarg sie sich in der Katastrophe. Das Ziel, auf das die Geschichte hinarbeitete, war die stetig zunehmende Erweiterung der Freiheit. Berühmt ist sein Satz: »Die Weltgeschichte ist der Fortschritt im Bewußtsein der Freiheit...« Das Wesen der universalen Geschichte ist also nicht einfach die keimende Erfahrung der Freiheit, sondern das *Bewußtsein* von ihr (ohne die ihre Erfahrung nicht möglich wäre), und dieses Bewußtsein kann über die Jahrhunderte nur durch eine Reihe von dialektischen Transaktionen erreicht werden, eine ständige, spiralförmige Aufwärtsbewegung. Wie wirkte der Fortschritt in der Geschichte wirklich? Und was rechtfertigte die Katastrophen auf ihrem Weg – was verwandelte die »Schlachtbank« in ein Spinnrad? Diesen Teil verstand ich immer noch nicht, doch ergab der früher zitierte Abschnitt, wenn man ihn jetzt wieder las, schon etwas mehr Sinn.

Ich war nun ruhiger und las standhaft und wußte, daß ich endlich anfing, mich freizuschwimmen. Mich hatte geplagt, daß ich nicht mehr wußte, wo Woody Allen endete und ich anfing, wann Michelle Pfeiffer redete und ihre Stirn runzelte und wann nicht, die Gewißheit, daß mein Verstand überfallen und besetzt worden war und die Filme niemals zu spielen aufhörten, was mir meine ganze Konzentration genommen hatte, weil ich das Vergnügen der Konzentration dem Vergnügen der Phantasie geopfert hatte; diese Angst, in den Medien *verloren* zu sein, ein Teil der sumpfigen Welt des Scheins und deshalb nur irgendein Produzent und Konsument von Bildern und Worten ohne eine eigene Identität oder Form – all das begann zu verblassen. Es war das ganze Jahr über blasser geworden, merkte ich, aber jetzt fühlte ich, wie es ganz verschwand, und ich sah eine Grenze. Der Mensch, der Kant und Hegel las, war nicht Teil der pulsierenden elektronischen Medien. Nicht in diesem Augenblick jedenfalls.

Wenn man Hegels *Philosophie der Geschichte* las (die Einleitung war nur der Anfang einer sehr umfangreichen Arbeit), hatte man die Illusion von weitreichenden Ausblicken, der endlosen Tragweite der Epochen, und man fühlte sich königlich und beschwingt. Dieses Gefühl war vielleicht die unbeabsichtigte eigene Belohnung für harte Arbeit, aber es wurde auch durch die Substanz dessen, was Hegel sagt, hervorgerufen – was für Abendländer eine gefährliche und berauschende Materie ist. Denn es gibt eine Hauptlinie in der Geschichte, einen Expreßzug, und entweder sitzt man drin oder nicht.

Die Orientalen wissen es noch nicht, daß der Geist oder der Mensch als solcher an sich frei ist; weil sie es nicht wissen, sind sie es nicht; sie wissen nur, daß *Einer* frei ist, aber ebendarum ist solche Freiheit nur Willkür, Wildheit, Dumpfheit der Leidenschaft oder auch eine Milde, Zahmheit derselben, die selbst nur ein Naturzufall oder eine Willkür ist. Dieser Eine ist darum nur ein Despot, nicht ein freier Mann. – In den Griechen ist erst das Bewußtsein der Freiheit aufgegangen, und darum sind sie frei gewesen; aber sie, wie auch die Römer, wußten nur, daß einige frei sind, nicht der Mensch als solcher. Dies wußten selbst Platon und Aristoteles nicht. Darum haben die Griechen nicht nur Sklaven gehabt und ist ihr Leben und der Bestand ihrer schönen Freiheit daran gebunden gewesen, sondern auch ihre Freiheit war selbst teils nur eine zufällige, vergängliche und

beschränkte Blume, teils zugleich eine harte Knechtschaft des Menschlichen, des Humanen. – Erst die germanischen Nationen sind im Christentum zum Bewußtsein gekommen, daß der Mensch als Mensch frei [ist], die Freiheit des Geistes seine eigenste Natur ausmacht. Dies Bewußtsein ist zuerst in der Religion, in der innersten Region des Geistes aufgegangen; aber dieses Prinzip auch in das weltliche Wesen einzubilden, das war eine weitere Aufgabe, welche zu lösen und auszuführen eine schwere lange Arbeit der Bildung erfordert. Mit der Annahme der christlichen Religion hat z. B. nicht unmittelbar die Sklaverei aufgehört, noch weniger ist damit sogleich in den Staaten die Freiheit herrschend. Die Anpassung des Prinzips der Freiheit an die Realität der Welt ist ein langer Prozeß, der die Geschichte selbst ausmacht.
*(Band 12, S. 31-32)*

Jetzt hatten wir Probleme. Die Beschreibung des langsam zunehmenden Bewußtseins der Freiheit ist großartig, aber es könnte nicht klarer ausgedrückt werden, daß nur Europa wirklich zählt. Die Arroganz von Hegels Annahmen nahm mir den Atem: Nur Europa und als Erweiterung sein Stiefkind Amerika *bewegen* sich durch die Geschichte. Die universale Geschichte ist die Geschichte des *Abendlandes*. Abgesehen von den »welthistorischen Völkern« und den »welthistorischen Gestalten« (Julius Caesar, Jesus, Napoleon und so weiter) ist die große Masse der Menschheit nicht Teil des zunehmenden Bewußtseins der Freiheit; sie lebt in Stagnation. Im Osten, sagte Hegel, war die Individualität begraben, das Bewußtsein erlahmt. China und Indien seien »stagnierende« Gesellschaften, festgefahren in der Wiederholung. In einer entscheidenden Hinsicht existierte die asiatische Moralphilosophie auf einer niedrigeren Ebene als ihre westlichen Varianten.

Die *chinesische* Moral hat, seitdem die Europäer mit derselben und den Schriften des Konfuzius bekannt wurden, das größte Lob und ruhmwürdige Anerkennung ihrer Vortrefflichkeit von denen, die mit der christlichen Moral vertraut sind, erlangt. Ebenso ist die Erhabenheit anerkannt, mit welcher die indische Religion und Poesie (wozu man jedoch beiset-

zen muß, die höhere) und insbesondere ihre Philosophie die Entfernung und Aufopferung des Sinnlichen aussprechen und fordern. Diese beiden Nationen ermangeln jedoch, man muß sagen gänzlich, des wesentlichen Bewußtseins des Freiheitsbegriffes. Den Chinesen sind ihre moralischen Gesetze wie Naturgesetze, äußerliche positive Gebote, Zwangsrechte und Zwangspflichten oder Regeln der Höflichkeit gegeneinander. Die Freiheit, durch welche die substantiellen Vernunftbestimmungen erst zu sittlicher Gesinnung werden, fehlt; die Moral ist Staatssache und wird durch Regierungsbeamte und die Gerichte gehandhabt. Ihre Werke darüber, welche nicht Staatsgesetzbücher sind, sondern allerdings an den subjekten Willen und die Gesinnung gerichtet werden, lesen sich, wie die moralischen Schriften der Stoiker, als eine Reihe von Geboten, welche zum Ziele der Glückseligkeit notwendig seien, so daß die Willkür ihnen gegenüberstehend erscheint, welche sich zu solchen Geboten entschließen, sie befolgen kann oder auch nicht; wie denn die Vorstellung eines abstrakten Subjekts, des Weisen, bei den chinesischen wie bei den stoischen Moralisten die Spitze solcher Lehren ausmacht. Auch in der indischen Lehre des Aufgebens der Sinnlichkeit, der Begierden und irdischen Interessen ist nicht die affirmative, sittliche Freiheit das Ziel und Ende, sondern das Nichts des Bewußtseins, die geistige und selbst physische Leblosigkeit.
*(Band 12, S. 96)*

Hier spricht der abendländische Stolz, und hier spricht die »Hegemonie«, und zwar ohne Apologetik und ganz heroisch. Freiheit war eine Errungenschaft, deren Erreichen wenig mit Frieden und Gehorsam oder Entsagung zu tun hatte. Im Westen konnte die Freiheit nur durch den Kampf des Bewußtseins erreicht werden. Was immer sonst, so bot das Buch einen auf die Spitze getriebenen Eurozentrismus, der durch ein philosophisches System und ethischen Eifer erzeugt wurde – genau das, was die akademische Linke in den vergangenen Jahren als Vorurteil zu entlarven versuchte, als ein bloßes Wiederkäuen der eigenen Werte in einem Spiegel von Selbstgefälligkeit.

Ich war beunruhigt, und als ich zum Ende des Abschnitts gekommen war, wußte ich, warum: Hegels Vorurteil war mein eigenes. Und nicht nur mein eigenes; ich würde wetten, daß viele Amerikaner und Europäer genauso dachten. Von außen gesehen erschien es zumindest einigen von uns, daß die östlichen Kulturen das Thema der menschlichen Würde vereinfachten. Gehorsam und Übereinstimmung mit dem Gesetz standen an höchster Stelle; Loyalität gegenüber dem Kastensystem, der Gesellschaft, der Familie, der Gruppe, der Zunft – dies waren die wichtigsten Dinge eines würdigen Lebens. Man lernte, was gefordert wurde, und man erfüllte es. *Zustimmung* war notwendig, Bewußtsein nicht oder zumindest nicht in entscheidender Weise.

Ich würde in dieser Sache politisch unkorrekt bleiben, obwohl ich die inhärente Gefahr solchen Denkens kannte – daß es Aggression hervorrief, den Wunsch, andere Kulturen zu beherrschen. Oder daß es zu Rassismus führte. Aber ich bin kein Imperialist, und die Unterschiede, von denen Hegel sprach, sind kultureller, nicht rassischer Art. Gerechtfertigter Stolz auf die westlichen Ideale ist nicht an sich eine Form von Imperialismus oder Rassismus. Hegel wollte eindeutig auf etwas hinaus: Die Unterschiede zwischen Kulturen wurden im wesentlichen durch tief verankerte religiöse Vorstellungen hervorgerufen. Selbst der weltweite Triumph des Kapitalismus würde den Osten und den Westen nicht zusammenbringen. Wie man zur Zeit so schön sagt, modernisieren sich Länder wie Singapore und China, aber sie verwestlichen sich nicht. Singapore ist kapitalistisch bis in die Fingerspitzen, aber zutiefst (und bewußt) feindlich gegenüber einigen unserer liebsten Ideale, wie der Freiheit der Rede und des Benehmens, dem Individualismus, den Frauenrechten, dem Schwurgericht und so weiter. Die Asiaten hassen das amerikanische Chaos; sie sind nicht von unserer moralischen Glorie beeindruckt – dem Beharren auf Freiheit und Individualität, selbst zum Preis der Unordnung. Gott weiß, daß es immer schwieriger wird, dieses Ideal zu verteidigen.

Hegel, betonte Stephanson, hatte enormen Einfluß in viele Richtungen. Ein Großteil der modernen philosophischen Diskussion schien auf seinem Werk zu basieren. Stephanson war wieder in seinem Element. Sein Enthusiasmus war herausfordernd und ansteckend. Er schrie und rüttelte auf und führte uns durch den dichten Dschungel der Abstraktionen. Er schien nur allzu bereit, die amerikanische Naivität und amerika-pragmatische Stumpfheit mit diesem inbrünstigen, komplexen und berauschenden deutschen Idealismus hinwegzuspülen. Die Studenten waren auch glücklich. Schwierige Texte spornten ihre Fähigkeiten an und ließen sie bereitwillig reden; die Unterhaltung hielt sich im großen und ganzen von Kontroversen und aktuellen Ereignissen fern und konzentrierte sich darauf, das zu bestimmen, was Hegel *gesagt* hat. Die Studenten folgten den Windungen und reflexiven, nach innen gerichteten Wendungen von Hegels Logik so genau, wie sie dem Gegenstand jedes Textes das ganze Jahr über gefolgt waren.

Wir arbeiteten sofort den Gegensatz zu Kants Idee von radikaler Freiheit heraus – Kants Vorstellung, daß eine Erweiterung des Willens uns von der Natur und dem Zufall befreie, daß Moral ein Produkt des vernünftigen Willens sei, ganz unabhängig davon, was uns gut, nützlich und erfolgreich fühlen läßt. »Für Hegel war Kants Vorstellung von Moral leer«, sagte Stephanson. »Inhalt wird immer diese leere Vorstellung von Pflicht vereiteln. Wenn man dem Muster des Verhaltens erst einmal einen Inhalt gibt, dann hat man Geschichte. Dinge geschehen in der Zeit; man kann die menschlichen Wesen nicht vom Rest des Lebens trennen.«

Glücklich durch meinen frischen Erfolg als Leser, fand ich diesen Satz folgenschwer. *Wenn man dem Muster des Verhaltens erst einmal einen Inhalt gibt, dann hat man Geschichte.* Dieser Satz allein könnte definieren, worum es im Seminar über die Kulturgeschichte der Gegenwart ging. Geschichte zerfiel, Hegel zufolge, in bestimmte Epochen, die durch die Natur des Geistes in jeder Epoche charakterisiert werden konnten. Die Lektüreliste für die Kulturgeschichte der Gegenwart enthielt einige der großen Werke, die den Geist in der griechischen Welt, der römischen Welt, der Renaissance und so weiter repräsentierten und eine Reihe des linearen Fortschritts bildeten. Allerdings hörte ich niemanden an der Columbia-Universität das Seminar mit diesen Begriffen beschreiben. Das große Ideal der Aufklärung, der Fortschritt, hatte in den vergangenen Jahren einen schlechten Ruf bekommen. In der Universität (nicht jedoch außerhalb ihr) war die Definition von Fortschritt als einer Wohltat der Geschichte theoretisch tot. Insbesondere wollte sich niemand bei der Analyse des zwanzigsten Jahrhunderts, das in gewisser Weise das schlimmste Jahrhundert war, die Finger verbrennen. Aber die Organisation des Seminars sagte mehr über es aus als Worte und Theorie. Impliziert durch die chronologische Reihenfolge der Texte, gab es eindeutig die Vorstellung von historischem Fortschritt – und möglicherweise sogar Hegels Vorstellung von einem zunehmenden Bewußtsein von Freiheit.

Die Geschichte bewegte sich dialektisch, und Stephanson rekapitulierte diesen Prozeß. »Das Subjekt«, sagte Stephanson und kam auf den Kampf des Bewußtseins zurück, »ist sowohl Teil der Natur als auch gleichzeitig *nicht*. Wir haben eine innere Einheit mit der Natur, aber die Vernunft kämpft dagegen an. Es gibt eine Spannung, einen Kampf. Alles befindet sich im Kampf oder Konflikt. Der Versuch des Subjekts zu verstehen führt notwendigerweise zu einer Distanz: Das Subjekt ist mit der Selbst-Verwirklichung beschäftigt, eine Aufgabe, die sowohl mit Identität als auch mit Unterschied zu tun hat – wir negieren uns, und gleichzeitig verwirklichen wir uns selbst.«

*Wir negieren uns, und gleichzeitig verwirklichen wir uns selbst.* Das klang heroisch. Das Abendland *in excelsis*. Das Ich war im besten Fall in einem ständigen Ringkampf mit sich selbst; Odysseus, der endlich nach Hause kommt, nur um erneut wegzufahren und seine Abenteuer zu vollenden; jeder Entschluß führt zu einem neuen Kampf, einer anderen Aufgabe des Bewußtseins. Hegels Dialektik bedeutete, dynamisch und in Bezügen zu denken. Du nimmst das, was innerlich subjektiv ist – dein Wesen –, und objektivierst dich selbst. Du *erzeugst* dich selbst, und die neue Realität ist die Objektivierung deines subjektiven Wesens (verzeiht mir, es ist spannend). Du bist dir selbst entfremdet, und du überwindest diese Entfremdung. »Wir gehen einen Schritt weiter«, sagte Stephanson, »und da gibt es neue Widersprüche; wir erreichen eine Ebene, wo der Geist mit sich selbst identisch wird, einen Moment der Selbsterkenntnis, und dann gibt es eine neue Kluft und immer so weiter.«

Geschichte war also die Kluft zwischen der Idee oder dem Wesen und den materiellen Fakten. Aber der Geist strebt ständig danach, sich zu integrieren, das wiedereinzusetzen, was ihm entgegengesetzt ist. Wenn die Kluft geschlossen ist, wenn der Geist sich seiner bewußt wird, ist eine Synthese hergestellt, eine Kristallisierung von Werten, politischer Organisation, religiöser Praxis, Kunst und so weiter (die Realisierung des Geistes in einem bestimmten Zeitabschnitt) – die wiederum, kraft ihres Triumphes, der eigentlichen Einseitigkeit ihres Sieges, interne Widersprüche hervorruft, was zu einer neuen Kluft führt und so weiter. Aber Hegel kann nicht zusammengefaßt werden; er muß erfahren werden. Man muß in dem grenzenlosen

Meer schwimmen. *Springen wir nochmals hinein. Und machen einfach weiter. Lesen wir einfach Hegel.* Hier ist eine Schlüsselpassage, die Folge von dialektischen Handlungen, die den Übergang von der römischen zur christlichen Epoche hervorgerufen haben.

Das Römische Reich ist nicht mehr das Reich der Individuen, wie es die Stadt Athen war. Hier ist keine Froheit und Freudigkeit mehr, sondern harte und saure Arbeit. Das Interesse löst sich ab von den Individuen, diese aber gewinnen an ihnen selbst die abstrakte formelle Allgemeinheit. Das Allgemeine unterjocht die Individuen, sie haben sich in demselben aufzugeben, aber dafür erhalten sie die Allgemeinheit ihrer selbst, d. h. die Persönlichkeit: Sie werden rechtliche Personen als Private. In eben dem Sinne, wie die Individuen dem abstrakten Begriffe der Person einverleibt werden, haben auch die Völkerindividuen dies Schicksal erfahren; unter dieser Allgemeinheit werden ihre konkreten Gestalten zerdrückt und derselben als Masse einverleibt. Rom wird ein Pantheon aller Götter und alles Geistigen, aber ohne daß diese Götter und dieser Geist ihre eigentümliche Lebendigkeit behalten.

Die Entwicklung dieses Reiches geht nach zwei Seiten hin. Einerseits hat es als auf der Reflexion, der abstrakten Allgemeinheit ruhend den ausdrücklichen, ausgesprochenen Gegensatz in sich selbst: es stellt also wesentlich den Kampf desselben innerhalb seiner dar, mit dem notwendigen Ausgang, daß über die abstrakte Allgemeinheit die willkürliche Individualität, die vollkommen zufällige und durchaus weltliche Gewalt eines Herrn, die Oberhand erhält. Ursprünglich ist der Gegensatz zwischen dem Zwecke das Staats als der abstrakten Allgemeinheit und der abstrakten Person vorhanden; als aber dann im Verlaufe der Geschichte die Persönlichkeit das Überwiegende wird und ihr Zerfallen in Atome nur äußerlich zusammengehalten werden kann, da tritt die subjektive Gewalt der Herrschaft als zu dieser Aufgabe berufen hervor. Denn die abstrakte Gesetzmäßigkeit ist dies, nicht konkret in sich selbst zu sein, sich nicht in sich organisiert zu haben, und diese, indem sie zur Macht geworden, hat nur eine willkürliche Macht als zufällige Subjektivität zum Bewegenden und zum Herrschenden; und der einzelne sucht in entwickeltem Privatrecht den Trost für die verlorene Freiheit. Dies ist die rein *weltliche* Versöhnung des Gegensatzes. Aber nun wird auch der Schmerz über den Despotismus fühlbar, und der Geist, in seine innersten Tiefen zurückgetrieben, verläßt die götterlose Welt, sucht in sich selber die Versöhnung und beginnt nun das Leben seiner Innerlichkeit, einer erfüllten konkreten Innerlichkeit, die zugleich eine Substantialität besitzt, welche nicht allein im äußerlichen Dasein wurzelt. So erzeugt sich im Innern die *geistige* Versöhnung, nämlich dadurch, daß die individuelle Persönlichkeit vielmehr zur Allgemeinheit gereinigt und verklärt wird, zur an und für sich allgemeinen Subjektivität, zur göttlichen Persönlichkeit. Jenem nur weltlichen Reich wird so vielmehr das geistige gegenübergestellt, das Reich der sich wissenden, und zwar in ihrem Wesen sich wissenden Subjektivität, des wirklichen Geistes.

Hiermit tritt dann das *germanische* Reich, das vierte Moment der Weltgeschichte ein:
*(Band 12, S. 138-140)*

Sehr schön. Nun lesen wir es noch einmal.

Ja, es ist schwer, aber *so* schwer auch wieder nicht. Durch ihre Mitgliedschaft im Imperium gewinnen die römischen Bürger eine formale Universalität für sich selbst (These), aber es gibt einen Widerspruch: Sie geben einen Aspekt der Freiheit auf; sie werden unterjocht – eine große Menge einzelner Existenzen wird einer »universalen« Existenz unterworfen (Antithese). Der Bürger erhält jedoch etwas im Austausch, einen legalen Status, das Familienoberhaupt genießt jetzt das Recht, seinem Sohn seinen Besitz zu vermachen. Er erhält zum ersten Mal eine legale *Eigenheit als Person* (Synthese). Dadurch ist in der Geschichte die Trennung zwischen dem Öffentlichen und dem Privaten hergestellt worden (These), was zu neuen Widersprüchen führt (Antithese), denn mit der Zeit entartet die Universalität des römischen Staates zur persönlichen Diktatur des Kaisers, und das Individuum zieht sich auf das Privatrecht zurück: Das heißt, der Bereich des Privatrechts, der zuerst *gesetzlich* im Imperium festgelegt wurde, bietet die Grundlage für eine *geistige* Öffnung, die Entwicklung einer rein nach innen gerichteten geistigen Wirklichkeit, nämlich das Christentum (Synthese).

Später wird Hegel sagen, daß das Eintauchen der mittelalterlichen katholischen Kirche in die weltliche Macht neue Widersprüche hervorruft, die durch die protestantische Reformation gelöst werden. Eine neue persönliche Innerlichkeit entwickelt sich: Die Menschen stellen eine persönliche Beziehung zu Gott her. Die Dialektik geht weiter, eine endlose Aufwärtsspirale, halleluja!

Aber ich war immer noch vom Thema der Gewalt und Katastrophe beunruhigt und seinem Platz auf dem behaupteten Weg zur Vernunft. Der Geist hat auf seinem Gang durch die Geschichte eine unmißverständlich moralische Kraft: Hegel preist ein ganz bestimmtes historisches Schicksal, nämlich ein moralisches. Aber welche Gründe konnte Hegel für Ereignisse anführen, die die moralischen Prinzipien, die der Geist angeblich ausdrückt, verletzten? Wieviel Verheerung kann durch »die Klugheit der Vernunft« erklärt werden (was oft entschuldigt werden bedeutet)? Das war keine bloß akademische Frage, da sehr viele Ungeheuerlichkeiten – Stalins Verbrechen zum Beispiel – im Namen einer späteren (d. h. Marxschen) Version von »Geschichte« und »Unvermeidbarkeit« begangen wurden. An der Vernunft klebt wohl mehr Blut, als jemals abgewaschen werden könnte.

Manuel griff im Seminar das Thema Holocaust auf und diskutierte es mit einem Eifer, der manche Studenten zusammenschrecken ließ. »Der Holocaust«, sagte er mit seiner rauhen Stimme, »war ein Glücksfall. Er *trieb* zur Gründung Israels. Niemand wollte die Juden in irgendeinem anderen Land als ihrem eigenen akzeptieren. Die Europäer verspürten keine praktische Notwendigkeit, die jüdische Kultur anzuerkennen.«

»Und die Juden schufen aus dieser Ablehnung heraus eine Kultur«, sagte Noah ziemlich gereizt, und seine Augen blitzten dunkel hinter seiner Brille.

»Man kann das Hegelsche Argument anführen«, sagte Stephanson, der einen überflüssigen Streit spürte und eingriff, »man kann das Hegelsche Argument anführen, um den Holocaust dialektisch zu sehen. Wenn man zurückblickt, könnte Hegel sagen, dann ist das, was schreckliche Ereignisse zu sein schienen, geschehen, weil es geschehen mußte – es brachte die Dinge voran. Aber das ist keine Rechtfertigung *für* den Holocaust.«

Seine Klärung brachte nur größeren Streit mit sich. Mehrere Studenten brachten ihren Abscheu zum Ausdruck, und ich brummte in mich hinein, daß mir der Scharfsinn fehlte, den Holocaust dialektisch als notwendigen Antrieb für die Schaffung Israels zu sehen. Wir waren nahe daran, uns der vulgären Lesart von Hegel anzuschließen, d. h. ihn zur Rechtfertigung von allen möglichen Ereignissen als unvermeidbar und notwendig zu mißbrauchen. Wäre der Holocaust, wie verschlüsselt auch immer, ein Beispiel für den Weg der Vernunft zur Freiheit, dann wäre die Vernunft ein Monster. Das zwanzigste Jahrhundert mit seinen atavistischen Rassen- und Stammesmetzeleien, seinen fanatischen religiösen Konflikten, seinen erneuerten ethnischen Partikularismen und der Degenerierung der »rationalen« Bürokratie in Deutschland und der Sowjetunion in mörderische Systeme, war gewiß eine sehr tückische Zeit für den Weg der Vernunft. Die Gewitztheit der Vernunft muß tatsächlich sehr tief verborgen sein, wenn sie sich in all diesen Vernichtungsereignissen manifestiert.

Was meinte Hegel überhaupt mit Freiheit? Frei denkende Individuen bestimmen, wie wir gehört haben, ihr Verhalten ihrem Gewissen entsprechend, statt durch Unterwerfung unter eine Autorität. Mit Hegels Worten wurden derlei Individuen in Europa durch die protestantische Reformation geschaffen, die die Beziehung zu Gott sowie Fragen der Wahrheit und Moral im allgemeinen zu einer Sache des Individuums machte. Solche Leute gediehen besonders im modernen Nationalstaat – d. h. in einem Staat wie Preußen nach der Französischen Revolution und den Napoleonischen Kriegen, zwei Ereignissen, die den Effekt hatten, die feudalen Privilegien und den Aberglauben hinwegzufegen und ein rationales System von Verwaltungsbürokratie zu schaffen. In einem solchen Staat wurden die Freiheit und die Anerkennung der Freiheit auf jeden Bürger ausgedehnt – alle erkannten sich gegenseitig als frei an. Und da das Individuum dem Gewissen entsprechend handelt und sich nicht mehr in Opposition zum Staat befindet (wie etwa in Rom oder dem mittelalterlichen Frankreich), würden die Widersprüche, die die Geschichte vorwärtsgetrieben hatten, zu einem Ende kommen. Geschichte würde zu ihrem Ende kommen.

Dies ist alles in allem ziemlich entmutigend und enttäuschend, da viele von uns abgeneigt wären, das Preußen von 1815 mit seiner Zensur, seinen fehlenden repräsentativen Körperschaften als unser Ideal der Freiheit zu betrachten. Wenn Preußen tatsächlich Hegels Ideal war, dann hätte er vielleicht, trotz seiner Ablehnung der Moral des Ostens, das paternalistische und autoritäre Singapore gutgeheißen, weit mehr als das moderne Amerika mit seinen Freiheiten, die manchmal an Chaos grenzen, seinem kommerzialisierten Hedonismus, seiner zwischen Spott und Scheinheiligkeit schwankenden Mentalität.

Seit 150 Jahren wird in der Nachfolge Hegels der exakte Sinn der Geschichte diskutiert – von den Marxisten, die die Geschichte für den Klassenkampf und die unausweichliche proletarische Revolution beanspruchen; von den Kapitalisten, die sie für die Marktwirtschaft und die Freiheit der bürgerlichen Demokratie beanspruchen; und auch von den Fundamentalisten. Die Zukunft war offen für alle, die gierig zugriffen, und diejenigen, die den »Sinn« der Geschichte kontrollierten, glaubten, sie würden die Zukunft kontrollieren. Aber vielleicht würde die Gewitzheit der Vernunft jedem entwischen, und jene, die versuchten, die Geschichte zu kontrollieren, blieben mit nichts als Spott und Niederlage zurück.

Wie seltsam und ambivalent der Blick vom Gipfel auch war, so fühlte ich mich doch glücklich, den Berg erklommen zu haben. Aber wie ich mich gerade in meinem relativen Erfolg als Leser sonnte und mich auch in der Würde sonnte, die Hegel dem abendländischen Begriff des Bewußtseins zugeschrieben hatte, da stürzte ich. Stephanson bat uns, den berühmten, unglaublich schwierigen neunseitigen Abschnitt aus Hegels frühem Werk *Phänomenologie des Geistes* (1807) in Angriff zu nehmen, der als »Herrschaft und Knechtschaft« bekannt ist. In Hegels Dialektik wird das Bewußtsein sich immer selbst widersprechen und korrigieren. Als ich mich durch dieses dichte Unterholz von Prosa schlug und sogar Teile davon zu verstehen begann, kamen ein paar offenkundige Widersprüche in meiner eigenen Natur deutlich zu Tage. Und so fand ich mich ohne den geringsten Wunsch, jemals wieder dort zu landen, plötzlich wieder auf dem obersten Treppenabsatz der U-Bahnstation. Die Begegnung mit den beiden Straßenräubern hatte eine neue Bedeutung gewonnen.

»Herrschaft und Knechtschaft« konnte als Hegels Version der Beziehungen zwischen den Menschen im Naturzustand gelesen werden. Es war die alte philosophische Fiktion, mit der sich Hobbes und Locke so sehr auseinandergesetzt hatten, aber diesmal mit einer dialektischen Wendung. In Hegels Version entfaltet sich statt eines impliziten Vertrages, der zur Bildung einer neuen zivilen Gesellschaft führt, eine Art ursprüngliches Drama vom Ich und dem anderen. Zwei Menschen treten einander gegenüber und werden selbstbewußt. Wahres Selbstbewußtsein besteht, wenn jeder sich des anderen bewußt ist und des Bewußtseins des anderen von einem selbst bewußt ist. Jeder wird von dem anderen *bestätigt*.

> Jedes sieht *das Andere* dasselbe tun, was es tut; jedes tut selbst, was es an das Andere fordert, und tut darum, was es tut, auch *nur* insofern, als das Andere dasselbe tut; das einseitige Tun wäre unnütz; weil, was geschehen soll, nur durch beide zustande kommen kann... Sie *anerkennen* sich als *gegenseitig sich anerkennend*.
> *(Band 8, S. 146-147)*

Es folgt eine Art Explosion, ein Hegelscher Ausbruch, wobei zwei Dinge passieren: Jeder versucht entweder, den anderen zu töten; oder der eine weigert sich, sein Leben zu riskieren, wodurch er der »Knecht« des anderen wird – nicht buchstäblich sein Sklave, sondern sein Untergebener (der Bauer seines Lehnsherren, der Fußsoldat seines Befehlshabers, der Diener seines Herrn). Francis Fukuyama analysierte diese Entwicklung in seinem 1992 erschienenen Buch *The End of History and the Last Man* (das Stephanson uns zu lesen empfahl) bis ins letzte Detail. In Fukuyamas Version dieses ursprünglichen Konflikts, die sich stark an die Schriften des Hegel-Exegeten Alexandre Kojève im neunzehnten Jahrhundert anlehnt, war der Wunsch nach Anerkennung durch Kampf, der Wunsch nach *Prestige*, eine der Hauptquellen menschlichen Verhaltens. Mit Prestige meinte Kojève eine Entsprechung zu Platons »Geistigkeit« oder was moderne Menschen unter »Stolz« verstehen oder unter der Forderung nach »Würde«. Eine derartige Kraft würde in der Arbeit, der Politik, im Konkurrenzverhalten jeder Art wirken. Es ist ein edles Begehren.

Mit seiner Darstellung läßt Hegel Hobbes und Locke also alt aussehen. Nicht der Wunsch nach Selbsterhaltung schafft die Gesellschaft, sondern genau das Gegenteil, die *Verweigerung* dieses Instinktes. Der stolze Mensch sichert seine Freiheit, indem er seinen natürlichen Instinkt, sein Leben zu erhalten, zurückweist. Er entrinnt dem Instinktiven, das nichts als der normale Wunsch zu leben ist. Er wird der Vorgesetzte des anderen Menschen, und ein soziales Band ist geknüpft.

Meine Begegnung auf der U-Bahn-Treppe bekam nun eine andere Bedeutung. Ich hatte den beiden jungen Männern nicht in die Augen geschaut und verweigerte ihnen damit buchstäblich die »Anerkennung«. Der Grund war, wie ich schon sagte, sowohl Verachtung als auch Angst: Man fordert jemanden, der einem die Pistole auf die Brust hält, nicht mit Blicken heraus. Und doch bedeutete meine Weigerung auch, daß ich nicht bereit war, mich auf einen Kampf um »Prestige« einzulassen. Indem ich mich zu schützen versuchte, gehorchte ich dem, was Hegel den niederen Instinkt nennt, dem Wunsch, bloß zu überleben. Ich wollte mein Leben nicht des Geldes oder der Anerkennung wegen riskieren. Mit groben Worten »gewannen« die beiden jungen Männer den Zusammenstoß, ich gab ihnen mein Geld. Gleichwohl wurde ich nicht ihr »Knecht« oder irgend etwas in dem Sinne. Denn für den Bürger steht das Prestige, in Hegels Sinn von Würde, nicht bei einem Zusammenstoß mit jemandem, der eine Pistole in der Hand hat, auf dem Spiel. Kurz und gut, Feigheit hat als eine moralische Frage fast nichts mit dieser Begegnung zu tun. *Fast* nichts.

Ihrerseits wollten die beiden jungen Männer nicht nur Geld, sie wollten mir auch imponieren. Sie waren wütend, erinnere ich mich jetzt, wütend, weil ich in einem Moment der Auflehnung zögerte und meine Brieftasche eine oder zwei Sekunden zurückhielt. Indem ich ihnen das Geld nicht sofort gab, demonstrierte ich einen Mangel an Respekt für sie (dafür sind schon Leute umgebracht worden). Obwohl sie also aus der Begegnung als Sieger hervorgingen, verloren sie den Kampf um Prestige. Wenn nicht gleich, so doch letztlich: Ich war nicht auf Prestige aus, weil ich es woanders bekommen kann; und ihr Prestige hält nicht an, wenn sie es gewinnen – es besteht nur zeitweise, bis jemand anderes es ihnen wegnimmt. Die Ungleichheit unserer sozialen Positionen war so groß, daß sie, außer für einen kurzen Augenblick, kein Prestige dadurch gewinnen konnten, daß sie mich zwangen, gemäß dem bloßen Instinkt, mein Leben zu schützen, zu handeln.

Ich mußte nicht mein Leben riskieren; doch sie riskierten *ihr* Leben. Ich hätte vielleicht eine Pistole ziehen können, wie Bernhard Goetz, der 1984 vier junge Leute erschoß, die sich in der U-Bahn an ihn heranmachten. Als sie nach dem Überfall davonliefen, hätten sie eventuell von der Polizei erschossen werden können. Und sie riskierten ihr Leben ganz allgemein dadurch, daß sie Verbrechen begingen.

In Hegels Vorstellung hatten die Männer, die sich da am hellen Mittag begegneten, keine Vergangenheit; sie begegneten sich sozusagen als Gleiche. Die beiden Männer, die mir gegenübertraten, waren wahrscheinlich die Abkömmlinge von Sklaven, und auch wenn man das nicht vergessen kann, verändert diese Tatsache an sich nicht die Natur der Begegnung. Der Unterschied zwischen uns war ein Unterschied der sozialen Schicht. Wenn die beiden jungen Männer einen schwarzen Mann im Anzug auf dem Weg zur Arbeit überfallen hätten, wäre die Dynamik der Situation dieselbe gewesen.

Als ich »Herrschaft und Knechtschaft« las, mußte ich an all dies denken, und das war schmerzhaft, und ich fühlte mich unglücklich – nicht beschämt in der Art eines schuldigen Liberalen, der überzeugt war oder es zuließ, überzeugt zu sein, daß er Schwarze allein wegen der Tatsache unterdrückte, daß er ein Weißer und privilegiert war. Das war Unsinn. Nein, ich fühlte mich unwohl, weil ich nichts zu riskieren brauchte, wohl aber sie. *Sie wußten nicht, daß andere Wege zum Prestige für sie offenstanden.*

Als ich dies verstand, verschwand meine Verachtung für sie. Und wurde durch Verzweiflung über ihre Situation ersetzt. Leute haben immer gestohlen oder geplündert, aber haben sie jemals so viel für so wenig riskiert? Die Forderung nach Respekt ist durch die Konsumhaltung trivialisiert worden, die einen edlen Instinkt in Irrsinn verkehrte.

In der Hegelschen Dialektik, die der ursprünglichen Konfrontation folgt, kann der Sieger, der »Herr« wird, den Respekt dessen, der sein Knecht ist, nicht stolz genießen. Aber als nomineller »Sieger« wollte ich nicht Respekt, ich wollte nur in Ruhe gelassen werden. Und auf der anderen Seite knüpft der Hegelsche Knecht *seine* Forderung nach Respekt oder Anerkennung an seine Arbeit. »Arbeit hingegen ist die gehemmte Begierde, aufgehaltenes Verschwinden...« (S. 153), schreibt Hegel. In der Arbeit »entdeckt« sich der Verlierer der ursprünglichen Konfrontation neu. Aber Arbeit ist ein verlorenes Gut für eine beträchtliche Minderheit in den Innenstädten und ganz bestimmt für junge Menschen, die Leute überfallen. Folglich haben beide Parteien, der Bürger und die Kriminellen der Unterschicht, ihre dialektische Belohnung verloren. Ich war beschämt über meinen

Mangel an Mut, und sie waren darin gefangen, Arbeit als Mittel der Anerkennung zu verachten.

Zumindest in Amerika ist die Dialektik abgespult, da sie Widersprüche hervorgebracht hat, die darin scheiterten, ihrerseits wieder Gegensätze hervorzubringen. Die Dialektik war auf Grund gelaufen.

Kapitel 22

AUSTEN

Es war zeitiger Frühling, und als das Leben in den spärlichen Büschen und Bäumen des Campus zu knospen begann, entpuppte sich ein neugeborener Student wie ein Alien in einem Horrorfilm aus dem Mann mittleren Alters. Ich hob meine Hand immer öfter, »intervenierte«, wie Stephanson es zu nennen beliebte (er sagte sogar manchmal »eine der interessantesten Interventionen«), oder »warf eine interessante Frage auf«, wie Shapiro es nannte. Manchmal saß ich ganz unruhig da. Ich wollte allen erzählen, daß Hume großartig und *König Lear* überwältigend sei. Ich war voller Neuigkeiten und konnte mich nicht ruhig verhalten. Ruf mich auf! *Meine* Hand ist ausgestreckt! Die richtigen Studenten hatten mich als regelmäßigen Teilnehmer akzeptiert – der Erwachsene, der nicht der Lehrer war – und die Professoren ebenfalls, allerdings mit Befürchtungen, die ich leicht erraten konnte.

In Taylers Seminar hielt ich jedoch meinen Mund. In jeder zweistündigen Sitzung hatte Tayler eine Lagekarte in seinem Kopf, und ich war fasziniert von seinen Angriffen und Rückzügen, den schlauen, gefälligen, aber dominierenden Manövern, die er benutzte, um sich von einem Ort zum anderen zu bewegen. Ich wollte ihn nicht unterbrechen. Konnte ich auch gar nicht. In seiner ruhigen, langsam sprechenden Art – zwischen seinen aphoristischen Fragen legte er Pausen ein und schnupperte – lehrte er wie ein Dämon, und man mußte seine Lehrmethode akzeptieren oder ihn vollständig ablehnen. Er war jetzt in der Endphase seines Feldzugs. Als wir zu Jane Austen kamen, arbeitete er unter beträchtlicher Beteiligung der Studenten die Gesamtstruktur von *Stolz und Vorurteil* heraus; aber dann bat er erst den einen, dann den anderen Studenten, die Rolle des Lehrenden zu übernehmen. Er blieb zwar vorne, aber die Truppe übernahm das

Kommando, besonders die Frauen, die das Buch eindeutig liebten und sich mit Freuden der Aufgabe stellten. *Mein Gott, es geschieht tatsächlich. Er kriegt sie dazu, es zu tun.* Felicia Parker, ein wohlerzogenes Mädchen, die von einer Privatschule in Washington, D. C. kam und deren Gedanken ebenso ordentlich wie ihre Kleidung und ihre Haare und ihre Büchertasche waren, las Abschnitte laut vor und stellte Fragen, ordnete dann die Antworten zu einem Muster, und Tayler, der aufmerksam zuschaute, sagte: »Ich weiß nicht, ob du das in den Griff bekommst, Parker, aber die ganze Klasse hat Notizen gemacht.«

Was hatte er damals im Herbst zu ihnen gesagt? *Sie würden wachsen, um die Bücher lesen zu können, sie würden ein Ich entwickeln, und am Ende würden sie ihn überflüssig machen.*

»Sterngold, bediene dich bei Frau Wu. Quetsche sie aus«, drängte er, und Sterngold quetschte Frau Wu aus, die sich sehr beredt (und genau) über die moralische Begrenztheit von Herrn Bennet, einer von Jane Austens verräterischsten und beunruhigendsten Figuren, ausließ – und als Sterngold und Wu geendet hatten, schob Tayler den Text beiseite und stellte Jane Austen sehr entschieden in die Geschichte des abendländischen Denkens, wobei er auf das Buch Genesis und die erste Stunde des Semesters zu sprechen kam. Im Ablaufplan für das ganze Seminar, den er im Kopf hatte, spielte Jane Austen eine bedeutende Rolle und ebenso dieser Tag, an dem die Studenten zum ersten Mal einander lehrten.

Shapiro, der empfänglich für die Bedürfnisse anderer Leute war, hatte Mitleid und fragte mich: »Warum unterrichten Sie die Studenten nicht mal eine Weile?« Er würde mir etwas Zeit am Anfang der ersten Stunde über Jane Austen einräumen. Ich mußte es tun, ich mußte sehen, wie das ist. Wie schwer würde es sein?

> Es ist eine weltweit anerkannte Wahrheit, daß ein alleinstehender Mann, der im Besitze eines ordentlichen Vermögens ist, nach nichts so sehr Verlangen haben muß wie nach einem Weibe.
> *(S. 7)*

Die einleitenden Sätze – der vielleicht bekannteste Romananfang in der Geschichte der englischen Literatur – strotzten nur so von einer mir bekannten knappen Entschiedenheit. Ich sank erleichtert in mein Sofa. Nach langen Reisen waren wir wieder zu Hause und gaben uns vertrauten Vergnügungen hin. Aber niemand sollte den Fehler begehen, Jane Austen als selbstverständlich anzusehen. So vertraut sie sein mag, ist Jane Austen niemandes Liebling. Wie beinahe jeder Leser entdeckt, ist der erste Satz ein Scherz und eine Falle. Der größte Teil von *Stolz und Vorurteil* wird das Gegenteil von dem zeigen, was der Satz aussagt. Es sind nicht die reichen Männer, sondern die beinahe verarmten vornehmen Frauen, wie die fünf Bennet-Schwestern, denen das Gut ihres Vaters genommen wird, die »Verlangen haben«, und zwar Verlangen nach unverheirateten, reichen jungen Männern. Der Eröffnungssatz stellt keine Wahrheit dar, die »weltweit anerkannt ist«, sondern eine sehr spezielle Wahrheit, die insbesondere von der gewinnsüchtigen Frau Bennet eingeräumt wird, die auf vulgäre, taktlose Art die Aussichten ihrer Töchter fördert und die Hauptzielscheibe des Spotts im Buch ist (und die geheime Heldin – aber das erfahren wir erst sehr viel später).

Dieser Erzählerin kann man nicht recht trauen; sie hält Informationen zurück, leitet in die Irre, unterminiert, spielt der Leichtgläubigkeit des Lesers Streiche. Man muß zum einleitenden Satz zurückkehren, und dann, viel später, kann man ihn ein drittes Mal lesen und entdecken, daß er auf versteckte Weise doch die Wahrheit sagt.

Wir waren wieder in der englischen Sprache, deren geschmeidige Windungen derlei verzwickte Phänomene bergen, und ich war erleichtert, denn mit den ausländischen Herren hatte ich wirklich schwierige Zeiten erlebt. Da war mein Mißgeschick mit Dante, bei dem mich meine Unkenntnis des Italienischen zu einem doktrinären statt poetischen Verständnis seines Textes verleitet hatte, denn ich war im mittelmäßigen Hier-und-Jetzt, im platten modernen Humanismus steckengeblieben, in dessen Licht man niemanden dem ewigen Begräbnis in Jauche überantwortet, weil er Schmiergeld angenommen oder mit einer gutaussehenden Nachbarin geschlafen hat. Und ich bin verdrießlich durch die ausgewählten Passagen aus Cervantes' umfangreichem *Don Quijote* gestolpert, dabei dachte ich, daß es das zärtlichste jemals geschriebene Buch wäre, aber jene Auszüge konnten nie und nimmer das Muster der Geschichten und Themen offenbaren, die es (wie die ganze Welt behauptete) zu einer großen literarischen Erfahrung machten. Die Columbia-Universität setzte es auf die Liste, weil es einer der zentralen Mythen der abendländischen Kultur war – eine gigantische, komische Prüfung des ritterlichen Ideals in der garstigen und verräterischen Welt der Realität –, aber es machte den Leser eher unglücklich, wirkte sogar etwas langweilig, wenn er es häppchenweise vorgesetzt bekam. Nun habe ich es gesagt. Was Goethes *Faust* (Erster Teil) angeht, so kannte ich die Standardauffassung, daß er von ebenso zentraler Bedeutung für die deutsche Literatur war wie *Hamlet* und *König Lear* für die britische; mir war das Urteil von W. H. Auden vertraut, daß Goethe darin »eine erstaunliche Beherrschung jeder Art von Dichtung (entfaltete), von der groben zur witzigen und lyrischen bis hin zur sublimen«. Aber dann, nach einer dreißigjährigen Unterbrechung, las ich ihn erneut (in der Übersetzung) und ... lieber Gott, die Last der »großen Bücher«! Die Langeweile der Klassiker! Geräuschvoll, weitschweifig, grob, überladen, abstoßend ... ich haßte ihn, auch wenn ich offenbar – bei allem Respekt für Proportionen – Fausts Ambitionen, Enttäuschungen und Begierden teilte und sofort mit jedem Satan ein Geschäft gemacht hätte, wäre einer zugegen gewesen. Angeekelt von dem, was er weiß, »zu alt für bloßes Vergnügen und noch zu jung, um ohne Gelüste zu sein«, schließt Faust mit Mephistopheles eine Wette ab. Bei diesem Abkommen »verkauft er nicht seine Seele«, wie viele Leute meinen. Er handelt vielmehr einen mutigen Vertrag aus, bei dem er *mehr* erhalten wird, mehr Appetit, eine größere Kapazität für Erfahrungen, mehr Macht, und seine Seele nur dann für alle Ewigkeit verlieren wird, falls er jemals einen Moment der Befriedigung haben sollte.

> Werd ich zum Augenblicke sagen:
> Verweile doch! Du bist so schön!
> Dann magst du mich in Fesseln schlagen,
> Dann will ich gern zugrunde gehn!
> Dann mag die Totenglocke schallen,
> Dann bist du deines Dienstes frei,
> Die Uhr mag stehn, der Zeiger fallen,
> Es sei die Zeit für mich vorbei!
> *(1699-1706)*

Da tönt der große Akkord des abendländischen Heroismus, wie wir ihn wieder und wieder gehört haben, von der *Odyssee* bis ins neunzehnte Jahrhundert. Aber als jemand, dem es nicht vergönnt ist, Goethes Dichtung zu genießen, konnte ich das Buch nur um seiner Ideen, seines Ziels, seines rhetorischen Gewichtes, seiner Ängste und, nochmals, seines Wertes als großer kultureller Mythos willen lesen. Nun, dann liest man es um einer Menge Dinge willen, oder nicht? Vielleicht. Aber in meinem Alter konnte ich nicht viel mehr als eine unechte Verbindung zu einem großen Werk herstellen, das ich nicht wirklich mochte. Ich würde sterben, ohne wirklich Goethes *Faust* (Erster Teil) zu »verstehen«. Ich war sicher, daß ich meine Pflicht getan hatte, indem ich ihn zweimal *las*.

Also schlagen zwei weitere Niederlagen zu Buche, zwei entgangene Vergnügen, und zwei weitere Siege für Professor Kilfeathers Abneigung gegen Überblicksseminare, die sich hauptsächlich mit großen Werken in Übersetzung beschäftigen. Sie hatte nicht ganz unrecht.

Damals im Jahre 1961 gab es in der Lektüreliste des Kurses über klassische Literatur noch keine weiblichen Autoren, aber ich hatte in anderen Seminaren und auf eigene Faust *Stolz und Vorurteil* zweimal, vielleicht dreimal gelesen, wie auch alle anderen Romane von Jane Austen, die ich immer wieder las. Ich war ein Fan von ihr, wie zahllose andere. Jane Austen war in der engeren Wahl. Zusammen mit Shakespeare, Charlotte und Emily Brontë, Dickens, Whitman, Tolstoi, Mark Twain, Trollope, George Eliot (vielleicht), Edith Wharton, Proust, Kafka, Mann, F. Scott Fitzgerald, Hemingway, Virginia Woolf, Nabokov und Gabriel García Márquez war sie eine der wenigen unverkennbaren großen Schriftsteller, die in Amerika eine große Leserschaft außerhalb der Universitäten besaßen. Die Leute *lasen* sie; sie hatte sich gelöst von den »asignifikanten Elementen« und der »mythopoetischen Wirkung der *bricolage*« und der ganzen übrigen reizenden akademischen Aufmerksamkeit. Sie mußte nicht »wiedergewonnen« werden wie der arme Henry James, dessen sexuelle Ambiguität, Schwanken und Verzicht ihn jetzt reif für die akademische Aufmerksamkeit machten (James, der größte – manche würden sagen, der einzige – Chronist romantischer Liebe zwischen Männern und Frauen in der amerikanischen Literatur, wurde als »Schwuler« wiedergewonnen). Jane Austen hatte die possessiven und einnehmenden akademischen literarischen Theorien mit einem Achselzucken abgetan und wahrte ihre aktive Beziehung zu den Lesern; sie war auch, solange ich mich erinnern kann, der besondere Liebling vieler Büchernarren.

Unter meinen Bekannten gab es Leute, die andere danach beurteilten, welchen Roman von Jane Austen sie am liebsten mochten, und andere, die ihre Töchter »Austen« oder »Emma« oder »Elizabeth« genannt hatten.

*Stolz und Vorurteil* ist unglaublich spannend. Ich las es in einem Atemzug, während der Mahlzeiten, auf der Straße, zu Hause spät am Abend, wie einen Grisham in der U-Bahn, und nicht ein einziges Filmbild unterbrach mein ständiges Vergnügen. Jane Austen schrieb romantische Komödien, und in ihren Büchern konnten nicht die ganze Welt, nicht das Schicksal, nicht Gott, nicht die Gefahr und nicht der Zufall die von ihr ausgewählten Männer und Frauen daran hindern zusammenzukommen. Trotz vieler Schwankungen und Mißgeschicke kommen sie zusammen wie die zwei Hälften einer Zugbrücke. Instinktiv wissen die Leser, daß die Bücher so enden werden, und was immer sie sonst an Jane Austen haben, sie schätzen die Befriedigung, daß Mann und Frau zusammenfinden. Und ich war sicher, daß Shapiros Studenten das auch schätzen und Jane Austen lieben würden. Nach unseren Erfahrungen im Kurs mit so weit entfernten Gattungen wie dem Epos, der Tragödie, dem philosophischen Dialog und so weiter waren wir jetzt im bürgerlichen Zeitalter und der bürgerlichen Kunstgattung par excellence angelangt, dem Roman, also derjenigen Gattung, mit der alle Studenten vertraut waren. Jane Austen birgt viele Überraschungen, aber zumindest oberflächlich gesehen ist sie einfach zu lesen. In meiner Unterrichtsnummer, die mich mit ruheloser Spannung erfüllte, würde ich versuchen, ihren Enthusiasmus zu orchestrieren.

Eine der Nebenfiguren, die verzweifelte Charlotte Lucas, eine einfache junge Frau ohne Vermögen, akzeptiert ein Angebot des unterwürfigen Geistlichen Collins. Es taucht die Frage auf, wie lange sie mit der Hochzeit warten sollten. Jane Austen erzählt uns: »Die Dummheit, mit der [Collins] von Natur aus gesegnet war, mußte seine Werbung vor jedem Zauber bewahren, der eine Frau ihre Fortsetzung wünschen lassen konnte; und Fräulein Lucas, die ihn nur aus dem reinen und gleichgültigen Wunsch einer Versorgung akzeptierte, war es egal, wie schnell diese Versorgung erreicht wurde.«

Der Scherz hat einen besonderen Reiz, und dann noch einen zweiten. Charlotte, die aus einem Sicherheitsdenken heraus heiratet, nicht aus Liebe, kann schwerlich »rein« sein. Doch auf eine andere Art *ist* sie es doch. Sie will *nur* Versorgung; ihre Habgier und Verzweiflung bleiben unbefleckt von persönlicher Zuneigung. Jane Austens Witz revidiert die konventionelle, romantische, sentimentale Auffassung, daß die Leute immer aus Liebe heiraten. Nur *manche* Leute heiraten aus Liebe. Das Buch will zwischen verschiedenen Arten von Ehen unterscheiden und sogar zwischen verschiedenen Arten von Liebe, und die Gründe, die für diese Unterschiede angegeben werden, werden trotz ihrer Lustigkeit am Tag des Jüngsten Gerichts nicht leicht wiegen.

Für meine Generation von Literaturstudenten stellte die feinfühlende, subtile, doch unangenehm ehrliche Jane Austen eine sehr eindringliche Forderung auf. Die allgemeine (unausgesprochene) Annahme war, daß man nie mehr dieselbe Person sein könnte, würde man Jane Austens Ironie in *Emma* oder *Stolz und Vorurteil* wirklich verstehen. Man würde langsam die zwiefältigen Arten verstehen, auf die die eigenen Vorstellungen von der Eitelkeit beeinflußt, die Art, auf die eher die intelligenten Leute als die Dummen betrogen würden. Der ehrgeizige kleine Geistliche Collins war wirklich mit Dummheit »gesegnet«; er war allem gegenüber taub und daher erfolgreich. Wenn man Jane Austen las, verlor man seine moralische Unschuld und gab seine Sicherheit für etwas anderes auf – für Komplexität vielleicht. Jede Bedeutung, jede Wahrnehmung wurde durch Zweideutigkeiten sowohl bereichert als auch gefährdet: Das Leben war nicht, was es schien. Nein, die berühmte Ironie betonte, daß das Leben verräterisch war; es wirkte nicht notwendigerweise mit dem guten Willen zusammen. Jane Austen war die Antwort der Literatur auf Kant.

Diese Autorin von Heiratsgeschichten, die an Fragen der Form offenbar uninteressiert war, hatte einen Verstand, der ebenso interessant war wie der irgendeines Romanautors, der je gelebt hat. Bei Jane Austen nimmt das Paarungsspiel Dimensionen an, die Boccaccio nicht kannte – die Verbindung von Verstand und Gemüt, Eigentum und Geschmack, von Körper und Körper. Wenn die Ehe zum wichtigsten Ritus der neuen materialistischen Gesellschaft in Austens England geworden war, so war sie auch die wichtigste Prüfung des Wertes eines Individuums, die in *Stolz und Vorurteil* zum Fest für ihre oder seine Fähigkeit, wahrzunehmen und zu erkennen, wurde.

Und die Wahrnehmung und die Erkenntnis waren tausend Launen, tausend Irrtümern und Eitelkeiten unterworfen.

Wie begrenzt die Möglichkeiten junger Leute von damals uns heute erscheinen! Sie begegnen einander auf Bällen, bei Festessen und Gesellschaftsabenden sowie auf Spaziergängen, diesen so äußerst wichtigen Wanderungen durch Felder und Gärten, die die Gefahren von geistigen Reisen annehmen. »Dies ist ein Paarungstanz«, sagte Tayler, »außerordentlich kultiviert, mit Witz und Eleganz bis zum Äußersten.« Kultiviert, ja, aber nicht einmal Krieger treffen sich unter größerem Druck. Die Männer und Frauen müssen behende sprechen und schauen und dann interpretieren; sie schauen erneut und denken darüber nach, was sie gesehen haben und wie es mit dem zusammenhängt, was sie zuvor gedacht haben; sie begehen schreckliche Fehler, und wenn sie die Kraft und den Verstand haben, dann korrigieren sie sich. Die Welt steht und fällt mit der Wirkung dieser Korrekturen. *Stolz und Vorurteil*, merkte ich, war der perfekte Roman für Studenten, da er das Studentsein als Wesen der sozialen Existenz darstellte. Wie nur irgendein Werk im Lehrplan der klassischen Literatur paßte *Stolz und Vorurteil* zu den Erstsemestern.

Die beste Studentin ist trotz ihrer Fehler Elizabeth Bennet, die unwiderstehliche, neckende Schnatterliese, die die Aufmerksamkeit jenes großen, stocksteifen Snobs Darcy erweckt. Darcy steht an der Spitze der Provinzgesellschaft und hat all das – Geld, Gut, Beziehungen –, was Elizabeth fehlt. Sie kann Darcy nur mit ihrem guten Aussehen und ihrem Geist gegenübertreten. Nachdem sie ihn zuerst verachtet, stellt sie sich vor, daß sie ihn unter Benutzung ihrer Waffen auf Distanz hält, während sie ihn in Wirklichkeit und mit reichlich Schamlosigkeit – die Grundvoraussetzung der romantischen Komödie – mit Gewalt an sich zieht.

>»Miss Bennet, fühlen Sie sich nicht sehr angelockt, die Gelegenheit zu ergreifen und einen Schottischen zu tanzen?«
>
>Sie lächelte, gab aber keine Antwort. Erstaunt über ihr Schweigen, wiederholte er seine Frage.
>
>»Oh«, sagte sie, »ich hörte Sie schon beim erstenmal; aber ich konnte mich nicht sofort zu einer Antwort entschließen. Ich weiß, Sie erwarteten von mir ein Ja, auf daß Sie meinen schlechten Geschmack hätten verachten können. Aber ich habe

stets meinen Spaß daran, solcherart Pläne zu durchkreuzen und einen Menschen um seinen vorbedachten Hohn zu betrügen. Deshalb habe ich den Entschluß gefaßt, Ihnen mitzuteilen, daß ich durchaus nicht das Bedürfnis habe, einen Schottischen zu tanzen. Und nun verachten Sie mich, wenn Sie es wagen!«

»Ich wage es tatsächlich nicht.«

Elizabeth, die eher darauf gefaßt gewesen war, ihn beleidigt zu sehen, wunderte sich über seine Galanterie. Doch bestand ihr ganzes Wesen so sehr aus einer Mischung von Süße und Schalkhaftigkeit, daß es ihr schwerfiel, überhaupt jemanden zu kränken, und Darcy hatte sich noch niemals von einer Frau so bezaubern lassen wie von ihr. Wäre nicht ihre geringe Herkunft gewesen, er hätte ernstlich befürchtet, in Gefahr zu schweben. *(S. 70)*

Als Darcy ihr endlich einen Heiratsantrag macht, spricht er mit solch beleidigender Offenheit davon, daß Elizabeth ihm gesellschaftlich untergeordnet ist, daß sie nicht nur ablehnt, sondern ihn auch beschuldigt, sich nicht wie ein Gentleman zu verhalten. Ihre Weigerung auf ihre stolze, eindeutige Art ist ein Akt außerordentlicher Freiheit, eine Erklärung sexueller Unabhängigkeit, ein weithin sichtbares Signal. Und sie hat einen außerordentlichen Effekt. Elizabeth sagt Darcy, daß er gegen seinen eigenen Ehrenkodex gehandelt habe, was in Darcys Welt eine ernste Angelegenheit ist. Verletzt schreibt er einen langen Entschuldigungsbrief, der seinen wahren Charakter enthüllt – er ist streng, aber empfindsam und verantwortlich –, und Elizabeth merkt nach vielem Nachdenken, daß sie ihn falsch beurteilt hat.

»Wie jämmerlich habe ich mich betragen«, rief sie aus, »ich, die ich mich gebrüstet habe mit meinem Scharfsinn, ich, die ich meine Fähigkeiten so hoch eingeschätzt, oft Janes großherzige Unparteilichkeit verachtet und meine Eitelkeit an nutzlosem und üblem Mißtrauen befriedigt habe! Wie demütigend ist eine solche Entdeckung! Und doch, wie gerecht traf mich diese Demütigung! Wäre ich verliebt gewesen, ich hätte nicht blinder sein können. Aber Eitelkeit, nicht Liebe war meine Narrheit. . . . Bis zu diesem Augenblick habe ich mich selbst verkannt.« *(S. 277)*

Selbst Augustinus hat nichts geschrieben, das selbstquälerischer gewesen wäre. *Bis zu diesem Augenblick habe ich mich selbst verkannt.* Tonny Tanner, der englische Kritiker und Cambridge-Professor, der die Einleitung zur Penguinausgabe des Romans geschrieben hat, ging so weit, *König Ödipus* und *König Lear*, die gewaltigen Dramen über Täuschung und Selbsterkenntnis, als Vorläufer von *Stolz und Vorurteil* zu beschwören. Ich war bewegt: Tanner hat Jane Austen unwissentlich zum logischen Fazit der klassischen Literatur ernannt. Diese Frau, die selten ihren Familienkreis verließ, die nur ein paar Male nach London reiste, die niemals heiratete und wahrscheinlich zölibatär lebte – Jane Austen, die immer bewundert und viel gelesen wurde, stand nun im Zentrum des abendländischen Kanons.

Shapiro begann das Seminar auf seine übliche Weise. Er fragte die Studenten, ob ihnen das Buch gefalle. Er schritt durch den Raum und fand schnell heraus, daß die Mädchen es mochten und die Jungs nicht.

Alex (der die Leute, die öffentlich Kaugummi kauten, in die Hölle stecken wollte): Ich konnte mich nicht bis zu dem Grad hineinversetzen, daß mich irgendeiner der Charaktere interessiert hätte. Es kümmerte mich nicht, ob Elizabeth Darcy heiratet oder nicht.

Hamilton (ernst, normalerweise sehr freundlich): Ich kann mit dem Stoff nichts anfangen, mit diesen reichen Leuten in England und ihren kleinen Problemen.

Ranjit (indischen Ursprungs, aber ein richtiger amerikanischer Teenagertyp): Ich habe keine Ahnung, warum dieses Buch im Grundkurs ist.

Ihre Ablehnung kam mit frostiger Verachtung. Darcy selbst hätte nicht ungnädiger sein können. Es sei eine Zeitverschwendung, dieser triviale Mädchen-Quatsch.

Normalerweise würde Shapiro in einem Fall wie diesem die Studenten mit ihren eigenen Antworten konfrontieren und ihren Widerstand in Engagement verwandeln. Er würde mit den Studenten scherzen, sie herausfordern, und häufig kamen sie dann aus sich heraus. Statt dessen machte er ein paar Bemerkungen über die Sozialstruktur in England zur Zeit von Jane Austen; er skizzierte den Wunsch der besitzenden Klassen, ihre Macht trotz der Herausforderungen durch das neue Vermögen, das in Handel und Industrie verdient wurde, zu wahren, und so weiter. Und dann verließ er seinen Stuhl und übergab mir die Leitung.

Ich saß am Ende des langen Seminartisches mit Shapiro zu meiner Rechten und den Studenten längs der Tische und an der Wand entlang aufgereiht. Sie schauten mich neugierig an; einige lächelten. Es war ein besonderes Experiment, und sie würden es sich eine Weile gefallen lassen.

Ich war wütend, als ich loslegte. Jedermann habe das Recht, ein Buch nicht zu mögen, und doch! Die männlichen Studenten sollten erkennen. Sie sollten alle erkennen, daß Elizabeth Bennet, die so mutig dem Tadel sozial Höhergestellter begegnet, sich bei der Konversation auf dem Ball und am Klavier im Salon behauptet – daß Elizabeth ebenso tapfer und findig ist wie Odysseus. Die starke, brillante Elizabeth Bennet ist unser Champion; sie ist *ihr* Champion. Sie macht furchtbare Fehler, aber das ist Teil ihrer Größe, und als ich kurz innehielt und meine Notizen durchging, schoß mir durch den Kopf, daß die Jungs dieses Buch und Elizabeth lieben müßten, oder sie würden nicht über dieses Stadium ihres Lebens hinauswachsen; sie würden gleichgültig bleiben.

»Meine Frau und ich gingen kürzlich zu einer Abendgesellschaft«, begann ich. »Als wir nach Hause kamen, saßen wir noch beisammen und sprachen über den Abend. Wir dachten über die Gäste nach. Wir dachten über uns selbst nach. Wir überlegten, was wir gesagt hatten, was wir hätten sagen können. Wir suchen alle nach dem richtigen Maß. Weder zu aggressiv zu sein noch zu zurückhaltend, weder zu selbstbewußt noch zu selbstkritisch, weder zu bescheiden noch zu stolz. Für manche Leute kann diese Form des Sichselbsterkennens zur Folter werden. Aber in der modernen Welt läuft im Leben nichts ohne sie.«

Die Studenten schienen überrascht zu sein. Es war ein komischer Anfang. Das Lächeln verschwand, und als ich einen Augenblick später das ominöse Wort »Hegel« aussprach, wurden die Notizbücher geöffnet und die Stifte gezückt. Sie machten Notizen. Ich spürte ein kleines, aber unmißverständliches Kitzeln an der Rückseite meines Halses, eher eine erotische Wallung als das Vergnügen, von einem professionellen Fotografen portraitiert zu werden. *So* fühlte sich also Macht an. Ich war mit diesem Gefühl nicht vertraut. Indem ich für das ziemlich große Publikum des *New York Magazine* schrieb, wandte ich mich aus der Entfernung an den Leser. Der Leser saß im Vorortzug oder zurückgelehnt im Bett, er war in gewisser Weise ideal, aber auch geheimnisvoll und erschreckend stumm. Jetzt sah ich die Wirkung meiner Worte in dem Straffen oder Zusammensacken eines Körpers, in unruhigen Fingern und scheuen oder stolzen Blicken. Einige der Frauen lächelten, die Männer schauten interessiert. Der Bezug auf Hegel war durch einen Abschnitt gekommen, den ich ihnen vorgelesen hatte, ein Zitat von Lionel Trilling, der lokalen Gottheit, dem großen Columbia-Professor und Kritiker, dessen Essay von 1954 über Jane Austen in *The Opposing Self* ich am Abend zuvor aus dem Regal genommen hatte. Zuerst war ich mir nicht sicher gewesen, ob ich den Abschnitt lesen sollte, aber als ich wütend wurde, wußte ich, daß ich es mußte.

Es war Jane Austen, die als erste den spezifisch modernen Menschen und die Kultur, in der er verankert war, darstellte. Niemals zuvor war das moralische Leben so geschildert worden wie von ihr, niemals zuvor war es als derart komplex, schwierig und ermüdend begriffen worden. Hegel spricht von der »Säkularisierung des Geistigen« als dem wichtigsten Charakteristikum der modernen Epoche, und Jane Austen ist die erste, die uns sagt, was das beinhaltet. Sie ist die erste Romanautorin, die uns zeigt, wie die Gesellschaft, die allgemeine Kultur, am moralischen Leben teilhat, indem sie Konzepte von »Aufrichtigkeit« und »Gewöhnlichkeit« entwickelt, die keine frühere Generation verstanden haben würde und die für uns derart subtil sind, daß sie sich der Definition verschließen, und derart beherrschend, daß wir uns ihrem ungeheuren Einfluß nicht entziehen können. Sie ist die erste, die sich des Terrors bewußt ist, der unsere moralische Situation beherrscht, des allgegenwärtigen anonymen Urteils, auf das wir reagieren, der Notwendigkeit, die wir empfinden, die Reinheit unserer säkularisierten Geistigkeit zu demonstrieren, deren dunkle und zweifelhafte Seiten zahlreicher und finsterer sind als die der religiösen Geistigkeit, unsere Lebensart in Frage zu stellen und sicherzustellen, daß sie nicht nur in Taten, sondern auch im *décor* anzeigt, daß wir zu den Auserwählten in der Welt der säkularisierten Geistigkeit gehören.

Diese kraftvollen Worte – gemischt mit einer leicht komischen Note der Warnung – machten einige Studenten munter. Die Frauen begannen zu reden. Sie umgingen das, was Trilling sagte (als ich es laut vorlas, merkte ich, daß der Abschnitt für Neunzehnjährige etwas schwer zu verstehen war), aber gaben ihrer Bewunderung für Elizabeth Ausdruck. Sie sahen die Tapferkeit in ihrem gesellschaftlichen Verhalten; sie hatten Verständnis für die Zwänge, unter denen die jungen Frauen im Roman zu handeln hatten, das Korsett, das ihnen wenig Ansehen außerhalb der Ehe erlaubte, und dann höchstens als Gouvernante oder alte Jungfer. Zu meiner Erleichterung sprach Sally, die gewöhnlich in allem eine harte Linie vertrat, die nicht ein einziges gutes Wort für Antigone oder Dido übrig gehabt hatte, Sally, die die zornige Selbstsicherheit einer Kleinstadtschönheit hatte, der niemals jemand in ihrem Leben widersprochen hatte (so stellte ich es mir jedenfalls vor), sprach jetzt großmütig von Elizabeth Bennets Kampf um Klarheit.

Die Ehe war keine triviale Angelegenheit für die Studentinnen und wahrscheinlich für die Jungs auch nicht, obwohl sie vor einer Diskussion darüber zurückschreckten, wie vor einer Schlange neben ihren Füßen. *Ihr* »Terror«, so nahm ich an, hatte nichts mit dem Zwang zur Selbsterkenntnis als Folge der Säkularisierung des Geistes zu tun. Sie fürchteten sich, dachte ich, vor der wahrscheinlicheren Möglichkeit einer sozialen Welt, in der Frauen und die Ehe im Zentrum stünden, eine Welt, in der ihre eigene Freiheit beschnitten sein würde. Aber das konnte ich ihnen nicht sagen, es wäre zu gemein gewesen, und da ich es nicht tat, flüchteten sich die Männer in den Spott über den formellen Sprachstil der Charaktere von Jane Austen.

»Einige Leser werden einen gigantischen Sprung in ihrer Vorstellung machen müssen«, hatte Tayler zu Beginn *seines* Seminars über Jane Austen gesagt. »Sie werden sich in eine völlig andere Gesellschaft versetzen müssen. Keine Strumpfhosen, keine Pille, kein Fernsehen. Die Leute damals saßen abends beisammen, redeten und lasen.« Also versuchte ich, mich ein wenig in die Gesellschaft hineinzuversetzen. Die Etikette in der Gesellschaft von Jane Austen, sagte ich, wurde sowohl von einem sich verändernden, aber immer noch mächtigen Klassensystem bestimmt als auch von dem Ideal des sozialen Lebens als eines Schauspiels. Trotz der Betonung von guten Manieren und Eleganz – oder vielleicht gerade deswegen – war die Sprache mit ihren Kontrollen und Vorwürfen in Wirklichkeit brutaler als alles, was Amerikaner wahrscheinlich jemals erdulden müßten. Roheit hatte die regulative Funktion, die Leute auf ihren Platz zu verweisen. Die Manieren waren oft schlechte Manieren.

Noch mehr Notizen wurden gemacht. Das freute mich. Freuen ist vielleicht zu viel gesagt, weil ich nicht aufhören konnte zu reden. Ich fuhr fort zu erklären, und manchmal reagierten die Studenten und manchmal nicht, und ich begann, nervös zu werden – in meinem Kreuz hatte sich etwas Feuchtigkeit gesammelt. Ich befaßte mich mit Jane Austens Methoden der Ironie und bat sie, die einleitenden Sätze zu analysieren. Alex, der magere intellektuelle Junge, der im zweiten Semester ins Seminar gekommen war, richtete sich auf. Er hatte zuvor gesagt, daß er sich nicht hineinversetzen könnte, spielte jetzt aber mit. Zumindest eine Weile. Die Sätze zu lesen bedeutete für ihn ein Problem der Logik. Er analysierte, er arbeitete die Wechsel von Erwartung und Überraschung heraus, die in den ersten Sätzen stecken. *Gut*, Alex. Der Lehrer war glücklich. Ein paar Studenten knurrten.

Die Studentinnen redeten sehr gut, und ich hatte die Jungs ein wenig über den toten Punkt hinweggebracht, aber die Unterhaltung stockte zwischendurch, und manche Studenten sahen angespannt und frustriert aus. Ich spielte sie nicht gegeneinander aus, wie Tayler es machte, und zog ihnen auch nicht die Antworten auf Shapiros sanft neckende Weise aus der Nase. Wenn ich nicht die Antwort bekam, die ich wünschte, dann platzte ich selbst damit heraus, und nach einer Weile schlug mir der Klang meiner Stimme als Echo von den Wänden entgegen. Als sich Shapiro leicht bewegte, sah ich die Gesichter vor mir nur noch verschwommen. Aber sie mußten es verstehen, und ich stürzte mich auf meine Notizen und machte weiter.

»Seht ihr, Mrs. Bennet ist schließlich doch nicht die Böse. Ihr müßt die einleitenden Sätze ein drittes Mal lesen. Am Ende werdet ihr merken, daß Mrs. Bennet, indem sie die Ehen fördert, eine Art Lebenskraft ist. Die reichen jungen Männer erkennen, daß sie ein Verlangen nach Frauen *haben*. Wenn es im Buch einen Bösewicht gibt, dann ist es Mr. Bennet.«

Einige der Jungs hatten vorher gesagt, sie bewunderten Mr. Bennet, den pensionierten Ehemann und Vater, dessen Humor zuerst Jane Austens Perspektive zu repräsentieren scheint. Das tut er aber nicht. Jane Austens Ironie zielte auf den Leser, der Ironie zu verstehen glaubte. Mr. Bennet, stellte sich heraus, war in Wirklichkeit eine leere Hülle; er ist nur sarkastisch, was die niedrigste Form der Ironie ist. »Ihr könnt mit Jane Austen niemals so bequem umgehen, wie ihr gedacht habt«, sagte ich.

Nein, das konnte man nicht. Meine Kehle war trocken, und ich war erschöpft. Ohne mich Shapiro zuzuwenden, merkte ich, wie er mich anstarrte. Er hätte der Dirigent eines Orchesters sein können, der einem jungen Ersatzmann zusah, wie er die Musiker zu sehr antrieb. Er schlug eine zehnminütige Pause vor.

Wir trafen uns in der Halle.

»Es machte mir Spaß, Ihnen zuzuschauen«, sagte er, und seine haselnußbraunen Augen weiteten sich. »Wissen Sie, was Sie falsch gemacht haben?«

»Ich habe das Schiff übersteuert.«

Wir stimmten überein, daß ich das Schiff übersteuert hatte. Wir stimmten überein, daß es eine nette Art sei, es so zu formulieren. »Sie müssen um die Antworten in Form von Fragen bitten«, sagte Shapiro. »Auf die Weise entwickeln sie selbst Ideen und eignen sie sich als ihre eigenen an. Aber wenn Sie sie ihnen gleich geben, dann akzeptieren sie sie nicht.«

Er war zu höflich, um zu sagen, was er gedacht haben muß: Ich hatte den Fehler gemacht, den alle Anfängerlehrer machen, daß ich zu schnell auf die Antworten zusteuerte aus Angst, die Kontrolle zu verlieren.

»Sie müssen sie ein wenig verwirren. Sie nervös machen. Ihre Verwirrung nutzen als einen Weg in die Doppeldeutigkeit des Werkes.«

Sie nervös machen, nicht einschüchtern. Ich war ein Kritiker, und ich wollte zur eigentlichen Sache kommen, zur definitiven Aussage; ich wollte, daß sie *zuhörten*. Doch wenn die Studenten nicht von allein draufkamen, dann war es eher die falsche Methode. Mir mangelte es an Geduld, und Geduld war nicht einfach ein Verhalten, es war die eigentliche Form des Seminarunterrichts. Der Grundkurs der Columbia-Universität sollte nicht die Autorität des lehrenden Professors heiligen (wie an der Harvard-Universität), sondern durch Diskussion Verständnis wecken, wie unbeholfen und unsicher das auch sein mag. *Bis zu diesem Augenblick habe ich mich selbst verkannt... Aber Eitelkeit, nicht Liebe war meine Narrheit!* Tja, da stehst du nun.

Ich hatte versucht, den Studenten etwas einzuhämmern, statt sie zu lehren. Ich erinnerte mich, wie meine Stimme in dem Raum widerhallte – wie die eines Autoverkäufers. Warum hatte ich nicht gesehen, daß das falsch war? Wie jeder im Kurs über klassische Literatur war auch meine Generation von Lesern durch Jane Austen geformt worden. Trilling und viele andere Jane-Austen-Fans lehrten uns vor dreißig Jahren, wie man sie verstehen müßte und wie wir uns selbst verstehen müßten. Ich nahm Jane Austen nicht als selbstverständlich hin, aber als ich mit Shapiro in der Halle stand, wußte ich, daß ich mein Verständnis von ihr als selbstverständlich angesehen hatte.

Jetzt mußte der Fall von neuem verhandelt werden, von Grund auf – das Vergnügen, die Komödie, die soziale Existenz als Erziehung zur Sensibilität, die Ironie als das komplexeste Vergnügen. In *Stolz und Vorurteil* liegt die Ironie im eigentlichen Kampf, sich selbst zu erkennen. Du bist nicht, was du scheinst. Elizabeth Bennet erkennt, daß sie Darcy falsch eingeschätzt hat, aber sie erkennt lange nicht, wie sehr sie gewünscht hat, ihn zu lieben. Sie hänselt ihn wegen seines Stolzes und seiner Steifheit, aber dies tut sie häppchenweise, wobei ihr Ton immer sanfter und liebevoller wird, und schließlich gesteht sie sich ihre eigenen Motive ein. Das Buch geht vom Angriff-und-Rückzug-Schema der romantischen Komödie zu einer eher melancholischen Stimmung der Versöhnung über. Selbstkenntnis bringt jeden von ihnen zur Anerkennung des anderen. Aber die Ironie geht nicht jedem ohne weiteres ein, nicht die komplexe Art von Ironie, die einem erlaubt, die Tricks zu kennen, die man sich selbst spielt. Und sie darf nie als selbstverständlich angesehen werden. Das macht sie so kostbar. Und ihr Fehlen so gefährlich.

Die Studenten waren höflich, aber mein Lehrversuch war ein Flop. Als ich in der Halle mit Shapiro sprach, war ich einen langen Augenblick recht unglücklich.

Aber nur einen Augenblick. Als ich mit Shapiro zurück in den Raum ging, wußte ich, daß mein Gefühl der Kränkung schnell vorbeigehen würde. Lerne und mach weiter! Denn es gab Arbeit genug. Ernste Arbeit: eine Generation von Lesern zu schaffen. Shapiro lenkte seine Aufmerksamkeit auf die Frage des Lesens – wie die Leute im Roman Briefe lesen und schreiben, wie sie ihre gegenseitigen Charaktere »lesen«. Die Studentinnen waren aufgewühlt, und langsam stiegen auch ihre männlichen Kommilitonen ein. Aber nur sehr langsam. Das Buch war für manche dieser Studenten des Medienzeitalters tatsächlich ebenso schwierig und fern wie die *Ilias*. Doch eben deswegen mußten sie es lesen. Die Entfernung der Studenten von der sozialen Welt der Jane Austen und ihr Bedarf an dem, was das Buch zu sagen hatte – der entmutigende, endlose Versuch der Erkenntnis und der Schaffung des Selbst –, waren ein überragender Grund für seinen schwer errungenen Platz im Grundkurs.

Kapitel 23

MARX UND MILL

Im Eiltempo näherten wir uns der Moderne und kamen zu Karl Marx
und John Stuart Mill, zwei Protagonisten des abendländischen Denkens, die beide aber auf ganz unterschiedliche Weise ins Abseits geraten waren. Ich dachte an sie als Autoren von mißbilligten Texten. Nun
ja, teilweise mißbilligt. An den Universitäten war das marxistische
Denken gewiß noch am Leben, und Stephanson bat seine Studenten,
nicht nur Marx zu lesen, sondern auch Lenin und Gramsci und andere
Klassiker der Linken. Aber in der großen, weiten Welt draußen war
Marx zu einem Witz geworden – so lächerlich und schädlich durch
seine Fehler und die vielen, aus seinen Theorien entsprungenen Miß-
erfolge, daß es vielerorts eine gute Frage war, ob er überhaupt gelesen
werden sollte. Mill war eine andere Geschichte. Daß Mills Einfluß auf
die anglo-amerikanische Demokratie von Bedeutung war, stand außer
Frage. Er gab zusammen mit Locke, Adam Smith, den Gründervätern,
dem Gewohnheitsrecht und dem amerikanischen Obersten Bundes-
gericht dem Ethos des modernen liberalen Staates Gestalt. Aber für
Stephanson wurde Mill gerade wegen seiner Vertrautheit gestrichen.
Die modernen Amerikaner, sagte er, praktizierten oder glaubten zumindest, sie würden praktizieren, was Mill verfochten hatte; und Stephanson wollte lieber, daß wir Vorstellungen verstünden, die unserer
Praxis zuwiderliefen. Mill, unterstellte er, war nicht *interessant*. Er
bat uns, Mills *Über die Freiheit* zu lesen, sagte aber, daß wir es nicht
im Seminar diskutieren würden.

Mein Mißtrauen war geweckt. Wie kann ein Klassiker einfach sterben?

Groß und schlank, ein eleganter, kantiger Mann, stand Leszek Kolakowski auf dem erhöhten Podium eines riesigen Vorlesungssaals,

schaute erst zur einen, dann zur anderen Seite, wie ein großer, grauer Vogel, der die Landschaft überblickt. Mit seinem starken polnischen Akzent fragte er: »Kann die Theorie von Marx irgend etwas in unserer Welt erklären? Und kann die Theorie von Marx eine Grundlage für Vorhersagen liefern?«

Ein glücklicher Zufall: Gerade, als wir Marx im Seminar über die Kulturgeschichte der Gegenwart lasen, hielt einer der führenden Historiker des Marxismus eine öffentliche Vorlesung an der Columbia-Universität. Leszek Kolakowski war eine imponierende Persönlichkeit. In seiner Jugend war er Mitglied der Polnischen Kommunistischen Partei gewesen, und während des Chruschtschowschen »Tauwetters« Ende der 50er Jahre wurde er einer jener Reformer in Osteuropa, die zu hoffen gewagt hatten, daß sich mit Stalins Tod eine humanere Version des Kommunismus entwickeln könnte. Aber Kolakowski war, wie so viele andere, unterdrückt worden. Nach dem Parteiausschluß emigrierte er in den Westen und lehrte viele Jahre in Oxford; 1978 begann er, die drei Bände seiner gefeierten revisionistischen Geschichte *Main Currents of Marxism* herauszugeben, in der er unter anderem die ganze prophetisch-religiöse Seite des Marxismus angriff. Kolakowski gab die Schuld an den Katastrophen des Kommunismus nicht nur den leninistischen und stalinistischen Pervertierungen von Marx, sondern auch Marx selbst. Es gab Sünde und Erbsünde.

Jetzt, bei dem Vortrag an der Columbia-Universität, beantwortete er seine anfänglichen rhetorischen Fragen über Marx' prophetische Fähigkeiten: »Die Antwort ist nein. Marx erklärt nichts.«

Er war völlig ablehnend. Doch man mußte ihn ernst nehmen. Dies war kein Talkshow-mäßiges, großschnäuziges Sich-Weiden am Zusammenbruch des Kommunismus. Kolakowski war echt, ein Philosoph und ehemaliger Kommunist ... der sich am Zusammenbruch des Kommunismus weidete. Wenige Jahre nach dem Kollaps befand sich Kolakowski in einem Zustand richtigen Abscheus.

»In den Theorien von Marx gibt es keinen klaren Unterschied zwischen Deutung und Vorhersage«, sagte er, legte eine Hand auf den Rücken und beugte sich über das Pult. »Alle wichtigen Vorhersagen von Marx haben sich als falsch erwiesen.« Und er führte einige der Vorhersagen von Marx über das an, was im Kapitalismus geschehen würde: zunehmende Polarisierung der Klassen; das Verschwinden der Mittelklasse; die relative und absolute Verelendung der Arbeiterklasse; die Unausweichlichkeit der proletarischen Revolution. »Eine solche Revolution hat sich nirgends abgespielt«, sage Kolakowski. »Was im zwanzigsten Jahrhundert einer Revolution der Arbeiterklasse am nächsten gekommen ist, das war die Arbeiterrevolution in Polen« – d. h. die Solidarität –, »die unter dem Zeichen des Kreuzes und mit dem Segen des Papstes durchgeführt wurde.« Und was die anderen Marxschen Gewißheiten angeht, wie den unausweichlichen Fall der Profitrate und die Hemmung des technischen Fortschritts unter dem Kapitalismus, so waren sie ebenfalls falsch. Kolakowskis Zorn erreichte seinen Höhepunkt. »Genau das Gegenteil ist wahr. Der Markt stimuliert die Wirtschaft. Der Sozialismus hat sich als stagnierend erwiesen.«

Als Kolakowski immer weiter sprach – er werde sich nicht »in einen Gegenstand des Gelächters verwandeln«, indem er behaupte, daß Marx den Begriff des Klassenkampfes erfunden habe –, gab es eine unruhige Bewegung im Saal, ein peinliches Atemanhalten, und dann gingen einige Leute. Ein Teil der Dozenten an der Columbia-Universität (und an fast allen großen westlichen Universitäten) hatte sich ihr intellektuelles Rüstzeug bei Marx geholt und betrachtete das Werk von Marx immer noch als wesentliches Instrument für jedwede ernstzunehmende Analyse der modernen Gesellschaft. Auch wenn die »großartige Darstellung« von Marx gescheitert war, so war die kulturelle Linke an den Universitäten immer noch den Begriffen von Macht und Ideologie verpflichtet, die auf Marx und andere zurückgingen. Nur wenige Leute im Publikum der juristischen Fakultät hatten, wie ich vermute, erwartet, daß Kolakowskis Verachtung so unerschütterlich sein würde, so undifferenziert in ihrem Eifer. Ich fühlte mich selbst schockiert. Sein Hohn, meinte ich, war übertrieben bitter. Er schien sich selbst für seine lange Zugehörigkeit zum Marxismus bestrafen zu wollen.

Aber es steckte noch etwas anderes in seiner Rede. Er bestrafte uns ebenfalls. Oder versuchte zumindest, uns zu warnen. Schließlich blühte der von Kolakowski verworfene Radikalismus immer noch, auf der theoretischen Ebene, an den amerikanischen Universitäten, wo die kulturelle Linke häufig die demokratischen Institutionen und Freiheiten in Frage stellte und manchmal lächerlich machte – also genau die Werte und Strukturen, die Osteuropäer wie Kolakowski jetzt mühsam in die früheren kommunistischen Gesellschaften einzuführen versuchten. Die Redefreiheit zum Beispiel. Teile der akademischen Linken waren ihr gegenüber sehr skeptisch. Sei sie nicht ein Trug, eine bloße Verschleierung der Klassenherrschaft, der patriarchalischen Herrschaft, der weißen Herrschaft? Für Verfechter der Redefreiheit gab es immer *bestimmte* Reden, die sie verbieten wollten, bestimmte Reden, die sie als Bedrohung ihrer zentralen Werte und der Gesellschaft selbst ansahen. Redefreiheit als ein Wert an sich existierte nicht; sie war immer politisch bestimmt. Kolakowski, meinte ich, wies alle derartigen Gedanken in seinem Publikum zurück. Er schien ungefähr folgendes sagen zu wollen: Ihr seid zu sicher in eurer Freiheit, um zu wissen, was Unfreiheit ist. Die Alternativen zum System des Freien Marktes sind unvorstellbar schrecklich. Also paßt auf, was ihr über »trügerische« bürgerliche Freiheiten sagt.

Er faßte seine Anklagen zusammen: »Die Texte von Marx werden in den ehemaligen kommunistischen Ländern mit Abscheu betrachtet. Man sollte sie nur so lesen, wie man manche toten Klassiker liest – die Physik von Descartes zum Beispiel.«

Mit anderen Worten war Marx nicht nur irreführend, er war einfach irrelevant. Und das war's.

Aber im Seminar über die Kulturgeschichte der Gegenwart mußte die Gerechtigkeit wiederhergestellt werden – ich meine nicht Gerechtigkeit gegenüber zu lange gewahrten Illusionen, sondern Gerechtigkeit der Wahrheit gegenüber. Der immer gerecht denkende Noah bestand darauf, daß Marx nicht einen autoritären Staat befürwortet hatte, und Stephanson begann mit seiner Verteidigung, indem er uns daran erinnerte, daß der sowjetische Kommunismus nicht das einzige war, was auf Marx zurückging. Die demokratischen sozialistischen Parteien Europas und Amerikas und viele humanisierende Reformen und Veränderungen des »reinen« Kapitalismus seien auch oder teilweise von Marx' moralischer Kritik inspiriert worden. Ohne die Reformen, die dem Kapitalismus von der amerikanischen Gewerkschaftsbewegung aufgezwungen worden sind, würde der amerikanische Kapitalismus unvorstellbar grausam sein. Niemand links von Pat Buchanan würde das ernsthaft anders sehen.

Marx hatte die moderne Welt gestaltet und war dann abrupt und seltsamerweise verschwunden, wie eine Sternschnuppe, die lediglich einen Kometenschweif hinter sich herzieht. Als Autor, der im Seminar über die Kulturgeschichte der Gegenwart behandelt wurde, war Marx ein sehr merkwürdiger Fall. Wie die Werke von Platon und Aristoteles waren die Texte von Marx widerlegt worden, von der Geschichte widerlegt worden. Gegenargumente und Spott erwuchsen unwillkürlich aus den Seiten. Bei der Lektüre von Marx wurden wir alle ironisch. Das Problem war folgendes: Wie liest man ihn, ohne ihn unter Ironie zu zermalmen – ohne ihn zu Tode zu ironisieren?

Ich erinnere mich an das kleine schwarz-rote Pamphlet. Es war von einem anerkannten amerikanischen Verleger herausgegeben worden, aber 1960, auf dem Höhepunkt des Kalten Krieges, hatte ich das Gefühl, ich würde etwas Verbotenes und Gefährliches anrühren. Ich las das *Manifest der Kommunistischen Partei* oder, wie jedermann es nannte, *Das kommunistische Manifest* zum ersten Mal in der Geschichtsstunde am Gymnasium. Das Buch des Satans! Ich war erregt, sogar fasziniert von der Gewalt seiner Verurteilung des Kapitalismus. In der elften Klasse, angeekelt vom »Konformismus« und dem amerikanischen Gemeinschaftsleben, sagte ich zu mir, das ist es, Marx hat ins Schwarze getroffen.

Die Bourgeoisie, wo sie zur Herrschaft gekommen, hat alle feudalen, patriarchalischen, idyllischen Verhältnisse zerstört. Sie hat die buntscheckigen Feudalbande, die den Menschen an seinen natürlichen Vorgesetzten knüpften, unbarmherzig zerrissen und kein anderes Band zwischen Mensch und Mensch übriggelassen als das nackte Interesse, als die gefühllose »bare Zahlung«. Sie hat die heiligen Schauer der frommen Schwärmerei, der ritterlichen Begeisterung, der spießbürgerlichen Wehmut in dem eiskalten Wasser egoistischer Berechnung ertränkt. Sie hat die persönliche Würde in den Tauschwert aufgelöst und an die Stelle der zahllosen verbrieften und wohlerworbenen Freiheiten die *eine* gewissenlose Handelsfreiheit gesetzt. Sie hat, mit einem Wort, an die Stelle der mit religiösen und politischen Illusionen verhüllten Ausbeutung die offene, unverschämte, direkte, dürre Ausbeutung gesetzt.
*(Band 4, S. 464)*

O ja, das eiskalte Wasser egoistischer Berechnung. Im Gegensatz zum warmen Bad kommunistischer Spontaneität? Der alte spöttische und prahlerische Stil erzeugte jetzt ein leichtes Gefühl des Unwohlseins. Ich erkannte ihn wieder ohne die geringste Erregung und ohne den leisesten Kitzel von Nostalgie. Selbst wenn man mit Marx' Beschreibung des frühen industriellen Kapitalismusses übereinstimmt, konnte man nicht anders als stöhnen. Das *Kommunistische Manifest* war natürlich nicht eine von Marx' wissenschaftlichen oder theoretischen Schriften, sondern ein Pamphlet, das 1848 in London für den Kommunistischen Bund geschrieben worden war, zu einer Zeit gewaltsamer sozialer Umwälzungen in Europa. Stephanson nannte es »den *wirkungsvollsten* einzelnen welthistorischen Text im ganzen Grundkurs, mit Ausnahme der Bibel«. Dies war, glaube ich, die übereinstimmende Ansicht: außerordentlich wirkungsvoll als Mittel der Überredung.

Wenn man es jetzt las, konnte man sehen, daß das Pamphlet sehr mehrdeutig ist, daß es vor Bewunderung der verachteten kapitalistischen Klasse und vor Verachtung für das geliebte Proletariat sprudelt, daß etwas Unbewußtes darin liegt, das, näher betrachtet, Marx' verschüttetes Wissen enthüllen könnte, daß seine eigenen Voraussagen zum Untergang verurteilt waren. Aber ich bin nicht großzügig genug, um das Unbewußte bei Marx zu loben. Ich war wirklich schockiert vom Klang der Sprache im *Kommunistschen Manifest*. Der übersprudelnde Sarkasmus und die Verachtung, die haarsträubenden Übertreibungen, die Beleidigungen, die Nachstöße auf getäuschte Feinde, die gewaltsame Verbreitung von historischen Verallgemeinerungen und moralischen Anklagen, was alles mit absoluter Sicherheit miteinander verknüpft wurde – ich stöhnte, weil ich das *Kommunistische Manifest* einst geschätzt hatte und jetzt wußte, daß es schlecht war, schlechte Prosa. Tödlich schlecht. Zu viel Blut schäumte im Kielwasser seiner schalen Metaphern. Marx hat den Abzug nicht gezogen, aber die Leute, die ihn zogen, benutzten diese Sprache oder eine ähnliche, und die Sprache, die Marx regelmäßig in Debatten mit weniger radikalen Sozialisten oder liberalen Reformern benutzte, ließ unbarmherzige Verachtung der Gegner zu. Also soll die Ironie nun wüten und zerstören, laßt die Ironie den letzten postumen Ruf jener Männer und Frauen hinwegmähen, die so lange überzeugt waren, daß sie im Expreßzug der Geschichte säßen.

Bis dahin hatte Kolakowski recht. Im Seminar über die Kulturgeschichte der Gegenwart konnten wir das *Kommunistische Manifest* jetzt nur als historisches Dokument lesen – oder vielleicht als eine seltsame, überdrehte Unterhaltung, eine Symphonie schlechter Schwingungen.

Aber das war kaum die einzige Seite von Marx. Stephanson bat uns, einige längere Auszüge aus dem frühen, »humanistischen« Marx zu lesen – aus dem ersten Teil der *Deutschen Ideologie*, die Marx 1845-46 geschrieben hat (Friedrich Engels arbeitete am zweiten Teil mit), ein Buch, das nicht zu Marx' Lebzeiten veröffentlicht wurde, sowie einiges aus anderen frühen Arbeiten, die heute unter dem Namen *Ökonomisch-philosophische Manuskripte aus dem Jahre 1844* bekannt sind. In diesen Rohentwürfen und frühen Äußerungen, die dem Publikum zu Marx' Lebzeiten nicht zugänglich waren, hört man nicht das strenge Wüten und den Sarkasmus des professionellen Revolutionärs, sondern die Empfindsamkeit und Beredsamkeit eines jungen (etwa siebenundzwanzigjährigen) Mannes, der von einer erstaunlichen Entdeckung gefesselt war: In den vorhergehenden rund hundert Jahren hatte sich alles verändert. Alles in Europa und England war anders, die Art, wie Männer und Frauen arbeiteten, ihre Beziehungen zueinander, die Art, wie Kapital akkumuliert wurde, Produkte hergestellt und verteilt wurden, Geld ausgegeben wurde. Die ethischen, moralischen und Rechtssysteme hatten sich ebenfalls geändert. Alles, alles!

*Dinge* – eine ungeheure Menge von Gütern – erfüllten nun die Atmosphäre zwischen den Menschen, eine Atmosphäre, die von Bargeld reguliert und kontrolliert wurde. Diese neue Lebensbedingung mußte benannt und analysiert werden. Zum ersten Mal würden wir es deutlich vor Augen haben. Marx bot nicht nur eine Interpretation des Kapitalismus und eine Theorie der Geschichte; er bot Einsicht, durch die Empörung hatte er seine Sinne geschärft, so daß sie fähig waren, das Paradoxe wahrzunehmen. Ein Paradox ist etwas, das sich selbst zu widersprechen scheint. Wenn die Wirklichkeit paradox geworden war, dann war sie verlagert und dann ihrer Gestalt beraubt worden. Eine solche Wirklichkeit war, daß der industrielle Kapitalismus ungeheuren Reichtum geschaffen hatte, während er die Erzeuger des Reichtums in gefährlichen Fabriken zu Minimallöhnen einsperrte. Eine derartige Entwicklung konnte nur in philosophischen Begriffen verstanden werden. Ich möchte ausführlich aus der *Deutschen Ideologie* zitieren. Die Ironie muß nun ihre Waffen niederlegen. Hören wir den jungen Marx:

> Der Arbeiter wird um so ärmer, je mehr Reichtum er produziert, je mehr seine Produktion an Macht und Umfang zunimmt. Der Arbeiter wird eine um so wohlfeilere Ware, je mehr Waren er schafft. Mit der *Verwertung* der Sachenwelt nimmt die *Entwertung* der Menschenwelt in direktem Verhältnis zu. Die Arbeit produziert nicht nur Waren; sie produziert sich selbst und den Arbeiter als eine *Ware*, und zwar in dem Verhältnis, in welchem sie überhaupt Waren produziert.
>
> Dies Faktum drückt weiter nichts aus als: Der Gegenstand, den die Arbeit produziert, ihr Produkt, tritt ihr als ein *fremdes Wesen*, als eine von dem Produzenten *unabhängige Macht* gegenüber. Das Produkt der Arbeit ist die Arbeit, die sich in einem Gegenstand fixiert, sachlich gemacht hat, es ist die *Vergegenständlichung* der Arbeit. Die Verwirklichung der Arbeit ist ihre Vergegenständlichung. Diese Verwirklichung der Arbeit erscheint in dem nationalökonomischen Zustand als *Entwirklichung* des Arbeiters, die Vergegenständlichung als *Verlust und Knechtschaft des Gegenstandes*, die Aneignung als *Entfremdung*, als *Entäußerung*.
>
> Die Verwirklichung der Arbeit erscheint so sehr als Entwirklichung, daß der Arbeiter bis zum Hungertod entwirklicht wird. Die Vergegenständlichung erscheint so sehr als Verlust des Gegenstandes, daß der Arbeiter der notwendigsten Gegenstände, nicht nur des Lebens, sondern auch der Arbeitsgegenstände, beraubt ist. Ja, die Arbeit selbst wird zu einem Gegenstand, dessen er nur mit der größten Anstrengung und mit den unregelmäßigsten Unterbrechungen sich bemächtigen kann. Die Aneignung des Gegenstandes erscheint so sehr als Entfremdung, daß, je mehr Gegenstände der Arbeiter produziert, er um so weniger besitzen kann und um so mehr unter die Herrschaft seines Produkts, des Kapitals, gerät.
>
> In der Bestimmung, daß der Arbeiter zum *Produkt seiner Arbeit* als einem *fremden* Gegenstand sich verhält, liegen alle diese Konsequenzen. Denn es ist nach dieser Voraussetzung klar: Je

mehr der Arbeiter sich ausarbeitet, um so mächtiger wird die
fremde, gegenständliche Welt, die er sich gegenüber schafft, um
so ärmer wird er selbst, seine innre Welt, um so weniger gehört
ihm zu eigen. Es ist ebenso in der Religion. Je mehr der Mensch
in Gott setzt, je weniger behält er in sich selbst. Der Arbeiter
legt sein Leben in den Gegenstand; aber nun gehört es nicht
mehr ihm, sondern dem Gegenstand.
*(Band 40, S. 511f.)*

Bevor ich diese holprigen und sich wiederholenden Sätze abschrieb,
hatte ich gar nicht richtig gemerkt, wie schmerzlich sie waren und
wie bewegend letztendlich in ihrer Bitterkeit und Empörung. Streng,
logisch, unnachgiebig, unerbittlich moralisch, wurde Marx von einem
Gefühl der unaussprechlichen Zerstörung der Gesamtheit des Lebens
gequält.

Letztlich also hatte Kolakowskis Bitterkeit ihn selbst unglaubwürdig gemacht. In seinem Ekel vor dem operettenhaften Zusammenbruch der Ideen, denen er sein Leben gewidmet, die er studiert und
nach denen er gehandelt hatte, verneinte er den jungen Marx – Karl
Marx, den lebendigen Klassiker, den die jungen Leute weiterhin lesen sollten. Die Studenten könnten leicht den prophetischen Geifer
ignorieren, den *unaufhörlichen Klassenkampf* und *die unvermeidliche proletarische Revolution* und *das Absterben des Staates* und den
ganzen Rest. Aber das Lesen der besten Werke von Marx würde die
Studenten dazu bringen, die Zufriedenheit mit ihrem eigenen System
und möglicherweise mit ihrem eigenen Leben zu überprüfen. Manches vom guten Marx handelte nicht nur vom frühen Kapitalismus;
es handelte von heute.

Denn wer war bereit zu behaupten, daß Marx unrecht hatte in bezug auf Entfremdung und die Natur der modernen Arbeit? Im zwanzigsten Jahrhundert ist »Entfremdung« ein All-Zweck-Wort geworden, das sich auf viele Formen von Anomie, Wurzellosigkeit, Lieb-
losigkeit und Distanz bezieht – den Haß des Künstlers auf die Kom-
merzgesellschaft, den Verdruß der Heranwachsenden über Eltern und
Lehrer –, und manchmal grenzt der Gebrauch des Wortes an Heuchelei, aber hier, in einer seiner ursprünglichen Bedeutungen hat der
Begriff nichts von seiner Kraft verloren. Entfremdung ist ein Verlust
an Ich: Wir arbeiten für andere, um die Ziele anderer Leute zu erfül-

len, und oft genug stehen wir dem, was wir produzieren, mit einer Gleichgültigkeit gegenüber, die an Ekel grenzt. Und die ewige Klage über Langeweile und Sinnlosigkeit; die Verarmung, die so viele spüren, die hohle Erschöpfung am Ende des Tages; die dumpfe Wut, die innere Distanzierung von sich selbst, das Bedürfnis auszubrechen... Viele von uns haben die geistige Bedingung, die Marx als eine Perversion des menschlichen Wesens betrachtete, einfach als unausweichlich akzeptiert. So z. B. die Natur der modernen Arbeit in Fabriken, Büros, Behörden, Kaufhäusern, Tankstellen – Arbeit, die zwar sicherer ist als zu Marx' Zeiten, aber oft nicht befriedigender. Liest man den frühen Marx, ist es, als würde man einen Felsen wegräumen, der verborgene Wahrnehmungen verdeckt; solche Gefühle gibt es immer noch, versteckt im Dunklen. Er gab ihnen wieder Gestalt.

Vielleicht würden die Leute ihren Gefühlen nicht auf diese Weise Ausdruck verleihen, aber sie werden durch sie beeinflußt: Sie trennen ihr Leben in zwei Teile, in Arbeit und Spiel, in Verdienen und Konsumieren; sie schleppen sich durch die Arbeit, um das gelobte Land der Freizeit zu erreichen, den erregenden Traum vom ganz besonderen Auto, Anzug, Haus oder den Ferien, die ein für allemal festlegen würden, wer sie sind. Der Ekel vor der Arbeit macht den Akt des Kaufens zu einem Bereich der Angst und des Triumphes. Entfremdung besteht auf allen Ebenen der Gesellschaft. Sie wird Konsumhaltung genannt.

Den frühen Marx zu lesen war keine große Anstrengung nach der Lektüre von Hegel, von dem Marx so viele Denkmethoden übernommen hat. All die Mühen, denen ich mich im Kampf mit der Dialektik unterzogen hatte, machten sich jetzt in Form festerer Haut und stärkerer Muskeln bezahlt. Marx studierte eine Weile in Berlin und wuchs im intellektuellen Schatten Hegels auf; er wurde Mitglied einer Gruppe junger Intellektueller, Junghegelianer genannt (linke Gruppierung). Es dauerte nicht lange, und er schrieb Hegel auf eine Weise um, die entscheidend für die intellektuelle Geschichte des Abendlandes wurde. Marx eignete sich Hegels mächtigen Rhythmus von Kampf, Versöhnung, erneutem Kampf an, aber wie Engels es später ausdrückte, stellten er und Marx Hegel, der auf dem Kopf stand, wieder auf die Füße.

Wieso stand Hegel auf dem Kopf? Bei Hegel muß der Geist, im Bestreben, sich seiner selbst voll bewußt zu werden, wiederholt seine Entfremdung von sich selbst überwinden. In seiner Manifestation während einer bestimmten Epoche verwirklicht sich der Geist in der herrschenden Kunst, Religion, ethischen Bildung – dem Bewußtsein – jener Epoche. Aber Marx machte dem, was er die »Mystifizierung« im Hegelschen Denken nannte, ein Ende. Es sei nicht der *Geist*, der von sich selbst entfremdet sei – und zwar in der materiellen Welt, der Welt, in der wir alle lebten und arbeiteten. Der Mensch war in seinem ökonomischen Leben entfremdet.

Was sollte überhaupt dieser ganze Unsinn mit dem Geist? Wie kann man sein Funktionieren beobachten oder seine Ordnung entdecken? Aus der Suche nach dem Geist kann nichts Wissenschaftliches entstehen. Die Menschen in früheren Epochen bildeten primitive Zusammenschlüsse und danach immer komplexere Arten sozialer Organisationen aus Gründen, die nichts mit der Entwicklung des Geistes oder der Idee zu tun hatten; sie handelten auf eine Art und Weise, die nichts mit der Realisierung eines ungeschriebenen Gesellschaftsvertrags zu tun hatte, wie Hobbes, Locke oder Rousseau gemeint hatten. Vor allem anderen schlossen sich Männer und Frauen deshalb zusammen, weil sie es mußten, um die Mittel für ihr eigenes Überleben zu schaffen. *Männer und Frauen* waren die Handelnden. Sie schlossen sich zusammen, um zu überleben und um gewisse Güter zu produzieren, die für das Überleben notwendig waren. Im Laufe der Zeit erlaubte ihnen die Arbeitsteilung, viel mehr zu produzieren, als für das bloße Überleben notwendig war; Freizeit wurde möglich und eine rudimentäre kulturelle Aktivität – und auch der Reichtum, der es den stärkeren und findigeren Produzenten erlaubte, die anderen zu beherrschen, indem sie die lebensnotwendigen Dinge horteten und dadurch die anderen in bloß angestellte oder abhängige Arbeitskräfte verwandelten.

In jedem bestimmten Stadium der Produktion erwuchs das politische System aus der Verteilung des Eigentums und den vorherrschenden Kräften der Kontrolle (»die sozialen Produktionsbedingungen«). Marx entwickelte seine eigene Darstellung der Geschichte vom Stammeseigentum, das ohne Privatbesitz in einer Art primitivem Kommunismus funktionierte und von patriarchalischen Stammeshäuptern verwaltet wurde, bis hin zu den bürgerlichen Republiken, die vom industriellen Kapitalismus mit seinen Unternehmern und verarmten städtischen Proletariermassen beherrscht wurden. Kein mystischer Geist würde irgend etwas hiervon beherrschen oder die Geschichte vorwärtstreiben; der Motor seien im Gegenteil das menschliche Streben und der unaufhörliche Klassenkampf. Der junge Marx wurde schwärmerisch; das metaphysische Schreckgespenst war vom Rücken der Philosophie gestoßen worden.

> Ganz im Gegensatz zur deutschen Philosophie, welche vom Himmel auf die Erde herabsteigt, wird hier von der Erde zum Himmel gestiegen. D. h., es wird nicht ausgegangen von dem, was die Menschen sagen, sich einbilden, sich vorstellen, auch nicht von den gesagten, gedachten, eingebildeten, vorgestellten Menschen, um davon aus bei den leibhaftigen Menschen anzukommen; es wird von den wirklich tätigen Menschen ausgegangen und aus ihrem wirklichen Lebensprozeß auch die Entwicklung der ideologischen Reflexe und Echos dieses Lebensprozesses dargestellt... Die Moral, Religion, Metaphysik und sonstige Ideologie und die ihnen entsprechenden Bewußtseinsformen behalten hiermit nicht länger den Schein der Selbständigkeit. Sie haben keine Geschichte, sie haben keine Entwicklung, sondern die ihre materielle Produktion und ihren materiellen Verkehr entwickelnden Menschen ändern mit dieser ihrer Wirklichkeit auch ihr Denken und die Produkte ihres Denkens. Nicht das Bewußtsein bestimmt das Leben, sondern das Leben bestimmt das Bewußtsein.
> *(Band 3, S. 26f.)*

Die idealistische wurde durch die materialistische Geschichtsauffassung ersetzt, und eine charakteristisch moderne Betrachtungsweise von menschlicher Aktivität war geboren. Wir sind entfremdet, zum Teil deswegen, weil wir in Mythen leben, die von anderen geschaffen wurden, wie etwa die Notwendigkeit monarchischer oder aristokratischer oder priesterlicher Herrschaft; oder die behauptete universale Anwendbarkeit und Vortrefflichkeit eines bestimmten wirtschaftlichen Systems, das in Wirklichkeit nur einigen wenigen nutzt. Derlei Mystifikationen nannte Marx »Ideologie«.

Die Gedanken der herrschenden Klasse sind in jeder Epoche die herrschenden Gedanken, d. h. die Klasse, welche die herrschende *materielle* Macht der Gesellschaft ist, ist zugleich ihre herrschende *geistige* Macht. Die Klasse, die die Mittel zur materiellen Produktion zu ihrer Verfügung hat, disponiert damit zugleich über die Mittel zur geistigen Produktion, so daß ihr damit im Durchschnitt die Gedanken derer, denen die Mittel zur geistigen Produktion abgehen, unterworfen sind. Die herrschenden Gedanken sind weiter nichts als der ideelle Ausdruck der herrschenden materiellen Verhältnisse, die als Gedanken gefaßten herrschenden materiellen Verhältnisse...

Zu einer Zeit z. B. und in einem Lande, wo königliche Macht, Aristokratie und Bourgeoisie sich um die Herrschaft streiten, wo also die Herrschaft geteilt ist, zeigt sich als herrschender Gedanke die Doktrin von der Teilung der Gewalten, die nun als ein »ewiges Gesetz« ausgesprochen wird... Jede neue Klasse nämlich, die sich an die Stelle einer vor ihr herrschenden setzt, ist genötigt, schon um ihren Zweck durchzuführen, ihr Interesse als das gemeinschaftliche Interesse aller Mitglieder der Gesellschaft darzustellen, d. h. ideell ausgedrückt: ihren Gedanken die Form der Allgemeinheit zu geben, sie als die einzig vernünftigen, allgemein gültigen darzustellen.
*(Band 3, S. 46-47)*

Das materielle Leben produziert Bewußtsein, nicht andersherum, und auf diese Weise wird Hegel »wieder auf die Füße gestellt«. In dieser »Richtigstellung« von Hegel kann man die Hauptidee der kulturellen Linken aufspüren: Die Kultur unserer Gesellschaft ist ein Ausdruck ihrer herrschenden ökonomischen, ethnischen und geschlechtsbedingten Ausformungen der Macht. Kommen wir zum Naheliegenden: Eine der Manifestationen dieser Kultur ist die Reverenz vor »den westlichen Klassikern«, deren zentrale Stellung die fortlaufende Herrschaft einer patriarchalischen, weißen Elite rechtfertigt, während sie die Machtforderungen aller anderen an den Rand drückt. Die angeblich universalen Werte, die aus diesen Büchern abgeleitet werden, sind weit davon entfernt, für alle gültig zu sein, sondern drücken bloß die Werte jener aus, die bereits die Macht haben.

Aber nun ergibt sich die Widerlegung der akademischen Linken aus den Worten selbst. Selbst Marx erhebt sich, um gegen den Mißbrauch seiner Ideen zu protestieren. Können Werke der Kunst und Philosophie jemals bloß die Werte einer einzigen Klasse ausdrücken? Können sie in demokratischen Gesellschaften, in denen jedermann zu ihnen Zugang hat, nicht zum Eigentum von jedermann werden, der so die Gelegenheit hat, von ihnen zu lernen? Würden neue Leser nicht daraus etwas Eigenes gestalten, ihre Bedeutung verändern und mit den Geboten ihrer eigenen Identität vermischen? In diesem Fall können Marx und die marxistische Tradition selbst gegen die akademische Linke benutzt werden. Die Wurzeln des Angriffs auf »den Kanon« können bei Marx gefunden werden, aber Marx selbst liebte die große abendländische Kultur und bewies wenig Interesse für proletarische Kultur oder die Kultur Asiens und Afrikas. Im sozialistischen Utopia würde die große Kultur für jeden, der sie wünschte, zugänglich sein. Das war einer der Gründe, weshalb wir ein sozialistisches Utopia schaffen sollten. So unterschiedliche Gegner der Verdammung des Kanons wie Edward Said und Irving Howe haben hervorgehoben, daß es in der klassischen Linken keine Tradition für die Verdammung gibt. Leo Trotzky argumentierte gegen die sowjetischen Philister, die die »reaktionäre Kultur« der Vergangenheit verbannen wollten. Trotzky lobte die außerordentliche Kraft eines Dante; und der italienische Marxist Antonio Gramsci bestand auf der großen Bedeutung des Griechischen und Lateinischen. Vor nicht allzu langer Zeit hat E. P. Thompson, der große Chronist der englischen Arbeiterklasse im neunzehnten Jahrhundert, auf die Wichtigkeit von Shakespeare für die Bewegung der Arbeiterklasse hingewiesen. Kurz gesagt, die klassischen Schriftsteller der Linken haben die »kanonische« Literatur nicht als »unterdrückend« angegriffen.

Die Revolution war gescheitert, aber unser Seminar über Marx erzitterte von den Nachbeben der Illusion. Stephanson erklärte, daß trotz der drastischen Revision Hegels durch Marx die Dialektik geblieben sei. Die Dialektik war immer noch der Motor der Veränderung.

»Marx versteht unter Dialektik jedesmal etwas anderes«, sagte er. »Manchmal – im *Kommunistischen Manifest* zum Beispiel – meint er den unaufhörlichen Kampf von Klasse gegen Klasse, der die Geschichte vorantreibt. Und manchmal meint er etwas Spezielleres. In gewissen Stadien einer gegebenen Periode beginnen die Produktionsmittel – die Art und Weise, wie die Menschen Güter herstellen und verteilen – über die Produktionsbedingungen hinauszuwachsen. Das Wesen gerät mit seiner Hülle in Konflikt und bricht hervor. Die Beziehungen verändern sich, oder es gibt eine Revolution.«

Glaubte Stephanson immer noch an die Revolution? Jetzt? Er war nicht unglücklich über den Zusammenbruch des Kommunismus sowjetischer Machart, aber er wollte nicht das historische Paradigma von Marx aufgeben. Wieder und wieder kehrte er zu dem magischen Augenblick zurück, wenn das Proletariat die Macht ergreift und die Entfremdung beendet wird, und die Studenten, obwohl sie eifrig bemüht waren, Marx zu verstehen, wurden aufgebracht. Sie rümpften über den Begriff der Utopie die Nase, mit dem Argument, daß alle Gesellschaften Individuen hervorbrächten, die eine größere Initiative zeigten als andere, daß alle Gesellschaften natürliche Eliten hätten. Es könne keine vollkommene Gleichheit geben, noch sei sie wünschenswert. Es war für sie der Moment, im ganzen Jahr, an dem sie am stärksten gegen politische Korrektheit argumentierten.

Die Stimmung der Studenten grenzte an Pathos. Stephanson hielt an den alten Mythen fest, auch wenn ein Teil seines Verstandes sie verwarf; bei zwei Gelegenheiten sprach er von Stalins Politik der Zwangskollektivierung in den 30er Jahren, als ob sie im wesentlichen auf einer *Fehlinterpretation* von Marx beruht hätte – als ob Stalin, hätte er die Texte von Marx genauer gelesen, weniger zynisch und mörderisch gewesen wäre. Stephanson war lebhafter denn je, ein hübscher, junger Mann mit blondem Haar, einem ansteckenden Lächeln und einem trompetenartigen Lachen. Seine Spötterei beeinflußte nicht seine fröhliche Stimmung und Freundlichkeit; er hatte immer alles im Griff. Doch ich hatte den Verdacht, daß er im Zustand einer intellektuellen Krise und vielleicht sogar Verzweiflung war. Er sprach bewegend vom Verlust der Alternativen zum Kapitalismus. Der Markt, sagte er, hat total triumphiert, zumindest zum jetzigen Zeitpunkt.

»Und was passiert mit der Ethik«, fragte er, »in einer Periode, in der der Markt selbst ein transzendentaler Bedeutungsträger ist? Der Markt diktiert die Beziehungen und wird als gute Sache angesehen. Vom Marktmechanismus wird erwartet, daß er alles rettet. Aber der Mechanismus hat keinen Wert an sich.«

Das war eine gute Frage. Es hätte mir Spaß gemacht, sie Konservativen zu stellen, vor allem wenn sie durch ihre rückhaltlose Billigung des Kapitalismus beim Kritisieren der Massenkultur, die der Kapitalismus produziert, aus dem Gleichgewicht geraten. Als die Filme immer gewalttätiger und die Rap-Musik profan und nihilistisch wurde, fiel den Konservativen nichts anderes ein, als die niedrige Moral zu beklagen. Aber was glaubten sie wohl, woher die Moral käme? Vom Himmel? Da die Konservativen definitionsgemäß den Markt nicht in Frage stellen konnten, auf dem die »Verderbtheit« oft populär war, konnten sie nur eine tautologische Kritik liefern. Wir haben eine niedrige Moral, weil... wir eine niedrige Moral haben. Oder weil der Liberalismus uns demoralisiert hat. Oder weil es uns an Einschränkung fehlt. Aber der Kapitalismus ist in seiner eigentlichen Natur *uneingeschränkt* – wie Marx gesagt hat, ist er die revolutionärste Kraft in der Welt. Die grenzenlose Natur des Kapitalismus ist doch genau das, was die Konservativen an ihm lieben, und in den 90er Jahren waren sie eifrig bemüht, Regulierungen abzuschaffen und ihm noch weniger Zügel zu geben. Ihre Haltung ergibt also wenig Sinn. Zumindest sollten sie zugeben, daß der Kapitalismus bereit sei, *alles* zu verkaufen, daß er völlig amoralisch sei und in seinem normalen, gesunden, kreativen Toben durch unsere Städte und ländlichen Kommunen einiges an sozialer Zerrissenheit geschaffen hat – die Schwächung der Familienbande, die Verdrängung des Lesens durch die elektronische Massenkultur –, was zu Nihilismus, Gewalt und »Verderbtheit« geführt hat. Kapitalismus schafft Neid und den Wunsch, sich über Waren zu definieren. Der Kapitalismus selbst, in seiner amerikanischen Version, trägt einen Teil der Verantwortung für die niedrige Moral. Aber die Konservativen konnten das nicht sehen. Und das ist genau das, was Marx mit der blind machenden Kraft der Ideologie meinte.

Stephanson hatte recht, daß es mit der Ethik abwärtsgeht, wenn der Markt zum höchsten Gut wird. Aber die Studenten reagierten nicht auf Stephansons Verzagtheit, und der Grund war allzu offensichtlich. Sie hatten keine andere Wahl, als sich am Markt zu beteiligen. Es war *ihr* Alptraum, und es war ihre Aufgabe, es nicht zu einem Alptraum werden zu lassen. Was sollten sie sagen?

Stephanson fuhr fort, indem er die Frage der Revolution neu aufwarf. Er wollte sie provozieren, sehen, wie weit ihre Akzeptanz ihres eigenen Systems gehen würde. »Können wir uns in Hegelschen Begriffen«, fragte er, »irgendeine entscheidende Negation des gegenwärtigen Systems vorstellen? Oder ist dies ›das Ende der Geschichte‹, wie Francis Fukuyama es genannt hat, wo der Kapitalismus rundum triumphiert hat und uns nicht anderes bleibt als Langeweile und Spitzklickerei?«

Abel Kern hob seine Hand. Er war einer der Studenten, die im zweiten Semester neu ins Seminar gekommen waren. Er war ein ernstes, intellektuelles Zweitsemester und einer der Besten im Erläutern von Texten – bei Hegel war er brillant gewesen –, aber er war schrecklich jung und nicht so weltgewandt wie Studenten, die weniger redegewandt waren als er. »Ökologische Zerstörung«, sagte er. »Die Idee vom ständigen kapitalistischen Wachstum ist eine Farce. Wenn man die Produktion erhöht, dann gehen die Ressourcen zu Ende.«

»Okay«, sagte Stephanson. »Die ökologische Katastrophe ist das Produkt von ständig zunehmendem Wachstum. Aber wo soll die soziale Kraft sein, die Änderung schafft?«

»Unsere Ressourcen nehmen ab, unsere Bevölkerung wächst diametral hierzu. Der Weltgeist könnte in einer Revolution oder im Kollaps des Systems erscheinen.«

»Ja«, sagte Stephanson und schaute sich im Raum um, »aber wie soll entschieden werden, nicht damit fortzufahren, unsere Ressourcen auszubeuten? Durch wen soll das entschieden werden? Sollen wir den Chinesen sagen, sie sollen keine Autos bauen, sondern bei ihren Fahrrädern bleiben?« Und mehrere Studenten, die in dieselbe Kerbe schlugen, beschuldigten die Vereinigten Staaten der Heuchelei. Während wir Sauerstoff erzeugende Bäume fällen, warnen wir die weniger entwickelten Länder – Brasilien zum Beispiel – davor, dasselbe zu tun.

Abel war mattgesetzt und schwieg, aber nun redete Manuel. »Frauen«, sagte er, »*Frauen* sind die einzige Klasse, von denen eine Revolution ausgehen wird, weil sie ausgeschlossen gewesen sind und weil sie gedeihende innere Mechanismen haben...« – allgemeine Heiterkeit – »Nein, die Art, wie sie zusammenhalten, ist politisch. Sie glauben an Verhandlungen. Die Männer benutzen Gewalt, weil sie die Mittel dazu haben; Frauen, eine unbewaffnete Bevölkerungsgruppe, werden verhandeln.«

»Ja, aber wie werden die Frauen die Macht bekommen?« fragte Meredith, die auch neu im Seminar war, eine imponierende Südafrikanerin von gemischter ethnischer Herkunft. Ihre Frage hing in der Luft; mit ihrer Art drückte sie aus, daß die Frauen die Macht haben sollten. Der Feminismus war natürlich eins der Dinge, die Marx nicht vorhergesehen hatte (ein paar andere Dinge waren der Faschismus, die Wiederkehr des Nationalismus, der ethnische Partikularismus und der Wohlfahrtsstaat). Marx glaubte, der Sozialismus werde für die Frauen sorgen.

Stephanson gab widerwillig die Revolution als eine schwierige Aufgabe auf und kehrte zu den Übeln der kapitalistischen Gesellschaft zurück und zu dem, was Marx (im *Kapital*) den »Warenfetischismus« nannte. (Stephanson hatte uns gebeten, ein paar längere Passagen aus dem späten Marx zu lesen.) Die Waren, die die Arbeiter durch ihre Arbeit erzeugten, die Waren, von denen die Arbeiter entfremdet waren, waren nicht, wie Marx betonte, die einfachen Objekte, die sie zu sein schienen. Im Gegenteil, Waren seien »seltsame« Dinge, »voller metaphysischer Feinheiten und theologischer Nettigkeiten«. Im sanften Äußeren einer Ware – einer Bluse, eines Tisches, einer Büchse Cornedbeef – verberge sich die Wahrheit, daß sie ein Produkt sozialer Arbeit ist; eine Ware hat die sozialen Bedingungen ihrer Produktion als Stempel aufgedrückt. Die eigentliche Bedeutung der Ware hat also wenig mit ihrer physischen Natur zu tun. Eine Ware ist eine Art Fetisch (im religiösen Sinn); sie scheint ein Ding zu sein, ist aber in Wirklichkeit ein anderes, wie eine Voodoo-Puppe, und die Beziehungen zwischen den Waren nehmen eine mystische Natur an. Marx sprach von gewöhnlichen Waren, die in aller Unschuld gemacht wurden. Aber was würde er zu der amerikanischen Pop-Kultur gesagt haben, in der Waren – Schuhe, Hemden, Abzeichen, alles – bewußt als Fetische hergestellt werden? Kurz bevor ich diese Zeilen geschrieben habe, beobachtete ich meinen zwölfjährigen Sohn Max, der eine Wollmütze trug, als er bei 39° C zum Rollerbladen ging. Kein Argument konnte ihn davon abbringen, die Mütze zu tragen, da sie Teil seines Gangsta-Rapper-Outfits ist. Der Warenfetischismus wurde demystifiziert, er gehört jetzt zur Spielkleidung amerikanischer Jugendlicher.

Stephanson drängte weiter. Der Kapitalismus werde nicht so leicht davonkommen. »In der bürgerlichen Gesellschaft«, sagte er, »ahmen die Beziehungen zwischen den menschlichen Wesen die Beziehungen zwischen den Waren nach. Das ist nicht dasselbe, wie zu sagen, daß alles und jeder seinen Preis hat. Wir verhalten uns zueinander, als ob

376

wir Waren *wären*; die Warenform durchdringt allmählich jedes Element des menschlichen Lebens. Es gibt keine ursprünglichen Beziehungen; unsere Beziehungen sind bereits durch die Warenform gefiltert.«

War das wahr? Es war eine erstaunliche Idee. »Dies ist immer noch ein großes Problem für die liberale Theorie«, sagte Stephanson. »Wenn das Geld das einzige ist, was uns verbindet, was hält dann die Gesellschaft zusammen? Welches sind die Werte, die wir gemeinsam haben?«

Ich war beunruhigt, und mein erster Impuls war, mich zu widersetzen. Demokratische Freiheiten, die Freiheit des Marktes und der bürgerliche Individualismus waren genug, durchaus genug, dachte ich. Denn ich muß eine schreckliche Wahrheit gestehen – ich *will* meinem Mitmenschen gar nicht immer näher sein. Ich meine, nicht im allgemeinen. Ich wollte diesem Mann oder dieser Frau oder diesem Kind näher sein oder vielleicht jener kleinen Gruppe. Für mich reichte das. Irritierenderweise meinte ich, es gebe ein Element von unangemessenem Hochmut in derlei Verlangen nach Gemeinsamkeit. Leute, die wie ich fühlen, trafen ihre Mitbürger in getrennten Sphären, bei der Arbeit, in der Freizeit, in der Kirche, in beruflichen oder politischen Gruppen; wir bekamen, was wir wollten, an vielen unterschiedlichen Orten und ohne eine organische Gemeinschaft, und wir setzten daraus ein Leben zusammen. Wir sortierten und wählten aus, und viele von uns wollten vielleicht keine ursprünglichen Beziehungen zu anderen Menschen. Das heißt, nicht immer. Manche Leute als Waren zu behandeln und selbst als Ware behandelt zu werden hat, so schrecklich das klingt, seinen eigenen leichten Reiz, den Reiz des Künstlichen, von Tempo und von Geld. Unsere Geschäftskultur hat eine flüchtige Leutseligkeit bei zufälligen Begegnungen erzeugt, die eher angenehm sein kann, sogar erheiternd. Auf jeden Fall ist Geld aber *nicht* das einzige, was uns verbindet. Es gibt die Familie, die Religion, den Sport, die Kultur in allen ihren Formen, freiwillige Vereine und politische Gruppen jeder Couleur.

Aber nachdem ich diese Liste aufgestellt hatte, wußte ich, daß ich Stephansons Frage nicht beantwortet hatte. Er hatte natürlich recht. In Amerika schien es weniger und weniger zu geben, was uns zusammenhielt. Hatte ich nicht das ganze Jahr über den Tod der bürgerlichen Gesellschaft in Amerika beweint? So viele der großen

Schriftsteller auf der Liste des Seminars über die Kulturgeschichte der Gegenwart – Platon, Aristoteles, Augustinus, Machiavelli, Rousseau, Hegel und auch Marx – vermuteten oder verlangten ein weit größeres Gefühl von sozialer Solidarität, als wir es in Amerika hatten. Was immer meine Bedürfnisse sind, so viele Menschen sehnten sich nach dem, was der amerikanische Kapitalismus und der amerikanische Individualismus unmöglich gemacht haben. Millionen sehnten sich danach, Teil einer größeren und stärkeren Gruppe als ihrer Familie zu sein. Die Bürgerwehr-Gruppen zum Beispiel. Bestanden solche Gruppen aus anarchistischen Individualisten und Rechten, die für die Freiheit des einzelnen eintraten, oder waren ihre Mitglieder in Wirklichkeit Leute, die sich aneinanderklammerten zur gegenseitigen Hilfe, weil sie sich nach einer Gemeinschaft sehnten, die sie in den heidnischen Medien und den Wüsten der Einkaufszentren nicht fanden?

»Eine Gesellschaft, die auf Habsucht basiert, ist besser als eine Gesellschaft, die auf programmierter Bruderschaft basiert«, hatte Leszek Kolakowski in seiner Rede an der Columbia-Universität gesagt. Nun ja, wenn das die einzige Alternative wäre, würden wohl die meisten von uns zustimmen. Es lebe also der Markt und die Freiheit, die er oft mit sich bringt. Aber dennoch. Dennoch! Marx' Kritik am Kapitalismus und dem, was er den Menschen antut, kann nicht einfach mit Spott und Ironie abgetan werden. Das Versagen des Kommunismus hat nicht jeden Satz, den Marx schrieb, zunichte gemacht. Kolakowski war ohne Maß gewesen und hatte unrecht. Kolakowski war zu seiner Bitterkeit berechtigt, aber nachdem wir ein wenig Marx gelesen hatten, konnten wir sagen, daß Kolakowski ohne Maß gewesen war und unrecht hatte. Marx, der gescheiterte Prophet, wurde lächerlich gemacht und unterdrückt, nicht nur, weil er unrecht hatte, sondern auch weil er recht hatte. Er befleckte den Stolz der triumphierenden kapitalistischen Ordnung. Stephanson hatte die Elemente von Marx zu fassen bekommen, die aussagekräftig und sogar unwiderlegbar waren.

Jetzt, wo der Triumph des Kapitalismus unumstößlich war, sollten wir in der Lage sein, wieder Marx (in Auswahl) über den Kapitalismus zu lesen, als Abendländer auf der Suche nach uns selbst. Die Irrelevanz von Marx in der Welt der Macht hatte ihn äußerst relevant für unsere Seelen gemacht.

Bevor ich mit *Über die Freiheit* anfing, dachte ich, ich verstünde, warum Stephanson von Mill gelangweilt war. John Stuart Mill war als viktorianischer Liberaler per excellence, als oberster Zelebrant der Freiheit der Rede, des Gewissens und Verhaltens sowie als früher und glühender Feminist überwältigend *gut*. Er war edel bis zur Albernheit (seine lange platonische Freundschaft mit einer verheirateten Frau wurde zu einem äußerst seltsamen Skandal in der Mitte des viktorianischen Zeitalters), und von allen großen Schriftstellern, die heute noch von Bedeutung sind, war er schlußendlich der, der am wenigsten sexy war. Daß er wirklich ein großer Schriftsteller war, wurde schnell klar, als ich mich in Mills außergewöhnliches Pamphlet eingelesen hatte – so klar, daß in dem Moment, als ich die Mitte der dicht beschriebenen 113 Seiten erreicht hatte, mein Einverständnis mit Stephansons Entscheidung, Mill nicht zu diskutieren, verschwand. Ein sehr ergiebiger Text, dieses Pamphlet. Ich entdeckte dort, unter vielen anderen Dingen, den Schlüssel zum Grundkurs der Columbia-Universität – oder zu jedem modernen Grundkurs in klassischen Texten. Sein innerer Geist und seine innere Kraft waren in Mills eigener inbrünstiger Tugend verkörpert.

Ich erwartete Platitüden und fand statt dessen eine dichte und starke Argumentation, einen energischen, radikalen Geist. Mills Argumentation läuft darauf hinaus, daß die Gemeinplätze über die Freiheit tatsächlich die Position einer Minderheit repräsentieren. In der Weltgeschichte waren Intoleranz und Verfolgung die Regel, Freiheit die Ausnahme. Nicht mehr als ungefähr siebzig Jahre, bevor Mill *Über die Freiheit* schrieb (1859), hatten die Mächtigen, zumindest in Europa, die Menschen, deren Überzeugungen sie haßten und fürchteten, zum Tode verurteilt. »Häresie« wurde, nach einer langen Zeit, erst seit kurzem nicht mehr verfolgt. Aber außerhalb Europas und der Vereinigten Staaten lebte sie weiter und ist natürlich auch 1990 noch am Leben, denn immer noch halten viele Gesellschaften die Freiheit der Rede, der Religion und des Verhaltens für eine lächerliche und empörende Idee, einen Grund für Verhaftungen, Prozesse und Verfolgung. Amerikanische Verbündete wie Saudiarabien argumentieren folgendermaßen: Warum sollten wir den Frauen erlauben, selbst die Wahl ihrer Sexual- und Ehepartner zu treffen? Es ist eine Beleidigung Gottes. Und warum sollten wir es erlauben, daß andere politische Systeme und Religionen offen in unserem Land ausgeübt werden? Diese

Überzeugungen sind falsch und deshalb verderblich – und gefährlich für uns. Die Stärke unseres Landes hängt von seiner Einheit ab. Wir müssen nicht aus Hochachtung vor irgendwelchen idiotischen westlichen Heucheleien über »Freiheit« an unserem Selbstmord mitwirken.

Nicht, daß die demokratischen Staaten völlig immun gegen diese Art des Denkens wären. Wie Mill immer wieder sagt, war im viktorianischen England (und auch in Amerika) die Verfolgung durch den Staat und die Kirche der Verfolgung durch die öffentliche Meinung gewichen. Die Demokratie hat einen einschüchternden und konformistischen Geist in ihre Freiheiten integriert; viele Leute würden ihre Mitbürger gerne zum Schweigen bringen, wenn sie könnten. Allan Bloom mag sich vorgestellt haben, daß Amerika vom Relativismus überschwemmt wird, aber tatsächlich halten die meisten Menschen ihre eigenen Meinungen für selbstverständlich. Und die meisten Leute würden, wie Mill sagt, ihre Meinungen gerne als universell gültig betrachten, ohne sich klar zu sein, daß das meiste dessen, was sie glauben, auf mächtige Institutionen in ihrem Umkreis zurückgeht – auf Familie, Kirche, Gesellschaft – oder auf verdeckte Mächte wie Vorurteile und Aberglaube, Neid und vor allem Eigeninteresse. Mill war hier sehr eindeutig: Selbstrechtfertigung und die Blindheit in ihrem Gefolge sind dem menschlichen Geltungsbedürfnis inhärent. Wirkliche Freiheit wird nicht leicht von jedermann unterstützt.

Weshalb also *nicht* die Meinungen anderer unterdrücken? Mill führt zwei Gründe an. Irgendeine bestimmte Rede oder Meinung zu unterdrücken impliziert, daß wir unfehlbar sind und uns niemals ändern. Schließlich, sagt Mill, wurden die frühen Christen von Menschen unterdrückt, die ebenso gewissenhaft und ehrenhaft waren wie wir – Marc Aurel zum Beispiel, der größte Denker unter den römischen Kaisern –, und am Ende triumphierte das Christentum. Wir brauchen auch den Widerspruch, wir müssen herausgefordert werden, sonst vertrocknen unsere Grundsätze und werden zu bloßen »herrschenden Ideen« – Ideen, an denen ohne Leidenschaft, ohne Klarheit und Kraft festgehalten wird. Hier folgt also nun das, was »jedermann« glaubt, ein paar Worte des angeblich langweiligen Mill:

> Wer nur die eine Seite eines Falles kennt, weiß nur wenig davon. Seine Argumente mögen richtig sein, und niemand mag im-

stande sein, sie zu widerlegen. Aber wenn er selbst nicht fähig ist, die Gründe der Gegenseite zu entkräften, so hat er keinen Grund, eine Seite zu bevorzugen. Vernünftig wäre es vielmehr, wenn er seine Entscheidung aufschöbe. Kann er sich dazu aber nicht entschließen, so läßt er sich entweder durch Autorität bestimmen, oder er stellt sich, wie die meisten es tun, auf die Seite, wohin seine Neigung ihn führt.

Auch genügt es nicht, daß jemand die Argumente der Gegner nur von seinen eigenen Lehrern dargestellt bekommt und dazu die Gründe hört, die sie zur Widerlegung bereithalten. Auf diesem Weg würde man jenen Argumenten nicht gerecht werden und sie nicht zu seinem eigenen Geist in Beziehung bringen. Man muß vielmehr in der Lage sein, auch die Gegenargumente von solchen Menschen dargestellt zu hören, die sie wirklich glauben, die sie im Ernst verteidigen und die mit ganzer Seele dafür eintreten.

Man muß sie in ihrer einleuchtendsten und überzeugendsten Form kennen lernen; man muß die ganze Macht der Schwierigkeiten empfinden, die der wahren Ansicht des Gegenstandes entgegenstehen, sonst wird man niemals die Kraft der Wahrheit bemeistern, die notwendig ist, um jene Gründe zu entkräften. Von hundert sogenannten gebildeten Menschen sind neunundneunzig in dieser Lage; das gilt selbst für diejenigen, die fließend für ihre Sache reden können.
*(S. 50)*

*Über die Freiheit* war nicht ein hübsches kleines Pamphlet, das die Freiheit empfiehlt, sondern ein unbarmherziger Angriff auf den Konformismus und die Schüchternheit. Das Wohl einer ganzen Gesellschaft stand auf dem Spiel. Mut, Geist, Leben standen auf dem Spiel. Mill wäre mit einem bloßen aktiven Kreislauf von Meinungen – einem ewigen Hyde Park Corner – nicht glücklich gewesen. Was er wollte, das war eine Gesellschaft, die Mittelmäßigkeit und Furchtsamkeit verabscheut und Individualität (selbst Exzentrik) und Initiative belohnt; solch eine Gesellschaft wäre heiter, blühend, progressiv. Wahre Freiheit des Gewissens und der Meinung würde nicht nur Gesetze erfordern, die die freie Rede schützen, sondern eine Revolution des Geistes.

Wie viele von uns können eine grundlegende Meinungsverschiedenheit vertragen, von der Mill glaubt, daß sie für die intellektuelle Gesundheit notwendig sei? Als Filmkritiker weiß ich, daß, was Schauspieler, Regisseure und Schriftsteller auch sagen mögen, niemand wirklich Kritik möchte. Sie wollen Lob und noch mehr Lob. Äußerst fähige und gebildete Leute sind oft am wenigsten bereit, mit grundlegendem Widerspruch zu leben – sie haben schon so viel Ego in das, was sie glauben, investiert, und das wollen sie nicht in Zweifel gezogen sehen. Unvermeidlich beginnen sie entgegengesetzte Meinungen zu verachten und sie ihres Inhalts zu entleeren. Sie *amüsieren* sich über sie. Selbst wenn man der Meinung ist, daß Mill sich selbst betrog, da er selbst glaubte, die Wahrheit zu erkennen, ist sein Beharren auf Konfrontation beunruhigend. In Abschnitten wie dem obigen hört man einen Eifer heraus, der in seiner Verkündung des Prinzips beinahe religiös ist, ein starker, besorgter, stürmischer Idealismus – die heroische moralische Seite des viktorianischen Eifers. Mill weiß, daß er gegen das Wesen der menschlichen Wünsche zu allen Zeiten und an allen Orten angeht.

In den Vereinigten Staaten sind weder die christlichen Rechte mit ihrer scheinheiligen Herabwürdigung entgegengesetzter Meinungen noch die kulturelle Linke mit ihrem Eifer, jedermanns Meinungen zum bloßen Ausdruck von Macht zu reduzieren, bereit, ihre grundlegenden Meinungen diskutieren zu lassen. Für Leute von messianischer Überzeugung müssen Mills Vorstellungen zum Verzweifeln sein. Er verlangt, daß wir Unsicherheit akzeptieren. Er möchte, daß wir, wie sein großer moderner Schüler Isaiah Berlin sagen würde, mit der Annahme leben, daß das Leben weder unveränderlich noch leicht verständlich ist. Keine einzige – religiöse, ökonomische, politische – Idee wird alles organisieren, alles interpretieren, alles zusammenschließen können. Wir sind zu Veränderung und Komplexität verurteilt, und nur die Vernunft und die Diskussion werden Wissen und sogar Fortschritt erzielen.

Wie unerotisch, wie wenig aufregend. Aber was *steckt* sonst alles darin? Meine Unstimmigkeit mit Stephanson wurde klarer. Es wäre wichtig, daß wir Mill lesen, nicht nur, weil er zum Ausdruck bringt, was viele von uns über Freiheit in einer offenen Gesellschaft denken, sondern weil Mills Argumente die ethische Bedingung dafür, daß wir überhaupt an Dinge glauben, enthalten.

Und als ich Mills Verteidigung der Redefreiheit zu Ende las, fiel es mir wie Schuppen von den Augen: Mill *war* der Grundkurs. Das heißt, er hatte das Grundprinzip für die Lektüre der »großen Bücher« an der Columbia-Universität oder für jede vorurteilslose Lektüre der »großen Bücher« formuliert. Die Bücher verkörperten keine unvergänglichen Wahrheiten und gewiß nicht eine einheitliche Herangehensweise, sondern eine radikale Tradition des Selbst-Infragestellens. In dieser Tradition fordert ein Buch das andere heraus, ist vielleicht sogar mit sich selbst im Streit, von Homer bis hin zu den modernen Texten – Boccaccio, der liebenswürdig die *Göttliche Komödie* umgestaltet, Montaigne, der sich selbst widerspricht, Marx, der Hegel wieder auf die Füße stellt, und so weiter. Was die Bücher lehrten, war nicht eine gesicherte Menge an Wissen oder an beständigen »Werten«, sondern ein kritisches Verhalten des Geistes, das den Studenten nicht mehr abhanden kommen würde.

Marx und Mill blieben immer radikal. Wenn sie im Moment weniger interessant oder weniger notwendig zu sein scheinen als andere Texte, dann deshalb, weil sie sich wie Schrauben in die Haut unserer Selbstgefälligkeit gebohrt haben, weshalb manche Leute, linke wie rechte, sie gerne herauswerfen würden.

Kapitel 24

NIETZSCHE

Wie so viele Städter habe ich niemals richtig die Namen der Blumen und blühenden Büsche gelernt, weshalb ich jedes Jahr im zeitigen Frühjahr, wenn ich an einem kühlen Nachmittag mit dem Bus durch den Central Park fahre, über das zögernde Auftauchen von Farbflecken zwischen den knospenden, aber immer noch bräunlichen Pflanzen des Parks verblüfft bin. Narzissen? Hyazinthen? Die Namen entflohen meinem Gedächtnis ebenso schnell wie die Namen der griechischen und römischen Götter. Jüdische Stadtjungen, die in den fünfziger Jahren aufwuchsen, hatten nie einen besonderen Draht zur Natur. Ein Baum? Er sollte dir möglichst nicht auf den Kopf fallen – *was für ein Baum es war*, wußte niemand und interessierte niemanden. Aber jetzt interessierte es mich, und nicht zu wissen, wie die Dinge heißen, machte mich ebenso verrückt, wie einen alten Film im Fernsehen zu sehen und nicht mehr zu wissen, wie der Regisseur heißt. Auf dem Gelände der Columbia-Universität tauchten die Farbtupfer in Gelb und Rosa, zuerst blaß, dann leuchtend und satt, vor den braun-roten Ziegelgebäuden und den grauen Wänden der Bibliothek auf und machten die Linien des Steins weicher, vielleicht auch die der Gedanken. An der Columbia-Universität hatte die Schönheit um ihre Existenz zu kämpfen, und das schien eine Art von Segnung zu sein.

Als Student hatte ich diese wenigen lieblichen Anzeichen niemals bemerkt. Lesen und denken, da war ich sicher, konnte man überall – in den überfüllten alten Studentenheimen der Columbia-Universität hinter dem Broadway oder Amsterdam, im Zeitschriftensaal der Butler-Bibliothek, in deren verrauchtem Nebenraum es große Ledersessel und die »privaten« Verstecke zwischen den Büchern gab, im gelben Licht einer U-Bahnstation am späten Abend, wenn der Schnellzug die Schienen entlangdonnerte. Wenn man zwanzig ist,

384

braucht man keine Schönheit. Man ignoriert sie, weil man sie mit Luxus verbindet; man traut ihr weniger als dem Schmutz. Aber jetzt brauchte ich sie, und ich war sicher, daß das Studium durch gotische Türme, geräumige Seminarräume und offene Felder und Wälder erleichtert wurde. Ich verspürte Sehnsucht nach berühmten und schönen Internaten. Cambridge? Duke? Lieber Himmel, stieg in mir im Alter von achtundvierzig Jahren etwa der Wunsch auf, an die Universität Princeton zu gehen? Zum Studieren braucht man die entsprechende Umgebung, sagte ich mir, genau wie ein Opernsänger Schloßzinnen und Druidentempel braucht.

Es war eine fröhliche Woche. Nietzsche im Anschluß an Mill zu lesen war sehr aufregend: Mehr als einmal war ich nahe daran, mich lauthals zu freuen über die schöne Zeit, die ich verbrachte, über das Gefühl von Freiheit und Kraft.

Nietzsche jagte das liberale Pflichtbewußtsein zum Teufel. Der im Seminar über die Kulturgeschichte der Gegenwart vorgeschriebene Text *Zur Genealogie der Moral* von 1887, eins der letzten Bücher, die Nietzsche schrieb, bevor er wahnsinnig wurde, ist eine fröhliche, boshafte Attacke gegen den Egalitarismus und die Demokratie, gegen die moderne bürgerliche Zivilisation, gegen das Judentum, das Christentum – gegen alles, was die meisten Abendländer für human und notwendig halten würden. Das Buch ist eine ungeheure Explosion von Wut und Verzweiflung, zermürbend intelligent und wirklich skandalös. Für jeden, der der alltäglichen Schocks im Kino oder auf MTV oder der lächerlichen Zornesausbrüche der New Yorker Avantgarde in der jüngsten Vergangenheit müde ist, war dies das Wahre, ein zügelloses und sündiges Buch.

Die Schwachen, so stellt sich heraus, haben ihren Trick perfektioniert, sich selbst zu erhöhen und den Starken ein Gefühl der Schuld einzuflößen. Das nennt man Moral, und das wurde von den Juden und den frühen Christen erfunden, die sich gegen die alten heidnischen Kriegereliten erhoben – gegen die Griechen, Römer, Perser, Ägypter und so weiter. Hier befindet sich Nietzsche in seinem Element und ist voll tobender Verachtung:

Man wird bereits erraten haben, wie leicht sich die priesterliche Wertungs-Weise von der ritterlich-aristokratischen abzweigen und dann zu deren Gegensatz fortentwickeln kann; wozu es insonderheit jedesmal einen Anstoß gibt, wenn die Priester-kaste und die Kriegerkaste einander eifersüchtig entgegentre-ten und über den Preis miteinander nicht einig werden wol-len. Die ritterlich-aristokratischen Werturteile haben zu ihrer Voraussetzung eine mächtige Leiblichkeit, eine blühende, rei-che, selbst überschäumende Gesundheit, samt dem, was deren Erhaltung bedingt, Krieg, Abenteuer, Jagd, Tanz, Kampfspiele und alles überhaupt, was starkes, freies, frohgemutes Handeln in sich schließt. Die priesterlich-vornehme Wertungsweise hat – wir sahen es – andre Voraussetzungen: schlimm genug für sie, wenn es sich um Krieg handelt! Die Priester sind, wie bekannt, die *bösesten Feinde* – weshalb doch? Weil sie die ohnmächtig-sten sind. Aus der Ohnmacht wächst bei ihnen der Haß ins Un-geheure und Unheimliche, ins Geistigste und Giftigste. Die ganz großen Hasser in der Weltgeschichte sind immer Priester gewe-sen, auch die geistreichsten Hasser – gegen den Geist der prie-sterlichen Rache kommt überhaupt aller übrige Geist kaum in Betracht. Die menschliche Geschichte wäre eine gar zu dumme Sache ohne den Geist, der von den Ohnmächtigen her in sie gekommen ist – nehmen wir sofort das größte Beispiel. Alles, was auf Erden gegen »die Vornehmen«, »die Gewaltigen«, »die Herren«, »die Machthaber« getan worden ist, ist nicht der Rede wert im Vergleich mit dem, was die *Juden* gegen sie getan ha-ben; die Juden, jenes priesterliche Volk, das sich an seinen Fein-den und Überwältigern zuletzt nur durch eine radikale Umwer-tung, also durch einen Akt der *geistigsten Rache* Genugtuung zu schaffen wußte. So allein war es eben einem priesterlichen Volke gemäß, dem Volke der zurückgetretensten priesterlichen Rach-sucht. Die Juden sind es gewesen, die gegen die aristokratische Wertgleichung (gut = vornehm = mächtig = schön = glücklich = gottgeliebt) mit einer furchteinflößenden Folgerichtigkeit die Umkehrung gewagt und mit den Zähnen des abgründlichsten Hasses (des Hasses der Ohnmacht) festgehalten haben, nämlich »die Elenden sind allein die Guten, die Armen, Ohnmächtigen, Niedrigen sind allein die Guten, die Leidenden, Entbehrenden, Kranken, Häßlichen sind auch die einzig Frommen, die einzig Gottseligen, für sie allein gibt es Seligkeit – dagegen ihr, die Vornehmen und Gewaltigen, ihr seid in alle Ewigkeit die Bösen,

Grausamen, die Lüsternen, die Unersättlichen, die Gottlosen, ihr werdet auch ewig die Unseligen, Verfluchten und Verdammten sein!«... Man weiß, *wer* die Erbschaft dieser jüdischen Umwertung gemacht hat... Ich erinnere in betreff der ungeheuren und über alle Maßen verhängnisvollen Initiative, welche die Juden mit dieser grundsätzlichsten aller Kriegserklärungen gegeben haben, an den Satz, auf den ich bei einer andren Gelegenheit gekommen bin (»Jenseits von Gut und Böse«: Seite 83 [Goldmann Klassiker, Band 7530]) – daß nämlich mit den Juden *der Sklavenaufstand in der Moral* beginnt: jener Aufstand, welcher eine zweitausendjährige Geschichte hinter sich hat und der uns heute nur deshalb aus den Augen gerückt ist, weil er – siegreich gewesen ist...

*(S. 75)*

Ich werde auf diesen Absatz zurückkommen, aber räumen wir zuerst eine Sache aus dem Weg: Nietzsche hatte für den deutschen nationalen Chauvinismus und die Antisemiten der 70er und 80er Jahre des neunzehnten Jahrhunderts nichts als Verachtung übrig; solche Abschnitte wie der obige müssen, obwohl die Nazis sie sich angeeignet haben, mit Vorsicht als ein Element in Nietzsches Angriff auf *jedes* moderne Konzept von Gerechtigkeit und Gleichheit gelesen werden. Es sind nicht nur die Juden, die Nietzsche stäupt (und zwar in äußerst mehrdeutiger Weise – der Abschnitt kann auch als *Hommage* gelesen werden). *Zur Genealogie der Moral*, das wir zur Gänze lasen, ist unter anderem eine Schmähung der Motive jeder Person, die versucht hat, die Leiden der Menschheit zu lindern. Es ist ein Angriff auf das *Mitleid*. Das jüdisch-christliche Erbe, gibt Nietzsche zu, hat den Menschen interessanter gemacht (»Die Geschichte wäre eine gar zu dumme Sache ohne den Geist, der von den Ohnmächtigen her in sie gekommen ist«). Der Mensch erlangte Tiefe, eine Seele. Aber unterwegs verlor er sein Wohl, seine Vitalität und sein Glück. Er wurde von Schuld niedergedrückt.

Das satanische Gelächter von Nietzsche hat, für meinen Geschmack, manchmal einen gezwungenen, theatralischen Charakter wie der Gesang eines nachäffenden Mephistopheles an der Metropolitan Opera. Aber ganz bestimmt war er einer der größten Prosa-Autoren überhaupt; wirklich ein erstaunlicher Schriftsteller, boshaft, gewaltsam, überschwenglich, mit einem scharfen psychologischen Einfühlungsvermögen für alles und für jeden, was mangelnde Übereinstimmung mit ihm zu einem gefährlichen Unternehmen machte. Indem er sowohl den böswilligen Pessimismus als auch das Vergnügen anspricht, treibt er dem Leser die Heuchelei gründlich aus; er ist die unterdrückte rebellische Seite der ausgewogenen und sozial gesinnten Geister, denn er sagt, was viele zum einen oder anderen Zeitpunkt gedacht, aber dann als grausam und unangenehm verworfen haben. Wenn man ihn las, wuchs in einem unermeßliche Verachtung, selbst wenn man die Hälfte von dem, was er schrieb, als zu verrückt, um wahr zu sein, verwarf. Sein Stil, mit ständig wiederholten und kursiv gesetzten Wörtern, Bindestrichen, Klammern, Ausrufezeichen, war von beredter Vehemenz; es war der Stil der *Ungeduld*, der seine Exzesse als olympische Disziplin zuließ. Manchmal, wenn er wie eine überintelligente, verwirrte Person, die man mitten in der Nacht verschwommen im Radio hört, tobte – Friedrich Nietzsche, der große Philosoph und Heilige aller Sonderlinge! –, dann war er ganz gewiß der Philosoph mit dem subversivsten Witz, den wir seit Platon gelesen hatten. Seine Eindringlichkeit fegte die besonnen errichteten Strukturen eines Kant oder eines Hegel hinweg. Nach Nietzsche erschienen alle anderen Schriftsteller zimperlich und vorsichtig.

Wie hatten die Universitäten diesen allergefährlichsten Mann assimiliert? Denn es gab keinen Zweifel, daß Nietzsche einen sehr starken Einfluß auf die akademische Linke hatte. In der ersten Stunde über Nietzsche zitierte Stephanson den Princeton- (jetzt Harvard-) Professor Cornel West, der meinte, daß Nietzsche den bedeutendsten Einfluß eines einzelnen auf das postmoderne Denken habe – was ziemlich komisch war, da Nietzsche fünfzig Jahre zuvor als Erzreaktionär verteufelt wurde, als eine Art Hausphilosoph der Nazis. Nach dem Weltkrieg, sagte Stephanson, war Nietzsche dem Griff der Nazis entrissen, gereinigt und wiederbelebt worden (u. a. durch den Übersetzer, Interpreten und Exegeten Walter Kaufmann), wobei seine unangenehmen Seiten ignoriert wurden. Ein hübscher Trick, aber was würde Nietzsche davon halten? Und was würde er von amerikanischen Akademikern halten, die seine leidenschaftliche Sprache gemäß den Vorschriften der Modern Language Association (MLA) übertragen haben, der Berufsorganisation der Hochschulsprachlehrer und einer Bastion der linksakademischen Orthodoxie? Nietzsche, der den »Übermenschen«

gefeiert hat, als Heiliger der akademischen *Linken*? Irgendwo war hier ein Hund begraben.

*Zur Genealogie der Moral* war der entschiedenste Vorstoß des Seminars in die Moderne – und in eine radikale Ungewißheit. (1961 hatten wir nur Auszüge gelesen.) Hinter den einleitenden Fragen braute sich eine große Ruhelosigkeit zusammen. »Unter welchen Bedingungen erdachte der Mensch die Werturteile Gut und Böse? *Und welchen Wert besitzen sie selbst?* Haben sie bislang das menschliche Glück verhindert oder befördert? Sind sie Anzeichen von Erschöpfung, von Verarmung, von Degenerierung des Lebens? Oder offenbart sich in ihnen im Gegenteil Fülle, Kraft und Lebenswille, Mut, Zuversicht und Zukunft des Lebens?« Nietzsche hatte Philologie studiert, weshalb er die etymologische Bedeutung der Wörter untersuchte, die »gut« in den verschiedenen Sprachen bezeichneten; er entdeckte, daß »gut« in früheren Zeitaltern mit der Selbstzufriedenheit des Adels assoziiert wurde.

... Nun liegt für mich erstens auf der Hand, daß von dieser Theorie der eigentliche Entstehungsherd des Begriffs »gut« an falscher Stelle gesucht und angesetzt wird: das Urteil »gut« rührt *nicht* von denen her, welchen »Güte« erwiesen wird! Vielmehr sind es »die Guten« selber gewesen, das heißt die Vornehmen, Mächtigen, Höhergestellten und Hochgesinnten, welche sich selbst und ihr Tun als gut, nämlich als ersten Ranges empfanden und ansetzten, im Gegensatz zu allem Niedrigen, Niedrig-Gesinnten, Gemeinen und Pöbelhaften. Aus diesem *Pathos der Distanz* heraus haben sie sich das Recht, Werte zu schaffen, Namen der Werte auszuprägen, erst genommen...
(S. 17-18)

Die ursprüngliche Unterscheidung bestand also zwischen gut und *schlecht*, nicht gut und böse; gut bedeutete ein Übermaß an Vitalität, das zuweilen in Grausamkeit und Racheakte, zuweilen in Großzügigkeit, Freude oder Mitleid mündete – auf jeden Fall in sorglose Handlungen, die aus dem Instinkt heraus getätigt wurden. *Moral hatte damit nichts zu tun.*

Das hat mir regelrecht die Augen geöffnet. Zuallermindest klärte

Nietzsche einige der Dinge, die ich und viele der Studenten bei Homer so rätselhaft und verwirrend gefunden hatten. In der *Ilias* spricht Thersites, ein Mann von niederer Herkunft, in der Ratsversammlung und kritisiert Agamemnon, den Führer der Griechen, in etwa mit denselben Worten wie alle anderen auch und wird deshalb von Odysseus kräftig geohrfeigt und von allen ausgelacht. Das war schlecht – ein Mann von niederer Herkunft, der sich traut, in der Ratsversammlung zu sprechen. Gleichzeitig empfanden die griechischen Aristokraten, daß sie im Krieg, bei ihren Festen und Feiern und Spielen in ihrem guten Recht waren, und fühlten wenig von dem, was wir Mitleid, und nichts von dem, was wir Schuld nennen würden. (Scham über den eigenen Mangel an Erfolg war das negative Gefühl der griechischen Helden.) Das Fehlen von Schuldgefühlen bei Homer schien Nietzsches etymologische Vermutungen zu bestätigen: Es gab nicht die Wörter, und es gab nicht die Gefühle. Ich verstand jetzt besser denn je, daß mein Abscheu, als Odysseus am Ende der *Odyssee* die Bittsteller tötet, ein Gefühl war, das Homer ganz und gar nicht von seinen Zuhörern erwartet haben konnte. Er erwartete von ihnen das Gefühl der Freude über den gerechten Zorn des Odysseus, seine Befriedigung durch Rache.

»Die höheren Klassen werten ihre Begriffe von Schönheit auf«, sagte Manuel Alon und nagelte die Studenten darauf fest, »während die einfachen Leute zu sehr mit ihrem Überleben beschäftigt sind, um eine Sprache schaffen zu können.« Eine saubere Formulierung. Und endlich einmal klang das neuakademische »Aufwerten« beinahe richtig: Die Sprachschöpfer schufen Werte. Für Nietzsche war der heidnische Krieger, trotz seines Vergnügens an Grausamkeit, der Mensch auf seinem Höhepunkt. Mit einer etwas lächerlichen Zuneigung taufte Nietzsche seinen überlegenen und unbewußten Eroberer *die blonde Bestie*. Nach seiner Niederlage war alles nur noch ein Dahinwelken.

Was für eine Geschichte! Die Priester (Nietzsche sprach allgemein von einem Typ) nähren ihr Unvermögen, ihren Haß auf die Kriegerkaste und geben sich so heroischer Selbstverleugnung hin. Sie begehen Grausamkeiten an sich selbst (indem sie Nahrung, Sinnlichkeit, Luxus verweigern) statt an anderen Menschen, ein Willensakt, der den Armen, Schwachen und Leidenden sehr imponiert. Als eine Methode, ihre Macht über diese Massen zu festigen, schaffen diese asketischen

Idealisten der Priesterkaste dann ein neues System, nicht aus gut und schlecht, sondern aus gut und *böse*, bei dem die Leidenden gut sind und die Mächtigen böse. »Ethik« ersetzt die natürliche Vitalität des Instinkts. Und durch diesen Taschenspielertrick – was Nietzsche die »Umwertung aller Werte« nannte – werden die Formen von unfreiwilliger und hassenswerter Schwäche in christliche Tugenden verwandelt. Unterwerfung wird zu »Gehorsam«, Feigheit zu »Geduld«, das Unvermögen, sich zu rächen, wird zu »Vergebung«, das Elend in dieser Welt zu »ewiger Seligkeit« in der nächsten.

So viel zur jüdisch-christlichen Tradition. So viel zu Jesus! Obwohl der Schurke in dem Stück weniger Jesus von Nazareth ist – der keinen »Haß« zeigte, nicht einmal am Kreuz –, sondern Saulus, der feindselige Teppichweber, der spätere Paulus, der Bekehrte (noch später der siegreiche heilige Paulus), dessen hypnotisierende Beredsamkeit und Wut und dessen Abscheu vor dem Körper ihn zum perfekten »asketischen Idealisten« machten. Der Priestertyp wirft den Armen und Schwachen vor, daß sie Sünder seien, die Ursache ihrer eigenen Leiden, aber er bietet auch Erlösung, indem er die Richtung des Hasses ändert.

Man bewundere namentlich die Falschmünzer-Geschicklichkeit, mit der hier das Gepräge der Tugend, selbst der Klingklang, der Goldklang der Tugend nachgemacht wird. Sie haben die Tugend jetzt ganz und gar für sich in Pacht genommen, diese Schwachen und Heillos-Krankhaften, daran ist kein Zweifel: »Wir allein sind die Guten, die Gerechten«, so sprechen sie, »wir allein sind die *homines bonae voluntatis.*« Sie wandeln unter uns herum als leibhaftige Vorwürfe, als Warnungen an uns – wie als ob Gesundheit, Wohlgeratenheit, Stärke, Stolz, Machtgefühl an sich schon lasterhafte Dinge seien, für die man einst büßen, bitter büßen müsse: o wie sie im Grunde dazu selbst bereit sind, büßen zu *machen*, wie sie danach dürsten, *Henker* zu sein.

*(S. 111)*

Der »Wille zur Macht« sei universell, sagte Nietzsche. Jeder verspüre ihn auf die eine oder andere Weise, der Schwache sowohl wie der Starke.

Welch gute Beschreibung er von gewissen heutigen amerikanischen Politikern geliefert hatte! Welch treffende Beschreibung von gewissen Akademikern, Feministinnen und Journalisten! Wie äußerst richtig in bezug auf die christliche Rechte und die Lebensrechtsbewegung, mit ihrer Botschaft der Liebe und Frömmigkeit und ihrer Praxis von Schmähung und Haß! Ich schwelgte in Nietzsches Einsichten. Wer würde das nicht? Das Land war voller Hasser, die »Gerechtigkeit!« schrien, aber eigentlich meinten: »Macht für mich und meine Gruppe!«

Als ich das Buch durchhatte, war ich einige Tage lang richtig durchgedreht; ich redete mit jedem, der zuhören wollte, über Nietzsche. Ich dozierte bis tief in die Nacht am Telefon; ich schrieb Briefe; ich konnte nicht aufhören. Ich war noch viel aufgeregter als bei Euripides, Machiavelli und Boccaccio, meinen vorherigen »Entdeckungen«. Mittlerweile war klar, warum ich so viel Geschmack an den »großen Büchern« fand: Ich wurde zu Energie, Spiel, Lebhaftigkeit, Tempo, Perversionen hingezogen, und dank dieser Reize spürte ich auch ganz allgemein, daß meine Liebe zum Film nicht gestorben sein konnte und niemals sterben würde, egal wie heftig mich jetzt die Literatur anzog, da dies genau die Dinge waren, die mir am Film gefielen. Es gab jedoch einen Unterschied: Nach einem der seltenen großen Filme, wie etwa Scorseses *Goodfellas* oder Eastwoods *Unforgiven* oder Tarantinos *Pulp Fiction*, machte ich mich immer schnell an die Arbeit; ich setzte mich hin und schrieb, die Erregung durch den Film motivierte die Besprechung, die eine Art Hochenergie-Erzeugnis war, eine Reihe von praktischen Problemen, die gelöst werden mußten. Der Film brannte mir sozusagen auf den Nägeln, und dann, wenn die Besprechung fertig war, ließ das Feuer nach. Meiner Verantwortung für das neue, gewagte Kunstwerk hatte ich Genüge getan. Meine Träume würden vielleicht davon heimgesucht werden, aber mein Leben würde sich nicht verändern. Filme konnten im besten Fall sehr komplexe Arten des Vergnügens erzeugen, aber sie veränderten nicht dein Leben. Nietzsche konnte das.

Ich begann die Mischung aus Scheu und Erregung zu mögen, die ich schon das ganze Jahr verspürt hatte, die Beunruhigung, die das Gefühl, auf den Kopf gestellt worden zu sein, hervorrief, und auch die Anstrengung, wieder in die richtige Lage zu kommen. Ich wollte mehr, immer mehr! Und wenn ich herumtaumelte wie ein Paar Turnschuhe in der Trockenschleuder, war mir das gerade recht. Wenn ich im Kreis herumginge, würde ich die Mitte finden, meine Mitte, in Zeiten des angeblichen »dezentrierten Selbst«.

Nietzsche meint, es sei ein Fehler, den Gefühlen von Unabhängigkeit und Stärke zu mißtrauen. Er wünschte sich blühende, frei handelnde und kreative menschliche Wesen, die ein Gespür für Überlegenheit haben. Nietzsches Schriften handeln stets von persönlicher Macht: Er ist dafür. War ich vielleicht auch deshalb begeistert, weil ich in einer politischen Sackgasse steckte und Nietzsche einen erregenden Ausweg bot? Das spielte zweifellos eine Rolle. Wie so viele andere durchlief ich eine Art Krise: Das liberale Vertrauen wurde von einer Welle des Mißtrauens hinweggespült.

Nietzsche ermunterte die Feier des einzelnen Willens, nicht das Betrauern eines kollektiven Schicksals. Und ich hatte Tage, an denen ich, angeregt von Nietzsches Verachtung, in lautes Toben verfiel und bereit war, die zunehmenden Anzeichen struktureller Ungleichheit in Amerika zu ignorieren, die Stagnation der Reallöhne der Mittelschicht, die Überreste des Rassismus und all das übrige; ich ignorierte das alles und sagte bitter zu mir selbst, einen Opfer-Status für sich und seine Gruppe zu fordern sei eine Möglichkeit, die aktuelle Gefahr des Versagens zu vermeiden, indem man die Niederlage bereits im voraus feststellt und dann das Versagen als Forderung an die Erfolgreichen weitergibt. Warum das? Um den Erfolgreichen Schuldgefühle zu vermitteln natürlich. Damit die Macht sich schämt und aufgibt. Aber warum nicht selbst die Macht ergreifen? Ich war sicher, daß diejenigen, die das Zeug hatten, die Macht zu ergreifen, herausfinden könnten, wie man es macht, egal wie groß ihre Nachteile wären, und daß alle anderen »Opfer« ignoriert werden müßten. Aus Schuldgefühl konnte keine produktive Politik entstehen. Nicht in diesem Land und nicht, solange ein paar Türen immer noch von den Entschlossenen aufgestoßen werden können.

Auf dem Gelände der Columbia-Universität verbargen die aufbrechenden Knospen nun den nackten Zement und brachen die graue Einförmigkeit auf. Zu Beginn der Diskussion über Nietzsche brachte Stephanson sein Bedauern zum Ausdruck, daß ein solch aufrührerischer Text mit so wenig Hintergrundinformation angeboten wurde.

Das Buch wurde uns wie all die anderen einfach auf den Tisch geknallt. Und dennoch, obwohl ich begierig war, alles zu lesen, was Nietzsche geschrieben hatte, und dann weiter zurückzugehen und Arthur Schopenhauer zu lesen, seinen Vorgänger in der deutschen Philosophie, meinte ich, mich für den Verzicht auf Hintergrundinformationen und für das naive *Lesen der Bücher* aussprechen zu müssen. Zu viel Vorbereitung konnte die eigene Erfahrung abkühlen, das Ganze zu einer bloßen akademischen Routine machen – zu einem weiteren Baustein im Torbogen an Stelle von dem, was es eigentlich war – eine Granate.

Charlie Kim, der koreanische Junge mit der ernsten Stirn und den höflichen Manieren, der Student, der Missionar werden wollte, war verständlicherweise nachdenklich.

»Stimmt Nietzsches Darstellung? Ist das jüdisch-christliche Ethos so?« fragte Stephanson, und Charlie antwortete: »Er hat die christliche Ethik falsch ausgelegt...«, konnte den Gedanken aber nicht zu Ende bringen. Er wollte mehr sagen, merkte ich, aber er konnte es nicht ausdrücken. Nietzsche war ein Tritt in seinen Bauch.

»Ist die jüdisch-christliche Tradition lebensfeindlich und all das?« fragte Stephanson. Er sagte es ohne seine übliche Schärfe, beinahe sanft. Nietzsche hatte das Kranke in der Selbstverlegung betont, das beinahe Kriminelle daran als einen Angriff auf das Leben.

Seufzer, Kopfschütteln, einige lächelten. »Es gibt einen lebensbejahenden Aspekt in der jüdischen Religion und Kultur«, sagte Abel Kern schließlich. »Aber jede Religion hat auch ihre asketische Seite« was hieß, daß er sich in Nietzsches Spott über die Selbstverlegung gefügt hatte.

»Ja«, sagte Charlie, »aber der Sinn von Askese ist doch nicht, das Leben zu verneinen, sondern eine höhere Lebensform zu finden. Ist das nicht lebensbejahend?« Seine Frage kam schleppend und zögernd. Aber dann kam ihm jemand zu Hilfe. Ein großer junger Mann indianischer Herkunft (er war aus Pennsylvania) war im zweiten Semester ins Seminar gekommen, und ich hatte ihn wochenlang angestarrt und versucht, mich zu erinnern, wo ich ihn schon einmal gesehen hatte, und jetzt, als er sprach – Dinesh war sein Name –, fiel es mir ein. Er war der Junge, der im Herbst mit der schwarzen Studentin über den Grundkurs diskutiert und sie gefragt hatte, warum sie nicht woanders hinginge, wenn sie die abendländischen

Klassiker so sehr haßte. Bei jener Gelegenheit hatte er verbissen geredet. Aber jetzt, wo er vielleicht Solidarität mit einem Einzelgänger empfand, verteidigte er die Askese. »Askese heißt nicht, nur in Kontemplation versunken zu sein«, sagte er, »sondern auch Loslösung von der Trivialität des Lebens.«

Nun ja, diese Loslösung war eins der Dinge, die Nietzsche gefürchtet hatte (er war vom europäischen Interesse am buddhistischen Denken abgestoßen), aber die Studenten, meinte ich, hatten einige Löcher in seine Verachtung gerissen, und jetzt fand Charlie seine Stimme wieder, die Falten auf seiner schönen Stirn verschwanden, und er legte los.

»Jesus sagt: ›Folgt mir.‹ Diese Art, Jesus zu folgen, wird zur Grundlage deines ganzen Lebens.« Er machte eine Pause. »Nietzsche deutet den Zweck des Leidens falsch. Was das Leiden auslöst – das ist das wahre Leben, nicht die Verneinung. Man schafft ein neues Leben, ein kraftvolleres Leben.«

Er sprach langsam, wie immer, aber entschieden: Aktiver Glaube war eine Bestätigung von Stärke, nicht ein Trost für die Schwachen. Charlie hatte die großen Atheisten Marx und Nietzsche überstanden. Es war das dritte oder vierte Mal in diesem Jahr, daß ein religiöser Student, der nicht viele Gesinnungsgenossen hatte, inmitten der weltlichen Universität tapferer gewesen war als die vielen Nicht-Religiösen.

Nietzsche lieferte noch eine weitere Erklärung für den Ursprung der Gesellschaft. In seiner Version zwang Grausamkeit, in Form von Folter und Strafe, die Menschen, sich zu erinnern und zu entsagen; Grausamkeit erzwang die Kontinuität von Absicht und Organisation, was die bürgerliche Gesellschaft erst möglich macht. Unter anderem wies er entschieden Hobbes' und Lockes Vorstellung von einem Vertrag als der Basis von Gesellschaft zurück. Es gebe keinen Vertrag, sondern nur unterdrückende Gewalt, die die schwachen und unorganisierten Nomaden zwang, sich zu einer Gesellschaft zusammenzuschließen. Auch konnte man in *Zur Genealogie der Moral* nicht viel Unterstützung für Kants Begriff von einem absoluten moralischen, aus der Vernunft abgeleiteten Gesetz finden, auch nicht für Hegels Auffassung, daß die Hauptlinie der Geschichte ein kontinuierlicher Prozeß des Geistes sei der sich auf verschlungenen Wegen als Freiheit erkennt. Außerdem konnte man, wenn man etwas zurückging, keine erneute

Bestätigung von Aristoteles' Vorstellung von der Ordnung der Gefühle oder etwas von seiner Vorliebe für Mäßigung als einen Weg zum guten Leben finden.

Wenn er mit auch nur geringer Intensität studiert wird, läßt Nietzsche einen erregt, erbost und übel mitgenommen zurück. Charlie mag es überstanden haben, aber ich war, trotz meiner Euphorie, mir selbst nicht sicher. Ein Schwindelgefühl kann sowohl zu Übelkeit als auch zu Aufgeregtheit führen. Nietzsche ist ein weitaus radikalerer Schriftsteller als Marx, der meinte, daß die künftige sozialistische Utopie den Klassenkampf und sogar die Entfremdung beenden werde. Nietzsche vermittelte einem den packenden und erschreckenden Eindruck von einer Höllenfahrt Richtung »Abgrund«, wie er es nannte. Diese wahnsinnige und mühsame Fahrt finde wieder und wieder statt, ein seltsam moderner Rhythmus von ruheloser Verzweiflung, Wut und Mut. »Gott ist tot« war Nietzsches berühmtester Ausspruch (auch wenn die Bemerkung nicht ursprünglich von ihm kam), womit er meinte, daß Gott nicht mehr im Zentrum des westlichen Bewußtseins stehe und daß das Christentum nach der Aufklärung seine Macht über die Phantasie verloren habe; die Unsterblichkeit und das absolute Gesetz waren verschwunden. Werte seien etwas, was von Männern und Frauen geschaffen werde, nicht etwas Angeborenes oder etwas, daß man finden könne; nicht etwas *da oben*. Und dieser Gedanke versetzt uns in eine Situation vollständiger Verantwortlichkeit, die die überwältigende Möglichkeit beinhaltet, uns selbst zu schaffen – oder aber uns zu verlieren.

Im letzten Teil von *Zur Genealogie der Moral* , macht Nietzsche deutlich, daß man, indem man Gott aufgibt, auch die Wahrheit aufgibt – nicht die empirische Wahrheit, die zu beobachten und zu messen ist, wie etwa die Menge des Drucks, die vom Dampf in einem geschlossenen Behälter erzeugt wird, sondern die metaphysische Wahrheit, die absolute Wahrheit, eine Sammlung universeller Normen. In einem Abschnitt aus *Zur Genealogie der Moral*, der für die heutige akademische Welt entscheidend ist, macht Nietzsche sich über die Vorstellung lustig, die vielleicht auf Descartes zurückgeht, daß ein einzelner Geist, der in einem Vakuum arbeitet, zur Wahrheit gelangen könne.

Seien wir zuletzt, gerade als Erkennende, nicht undankbar gegen solche resolute Umkehrungen der gewohnten Perspektiven und Wertungen, mit denen der Geist allzu lange scheinbar freventlich und nutzlos gegen sich selbst gewütet hat: dergestalt einmal anders sehn, anders sehn *wollen* ist keine kleine Zucht und Vorbereitung des Intellekts zu seiner einstmaligen »Objektivität« – letztere nicht als »interesselose Anschauung« verstanden (als welche ein Unbegriff und Widersinn ist), sondern als das Vermögen, sein Für und Wider *in der Gewalt zu haben* und aus- und einzuhängen: so daß man sich gerade die *Verschiedenheit* der Perspektiven und der Affekt-Interpretationen für die Erkenntnis nutzbar zu machen weiß. Hüten wir uns nämlich, meine Herren Philosophen, von nun an besser vor der gefährlichen alten Begriffs-Fabelei, welche ein »reines, willenloses, schmerzloses, zeitloses Subjekt der Erkenntnis« angesetzt hat, hüten wir uns vor den Fangarmen solcher kontradiktorischer Begriffe wie »reine Vernunft«, »absolute Geistigkeit«, »Erkenntnis an sich«; – hier wird immer ein Auge zu denken verlangt, das gar nicht gedacht werden kann, ein Auge, das durchaus keine Richtung haben soll, bei dem die aktiven und interpretierenden Kräfte unterbunden sein sollen, fehlen sollen, durch die doch Sehen erst ein Etwas-Sehen wird, hier wird also immer ein Widersinn und Unbegriff vom Auge verlangt. Es gibt *nur* ein perspektivisches Sehen, *nur* ein perspektivisches »Erkennen«; und *je mehr* Affekte wir über eine Sache zu Worte kommen lassen, *je mehr* Augen, verschiedne Augen wir uns für dieselbe Sache einzusetzen wissen, um so vollständiger wird unser »Begriff« dieser Sache, unsre »Objektivität« sein.
*(S. 107)*

Wissen kann nur durch den Bericht vieler Augen erlangt werden, eine Vorstellung, die sich die akademische Linke mit Leidenschaft angeeignet hat. Im Werk eines der modernen Schüler von Nietzsche, des verstorbenen Michel Foucault, dessen Einfluß auf die amerikanischen Akademiker in den vergangenen zwanzig Jahren außerordentlich gewesen ist, ist die Wahrheit keineswegs unabhängig. Die Wahrheit oder das Wissen ist schwerlich vorstellbar ohne eine gewisse Bedeutung für die Ausübung von Macht. Gewisse Systeme des Wissens – z. B.

die Psychologie mit all ihren Aussagen über Kriminalität und sexuelles Verhalten – erlauben es einem, über Körper zu verfügen, indem man sie ins Gefängnis steckt oder indem man sie als »schizophren« oder »homosexuell« oder sonst etwas bezeichnet. Derlei »diskursive Praktiken« haben als Formen der Macht fungiert, und die »Wahrheit«, die dabei benutzt wurde, hatte keine kontrollierende, sogar beherrschende Funktion. Wahrheit ist also kaum unschuldig oder neutral: Indem er mit Hilfe seiner speziellen Sprache Werte oder Urteile aufstellt, verstärkt der Diskurs sich selbst und macht alles, was außerhalb des Fokus des Diskurses liegt – Anomalien, die nicht so leicht mit der Wahrheit versöhnt werden können, wie sie innerhalb des Diskurses funktioniert –, marginal oder nicht-existent. Verhalten wird von der »Wahrheit« erzwungen oder ignoriert.

Foucaults amerikanische Nachbeter, die seine Ideen stärker in eine ausdrücklich politische Richtung rücken, als Foucault selbst es getan hat, würden so reden, als ob der Diskurs selbst die »Wahrheiten« erzeugt, die er angeblich enthüllt. Ein unheilvolles Paradox! So könnte ein Foucault-Anhänger also sagen, daß, wenn jemand über Sex und Charakter spricht, Sex festgelegt sei, aber Geschlecht (im Sinn von männlichen oder weiblichen Rollen und Eigenschaften) etwas sowohl durch die bestehende Sexual-Sprache als auch durch Ökonomie, Klasse und so weiter »sozial Konstruiertes« sei. Es gebe nichts Angeborenes, Natürliches oder Wesentliches am Geschlecht. Seine behaupteten Eigenschaften seien alle konstruiert.

Als Stephanson seine zweite Seminarstunde über Nietzsche hielt, kam ich schon wieder von meinem schwindligen Höhenflug zurück.

*Zur Genealogie der Moral* ist eine bemerkenswerte Analyse der Macht, Kultur und Moral, aber es ist eine unmenschliche Betrachtung, und nach ein paar Tagen war ich mir dessen ganz sicher. Warum sollten die Freiheit und das großartige Wohl der wenigen noblen Geister mehr bedeuten als die ständige Unterdrückung der vielen? Nietzsche verhöhnte den Utilitarismus des neunzehnten Jahrhunderts mit seiner banalen Hoffnung des »größtmöglichen Glücks für die größtmögliche Zahl«. An ihre Stelle setzt er eine im wesentlichen ästhetische Lebensauffassung. Die mächtigen alten aristokratischen Krieger, die blonden Biester oder modernen Napoleons, stürmisch, gleichgültig und stolz, sind wie Kunstwerke – Skulpturen des Geistes, großartig und rein. Nietzsche würde ihnen unser Fleisch opfern. Aber es liegt auch etwas Masochistisches und Lächerliches in der Idealisierung des Instinktes. Sie kommt einer Pornographie der Stärke nahe. Vielleicht war Nietzsche doch ein Faschist.

Einige von uns stimmen vielleicht mit seiner Kritik des paulinischen Christentums überein, ohne das Gerechtigkeitsideal oder das Ziel der Verringerung der Leiden von so vielen Menschen wie möglich aufzugeben. Bewußte Grausamkeit ist unverzeihlich, wie Tennessee Williams in *Endstation Sehnsucht* sagt. Diese Formulierung mag dem Showbusiness mehr verdanken als der Philosophie, aber mir gefällt ihre Einfachheit und ihr Pathos. Sie ist ein Ausgangspunkt – vielleicht der einzig mögliche Ausgangspunkt – für einen plausiblen Moralkodex. Und selbst in der *Ilias*, fällt mir jetzt ein, gibt es einen Schimmer von Mitleid. Am Ende des Gedichts kommt Priamos, der König von Troia und Vater Hektors, nachts zu Achilleus, kniet zu seinen Füßen nieder, küßt seine Hand und bittet um die Leiche seines Sohnes, damit er sie ordentlich begraben kann. Achilleus ist sehr gerührt vom Leiden des alten Mannes, der ihn an seinen eigenen Vater erinnert, und in der Übersetzung wird das Gefühl des Achilleus mit »Mitleid« übersetzt.

>          ... es erscholl von Jammertönen die Wohnung.
> Aber nachdem sich gesättigt des Grams der edle Achilleus,
> Sprang er vom Sessel empor, bei der Hand den Alten erhebend,
> Voll Mitleids mit dem grauenden Haupt und dem grauenden
>     Barte;
> *(XXIV, 512-516)*

Tennessee Williams' Bemerkung könnte folgendermaßen erweitert werden: Zulassen, daß bewußte Grausamkeit weiterbesteht, ist ebenfalls unverzeihlich.

Mit einem Seufzer ließ ich es dabei bewenden. Ich war nicht mehr schwindlig, und meine Heiterkeit, mich um nichts kümmern zu müssen, war vorüber. Ich hatte viel von Nietzsche gelernt; und ich hatte ihn verworfen.

»Ist Nietzsche inkohärent?« fragte Stephanson. Er faßte zusammen. »Die Interpretation des Philosophen Martin Heidegger von 1920 ist sehr stark. Wenn Nietzsche sich der Wahrheit entledigt, der metaphysischen Wahrheit, wie kann er dann den Willen zur Macht als die ewige Wiederkehr beschwören? Wenn Wahrheit perspektivisch ist, in wessen Namen kann er dann behaupten, daß alle Dinge eine Angelegenheit des Willens zur Macht sind? Was ist das für eine Forderung?«

»Er universalisiert die europäischen Normen«, sagte Manuel. »Der Wille zur Macht ist eine europäische Perspektive: Sich selbst durch Macht zu verwirklichen bedeutet, menschlich zu sein. Aber er denkt nicht daran, daß Afrikaner einen Willen zur Macht haben könnten.«

Noah, Manuels Widersacher, schoß hoch. »Vor dem Kolonialismus gab es in Afrika Sklaverei. Warum könnte ein Wille zur Macht nicht afrikanisch sein?«

»Sagt er etwas über das hinaus aus, was David Hume gesagt hat?« fuhr Stephanson fort und überging diesen Einwurf. »Hume sagt, Moral sei konventionell, nicht transhistorisch. Oder? Hume bietet eine Soziologie von Normen, die danach ausgeformt wird, was wir billigen oder mißbilligen. Es gebe keine alleinige Wahrheit, keinen alleinigen Standardkatalog.«

Stephanson kam wieder auf das heikle Thema des Relativismus zurück. Nietzsche – so wurde von Allan Bloom und anderen behauptet – soll den Relativismus gerechtfertigt haben. »Unsere gegenwärtige Politik«, sagte Stephanson, »ist nietzscheanisch: Ich habe *meine*, du hast deine. Wir haben das politische Ideal des neunzehnten Jahrhunderts verloren, wonach Politik der Ort ist, an dem eine Gemeinschaft rationaler Willen zusammenkommt und entscheidet, was zu tun ist. *Diese* Idee ist tot. Die Identifizierung des *Unterschiedes* ist es, die Nietzsche für uns heute relevant macht.«

Aber Relativismus, betonte Stephanson, ist ein falsches Thema. Er hob die Stimme, wurde lauter als gewöhnlich und sprach nahezu in einem Ton der Empörung.

»Man kann eine nietzscheanische Perspektive behalten«, sagte er, »und doch über gut und schlecht reden. Ihr müßt ein für allemal die Vorstellung aufgeben, daß man, wenn man kein Absolutist ist, eben Relativist ist oder umgekehrt. Man kann alles, was man will, historizieren und dennoch die Haltung einnehmen, daß etwas gut ist oder verderblich. Nur weil man es nicht im *theoretischen*, in einem absoluten Sinn tun kann, kann man doch eine universale Norm postulieren.«

Er machte eine kurze Pause, um sicherzugehen, daß wir es verstanden. Und dann sagte er mit großer Emphase: »Wenn eine Norm nur zwischen Individuen besteht, dann ist Gesellschaft unmöglich. Man kann universale Normen *postulieren.* Etwa, daß ein Land nicht überfallen und vernichtet werden sollte. Gewiß, man muß in jedem Fall über die historischen Bedingungen Rechenschaft ablegen. Aber die Idee, daß man nicht urteilen könne, ist ein unerhörter Irrtum.« Die Nazis machten aus dem Genozid eine Norm. Können wir wirklich behaupten, daß wir nicht urteilen dürfen?

Das hatte er schon früher gesagt, aber niemals so kraftvoll, und ich fühlte mich sehr erleichtert. Ich hatte mich politisch halbwegs wiederhergestellt: Ich würde falsche Forderungen nach Opferung nicht ernst nehmen, aber wirkliche Forderungen waren so drängend wie je. Und jetzt verstand ich, daß Nietzsche eigentlich nicht benutzt werden konnte, um hohlen Relativismus zu rechtfertigen. Wie Nietzsche – und wie viele Mitglieder der akademischen Linken – glaubte ich nicht an metaphysische Wahrheit. Ich war nicht, in ihrem Jargon, ein »Fundamentalist«. Das heißt, ich glaubte nicht, daß Werte außerhalb der menschlichen Praxis existierten. Im Gegenteil, Werte würden nur in all den Formen existieren, die wir ihnen geben. Aber dennoch kann man urteilen – im Leben und darüber hinaus in der Literatur. Man brauchte nicht einen fundamentalen, einen »transzendenten« oder »universalen« Begriff des literarischen Wertes, um sagen zu können, daß Jane Austen eine große Schriftstellerin war, die es wert sei, studiert und verbreitet zu werden, und Alice Walker nicht. Statt dessen mußte das Vergnügen von Grund auf verteidigt werden. Als ich versuchte, Jane Austen zu lehren, entdeckte ich, daß die komplexesten Vergnügen von jeder Generation erneut verteidigt werden mußten.

Indem sie dies leugneten – als reaktionär ausschlossen –, zogen sich die Mitglieder der akademischen Linken selbst den Teppich unter den Füßen weg, zerstörten die Mittel, denen wir überhaupt Universitäten und Lektürelisten verdanken. Schon von Natur aus schließen die Lektürelisten beinahe alles aus, was früher geschrieben wurde – jede andere Methode, sie aufzustellen, würde zu reinem Chaos führen. Die akademische Linke, die auf den Kanon eindrischt, hatte unstatthafterweise das demokratische Ideal des repräsentativen Systems in den Bereich der Kultur übertragen. Sie hatte die Geschichte aufgegeben, ihr

eigenes Urteil aufgegeben und hatte ausgerechnet *Markt*prinzipien –
die Befriedigung der Konsumentenbedürfnisse – auf den Grundkurs
angewandt. Sie begann hochgemut, indem sie die Kultur von jedermann als gleichberechtigt ansah, und sie lief Gefahr, überhaupt nichts
zu werten.

Kapitel 25

BEAUVOIR

Die Frauen – Studentinnen der Columbia- und der Barnard-Universität – kamen jetzt aus den Toren der Columbia in der 116th Street heraus, liefen über den Broadway und dann nordwärts zur Barnard. Die Geräusche wurden klarer. Manche Frauen schrien gellend und schnalzten mit den Zungen – eine Beschwörung Afrikas oder vielleicht Afghanistans, als die Mujaheddin ihre Dörfer verließen, um gegen die sowjetischen Panzer zu kämpfen –, und viele andere bliesen Trillerpfeifen. Schreie und Pfeifen! Die Kombination war nervend. Ihre unmenschliche Qualität konnte nur beabsichtigt sein, dachte ich. Frauen konnten so fremd, feindlich und kalt wie knackende Elektronen sein, wenn sie in barbarischer Raserei aufeinander treffen, Feedback! *Frauen konnten ebenso unmenschlich sein wie Männer.* Das war die wahre Bedeutung, oder nicht? Männer sollten durch eine konzentrierte Version ihrer eigenen Widerlichkeit nachgeahmt werden.

Die Demonstrantinnen drängten sich durch die Tore der Barnard-Universität, schwenkten nach rechts zur Barnard Hall und ließen sich auf der feuchten Wiese vor der Lehman Hall nieder. Ranjit traf seine Freundin, und sie gingen zusammen hinein; andere Männer trafen ihre Freundinnen oder einfach Bekannte und setzten sich auch auf die Wiese. Es war Ende März, und Take Back the Night (Erobert die Nacht zurück) war eine jährlich wiederkehrende Veranstaltung, die an vielen Universitäten abgehalten wurde. Der erste Teil des Abends, der Marsch um die Columbia-Universität (an dem Männer nicht teilnehmen durften), war zu Ende. Jetzt, gegen 23 Uhr, begann der zweite Teil. Ein Mikrophon war auf der steinernen Terrasse vor der Lehman Hall aufgebaut worden, und die Frauen standen Schlange, um zu sprechen.

»Geht nicht zur Studentenverbindung... Ich wurde überwältigt und zu Boden geworfen. Ich war hilflos. Ich konnte nichts dagegen tun. Ich kann nicht glauben, daß ich dreimal dort hinging...«

»Meine Eltern haben mich vergewaltigt. Meine Eltern haben mich immer wieder vergewaltigt. Ich wurde von Jungen und Männern in meiner ganzen Schulzeit vergewaltigt...«

Der Regen hatte aufgehört, und ich saß auf meinem Regenmantel, im Hintergrund am Rande der Versammlung (es waren vielleicht fünf- oder sechshundert Studentinnen), und ich machte Aufzeichnungen, schrieb so viele der Geschichten nieder wie möglich. Was sie auch sonst noch sein mochten – und sie waren auch einiges andere –, die Reden waren für mich eine Art fauler Witz. Ich hatte doch gewollt, daß die Studentinnen ihre Geschichten erzählen, oder nicht? War es nicht genau das, was ich vermißt hatte, als wir die *Odyssee* lasen – einen Studenten, der seine eigene Geschichte erzählt, aus der hervor- geht, wer er ist, so etwas Ähnliches wie die Erzählung von Telema- chos, als er das Elternhaus verläßt? Ein starkes Gefühl von Identität, nicht diese amerikanische Ironie und die Angst, sich festzulegen, die- ses mediengerechte Zurschaustellen à la David Letterman. Nun, dies waren Geschichten darüber, wer die Frauen waren, und ich war ver- ärgert, weil alle Erzählerinnen Opfer waren. Dies war die einzige Art und Weise auf den Take-Back-the-Night-Veranstaltungen, in der die Frauen ihre Identität kundtaten.

Ich war aus Neugier hingegangen, ohne irgendwelche Hintergedan- ken, sondern einfach, um zu sehen, worum es dabei ging. Aber als ich zuhörte, und noch mehr in den Wochen danach, gab es eine Wechsel- wirkung zwischen den Geschichten und den Werken, die wir im Kurs lasen, eine unbestimmte und doch hartnäckige Wechselwirkung, die ich nicht ignorieren konnte.

In unserer Gesellschaft ist das Sexualleben eine der weltlichen Hüllen der Seele. Sicherlich sagten die Geschichten der Frauen viel über Mißbrauch, aber auch über Seelen, über die Art, in der auf den Schmerz reagiert und das Leben angegangen werden sollte. Wie konnte man ein Ich aufbauen, ein öffentliches Ich? Hier gab es Frauen, die von Kummer niedergedrückt und wütend waren, Frauen, die ebenso von Erfahrungen gezeichnet waren wie die Männer und Frauen in der *Aeneis* und in *König Lear* oder in *Stolz und Vorur- teil*. Wie geht man mit schwierigen Zeiten oder gar Tragödien um? Die Geschichten und das Erzählen der Geschichten standen mit allem in Beziehung, worum es bei der liberalen Erziehung ging, mit allem, worum es im Grundkurs ging. Viele der Frauen vor der Lehman Hall kamen von der Barnard-, nicht der Columbia-Universität und nahmen nicht an den Grundkurs-Seminaren teil, aber ich hegte die dumme Hoffnung, daß sie irgendwie etwas von den Büchern mitbekommen könnten, daß irgendwie die Bücher die Luft erfüllen und sie verändern würden.

Es gab auch eine direktere Verbindung zum Grundkurs. Take Back the Night wäre nicht ohne die feministische Bewegung denkbar, und der Feminismus in Form einiger seiner bemerkenswertesten Texte war selbst Teil der »großen Bücher« geworden. Im Kurs über klassische Literatur lasen wir Sappho und Virginia Woolf, im Seminar über die Kulturgeschichte der Gegenwart lasen wir Christine de Pisans *Buch von der Stadt der Frauen*, Auszüge aus Mary Wollstonecrafts *Rettung der Rechte der Frauen* und Simone de Beauvoirs *Das andere Geschlecht* sowie einen Essay von der amerikanischen Rechtsprofessorin Catharine A. MacKinnon. Ich hatte mir gewünscht, daß diese Texte irgendwie das häufige Schweigen des abendländischen Kanons über Frauen erklären würden, und das hatten sie. Aber ein paar Wochen nach der Take-Back-the-Night-Veranstaltung, als wir Simone de Beauvoir zu lesen begannen, fragte ich mich immer noch, wie eine Bewegung, die den Frauen ihre volle Eigenpersönlichkeit zurückgeben wollte, neben vielen anderen Manifestationen in solch ein Ereignis wie Take Back the Night münden konnte.

Wie viele Vergewaltigungen hatten eigentlich auf dem Campus der Columbia- und der Barnard-Universität stattgefunden? Nur wenige wurden angezeigt. Natürlich klagen Frauen nicht so leicht Männer an, die sie kennen, weshalb die Frage nach der Anzahl niemals eine genaue Antwort bekommen würde. Auf jeden Fall war der Abend nicht auf die Erfahrungen an der Columbia-Universität begrenzt. Eine Frau wird ständig unterdrückt – das war die eigentliche Aussage –, und die Geschichten nahmen eine lange, lange Zeit in Anspruch, bis in die frühen Morgenstunden, eine Frau nach der anderen, und einige von ihnen beschrieben ihre Erfahrung offensichtlich zum zweiten oder dritten Mal. Sie waren eine Gemeinde von Zeuginnen und Beichtenden, eine Gemeinde von »Überlebenden«. Viele weinten vor dem Mikrophon und konnten ihre Geschichte nur nach wiederholten Ermunterungen des Publikums zu Ende bringen. »Es ist nicht unsere Schuld!

Es ist nicht unsere Schuld!« psalmodierte das Publikum, und es gab Applaus und Zurufe der Ermutigung.

Ein Mann, der diesen Geschichten zuhört, gleicht einer Frau, die zufällig Schlachtengeschichten mit anhört. Die Berichte sind spektakulär, faszinierend, aber fern und manchmal undurchsichtig. Außerhalb des Gefängnisses werden nur wenige Männer vergewaltigt. Als ein Vertreter des beschützten Geschlechts merkte ich, daß – für diese Frauen zumindest – der bitterste Teil der Vergewaltigung nicht die Erfahrung war, überwältigt und gegen ihren Willen benutzt zu werden, so schlimm das auch war. Der bitterste Teil war Verrat. Ein paar Frauen sagten, daß sie von Fremden angegriffen worden seien – in Parks oder am Strand. Aber viele waren von Freunden oder Familienmitgliedern angegriffen worden. Ein Onkel hatte sie mißbraucht, als sie noch Kinder waren. Oder Männer, denen sie vertraut hatte, etwa ein Mann, mit dem eine Frau bei einem Sommerjob zusammengearbeitet hatte, hatte sie des Nachts irgendwo auf einem einsamen Platz, im Central Park oder auf dem Fest einer Verbindung vergewaltigt. Was die Frauen den Männern als Freundschaft und Vertrauen gegeben hatten, wurde in scheinbar gutem Glauben entgegengenommen, insgeheim umgedeutet und dann auf die Frauen als Gewalt und sexueller Übergriff zurückprojiziert. *Die Frauen waren vergewaltigt worden.* Der Mißbrauch ihres Vertrauens stellte die Frauen vor die Frage: Hat ihr Angebot der Freundschaft irgendwie die Vergewaltigung ermutigt? Und daher wurde ihre Wut von Leid und Schuld überragt.

Aber das war noch nicht alles. Ich hörte unterschiedliche Arten von Elend an jenem Abend. Manche der Geschichten handelten nicht direkt von Vergewaltigung. Eine ziemlich große Anzahl – vielleicht ein Drittel – glich etwa folgendem Muster: »Ich ging mit diesem Jungen aus. Er schien wirklich nett zu sein. Wir gingen zu ihm (oder zu mir) und tranken ein paar Gläser und hörten Musik. Wir küßten uns und tollten herum und lagen zusammen auf dem Bett, aber dann sagte ich nein, und er machte weiter, und ich sagte nein, und dann vergewaltigte er mich. Und jetzt bin ich voller Wut und Scham, und ich werde nie wieder jemandem trauen.«

Nachdem ich (ein Jahr danach) ein zweites Mal bei der Take-Back-the-Night-Veranstaltung war, hörte ich viele Variationen dieses Grundthemas – die Geschichte von der Verabredung mit anschließender Vergewaltigung, die Campus-Geschichte. Und ich reagierte genauso, wie es die abtrünnigen Feministinnen Camille Paglia und Katie Roiphe in ihren Büchern* beschrieben haben: Unglaube und Spott, Erbitterung und am Ende Verzweiflung.

Wie jede Feministin sagt, ist das Recht, nein zu sagen, unanfechtbar – nein ist *nein* und nicht »versuch es noch mal in ein paar Minuten«. Aber ich konnte nicht verstehen, wieso Frauen nicht eine gewisse Verantwortung für eine gewisse Kontrolle und ein gewisses Kommando über die verschiedenen Stadien des Abends bis zu dem Punkt des »nein« übernehmen konnten.

Verantwortlichkeit und Freiheit standen im Zentrum des Feminismus. Das ist es, was Frauen mich gelehrt haben. Für die Frauen meiner Generation, Frauen in den Vierzigern oder Fünfzigern, war das Recht, nein zu sagen, unanfechtbar und eindeutig, aber sie hatten auch für das Recht gekämpft, ja zu sagen. Sie hatten für ein freieres sexuelles Leben gekämpft: Sie wollten ihre Partner sowohl wählen als auch ablehnen können, sie wollten mit jemandem schlafen können, ohne die Verachtung ihrer Eltern und Freunde zu spüren. Ihre Revolution war nur teilweise erfolgreich gewesen: Manchmal nutzten die Männer das Recht der Frauen, ja zu sagen, aus, und die Frauen fühlten sich benutzt. Aber Frauen hatten – für immer, dachte man – der alten Trennung des weiblichen Geschlechts in Jungfrauen und Huren ein Ende gemacht. Die beiden Rechte, ja und nein, waren jetzt von gleicher Bedeutung und ergänzten sich gegenseitig. Sie waren miteinander verwoben zu einem Stoff aus Billigung und Ablehnung, Anziehung und Gleichgültigkeit und stellten die Stärke der sexuellen Eigenschaften – den Geschmack, den lebendigen Charakter, das Geheimnis – einer Frau in ihrem romantischen Leben dar. Ist es nicht das, was alle außer den Reaktionären glauben? Aber auf der Take-Back-the-Night-Veranstaltung hat, soweit ich gehört habe, nicht eine einzige Frau gesagt, daß ihr Recht auf Vergnügen und sogar Liebe nicht durch den Verrat der Männer aufs Spiel gesetzt würde.

Ich wartete vergebens auf diese freche Note der Selbstbestätigung und des Ego. Ich wartete darauf, daß die »Überlebenden« der

---

* Camille Paglia: *Sex, Art, and American Culture* (New York: Vintage, 1992), und *Vamps and Tramps* (New York: Vintage, 1994); Katie Roiphe: *The Morning After: Sex, Fear, and Feminism on Campus* (Boston: Little, Brown, 1993).

Rendezvous-Vergewaltigungen sagten: »Möge der Bastard, der mir dies antat, in der Hölle schmoren. Ich werde mein Leben seiner bösen Tat zum Trotz leben. Ich leugne seine Macht über mich. Denn er ist nichts; ich bin alles.« Wenn die Frauen *so* gesprochen hätten, hätte es mich gefreut. Statt dessen sagten viele etwa folgendes: »Mein emotionales Leben wurde zerstört. Ich schäme mich ständig. Ich habe ein Trauma und kann niemandem nahe kommen.«

Der Schrecken der Vergewaltigung war der gespenstischen, selbstdramatisierenden Kultur der Vergewaltigung gewichen – einem geschlossenen krankhaften System von Demos, Versammlungen und Vorträgen, die das Verharren auf der Tat als moralisches Prinzip etablierten und es unterstützten, daß die Tat immer gewaltiger erschien, neue Nahrung erhielt und schließlich die ganze Existenz der Frauen beherrschte. Die Frauen gaben ihre Freiheit und Verantwortung auf und rekonstituierten sich selbst als geschädigte »Überlebende«. Take Back the Night war ein Abend, der nicht darauf abzielte, das Verhalten der Männer zu verändern, sondern auf die Solidarität der Frauen untereinander als einer Gemeinde geschädigter Individuen. Geschädigt zu sein war die Eintrittsvoraussetzung. In der Tendenz wurde also der Wunsch, sich selbst als beschädigt zu sehen, verstärkt. Eine Frau, die gesagt hätte: »Das war eine widerliche Nacht für mich, eine ekelhafte Erfahrung, aber sie hat nicht mein Leben zerstört«, wäre nicht willkommen gewesen. Und ich hörte gar keine derartige Bemerkung. Stillschweigend gehörten also alle Frauen zur Vergewaltigungs-Gemeinde; alle Frauen waren geschädigt. Eine der Unigruppen, die Rape Crisis Center Coalition (Koalition des Vergewaltigungs-Krisenzentrums), begann im Jahr darauf von »potentiellen Überlebenden« zu sprechen.

Ich kannte Frauen in meinem Alter, die gezwungen oder überredet worden waren, Sex zu haben, wenn sie es nicht wollten – welche Frau über Dreißig hat nicht zumindest eine solche Erfahrung gemacht? –, und Jahre später, wenn sie wütend über das Ereignis sprachen, gleichzeitig über das, was passiert war, spotteten. Diese »Überlebenden« waren wirkliche Überlebende. Sie trugen Wut in sich, aber sie wurden nicht von ihr beherrscht. Das Ich hatte sich wieder behauptet, war wiederhergestellt worden. Und jetzt konnten diese Frauen, die nicht bereit waren, sich als ewige Opfer zu sehen, mit Take Back the Night gar nichts anfangen. Sie verachteten so etwas.

Aber als ich mich in eine richtig schöne Wut hineingesteigert hatte, merkte ich, daß ich... blind war. Ich war von der Straßenkriminalität besessen, oder nicht? Gewiß, ich redete selten davon, ich beteiligte mich nie an einer öffentlichen Veranstaltung dazu, und bis ich Hobbes und Locke wieder gelesen hatte, hatte ich die Erinnerung an den Überfall verloren. Aber die Angst vor Verbrechen hatte mein Unterbewußtsein überfallen und so meine Freiheit gemindert. Die Frauen sagten etwas Ähnliches: Die Gefahr der Vergewaltigung war für sie ständig gegenwärtig. Seit der Zeit ihrer Kindheit hatten sie mit den elterlichen Warnungen gelebt, vor Orten, wo man nicht hingehen dürfe, vor gewissen Zeiten, während deren man nicht hingehen dürfe; sie hatten mit allzu freundlichen Blicken und Gesten gelebt, mit Spott und Andeutungen und Einladungen und immer mit der Angst, daß ein Mann etwas mißverstehen und ihnen dann etwas tun könnte. Take Back the Night bekämpfte nicht nur Vergewaltigung, sondern allgemein Gewalt gegen Frauen. Manche Studentinnen und Studenten, die an dem Abend anwesend waren, haben vielleicht die dortige Atmosphäre ebensowenig gemocht wie ich. Aber sie wollten vielleicht ihre Solidarität mit einer einfachen Idee zum Ausdruck bringen: Frauen sollten in einer Gesellschaft leben können, in der sie keine Angst zu haben brauchten.

Waren die Studentinnen buchstäblich bedroht? Vielleicht übertrieben sie, aber dann war auch meine Angst vor Verbrechen »subjektiv«. Man internalisiert eine rationale oder halbrationale Angst, und sie frißt an der eigenen Seele. Man wird weniger frei; man schneidet sich selbst von der Erfahrung ab.

Aber dann müßte man zurückschlagen. In meinem Kopf (obwohl vielleicht bei niemandem sonst) rumorten Sophokles und Shakespeare unbehaglich. Die Absicht der Erziehung war schließlich nicht einfach die, Wissen und Denkvermögen zu vermitteln, sondern den Charakter zu formen, was letztlich bedeutet, ihn so zu formen, daß er mit schwierigen oder selbst katastrophalen Erfahrungen fertig werden kann. Sie nicht zu akzeptieren, sondern mit ihnen fertig zu werden – ihnen gewachsen zu sein. Die Columbia-Universität verlangte teilweise von allen Anfängern, solch extreme Werke wie *König Ödipus*, *Antigone*, *Das Buch Hiob* und *König Lear* zu lesen, um sich so mit dem Äußersten vertraut zu machen, wozu ein menschliches Wesen fähig war. Wenn man diese Bücher las, sah und fühlte man das Schauspiel von Erdulden und Stolz; man wußte, daß es ohne diese Fähigkeiten kein seelenvolles oder heldenhaftes Leben gäbe. Einige von den größten Werken des Abendlandes bewirkten zumindest so viel praktische Weisheit: Wenn du deine Freiheit an die Angst verloren hast, dann mußt du zurückschlagen. Urteilsvermögen und Widerstand waren die Schlüssel, um die Freiheit zurückzugewinnen. Wut, selbst Rache (Ja! sagt Nietzsche), aber nicht Selbstmitleid und Schwäche.

Nicht, daß wir dem, was wir gelesen hatten, entsprechend handelten. Aber die Bücher boten uns eine Möglichkeit; sie konnten der schamlosen Selbstdramatisierung entgegenwirken; sie betonten die Stärke als den einzig wahren Trost.

Mit den Büchern im Hinterkopf hatte ich halbwegs das Verständnis dessen, was ich gehört hatte, aber halbwegs auch nicht: Ich hatte Verständnis für die Erfahrung von Angst, aber nicht für die Selbstauslieferung an die Angst. Denn ganz sicher lagen bei der Take-Back-the-Night-Veranstaltung Verwirrung und Niederlage in der Luft. Wie Roiphe und Paglia sagten, leugneten einige der Frauen, daß sie überhaupt sexuelle Wesen wären; sie drehten die Uhr in die 50er Jahre oder noch weiter zurück, als der Mann immer das gefühllose, wollüstige Tier war und die Frau die zarte Blume; sie übernahmen den peinlichen Schund vergangener heuchlerischer Zeitalter, als die Verlogenheit die sexuellen Sitten beherrschte und die Frauen nicht als für ihre eigenen Wünsche verantwortlich angesehen wurden und nicht einmal bereit waren zuzugeben, daß sie überhaupt welche *hatten*. Manche der Frauen, die ihre Geschichten von Vergewaltigungen im Gefolge von Rendezvous erzählten, hörten sich an, als wären sie gerade von Mamas Schoß gestiegen und hätten nicht nur vor Vergewaltigung Angst, sondern auch vor den Gefahren und der Aufregung des Sex – Angst sowohl vor ihren eigenen Begierden als auch denen der Männer. Sie waren verwirrt, was ein menschliches, nicht ein weibliches Charakteristikum ist.

Wir leben in einer Mediengesellschaft, in der Erniedrigung routinemäßig jeden Nachmittag im Fernsehen als Unterhaltung dargeboten wird. In den schlimmsten Momenten bei Take Back the Night stellten sich Exhibitionisten für Voyeure dar, und dann machten sich alle gegenseitig in einer Welle von Mitleid und Selbstmitleid fertig. Natürlich würden viele der Frauen von Take Back the Night sagen, daß ich den eigentlichen Sinn nicht verstanden hätte: Die öffentliche Natur der Veranstaltung – die Beichte, der Kummer, die Beruhigung, das Handauflegen – war ja eben gerade als Heilungsprozeß beabsichtigt. Schmerz und Leid würden nicht verschwinden, bevor sie nicht aufgedeckt und mit anderen geteilt würden. Die Frauen würden die Angst ausradieren, indem sie ihren Zorn gemeinsam ausdrückten. Aber wer weiß, ob der Abend auf diese Weise funktionierte? Wer weiß, ob solche öffentlichen Bekenntnisse als Katharsis wirkten oder bloß die eigene Identität als Opfer bestätigten? Ist jemals jemand geheilt worden, weil er in Oprah Winfreys Talkshow war? Warum kommen manche Frauen zum zweiten oder dritten »Bekenntnis« wieder? Vielleicht sind sie süchtig geworden.

Dies waren keine hilflosen Frauen, die jahrelang immer wieder geschlagen wurden und nicht in der Lage waren, zur Polizei zu gehen. Es waren überwiegend Frauen der Mittelklasse, die auf dem Weg waren, im Geschäftsleben oder in akademischen Berufen Karriere zu machen. Doch hörten sie sich stärker eingeschüchtert an als irgendeine Frau, die ich je gehört hatte. Das feindselige Todesgeschrei während der Demo – das mir ein unwohles Gefühl gab, was es ja auch sollte – war einem globalen und nicht zu beschwichtigenden Kummer gewichen, und ich dachte, daß mehr dahintersteckte, als ich ohne weiteres verstehen könnte. Irgend etwas ging unter der Oberfläche vor sich; Vergewaltigung war nicht die ganze Sache.

Aber während Männer wie ich zu verstehen suchten, hatten wir vielleicht auch eine Verpflichtung, diese Frage zu beantworten: Was sollte gegen Vergewaltigungen auf dem Campus unternommen werden? Die Antwort liegt für mich auf der Hand: Gegen einen Mann, der so etwas begeht, sollte Anklage erhoben werden. Strafanklage. Der Anblick eines verhafteten Studenten, eingebuchtet, vor Gericht gebracht, verhört und möglicherweise verurteilt und mit Gefängnis bestraft, würde die Männer viel eher vernünftig machen als ein Dutzend Take-Back-the-Night-Veranstaltungen, deren eigentliche Absicht, soviel begriff ich, gar nicht darin lag, das Verhalten der Männer zu ändern, sondern die sexuellen Beziehungen zu politisieren und weibliche Solidarität als Selbstzweck zu schaffen.

Vergewaltigung kann nicht als positive Erfahrung empfunden werden, aber sie sollte auch nicht als allumfassende Erfahrung empfunden werden. Wenn nicht in jener Nacht, so in den folgenden Wochen, als ich »die großen Bücher« anflehte, schrie, zumindest in meinem Geist, das übrige Leben auf und verlangte, die Wunden zu heilen, und ich fragte mich bei den Seminardiskussionen, was es eigentlich war, was die männlichen und weiblichen Studenten voneinander erwarteten. Dieser öffentliche Ekel, diese Angst – was konnte eine Frau darauf aufbauen außer Separatismus und Geschlechtschauvinismus und Wut, die sich selbst nährte und sich selbst rechtfertigte? Was konnte es bei Männern, selbst bei unschuldigen Männern – gerade bei unschuldigen Männern –, anderes erzeugen als Vorsicht, Schuld und Haß? Sollten alle Beziehungen zwischen den Geschlechtern sozusagen unter dem Fluch der Vergewaltigung ablaufen? Ich war verblüfft und kam mir manchmal wie ein freigeistiger Junggeselle vor. Was ist mit einem Flirt und Romantik? Was mit Sex? Würde niemand ein Wort zum Lob der Lust einlegen?

Einige Wochen später wandten wir uns sowohl im Kurs über klassische Literatur als auch in dem über die Kulturgeschichte der Gegenwart den modernen feministischen Texten zu. Ich näherte mich diesen Autorinnen, wie ich es früher mit Christine de Pisan und Mary Wollstonecraft gemacht hatte, nämlich begierig, ihre Qualitäten als Schriftstellerinnen zu entdecken, aber ebenso begierig, Anhaltspunkte zu finden. Der Feminismus war ein weites Feld, und ich wußte, daß ich unvermeidlich aus meiner begrenzten Perspektive, also der eines verwirrten heterosexuellen weißen Mannes der Mittelschicht, zuhören und lesen würde. Doch ich wollte es wissen. Könnte es sein, daß die verwundbarsten Frauen und die unbarmherzigsten Männer plötzlich in fataler Zusammenarbeit drohten, den ewigen Dialog der Geschlechter zu zerstören?

Wir waren am Ende des Seminars angelangt, und als wir zum zwanzigsten Jahrhundert kamen, brach die Vorstellung von der Vergangenheit als einer Serie von bestimmten historischen Epochen zusammen. Die jüngste Vergangenheit erschien statt dessen als eine Reihe von widerstreitenden Personen und Interpretationen (der Lehrplan nannte diesen letzten Teil des Kurses »Die Moderne und ihre Unzufriedenheit«). Zum erstenmal lagen grundlegende Werke Seite an Seite mit bloß einflußreichen oder gar modischen Werken. Stephanson, der wollte, daß wir etwas über die radikale Tradition erführen, wählte Lenin und Gramsci. Er wählte auch Cornel West und Mal-

colm X zum Problem der Ethnien und zur Gewalt den stark um-
strittenen Frantz Fanon, den Herold der Revolution in der Dritten
Welt (der jetzt eher verwirrend zu lesen war), sowie Hannah Arendt,
die meisterhafte Analytikerin des Totalitarismus, der Revolution und
der Gewalt und gewiß keine Radikale. Er hatte auch, als den für ihn
grundlegenden feministischen Text, Simone de Beauvoirs *Das andere
Geschlecht* ausgewählt. Wir lasen nur zwei Abschnitte aus dem umfangreichen Werk, die Einleitung und das außergewöhnliche neunte
Kapitel »Träume, Ängste, Idole«.

*Das andere Geschlecht* wurde 1949 in Frankreich und 1953 in
Amerika veröffentlicht, und irgendwie hatte ich nie hineingeschaut.
Als ich das Buch in den Sechzigern wahrnahm, war ich mit dem
Vietnam-Krieg beschäftigt, und ich dachte: »Ach ja, die Frauenfrage.« Sie war nicht wichtig für mich, und ich meinte, Simone de
Beauvoirs Werk müsse irgendwie ermüdend und fade sein. Und
später, Anfang der siebziger Jahre, als die anglo-amerikanischen Feministinnen Kate Millett und Germaine Greer ihre berühmten Bücher
veröffentlichten (*Sexus und Herrschaft* beziehungsweise *Der weibliche Eunuch*), nahm ich an, sie wären über Simone de Beauvoir
hinausgegangen, und ich las ihre Bücher (Kate Millett war mühsam
doktrinär, Germaine Greer witzig und locker); aber Simone de Beauvoir ignorierte ich nach wie vor. Mittlerweile haßte ich es, nur an
sie zu denken. Sie hatte snobistische Auffassungen von Amerika;
sie war ein Anhängsel ihres langjährigen Liebhabers und Freundes
Jean-Paul Sartre, dessen philosophische Gedanken sie in verkürz-
ter Form übernommen hatte (eine Auffassung, die ich durch die
Lektüre der amerikanischen Rezensionen ihrer vielbändigen Autobiographie erhalten hatte, in denen sie so etwas Ähnliches sagte).
Hing ihrem Ruhm nicht etwas Illegitimes und Anwiderndes an, etwas Absurdes: eine Vertreterin der Frauenbefreiung, die vierzig Jahre
oder mehr ein Anhängsel des berühmtesten männlichen Intellektuellen der Welt war?

Ich schreibe diesen Unsinn (wovon manches von Simone de Beauvoir selbst verschlimmert wurde) nur nieder, um eine Vorstellung von
der Gleichgültigkeit und Ignoranz, dem Geschwätz und schierer Bös-
willigkeit zu geben, die den Ruf eines zeitgenössischen oder beinahe
zeitgenössischen Werkes beeinflussen – und einen faulen Leser daran
hindern können, es zu öffnen. Vielleicht hatte eine ähnliche Menge

413

Neid und Feindschaft ursprünglich manche der Texte in Columbias kanonisierter Lektüreliste verschleiert. Auf jeden Fall hatte Anfang der neunziger Jahre, wenn nicht schon früher, *Das andere Geschlecht* seine Verleumder abgeschüttelt, einschließlich vieler seiner feministischen Verleumder.

Stephanson begann mit einem Paukenschlag und nannte das Buch »den wichtigsten einzelnen feministischen Text des Jahrhunderts«; und als ob er die alte Ablehnung von Simone de Beauvoir als eine Art opportunistischen Anhängsels beantworten wollte, warnte er uns vor »dem verbreiteten Fehler, *Das andere Geschlecht* als eine bloße Verlängerung von Sartres frühem Existentialismus zu betrachten«. In Wirklichkeit, sagte er, habe Simone de Beauvoir in der Philosophie vielleicht mehr erreicht als Sartre. Zumindest habe ihr feministisches Buch Teile von Sartres Spätwerk *Kritik der dialektischen Vernunft* vorweggenommen. »In der frühen Phase«, sagte er, »lautete Sartres Position, daß wir immer frei sind zu entscheiden, selbst in der extremsten Situation. Selbst der Folterer hat nicht die Macht, unsere Fähigkeit zu wählen vollständig zu zerstören. Sartre setzt Reziprozität und Gleichheit zwischen uns und dem ›anderen‹ voraus. Nein, sagt Simone de Beauvoir, es gibt Situationen, in denen meine Menschlichkeit vielleicht nicht zerstört, aber unterdrückt wird. Und einer der Fälle, in denen man nicht von Freiheit sprechen kann, ist der Fall der Frau.«

Simone de Beauvoir formulierte die sekundäre Natur der Wirklichkeit der Frau in philosophischen Begriffen, und auch wenn ihre Analyse jetzt Allgemeingut ist (teilweise durch all die Schriftsteller, die von ihr gestohlen haben, manche mit geringer Achtung), haben ihre Worte immer noch die Kraft aufzuschrecken. Das Buch wurde vor fünfzig Jahren geschrieben. Ein Mann zu sein, sagt sie, ist in unserer Kultur von zentraler Bedeutung. Männlichkeit definiert – »besteigt« – einfach die Realität. Die menschliche Reaktion als solche ist männlich:

> Oft habe ich mich geärgert, wenn im Verlaufe ganz theoretischer Diskussionen Männer zu mir sagten: »Sie denken so, weil Sie eine Frau sind«; ich aber war mir bewußt, daß ich mich nur durch die Antwort rechtfertigen konnte: »Ich denke so, weil es wahr ist«, d. h. indem ich meine subjektive Situation ausschal-

tete; beileibe hätte ich nicht antworten dürfen: »Und Sie denken das Gegenteil, weil Sie ein Mann sind«; denn es steht allgemein fest, daß ein Mann zu sein keine Besonderheit darstellt; ein Mensch ist im Recht, wenn er ein Mann ist; die Frau ist die, die im Unrecht ist. In der Praxis bedeutet das: ebenso wie die Alten eine absolute Vertikale kannten, an der das Schräge als solches festgestellt wurde, gibt es einen absoluten Menschentypus, der eben der männliche ist. Die Frau hat Ovarien und Uterus; das sind die besonderen Voraussetzungen für ihre subjektive Situation; man sagt gern, sie denke mit ihren Drüsen. Großzügig sieht der Mann darüber hinweg, daß zu seiner Anatomie ja ebenfalls Hormone und Testikel gehören. Er faßt seinen Körper als die direkte und normale Beziehung zur Welt auf, die er in objektiver Form darzustellen meint, während er den Körper der Frau als gleichsam belastet durch alles sieht, was ihr eigentümlich ist und was ihm als ein Hindernis, eine Fessel erscheint.«
(S. 10)

Stephanson wollte auch deshalb, daß wir Simone de Beauvoir läsen, weil sie sich die Geschichte der abendländischen Philosophie angeeignet und ihre eigene Variante von Hegel geliefert habe. Wenn die menschliche Reaktion als solche männlich ist, dann ist er das Subjekt, das Absolute, und sie ist das andere. Aber mit sonderbaren Ergebnissen.

Sie [die Phänomene Dualität, Wechselfolge, Gegensatz und Symmetrie] erklärten sich im Gegenteil, wenn man mit Hegel im Bewußtsein selbst eine grundlegend feindliche Haltung in bezug auf jedes andere Bewußtsein entdeckt; das Subjekt setzt sich nur, indem es sich entgegensetzt: es hat das Bedürfnis, sich als das Wesentliche zu bejahen und das Andere als das Unwesentliche, als Objekt zu setzen.

Nur setzt ihm das andere Bewußtsein einen gleichen Anspruch entgegen: auf Reisen stellt der Eingeborene mit Entrüstung fest, daß es in den Nachbarländern Eingeborene gibt, die ihn selbst als Fremden betrachten; unter Dörfern, Klans, Nationen, Klassen gibt es Kriege, Liebesmähler, Handelsabkommen, Verträge, Auseinandersetzungen, die die Idee des

»Anderen« ihres absoluten Sinnes entkleiden und seine Relativität offenbaren; wohl oder übel sind Individuen und Gruppen gezwungen, die Wechselseitigkeit ihrer Beziehungen anzuerkennen. Wie kommt es, daß zwischen den Geschlechtern diese Wechselseitigkeit nicht hergestellt worden ist, daß der eine der beiden Begriffe sich als der allein wesentliche behauptet hat und mit Bezug auf seinen Gegenbegriff jede Relativität ablehnt, indem er diesen schlechthin als »das Andere« definiert? Warum fechten die Frauen die männliche Souveränität nicht an? Kein Subjekt setzt sich spontan und ohne weiteres als das Unwesentliche; nicht das Andere ist es, das dadurch, daß es sich selbst als solches anerkennt, das Eine definiert: es wird als das Andere von dem Einen gesetzt, das sich selbst als das Eine setzt. Damit sich aber die Umkehrung vom Einen zum Anderen nicht vollziehe, muß sich das Andere diesem fremden Gesichtspunkt unterwerfen. Woher kommt diese Unterwerfung in dem Falle der Frau?
*(S. 12)*

Indem es diese ungewöhnliche Frage beantwortet, wird dieses Buch wie *Der Gottesstaat* von Augustinus zu einem enormen, logisch aufgebauten Kompendium, einer leidenschaftlichen Zusammenfassung aller verfügbaren Beweise – in diesem Fall der Beweise (bevor noch die akademischen Disziplinen gefestigt waren) aus der Anthropologie, Biologie, Medizin, Geschichte, Philosophie und Literatur. *Das andere Geschlecht* umfaßt alle Gebiete; es ist ein sowohl erheiterndes als auch anstrengendes Buch. Obwohl uns Stephanson nur Auszüge lesen ließ, wurde ich nahezu überwältigt von Fakten, Interpretationen, Theorien, Widerlegungen von Theorien, Neuformulierungen von Theorien. Ich las in ihm, wie man in der Bibel liest, schwelgend in Geschichten, Geschichte, Prophezeiungen, Klagen. Simone de Beauvoir möchte uns alles sagen.

*Das andere Geschlecht* hat einen starken, ständigen intellektuellen Ton und wurde in einer besseren und freieren Stimmung geschrieben als viele späteren feministischen Bücher. Kate Millett, Germaine Greer und andere treten jetzt in den Hintergrund – eine grausame Bemerkung vielleicht, aber unwiderleglich. Simone de Beauvoir ist und bleibt intelligenter und verständlicher als ihre Nachahmerinnen, und

Teil ihrer Intelligenz ist es, ein Bild des Lebens zu entwerfen, das sowohl Männer als auch Frauen als echt erkennen können. Sie schrieb nicht einfach von Frauen als Opfern. Sie schrieb vom Leben, wie es vom patriarchalischen System definiert ist, von Männern und Frauen, die *zusammen* in diesem System leben. Die Männer wurden ebenfalls von der Dialektik der Geschlechter geformt; das war etwas, was sie sich selbst ebenso antaten wie den Frauen. Große Erfahrung, weitherzige Sympathien und das Fehlen von Erbitterung oder eines speziellen Plädoyers machten *Das andere Geschlecht* zu einem Buch mit einer großzügigen Lebensauffassung.

Und da ist noch etwas, was vielleicht nicht intellektuell vertretbar, aber gefühlsmäßig ganz unausweichlich ist. In meinem vom Film beeinflußten Kopf verursachte Simone de Beauvoirs Attacke ein romantisches Aufleuchten, eine warme Welle von Sympathie und auch Ärger, die durch Erinnerungen an Jeanne Moreau, Danielle Darrieux und andere große französische Filmschauspielerinnen wachgerufen wurde. Die französischen Filme der dreißiger, vierziger, fünfziger und frühen sechziger Jahre, mit ihren irdischen und sinnlichen Heldinnen, ihrer Mischung aus Esprit und Kunst, ihrer rhetorischen Eindringlichkeit, ihrer romantischen Offenheit, kamen aus einer älteren Kultur als der unseren, einer Kultur, deren beste Seite nicht mit solch jämmerlich inadäquaten Ausdrücken wie »sophisticated« und »mature« bezeichnet werden kann. Simone de Beauvoir war Teil dieser Kultur. Sie vermeidet den abrupten und schematischen Haß, die undifferenzierten Zurückweisungen der radikalen amerikanischen Feministinnen, die nach ihr kamen und von ihr beeinflußt wurden. Sie betont, daß das Leben, wie ungerecht das Dasein der Frauen auch sein mag, ein gemeinsames Unternehmen ist.

In dem sehr umfangreichen Kapitel »Träume, Ängste, Idole«, wo Simone de Beauvoir die vielen Methoden beschreibt, mit denen die Männer eine weibliche Identität zu ihrem eigenen Gebrauch »konstruiert« haben, arbeitet sie den männlichen Irrsinn in einer beinahe poetischen Fülle heraus. Die Männer haben (bis vor kurzem) hauptsächlich die Darstellung kontrolliert; da die Frauen keine Mythen aus ihrem Verhalten gemacht haben, sagt Simone de Beauvoir, waren die männlichen Illusionen, Träume und Ängste Teil der Methode, mit der Männer die Frauen kontrollierten. Eine eindeutige Ungerechtigkeit. Aber welch ein Garten der Wunder! Welche Phantasien, welch seltsamer Terror und welche Verzückungen! Die Frau als Hexe, als Verführerin und Werkzeug des Satans, als Vampirin, die dem Mann den Lebenssaft aussaugt, als die Geißel der Natur, deren Menstruationsblut Früchte zum Verwelken bringt und Seuchen hervorruft. Und dann die »positive« Seite! Genauso wahnsinnig! Die Frau als Jungfrau, als absolute Reinheit, als Erdmutter, als Eigentum. Was wir im Seminar über Kulturgeschichte der Gegenwart vom *Anderen Geschlecht* lasen, hatte eine Art exotischer Faszination. Nichts war Simone de Beauvoir fremd: das bürgerliche Ehebett und der Eßtisch, das Bordell, der Harem, der Jungfernchor – alles war mit symbolischen Bedeutungen belastet, alles wurde von Männern (manchmal mit weiblicher Komplizenschaft) als eine *Knechtschaft* der Bedeutung geschaffen. Die Frau bedeutete niemals irgend etwas, weil sie die Summe aller Spielarten der Sehnsucht der Männer ist. Wie Simone de Beauvoir es beschreibt, war die Fruchtbarkeit der männlichen Phantasie im Lauf der Geschichte ganz erstaunlich, doch sie hörte niemals auf, absurd und trostlos zu sein.

Ihre Beschwörung des Patriarchats offenbart eine tiefliegende Mehrdeutigkeit, die ich faszinierend und rührend fand. Manche der Methoden, mit denen Männer Frauen unterdrückten, waren durch Charme und Trost gekennzeichnet, und manche der Reaktionen der Frauen waren durch Erhabenheit gekennzeichnet.

Auf Erden sind die Männer Verteidiger der Gesetze, der Vernunft, der Notwendigkeit: die Frau ist sich der ursprünglichen Zufälligkeit des Mannes selbst und jener Notwendigkeit, an die er glauben will, bewußt. Daher auf ihren Lippen die geheimnisvolle Ironie und ihre nachgiebige Großzügigkeit. Sie hat in Schmerzen geboren, sie hat die Wunden der Männer gepflegt, sie stillt das Neugeborene und bettet die Toten zur Ruhe; sie kennt am Manne alles das, was seinen Hochmut dämpfen und seinen Willen demütigen kann. Indem sie sich vor ihm beugt und das Fleisch dem Geiste unterordnet, nimmt sie dennoch ihren Platz an den körperhaften Grenzen des Geistes selber ein. Sie stellt den Ernst der harten männlichen Architekturen in Frage und schleift die scharfen Kanten ab; sie trägt den Luxus der Willkür, das Unvorhersehbare freier Gnade in sie hinein. Ihre Macht über Männer liegt darin, daß sie sie liebevoll zu einem bescheidenen Bewußtsein ihrer wahren Lage zurückführt; sie besitzt das Geheimnis der Weisheit, die den enttäuschten, schmerzerfahrenen, ein klein wenig spöttisch lächelnd Liebenden innewohnt. Selbst Leichtsinn, Laune, Unwissenheit werden bei ihr zu reizvollen Tugenden, weil sie rundum die Welt umranken, in der der Mann zwar leben, in die er sich aber nicht eingeschlossen fühlen möchte. Den festgelegten Bedeutungen, den zu nützlichen Zwecken hergestellten Werkzeugen hält sie das Geheimnis der unberührten Dinge entgegen. Die Straßen der Städte, die Felder und Äcker durchwebt sie mit dem Hauche der Poesie. *(S. 190-191)*

Vieles davon gehört der Vergangenheit an. Die Frauen haben gekämpft und ein solches Maß an ökonomischer Unabhängigkeit gewonnen, daß sie, mit den Worten Simone de Beauvoirs, zumindest in den erfolgreicheren Gesellschaftsschichten der fortgeschrittenen Industrieländer jetzt sowohl Subjekt als auch Objekt sind, das »eine« und das »andere«, Arbeiterin und Gefährtin, Berufstätige und Mutter. Da sie von ihren magischen und mythischen Funktionen entbunden, buchstäblich entzaubert ist, wird von ihr nicht mehr verlangt, die Felder zu segnen und bei allen männlichen Gelegenheiten Trost zu spenden. Für zumindest einige Frauen sind Befreiung, Macht, Eigenpersönlichkeit erreichbar. Wenn ich mich in meinem Fitneß-Club in Manhattans Upper West Side umschaue, sehe ich, wie sich 100 Kilo schwere Gewichtheber ihre Haltung bescheiden von 60 Kilo schweren weiblichen Trainern korrigieren lassen. Ich merke, wie begrenzt mein Beispiel ist: Der Club ist nichts anderes als ein überteures Yuppie-Fitneßstudio. Aber was dort zwischen den Geschlechtern vorgeht, ist ein soziales Ereignis, das vor fünfzehn Jahren noch unvorstellbar gewesen wäre.

Frauen sind in einem beträchtlichen Ausmaß nicht mehr physisch von Männern abhängig, was sowohl für Männer als auch für Frauen eine Erleichterung ist. In den bürgerlichen Demokratien des Westens sind viele alte Vorstellungen zusammengebrochen, und das Gleichgewicht der Macht beginnt sich zu verschieben. In sehr glücklichen Fällen zeigen Männer und Frauen im Umgang miteinander ein Wohlwollen, das neu auf der Welt ist. Sie versuchen, Gleichheit umzusetzen. Wie viele Rückfälle und Widerstände es in jedem beliebigen Augenblick auch geben mag, wie viele Frauen auch immer noch geschlagen und eingeschüchtert werden, die Befreiung der Frau ist, wie selbst ihre Gegner wissen, die einzige erfolgreiche Revolution des zwanzigsten Jahrhunderts. Die Seminare über die Kulturgeschichte der Gegenwart und die Kurse über klassische Literatur haben dies implizit bereits anerkannt, indem sie »tote weiße Frauen« in ihre Listen aufgenommen und damit innerhalb ihrer Grenzen eine gegen die Hegemonie gerichtete Diskussion ermöglicht haben.

Simone de Beauvoir hatte vorhergesagt, daß diese Veränderung des Status der Frauen, die bereits in den vierziger Jahren in Frankreich im Gange war, schmerzlich sein würde. Ihr Buch enthielt Elemente des frühen existentialistischen Denkens, die sie *nicht* verworfen hatte, und diese machten sich im Text wie Trompetenstöße bemerkbar.

> ... diejenigen, die man als Einzelwesen zur Stagnation verurteilt, erklärt man für glücklich unter dem Vorwande, das Glück sei Unbeweglichkeit. Das ist also ein Begriff, auf den wir uns hier nicht einlassen wollen. Unsere Perspektive ist die der existentialistischen Ethik. Jedes Subjekt setzt sich konkret durch Entwürfe hindurch als eine Transzendenz; es erfüllt seine Freiheit nur in einem unaufhörlichen Übersteigen zu anderen Freiheiten, es gibt keine andere Rechtfertigung der gegenwärtigen Existenz als ihre Ausweitung in eine unendlich geöffnete Zukunft. Jedesmal, wenn die Transzendenz in Immanenz verfällt, findet ein Absturz der Existenz in ein Ansichsein statt, der Freiheit in Faktizität; dieser Absturz ist ein moralisches Vergehen, wenn er vom Subjekt bejaht wird; ist er ihm auferlegt, so nimmt er die Gestalt einer Entziehung und eines Druckes an; in beiden Fällen ist er ein absolutes Übel. Jedes Individuum, das die Sorge hat, seine Existenz zu rechtfertigen, empfindet diese als ein unendliches Bedürfnis, sich zu transzendieren.
> *(S. 21)*

Ich kannte Feministinnen, die beklagten, daß Simone de Beauvoirs Begriff von »Transzendenz« an sich schon eine Reflexion der männlichen Leistungshierarchie sei, und andere, die meinten, daß sie sowohl die Kreativität als auch die Notwendigkeit der Mutterschaft geringschätzig behandle. Und natürlich stellte Simone de Beauvoir ihre eigenen Mythen auf. Eine heroische Selbst-Transzendenz ist vielleicht nicht der Wunsch jeder Frau; sie war auch weit von der allgemeinen Erfahrung der Männer entfernt, von denen viele betäubende, eintönige Arbeiten in Büros, Fabriken oder Baustellen ausführten. Wenn ich mich selbst anschaute, ein achtundvierzigjähriger Mann mit einer Frau und zwei Kindern und vielen Verpflichtungen, dann war ich nicht sicher, ob die gegebenen »Bedingungen« meines Lebens überwunden werden konnten, ohne andere Menschen zu verraten. Der Adel des bürgerlichen Lebens, so wie es ist, besteht gerade darin, innerhalb der begrenzten »Bedingungen« zu leben und kleine Bereiche von Freiheit für sich selbst zu finden, die man allmählich ausdehnt. Mit Glück und außergewöhnlicher Hartnäckigkeit kann man sich selbst umgestalten. Man könnte es stückweise Transzendenz nennen. Aber ich bin aufgewühlt, alle sind aufgewühlt von Simone de Beauvoirs existentialistischer Ethik. Sie ruft die Frauen zu einer heroischen Existenz auf, vor allem die jungen, unverheirateten Frauen. Was bedeutet, daß das Leben für diese Frauen härter wird.

Gegen Ende ihrer Einleitung behauptet Simone de Beauvoir in einem Satz, der ohne Zweifel große moralische Bedeutung für das ganze Buch hat: »Ich bin an dem Schicksal des Individuums interessiert, das nicht in Begriffen von Glück, sondern von Freiheit definiert ist.« Schlicht und einfach. Doch für einen Amerikaner ist es eine erschreckende Bemerkung. In diesem Land denken wir gerne, daß Freiheit zu Glück *führt*, und wenn wir die beiden Begriffe einander gegenübergestellt finden, mit der deutlichen Implikation, daß größere Freiheit Schwierigkeiten und Schmerz mit sich bringen könnte, dann ist das ein Schock. Als ich Simone de Beauvoir las, kam mir der Gedanke, daß die Frauen der Take-Back-the-Night-Veranstaltung, die die Studentinnen mit der größten Macht in der amerikanischen Geschichte waren, vielleicht die Wahrheit ahnten, daß Freiheit nicht zu Glück führe. Vielleicht war diese Erkenntnis Teil ihrer Bitterkeit.

Die Auszüge aus Simone de Beauvoirs Werk wurden im Seminar gut aufgenommen, aber nachdem Stephanson uns einen kurzen Überblick über Simone de Beauvoirs zentrale Ideen gegeben hatte, wurde die Unterhaltung gereizt. Der unerbittliche Manuel griff ein.

»Auch hier«, polterte er, »nehme ich wieder den radikalen konservativen Standpunkt ein. [Seufzer sowohl von Männern als auch von Frauen.] Die meisten Feministinnen haben keine Ahnung, wie die Gesellschaft aussehen soll, wenn sie wirklich die Macht hätten. Frauen wollen gleichen Lohn, Kontrolle über die Reproduktion. Aber das ist nur ein Teil der Machtprivilegien. Ich sehe nicht, daß die Frauen das Recht zu töten oder das Recht zur Ausbeutung wollen. Männer haben über Generationen die paradoxe Vorstellung entwickelt, daß Macht keine gute Sache ist, daß aber irgend jemand sie haben müsse. Aber Frauen wollen diese Art Macht nicht.«

Zu Anfang des Jahres waren die Studenten rücksichtsvoll gegenüber Manuel gewesen und wollten nicht mit einem Blinden streiten. Aber das war vorbei. Die Hände gingen wütend in die Höhe. Mei Ling, eine von zwei asiatisch-amerikanischen Frauen, die im zweiten Semester dazugestoßen war und sich gewöhnlich nicht an der Diskussion beteiligte, schaute Manuel jetzt verärgert an. »Was du gesagt hast, ist empörend«, sagte sie. »Macht ist Freiheit des Denkens, nicht das Recht, Menschen zu töten.« Das war edel gesagt, beantwortete aber nicht das, was Manuel gemeint hatte.

Karen, ihre Freundin koreanischer Herkunft, die neben ihr saß und die mit ihrer altmodischen Brille ernst dreinschaute, aber freundlich war, fuhr schnell dazwischen, bevor jemand anderes etwas sagen konnte. »Du definierst, was Macht ist. Du hast all diese männlichen Texte gelesen, und jetzt willst du, daß die Frauen Macht ebenso definieren wie du, und dann wirst du sagen, daß du Angst hast.«

»Okay«, sagte Manuel und machte wie gewöhnlich einen Rückzieher. »Männer beherrschen die Frauen jetzt aus Angst. Sie steigen einfach drüber, damit sie nicht verschlungen werden.«

Eine wahnsinnig verwirrende Metapher. Aber ich erinnerte mich nun an seine Bemerkung im Seminar über Marx, daß die Frauen sich eines Tages zusammenschließen und die politische Macht erringen würden. Er schien die Frauen zu verspotten, damit sie loslegten oder schwiegen – die Macht übernähmen und die Konsequenzen der Macht trügen oder den Mund hielten. Manuel stellte auch die alte Frage, was Frauen wollten, was Frauen *sind*. Das heißt, haben Frauen eine angeborene Natur – in diesem Fall eine, die nicht gewillt ist, Macht in ihren brutalsten Aspekten auszuüben –, oder ist diese Natur durch ihre politische Situation in einer von Männern beherrschten Gesellschaft definiert? Gibt es angeborene Unterschiede zwischen den Geschlechtern? *Diese* alte Frage, die immer bleibt.

Ich warf einen Blick zurück auf die Bücher, die wir vorher gelesen hatten. Im Spätherbst hatten wir *Das Buch von der Stadt der Frauen* gelesen, das merkwürdige Werk der Christine de Pisan, nicht direkt ein Klassiker, aber so etwas wie ein wieder auferstandener Text. Seinem Ruf zufolge war es das äußerst zugängliche Werk einer bemerkenswert gewandten Autorin, die oft die erste »Berufsschriftstellerin« genannt wird. Christine de Pisan wurde 1356 in Venedig geboren und erhielt eine außerordentlich gute Bildung; sie wurde mit einer reichen literarischen Kultur unmittelbar nach Dante und Boccaccio konfrontiert, und als ihr französischer Ehemann starb und sie mit drei kleinen Kindern und ohne Erbe zurückließ, begann sie für ihren Lebensunterhalt zu schreiben und Werke zu ganz unterschiedlichen Themen zu verfassen. *Das Buch von der Stadt der Frauen* ist ein Versuch, den Verleumdungen des Charakters der Frauen entgegenzutreten, denen sie ihr Leben lang bei der Lektüre klassischer und zeitgenössischer Literatur begegnete. Die gelehrte Christine de Pisan greift auf die Mythologie und die Geschichte zurück und schafft eine Art von Gegenkanon, in dem sie die Würde und Klugheit der Frauen feiert – einen Kanon exemplarischer Handlungen und des vornehmen Charakters. Sie plädiert für die Bildung der Frauen, aber sie zeigt wenig Interesse an Gleichheit. Im modernen Jargon ist Christine de Pisan eine »Essentialistin«; sie glaubte, daß es die Natur der Frauen sei, den Männern zu dienen, und ihre Exzesse durch Tugend und Keuschheit zu korrigieren. Was beinahe jeden modernen Leser zum Stöhnen bringt.

Stephanson hatte von Christine de Pisan mit Hochachtung gesprochen, aber mich ermüdete sie schnell; und die Diskussion im Seminar blieb bei einigen belanglosen literarischen Fragen stecken. Etwa, ob es rechtens wäre, daß sie mythologische Quellen benutzte, um den Charakter der Frauen zu bestimmen. Die Diskussion lief meiner Meinung nach schief, weil es im Werk Christine de Pisans ein schrulliges und affektiertes Element gibt. Sie liegt uns wirklich etwas fern, in ihrer Anständigkeit einer wohlerzogenen Frau im Spätmittelalter. Konnten Frauen nicht ohne die feierliche Dekoration der Keuschheit, Bescheidenheit und Tugend, die ihre Bewegungen behinderte, als »nobel« gelten? Für die Frauen im Mittelalter mußte die Macht wohl vom Anschein der Keuschheit abhängig sein; selbst Boccaccio hätte zugestimmt. Aber ich muß gestehen, daß ich an dem Thema wenig Interesse finde, daß mich die Verbindung von Macht und Keuschheit wenig fasziniert, auch wenn es eine Linie im feministischen Denken ist bis hin zu Take Back the Night.

Christine de Pisan machte uns alle etwas verdrießlich. Dies hingegen war ein Ton, der mehr nach unserem modernen Geschmack war:

> Ich werde mich bemühen, die Weiber zum ernsten Bestreben aufzumuntern, sich immer mehr Stärke der Seele und des Körpers zu erwerben. Ich werde sie zu überzeugen suchen, daß honigsüße Redensarten wie Regsamkeit des Herzens, Delikatesse der Empfindung, Verfeinerung des Geschmacks fast gleichbedeutende Ausdrücke für Schwäche sind. Ich werde alles aufbieten, um ihnen anschaulich zu machen, daß Wesen, die nur Gegenstände des Mitleids und jener schmelzenden Art von Liebe sind, gewöhnlich Schwester des Mitleids genannt, bald Gegenstände der Verachtung werden müssen.
> *(S. 40)*

So weit Mary Wollstonecraft 1792. Zu Beginn des zweiten Semesters, nach Rousseau, Hume und Kant, hatten wir Ausschnitte aus Mary Wollstonecrafts zornigem, intelligentem Buch *Rettung der Rechte der Frauen* gelesen. Diese Frau, die allgemein als die erste moderne Feministin angesehen wird, eine radikale Verfechterin der Gleichheit aller, Journalistin, Frau des politischen Philosophen William Godwin und Mutter von Mary Shelley (Autorin von *Frankenstein*), schmähte die soziale Ordnung der aristokratischen Privilegien und der bürgerlichen Ehe, die Frauen ermutigte, künstliche weibliche Anmut, Herzlichkeit und Schwäche zu kultivieren. Mary Wollstonecraft ist eine Geißel für alles, was bei Frauen »weich« und berechnend ist; sie verkündete die Mittelstandsfrau der Zukunft, die berufstätige Frau, die ihren Weg mit Hilfe ihres Verstandes und ihrer Neigung geht und sich weigert, Unsinn zu reden, um den Männern zu gefallen. Ihre eigene Prosa ist kraftvoll, kritisch und ohne Angst vor Zweideutigkeit. Sie ist eine Autorin, die oft witzig, aber selten lustig ist.

Frauen, schrieb sie, sind allmählich geschwächt worden. Denn wenn die Frauen von Gott geschaffen wurden, dann sind sie mit Verstand begabt; daher sind sie Menschen von derselben Art wie die Männer. Indem man sie erzieht, immer zu gefallen, verwandeln wir sie in triviale, unglückliche Wesen, die nur Verachtung unter dem

Mantel des Lobes erhalten können. Und wir präparieren sie für einen katastrophalen doppelten Betrug. Erstens sind sie der Bildung beraubt und verlieren so die Möglichkeit, ihren eigenen Verstand zu entwickeln; und da sie sich nur der Schönheit gewidmet haben, verlieren sie, wenn die Jahre vergehen, zweitens die Zuneigung ihrer Ehemänner, denn die Männer haben ihren hohlköpfigen Frauen nichts zu sagen und ziehen los, um jüngere Frauen zu erobern. Die Ehe sollte mit Leidenschaft beginnen und mit Freundschaft enden, was ein höherer und dauerhafterer Zustand des Daseins sei.

Die Studenten, die im Kurs über klassische Literatur von Anfang an dabei waren, wußten genau, worauf Mary Wollstonecraft reagierte. Jeder von Jane Austens Romanen, aber besonders *Stolz und Vorurteil*, macht nur allzu deutlich, wie begrenzt die Möglichkeiten für Frauen in England um 1800 waren. Entweder Ehe oder respektierte Nichtigkeit als Gouvernante – oder ein steiler Absturz in die Reihen der Putzfrauen, Fabrikarbeiterinnen, Prostituierten.

Doch obwohl ich mit vielem, was Mary Wollstonecraft sagte, einverstanden war, fand ich ihre Verachtung der Sinnlichkeit und des Vergnügens ein wenig nervend. Sie spricht vom Sex als der einzigen Macht der Frau, einer verderblichen Macht, die Frauen in Wirklichkeit in Huren verwandelt – sie genießen den Triumph einer Stunde, aber keinen weiteren Triumph. Sie scheint nicht zu sehen oder zu ahnen, daß Frauen gleichzeitig sexuelle und intellektuell reife Wesen sein können. (Sicherlich war sie dies selbst.) Bei ihr fand sich teilweise eine Vorwegnahme von Take Back the Night, eine Wut auf Sex als die Kraft, die Frauen entmachtet.

»Was laut Mary Wollstonecraft zwischen Männern und Frauen fehlt«, sagte Stephanson, »ist die vernünftige, rationale Beziehung. Aber durch die Art und Weise, wie Mary Wollstonecraft ihre Argumente aufbaut, wird die Sexualität marginalisiert.« Er versuchte, die Studenten dazu zu bringen, sowohl die Verschrobenheit als auch die Stärke in Mary Wollstonecrafts Ansichten zu erkennen. Aber Mei Ling sah beides nicht. »Wenn man sexuelle Macht über Männer hat«, sagte sie, »dann verläßt man sich nicht auf die Macht der Vernunft.«

Nun, das hätte ein Argument für die persönliche Aufrichtigkeit sein können, aber Stephanson ließ nicht locker. »Gibt es wirklich einen Widerspruch zwischen Attraktivität und Vernunft?« fragte er mit erhobener Stimme. »Und ist Macht nicht eine Funktion einer gegebenen Beziehung, oder ist sie eine Gewalt, derer man sich bedient? Dieses Buch ist ein Angriff auf die romantische Liebe, und es gibt noch heute Elemente dieser Sichtweise im feministischen Denken – die Auffassung, daß das Gefühlsleben eine Falle für die Frauen sei.«

Es war der unvermeidliche männliche Standpunkt, und natürlich war ich einer Meinung mit ihm. Für mich war die Lektüre von Mary Wollstonecraft eine Begegnung mit einem Zorn, der meinem Verständnis sehr fern lag. Sie war genau so eine »Andere« wie Dante. Gewiß erkannte ich die Richtigkeit in ihrer Darstellung des Lebens der Frauen; sie stellt die Fallen für die Frauen so sarkastisch dar, daß man ihr nur um der Freude und der Sicherheit willen, auf ihrer Seite zu stehen, zustimmen möchte. Aber ich konnte ihrer Lösung keinen Glauben schenken. Beim Versuch, mich hineinzudenken, konnte ich nur so weit gehen, wie meine Antipathie gegen ihre Tadelsucht mein Vergnügen an ihrer zornigen, geistreichen Prosa überwand. Wenn sie das Unkraut der Klischees über Frauen wegschneidet, reißt sie gleichzeitig lebende Wurzeln aus.

Was die Bemerkungen Rousseaus betrifft, die ihm von verschiedenen Schriftstellern nachgebetet worden sind, nämlich, daß Frauenzimmer von Natur, das heißt gleich von der Wiege an, auch ohne alle Einwirkung der Erziehung, schon einen Hang zu Puppen, zum Putz und Plaudern hätten – so sind sie wirklich zu kindisch, als daß sie im Ernste einer Widerlegung wert wären. Daß ein Mädchen, dazu verurteilt, stundenlang das Geschwätz einer albernen Wärterin anzuhören oder bei der Toilette ihrer Mutter zu sitzen, endlich auch einmal ein Wort mitsprechen will, ist doch natürlich. Und auch, daß sie zur Nachahmung ihrer Mutter oder ihrer Tanten und zum Zeitvertreib ihre Puppe gerade so aufputzt, wie es jene mir ihr, dem armen unschuldigen Geschöpfchen, machen, ist eine ebenso natürliche Folge...

Auf diese Weise kann man den Hang zum Putz, der an den Weibern sichtbar ist, leicht erklären, ohne ihn aus dem Verlangen, dem Geschlechte, von welchem sie abhängig sind, zu gefallen, herzuleiten. Kurz, die sonderbare Behauptung, ein Mädchen sei von Natur eine Kokette, und jedes Streben, das mit

dem Geschlechtstrieb in Verbindung steht, könnte sich in ihr auch dann schon zeigen, wenn eine fehlerhafte Erziehung noch nicht ihre Phantasie erhitzt und diesen Trieb vor der Zeit geweckt habe – ist so höchst unphilosophisch, daß ein scharfsichtigerer Beobachter, als Rousseau war, sie gewiß nicht würde zu der Seinigen gemacht haben, wäre er überhaupt nicht gewohnt gewesen, die Vernunft seinem Hange zum Auszeichnenden und die Wahrheit paradoxen Lieblingssätzen aufzuopfern.
*(S. 95-96)*

In einfacherem Deutsch: Den Wunsch, Männern zu gefallen, gibt es natürlicherweise nicht bei unreifen Mädchen, denen noch nicht fälschlicherweise die Auffassung beigebracht wurde, es sei ihre Lebensaufgabe, Männern zu gefallen. Aber ich dachte an kleine Mädchen, die ich kannte, mit starken, feministischen Müttern, die nichtsdestotrotz zu gefallen wünschten. Sogar im Alter von vier Jahren, bevor die Fernsehbilder von stillenden Müttern und eifrigen Quatschköpfen sie beeinflußt hatten, waren sie sehr viel charmanter als Jungen.

Irgend etwas stimmte hier nicht, doch die Studenten waren vollständig mit Mary Wollstonecraft einverstanden. Einer nach dem anderen, die Studenten ebenso wie die Studentinnen, betonte feierlich, daß es keine geschlechtlichen Charakteristika gebe, außer denen, die von der Gesellschaft »konstruiert« wurden. Sowohl Karen als auch Meredith (die südafrikanische Studentin) sagten, daß sie nicht mit Puppen gespielt hätten; Abel trat tapfer hervor und sagte, daß er es *getan* hatte (mit der Bedeutung »und bin doch ein Mann geworden«). »Wenn die Mädchen sich mit ihren Puppen zurückziehen«, sagte Karen, »dann spüren sie, daß sie in einer männlichen Welt leben.« Das war eine interessante Bemerkung, obwohl ich wünschte, ich könnte sie in ein paar Familien einführen, die ich kannte, in denen die Mütter Bücher schrieben oder Juristinnen waren oder täglich mit Millionen in Form von Aktien hantierten und wo die Töchter dennoch mit Puppen spielten und sich herausputzten.

Mädchen bekommen Barbies geschenkt, sagte Karen, und deswegen lieben sie sie, während Jungen Spielzeuggewehre bekommen und von ihnen erwartet wird, daß sie damit spielen, und das tun sie auch und werden Kriegsfanatiker und Football- und Porschefans.

Genau, dachte ich, aber wenn ein Kind ein Spielzeug bekommt, das es nicht mag, dann wirft es es beiseite. Bevor die Hände der Eltern und der Gesellschaft zu modellieren beginnen, hat der menschliche Lehm bereits eine gewisse eigene Form. Ich hörte eine Weile zu, konnte mich dann aber nicht mehr beherrschen. Ich war in diesem Raum die einzige Person mit Kindern.

»Tut mir leid, ich will kein Vorrecht in Anspruch nehmen, aber dies kann ich nicht hinnehmen«, fing ich an.

Gelangweiltes Lächeln. Sie wußten, daß ich ein Vorrecht wollte. Dann sagte ich, was viele Eltern wußten, einschließlich einer Reihe feministischer Mütter (ich hatte darüber mit vielen gesprochen), daß die anlagebedingten Unterschiede zwischen kleinen Jungen und Mädchen enorm sein konnten. Ebenso, wie die Banker-Mütter erstaunt waren, als sie sahen, daß ihre Töchter mit Puppen spielten und sich herausputzten, so war ich erstaunt, als ich sah, daß meine Jungs eine Vorliebe für Rambo-Puppen und Kriegsfilme entwickelten. Als sie vier Jahre alt waren, rannten sie durch die Wohnung und schlugen und pufften die Leute mit allem, was sie zur Hand hatten. In ihrer Vorschule gab es nur wenige Mädchen, die das taten. Wenn solch ein Verhalten das Ergebnis von Konditionierung ist, dann sind wir machtlos, weil meine Frau und ich nicht beabsichtigten, die Jungs so zu erziehen, daß sie Leute schlugen und Kriegsspielzeug liebten. Ganz im Gegenteil: Wir gingen dagegen an, obwohl ich zugebe, daß wir, als wir sahen, wie sehr sie Gewehre und Schwerter liebten, nachgaben und es nicht mehr bekämpften; statt dessen versuchten wir den elterlichen Trick, Plastikschwerter in Pflugscharen umzumodeln. Wir versuchten, ihr Interesse an Spielzeugsoldaten und Krieg in ein Interesse an Geschichte umzuwandeln. Hannibal mit seinen Elefanten, Caesar, wie er den Rubikon überquerte. Nach ein paar Jahren, als die Jungs es langweilig fanden, im Haus herumzurennen und Leute zu schlagen, beschäftigten sie sich mit Alexander dem Großen und Napoleon. Das war's also: Wir hatten ihr Interesse am Krieg »konstruiert«. Aber das hatten wir wirklich nicht. Wir hatten versucht, eine bereits vorhandene Disposition zu kanalisieren.

Während ich sprach, hörte ich Geräusche der Mißbilligung, wie Studenten ihre Notizblöcke und Kugelschreiber gelangweilt hin- und herschoben. Die absolute angeborene Gleichheit beider Geschlechter ist jetzt eine anerkannte Idee bei den Studienanfängern; tatsächlich sind die Studenten an den weltlichen Universitäten so nahe dran wie nur möglich, diesen Glauben zu einer geheiligten Doktrin zu machen. Sie lächelten, aber sagten mir einigermaßen hitzig, daß ich unrecht hätte; und mir wurde klar, daß ich gegen einen ziemlichen Auswuchs politischer Korrektheit anrannte. *Die Studenten wollen nicht die Vorstellung von Unterschieden zwischen Menschen unterstützen, weil sie annehmen, daß alle Unterscheidungen ungerecht sind.* Daher hassen sie jedwede generalisierende Aussage über die Geschlechter, über ethnische Gruppen und gesellschaftliche Schichten, weil sie annehmen, daß es das Ziel solcher Bemerkungen ist, die Seite mit weniger Macht herabzusetzen. Abschätzige Unterscheidungen hört man auf der Straße und im Radio; abschätzige Unterscheidungen haben Menschen in der Vergangenheit unterdrückt; daher müssen alle Unterscheidungen abschätzig sein. Es ist die Antilogik der Korrektheit. Wenn man sagt, Frauen seien anders als Männer, sagt man zwangsläufig, daß Frauen den Männern unterlegen seien. Die Idee, daß »verschieden« auch »verschieden« bedeuten kann, hat sich noch nicht durchgesetzt. Die Studenten wollen wahrhaft tolerant und vorurteilslos sein, und viele von ihnen sind es auch, aber sie leben in einer überempfindlichen Gesellschaft und stürzen in die Falle, Toleranz mit Milde und Vorsicht zu verwechseln.

Ich merkte, daß ich nach einem schuldigen Text suchte, einer Andeutung, einer Haltung, einer Auffassung von Realität, die zu jener Atmosphäre bitterer Niederlage bei Take Back the Night beigetragen haben könnte. Ich wollte damit nicht sagen, daß irgend jemand ein Buch lesen müßte, um über Vergewaltigung wütend zu werden. Aber dieser bestimmte Ausdruck von Qual, die Endzeitstimmung, die Hoffnungslosigkeit. Ich gestehe, daß meine Suche eine äußerst begrenzte Art war, mich feministischen Texten zu nähern, die schließlich so viel mehr zu bieten hatten. Aber wenn ich nicht der Logik der Besessenheit folgte, dann würde ich die Hoffnung verlieren, eine Einstellung zu verstehen, die so viele Menschen zu verletzen schien. Simone de Beauvoir hatte ein großes Buch geschrieben, und sie hatte keine Schuld (außer vielleicht ihre Weitschweifigkeit). Sie war auf stolze und entschiedene Weise herausfordernd. Und Christine de Pisan und Mary Wollstonecraft hatten geleistet, was ich von ihnen erwartet hatte, nämlich effektiv auf das Schweigen und die Absurditäten der vorher von uns gelesenen Texte des Literaturkanons zu antworten – auf den Nonsens von Aristoteles über die geringere intellektuelle Kapazität der Frauen, die patriarchalischen Postulate des Alten Testaments, die sexuelle Paranoia der christlichen Autoren und so weiter. Ich war nicht glücklich über die antierotische Neigung dieser beiden Schriftstellerinnen, aber niemand konnte sie einer widerlichen Betonung der Opferrolle anklagen.

Stephanson gab uns jedoch noch etwas anderes zu lesen, einen Essay von 1989 von der Rechtsprofessorin und antipornographischen Vorkämpferin Catharine MacKinnon mit dem Titel »Sexuality, Pornography, and Method: ›Pleasure Under Patriarchy‹«[*]. Stephanson wählte Catharine MacKinnon, weil er wollte, daß wir eine Ahnung von einer neueren feministischen Position zur Sexualität bekämen. Wir waren vom allgemein Anerkannten über das von der Zeit Gesegnete und das Klassische zu einem heutigen Text akademischer Rhetorik gekommen.

> Eine Theorie der Sexualität wird in dem Maß feministisch, wie sie die Sexualität als Konstrukt männlicher Macht behandelt: definiert von Männern, den Frauen aufgezwungen und konstitutiv in der Bedeutung von Geschlecht. Ein solches Herangehen stellt die Perspektive der Unterwerfung der Frauen unter die Männer ins Zentrum des Feminismus, da es den Sex – das heißt die Sexualität der Beherrschung und Unterwerfung – als für diesen Prozeß entscheidend, grundlegend und auf einer gewissen Ebene definitiv identifiziert.

> Erotisierte Herrschaft definiert den Imperativ der Männlichkeit der Sexualität, erotisierte Unterwerfung definiert ihre Weiblichkeit... Männliche Macht nimmt die soziale Form dessen an, was Männer als ein Geschlecht sexuell wünschen, und das beruht auf der sozial definierten Macht selbst. Maskulinität heißt, sie zu haben; Feminität heißt, sie nicht zu haben.

---

[*] Überarbeitet und neu veröffentlicht als Kapitel 7 in *Toward a Feminist Theory of the State* (Cambridge: Harvard University Press, 1989).

Ich war regelrecht verblüfft über diese Prosa wie von einer Zement-maschine. Aber fahren wir fort. Wie Catharine MacKinnon selbst behauptet, entwickelt sie eine weit radikalere Vorstellung als die früheren feministischen Theoretikerinnen, die im allgemeinen annahmen, daß Sexualität bei Frauen wie bei Männern eine Konstante sei, ein biologischer Trieb und eine Notwendigkeit, die im Patriarchat unterdrückt oder verbogen wurde. Da die Sexualität dieser alten Auffassung zufolge etwas Gegebenes war, mußte ihre Minderung oder Abwesenheit – »Frigidität« – zu einer Anklage der Unzulänglichkeit gegen die Frauen selbst oder gegen die Gesellschaft, in der sie lebten, führen. Aber wer kann sagen, fragt Catharine MacKinnon, daß der sexuelle Trieb bei Frauen etwas Gegebenes sei? Wer kann sagen, daß »Sex als solcher (was immer das ist) gut sei – natürlich, gesund, positiv, angemessen, angenehm, bekömmlich, schön, das Eigene, das anerkannt und ausgedrückt werden müsse«?

Catharine MacKinnon betont, daß es keine weibliche Sexualität als solche gebe – nichts, das jenseits oder neben einer Kultur existiere, eine sowohl biologische als auch instinktive Kraft. (So viel zu Darwin und Freud.) Im Gegenteil, die Begierde der Frauen sei von Männern als ein Element in einem »Drehbuch« konstruiert worden, ein Szenario, das als ein Aspekt männlicher sozialer Macht fungiere. Die weibliche Sexualität sei etwas den Frauen Auferlegtes. Ihr weltweit gebilligter heimlicher Zweck innerhalb der sozialen Welt männlicher Macht sei immer gewesen, die Frauen dafür zu belohnen, daß sie sich den Männern zur Verfügung stellten. Es sei absurd zu behaupten, daß Frauen sich sexuell »ausdrücken« oder ihre Freiheit aushandeln könnten (wie sie in der sexuellen Revolution der sechziger Jahre geglaubt hatten). Wie kann man mit seinen Unterdrückern verhandeln? Frauen sind nicht gleichberechtigt; sie können nicht verhandeln. In Wirklichkeit sei all das Gerede über sexuelle Freiheit eine trügerische Methode der Frauen, sich selbst als Opfer darzubieten.

Was ist es also, was Frauen fühlen oder zu fühlen behaupten? Frauen wollen Lust an Unterwerfung erfahren, weil ihre Sexualität von den Männern genau in der Weise konstruiert wurde, die Unterwerfung erotisiert. Aber was geschieht, wenn Frauen keine Lust an der Unterwerfung, sondern an etwas anderem erfahren? Nun, das ist nicht möglich. Frauen können keine Lust an der Gleichberechtigung fühlen, weil es für sie keine Gleichberechtigung gibt. Kurz und gut: Wenn Frauen etwas fühlen, dann nur, weil ihnen gesagt wurde, sie sollten es fühlen. »Man kann nicht mit einem Orgasmus argumentieren«, pflegte ein Freund von mir zu sagen. Kann man offenbar doch. Man kann versuchen, ihn zu überzeugen, daß er nicht korrekt ist.

Diese Art Probleme haben eine lange Geschichte; die Gelehrten sagten den Frauen, was ihre Sexualität sei. Die klassischen Mythenerzeuger taten es, die christlichen Autoren taten es, Boccaccio tat es, die Renaissance-Dichter taten es, und die modernen Psychologen tun es immer noch. Die Vögel tun es, die Bienen tun es, alle tun es. Aber Catharine MacKinnon ist vielleicht die erste, die sagt, daß die Sexualität der Frauen nichts ist, eine Chimäre. Mit der gleichen Gewißheit, glaube ich, würde sie der Löwin erzählen, daß sie lieber Gras als Gazellen fressen sollte.

Gegenargumente sprudeln nur so auf das Papier. Sind sie notwendig? Vielleicht nicht, aber zur Erinnerung: Wenn alle Frauen durch dasselbe Machtsystem konditioniert worden sind, was hat Catharine MacKinnon zu der bemerkenswerten Bandbreite sexueller Veranlagungen, des sexuellen Geschmacks und der sexuellen Befriedigung der Frauen zu sagen? Was ist mit einer Frau, die mit einem bestimmten Mann keinen Spaß hatte und dann einen besseren gewählt hat? Fühlt sie mit dem zweiten wirklich bloß deshalb Vergnügen, weil sie bei ihm unterwürfiger ist? Die Frage ist idiotisch und beleidigend. Wenn man Catharine MacKinnon überhaupt ernst nimmt, muß man annehmen, daß Frauen, die Lust empfinden, es auf eine Weise tun, die für ihre Würde als Personen automatisch destruktiv ist.

Ein Anzeichen für einen Text, der niemals über den Augenblick hinaus währt, ist vielleicht, daß er mit nichts anderem als den eigenen Obsessionen zu tun hat – in diesem Fall mit einer rigiden Theorie, die Erfahrung, Widersprüche, Verschiedenartigkeit ausschließt (all das, was Simone de Beauvoirs Schrift so reichhaltig macht). Ich will ein paar Dinge notieren, die Catharine MacKinnon ignoriert: die vielen verschiedenen Arten von Lust, über die Frauen berichtet haben; die Macht, die Frauen gelegentlich über Männer ausgeübt haben, wie von Simone de Beauvoir dargelegt wurde; die vielen Frauen um uns herum, die keineswegs unterwürfige Persönlichkeiten zu sein scheinen. Auch gesellschaftliche und ethnische Zugehörigkeit übersieht Catharine MacKinnon. Die Damen der Großbourgeoisie des neunzehnten Jahrhunderts in Paris, die Bauersfrauen mit einer Schar treuer Söhne und Töchter, die moderne berufstätige Frau, die als Anwältin, Ärztin, Professorin, Finanzexpertin erfolgreich ist – sie alle sind gleichermaßen betrogen und gleichermaßen irregeführt. Aber warum weitermachen? Ich bin an einem kanonischen Moment angelangt. Simone de Beauvoir würde Catharine MacKinnon zum Schweigen bringen, so wie Virginia Woolf die vornehmen, beliebten Romanautoren der dreißiger Jahre zum Schweigen brachte.

Selbst John Stuart Mill, der darauf bestand, uns widersprechende Meinungen anzuhören, hätte mittlerweile die Geduld verloren. Kommen wir zum Ende: In Catharine MacKinnons Darstellung der Beziehungen zwischen Männern und Frauen sind Pornographie und Vergewaltigung keine abweichenden und gelegentlichen Elemente. Im Gegenteil, sie sind der eigentliche Kern des heterosexuellen Paradigmas. Pornographie ist die Schule für Schurken, in der Männer lernen, wie sie Frauen mißbrauchen; Vergewaltigung ist die Praktik der üblichen sexuellen Beziehungen. »Gewalt ist Sex, sie ist nicht nur sexualisiert; Gewalt ist die Dynamik der Begierde, nicht nur eine Reaktion auf das Objekt der Begierde, wenn das Gefühl der Begierde enttäuscht wird.« Der nächste Schritt der Theorie ist klar. Wenn Vergewaltigung das Paradigma der Heterosexualität ist, dann ist der Beischlaf selbst Vergewaltigung oder zumindest nahe daran. Beinhaltet er nicht ebenfalls die Penetration, genau wie die Vergewaltigung? Catharine MacKinnon begeht nicht den dummen Fehler zu sagen, daß Beischlaf Vergewaltigung sei. Aber welche andere Schlußfolgerung soll man aus solchen Bemerkungen wie dieser sonst ziehen: »Vergewaltigung und Beischlaf sind nicht maßgeblich durch irgendeinen Unterschied zwischen den physischen Handlungen und dem Ausmaß an eingesetzter Gewalt getrennt, sondern nur legal, und zwar durch die Norm, die auf der Interpretation der Begegnung durch den Mann basiert«?

Für Frauen gibt es keinen Ausweg aus Catharine MacKinnons merkwürdigem Liebes-Tunnel. Eine Frau, die sexuelles Vergnügen sucht, muß ihre Auslöschung als menschliches Wesen akzeptieren.

Ich hatte meinen schuldigen Text gefunden. In der extremen Trübsal der Take-Back-the-Night-Veranstaltung, ihrer (zuweilen) offenbaren Verschmelzung von Sex und Vergewaltigung, ihrer Unheimlichkeit und ihrer Obsessivität, ihrer Ausweitung der Vergewaltigung zu einem Universum der Angst, ihrer Zeichnung der Frauen als hilflose

Verlierer, die ihre Ehre nur durch Enthaltsamkeit wiedererlangen können, stand die Ideologie jenes Abends dem sehr nahe, was Catharine MacKinnon geschrieben hatte. Nicht, daß ich glaubte, daß die etwa fünfhundert Studenten und Studentinnen jenes Abends alle Catharine MacKinnon gelesen hatten. Ich behaupte keinen direkten Einfluß, außer vielleicht bei einigen wenigen Fällen. Aber derlei katastrophale Vorstellungen von der menschlichen Sexualität lagen sicherlich in der Luft, und sie können eine sehr starke Wirkung über Umwege haben, z. B. als Schilderung einer verhängnisvollen Liebesaffäre oder einer abscheulichen Erfahrung. Eine extreme Ansicht hatte gewonnen, zumindest bei einer bedeutenden Minderheit.

Der einzige Ausweg aus Catharine MacKinnons Gefängnis lag in der Keuschheit. Catharine MacKinnon endete mit einem Zitat aus einem frühen Essay von der radikalen Feministin Ti-Grace Atkinson, derselben Ti-Grace Atkinson, die in den neunziger Jahren ihren Doktor an der Columbia-Universität gemacht und deren Seminar über die Kulturgeschichte der Gegenwart ich besucht hatte, um zu hören, wie eine radikale Feministin den patriarchalischen Aristoteles lehren würde. 1974 hatte sie geschrieben: »Ich kenne keine Feministin, die es wert ist, so genannt zu werden, die, wenn sie gezwungen würde, zwischen Freiheit und Sex zu wählen, den Sex wählen würde. Sie würde jederzeit die Freiheit wählen.«

Aber warum sind dies die beiden Alternativen? Wie viele Frauen mußten selbst 1974 »zwischen Freiheit und Sex wählen«? Warum können Frauen nicht beides haben? Sind Freiheit und Sexualität außer in extremen Einzelfällen (eine Frau, die in einer auf Mißbrauch basierenden Ehe steckt und so weiter) wirklich einander entgegengesetzt? Wo liegt der Sinn, das Leben auf solche sich wechselseitig ausschließende Möglichkeiten zu reduzieren? Die große Literatur kann offenbar niemanden vor einer solch traurigen und verkürzten Perspektive retten. Ich war naiv und hatte unrecht zu glauben, daß die Studenten von den abendländischen Klassikern gerettet werden könnten. Ich wußte sehr gut, daß die großen Bücher nur mit der Zeit auf unsere Seelen wirken, wenn sie mit Erfahrung gemischt und von der Erinnerung und der Lust und von vielen anderen, großen oder weniger großen Büchern verwandelt werden. Zu einem späteren Zeitpunkt würde sich die Auffassung einer »Wahl zwischen Freiheit und Sex« in Absurdität auflösen. Aber eine Weile bewirkte die Idee ihr Unheil.

»Die meisten Frauen sind ihrem Körper entfremdet«, sagte Karen in der Stunde über Catharine MacKinnon. Sie sah ernst aus, hatte langes schwarzes Haar, eine altmodische Brille und eine kräftige Stimme.

»Was bedeutet das?« fragte Stephanson.

»Wenn es eine gesunde Betrachtungsweise unseres Körpers gibt, dann geraten viele Frauen auf den Holzweg. Am Ende benutzen sie ihre Körper als Werkzeuge. Sie instrumentalisieren sich selbst.«

»Aber wie?«

»Einem wird beigebracht, daß Sex gut ist und daß man sich sexuell zum Ausdruck bringen kann, und man kommt auf die Columbia-Universität und wird vergewaltigt – nicht von einem Vergewaltiger in einer dunklen Allee, sondern von dem Typ von nebenan. Also denkt man: Habe ich ihm falsche Signale gegeben? Wird von mir erwartet, daß es mir Spaß gemacht hat? Die Belästigung zwingt einen, an den eigenen Körper als ein Objekt zu denken. Der Portier am Eingang zur Columbia-Universität ruft dir zu: ›Hallo, Baby!‹ Und so fängt man an, von sich selbst als einem Objekt zu denken. Dein Körper wird zu einem Problem. Soll man sich für den Rest des Lebens darüber ärgern...«

Sie brach ab; sie hatte mehr als nur die Frage beantwortet, dachte ich.

»Ein bestimmtes Bild von dir selbst«, sagte Stephanson, »wird dir genommen und durch das eines anderen ersetzt.« Sie nickte. Aber bevor wir darüber diskutierten, wie dieses Bild durch ein neues, nicht entfremdetes, ersetzt werden könnte, wurden die Studenten wieder mißmutig. Abel sagte zu Karen: »Wenn du dich einem Streik anschließt, weil eine Organisation es dir sagt, dann handelst du nicht für dich selbst – dann verlierst du deinen Körper ganz und gar.« Er sagte es einigermaßen irritiert, und seine Verärgerung ließ mich an einen Moment im Seminar über Simone de Beauvoir denken, als Dinesh, der Mann indianischer Herkunft aus Pennsylvania, herausgeplatzt war. »Es ist abscheulich«, hatte er mit seiner heftigen Stakkatostimme gesagt. »Es ist abscheulich, daß die Feministinnen *ihre* Idee von dem, was eine Frau ist, was Realität ist, durchgesetzt haben. Die Bewegung hat einen autoritären Anstrich. Man soll diese Rolle oder jene Rolle darstellen. Eine ›Rolle‹ zu leben ist an sich schon eine Unterwerfung.«

War es eine Tragödie oder eine Komödie? Die Studenten hatten einen Rückzug gespürt oder die Drohung eines Rückzugs und versuchten, die Studentinnen mit Argumenten wieder in die Arena zu zwingen. Die Diskussion über den Feminismus war unangenehm, die unangenehmste des ganzen Jahres. »Wenn man Sex nur als Penetration betrachtet, dann übersieht man dabei die umhüllende Seite«, sagte Abel etwas müde in Karens Richtung. Er erhielt keine Antwort.

Ich hatte den Verdacht, daß die Studenten das Gefühl hatten, sie stünden unter einer allgemeinen Anklage, die ihre individuellen Qualitäten und ihren offenbaren Wunsch, keine Flegel zu sein, überging. Das ganze Jahr über war die Beziehung zwischen den Studenten und den Studentinnen respektvoll gewesen. Abgesehen vielleicht von Manuels Kommentaren, zeigten die Bemerkungen der Studenten keine Herablassung gegenüber den Studentinnen – und selbst Manuel war eher provozierend als beleidigend gewesen. Kein Mann hatte (wie Simone de Beauvoir es ausdrückte) gesagt: »Du denkst so und so, weil du eine Frau bist.« Die Studenten waren häufig nicht einer Meinung gewesen, aber sie hatten sich nicht mit dem Verweis auf das jeweilige Geschlecht beleidigt; sie hatten sich nicht gegenseitig in Mythen gezwängt. Abgesehen von ein oder zwei Freundschaften, die auf die Zeit vor dem Seminar zurückgingen, hätten sie alle Kollegen in einem besonders steifen biochemischen Labor sein können: sauber, vorsichtig, distanziert. Sie schienen nicht besonders *interessiert*. Sie ließen sich nicht aufeinander ein. Es war eine Klasse ohne Sex.

Ich schaute mir die Jungs an und dachte an mich selbst mit neunzehn oder zwanzig Jahren: ein redseliger Bewunderer der Frauen, der Worte, Worte produzierte, nichts als Worte, wie eine verwirrte Motte, die von der Glühlampe angezogen wird, aber dankbar für den im Weg stehenden Lampenschirm ist.

Ich war an einem besonderen kulturellen Moment angelangt. Dessen war ich mir sicher. Als Henry James 1880 seinen großen Roman *Die Damen aus Boston* schrieb, sagte er, er habe zur Zeit der Feministinnen in New England eine »Abnahme des sexuellen Gefühls« entdeckt, und ich hatte auch etwas Ähnliches festgestellt. (Das heißt in bezug auf Heterosex. Soweit ich wußte, waren einige oder viele der Studenten schwul.) Die Studenten schienen ruhiggestellt zu sein, asexuell. AIDS machte die Sache riskanter, aber das kann nicht die einzige Erklärung sein. Etwas Trockenes, Rauhes war an die Oberfläche gekommen; die Geschlechter waren in einer Sackgasse angelangt, zumindest vorläufig.

Im Gefolge des feministischen Triumphes drehten sich die Geschlechterrollen so schnell, daß allen unbehaglich wurde. Die männlichen Studenten wußten, daß Frauen anmaßende Kerle haßten, die alles als selbstverständlich ansahen; aber sie wußten auch, daß Frauen Männer haßten, die sich zurückhielten, wenn sie etwas tun *sollten*. Entweder zu aggressiv oder zu passiv, »Vergewaltiger« oder Schlappschwanz – die Männer waren in einer schrecklichen Zwickmühle. Wenn ein Mann nicht gerade das Aussehen oder das Charisma hatte, über die Situation hinauszudenken, hatte er nur einen winzigen Spielraum, um zu flirten, zu reden, den Hof zu machen und sich als plausibler Liebhaber zu präsentieren. Die Männer waren verdammt, wenn sie es taten, und verdammt, wenn sie es nicht taten. Und die Frauen redeten, als ob sie sexuell nicht aktiv oder überhaupt interessiert sein könnten, ohne die Angst, betrogen zu werden. Sie wollten nicht in New York ausgehen und von einer männlichen Begleitung abhängig sein, aber es war ein gefährlicher Ort. Viele von ihnen stammten aus Vorstädten oder Kleinstädten, wo sie relativ sicher waren. Die Qual der Take-Back-the-Night-Veranstaltung mag genauso durch die Angst vor der großen Stadt wie durch die Angst vor Vergewaltigung hervorgerufen worden sein.

»In Amerika wird den Frauen tatsächlich *weniger* nachgeschaut«, sagte Stephanson, als wollte er Karens vorhergehende Bemerkung über die Belästigung der Frauen auf der Straße beantworten. »Weniger in Amerika als etwa in Italien. Es gibt eine enterotisierte Art, wie Männer und Frauen in New York miteinander umgehen. Zum Zweck der Abwehr muß man auf Augenkontakt verzichten und die Körpersprache einschränken. In Italien und Frankreich gibt es eine ständige Spannung, eine Menge Spiel. Blicke, Flirten, alles ist Spiel, es hat überhaupt nichts zu bedeuten. In New York kann man das nicht tun, weil es gefährlich ist. Hier tun es vielleicht Lateinamerikaner, aber zwischen Weißen und Schwarzen ist es zu riskant.«

Als ich den Studenten zuhörte, war ich sicher, daß die radikalfeministische Sprache bei jedermann auf die Sprache des Sex abgefärbt hatte; wenn sonst nichts, so hatte sie dazu beigetragen, die alte Sprache der Romantik zu zerstören. Im Seminar sprachen die Studenten über sexuelle »Rollen«, über »Macht« und »Transaktionen«. Ich zweifle, ob ich in zwei Seminaren über Feminismus und Beziehungen zwischen den Geschlechtern das Wort »Liebe« nur ein einziges Mal gehört habe. Literatur handelte von Macht, Sex handelte von Macht – und solch eine Sprache war heimtückisch, denn hatte man erst einmal über Leben und Kunst als Macht gesprochen, dann schienen alle anderen Ausdrücke farblos und naiv zu sein. Jetzt bekam man den Eindruck, daß für viele Studenten Macht sexy ist, aber Sex nicht sexy ist. Wieder fühlte ich mich töricht, wie ein libertinärer Onkel, der widerwillige Jugendliche zu Sport in den Wäldern antreibt. Was für eine Bande von Tugendbolden! Das Problem mit den jungen Leuten heutzutage ist, daß sie nicht genügend Sex haben.

Ich habe zu erraten versucht, was vor sich geht, und ich biete es hier als Interpretation eines kulturellen Augenblicks an, der vielleicht in fünf oder zehn Jahren vorbei ist.

In den vergangenen fünfzehn Jahren etwa ist der Druck auf junge Studentinnen enorm gewachsen. Gerade der Erfolg der Frauenbewegung hat ihr Leben schwieriger gemacht, genau wie Simone de Beauvoir es Mitte der vierziger Jahre vorhergesehen hatte. Von ihnen wird erwartet, daß sie nach ihrem Abschluß Karriere in großen Firmen, in akademischen Berufen oder der Kunst machen; von ihnen wird erwartet, daß sie zäh, diszipliniert, fleißig und ehrgeizig *und gleichzeitig netter als Männer* sind; daß sie zielbewußt arbeiten und gleichzeitig Kinder großziehen; sich vor männlicher Bevormundung hüten und großartig im Bett sind; Karriere-Frauen und perfekte Hausfrauen sind; sie wurden als Erdmütter und Hexen entmythisiert, aber als »totale Frauen« neu mythisiert; und es wird erwartet, daß sie all dies gleichzeitig sind. Auch die Männer sind Druck ausgesetzt und sind es immer gewesen, aber nicht auf solch widersprüchliche Weise. Und zum ersten Mal in der Geschichte haben die Frauen keinen Platz, wo sie sich verstecken können. Nirgends einen Platz. Was angsteinflößend ist. Nur wenige Studienanfängerinnen würden es so ausdrücken, wie ich es getan habe, aber ich denke, daß sie einen Großteil dieses Drucks schon spüren, wenn sie auf das College kommen. Und bei manchen drehen sich ihre Ängste und Schwierigkeiten um Vergewaltigung; und viele von ihnen vermeiden Beziehungen mit Männern. Männer sind der einzige Ärger, den sie sich sparen können. Zumindest zeitweise.

Aber dann, am Ende des Seminars, als ich mich ganz verloren

fühlte, als ob ein Teil meiner eigenen Jugend verschwunden wäre, kam Noah, mein Lieblingsstudent, auf den Punkt.

»Der Macht kann man nicht entgehen«, sagte er, »aber die Macht ist nicht festgelegt. Sie kann verhandelt, ausgetauscht, modifiziert, umgekehrt werden. Im Sex ist Macht nicht festgelegt.«

Ganz genau. *Das* war das postfeministische Paradigma, wenn es denn eines gibt. *Das* war die Frucht der einzig erfolgreichen Revolution des zwanzigsten Jahrhunderts. Das Niederreißen der alten festgelegten Geschlechterrollen war ein Segen sowohl für die Männer als auch für die Frauen. Frauen brauchen nicht so zu tun, als ob ihnen Mut und Zähigkeit fehlten, und Männer brauchen nicht so zu tun, als ob sie immer die Oberhand hätten. Das war eine gewaltige Veränderung im Hier und Jetzt. Die beiden Geschlechter konnten von nun an die wechselseitigen Mythen beiseite lassen. Sie konnten *spielen*. Catharine MacKinnon schien andererseits in ihrer eigenen Verschrobenheit gefangen zu sein. Wer außerhalb der Sadomaso-Kreise benutzt eigentlich noch das Wort »Unterwerfung«? Catharine MacKinnons – gewalttätige, gespenstische und zweidimensionale – Lebensauffassung war schmutziger als die meiste Pornographie. Eine egalitäre Revolution zwischen Männern und Frauen war im Gange – zumindest in der Welt, die diese Studenten betreten würden –, und Catharine MacKinnons Kopf steckte im Pornoland.

Als ich den Reden der Studenten über Macht zuhörte, schöpfte ich ein wenig Hoffnung. In unserer medienbesessenen Gesellschaft, in der die Scham überwunden und die Erniedrigung öffentliches Eigentum geworden ist und das Gerede über Macht das Reden über Liebe und Eros ersetzt hat, muß die alte Idee der Intimsphäre wiedererweckt und wieder geheiligt werden. Eine neue Generation muß die Intimsphäre wieder heiligen, oder das Gefühlsleben ist zum Tode verurteilt. Man muß die eigene Seele in der Gemeinschaft mit Freunden, Literatur oder Gott ausbilden. Man muß sich einem abgeschiedenen Raum der Gefühle überlassen, in dem Männer und Frauen gemeinsam erkennen, was an ihren Wünschen authentisch ist, ohne daß die ganze Gesellschaft und die Diskussion um Macht sie aus den Betten drängt. Einfach? Naiv? Aber es könnte machbar sein, oder? Um Freiheit zu erlangen, müßten junge Männer und Frauen *versuchen*, alles zu verdrängen und ihre eigenen Mythen von Grund auf neu zu schaffen. Im Zeitalter sich verschiebender Machtbeziehungen, das neue

Möglichkeiten für Sex und Liebe eröffnet, müßten sie die Diskussion um Macht beiseite und die Macht spontan strömen lassen, wie und wohin auch immer.

Die Take-Back-the-Night-Veranstaltung war nicht nur ein Angriff auf die Vergewaltigung; sie hatte sich verhängnisvollerweise in einen Angriff auf die Möglichkeit des Glücks verwandelt. Der Boden müßte neu geheiligt werden. In einer neu geschaffenen privaten Sphäre würde die Macht blühen – Noah hatte recht, ihr war nicht zu entrinnen –, aber sie würde hin- und herwandern, spielerisch, erforschend, spontan werden. Ich Tarzan, du Jane. Aber morgen abend: Du Tarzan, ich Jane. Laßt die Macht fließen, wo sie will. Eros muß von seinen Ketten befreit werden. Der abendländische Kanon hat uns viel gelehrt, unter anderem, daß es an der Zeit wäre, die Nacht zurückzuerobern.

Kapitel 26

CONRAD

Wir waren am Ende des zweiten Semesters, und die Literatur hing in der Schwebe. Es war an der Zeit, ein Resümee zu ziehen.

Gegen Ende des Jahrespensums im Kurs über klassische Literatur war die Stimmung aufgeregt, bedrückt, unheimlich. Kurz gesagt, wir lasen Joseph Conrad. Gegen Ende eines solchen Kurses wird einzelnen Professoren eine Woche nach freier Wahl zugestanden. Manche wählten Werke von Dostojewski oder Mann oder Gide oder Borges. Professor Shapiro, der Schwierigkeiten liebte, hatte Conrad ausgewählt. Die Begriffe seiner rhetorischen Fragen – Wildheit, Zivilisation, Beherrschung, Nieten – stammten aus Conrads großem Roman über koloniale Plünderung *Herz der Finsternis*, und die Studenten waren fasziniert. Conrads kleines, beinahe hundert Jahre altes und Generationen von Lesern vertrautes Buch – ein Meisterwerk, das auch an amerikanischen Highschools ein Klassiker ist – hat nichts von seiner Kraft verloren, zu begeistern und zu bestürzen. Es bleibt in vieler Hinsicht ein Ausgangspunkt zur Diskussion des Modernismus, Imperialismus, der Heuchelei des Westens, der Zweideutigkeit der »Zivilisation«. Wegen seiner unendlichen Komplexität ist es über die Jahre Gegenstand symbolischer, mythologischer und psychoanalytischer Interpretationen gewesen. T. S. Eliot stellte seinem Gedicht »The Hollow Men« ein Zitat daraus voran; Hemingway und Faulkner waren sehr davon beeindruckt, ebenso Orson Welles, der es verfilmen wollte, und Francis Coppola, der es zum Bauplan für sein verzweifeltes Epos über die Amerikaner im Vietnamkrieg *Apocalypse now* machte.

In jüngster Zeit jedoch ist Conrad – und insbesondere *Herz der Finsternis* – in akademischen Kreisen in Verdacht geraten. Schließlich schreibt Conrad in der Perspektive der Europäer im neunzehnten Jahrhundert von den Afrikanern als Primitiven. Er kritisierte den belgischen Imperialismus und lobte im selben Atemzug die britische Variante. 1975 kritisierte der berühmte nigerianische Romanautor und Essayist Chinua Achebe *Herz der Finsternis* als rassistisch und forderte seine Entfernung aus dem Kanon der abendländischen Klassiker. Und kürzlich hat es Edward W. Said, Columbias berühmtester lebender Kritiker und Literaturforscher, durch feindliche und vernichtende Argumente in Frage gestellt (Said veröffentlichte das Material zusammen mit anderen Texten 1993 unter dem Titel *Kultur und Imperialismus*). Said will gewiß nicht den Kanon abschaffen, aber er klagt das Buch an. Und wenn es um die Diskreditierung von Conrad ginge, dann wäre es schwierig, sich ein geeigneteres Beispiel für das vorzustellen, was die akademische Linke wiederholt als den »hegemonistischen Diskurs« der klassischen abendländischen Texte beklagt hat.

*Herz der Finsternis* wurde in wenig mehr als zwei Monaten im Dezember 1898 und Januar 1899 geschrieben und ist sowohl ein Reiseroman als auch eine Art morbides Märchen. Marlow, Conrads Erzähler und vertrautes alter Ego, ist ein britischer Kaufmann, der in den neunziger Jahren des achtzehnten Jahrhunderts im Dienst einer raffsüchtigen belgischen Handelsgesellschaft den Kongo hinauffährt; er hofft, den erfolgreichen Elfenbeinhändler und Vertreter der Gesellschaft, Mr. Kurtz, zu treffen, der merkwürdigerweise nichts von sich hören läßt. Der große Mr. Kurtz! Jeder in Afrika tratscht über ihn, beneidet ihn und, mit wenigen Ausnahmen, verabscheut ihn. Die Blüte der europäischen Zivilisation (»ganz Europa trug zur Schaffung von Mr. Kurtz bei«), ein großes Beispiel für Aufklärung und Mitgefühl, ein Journalist, Künstler und Humanist war flußaufwärts gefahren und hatte sich, als er erst einmal im Dschungel angekommen war, gewissen – Praktiken hingegeben. Mit dem Gewehr in der Hand hat er sich selbst zum Gott oder Teufel, zum Herrscher über die Afrikaner gemacht. Conrad ist äußerst vage hinsichtlich dessen, was Kurtz eigentlich *tut*, aber wenn man sagte: »Er tötet einige Leute, hat Sex mit anderen, stiehlt das gesamte Elfenbein«, dann würde man, glaube ich, nicht allzu falsch liegen. In Kurtz hat das erklärte Wohlwollen des Kolonialismus auf monströse Weise den Höhepunkt der

Kriminalität erreicht. Marlows Reise von Europa nach Afrika und den Kongo flußaufwärts bis zur geheimen Station von Kurtz ist eine Enthüllung des Elends und der Katastrophen der kolonialen »Mission«; sie ist auch, in Marlows Vorstellung, eine Reise zu den Anfängen der Schöpfung, als die Natur üppig und ungehemmt herrschte; und es ist, im übertragenen Sinn, eine Reise *abwärts*, durch alle Stufen des Ichs bis hin zu unterdrückten und ungesetzlichen Wünschen, die nicht länger von der sozialen Existenz überlagert und gedämpft werden. An der Schwelle des Todes begegnen Marlow und Kurtz einander.

Einen Text wiederzulesen ist häufig ein Schock, eine Begegnung mit einem früheren Ich, das revidiert wurde, und ich entdeckte, daß ich anfangs, anders als in der Vergangenheit, von seinem berühmten Stil, der großartigen, beunruhigenden und (es gibt kein anderes Wort) pochenden Erregung durch sein mühsam gemeistertes Englisch unangenehm berührt war. Conrad wurde im zaristischen Polen geboren. Obwohl er schon als Junge Leute Englisch reden hörte (sein Vater übersetzte Shakespeare), war Englisch erst seine dritte Sprache; seine Prosa verrät hin und wieder den Hang zum hochintellektuellen Melodrama und zu wohlklingenden und gereimten Abstraktionen (»the fascination of the abomination« – die Faszination des Greuels), was charakteristisch für seine zweite Sprache, das Französische, ist. Oh, wie unerbittlich, unaussprechlich, unsagbar! Conrads Adjektive sind allgemein berüchtigt. F. R. Leavis, der einflußreiche britische Kritiker, der Conrad liebte, machte sich über Sätze lustig wie: »It was the stillness of an implacable force brooding over an inscrutable intention.« (»Es war die Stille einer unerbittlichen Gewalt, die über einer unergründlichen Absicht brütete.«) Der Klang, meinte Leavis, war viel zu ausdrucksvoll, eine überdrehte, begeisterte Umarmung der Fremdheit. (Max Beerbohm, der große Parodist zur Zeit von König Eduard, lieferte einen großartigen Joseph Conrad: »Silence, the silence murmurous and unquiet of a tropical night, brooded over the hut that, baked through by the sun, sweated a vapour beneath the cynical light of the stars.... Within the hut, the form of the white man, corpulent and pale, was covered with a mosquito net that was itself illusory like everything else, only more so.« (»Stille, die murmelnde und unruhige Stille einer tropischen Nacht, brütete über der Hütte, die, von der Sonne durchgebacken, unter dem zynischen Licht der Sterne einen Dampf ausschwitzte... In der Hütte war die Form eines weißen Mannes, korpulent und blaß, von einem Moskitonetz bedeckt, das selbst schon illusorisch war wie alles andere, nur noch mehr.«)

Leavis beklagte den Stil. In jüngster Vergangenheit jedoch ist die Natur von Conrads Prosa selbst schon ein Element der politischen Mißbilligung geworden – die willkürliche Abstraktheit wird jetzt von denen, die Conrad feindlich gesinnt sind, als Beispiel einer Mythenbildung zum Selbstzweck angesehen, einer Sprache ohne Kontakt zu den Realitäten, die sie darzustellen behauptet.

Liest man sie isoliert, sind solche Sätze zweifellos ein Witz, aber nur Kritiker wie Leavis oder neuerlich Chinua Achebe lesen sie schließlich isoliert. Beim Durchlesen der ganzen Geschichte verlor ich mein unangenehmes Gefühl bereits nach zwanzig Seiten und verfiel Conrads Zauber: Danach wirkten selbst Conrads überladenste Konstruktionen, die die vielen Dinge, die zuvor passierten, zusammenfaßten, stimmig. Marlow erzählt:

Auf diesem Strom flußaufwärts zu dampfen war wie eine Reise zu den ersten Anfängen der Welt, als die Pflanzen die Erde wild überwucherten und die großen Bäume noch Könige waren. Ein leerer Strom, eine tiefe Stille, ein undurchdringlicher Wald. Die Luft war warm, dick, schwer, träge, Es lag nichts Heiteres im Licht der Sonnenstrahlen. Die weiten Flächen des öden Wasserlaufs verliefen sich im Düster ferner Schatten. Flußpferde und Alligatoren sonnten sich Seite an Seite auf silbrigen Sandbänken. Der sich verbreiternde Strom floß durch Scharen von bewaldeten Inseln. Wie in einer Wüste verirrte man sich auf diesem Fluß und rannte in dem Bemühen, die Fahrrinne zu finden, den ganzen Tag gegen Sandbänke an, bis man meinte, verhext und für immer abgeschnitten zu sein von allem, was man einmal gekannt hatte – irgendwo – weit weg – in einem früheren Dasein vielleicht. Es gab Augenblicke, in denen die eigene Vergangenheit einen einholte, wie es manchmal geschieht, wenn man keinen Augenblick Muße hat; aber sie kam in Gestalt eines unruhigen und lärmenden Traums, an den man sich verwundert inmitten der überwältigenden Tatsachen dieser seltsamen Welt aus Pflanzen und Wasser und Stille erinnerte. Und diese Stille

des Lebens selbst hatte nichts Friedliches an sich. Es war die Stille einer unerbittlichen Macht, die über einem unerforschlichen Plan brütete.
*(S. 59)*

In gewisser Weise erscheint sein Schreibstil heute dem Film sehr nahe: Er schwelgt in Sensationen, in extremen Handlungen und grotesker (jedoch indirekt geschilderter) Gewalt, in schaurigen Rätseln und üppig ausgemalten Vorwarnungen und Ängsten. In anderer Hinsicht ist *Herz der Finsternis* jedoch Modernismus in seiner intellektuellsten Versteifung, mit absolut zeitgenössischer und distanzierter Färbung, was ich ebenfalls nicht bemerkt hatte, als ich jünger war: ungeheurer Stolz und ungeheure Verachtung; eine Stimmung von kaum eingedämmter Revolte; und sardonischer Humor, der sich der Boshaftigkeit nähert.

Ich kann nicht behaupten, daß das Dampfboot zu jeder Zeit flott war. Mehr als einmal mußte es ein Stückchen waten, mit zwanzig Kannibalen, die um es herumplanschten und schoben. Wir hatten unterwegs einige dieser Kerle als Mannschaft angeworben. Prächtige Burschen – Kannibalen – am richtigen Ort. Das waren Männer, mit denen man arbeiten konnte, und ich bin ihnen dankbar. Und schließlich fraßen sie sich nicht vor meinen Augen gegenseitig auf: Sie hatten als Proviant etwas Flußpferdfleisch mitgebracht, das bald faulig wurde und mir das stinkende Geheimnis der Wildnis in die Nase trieb. Puh! Ich kann's jetzt noch riechen. Ich hatte den Direktor an Bord und drei oder vier Pilger mit ihren Stäben – komplett ausgerüstet. Manchmal kamen wir an eine nahe am Ufer gelegene Station, die sich an den Rocksaum des Unbekannten klammerte, und der Anblick der Weißen, die aus einer baufälligen Hütte hervorstürzten und uns mit wilden Gebärden freudiger Überraschung willkommen hießen, wirkte äußerst seltsam; sie sahen aus, als würden sie dort durch einen Zauber gefangengehalten. Für eine Weile hing das Wort »Elfenbein« in der Luft – und wir machten uns wieder auf unseren gewundenen Weg, hinein in die Stille, über öde, weite Stromstrecken hinweg, um die stillen Biegungen herum, zwischen den hohen Mauern hindurch, die mit dumpfem Klatschen

das schwerfällige Stampfen des Heckschaufelrades zurückwarfen.
*(S. 61)*

Außer Sichtweite ihrer Landsleute zu Hause, die weiterhin die koloniale »Mission« in der Sprache christlicher Liebe und »Läuterung« verbergen, sind die »Pilger« raffsüchtig und grausam geworden. Die Kannibalen, die Nilpferdfleisch essen, praktizieren Enthaltsamkeit, die Europäer nicht. »Wildheit« war uns allen eigen, selbst den »zivilisiertesten« Menschen, denn wir lebten laut Conrad in einem kurzen Zwischenspiel zwischen unzähligen vergangenen Jahrhunderten der Dunkelheit und der vor uns liegenden Dunkelheit. Nur die Nieten, die dringend zur Reparatur von Marlows armseligem Dampfboot gebraucht wurden, bieten Sicherheit und Stabilität – die Nieten und das Schiff selbst und der Kodex der Seeleute und der Pflicht halten das Leben in einer Zeit moralischer Anarchie zusammen. Marlow, der Kurtz zum Schluß trifft, verachtet diesen, weil er sich gehenläßt – und gleichzeitig, mit atemraubender Ambivalenz, bewundert er ihn bis auf den Grund seiner Seele und entdeckt dort in der Todesstunde ein Urteil über sein eigenes Leben. Vielleicht ist dies die berühmteste Todesszene, die nach Shakespeare geschrieben worden ist:

Etwas, das der Verwandlung, die mit seinen Zügen vor sich ging, auch nur nahegekommen wäre, habe ich noch nie vorher gesehen und werde ich hoffentlich nie wieder sehen. Nicht daß ich gerührt gewesen wäre, o nein. Ich war fasziniert. Es war, als sei ein Schleier zerrissen worden. Ich sah auf diesem Elfenbeingesicht den Ausdruck düsteren Stolzes, skrupelloser Herrschsucht, feigen Entsetzens – tiefer, hoffnungsloser Verzweiflung. War er dabei, in jenem höchsten Augenblick vollkommener Erkenntnis sein Leben in jeder Einzelheit der Begierde, Versuchung und Ergebung erneut zu durchleben? Einem Traumbild, einer Traumgestalt schrie er flüsternd entgegen – zweimal schrie er auf, ein Schrei, nicht mehr als ein Hauch: »Das Grauen! Das Grauen!«
*(S. 123)*

446

Viel Streit und gelegentliche Belustigung erzeugte lange die Frage, was genau Kurtz mit dem viktorianischen Ausruf »Das Grauen!« meinte. Aber sicherlich war eins der Dinge, die er meinte, sein langes Schwelgen in »Greueln« – was er getan hat, das Sich-gehen-Lassen, der innere Zusammenbruch. Shapiros einleitende Fragen drehten sich um die liberale Lesart des kurzen Romans – eine Infragestellung der abendländischen Zivilisation, für die Kurtz der höchste Repräsentant ist und die Studenten, auf ihre jugendliche Weise, ebenfalls Repräsentanten sind. Aber in jüngster Zeit sind *Herz der Finsternis* als Kunstwerk und die liberale Lesart des Romans als eine düstere Kritik der westlichen Zivilisation und Selbstsucht von Kritikern in Frage gestellt worden, die den Ästhetizismus und den liberalen Humanismus als Instrumente der Täuschung betrachten – ein unbewußter Unterdrückungsmechanismus, mit dem Zweck, die Machtlosen zu überzeugen, daß ihre Situation normal sei. *Herz der Finsternis* ist dieser Lesart zufolge ein schuldiger Text. Er ist mitschuldig an der imperialistischen Ausplünderung, die er schildert und beklagt.

»Ist das Buch nicht eine Art Zusammenfassung dieses Seminars?« fragte Shapiro. »Wir begannen mit einer Reise nach Troia...«

»Das Buch hat Ähnlichkeit mit all den Reisen durch die Hölle, die wir gelesen haben«, sagte Alex, der zuerst über Jane Austen wütend gewesen war und sie dann verstanden hatte; und Alex erinnerte an die Reisen in die Unterwelt in der *Odyssee* und der *Aeneis*, und er erwähnte Dante, den Conrad, in einem seiner besten Momente, offenbar im Kopf hatte. Marlow kommt zur Hauptstation der Gesellschaft, einer schrecklichen, baufälligen Ansammlung von verfallenen Maschinen und rostenden Nägeln, und findet unter den Bäumen Dutzende von erschöpften afrikanischen Arbeitern, die dem Tod überlassen wurden. »Es schien mir, als wäre ich in den finsteren Kreis eines Infernos eingetreten«, sagt er.

Sie gingen langsam zugrunde – das war sehr deutlich. Sie waren keine Feinde, sie waren keine Verbrecher, sie waren nun nichts Irdisches mehr, nichts als sieche, ausgemergelte schwarze Schatten, die in dem grünlichen Düster verstreut herumlagen. Mit Hilfe rechtmäßiger Zeitverträge aus allen Winkeln des Küstenstreifens hergebracht, hoffnungslos verloren in der fremden

Umgebung und mit ungewohnter Nahrung abgespeist, fingen sie an zu kränkeln, wurden unbrauchbar, und dann gestattete man ihnen, fortzukriechen und zu ruhen. Diese todgeweihten Gestalten waren so frei wie Luft – und fast ebenso dünn. Ich konnte allmählich das Glänzen der Augen unter den Bäumen erkennen. Als ich dann einen Blick nach unten warf, sah ich dicht neben meiner Hand ein Gesicht. Das schwarze Gerippe lag in voller Länge ausgestreckt mit einer Schulter gegen den Baum; langsam hoben sich die Lider, und die tiefliegenden Augen sahen zu mir auf, riesengroß und leer, mit einem blinden weißen Flackern in der Tiefe der Augäpfel, das langsam erstarb. Der Mann schien jung zu sein – fast noch ein Junge –, aber ihr wißt ja, bei ihnen ist das schwer zu sagen. Ich wußte nichts Besseres, als ihm ein Stück Schiffszwieback meines braven Schweden, das ich in der Tasche trug, anzubieten. Die Finger schlossen sich langsam um ihn und hielten ihn – das war alles, keine weitere Bewegung und kein weiterer Blick. Er hatte ein Stückchen weiße Wolle um seinen Hals gebunden – warum? Woher hatte er es? War es ein Abzeichen – eine Zierde – ein Amulett – ein Sühnezeichen? Stand überhaupt eine Idee dahinter? An seinem schwarzen Hals sah es erschreckend aus, dieses Stück weißer Faden aus Übersee.

Neben demselben Baum hockten mit angezogenen Beinen zwei weitere spitzknochige Bündel. Eines, das Kinn auf seine Knie gestützt, stierte auf eine unerträgliche, entsetzliche Art ins Leere. Das Nachbarphantom hatte die Stirn gesenkt, wie von einer großen Mattigkeit überwältigt; und überall verstreut lagen andere in allen erdenklichen Stellungen verkrümmter Entkräftung, wie in einer Abbildung eines Massakers oder einer Seuche.
*(S. 29-30)*

Trotz der letzten Sätze, die den Hain des Todes mit frühzeitlichen und mittelalterlichen Katastrophen verknüpfen, gibt es hier, wie viele Leser gesagt haben, ein Gefühl von einem nie dagewesenen Schrecken, etwas Neuem auf Erden – was später als Genozid bekannt wurde. Es ist eine von Conrads bittersten Ironien, daß zumindest einige der Europäer, die die Kongolesen zur Zwangsarbeit zwingen, »Liberale« sind, der »Unterdrückung wilder Sitten« verpflichtet. Was sie im Kongo verübt haben, war vielleicht nicht ein geplantes Gemetzel, aber es war nichtsdestoweniger ein Gemetzel, mit keinem anderen Ergebnis, als wäre es absichtlich verübt worden, und manche der Studenten waren hinsichtlich dieses Abschnitts fassungslos. Der abendländische Mensch hatte dies getan. Wir hatten ein Inferno auf Erden geschaffen. *Herz der Finsternis*, Ende des neunzehnten Jahrhunderts geschrieben, klingt unheilvoll im ganzen zwanzigsten Jahrhundert nach. Marlows Schock, die völlige Fremdheit der entstellten menschlichen Formen, nimmt das vorweg, was die alliierten Befreier der Konzentrationslager 1945 fühlten. Die Antwort auf die Frage »Kann das Buch den Westen freisprechen?« kann nur vorläufig sein, da dies kein Buch für eine Kultur tun kann. Aber wenn einige Verbrechen nicht wiedergutzumachen sind, kann das offene Eingeständnis von Verbrechen zu einer teilweisen Vergebung der Sünde führen. Conrad hat ein solches Eingeständnis geschrieben.

Ist *Herz der Finsternis* ein verderbliches Buch? Der folgende Abschnitt gehört zu denen, die Chinua Achebe als rassistisch ansieht:

Wir waren Wanderer auf einer prähistorischen Erde, auf einer Erde, die aussah wie ein unbekannter Planet. Wir hätten uns vorkommen können wie die ersten Menschen, die ein verfluchtes Erbe in Besitz nahmen, das sie sich untertan machen sollten in großer Angst und übergroßer Mühsal. Aber wenn wir uns um eine Biegung herumgearbeitet hatten, bot sich uns plötzlich der Anblick spitzer Grasdächer, Binsenwände, ein Gewirbel schwarzer Glieder, gellendes Geschrei, eine Unmenge klatschender Hände, rollender Augen, stampfender Füße, sich wiegender Leiber, unter dem schwer und reglos herabhängenden Buschwerk. Langsam mühte sich der Dampfer an diesem unbegreiflichen schwarzen Getümmel vorbei. Der prähistorische Mensch verfluchte uns, betete uns an, hieß uns willkommen – wer konnte das sagen? Wir waren außerstande, das was uns umgab, zu begreifen; wir glitten vorüber wie ein Phantom, verwundert und insgeheim entsetzt, wie Gesunde angesichts eines Ausbruchs von Raserei in einem Irrenhaus. Wir bgriffen es nicht, weil wir schon zu weit entfernt waren, und wir konnnten uns nicht erinnern, weil wir in der Nacht einer Urzeit unterwegs waren, eines jener vergangenen Zeitalter, die kaum Spuren hinterlassen haben – und keine Erinnerungen.

Die Erde wirkte unirdisch. Wir haben uns daran gewöhnt, die gefesselte Gestalt eines überwältigten Ungeheuers zu betrachten, aber dort – dort konnte man etwas betrachten, das ungeheuerlilch und frei zugleich war. Es war unirdisch, und die Menschen waren... Nein, sie waren nicht unmenschlich. Das, müßt ihr wissen, war das Schlimmste dabei – dieser Verdacht, daß es auch Menschen waren. Das dämmerte einem nur langsam. Sie heulten, sprangen und wirbelten herum, schnitten grausige Fratzen, aber was einen erschauern ließ, war der Gedanke, daß es Menschen waren – grade so wie man selbst –, daß man mit diesem wilden und leidenschaftlichen Aufruhr entfernt verwandt war. Scheußlich. Ja, es war wirklich scheußlich, aber wenn du Manns genug warst, mußtest du dir eingestehen, daß du tief im Innern ein winziges bißchen empfänglich warst für die furchtbare Freimütigkeit dieses Getöses, daß in dir der dunkle Verdacht steckte, es bedeute etwas, was du – so weit entfernt von der Nacht der Urzeit – zu begreifen imstande warst.
*(S. 62-63)*

Achebe glaubt, daß *Herz der Finsternis* ein Beispiel für die europäische Gepflogenheit sei, Afrika »als Folie für Europa zu benutzen, als einen Ort der Negation... mit dem verglichen Europas eigener Zustand geistiger Anmut deutlich wird«. Conrad, der von der schwarzen Haut der Afrikaner besessen war, hatte insgeheim den Wunsch, die Europäer in ihrem Gefühl der Überlegenheit zu bestärken. »*Herz der Finsternis* entwirft ein Bild von Afrika als ›der anderen Welt‹, der Antithese von Europa und daher der Zivilisation, einem Ort, wo die hinausposaunte Intelligenz und Verfeinerung des Menschen schließlich von der triumphierenden Bestialität verspottet wird.« Achebe tat den Abschnitt im Hain des Todes und andere ähnliche als »Gefühlsduselei« ab, als bloße Dekoration in einem Buch, das »mit seinen vulgärsten modischen Vorurteilen und Beleidigungen glänzt, durch die ein Teil der Menschheit in der Vergangenheit unzählige Martern und Grausamkeiten erdulden mußte und auf viele Weise und vielerorts heute noch erduldet. Ich rede von einer Geschichte, in der die Menschlichkeit der schwarzen Völker selbst in Frage gestellt wird.«

Chinua Achebe hat mindestens einen großen Roman geschrieben, nämlich *Okonkwo oder Das Alte stürzt* (1958), ein Buch, das ich liebe und aus dem ich eine Menge gelernt habe. Doch dieser Artikel über Conrad – ursprünglich eine Rede, die Achebe 1975 an der Universität von Massachusetts gehalten hat und die 1987 für die dritte Ausgabe von Conrads Roman bei Norton überarbeitet und auch 1988 in Achebes Essay-Sammelband *Hopes and Impediments* (Hoffnungen und Hindernisse) abgedruckt wurde – ist ein Akt rhetorischer Gewalt, vor dem ich zurückschreckte. Achebe betrachtet das Buch nicht als einen Ausdruck seiner Zeit oder als Behandlung einer fiktiven Situation, in der die Ängste eines weißen Mannes vor dem Unbekannten genau dargestellt sind, sondern als eine allgemeine Verunglimpfung der Afrikaner, eine einfache rassistische Attacke. Was Achebe betrifft, so haben die Afrikaner gekämpft, um sich aus dem Gefängnis des kolonialen Diskurses zu befreien, und Konrad zu lesen bedeutet für ihn, wieder in das Gefängnis zu kommen: *Herz der Finsternis* ist ein Buch, in dem die Europäer ständig die Oberhand haben. Conrad war ein Rassist, und damit hat sich's.

Ich würde argumentieren, daß die meisten Studenten, mit denen ich gerade das Buch gelesen hatte – keine Europäer, sondern eine amerikanische Auswahl –, *Herz der Finsternis* als Darstellung abendländischer Infamie und kaum als eine Bestätigung der »geistigen Anmut« des Westens sahen. Und ich würde behaupten, daß alles in *Herz der Finsternis* – nicht nur die spektakulären Schrecken des afrikanischen Dschungels, sondern alles, einschließlich der Stadt Brüssel und Marlows Auffassung von jeder weißen Person – bitter und alptraumhaft als eine Erfahrung der Entfremdung und der Verdrängung dargestellt wird.

Ja, Conrad beschreibt die Afrikaner, die am Flußufer gestikulieren, als ein völlig unverständliches »Anderes«. Aber man bedenke die fiktive Situation! Marlow, der gerade aus Europa angekommen und von Dschungel umgeben ist, steuert einen kleinen Dampfer den riesigen Fluß aufwärts, auf dem Weg zu einem unbekannten Schicksal – vielleicht dem Tod. Er ist eine Figur in einer Abenteuergeschichte, verwirrt von der Fremde. Achebe scheint zu wollen, daß er mit den Afrikanern spricht oder sie zumindest aus der Nähe beobachtet und zu der Auffassung gelangt, daß sie auch ein Volk sind, daß sie ebenso Menschen sind und ein Schicksal haben und geistige Kämpfe und Triumphe und Krisen der Persönlichkeit kennen. Denn gewiß erlebten sie solche Dinge ebensosehr wie Marlow und Kurtz. Aber konnte die afrikanische Persönlichkeit mit ihrer unaufhörlichen physischen und philosophischen Kraft in dieser kurzen Erzählung beschrieben werden, innerhalb von Conrads Absicht, den »gnadenlosen Wahnsinn« der Europäer zu enthüllen? Achebe möchte eine andere Geschichte, einen anderen Helden, ein anderes Bewußtsein. Und auch wenn er die afrikanischen Menschen als wild und unverständlich ansieht, fühlt sich Marlow ihnen nichtsdestoweniger verwandt. Er erkennt keinen moralischen Unterschied zwischen sich und ihnen. Die Europäer sind es, die demoralisiert sind.

Aber was nutzt es? Obwohl Achebe ein Schriftsteller ist und kein Wissenschaftler, sind Varianten seiner Kritik in jüngster Vergangenheit in vielen akademischen Äußerungen und in der Auseinandersetzung mit vielen klassischen Werken aufgetaucht. Publikationen wie *Lingua Franca* (die über Trends an den Universitäten berichtet) sind oft voller Werbungen für akademische Bücher über Literatur und Ethnik, Literatur und Geschlecht, Literatur und das Imperium, den sozialen Hintergrund der Literatur, »populäre« Literaturgattungen. Was immer die Wissenschaftler in ihren Hörsälen tun, sie versuchen außerhalb der Universität ihren Ruf mit politisierten Ansichten von Literatur zu etablieren. F. R. Leavis' Kriterium von Größe in der Literatur – moralische Ernsthaftigkeit – ist durch die moralische Aggressivität der »kulturellen Studien« oder »postkolonialen Studien« ersetzt worden, die den Autor mit jedweder Macht in Verbindung bringt, die um ihn herum herrschte. *Herz der Finsternis* kann tatsächlich von jedem als ein rassistisches Buch gelesen werden, der hinreichend wütend ist, seine fiktionale Kunst zu übersehen, seine greifbare Angst und die vielen Unterschiede zwischen Conrads Auffassungen über »Rasse« im Jahr 1890 und unseren eigenen. Es kann von jedem als rassistisches Buch gelesen werden, der unbarmherzig genug ist, seine Darstellung des Lebens von ihrem Sinn zu trennen. Wie der Philosoph Richard Rorty kürzlich beklagte: »Die Professoren der Geisteswissenschaften lehren die Studenten, die herzzerreißende Poesie der Vergangenheit abzuklopfen, um ›die Bedingungen der kulturellen Produktion‹ herauszufinden.« Solche Interpretationen dienen alle dazu, das Lesen zu entzaubern. Die alte Art und Weise, Romane um des Vergnügens willen zu lesen – meine erneute Verzauberung durch

Conrad –, ist für naiv und vielleicht sogar reaktionär erklärt worden, als Unterwerfung unter politische Werte, deren Natur gerade durch das Vergnügen am Lesen verborgen wird. In gewissen Kreisen ist Vergnügen am Lesen selbst ein politischer Irrtum, etwa wie Sex in Orwells *1984*.

Professor Edward Said ist ebenso wie Conrad ein schillernder Selfmademan. Said ist ein palästinensischer Christ (aus einer protestantischen Familie), wurde 1935 im Libanon geboren und ist in Jerusalem und Kairo aufgewachsen – was an sich schon eine außerordentliche Mischung aus Wurzeln und Ländern ist. Said startete dann in Amerika eine großartige Karriere, wo er schließlich die Position des Autors der Exilliteratur *in extremis* einnahm, eines arabischen Kritikers des Westens und Verteidigers der palästinensischen Sache, der im Westen lebt und arbeitet; zu Hause ein Lehrer westlicher Literatur, der eine Lanze für die nichtwestliche Literatur bricht.

Er ist in vieler Hinsicht eine bewundernswerte Figur. Er hat versucht, verschiedene Kulturen zueinander in Beziehung zu bringen; er verabscheut Engstirnigkeit, Spießigkeit und nationalen oder ethnischen Chauvinismus. Während er unablässig den Westen kritisiert, klagt er die Undifferenziertheit des Nationalismus in der Dritten Welt an (nicht so leidenschaftlich oder umfassend, wie es einige von uns gerne hätten, aber er tut es zumindest); er verachtet vereinfachte marxistische und andere engstirnige Annäherungen an die Literatur. In jüngster Zeit zum Beispiel hat Said einige seiner Anhänger scharf angegriffen, weil sie seine moralische und politische Kritik der westlichen Literatur an den Rand der Karikatur gerückt haben. Und er hat wiederholt jeden Versuch abgelehnt, den westlichen Kanon zu »nivellieren«. Ich habe ihn niemals sprechen oder lehren hören (er begann an der Columbia-Universität, als ich sie gerade verließ), aber jetzt sah ich ihn manchmal auf dem Campus, einen stattlichen Mann, gut aussehend, mit vollem Haar, dunklen Augen und einer anmutigen Art, jedem, mit dem er sprach, zuzuhören.

Said ist vielleicht der am meisten gelesene und universalste aller abweichend denkenden akademischen Kritiker. Sein berühmtestes Werk ist das bemerkenswerte Buch *Orientalismus* (1978), eine fulminante Analyse der westlichen Methode, ein »exotisches« Bild vom moslemischen Osten zu zeichnen, um den moslemischen Osten so kontrollieren zu können. Said schrieb *Kultur und Imperialismus* als Folgeband; seine Absicht ist zum Teil, sowohl die großen europäischen Schriftsteller des neunzehnten und zwanzigsten Jahrhunderts als auch die vielen Kritiker und Wissenschaftler, die ihnen verpflichtet sind, zur Rechenschaft zu ziehen. Michael Foucault beeinflußte ihn und war ihm Vorbild. Said war beeindruckt von der Macht des (literarischen, journalistischen, akademischen) Diskurses als einer Garnitur kultureller Verhaltensweisen, die die Grundlage für die Institutionen und Auffassungen des Imperialismus lieferten und diese stützten – insbesondere die westliche Vorstellung, die, wie er sagt, immer noch lebendig ist, daß die Europäer und Amerikaner das Recht hätten, unterworfene Völker und ihre Nachfolger in der Dritten Welt zu beherrschen.

Stimmt das? Wollen Amerikaner irgend jemanden in der Dritten Welt beherrschen oder regieren? Ich glaube nicht, daß sie es tun wollen, aber nehmen wir es mal an. Den meisten phantasievollen Schriftstellern des neunzehnten Jahrhunderts, schreibt Said, gelang es nicht, ihre Kunst, ihre eigene geistige Praxis, zu den schmutzigen Auswirkungen des Kolonialismus in Verbindung zu setzen. Schriftsteller wie Jane Austen, Tennyson, Carlyle, Thackeray, Dickens und Flaubert hatten entweder rassistische Anschauungen von den unterworfenen Völkern, die damals von den Engländern und Franzosen beherrscht wurden, oder sie nahmen die materiellen Vorteile des Imperiums ruhig hin. Sie sahen das Imperium als gegeben an, als einen Raum, in dem sich ihre Charaktere bewegen und gedeihen konnten; sie steckten mit dem Bösen unter einer Decke. Hier und dort konnte man in ihren Werken schamlose Spuren der unterworfenen Welt entdecken – eine Zuckerplantage auf Antigua, deren Ertrag den Luxus einer besitzenden Familie (der Bertrams) in England sichert, in Jane Austens *Mansfield Park*; eine Hauptfigur in Dickens' *Großen Erwartungen* (der Sträfling Magwitch), der sich in der »weißen Kolonie« Australien bereichert und dessen geheimes Vermächtnis Pip, den jungen Romanhelden, in einen »Londoner Gentleman« verwandelt. Diese Romane, sagte Said, könnten nicht richtig verstanden werden, ohne die Verbindungen zur imperialen Realität, die sie unterstützten, zu analysieren.

Aber wie wichtig ist die Geldquelle für irgendeinen der Romane? Jane Austen nennt die Plantage auf Antigua nur wenige Male; *wo* genau das Geld der Bertrams herkam, interessierte sie eindeutig nicht, wie Said zugibt. Die Zuckerplantage gibt es einfach als eine Einkommensquelle und als ein Mittel, Sir Thomas Bertram für eine Weile außer Landes zu führen, damit die jungen Leute in seiner Abwesenheit herumtoben können. Und wenn der Sträfling sein Vermögen nicht in Australien, sondern, sagen wir, in Schottland gemacht hätte, indem er illegal die Preise für Gerste oder Mengfutter gedrückt hätte, was hätte das dann für den zentralen thematischen und metaphorischen Gehalt der *Großen Erwartungen* bedeutet? Magwitch würde nach wie vor ein übel beleumdeter Sträfling sein, den Pip als Schurken ablehnen oder als seinen wahren geistigen Vater akzeptieren müßte. Wurden diese Romane als Literatur ernsthaft von ihrer angeblichen imperialen Verbindung beeinflußt? Oder sucht Said spitzfindige Beweise, nicht aus Notwendigkeit, sondern weil sie machbar sind?

Said gibt zu, daß es keinen Grund für Jane Austen gab, über die Sklaven auf der Plantage von Sir Thomas Bertram zu schreiben, aber das kann kaum bedeuten, sagt er, daß *wir* uns nicht dafür interessieren sollten. Schön, aber warum schreibt in diesem Fall nicht Edward Said über die Sklaven auf Antigua? Hängt er sich nicht an Jane Austen auf, weil sie eine für ihre Schärfe und Sensibilität bekannte Schriftstellerin ist und er uns schockieren will? »*Mansfield Park*«, versichert er, »sublimiert die Marter des karibischen Daseins zu einem halben Dutzend bloß flüchtiger Bemerkungen über Antigua.« Das zeigt, worauf Jane Austens Sensibilität hinausläuft. Said spricht von ihr tatsächlich, als habe sie den Weg geebnet: »[*Mansfield Park*] schafft stetig, wenn auch unaufdringlich, Raum für eine breite Erweiterung der inländischen imperialistischen Kultur, ohne die die folgende britische Erwerbung der Territorien nicht möglich gewesen wäre.«

Derlei Bemerkungen bewirkten einen kleinen Aufruhr in der britischen und amerikanischen Presse, als das Buch 1993 erschien. Aber Said hat, glaube ich, Jane Austen nicht unbedacht gewählt. Man hat tatsächlich den Verdacht, daß *Mansfield Park* ihm gerade deswegen nützlich ist, weil es ein so ausgefallenes Beispiel ist. Denn wenn Jane Austen in diesem Roman über Ehe, Sex, Eigentum und Rollenspiel in die Schaffung des Imperialismus involviert ist, dann ist alles involviert – jede Music-hall Show, jedes Menü im Teesalon und jedes Blumenarrangement. Die kulturelle Unschuld des Westens muß vor Gericht gebracht werden.

Ist am Ende Saids These nicht eine einzige Tautologie, die Annahme, daß der Imperialismus tatsächlich die Unterstützung einer Struktur erhielt, die den – Imperialismus hervorrief? Mit Saids Maßstab würden nur wenige Schriftsteller der Kritik entgehen. Proust? Gleichgültig gegenüber der französischen Ausbeutung nordafrikanischer Arbeiter. (Und woher kam der Kork, der die Wände seines Schlafzimmers bekleidete? Marokko? Indien? Das ganze Gerüst von Prousts ästhetischen Betrachtungen ist Teil der imperialen Herrschaft.) Henry James? Er versäumte, den Industriekapitalismus des späten neunzehnten Jahrhunderts und dessen Ausdehnung nach Übersee zu untersuchen, was die Muße, die zivilisierte Unterhaltung und die geistigen Ängste von vielen seiner wohlhabenden amerikanischen Charaktere möglich machte. James' gefeierte Eleganz war ebensosehr ein Produkt und ein Ausdruck des amerikanischen Imperialismus wie Theodor Roosevelts kriegerischer Chauvinismus. Und so weiter. Man könnte den Ruf eines jeden Schriftstellers auf diese Weise zerstören, und was wäre gewonnen? *Eine gewisse* Art von Verbindung zur Macht ist Teil des Überlebens von jedem Schriftsteller.

Wenn Said zu *Herz der Finsternis* kommt (ein Buch, das er liebt), betont er, daß Conrad ebenso wie Marlow und Kurtz in der Mentalität imperialer Herrschaft gefangen war und sich daher keine anderweitigen Möglichkeiten vorstellen konnte; das heißt, Conrad konnte sich Afrikaner nur als von Europäern beherrscht vorstellen. Das ist durchaus fair. Es stimmt unbedingt, daß *Herz der Finsternis* einige weiträumige und zweideutige Bemerkungen enthält, die den britischen (im Gegensatz zum belgischen oder deutschen) Überseeimperialismus zu loben scheinen. Aber wie sehr spielen solche Bemerkungen gegenüber dem überwältigenden Gewicht des ganzen Restes eine Rolle – dem schrecklichen Gefühl der Trostlosigkeit, das durch das vorgeführte physische Chaos, den Tod und die überall wütende Grausamkeit erzeugt wird?

Woran die Leser sich erinnern, das ist das *Elend* des Imperialismus, und es ist irreführend, wenn Said von *Herz der Finsternis* als einem Werk spricht, das »ein organischer Teil des ›Kampfs um Afrika‹ war«, ein Werk, das seither die Funktion hatte, dem Westen die Gewißheit zu geben, daß er das Recht hatte, die Dritte Welt zu beherrschen. Wenn wir in der Diskussion die Frage nach der historischen Wirkung eines Buches zulassen, sollten wir dann nicht im Gegenteil fragen, ob nicht Tausende von europäischen und amerikanischen Lesern vom

Kolonialismus *angeekelt* waren, nachdem sie *Herz der Finsternis* gelesen hatten? Said ist so eifrig dabei, die verborgene Machtstruktur in *Herz der Finsternis* zu finden, daß er die Kraft dessen, was direkt an der Oberfläche ist, unterschätzt. Hier folgt seine Zusammenfassung:

> Kurtz und Marlow erkennen die Finsternis an, ersterer, als er stirbt, letzterer, als er im nachhinein über die Bedeutung der letzten Worte von Kurtz nachdenkt. Sie (und natürlich Conrad) sind ihrer Zeit voraus, weil sie verstehen, daß das, was sie »die Finsternis« nennen, selbst eine Autonomie besitzt und das erneut überfallen und zurückfordern kann, was der Imperialismus als das *Seine* genommen hat. Aber Marlow und Kurtz sind auch Kinder ihrer Zeit und können nicht den nächsten Schritt tun, der darin bestünde anzuerkennen, daß das, was sie verächtlich und abwertend als eine nicht-europäische »Finsternis« angesehen haben, in Wirklichkeit eine nicht-europäische Welt war, die dem Imperialismus *Widerstand* leistete, um eines Tages die Souveränität und Unabhängigkeit wiederzugewinnen, und nicht, wie Conrad herabmindernd sagt, um die »Finsternis« wiederherzustellen. Conrads tragische Einschränkung liegt darin, daß er, obwohl er deutlich sah, daß der Imperialismus reinste Beherrschung und Landraub war, daraus nicht folgern konnte, daß der Imperialismus ein Ende nehmen mußte, damit die »Eingeborenen« ein Leben frei von europäischer Herrschaft führen könnten. Als Kind seiner Zeit konnte Conrad den Eingeborenen nicht ihre Freiheit gewähren, trotz seiner heftigen Kritik des Imperialismus, der sie versklavte.

Ich habe diesen Abschnitt immer wieder gelesen, mit jedesmal zunehmendem Zweifel. Es ist nicht genug, daß Conrad die Seele des Imperialismus erfaßte, die völkermordartige Ausrottung eines Volkes, das zur Zwangsarbeit verpflichtet wird; nein, seine »tragische Einschränkung« war sein Unvermögen, »den Eingeborenen ihre Freiheit zu gewähren«. Zweifellos meint Said etwas Fragmentarisches – eine kleine Geste, einen Hinweis, ein paar Worte, die eine befreite Zukunft andeuten könnten. Aber dennoch fand ich den Vorschlag einer Verbesserung von *Herz der Finsternis* bizarr, und meine Phantasie wurde von Visionen schrecklicher Hollywoodfilme überschwemmt: *Der Ne-*

*bel lichtet sich langsam über dem dichten, dunklen Urwald und enthüllt einen Regenbogen in der Ferne; Kurtz, der ein Ebenholzhalsband trägt, zeigt auf den Dschungel, während er zu einem großartig aussehenden afrikanischen Häuptling spricht.* »*Eines Tages werden wir fort sein. Dein Volk wird frei sein*...«

Lieber Himmel, eine Vision von *Freiheit*? Nach dem Hain des Todes? Würde eine solche Vision nicht der allerschlimmsten Sentimentalität gleichkommen? Und ist Saids Wunsch, wie vorsichtig er auch ausgedrückt wird, nicht ein leicht bösartiges Rezept, um Conrad als Künstler zu zerstören? Statt das zu tun, was Said will, sagt Conrad, daß auch England einer der finsteren Orte auf Erden gewesen ist. In dem ganzen Buch betont er, daß die Finsternis in allen Menschen herrscht.

Achebe gibt einem ähnlichen Gefühl Ausdruck. Conrad, sagt er, war so von der Wildheit der Afrikaner besessen, daß ihm irgendwie entgangen war, daß die Afrikaner unmittelbar nördlich des Kongo große Kunstwerke schufen – Masken und andere Kunstgegenstände, die nur wenige Jahre später (1905) Maler wie Vlaminck, Derain, Picasso und Matisse aus der Fassung brachten, wodurch eine neue Richtung in der europäischen Kunst (der Kubismus und so weiter) entstand. »Die Hauptsache von all dem ist«, schreibt Achebe, »daß Conrads Bild des Volkes am Kongo grob unzulänglich ist...«

Aber kein Akt des Bewußtseins kann jemals absolut vollkommen sein. Conrad schilderte in *Herz der Finsternis* nicht »ein Bild des Volkes am Kongo«, sowenig wie Achebe in *Das Alte stürzt*, das in einem Dorf in Nigeria spielt, beabsichtigte, ein abgerundetes Bild der britischen Oberherren zu geben. Conrad war, wie sein Vorbild Henry James, einer schonungslosen Vorstellung von Form verpflichtet. So kurz wie das Büchlein ist – nur etwa fünfunddreißigtausend Wörter –, ist *Herz der Finsternis* eine beißend ironische Geschichte einer Rettung, eingebettet in eine philosophische Betrachtung über das Komplizentum von »Zivilisation« und Wildheit. Conrad ist äußerst sparsam und unterschlägt eine ganze Menge. Sparsamkeit ist auch ein hervorragender Zug in der Kunst von Chinua Achebe; und ebensowenig wie von Conrad kann man von ihm erwarten, ständig ein Urteil über jeden Aspekt der afrikanischen Zivilisation abzugeben.

Achebe möchte, daß das Buch aus dem westlichen Kanon geworfen wird. »Die Frage lautet, ob ein Roman, der diese Entmenschlichung feiert, der einen Teil der menschlichen Rasse entpersonalisiert, ein großes Werk genannt werden kann«, schreibt er. »Meine Antwort lautet: Nein, das kann es nicht.« Said würde niemals vorschlagen, Conrad aus den Lektürelisten zu streichen. Man muß sich dennoch fragen, ob nicht die Verurteilung von Schriftstellern für das, *worüber sie versäumt haben zu schreiben*, nicht eine bizarr verbohrte, wenn nicht boshafte Weise ist, sie zu lesen. Saids und Achebes Klagen sind nur zu charakteristisch: Die Literatur inspiriert die akademische Linke heute zu rastloser Unduldsamkeit. Literatur schließt aus; sie handelt von der einen Sache und nicht von der anderen, stellt einen Gesichtspunkt dar und nicht den anderen, »stärkt« eine gesellschaftliche oder ethnische Gruppe und nicht die andere. Der Literatur fehlt die Vollkommenheit der Gerechtigkeit, wo alle Stimmen gehört, abgewogen und ausbalanciert werden müssen. Die europäische Literatur ist der Verbindung mit der Macht schuldig, des Komplizentums mit den »Gewinnern« der Geschichte. Jane Austen war schuldig, weil sie es versäumte, den Imperialismus zu erwähnen; Conrad ist schuldig, weil er ihn *erwähnt hat*. Sie sind per Definition und Kategorie schuldig. Am Ende laufen die Klagen auf folgendes hinaus: Joseph Conrad fehlte das Bewußtsein von fremden Völkern und imperialer Macht, das wir heute haben. Armer, dummer Conrad! Gefangen in dem Bewußtsein seiner Zeit, konnte er nichts weiter tun als seine Bücher schreiben.

Warum bin ich so wütend? Ein unangenehmer Essay verkündet nicht das Ende der westlichen Kultur, und liberale Humanisten, die vor allem, sollten in der Lage – Mill würde sagen, dazu verpflichtet – sein, Ansichten zuzuhören, die den ihren entgegengesetzt sind. Aber was Achebe und Said (und eine ganze Reihe anderer politisierter Kritiker) darlegen, ist nicht einfach eine unterschiedliche Interpretation dieses oder jenes Werkes, sondern kommt einem Angriff auf die moralische Legitimation der Literatur überhaupt ziemlich nahe. Wenn die Literatur sich blühender Gesundheit erfreuen würde, könnte man natürlich derlei bizarre »Lesarten« mit einem Schulterzucken abtun; man könnte den Ärger, der sich gegen Kunstwerke richtet, als eine vorübergehende akademische Mode akzeptieren, als einen Ausbruch von Übermut auf irgendwelchen Konferenzen, der bald wieder vergessen ist. Aber in einer Zeit, wo die Literatur in den Cyberspace zu entschwinden droht oder einfach zur Seite gedrängt wird von der Gefräßigkeit der Pop-Kultur, nehmen die Universitäten eine dominierende Rolle ein. Im Guten wie im Schlechten gehört die Zukunft der Literatur den Professoren; und in jüngster Zeit haben Teile der akademischen Linken, die bemüht sind, die ungehörten Stimmen der Vergangenheit wiederzuentdecken, damit begonnen, die hörbaren Stimmen der Vergangenheit zu diskreditieren.

Was also hat das Vergnügen daraus gelernt, inwieweit ist das Vergnügen korrigiert, ausgeweitet oder abgewiesen worden? Im Rückblick auf unseren kleinen Kulturstreit merke ich jetzt, daß mir Achebe und Said, sosehr mir ihre Herangehensweise mißfiel – ihre Furcht vor erzählerischem Vergnügen, ihre Forderung nach korrekter Haltung –, zu verstehen halfen, was im Seminarraum vor sich ging. So, wie Alex eifrig dafür kämpfte, daß die westliche Kultur nicht vom Schandfleck der Verbrechen von Kurtz berührt wird, wollte ich anfänglich, daß *Herz der Finsternis* der politischen Analyse unzugänglich sein sollte. In Wahrheit glaube ich nicht, daß irgendein bösartiger politischer Angriff Conrads kleinem Roman, der so unendlich suggestiv und inhaltsreich ist, ernsthaft etwas anhaben kann. Gleichwohl hat sich meine Meinung durch die Debatte im Seminar geändert. Zu behaupten, daß das Buch nicht in die Welt eingebettet ist – es unschuldig zu behandeln, wie es frühere Literaturwissenschaftler getan haben, als einen Garten voller Symbole oder als die Suche nach dem Gral oder dem Vater oder sonst was –, heißt, Conrads Leistung herabzusetzen. Und so zu tun, als ob große Literatur keine politische Komponente hätte, ist ebenso Unsinn.

Lassen wir also der akademischen Linken ihr Vergnügen: Wie falsch oder extrem in einzelnen Fällen sie auch sein mag, sie hat die Leser für die mögliche versteckte Arroganz in der Sprache und den Anschauungen empfänglich gemacht. Dank Achebe und Said habe ich zum Beispiel erkannt, daß Shapiros Methode, *Herz der Finsternis* zu analysieren, ebenfalls hochpolitisch war. Ich möchte aber gleich hinzufügen, daß der Wert von Shapiros »liberaler« Lesart darin lag, daß sie nicht auf einer reduktiven Analyse der Bedeutung des Buches beruhte. Wenn die durch Shapiros Fragen provozierten Studenten völlig am Ende waren, dann nicht wegen Klischees wie: »Conrad war ein Rassist, ein Imperialist.« Im Gegenteil, ein afro-amerikanischer Student hatte das Buch nicht gelesen, um in der Literatur Opfer ausfindig zu machen, sondern um sich durch die Literatur selbst zu verwirklichen. Und die weißen sowie asiatischen Studenten hatten, mit einer Ausnahme, auf verschiedene Weise versucht, nicht den Text anzuklagen, sondern sich selbst zu befragen. Ihre Antworten fügten sich in den liberalen Konsens einer großen Universität ein, an der der Akt der Selbstkritik an sich ein Ziel ist – eines der höchsten Ziele – und die Erfüllung einer Forderung der westlichen Bildung. Eine wohlwollende Politik, aber nichtsdestoweniger Politik. Der Grundkurs endete nicht in Hegemonie, sondern in der Kritik der Hegemonie.

Auch wenn man Achebe und Said das Recht zugesteht, politisch zu lesen, muß man doch sagen, daß sie den Fall verkehrt herum aufgefaßt haben. Conrads unsichere Situation sowohl innerhalb als auch außerhalb des Imperialismus, sowohl innerhalb als auch außerhalb des ethnischen Bewußtseins sollte nicht als eine Schwäche, sondern als eine Stärke gesehen werden. Dieser Schriftsteller hat als Kolonialangestellter gearbeitet, 1890 im Dienst einer belgischen Gesellschaft, und ist auch den Kongo hinaufgefahren. Er hat im Rahmen der kolonialen Expansion gelebt. Hätte er das nicht, hätte er dann so etwas wie *Herz der Finsternis* schreiben können? Hätte er mit solch verheerender Kraft die seltsame, hohle Trivialität der Ambitionen der Kolonisten einfangen können, die Selbstsucht, die Gier, die Kleinlichkeit, die Lügen und Ausflüchte? Die Ambivalenz von Conrad macht gerade seine Größe aus. Er war der letzte große Viktorianer, der auf Verantwortlichkeit und Ordnung bestand und der gleichzeitig einen erschöpfenden Kampf gegen Unsicherheit und Zweifel führte, indem er jede Wahrheit in seiner Dichtung zu einer höhnischen Illusion umformt und das, was eine einfache, moralisch-didaktische Abenteuererzählung hätte sein können, in einen endlosen provokativen Kampf zwischen stoischer Hinnahme der Pflicht und falscher Komplizenschaft mit dem Bösen verwandelt. Conrads Kapitän Marlow verabscheut den monströsen Kurtz, doch fühlt er nach dem Tod von Kurtz eine überwältigende Loyalität gegenüber der Integrität dessen, was Kurtz bei seinem Abstieg in die Kriminalität entdeckte.

Ich habe mit dem Tod gerungen. Der eintönigste Zweikampf, den man sich vorstellen kann. Er findet statt in einem unwirklichen Grau, kein Boden unter den Füßen, nichts um einen herum, ohne Zuschauer, ohne Getöse, ohne das große Verlangen zu siegen, ohne die große Angst vor der Niederlage, in der ekel-

haften Atmosphäre lauwarmer Skepsis, mit wenig Glauben an das eigene Recht und noch weniger an das deines Widersachers. Wenn so die höchste Form von Weisheit aussieht, dann ist das Leben ein größeres Rätsel, als einige von uns denken. Ich stand haarscharf vor der letzten Gelegenheit zu einem Schlußwort, und ich mußte zu meiner Beschämung feststellen, daß ich wahrscheinlich nichts zu sagen gehabt hätte. Das ist der Grund, weshalb ich betone, daß Kurtz ein ungewöhnlicher Mensch war. Er hatte etwas zu sagen. Er sagte es. Weil auch ich über den Rand des Abgrunds gelugt hatte, verstehe ich jetzt besser, was sein starrer Blick bedeutete, der die Flamme der Kerze nicht sehen konnte, aber weit genug reichte, das ganze Universum zu umfassen, und der scharf genug war, um in alle Herzen zu dringen, die da schlagen in der Finsternis. Er hatte die Rechnung aufgemacht – er hatte das Urteil gefällt. »Das Grauen!« Ein ungewöhnlicher Mensch. Denn immerhin war das doch der Ausdruck einer Art von Glaubensüberzeugung; es lag Aufrichtigkeit, es lag Gewißheit darin, es lag ein aufsässiges Beben in dem Flüstern, es trug die entsetzliche Fratze einer flüchtig erblickten Wahrheit – das seltsame Gemisch aus Verlangen und Haß. Und es ist nicht mein Kampf mit dem Tod, an den ich mich am deutlichsten erinnere – eine Vision in gestaltlosem Grau, voller Schmerzen und voll gleichgültiger Verachtung für die Flüchtigkeit aller Dinge – sogar dieser Schmerzen. Nein! Es ist *sein* Todeskampf, den ich durchlebt zu haben scheine. Freilich, er hatte jenen letzten Schritt getan, er war über den Rand getreten, während es mir vergönnt gewesen war, den zaudernden Fuß zurückzuziehen. Und vielleicht liegt darin der ganze Unterschied; vielleicht ist alle Weisheit, alle Wahrheit, alle Aufrichtigkeit nur in jenem unmerklichen Augenblick zusammengedrängt, in dem wir die Schwelle des Unsichtbaren überschreiten. Vielleicht. Ich möchte zu gern glauben, daß meine Abrechnung nicht in einem gleichgültigen, verächtlichen Wort bestanden hätte. Besser sein Schrei – weit besser. Es war eine Bestätigung, ein moralischer Sieg, erkauft mit zahllosen Niederlagen, mit abscheulichen Greueln, mit abscheulichen Ausschweifungen. Aber es war ein Sieg. Deshalb bin ich Kurtz bis zuletzt treu geblieben...
*(S. 124-126)*

»Das Grauen« war nichts anderes als Conrads Bürde als Künstler und Mensch – die zerstörerischen Gegensätze, die ihn beherrschten. T. S. Eliot und andere verstanden *Herz der Finsternis* als ein neuartiges Kunstwerk, das die radikalen Trennungserfahrungen des Zeitalters – äußerste Gewalt und äußerste geistige Sehnsucht – zu immer komplexeren ästhetischen Formen zusammenführte. Die große Leistung der Moderne war ihre Verbindung des sich Widersprechenden und des Metaphysischen. In diesem Licht gesehen ist die erschreckende Kompliziertheit von Conrads Werk unvorstellbar *ohne* seine Teilnahme am Imperialismus. In ihrem Eifer anzuklagen, scheinen Achebe und Said vergessen zu haben, warum vor allem die Schulen so von Conrad fasziniert waren. Sie waren beide in einem bösen Antagonismus zu dem, was sie liebten, gefangen.

In gewisser Weise ist die Welt, in der wir leben, nicht so finster wie die von Conrad; und in gewisser Weise ist sie finsterer. »Was wir heute gesehen haben«, meinte Shapiro, »ist nicht eine Einbahnrutsche in die Apokalypse. Wir selbst haben jetzt die Fähigkeit, unsere Gesellschaft zu erkennen und sie sogar in Ordnung zu bringen und zu verändern, genau wie die Literatur ein Mittel der Veränderung reflektiert, es verkörpert und als solches dient.«

Die Studenten waren erleichtert. Sie wollten Versöhnung und Frieden. Und einer von ihnen, schien es, war wie Marlow ans Ende seiner Reise gekommen. »Wir rufen in die Wüste«, sagte Henry, »und die Wüste ruft zurück. Es gibt eine Spannung, und an diesem Punkt der Spannung klären wir unsere Natur.«

Kapitel 27

WOOLF

Der Frühling sprengte den grauen Zement und Stein der Columbia-Universität, und die Fenster in Hamilton waren weit aufgerissen. Die Stimmen der Vögel – Vögel! – übertönten den Lärm New Yorks. Wir lasen Virginia Woolf als letzten Pflichttext (Shapiro hatte in der letzten Woche Conrad nach Virginia Woolf als Buch seiner Wahl gelesen). Die Autorin von *Zum Leuchtturm* und *Mrs. Dalloway* hatte nicht auf der Liste gestanden, als ich 1961 klassische Literatur studierte. Aber in jüngster Zeit, im Zuge einer späten (zum Teil durch die Studentinnen, die an die Universität kamen, angespornten) Reform hatte der Lehrkörper Woolf hinzugefügt und Dostojewskis *Schuld und Sühne* gestrichen. Es wäre dumm, zu viel Wesen von diesem Austausch in einer willkürlichen Auswahl von Meisterwerken zu machen – und ebenso dumm, so zu tun, als würden einen diese Veränderungen gleichgültig lassen. Eine große Geschmacksveränderung hatte im Grundkurs der Columbia-Universität stattgefunden: Dostojewski würde natürlich fortleben, aber der Literatur war etwas hinzugefügt worden, und zwar etwas an Sensibilität.

Als ich als Student Virginia Woolf zum ersten Mal las und mich im Seminar »Der englische Roman« zwei Jahre nach dem Kurs über klassische Literatur mühsam durch *Zum Leuchtturm* arbeitete, habe ich sehr wenig mitbekommen. Eine Wolke, die anmutig, edel, wunderschön anschwoll, aber formlos war, sogar amorph – das ist alles, woran ich mich erinnern kann, und seither habe ich mich im wesentlichen von Virginia Woolf ferngehalten. Ich war sicher, daß sie nicht der Mühe wert war. Sie war begabt, so begabt, daß einem angst wurde, und sie konnte alles mit der Sprache machen. Ihre gelegentlichen literarischen Essays (die im Sammelband *Der gewöhnliche Leser* veröffentlicht wurden) waren in ihrem Stil vollkommen. Aber sie war zu... *feminin*. Sie schrieb immer unter äußerster Nervenanspannung und war von den verschiedenen Stadien des Gefühls und der Sensibilität geradezu besessen. Romane, so sagte ich mir hartnäckig, müßten von etwas mehr als nur *diesem* handeln. Das war keine eigene Meinung; sie war auch nicht korrekt als Beschreibung von Virginia Woolf, doch reichte sie als Grund, sie nicht zu lesen. Virginia Woolf, die hochmütige, doch verletzliche Königin der Moderne; das beherrschende Zentrum eines Londoner Kreises von Ästheten und privilegierten Intellektuellen; ein Genie, aber auch seltsam und verrückt; eine Frau, dem Ruf nach überlegen, korrekt und feindselig gegen Amerikaner – Virginia Woolf, die Schriftstellerin mit dem Gesellschaftstouch, verursachte mir eine Gänsehaut. Ihr Ästhetizismus war nicht zu trennen von ihrem Snobismus und irgendeiner vagen zermürbenden viktorianischen Krankheit. Sie gab mir das Gefühl, ein neunjähriger Junge zu sein.

Aber jetzt, als ich abermals *Zum Leuchtturm* las, war ich von Virginia Woolfs Prosa überwältigt. Ich konnte diese zärtlichen, drängenden, nach innen dringenden Sätze nicht lesen, ohne einzuhalten, sie abermals zu lesen und die Wörter und den Rhythmus sinken zu lassen. Zu Beginn des Jahres war ich unfähig gewesen, mich an Homer zu erinnern, unfähig, mich selbst zu finden, ich stolperte über leere Erinnerungen und die verschwundene Grenze zwischen dem Leser, der zu Hause sitzt, und den alles verschlingenden Medien, aber dann entdeckte ich nach und nach zuerst eine Sache und dann die nächste, und jetzt hatte ich mehr Erinnerungen, als ich gebrauchen konnte. Und das Verrückte daran war, daß die üppigste Erinnerungsflut von einer Schriftstellerin erzeugt wurde, die für mich niemals irgendeine Bedeutung gehabt hatte.

Es gibt zum Beispiel eine Art von Erfahrung, jeder kennt sie, die fast nicht mitteilbar ist, weil sie verschwindet, sobald man sie gemacht hat. Virginia Woolf hat sie immer wieder behandelt. Die Erfahrung ist nicht eine Handlung oder etwas, das eine Anekdote oder Geschichte bilden könnte, sondern ein Moment der Wahrnehmung, ein Augenblick, der Beziehungen und Verhältnisse klärt, die schon lange vorhanden waren. Man sitzt oder steht irgendwo, und die Szene fügt sich beim Versuch, sie zu erfassen, um einen herum zusammen. Man spürt eine Art Summen, kein wirkliches Geräusch, sondern ein zunehmendes Vorgefühl der Bedeutung. Es kann im Haus bei Tisch mit Freunden oder der Familie passieren, wenn Obst und Kuchen aufgegessen und die Servietten zerknüllt sind und das Gespräch in einen kleinen Gedankenaustausch mündet; oder spät abends, wenn das Haus still ist und die Katzen nebeneinander auf dem Teppich stehen, aufmerksam posierend, wie zueinander passende chinesische Statuen; oder wenn eins der Kinder, das nicht schlafen kann, sich auf das Sofa zwischen Bücher, Spielsachen und Stofftiere legt und schließlich mit offenem Mund leicht sabbernd einschläft. Aber gewöhnlich passiert es im Freien, wenn man über ein Feld läuft, oder am Strand, dort, wo die Brandung höher schlägt und der Sand zunächst dunkler und dann heller wird, wenn das Wasser darüber hinspült und ihn wegreißt. *So müßte das Leben eigentlich sein.* Man wird von einem Gefühl der Angemessenheit ergriffen.

Das Gefühl mag aus Kindheitserinnerungen der Zufriedenheit herrühren, einer frühen Erfahrung nicht einfach von Angemessenheit, sondern von *Überflutung,* in der jedes Element – Luft, Bäume, Tiere, Menschen – seinen eigenen Charakter besitzt, aber nicht mehr, jede Beziehung ihre eigene Notwendigkeit, aber nicht mehr. Die Empfindung ist unpersönlich und nicht egoistisch, verwandt mit einem religiösen Überschwang. Nicht: Ich bin groß genug, das alles zu erfassen. Sondern: All dies Unermeßliche geschieht direkt vor mir.

Und dann macht man sich vielleicht lustig über sein Gefühl und denkt, es sei eine Selbsttäuschung oder bloße Selbstbestätigung. Und insbesondere, wenn man ein Mann ist, sagt man: »Das ist nett, aber was soll's?«, und man vergißt es.

Als ich diese Schriftstellerin las, von der ich sicher glaubte, daß ich sie immer gehaßt hatte, fand ich plötzlich heraus, wie ich zu meinen Vorurteilen gekommen war und auch zu anderen Empfindungen und Ereignissen, die normalerweise unterhalb der Bewußtseinsschwelle liegen. Und als diese Dinge zurückkamen, begann ich Virginia Woolf mit größerem und größerem Vergnügen zu lesen, wie ein Seestern, der immer stärker wird, während er sich auf dem Grunde des Ozeans durchfrißt. Als ich sie jetzt las, begann ich, sie besser zu verstehen. Aber auch mich selbst besser zu verstehen, und da war noch etwas, etwas, das mit ihrer Methode und ihrem Stil zusammenhing, die jetzt auf eine sehr tiefgehende Weise so kraftvoll und befriedigend erschienen, obwohl ich anfangs nicht richtig wußte, was es war.

Meine frühere falsche Interpretation war mehr als ein persönliches

Versagen; es war auch, das weiß ich jetzt, ein kulturelles Versagen. Aber es war eine erstaunliche Veränderung eingetreten. Virginia Woolfs wunderschöne, originelle, kostbare, aber häufig als minderwertig, affektiert, unerträglich abqualifizierte Schriften – sie war eine Feministin, die nichtsdestoweniger ihr Heil im Femininen suchte – erschienen jetzt als zweifellos bedeutend und unter anderem als großartiger Abschluß für einen Übersichtskurs über Klassiker der abendländischen Literatur. Die gesamte Tradition der westlichen Literatur konnte man in diesem Buch atmen hören. Und es gab da noch eine weitere verwirrende Qualität, etwas im Werk von Virginia Woolf, das einem die Natur des Lebens und Erinnerns nahebrachte.

Der Roman *Zum Leuchtturm*, der 1927 erstmals veröffentlicht wurde, macht es einem Jugendlichen wirklich nicht leicht, ihn zu lieben. »Die Personen verschwimmen alle ineinander«, hörte ich einen Studenten im Seminar von Marina Van Zuylen sagen. »Ich war nicht sicher, über wen ich gerade las.« Das Buch war beim ersten Lesen schwer faßbar, schien keine Handlung zu haben, nur Geist und keine Geschichte zu sein, und es schien beinahe in seiner beharrlichen Zartheit zu ersticken.

Wie inkonsequent die »Geschichte« anfangs zu sein scheint. Einige Jahre vor dem Ersten Weltkrieg, gegen Ende des Sommers, verbringen ein bekannter Philosophieprofessor und seine Frau, Mr. und Mrs. Ramsay, sowie ihre acht Kinder die Ferien mit ihren Freunden und Bediensteten in ihrem – heruntergekommenen, aber großen und bequemen – Sommerhaus auf der Isle of Skye. Mrs. Ramsay sitzt, nachdem sie James, ihrem Jüngsten, vorgelesen hat, spät nachmittags am Fenster, strickt und schaut zum Leuchtturm auf der anderen Seite der Bucht hinüber, während ihr Mann gedankenverloren auf dem Rasen hin und her geht, wobei er Tennysons »Charge of the Light Brigade« (häufig laut) zitiert. Mrs. Ramsay hat eigenartige Gedanken, glaubt in sich selbst zusammenzusinken, denkt an Frieden und vielleicht sogar an den Tod. Die letzte Stunde war nicht einfach gewesen. James, der sechs Jahre alt ist, hatte gebeten, zum Leuchtturm zu fahren, der weit draußen liegt, eine lange Fahrt im offenen Boot über die rauhe Nordsee. Mrs. Ramsay hatte gesagt, sie würden am folgenden Tag fahren, wenn das Wetter schön wäre.

»Bloß«, sagte sein Vater, als er vor der Fenstertür des Salons stehenblieb, »wird es nicht schön sein.«

Wäre eine Axt greifbar gewesen, ein Schürhaken oder sonst irgendeine Waffe, die ein Loch in die Brust seines Vaters gerissen und ihn auf der Stelle getötet hätte, James hätte sie ergriffen. Derart extrem waren die Empfindungen, die Mr. Ramsay durch seine bloße Gegenwart in der Brust seiner Kinder auslöste, wenn er, wie jetzt, dünn wie ein Messer und schmal wie die Klinge eines solchen, dastand und sarkastisch grinste, nicht nur vor Vergnügen darüber, daß er seinem Sohn eine Enttäuschung zu bereiten und seine Frau, die doch in jeder Hinsicht zehntausendmal besser war als er (fand James), der Lächerlichkeit preiszugeben vermochte, sondern auch aus irgendeinem geheimen Stolz auf die Richtigkeit seines Urteils. Was er sagte, war wahr. Es war immer wahr. Er war der Unwahrheit gar nicht fähig; verfälschte niemals eine Tatsache; veränderte nie ein unerfreuliches Wort der Annehmlichkeit oder dem Schicklichkeitsempfinden eines sterblichen Wesens, schon gar nicht aber seinen eigenen Kindern zuliebe, die sich, seinen Lenden entsprungen, von Kindheit an dessen bewußt sein sollten, daß das Leben schwierig war; die Tatsachen unbeugsam waren; und daß es auf dem Wege zu jenem sagenumwobenen Land, auf dem unsere strahlendsten Hoffnungen zunichte werden, unsere zerbrechlichen Nußschalen in Finsternis zerschellen (an diesem Punkt straffte Mr. Ramsey sich, und seine kleinen blauen, auf den Horizont gerichteten Augen verengten sich), vor allem des Mutes, der Wahrhaftigkeit und des Beharrungsvermögens bedurfte.
*(S. 10)*

Mr. Ramsays Phantasien nehmen einen ziemlich satirischen Ton an (seine »kleinen blauen Augen« suchen stets den Horizont nach einem gefährlichen Seegang oder Eisberg ab, wo der Sprecher der Wahrheit sterben könnte, heroisch, aber einsam). Die Ramsays haben eine unangenehme Auseinandersetzung über das Wetter des nächsten Tages, woraufhin Mr. Ramsay sich wortlos für seinen rüden Ton entschuldigt und, ebenfalls wortlos, um Zuneigung bettelt, um seine Eitelkeit und Selbstgefälligkeit zu besänftigen. Das ist ein Trost, den Mrs. Ramsay gerne spendet. Mit ihrem Mann versöhnt, sitzt sie am Fenster und strickt, wie eine Schicksalsgöttin, und da hat sie den Eindruck, den ich mit Fülle oder Angemessenheit beschrieben habe.

Wie sollte irgendein Herr diese Welt gemacht haben können? fragte sie. Mit dem Verstand hatte sie sich stets der Tatsache gestellt, daß es keine Vernunft, keine Ordnung, keine Gerechtigkeit gab: sondern Leiden, Tod, die Armen. Es gab keinen noch so gemeinen Verrat, den die Welt nicht begangen hätte; sie wußte das. Kein Glück war von Dauer; sie wußte das. Sie strickte mit unerschütterlichem Gleichmut, die Lippen leicht geschürzt, und verlieh ihren Zügen, ohne es gewahr zu sein, dadurch einen starren Ausdruck von Strenge, so daß sogar ihrem Gatten, als er vorbeiging, obwohl er gerade bei der Vorstellung kicherte, daß Hume, der Philosoph, ungeheuer dick geworden, im Sumpf steckengeblieben war, der strenge Zug im Herzen ihrer Schönheit nicht entgehen konnte, als er vorbeikam. Er betrübte ihn, und ihre Ferne schmerzte ihn, und er hatte, als er vorbeiging, das Gefühl, sie nicht beschützen zu können, und als er die Hecke erreichte, war er traurig. Er konnte nichts tun, um ihr zu helfen. Er mußte dabeistehen und sie beobachten. Im Grunde war die teuflische Wahrheit, daß er alles nur schlimmer für sie machte. Er war reizbar – er war überempfindlich. Er war wütend geworden wegen des Leuchtturms. Er blickte in die Hecke, ihr Gewirr, ihre Dunkelheit.

Immer, so fand Mrs. Ramsay, tastete man sich widerstrebend aus der Einsamkeit heraus, indem man sich an irgendeine Kleinigkeit hielt, ein Geräusch, irgendetwas, das man sah. Sie horchte, doch es war alles sehr still; das Kricketspiel war zu Ende; die Kinder waren in den Badewannen; nur das Geräusch des Meeres war zu hören. Sie hörte auf zu stricken; sie ließ den langen rotbraunen Strumpf einen Augenblick in der Hand herabbaumeln. Wieder sah sie das Licht. Ihre Selbsterforschung war nicht frei von Ironie, denn sowie man nur einmal wach war, stellten die Verhältnisse sich einem ganz anders dar, da sie auf das stetige Licht blickte, das mitleidlose, das unerbittliche, das so sehr war wie sie, doch dabei so wenig wie sie, dessen leisestem Wink sie gehorchte (sie wachte in der Nacht auf und sah es über ihr Bett gebeugt, über den Boden streichen), doch was

immer sie denken mochte, wenn sie es fasziniert beobachtete, hypnotisiert, als striche es mit seinen Silberfingern über irgendein versiegeltes Gefäß in ihrem Hirn, dessen Zerspringen sie mit Freude überfluten würde, sie hatte Glück gekannt, himmlisches Glück, intensives Glück, und es versilberte die rauhen Wellen ein wenig leuchtender, in dem Maße wie das Tageslicht schwand, und das Blau aus dem Meer wich und in Wellen aus reinem Zitronengelb wogte und schwoll und sich am Strand brach und die Verzückung sich in ihren Augen brach und Wellen reiner Freude über den Grund ihres Bewußtseins jagten, und sie fand, Es ist genug! Es ist genug!
*(S. 70-71)*

Mein Widerstand war für immer gebrochen. Ich mußte mich nicht mehr anstrengen. Großartigkeit war nicht etwas, das ein bloßer Sterblicher erstreben sollte, aber Virginia Woolf hatte es geschafft. Zuerst die Welt als Leiden und ohne Ordnung, die Dunkelheit der dichten Hecke und Mr. Ramsays Gefühl der Isolation, das er diesmal ohne Satire äußert, und seine Angst, daß seine Frau allein sei und er sie nicht erreichen könne; und dann, nach einem Wechsel zu Mrs. Ramsays Bewußtsein, der Versuch, an einer kleinen, greifbaren Sache festzuhalten, einem Geräusch, einem Haushaltsritual; und schließlich das Licht, die Bestätigung von der Angemessenheit des Lebens; und durchweg nimmt die Sprache in ihren Wiederholungen und kurzen Atemzügen an Spannung zu, und schließlich lockert und dehnt sie sich und mündet am Ende direkt in das große Crescendo. Es ist *genug!*

Was immer dieser Abschnitt noch bedeutete, er war ein großer Augenblick für die Studenten der klassischen Literatur. Denn der Abschnitt ist sowohl eine Vollendung der abendländischen Tradition als auch eine Herausforderung an sie, und ich verspürte eine starke Gefühlsbewegung, als ich an die Bücher dachte, die Virginia Woolf vorausgegangen waren, und die Studenten, die sich inmitten des großen Mediensumpfes mühten, zu lesen und zu verstehen. Mrs. Ramsay, die am Fenster strickt, läßt an Penelope in der *Odyssee* denken (und Mr. Ramsay ist ein Odysseus, der nicht über einen gewissen Punkt seiner philosophischen Reisen hinauskommt); aber noch genauer: Mrs. Ramsay erfährt mit solch steigender Freude etwas, was ein anti-faustischer Impuls genannt werden könnte. Faust würde in Goethes Version der Legende seine Wette mit Mephistopheles verlieren und in die Hölle gestoßen werden, wenn er nur einmal zu einem vorübergehenden Moment sagen würde: »Verweile doch! Du bist so schön!« Und so strebt er nach mehr Leben, mehr Wissen, mehr Macht und Vergnügen, und das ist, wie wir gesehen haben, der archetypische Impuls des Abendlandes, der ruhelose Ehrgeiz nach mehr. Doch Mrs. Ramsay möchte *nichts* anderes sagen als: »Verweile doch! Du bist so schön!« Mrs. Ramsay läßt Dinge geschehen, zeugt Kinder und schließt Ehen, läßt Gespräche beim Dinner in sich verschmelzen und fließen, harmonisiert, verknüpft, verfügt über eine ganze Palette von Erfahrung – Mrs. Ramsay, die Dinge miteinander verstrickt, möchte »ihr altes antagonistisches Leben« vernichten, das heißt die Zeit, und möchte alles an seinem Platz erhalten. Aber das kann sie nicht, sie kann nur »ein momentanes Verweilen gegen die Verwirrung« erreichen. Und das Buch stellt die Frage: »Ist *das* genug?«

Mrs. Ramsays einsame Momente der Bewußtheit klingen wie große Arien des Protestes und der Verherrlichung. Es gab in diesem Buch etwas so Ungeheuerliches – geschmeidig, kultiviert, dennoch expansiv und verwegen –, daß mein Abscheu als junger Mann mich jetzt auf eine Weise verwirrte, wie eine frühe Angst vor dem Reiten jemanden erstaunen würde, der gerade über eine Wiese galoppiert. Die Kette der Vergnügen wurde länger und stärker.

In Professor Taylers abschließender Seminarstunde wurde das wahr, was er am ersten Tag versprochen hatte: Die Studenten machten ihn überflüssig. Zumindest eine Weile. Tayler führte die Methode des Selbstunterrichts der Studenten fort, die er mit *Stolz und Vorurteil* begonnen hatte. Das ganze Jahr über hatte er die Studenten gezwungen, das epische, organische Poem, das er im Kopf hatte, auszufüllen. Sie ergänzten die Strophen. Aber jetzt waren die Studenten bereit loszulegen. Nach vorheriger Vereinbarung sollten zwei Erstsemester – Schulberg, ein verwirrter, rotgesichtiger junger Mann, der Sohn eines Columbia-Professors, der das ganze Jahr über stotterte oder schwieg und vielleicht mehr fühlte, als er sagen konnte, und Carter, groß und ruhig, ein Student, der im Verlauf des Jahres besser geworden war – das Seminar durch *Zum Leuchtturm* leiten. Die Studenten standen nebeneinander am Pult, während sich Tayler an die Seite setzte, leicht

lächelte und beobachtete, wie die Unterhaltung zwischen dem zwei-
köpfigen Lehrer und den Studenten hin- und herging. »Wo sitzt Mrs.
Ramsay am Anfang?« fragten sie. »Warum ist das Fenster so wichtig?«

Was *Zum Leuchtturm* zusammenhielt, war die Entwicklung von
Lily Briscoe, der Künstlerin und unverheirateten Freundin der
Ramsays, die zu Anfang des Buches auf dem Rasen sitzt und ihr post-
impressionistisches Landschaftsporträt nicht beenden kann. Mrs.
Ramsay zieht sich noch vor ihrer ekstatischen Entdeckung der Hin-
länglichkeit des Lebens in einen Winkel zurück – eine Vorahnung des
Todes am Fenster –, und Jahre später, als Mrs. Ramsay tot ist und die
verbliebenen Familienmitglieder draußen auf dem Wasser sind und
endlich zum Leuchtturm fahren, versucht Lily erneut, das Bild zu malen, und da sie durch ihre Erinnerungen an Mrs. Ramsay stimuliert
wird, vollendet sie es schließlich. Mrs. Ramsays Blick durch das Fenster wird, wie die Studenten sagten, in Lilys Vision auf der Leinwand
verwandelt. Und am Ende gibt es eine Andeutung, daß Lily sich vielleicht ein bißchen herabbeugt und etwas Mitgefühl für das stolze
Wrack Mr. Ramsay empfindet, der nun ältlich wirkt und auf er-
greifende Weise leidender ist denn je. Lily Briscoe hat sozusagen
aufgenommen, was Mrs. Ramsay zu lehren hatte, und ist weiter als
sie in die Unabhängigkeit gegangen.

Sie hatten losgelegt, und sie waren gut. Die beiden Lehrer stellten
spezifische Fragen und erhielten spezifische Antworten, und Tayler
lächelte, als sie Virginia Woolfs erstaunliche Umkehr der gewöhnlichen sexuellen Metaphorik und deren Bedeutung diskutierten, und
Felicia Parker las den großartigen Abschnitt zu Beginn des Romans
laut vor, in dem Mr. Ramsay vor Mrs. Ramsay und James steht und
wortlos um Mitgefühl bittet.

Mrs. Ramsay, die in entspannter Haltung gesessen und ihren
Sohn im Arm gehalten hatte, straffte sich und schien sich, indem sie sich halb zur Seite wendete, mit einiger Mühe aufzu-
richten, dann jedoch sofort Energie in die Luft hinaufzuschie-
ßen, eine Gischtsäule, wobei sie zugleich angeregt und belebend
wirkte, als flössen ihre sämtlichen Energien zur Kraft zusammen, brennend und erleuchtend zugleich (wiewohl sie ruhig saß
und ihrem Strumpf wieder zur Hand nahm), und in diese herr-

liche Fruchtbarkeit hinein, diese Quelle und Gischt des Lebens, tauchte die fatale Unfruchtbarkeit des männlichen Geschlechts, wie eine Messingtülle, karg und kahl. Er wollte Mitgefühl. Er sei ein Versager, sagte er. Mrs. Ramsay ließ ihre Nadeln blitzen. Mr. Ramsay wiederholte, ohne den Blick von ihrem Gesicht zu wenden, daß er ein Versager sei. Sie wischte die Worte weg. »Charles Tansley...«, sagte sie. Doch er brauchte mehr als das. Mitgefühl wollte er, seines Genies vor allem anderen versichert werden und dann mithineingenommen werden in den Kreis des Lebens, gewärmt und beschwichtigt, seine Sinne wieder hergestellt haben, seine Dürre fruchtbar gemacht, und alle Zimmer des Hauses von Leben erfüllt –

*(S. 43)*

Und dann sagte Felicia Parker, als ob sie es nicht lassen könnte, ein paar Bemerkungen zum Charakter zu äußern, obwohl es ganz gegen ihre Natur war: »Ramsay fühlt sich verwelkt. Sein Gefühl des Versagens ist enorm, und er fühlt, daß er ohne sie ein Nichts ist.«

Während Felicia Parkers Bemerkung über Mr. Ramsay in der Luft hing, schauten die beiden Männer Tayler an und nickten. Alle spendeten Beifall, und Tayler stellte sich wieder ans Pult. Er gratulierte den beiden Lehrern und dem ganzen Seminar. Aber jetzt mußte er das Jahr beschließen, es für sie zusammenfassen und uns in die moderne Periode als das letzte Element des Kurses, den er im Kopf hatte, geleiten.

»Seht mal«, sagte er. »Virginia Woolf geht in zwei wichtigen Punkten über Jane Austen hinaus, die wir zuvor gelesen haben. *Stolz und Vorurteil* besitzt einen allwissenden Erzähler. Aber hier haben wir keine Allwissenheit. Henry James sagte, daß man die Erzählung eher spiegeln als erklären sollte, und Virginia Woolf greift diese Idee auf und bewegt sich von einer Bewußtseinsperspektive zur nächsten. Sie spiegelt Bewußtsein, indem sie von einer Person zur nächsten geht. Und sie treibt die Geschichte durch Symbole voran. Man schafft ein Symbol, man nimmt ein gewöhnliches Element aus dem sozialen Leben, und durch Wiederholung gibt man ihm mehr als eine soziale Bedeutung. Der Künstler spielt mit unseren Erwartungen.«

Und er ging an die Tafel und schrieb einige Initialen an, wie er es im September gemacht hatte.

ABCDEF
ABABAB

Er schaute die Studenten an, und dann wandte er sich, genau wie am ersten Tag – wieder der Tafel zu und betrachtete ernst das Alphabet, als sähe er es zum ersten Mal. »ABCDEF«, sagte er langsam mit seinem sonoren Bariton. »Das ist euer kulturelles Gepäck, das, was ihr zu dem Buch beitragt. Ihr wißt, was ein Leuchtturm ist, ihr wißt, was ein Fenster ist, ihr habt Vorstellungen von der Ehe. Und dann fängt die Autorin an, diese Elemente zu benutzen und zu wiederholen – ABABAB. Und sie verändert, was ihr wißt.«

Und er arbeitete mit uns die wiederkehrenden symbolischen Motive heraus: das Fenster mit dem Blick auf den Leuchtturm; Mr. Ramsays messerähnlichen Körper, der in das Fenster schneidet; Lily Briscoes unvollendetes Gemälde (das einem Fenster ähnelt) und so weiter, und dann ging er wieder an die Tafel und malte wieder.

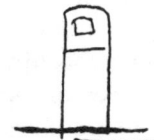

»Ein Leuchtturm mit seinem einen Auge«, sagte Tayler, »arbeitet mit Dichotomien und geht dann darüber hinaus.«

Virginia Woolf stellte bestimmte Unterschiede zwischen männlich und weiblich auf und brach sie dann auf, verschmolz die maskulinen und femininen Charakteristika – Mrs. Ramsay, die viktorianische Hausfrau, ein fruchtbarer Quell des Lebens, Mr. Ramsay, »ein schmales Messer«, doch für alle seine acht Kinder »steril« und »unfruchtbar«; und als Tayler fortfuhr, merkte ich, daß wir schon mittendrin waren, als er den Charakter und selbst das Geschlecht in die Diskussion einbezog, indem er die metaphorische und symbolische Struktur des Romans analysierte.

Tayler und die Studenten arbeiteten alles heraus, und ich fand es immer aufregender. *Zum Leuchtturm* »amorph«? Im Gegenteil, der Roman war extrem durchsichtig. Zuerst schien Virginia Woolf assoziativ vorzugehen, indem sie die Gedanken der einen Person mit denen der anderen verband, weshalb der anfängliche Eindruck so verschwommen ist, eine Wolke ohne Ränder, aber wenn man genau hinschaute und auf andere Weise las, geduldig und langsam, traten die Pfeiler des Gerüsts deutlich zutage. Tayler rekonstruierte die Struktur, die sich mit all ihrer Beredsamkeit, ihrer Poesie und ihrem Gefühl in den Köpfen der Studenten breitmachte und so auf die geheimnisvolle Weise großer Bücher wachsen würde, unbewußt zwar, vielleicht auch ohne daß sie wahrgenommen wird, aber, so begann ich zu glauben, sie war immer wirksam.

Ein Rätsel, diese Sache mit der Erinnerung und der Literatur. Ich war sicher gewesen, daß Virginia Woolf all die Jahre hindurch nichts für mich bedeutet hatte. Aber vielleicht war es gar nicht so, vielleicht war sie immer gegenwärtig gewesen, ließ etwas hinabsinken oder aufkommen, denn die Grundlage, die sie gelegt hatte, war immer da und wartete, bis ich sie (zu guter Letzt) wieder läse. Jetzt war ich gepackt, doch ich wartete noch ein paar Wochen, und dann, als das Semester vorbei war, las ich *Zum Leuchtturm* ein drittes Mal, in einem Zustand des Glücks, wie ich ihn das ganze Jahr über nicht erlebt hatte.

Welch ein Ereignis! Filmkritiker entdeckt Virginia Woolf mit achtundvierzig Jahren! Ich verliebte mich in das, in was sich alle verliebt hatten, die Art, wie Virginia Woolf die Zerreißprobe und die Ekstase des Bewußtseins durch die einfachsten alltäglichen Situationen darstellte. Schließlich sind wir in der modernen Literatur mit dem Schlimmsten vertraut: Es gibt keine gemeinsame Menschlichkeit, keine universalen Anschauungen, kein Bewußtsein, das uns alle umfaßt. Wir sind in uns selbst gefangen, gefangen im Vorurteil. Selbst der eitle Mr. Ramsay kennt die Macht der Dunkelheit der Hecke; in jenem Augenblick transzendiert sein Wissen um die Isolation die Eitelkeit. Angst, Bewunderung, Überheblichkeit, Abscheu, der Kampf, sich darüber klarzuwerden, ob eine andere Person gut oder schlecht ist, liebenswert oder abscheulich, eine ganze Welt von Empfindungen und Urteilen wirbelt durch unser Bewußtsein. Unsere Sicht ist notwendigerweise egoistisch.

Und doch, trotz der Isolation, führen kleine Linien nach draußen. Am Ende all des Nachdenkens und Abwägens sagt Mrs. Ramsay bei einem Essen: »Ja, es gibt genug für jeden.« Das ist alles, was sie sagt! Und doch ist sie großartig. Einfach durch ihre Anwesenheit und die Kraft dessen, was ihr durch den Kopf geht, überwindet sie die Überheblichkeit; sie bringt die Menschen dazu, aus sich *heraus*zugehen, und bringt sie zusammen. Zumindest einen Augenblick. Die Empfindungen und Eindrücke in ihren Gedanken, wie fließend und fragmentarisch sie auch sein mögen, strömen heraus, um dem zu begegnen, was eine andere Person denkt, und sich dann mit der Person in Zustimmung oder Kampf zu verbinden. Unter den Händen von Virginia Woolf hat sich die geistige Atmosphäre des Romans verdichtet und ist dramatisch geworden.

Ich hielt im Lesen inne und geriet ins Träumen, wie am Anfang des Jahres, aber ich ärgerte mich nicht mehr über mich selbst. Ich streifte und wanderte umher, ohne mich zu schämen, aber nicht in Phantasien von Reichtum oder Macht oder Sex und auch nicht in Medienbildern. Ich wanderte in Bereichen, die ich vergessen hatte, bevor Virginia Woolf mir gestattete, mich zu erinnern. Als ein kleiner Junge, fiel mir jetzt ein, ging ich häufig an einen normalerweise überfüllten und lauten Ort – in das Familieneßzimmer, in den Versammlungsraum im Jugendlager –, wenn alle Leute fort waren. Ich wollte wissen, so glaube ich, was passiert, wenn der Lärm der Arbeit und des Vergnügens, der Lärm des *Gebrauchs* verklungen war und nichts mehr geschah. Ich konnte auf dem Boden sitzen und auf alte Staubflocken in den Ecken starren oder auf die Enden der Stuhlbeine, wo der dunkle Lack abgegangen war. Der Boden war mit weißen Farbflecken gesprenkelt; die Stühle standen in einer zwanglosen Ordnung einander gegenüber, wie die Möbel in einer Bühnendekoration, nachdem der Vorhang gefallen ist; und während ich immer melancholischer wurde, versuchte ich etwas zu hören, ein Überbleibsel, ein Echo.

Ohne zu wissen, warum, sind Kinder häufig furchtbar traurig. Eine Kleinigkeit bringt sie aus der Fassung, und eine Weile sind sie untröstlich, und ihre Verwirrung treibt sie noch tiefer in den Kummer. Sie fühlen beinahe einen Schauder von Traurigkeit, als ob sie jemand mit Sicherheit verlassen würde. Wenn ich an einen leeren Ort wanderte und dort saß, dann war das, glaube ich, eine Art, kindlichen Kummer auszudrücken. Ich wollte wissen, wie sich Abwesenheit anfühlte. War Abwesenheit nur eine Variante des Lebens oder eine Art von Tod? Wenn der Raum leer war, war es, als ob all die Leute nicht mehr existierten. Ich versuchte, ihre Geräusche zu hören, nachdem sie tot waren. So denke ich jetzt wenigstens.

In seinem letzten Lebensjahr, als er durch einen Hirnschlag zusammenbrach, glaubte Henry James eine Stimme zu hören, nicht seine eigene, die sagte: »So, hier ist sie letztendlich, die berühmte Sache.« Daß James dem Tod eine Stimme gab, ist sowohl lustig als auch heroisch. Ich hatte meine Obsessionen mit leeren Räumen lange vergessen, und als Erwachsener war ich unfähig, an »die berühmte Sache« zu denken. Wenn ich versuchte, an den Tod zu denken, stießen meine Gedanken gegen eine Mauer; ich konnte ihn nicht »akzeptieren«, wozu uns die Psychologen bringen wollen. Doch diese frühe Beschäftigung mit verlassenen Räumen kam zurück, als ich Virginia Woolfs unvergleichliche Seiten über das vergängliche Leben des leeren Hauses der Familie Ramsay las. In »Zeit vergeht«, dem zweiten Teil von *Zum Leuchtturm,* konstruiert Virginia Woolf eine Art metaphysischen Horrorfilm. Es ist wirklich eine Show des Schreckens, in jeder Hinsicht ebenso erschreckend wie der zitternde Speer im Herzen des Kriegers bei Homer.

Die Ramsays sind fort, wieder in London, und zuerst ist das verlassene Haus ganz »Unschuld«; nichts dringt in das staubige Schweigen als »die abnehmenden Schreie der Vögel, das Summen und Brummen der Felder, das Bellen eines Hundes, der Ruf eines Mannes«. Dann beginnt das Haus auseinanderzubrechen und zu verschwinden: Der Krieg kommt näher, und in dem Haus »traten später im Sommer merkwürdige Geräusche auf wie gemessene Hammerschläge von Filz gedämpft, die durch ihre wiederholten Erschütterungen den Schal lockerten und die Teetasse zum Zerspringen brachten. Hin und wieder klirrte ein Glas in der Anrichte, als ob eine gewaltige Stimme so laut im Todeskampf geschrien hätte, daß selbst die Trinkgläser im Schrank vibrierten«.

Die Atmosphäre wird düster, gar apokalyptisch. Und man erinnert sich, daß im Prolog dieses Teils, als die Ramsays noch im Haus sind, einer der Gäste, der Dichter Augustus Carmichael, im Bett liegt und Vergil liest. Er bläst seine Kerze aus; und jetzt, wenn man an jenen Moment zurückdenkt, erinnert man sich, daß Vergil Dantes Führer durch das *Inferno* war. Ist das ein Schlüssel? Was in dem leeren Haus passiert, beginnt wie ein Inferno ohne Vergil als Führer zu wirken. Die Kerze ist aus. Der Krieg tobt außerhalb des Hauses, und sein Echo hört man drinnen, und niemand ist dort als der verwirrte Schriftsteller, um ihm einen Sinn zu geben. Im Alten Testament hat Gott Hiob mit den Walen erschreckt. Er hatte etwas geschaffen, im Vergleich zu dem der Mensch nichts war. Aber hier schreibt Virginia Woolf:

> Nacht um Nacht, sommers wie winters, hielten die Qual der Unwetter, die pfeilgleiche Stille des schönen Wetters ununterbrochen Hof. Von den oberen Räumen des leeren Hauses aus lauschend (wäre da jemand gewesen, der hätte lauschen können), hätte man nur ein gigantisches Chaos, ein blitzgestreiftes, hören können, wie es polterte und ruckte, wenn die Winde und Wellen wie die amorphen Rümpfe von Leviathanen tollten, deren Stirn von keinem Lichte der Erkenntnis durchlöchert wurde, und eine auf die andere kletterten und in der Dunkelheit oder bei Tageslicht (denn Nacht und Tag, Monat und Jahr liefen gestaltlos ineinander) in idiotischen Spielen plitschten und planschten, bis es so schien, als zankte und wankte das Universum in roher Wirrnis und geiler Lust ziellos vor sich hin.
> *(S. 142)*

Die Geschöpfe, denen Gott gesagt hatte: »Schauet all die erhabenen Dinge«, stampften jetzt über die Meere in sinnloser Gewalt, ihre »Stirn ... von keinem Lichte der Erkenntnis durchlöchert«. Das Haus der Ramsays, das im Kampf mit der Zeit und Gottes Gleichgültigkeit ist, scheint die gesamte europäische Zivilisation zu beinhalten, es zerbricht, verrottet und fällt in Trümmer (»Sparren wurden bloßgelegt; Ratten trugen dies und jenes weg, um es hinter der Täfelung zu benagen«). An diesem Punkt beginnt uns klarzuwerden, daß das ganze Buch eine Rekapitulation und eine Elegie ist, eine Erinnerung an das Leben, das mit dem Ersten Weltkrieg starb; und daß jede von Virginia Woolfs Figuren, die sich alles durch den Kopf gehen lassen, die moralische Geschichte des Abendlandes rekapituliert.

Da ich nicht an den Tod dachte, versuchte ich, meinen toten Vater im Tresorraum der Bank wieder lebendig zu schütteln und Jahre später den Puls meiner Mutter in einer Badewanne zu fühlen, und die Berührung des vergänglichen Fleisches durchfuhr mich. Das von Kummer niedergeschlagene Kind hatte recht: Am Ende wird es verlassen. In seinem 1994 erschienenen Buch *Der Kanon des Westens* betont der Kritiker Harold Bloom, das einzige, was große Literatur für uns tun kann – außer Lesevergnügen zu bereiten –, ist, uns den Tod leichter akzeptieren zu lehren. Das ist mir zu hoch: Ich glaube nicht, daß dies das einzige ist, was Literatur für uns tun kann; Literatur kann viel für uns tun. Und weshalb müssen wir überhaupt den Tod »akzeptieren«? Wir müssen wissen, daß er *existiert*. Ist es das, was Bloom gemeint hat? Wenn ja, denn pflichte ich seiner Bemerkung bei. Und jetzt war ich sicher, daß der Tod existiert. Das abermalige Lesen von Homer, Sophokles, der Bibel, *König Lear* und Virginia Woolf hat mir das klargemacht, indem es mir meine morbiden kindlichen Beschäftigungen in Erinnerung rief und meine Gefühle für meine Eltern enteist hat und mich zwang, mich darum zu kümmern, was ich meinen Kindern weiterreichen will. Wenn man weiß, daß der Tod existiert, weiß man auch, daß gewisse Erfahrungen überleben. Literatur ist Überleben, ein Geschenk, das Künstler uns machen, nachdem sie erfahren haben, daß der Tod existiert. Lily Briscoe nimmt Mrs. Ramsay in sich auf, und wir nehmen beide in uns auf.

Ich las Virginia Woolf also sehr langsam, ließ meinen Wanderungen freien Lauf und schwang mich über die Äste der Assoziation, der Erinnerung, der Urteile und der Wünsche. Für viele Menschen ist Virginia Woolf irritierend lyrisch und vage. Die letzte Anklage war, wie ich jetzt weiß, Jägerlatein, aber ich verstand die Irritation, die Virginia Woolf auslöst, weil man sie ganz »tief« lesen muß oder gar nicht. Leute, die eine »Geschichte« haben wollen, werden gereizt und geben auf. Wir lesen Literatur letztlich des Vergnügens wegen und um zu wissen, daß der Tod existiert, was auch bedeutet zu wissen, wie man leben soll. Ein guter Teil des Lebens ist das Denken; Virginia Woolf dramatisiert das Denken. Meine »schlechte Konzentration«, die mich so wütend machte, als ich die *Ilias* las, mag, wie ich früher dachte, der durch Film- und Fernsehbilder, die in meinem Hirn einander jagten, hervorgerufenen Ruhelosigkeit zu verdanken gewesen sein, aber jetzt weiß ich, daß unruhig zu sein seinen Nutzen hat. Nun lese ich langsam Virginia Woolf und tauche in die Erinnerungen ein und finde mein Leben.

»In diesem Roman«, sagte Tayler, »ist das romantische Bild in ein Symbol übergegangen. Die Leute transzendieren ihre normale soziale Realität, und so bekommt man ein symbolisches Bild von der Ehe. Mr. Ramsay möchte nur eines: vollständige Bewunderung, die Gewißheit, daß seine Bücher leben werden. Mrs. Ramsay liefert sich ihm aus. Es ist eine großartige Ehe, aber einer von beiden muß geben. Beachtet die Wendepunkte, die symbolischen Wendepunkte, und ihr werdet den Sinn finden.« Und zusammen fanden wir einen von ihnen, eine Stelle am Ende, als die Kinder der Ramsays – der jugendliche James (der früher von seinem Vater unterdrückt wurde) und seine Schwester Cam – mit Mr. Ramsay draußen im Boot sind und endlich zum Leuchtturm fahren, und beide sind verärgert über ihren Vater und führen einen heftigen, unausgesprochenen Kampf, ob sie ihm die Sympathie, die er möchte, entgegenbringen sollen. Cam, die Vergebung erwägt, schaut zu ihrem Bruder und sieht »James, den Gesetzgeber mit den Tafeln der ewigen Weisheit vor sich auf den Knien«. In dem Augenblick will James nicht verzeihen, aber am Ende gibt er nach. »Wir bewegen uns hier vom Alten Testament und dem Recht zum Neuen, das auf Gnade besteht«, sagte Tayler. Mr. Ramsay, der niemals irgend jemandem die Unwahrheit sagen würde, auch nicht aus Rücksicht auf dessen Gefühle, hatte die Unbeugsamkeit des Alten Testaments; Mrs. Ramsay, die vergeben konnte, hatte den Geist des Neuen. Aber in einer dieser Umwandlungen und Umkehrungen, die *Zum Leuchtturm* auszeichnet, wird Mr. Ramsay selbst von Lily Briscoe Gnade erfahren.

Es gab allerdings eine weniger schöne Wahrheit, die Tayler nicht erwähnte, und die Studienanfänger schwerlich wissen konnten: Viele der prominentesten männlichen Kritiker des Jahrhunderts hatten Virginia Woolf ignoriert oder abgetan. Ihr gegenwärtiger kanonischer Status, mit dem Tayler eindeutig einverstanden war, ist kaum denkbar ohne die Welle der feministischen Kritik in den vergangenen dreißig Jahren. Die Literaturwissenschaftler und -kritiker, die ich als junger Mann immer gelesen hatte und die zum großen Teil meinen Geschmack geformt hatten und mich lehrten, was ein Kritiker ist, hatten niemals auch nur einen Essay über Virginia Woolf geschrieben. Nicht F. R. Leavis, der Bloomsbury haßte, den privilegierten literarischen Kreis in London (Virginia Woolf, Lytton Strachey und so weiter) und D. H. Lawrence, den Mann aus der Arbeiterklasse, zu seinem Meister des modernen Romans erhob; Leavis erwähnte Virginia Woolf nur, um ihren schädlichen Einfluß zu verhöhnen. Nicht Edmund Wilson, der Gertrude Steins *Axels Schloß* von 1931, das grundlegende Buch über die Moderne, feierte und später über Jane Austen, Edith Wharton, Edna St. Vincent Millay, Elinor Whylie, Dawn Powell, Harriet Beecher Stowe sowie die Tagebücher schreibenden Damen aus dem amerikanischen Bürgerkrieg schrieb, aber nichts, höchstens etwas Beiläufiges, über Virginia Woolf sagte. Nicht Lionel Trilling, der größte der »New Yorker Intellektuellen«; seine modernen britischen Schriftsteller waren Joyce, Lawrence, E. M. Forster und Orwell. Nicht einer der anderen führenden literarischen Kritiker unter den New Yorker Intellektuellen, etwa Alfred Kazin oder Irving Howe, der einen großartigen Essay über Edith Wharton schrieb, aber sich Virginia Woolf nur zuwandte, um den unbedeutenderen Schriftsteller Arnold Bennett vor Virginia Woolfs Angriffen gegen ihn in Schutz zu nehmen. Und John Updike, der als Kritiker über *jeden* schrieb, hat Virginia Woolf nur im Vorübergehen erwähnt.[*]

Die einzige Ausnahme, zumindest in dieser Liste der Kritiker in meinem Leben, war Philip Rahv, der außerordentlich unsentimentale Kritiker und Verleger, der 1942 einen kurzen, negativen Essay schrieb, der später in seinen verschiedenen Sammelbänden (man kann ihn in *Essays on Literature and Politics, 1932-1972* finden) erneut abgedruckt wurde. Rahv erklärte, daß Virginia Woolf eine Figur zweiten Ranges sei: Sie habe die englische literarische Tradition »einseitig und vielleicht in einer allzu femininen Art erfaßt, nicht als ein vollständiges System, sondern in erster Linie als ein System von Gefühlen«; ihre Idee von der Wirklichkeit sei »Ausdruck all der Voraussetzungen, in die sie hineingeboren wurde, der Sicherheit und Häuslichkeit jener Kultur der britischen Oberschicht, an die sie so perfekt angepaßt war«. (In Wirklichkeit gehörte Virginia Woolf zur oberen Mittelschicht.) Und Rahv würdigte einen 1937 verfaßten Artikel von William Troy, einem heute vergessenen Kritiker, dessen Artikel der *locus classicus* der Anti-Virginia-Woolf-Klagen ist. Virgina Woolfs Charaktere haben nicht »den aktiven Einfluß ... auf die Wirklichkeit«, den die Erfahrung im Leben oder in Büchern haben sollte, sagt Troy. »Wegen dieser selbstauferlegten Beschränkung ihrer Erfahrung können die Charaktere von Frau Woolf nur auf einer einzigen Ebene *funktionieren,* der des Gefühls.«

---

[*] Es ist möglich, daß einer dieser Kritiker einen kurzen Artikel geschrieben hat – eine Rezension in einer Zeitschrift etwa –, der mir entgangen ist, aber wenn, dann hat das keinerlei Einfluß auf das Bewußtsein der Leser gehabt.

Diese Bemerkungen sind seit langem verwelkt und vermodert; ich zitiere sie nur, weil sie heute so kategorisch und nicht hinterfragt erscheinen, um als ein richtiges Vorurteil erkennbar zu sein; und weil ich mich schäme, daß ich sie vor dreißig Jahren gelesen habe, ohne zu merken, was an ihnen nicht stimmte.

Waren diese Kritiker gegen Frauen im allgemeinen? Nein, sie liebten Jane Austen oder George Eliot oder beide, und manche von ihnen liebten Emily Dickinson und Edith Wharton. Aber Virginia Woolfs Bücher paßten nicht in ihren vitalisierten Begriff von Literatur. Sie schrieb nicht über Kriege, Finanzen, Geschäfte oder Abenteuer; oder das großartige Leben der städtischen Mittelklasse oder der städtischen Armen; oder die Verrücktheiten und Herrlichkeiten der Aristokratie, über religiöse Extreme oder über sexuelle oder kriminelle Leidenschaften. Virginia Woolf blieb im *Innern,* und daher kam sie den männlichen Kritikern als preziös oder sogar überladen vor. Virginia Woolf zu bewundern muß ihnen als eine verwirrende, minder ästhetische Leidenschaft vorgekommen sein, vergleichbar der Begeisterung für Blumen-Arrangements oder einen perfekt geschriebenen Brief.

In jüngerer Zeit jedoch sind die Schuppen von den Augen gefallen, und der Kanon ist gesprungen und aufgebrochen. Denn Virginia Woolf war weitaus weltlicher und realistischer, als ihre frühen männlichen Lästerer und Sie-beiläufig-Erwähnenden sich jemals vorstellen konnten. (Niemand von ihnen hat mir gesagt, daß sie eine temperamentvolle Schriftstellerin sein konnte.) Ungeheure Mengen an in Charakterisierungen und Schilderungen komprimierter Erfahrung ließen die äußere Welt – die große Welt – *vorhanden* sein, doch nicht direkt, sondern im Handeln und Denken ihrer typischen Vertreter. In *Zum Leuchtturm* war auch ein großer Teil der moralischen und literarischen Geschichte des Abendlandes präsent, und wenn die Bewußtseinskämpfe zwischen einem Charakter und einem anderen nicht die brutale Vitalität gewisser Momente bei Homer und Shakespeare hatten, so hatte Virginia Woolf nichtsdestoweniger ihre eigene Tragweite. Was durch die Köpfe ihrer Charaktere ging, erstreckte sich, trotz seiner Verbindung zum privaten Bereich – nein, *wegen* dieser Verbindung –, bis zu den ewigen Fragen: Was ist Realität? Wozu ist das Leben da? Wie können Mann und Frau zusammenleben? Was sehen und fühlen Frauen, wovon Männer keinen Begriff haben?

In den Jahren seit meinem Abgang von der Uni ist Virginia Woolf vom modernen britischen Literatur-Kanon (»Joyce, Lawrence, Eliot, Woolf«) zum ewigen Kanon aufgestiegen. In den achtziger Jahren hat der schmale Bestand an Werken von Virginia Woolf in guten Buchläden einem Riesenregal Platz gemacht, in dem neun Romane stehen sowie Erzählungen, sechs Bände Briefe und fünf mit Tagebüchern, alle literarischen Zeitungsartikel und Essays, die frühen Tagebücher – insgesamt fünfzig Bände nach jüngster Zählung; hinzu kommen viele Studien und Biographien, zahllose Sonderausgaben literarischer Zeitschriften. Es ist eine regelrechte Industrie, eine publizistische Goldgrube und zuweilen ein Witz. Leute mit allergeringster Beziehung zu Virginia Woolf oder nicht mehr als einer absurden Theorie über sie sind auf den Plan getreten, um beachtet zu werden.

Es war ein großartiger Sieg, und aus Dankbarkeit den feministischen Kritikerinnen gegenüber, die vor allem dafür verantwortlich waren, habe ich versucht, die Frauen an den Universitäten nicht zu beachten, die Virginia Woolf gebrauchen und mißbrauchen, die die zurückgezogenste aller Künstlerinnen als öffentliches Eigentum reklamieren und ihr ganzes Werk als einen Angriff auf die patriarchalische Familie lesen oder unter dem Begriff sexuellen Kindesmißbrauchs, dem sie durch ihren Halbbruder George Duckworth ausgesetzt gewesen war und so weiter. Ich bemühte mich, das verrückte Opfer-Bewußtsein und die separatistischen Phantasien zu vergessen, die Virginia Woolf auf eine Weise unterstellt wurden, die ihrer Natur als Schriftstellerin und ihrem Leben als soziales Wesen fremd war. Obwohl sie das Wort selbst nicht mochte, war Virginia Woolf mit größter Sicherheit eine Feministin. Aber ihre ungeheure, so verschiedenartige Leistung auf die Art einer gewöhnlichen feministischen Tagesordnung zu reduzieren und ihre schillernden Metaphern als stumpfsinnige Waffen im universitären Kampf um Machtansprüche zu gebrauchen, heißt Ausbeutung, Enteignung und Verleumdung zu betreiben. Wenn Virginia Woolf heute in Kontakt mit einigen ihrer akademischen Anhängerinnen käme, würde es einen Ausbruch von Hohn geben, der ohne Parallele in der englischen Literatur wäre. Jeder, der sie sorgfältig liest, kann so viel bezeugen.

Ich konnte also nicht völlig vergessen, was die amerikanischen Akademiker ihr angetan haben. Lob dem großartigen Sieg, aber aufgepaßt! Das kanonische Urteil war blind gewesen, nachlässig und schlecht recherchiert; letztlich ist eine Bresche für die Selbstgefälligkeit der Beurteilung geschlagen worden. Aber wie groß ist die Bresche? Und sind der Standard des Urteils und der Akt des Urteilens selbst bloßgestellt worden? Oder sind gewisse Begriffe der kanonischen Wertung als zu restriktiv und die alte Festlegung, was ein wunderbarer und charakteristischer Schriftsteller sein soll, als falsch enthüllt worden? Hier konnte ich tatsächlich bei Virginia Woolf selbst Anleitung finden. Sie hatte viele dieser Fragen behandelt, und was sie sagte, hätte manchen der politisierten Kritiker und Wissenschaftler nicht gefallen, die jetzt Besitzansprüche mit Zäunen und Stacheldraht geltend machen.

1929, zwei Jahre nach der Veröffentlichung von *Zum Leuchtturm,* brachte Virginia Woolf *Ein Zimmer für sich allein* heraus, eine explizit feministische Polemik; und Professor Shapiros Seminar hatte es vor dem Abschluß des Jahres mit Conrad besprochen. Er ist ein kleines Buch, aber das ganze Thema des Kanons und seine Beziehung zu sozialer Ungerechtigkeit werden hier behandelt.

Virginia Woolf hatte keine Universität besucht (aber ihre Brüder natürlich). Sie erhielt Privatunterricht, und sie las enorm viel in der Bibliothek ihres Vaters Leslie Stephen, eines bedeutenden Kritikers und Philosophen. 1928 wurde sie von den Frauen-Colleges in Cambridge – Girton und Newnham – gebeten, Vorlesungen über das Thema Frauen und Literatur zu halten. Eine erweiterte und durchgesehene Version dieser Reden veröffentlichte sie schließlich unter dem Titel *Ein Zimmer für sich allein.* Es ist eine feministische Polemik in Form eines komischen Romans – ein Roman zum Thema, Vorlesungen über Frauen zu halten. Zuerst scheint Virginia Woolf verloren zu sein, sie werkelt affektiert zitterig herum, als suche sie verzweifelt einen verlorenen Handschuh. Du meine Güte, das Thema ist schwierig. Was soll sie sagen? Frauen und Literatur? Wie langweilig. Sie kann nicht einfach eine Vorlesung halten. Sie würde niemals »zu einem Fazit kommen«. Sie müßte die Wahrheit einkreisen; sie müßte sich ihr mit Hilfe der Literatur nähern. Sie schafft eine Person, Mary Beton (der Name spiele keine Rolle, versichert sie uns), die auf sich allein gestellt ist, studiert, nachdenkt und im Britischen Museum wie ein blaustrümpfiger Diogenes nach der Wahrheit über Frauen und Literatur sucht.

Es ist ein Spiel, aber mit einem versteckten Stachel. Die gespielte

Hilflosigkeit ist Spott, eine Methode, die männliche Ungeduld mit dem weiblichen Verstand zu provozieren. Virginia Woolf hänselt auch die Starrheit des akademischen Denkens; das Buch ist ein großartiges Beispiel antiakademischer Anmaßung, heute so sehr wie 1929.

Virginia Woolf kann kein Argument vorbringen, das sie nicht vorher in der Literatur gründet, und Literatur hängt von den Materialien des Lebens ab – den wirklichen Wiesen in Cambridge, die Mary überquert (sie wird verscheucht), und seinen Bibliotheken, die sie zu betreten versucht (der Eintritt wird ihr verwehrt); den Straßen von London und so weiter. Virginia Woolf gründet alles in Lebensmitteln und Geld und den Londoner Kohleschütten und streift umher und berührt, wie zufällig, die ökonomische Unterdrückung der Frauen, das männliche Bedürfnis nach Herrschaft und die Art, wie verheiratete Frauen verwirrt und besiegt werden. Beiläufig findet sie ihren Handschuh, zieht ihn an und bietet eine bezaubernd zarte, doch verblüffend unerbittliche kritische Geschichte der Belletristik von Frauen in England; sie listet die materiellen Erfordernisse für das Leben eines Schriftstellers auf – etwas Geld und ein Zimmer für sich allein – und umreißt die idealen Qualitäten einer Romanautorin. Es steckt alles in diesem Buch, die Frauenfrage, zumindest für Frauen der Mittelschicht, aber dies wird leichthin, ruhig, vernichtend dargestellt.

Vielleicht für manche Leser zu leichthin. In Shapiros Seminar kam die Diskussion auf das Thema des Zorns, den Virginia Woolf in einer bemerkenswerten Wendung als eine Bedrohung für die Literatur bezeichnet hat. Sie meinte, er schade dem Gleichgewicht der Literatur, lenke den Schriftsteller von der fiktiven Welt ab, die er schaffe. Es war eine Meinung, die die weiblichen Studenten, von denen einige an der Take-Back-The-Night-Veranstaltung teilgenommen hatten, schwer akzeptieren konnten. Aber dann versuchte Susan, eine der ernsthafteren Studentinnen Shapiros, den Zorn und Virginia Woolfs Kritik an ihm miteinander zu versöhnen und sagte: »In der Vergangenheit war es den Frauen nicht erlaubt, Zorn zu haben, ihn auszudrücken. Und jetzt, wo man ihn im Leben ausdrücken kann, braucht man ihn nicht in der Literatur auszudrücken.« Dies war eine interessante Bemerkung, die Virginia Woolf gefallen hätte, wie ich glaube. Virginia Woolf war nicht gegen den Zorn »im Leben«. Sie war gegen Zorn in der Literatur, wenn er zu etwas Vordergründigem und Didaktischem wurde – verglichen mit ihrem eigenen sehr deutlichen Zorn, der boshaft genau, aber zu Ironie kultiviert war.

Die Frauen waren mit Eifer dabei, aber die Männer waren griesgrämig und schwerfällig rational. Zorn könnte schließlich vielerlei Formen annehmen. Fareed, der natürliche Bursche aus Abu Dhabi, erklärte, daß er »nichts Neues gelernt habe«, was mir höchst unwahrscheinlich erschien. Und der ästhetische und fleischlose Alex – der mich auf irritierende Weise an mich selbst mit neunzehn Jahren erinnerte – verkündete mit seiner trockenen Stimme, daß *Ein Zimmer für sich allein* »unausgeglichen und selbstgefällig und voller ermüdender Ideen sei, die irreführend in Beziehung zur These des Buches wären«. Es gab ein schockiertes Schweigen. Es stellte sich heraus, daß ihm die Art nicht gefallen hatte, wie Virginia Woolf in einer Argumentation die Unterdrückung der Frauen und deren literarische Auswirkungen vermischt hatte; er meinte, sie solle ihre Themen getrennt behandeln. Er mochte keine indirekten Sachen, Leichtigkeit, Dinge, die miteinander vermengt waren oder unter der Oberfläche wühlten.

Der Pedant hatte sein Opfer gefunden. Virginia Woolf wußte, daß es immer einen pedantischen Alex geben würde, der ihr Buch läse. Hätte sie ihn gehört, würde sie gesagt haben, daß er den Verstand einer Frau brauche, um seine kategorische Natur zu befruchten, um seine harten Unterscheidungen, sein Entweder-oder-Denken zu mildern und zu öffnen.

»Sie beklagt den Sammeltrieb der Männer«, sagte er. »Sie stellt diesen Trieb als etwas Schlechtes dar, doch der Sammelinstinkt hat die schönen Universitäten in England geschaffen, die diesen ungeheuren Strom an Literatur hervorgebracht haben.«

Hübsch ausgedrückt, aber da liegt kein Widerspruch. Es war ja Virginia Woolfs ironische Pointe, daß die Leistungen in der Literatur teilweise dem männlichen Drang zu erobern entsprungen waren. Die Frauen, deren Mütter sich eher mit der Kindererziehung denn mit dem Gummihandel befaßten, hatten keine großartigen alteingesessenen Hochschulen in Oxbridge, sondern nur armselige neue; sie erhielten nur selten eine Bildung von der Qualität, wie sie die Männer genossen. Virginia Woolf gründet ihr Argument auf dem Boden der Tatsachen und zeigt den Kontrast auf, indem sie die Geschichte von einer wunderbaren Mahlzeit an einem männlichen College und einem dürftigen Essen an einem weiblichen College erzählt, und sie setzt die Reichhaltigkeit der einen Mahlzeit mit der Freiheit der Männer, zu studieren und zu reisen und zu schreiben, in Beziehung und die Dürftigkeit der anderen Mahlzeit mit dem begrenzten und eingeschränkten Leben der Frauen. *Ein Zimmer für sich allein* ist ein Kunstwerk, dessen Argumentation so gründlich mit Metaphern, Komödie und Anekdoten verwoben ist, daß die politische Linie der Argumente nicht von ihrer ästhetischen Ausführung zu trennen ist. Viele von uns sind berauscht und sehen gar keine politische Linie. Virginia Woolf beklagt den allzu männlichen Roman und fordert eine Mischung von männlichen und weiblichen Charakteristika – den androgynen Geist, wie er von Shakespeare verkörpert wurde – als die notwendige intellektuelle Basis des Romans. Sie wünscht sich eine Rundheit und Harmonie der Beobachtung, die über das Parteigängertum der Geschlechter hinausgeht. Am Ende der »Vorlesungen« hat man einen vollständigen Überblick über das Thema. Der Leser sagt: »Hier schreibt eine Frau. Was sie macht, ist genau das, was sie einfordert.«

Und wie konnte diese Schriftstellerin, die alles auf Essen und Geld gründet, nicht tief in ihrer Seele vom zeitgenössischen theoretischen und akademischen Diskurs angeekelt sein? Was sie als Ideal für Frauen aufstellte, erhielt durch diesen Diskurs keine Existenzberechtigung. Man folge Virginia Woolfs Schritten, denn wir kommen zum Kern der Sache. Erster Schritt: Genau wie in *Zum Leuchtturm* beklagt Virginia Woolf in *Ein Zimmer für sich allein,* daß der männliche Drang, alles zu erobern, von den Frauen ständige Unterstützung und Bewunderung verlange – und ständige Selbstunterdrückung. Obwohl die Männer imponierend und vielleicht notwendig sind, sind sie auch blind und steril, und sie machen die Frauen verrückt vor Wut. Doch Virginia Woolfs fiktive Schöpfung »Mary Beton« (Virginia Woolf selbst) hat Glück gehabt; Mary Beton erhält ein Vermächtnis von fünfhundert Pfund jährlich von ihrer Tante. Das befreit sie davon, etwas Besonderes zu tun.

Ich brauche keinen Mann zu hassen; er kann mir nicht weh tun. Ich brauche keinem Mann zu schmeicheln; er kann mir nichts bieten. So nahm ich unversehens der anderen Hälfte der Menschheit gegenüber eine andere Haltung ein. Es war absurd, eine Klasse oder ein Geschlecht als Ganzes dafür verantwortlich zu machen. Große Menschenmengen sind nie verantwortlich für das, was sie tun. Sie werden von Instinkten getrieben, die sie nicht unter Kontrolle haben. Auch sie, die Patriarchen, die Professoren hatten mit endlosen Schwierigkeiten, schrecklichen Beeinträchtigungen zu kämpfen. Ihre Erziehung war auf mancherlei Weise ebenso falsch wie meine eigene. Sie hatte in ihnen ebenso große Defekte hervorgerufen. Sicher, sie hatten Geld und Macht, aber nur um den Preis, in ihrer Brust einen Adler, einen Geier zu hüten, der ihnen bis ans Ende ihres Lebens die Leber herausfraß und die Lungen anpickte – der Instinkt für Besitz, die Erwerbswut, die sie dazu treiben, anderer Leute Felder und Hab und Gut ständig zu begehren; Grenzen und Flaggen zu erfinden; Schlachtschiffe und Giftgas; ihr eigenes Leben und das Leben ihrer Frauen und Kinder zu opfern. Gehen Sie durch den Admiralty Arch (ich hatte dieses Monument gerade erreicht) oder durch irgendeine andere Prachtstraße, die Trophäen und Kanonen gewidmet ist, und denken Sie nach über die Art von Ruhm, die hier gefeiert wird. Oder beobachten Sie im Frühlingssonnenschein die Börsenmakler und die großen Rechtsanwälte, wie sie in die Gebäude gehen, um Geld zu machen und mehr Geld und noch mehr Geld, während es doch eine Tatsache ist, daß einen fünfhundert Pfund im Jahr im Sonnenschein am Leben erhalten. Das sind unerfreuliche Instinkte, die sie hegen, überlegte ich. Sie sind geprägt von den Bedingungen des Lebens; vom Mangel an Kultur, dachte ich, indem ich einen Blick auf die Statue des Herzogs von Cambridge und besonders auf die Federn an seinem kecken Hut warf, einen Blick von einer Festigkeit, wie sie ihnen wohl kaum bisher entgegengebracht worden war. Und indem ich diese Beeinträchtigung wahrnahm, wandelten sich nach und nach Angst und Bitterkeit in Mitleid und Nachsicht; und nach ein oder zwei Jahren vergingen auch Mitleid und Nachsicht, und die größte aller Erlösungen trat ein, die Freiheit, an die Dinge selbst zu denken. Dieses Gebäude zum Beispiel, mag ich es oder nicht? Ist dieses Bild schön oder nicht? Ist das nach meiner Ansicht ein gutes Buch oder nicht? Tatsächlich, die Erbschaft meiner Tante offenbarte mir den Himmel und setzte an die Stelle einer großen und aufdringlichen Figur, die Milton mir als Gegen-

stand ständiger Bewunderung empfahl, den Anblick des freien Himmels.
*(S. 45-47)*

Nun der zweite Schritt. Man schaue sich die Formulierung kurz vor dem Ende an: *die größte aller Erlösungen ... die Freiheit, an die Dinge selbst zu denken.* Das heißt, Dinge zu ihren eigenen Bedingungen zu sehen, ohne Zorn und Ideologie, ohne Angst vor Männern oder gar Bezug zu Männern. Insbesondere Kunstwerke zu sehen und zu beurteilen, was Virginia Woolf über weite Strecken dieses kleinen Buches auch tut.

Aber ist nicht die »Freiheit, an die Dinge selbst zu denken« genau die Freiheit, die von der akademischen Linken als illusorisch und unmöglich bezeichnet wurde? Nichts kann als es selbst gesehen, an nichts kann als es selbst gedacht werden. Jedes Urteil, jede Wahrnehmung, so wurde uns beigebracht, ist durch die eigene Identität bedingt – durch die ethnische Herkunft zum Beispiel oder durch das Geschlecht oder die soziale Schicht; durch die Illusion von Objektivität und die Falle der Subjektivität; und vor allem durch die angehäuften Muster der Sprache, die notwendigerweise einen großen Teil des eigenen Denkens beherrschen und die in ihrer scheinbaren Unschuld seit langem bestehende Machtformationen verkörpern.

Dies alles ist sehr herausfordernd, muß aber der unvergleichlichen Kraft von Virginia Woolfs Gedanken über die Dinge selbst weichen. Der Name für solch einen Wunsch und solch eine Praxis ist »Uninteressiertheit«, was bedeutet, kein persönliches, kein finanzielles oder ideologisches Interesse am Ergebnis einer gestellten Untersuchung zu haben. Virginia Woolf glaubt, daß dies nicht nur möglich, sondern auch notwendig sei. Und in *Ein Zimmer für sich allein* denkt sie an viele Bücher selbst – besonders Bücher von Frauen; das heißt, sie beurteilt sie sehr entschieden, ohne Gedanken daran, wie sehr die Leiden der Autorin vielleicht die Mängel ihres Schreibens entschuldigen könnten. Sie meinte, daß die Unterdrückung der Frauen ihr schlechtes Schreiben *erzeuge.* Die Frauen sind zornig und verlieren den Faden; sie halten Reden, wenn sie sich auf die fiktive Situation konzentrieren sollten.

Die Geschichte existiert also, und die Unterdrückung zeigt ihre Wirkung; sie entstellt die Menschen. Diese Autorinnen haben Stärke und Talent, aber sie schaffen es nicht richtig. Virginia Woolf schreibt mit großer Zärtlichkeit über die verbitterte Lady Winchilsea und die verrückte Herzogin Margaret of Newcastle, die »gedankenlos und wunderlich« war, nichtsdestoweniger eine große Gabe hatte, aber verhöhnt und ignoriert wurde, bis sie sich in ihrem Haus einschloß; und über die bekannte Charlotte Brontë, deren kraftvolle Romane *Jane Eyre* und *Villette* »eine Schärfe enthalten, die das Ergebnis der Unterdrückung ist, ein verborgenes Leiden, das unter ihrer Leidenschaft glimmt, eine Verbitterung, die ihre Bücher, glänzend wie sie sind, durch Wellen von Schmerz schmälert«. Keine dieser Frauen hatte »die Freiheit, an die Dinge selbst zu denken«.

Virginia Woolf will unabhängig von Männern lesen, urteilen und Standards setzen. Jane Austen, Emily Brontë und George Eliot sind bedeutend; die anderen, obwohl sie wunderbar sind und sicherlich wert, gelesen zu werden, wurden beschränkt, und zwar häufig durch ihren eigenen Zorn.

Da ist es also: Inmitten ihrer Forderung nach Befreiung, inmitten ihrer leidenschaftlichen Schrift zu Gunsten der Frauen bestätigt Virginia Woolf nicht nur den Kanon, sondern auch die absolute Notwendigkeit des unverrückbaren literarischen Urteils. Ich kann mir keinen mitreißenderen Ausdruck intellektueller Redlichkeit vorstellen.

Virginia Woolf sagte, daß Frauen Geld, Raum und Freiheit brauchten – was wir heute »Berechtigung« nennen. Wissenschaftler und Kritiker haben an der Universität ihre eigene Version der Berechtigung von früher vernachlässigten Schriftstellern durchgesetzt – Frauen, Schwarze oder koloniale Unterworfene oder Leute, die mit »niederen« Literaturformen arbeiten. Sie haben sie *gelesen*. Sie haben eine Menge Werke aus Bibliotheken und staubigen Dachböden hervorgeholt, einschließlich Berichten von Sklaven, Tagebüchern, Romanen und Gedichten von Unterworfenen in Afrika und der Karibik. Sie haben Romane irischer und amerikanischer Frauen aus dem achtzehnten Jahrhundert studiert und solch populäre Formen wie Western, romantische Liebesromane und Krimis. Sie haben neue Anthologien zusammengestellt und vergessene Werke aufgenommen oder, sagen wir, weniger bedeutende Werke von großen Autorinnen, die verhöhnte Themen oder verhöhnte Erfahrungen im Leben der Frauen illustrieren. Sie haben diese neu zum Leben erweckten Werke herausgegeben und erläutert, und genau das sollte die Aufgabe von Wissenschaftlern sein.

Aber den zweiten Schritt, den Akt atemraubender intellektueller Redlichkeit, den Virginia Woolf vollbrachte – das Abwägen, Beurteilen, Einordnen, Beschreiben, wie Schriftstellerinnen durch ihre Unterdrückung vielleicht sowohl verletzt als auch gestärkt wurden –, haben die Wissenschaftler und Kritiker häufig übersehen. Im Gegenteil, wie wir gehört haben, drehten sie oft den Spieß bezüglich der »Standards« um, verurteilten die »alte Darstellung« von Kultur, verwarfen das Urteilen insgesamt als ein abgekartetes Spiel.

Meine verspätete »Entdeckung« von Virginia Woolf wurde durch feministische Wissenschaftlerinnen ermöglicht, die den Kanon aufbrachen, und dafür bin ich dankbar. Der Kanon ist – Gott sei Dank – nicht undurchlässig und auf ewig festgelegt. Ab und zu öffnet er sich. Und natürlich sind Hunderte der unbedeutenderen Schriftsteller schön zu lesen. Aber ich habe nicht meinen Glauben an die Notwendigkeit verloren, Kriterien der Größe zu bestimmen, egal wie viele Leute, die früher keine Macht hatten, von solchen Urteilen verletzt werden mögen. Größe in der Literatur ist wie Sonnenschein: Wir haben großes Vergnügen daran; wir ziehen Kraft daraus. Und die Bücher in einer solch willkürlichen Auswahl wie der Lektüreliste der Columbia-Universität sind nicht durch Gruppeninteressen zusammengestellt worden, sondern durch Tausende Leser über Jahrhunderte hinweg, die genau solche Unterscheidungen machten, wie sie Virginia Woolf in ihrem kleinen Buch traf. Kritiker, die den Kanon verurteilen, indem sie ihren eigenen Karriereplan mit Literaturgeschichte verwechseln, strafen das Urteilen überhaupt mit Zynismus und zerstören dadurch letztlich vielleicht die Literatur; denn wenn ihre durch und durch nihilistischen Annahmen Fuß fassen, bliebe der Literatur nichts außer ihrer Forderung bezüglich dieser oder jener Ungerechtigkeit, dieser oder jener Nische, dieser oder jener Machtstruktur. Bis zu einem gewissen Grad ist dies schon eingetreten.

Virginia Woolf wollte Rechte und Macht für Frauen, sogar den Sturz des Patriarchats, einer Institution, von der sie meinte, sie werde unvermeidlich zu Faschismus und Krieg führen. Aber sie war nicht auf den Sturz der literarischen Standards aus; sie bestätigte die literarischen Standards. Und jetzt hat sich die alte humanistische Bedeutung des Begriffs »große Literatur« nach anfänglichem Widerstand erweitert, und Virginia Woolf wurde aufgenommen. Dieser Begriff wird sich auch weiterhin erweitern, um andere Schriftsteller aufzunehmen, einschließlich Schriftstellern, die erst kürzlich von Wissenschaftlern an der Universität gefördert wurden. Aber ohne die Frage nach Kritik zu stellen und zu den großen Werken der Vergangenheit in Beziehung zu setzen, ohne die Frage nach Ästhetik – die Frage nach immer komplexeren Vergnügen – zu stellen, spielen die Wissenschaftler ein übles Spiel, und in ihren Herzen müssen sie es wissen. Die Leute werden keine langweiligen Bücher lesen, wenn sie es nicht müssen, um Karriere zu machen. Vergnügen lügt nicht, obwohl Vergnügen Kultivierung verlangt, und komplexe Vergnügen verlangen die allergrößte Kultivierung, nämlich Bildung.

Professor Marina Van Zuylen, die ernsten Studienanfängern das Vergnügen an der Literatur erlaubte, redete in ihren letzten Seminarstunden begeistert von Virginia Woolf. Sie hatte dunkle Haut und dunkle Augen und eine sowohl lehrerhafte als auch freudige Stimme, und wenn sie mit den jungen Studenten und Studentinnen sprach, zog sie sie in eine enge Vertrautheit mit sich.

»Wir begannen das Seminar mit dem Schild des Achilleus«, sagte sie. »Erinnert ihr euch an den Schild des Achilleus?« Ich erinnerte mich an jene Stunde. Mir fiel ein, daß Achilleus, als er in die Schlacht zurückkehrt, von Hephaistos, dem Gott der Schmiedekunst und des Feuers, eine neue Rüstung und vor allem einen wundervollen Schild bekommt, »darauf viele Dinge mit seiner Kunst und Geschicklichkeit ausgearbeitet« waren, unter anderem die Sterne und die Erde, eine friedliche und eine kriegerische Stadt, Szenen aus der Landwirtschaft, Herden, Tanz und Feiern. »Krieg, Frieden, Leben, Tod«, sagte Van Zuylen. »Die gesamte Wirklichkeit von Homers Epos auf kleinem Raum zusammengedrängt. Damit wird eine Anerkennung erzielt, eine Erhebung des Epos zum Kunstwerk.«

Aber in *Zum Leuchtturm,* sagte sie, gebe es nicht diese erkennbare monolithische Wirklichkeit, sondern nur Flecken von Licht und Substanz auf der Leinwand von Lily Briscoe. Etwas Flüchtiges. »In der Moderne können wir uns das Leben nicht als ein Epos vorstellen, über das wir klare Urteile abgeben können. Wenn man nach Objektivität, Geschichte sucht, dann sucht man nicht bei Virginia Woolf. Dann sucht man woanders.«

Sie verwies auf einen Abschnitt im letzten Teil des Buches, wo die verbliebenen Ramsays zum Leuchtturm fahren und sich Lily, die zu malen versucht, auf die Wiese setzt und ihnen nachschaut; und Lily denkt, daß Mrs. Ramsay »Dinge lösen«, Leute zusammenbringen konnte; sie konnte Momente schaffen, die in Erinnerung blieben, »die einen beinahe wie ein Kunstwerk berührten«.

»Wie ein Kunstwerk«, wiederholte sie, während sie von ihrer Leinwand zu den Stufen der Salontür und wieder zurück blickte. Sie mußte sich einen Augenblick ausruhen. Und während sie sich ausruhte und dabei unschlüssig vom einen zum anderen schaute, stand die alte Frage, die unablässig den Himmel der Seele durchreiste, die umfassende, die allgemeine Frage, die dazu angetan war, in Augenblicken wie diesem zu einer besonderen zu werden, wenn sie Fähigkeiten freisetzte, die stark strapaziert worden waren, über ihr, hielt über ihr inne, verdüsterte sich über ihr. Was war der Sinn des Lebens? Das war alles – eine schlichte Frage; eine, die sich mit den Jahren immer stärker aufdrängte. Die große Offenbarung war nie gekommen. Statt dessen gab es kleine tägliche Wunder, Erleuchtungen, Zündhölzer, die unerwartet im Dunkeln angerissen wurden; hier war so eins. Dies, jenes, und das andere; sie und Charles Tansley und die sich brechende Welle; Mrs. Ramsay, die sie zusammenbrachte; Mrs. Ramsay, die sagte, »Leben steh still hier«; Mrs. Ramsay, die aus dem Augenblick etwas Bleibendes machte (wie in einem anderen Bereich Lily selbst versuchte, aus dem Augenblick etwas Bleibendes zu machen) – das war seinem Wesen nach eine Offenbarung. Inmitten des Chaos gab es Gestalt; dies ewige Fließen und Verfließen (sie blickte auf die ziehenden Wolken und die zitternden Blätter) wurde mit einem Schlag fest. Leben, steh still hier, sagte Mrs. Ramsay. »Mrs. Ramsay! Mrs. Ramsay!« wiederholte sie. Ihr verdankte sie diese Offenbarung. *(S. 171)*

»Mrs. Ramsay schafft Momente«, sagte Van Zuylen und zog die Studenten noch enger an sich. »Und Mrs. Ramsay stirbt, und ein Teil von einem selbst stirbt. Aber es gibt eine Wiederauferstehung des Lebens durch die Kunst. Wie ein toter Großvater, so stirbt ein Teil von einem für immer, aber er kann wiederauferstehen. Er kann wiederauferstehen durch die Kunst.«

So erhält die Frage ihre Antwort. Mrs. Ramsays kleine Momente überleben. Das genügt.

Wie Virginia Woolf konnte ich nicht »zu einem Fazit kommen«. Denn die Klassiker des Abendlandes bedeuten nicht nur eine einzige Sache. Es gab nicht eine einzelne Bedeutungslinie, keine »ewigen Wahrheiten«, zumindest nicht von der Art, die William Bennett und Lynne Cheney zu erkennen glaubten. Die Klassiker des Abendlandes waren miteinander im Krieg, und es blieb nur die Erfahrung des Lebens mit ihren vielen Schocks und ihrem Trost, mit ihren vielen kleinen Wahrheiten, und ich dachte zurück an meine Erfahrungen, mein langes, volles Jahr, während dessen ich auf dem Sofa kauerte, mich konzentrierte, zuhörte und mich treiben ließ. Ich wollte versuchen, das Jahr in meinem Kopf ablaufen zu lassen, als wäre es ein Film, den ich beschreiben und kritisieren müßte. Ich begann mit einem Gefühl des Amorphen, dem Gefühl, in den grenzen- und definitionslosen Mediennebel zu entgleisen, eine Person zu sein, die niemals etwas erlebt hatte außer zehntausend Filmen. Also begann ich wieder bei Homer, war verzweifelt, weil ich mich nicht an ihn erinnern konnte, und war schockiert von der Gewalt, dem Speer, der in dem schlagenden Herzen zitterte, und vom Fehlen jeglicher Gnade und auch von der Art, in der Homer einem die physische Pracht des Krieges und des Todes vorführte und einen gleichzeitig voll Trauer und Erleichterung mit dem Gefühl zurückließ, daß alles weit, weit weg sei; und ich erinnerte mich, wie es mich störte, daß die Studenten keine Stimmen hatten, wenn sie laut vorlasen, daß sie keine Geschichte zu erzählen hatten, und ich war wütend auf mich selbst, weil ich keine Geschichte zu erzählen hatte, keine Geschichte, um sie der nächsten Generation weiterzugeben. Ich dachte an Platon und die streng begrenzte Erziehung der Wächter, und wie wir im Gegenteil eine liberale Erziehung unserer Kinder wollten, damit diese alles erfahren, sowohl das Böse als auch das Gute erkennen sollten; und wie es mich beunruhigte, welchen Teil unserer eigenen Kultur ich meinen Söhnen wohl weitergeben könnte.

Und dann die »alte Darstellung«. Und der »hegemonistische Diskurs«. Lieber Gott, der hegemonistische Diskurs! Eine Serie von Herausforderungen, Wendungen und Umkehrungen. Man wird hin- und hergeschleudert wie ein Kind in einem Vergnügungspark. Wenn das

Hegemonie ist, dann würde ich sie nicht dem Mutlosen empfehlen. Es traf mich als etwas Persönliches und Offenbarendes, wie ein Elektrostab auf der Haut meiner Selbstgefälligkeit, obwohl ich am Ende, ehrlich gesagt, stärker geworden war. Nicht stärker in sozialer Hinsicht, wie die Kritiker des Kanons meinten, sondern persönlich stärker. Ich war dem Vergnügen gefolgt, und indem ich das tat, hatte ich meine Erinnerungen wiedergewonnen, ich hatte einen guten Teil meiner selbst wiedergewonnen, denn die Literaturtradition des Abendlandes stellt, wenn man sie als persönliches Abenteuer erlebt, alles in Frage und bestätigt alles, streift alles ab und erneuert alles. Am Ende erhält man, wie Tayler sagte, etwas dafür, man gewinnt sich selbst.

Das Selbst? Wie Objektivität und Uninteressiertheit und Wahrheit und sogar Vernunft hat sich das Selbst in der heutigen Wissenschaft einem Mythos gefügt. Das Selbst ist der postmodernen Theorie zufolge durch das heutige Leben in Stücke geschlagen und in widersprüchliche Perspektiven aufgelöst worden, es ist allein von der Sprache erdacht. Die großen Vorstellungen von Fortschritt, Revolution und Erlösung sind alle zusammengebrochen, und das Selbst hatte keinen Vorteil davon. Ohne den Fachjargon zu kennen, fühlte ich vielleicht selbst etwas von dieser Trostlosigkeit, als ich mit dem Lesen von Homer begann.

Aber am Ende des Jahres fühlte ich mich nicht mehr hoffnungslos. Das Selbst mag ein Mythos sein, aber es ist einer der Mythen wie Gott und die Objektivität, ohne die wir nicht leben können. Wir müssen handeln, als ob es es gäbe. Das Streben danach erhöht uns; und seine Abwesenheit macht uns, wie Saul Bellow gesagt hat, leichter bereit zu töten.

Und als ich in meinem Kopf den Film meines Abenteuerjahres hatte ablaufen lassen, verstand ich schließlich, was mich an Virginia Woolfs Büchern so sehr geplagt hatte. Es ist dies: Die Art, wie sie das Wirken des Verstandes darstellt, gleicht dem Wirken von Bildung. Wenn es einem nicht gelingt, irgendeinen Moment höchsten Bewußtseins festzuhalten – wie es mir nicht gelungen war, meine kindliche Erforschung des Todes in leeren Räumen oder meine Lektüre der *Ilias* als Studienanfänger festzuhalten –, dann versinkt dieser Moment und wird ein vergrabener Bezugspunkt, ein normativer Widerstand, ein Nährstoff im Boden. Später steigt er wieder empor, oder etwas wächst aus ihm hervor. In Virginia Woolfs Büchern steigt es in langen, arienähnlichen Abschnitten empor (ein »Stream of consciousness«, der übliche Name, scheint mir nicht dramatisch genug), in denen die vielen Momente erlebten Ärgers, erlebter Wärme, Anziehung und Abneigung wiederbelebt, durch Assoziation miteinander in Verbindung und in eine dichte geistige Atmosphäre gebracht werden, wo sie die Gefühle anderer Menschen in stürmische, stumme Dialoge verwickeln. Virginia Woolf dramatisiert die Gewohnheit des Erlebens, Vergessens, des Sortierens und Wiederfindens. Sie schrieb über besondere Momente und auch über das, was *bleibt* – über Sensibilität, die geistige, dichtgefügte Auffassungsgabe, die einer Person Größe verleiht.

Und so ist es mit der Bildung. Was wir als Jugendliche lesen, vergessen wir; die besondere Sache, die nichts mit dem zu tun hat, was uns im Moment bewegt, sinkt wie Sediment auf den Grund. Was bleibt, sind nicht so sehr die Bücher selbst als vielmehr eine bestimmte Auffassungsgabe, nicht formales Wissen, sondern der Eindruck einer Anstrengung, die wir früher einmal gemacht haben, um zu lesen und zu verstehen – man kann es Geschmack, Charakter, Urteilsvermögen nennen, was auch immer. »Seltsamerweise«, schrieb Vladimir Nabokov, »kann man ein Buch nicht *lesen;* man kann es nur wiederlesen.« Nabokovs Bemerkung ist wahr (und auch klug), solange man nicht vergißt, daß das erste sedimentäre Lesen erst das Wiederlesen ermöglicht. Und daher spielt es keine so große Rolle, daß manche von uns im Seminar den *König Ödipus* oder die *Aeneis* oder Dante nicht verstanden haben oder daß ich Virginia Woolf nicht verstanden hatte, als ich zwanzig war. Wichtig war nur, daß ich sie *gelesen* hatte und daß ich sie, als ich mich an der Kette der Vergnügen weiter entlanggehangelt hatte, wiedergelesen habe.

# EPILOG

Am Ende meines Unijahres wußte ich, daß die Kulturideologen, sowohl die linken als auch die rechten, größtenteils Nonsens reden. Beide Gruppen vereinfachen und karikieren die abendländische Tradition. Sie ignorieren die störrischen und schwierigen Bücher; sie ignorieren die wirklichen Studenten, von denen die meisten enteignet worden sind. Weder weiße, schwarze, asiatische, amerikanische noch lateinamerikanische Studenten kommen, außer in den seltensten Fällen, als geübte Leser an die Universität; das heißt, daß nur wenige mehr als eine nur nominelle Verbindung zur Vergangenheit haben. Es ist absurd zu behaupten, wie es die akademische Linke tut, daß die klassischen Texte des Abendlandes alle beherrschen und zum Schweigen bringen außer der herrschenden Elite von weißen Männern. Die große Mehrheit weißer Studenten kennt die intellektuelle Tradition, die angeblich die ihre ist, nicht besser als farbige Studenten. Sie haben die Bücher nicht gelesen, und wenn sie sie lesen, dann reagieren sie vielleicht, aber sie reagieren nicht so, wie die akademische Linke es annimmt. Denn es gibt nur einen »hegemonistischen Diskurs« im Leben der amerikanischen Studenten, und das sind die Massenmedien. Die meisten Hochschulen können nicht mit dem Sturzbach von Bildern und Klängen konkurrieren, der jeden Augenblick, außer dem gegenwärtigen, merkwürdig, blutlos oder tot erscheinen läßt.

Als ich 1969 mit dem Schreiben vom Filmkritiken begann, konnte ich bei meinen Lesern einen soliden (vielleicht nicht akademischen) Respekt vor der traditionellen gehobenen Kultur voraussetzen, im Gegensatz zu der die Unmittelbarkeit des Pop erschreckend und befreiend wirkte – ein Schlag gegen die Schüchternheit, die Schulfrömmigkeit und Selbstgefälligkeit. Ich wurde durch die Kühnheit der besten Filme der späten sechziger und frühen siebziger Jahre zur Film-kritik hingezogen, und weil die Wissenschaft nicht über Filme schrieb. Aber das einzige, was ich jetzt voraussetzen kann, ist, daß nicht mehr viel traditionelle Kultur übriggeblieben ist, die man verwerfen könnte. Die Situation hat sich in ihr Gegenteil verkehrt: Die Filme sind schwä-cher geworden; *Pop* ist ein Bereich von Konformismus und Selbstge-fälligkeit geworden, während die traditionelle gehobene Kultur den Studenten wegen der ihr eigenen Fremdheit und Schwierigkeit son-derbar vorkommt. Sie werden vielleicht sogar von ihr schockiert.

Die linksakademischen Kritiker des Kanons und der Grundkurse haben komischerweise alles falsch verstanden. Sie sind bestrebt, Stu-denten, die Minderheiten angehören, und Frauen zu stärken; sie wol-len, daß weiße, männliche Studenten »das Andere« anerkennen – die Stimmen, die angeblich vom traditionellen Kanon zum Schweigen ge-bracht wurden. Aber es ist gerade die Erfahrung der Kanon-Lektüre, die jetzt die Studenten zwingt, dem Anderen entgegenzutreten. Alle Studenten, nicht nur die weißen, werden damit konfrontiert, wenn sie von Homers gnadenlosen Helden lesen und von Frauen wie Antigone oder Dido, die den Tod als eine Sache der Ehre wählten. Sie werden damit konfrontiert, wenn sie von Platons Beharren auf einer Erzie-hung, die von Darstellungen des Bösen und der Schwäche gereinigt ist, lesen und von Aristoteles' Ideal, von der Teilnahme an der Regie-rung als einer Pflicht des Bürgers. Die Studenten werden vielleicht von der allzu deutlichen Darstellung der Danteschen Foltern beun-ruhigt und, auf andere Weise, von der sexuellen Begierde der Frauen bei Boccaccio. Rousseaus Abscheu vor der Gesellschaft und die Be-tonung von Marx, daß entfremdete Arbeit ein unnatürlicher Zustand des Daseins ist, sind erschreckende Vorwürfe an unsere gegenwärti-gen Einrichtungen. Der Stil, die Art und das Denken dieser Bücher sind sehr weit von uns entfernt. Dennoch sind sie auch ein Teil von uns, sie sind in unserer Sprache und unseren Institutionen, in unseren Idealen und Gewohnheiten fixiert.

Was durch Kultur erreicht werden *kann,* ist das größte Maß an Ver-gnügen und Innerlichkeit und Urteilsvermögen, das irgend jemand von uns gewinnen kann. Die Seminare über die abendländischen Klassiker zwingen uns, all die Fragen über das Selbst und die Ge-sellschaft zu stellen, die wir nicht mehr ohne Verlegenheit stellen können – die Fragen, die zu stellen unsere durch die Medien anerzogene Ironie uns ausgetrieben hat. Um solche Fragen zu stellen, müssen die Studenten begeistert werden, bevor sie desillusioniert sind. Sie müssen den Text lieben, bevor sie den Subtext kritisieren. Sie müssen zuerst lesen, bevor sie in die Leblosigkeit der elektronischen »Information« entschwinden. Sie brauchen eine Chance, ein Selbst zu schaffen, bevor ihnen erzählt wird, daß es das gar nicht gibt. Walt Whitman hat es in *Grashalme* so ausgedrückt:

Tote Dichter, Philosophen und Priester,
Märtyrer, Künstler, Erfinder, Herrscher von einst, Sprach-
   schöpfer andrer Gestade,
Völker, einst mächtig, jetzt herabgesunken, abseitig verödet,
Ich wage nicht weiterzugehen, eh ich nicht ehrfürchtig
   anerkannt habe, was ihr zu uns herübergesandt und uns
   hinterlassen habt,
Ich hab es geprüft, ich gestehe, daß es bewunderungswürdig
   ist (nachdem ich eine Weile darin mich umgetan),
Ich denke, es kann nichts Größeres geben und nichts ver-
   dienstvoller sein,
Ich besah es mir alles lange Zeit genau und ließ es dann
   fahren,
Und stehe nun hier an meiner Stelle mit meiner Zeit.

Hier Länder weiblich und männlich,
Hier die Erb- und Erbinnengemeinschaft der Welt, hier
   lebenflammender Stoff,
Hier die Verwandlerin Geistigkeit, die freie Bekennerin,
Die ewig Strebende, das Finale der sichtbaren Formen,
Die Erfüllerin, die lange gewartet und jetzt zur rechten
   Zeit wieder vorwärtsschreitet,
Ja, hier kommt meine Herrin, die Seele.
*(Vers 50-70, S. 22-23)*

# DANKSAGUNG

Dieses Buch wäre nicht ohne die Ermutigung und die Unterstützung von vier außerordentlich willensstarken Persönlichkeiten geplant, geschrieben und veröffentlicht worden: Kathy Robbins, Literaturagentin; Alice Mayhew, Verlagsdirektorin von Simon & Schuster; Tina Brown, Herausgeberin von *The New Yorker*, und der großartigsten von allen, Cathleen Schine, Romanautorin, Mutter, Freundin und Gattin.

Ich möchte auch den vielen Studenten, Professoren und Verwaltungsangestellten danken, die ich an der Columbia-Universität traf, sowohl den im Buch genannten (die Professoren und Verwaltungsangestellten unter ihren richtigen Namen, die Studenten unter Pseudonymen) als auch jenen, die ich wegen Platzmangels unglücklicherweise nicht nennen konnte. Sie alle erduldeten mein Eindringen in ihren Vorlesungssaal und beantworteten geduldig Fragen in Korridoren, Fahrstühlen, Schlafsälen, Büros, Innenhöfen, Straßen und Restaurants. Ich möchte insbesondere Kathryn Yatrakis danken, der außerordentlichen Dekanin des College; Professor Eileen Gilooley, der Verwaltungskoordinatorin für die Grundkurse in klassischer Literatur und Kulturgeschichte der Gegenwart; den früheren Leitern dieser Seminare, Professor James Mirollo und Professor J. W. Smit, sowie den Professoren Andrew Delbanco und Michael Rosenthal für die allgemeine Unterstützung.

Ich bat einige der versiertesten Leser, die ich finden konnte (keiner von ihnen hat mit der Columbia-Universität zu tun), einzelne Kapitel dieses Buches über das Lesen zu begutachten; besonders dankbar bin ich für das außerordentliche Engagement von Louis Menand, dessen Scharfsinn, Sinn für Logik und sanfte Hartnäckigkeit unter Lesern, Freunden und Studenten bereits legendär sind; gleichfalls

501

bin ich Adam Gopnick, Jonathan Lear, Mark Lilla, Judith Shulevitz, Henry Finder, Paul Berman, Nancy Franklin, Robert Caserio und Penny House zu Dank verpflichtet. Mein Gefühl der Dankbarkeit ihnen allen gegenüber läßt mich darauf bestehen, daß alle eventuellen Fehler und falschen Auffassungen in diesem Buch allein in meiner Verantwortung liegen.

Gerne möchte ich auch Lisa Weisman und den Lektoren Fred Wiemer und Steve Messina bei Simon & Schuster danken; dem früheren Herausgeber Edward Kosner und dem gegenwärtigen Herausgeber Kurt Andersen vom *New York Magazine,* die meine gelegentliche Abwesenheit erduldeten, sowie Annys Shin, die einige notwendige Recherchen vornahm.

## ANHANG:
## FRÜHERE LEKTÜRELISTEN

Das Seminar Kulturgeschichte der Gegenwart hat seine Lektürelisten so radikal geändert, daß es keinen Zweck hätte, die alten Listen von vor siebzig oder fünfzig Jahren abzudrucken. In der klassischen Literatur ist es anders, und ich meine, daß gewisse Geschmacksveränderungen sinnvollerweise durch die Wiedergabe von ein paar früheren Listen aufgezeigt werden können. Ich habe diejenige aus dem ersten Jahr, 1937-38, gewählt und die aus dem fünfundzwanzigsten Jahr, 1961-62, das gleichzeitig mein erstes Studienjahr war.

## KLASSISCHE LITERATUR 1937-38

*Wintersemester*

| | |
|---|---|
| Homer | Ilias |
| Herodot | Die Perserkriege |
| Thukydides | Geschichte des Peloponnesischen Krieges |
| Aischylos | Orestie |
| Sophokles | König Ödipus; Antigone |
| Euripides | Elektra; Iphigenie bei den Taurern |
| Aristophanes | Die Frösche; Plutos |
| Platon | Ion; Apologie; Der Staat |
| Aristoteles | Die Poetik; Die Ethik |
| Lukrez | Über die Natur der Dinge |
| Mark Aurel | Selbstbetrachtungen |
| Vergil | Aeneis |
| Augustinus | Bekenntnisse |

| | |
|---|---|
| Dante | Inferno |
| Machiavelli | Der Fürst |
| Rabelais | Gargantua und Pantagruel |
| Montaigne | Essais |
| Shakespeare | Heinrich IV., Teil 1 und 2 |
| Cervantes | Don Quijote |
| Milton | Das verlorene Paradies |
| Spinoza | Ethik |
| Molière | Tartuffe; Der Menschenfeind; Der Arzt wider Willen |
| Swift | Gullivers Reisen |
| Fielding | Tom Jones |
| Rousseau | Bekenntnisse |
| Voltaire | Candide |
| Goethe | Faust, Teil 1 |

## KLASSISCHE LITERATUR 1961-62

*Wintersemester*

| | |
|---|---|
| Homer | Ilias |
| Aischylos | Orestie; Der gefesselte Prometheus |
| Herodot | Die Perserkriege |
| Sophokles | König Ödipus; Antigone; Aias; Philoktetes |
| Euripides | Hippolytos; Medea; Die Bakchen |
| Thukydides | Geschichte des Peloponnesischen Krieges |
| Aristophanes | Die Frösche; Lysistrata; Die Wolken |
| Platon | Ion; Apologie; Phaidon; Symposion; Der Staat |
| Aristoteles | Ethik; Poetik |
| Lukrez | Über die Natur der Dinge |
| Vergil | Aeneis |
| Die Bibel | Genesis; Amos; Das Buch Hiob |

| | |
|---|---|
| Die Bibel | Matthäus; Johannes; Die Römerbriefe |
| Augustinus | Bekenntnisse |
| Dante | Inferno |
| Rabelais | Gargantua und Pantagruel |
| Montaigne | Essais |
| Shakespeare | Heinrich IV., Teil 1; König Lear; Antonius und Kleopatra; Der Sturm |
| Cervantes | Don Quijote |
| Milton | Das verlorene Paradies |
| Spinoza | Ethik |
| Molière | Schule der Frauen; Tartuffe; Der Menschenfeind; Der Arzt wider Willen |
| Swift | Gullivers Reisen |
| Voltaire | Candide |
| Goethe | Faust, Teil 1 und 2 |
| Dostojewski | Schuld und Sühne |

# BIBLIOGRAPHIE

*Aischylos:* Orestie, übersetzt von Dietrich Ebener, Weimar: Aufbau 1976

*Das Alte Testament*, übersetzt von Martin Luther, Stuttgart: Würtembergische Bibelanstalt, 1912

*Aristoteles:* Nikomachische Ethik, übersetzt von Eugen Rolfes, 4., durchges. Aufl. Hamburg: Meiner, 1985. Philosophische Bibliothek. Band 5

*Augustinus:* Bekenntnisse, übersetzt von Hermann Endrös, München: Goldmann, 1963

*Augustinus:* Der Gottesstaat, übersetzt von Wilhelm Thimme, München: dtv, 1977

*Austen, Jane:* Stolz und Vorurteil, Manesse Verlag Zürich [6]1997

*Beauvoir, Simone de:* Das andere Geschlecht. Sitte und Sexus der Frau, Hamburg: Rowohlt, 1951

*Boccaccio, Giovanni:* Das Dekameron, übersetzt von Albert Wesselski und Theodor Däubler, Frankfurt am Main: Insel, 1981

*Conrad, Joseph:* Herz der Finsternis, übersetzt von Daniel Göske, Stuttgart: Reclam, 1991

*Dante Alighieri:* Die Göttliche Komödie, übersetzt von Wilhelm G. Hertz, München: Winkler, 1969

*Euripides:* Die Bakchen, übersetzt von Dietrich Ebener, Berlin, Weimar: Aufbau, 1979

*Goethe, Johann Wolfgang von:* Faust. Der Tragödie erster Teil, 5.Aufl., München: Goldmann, 1995

*Hegel, Georg W. F.:* Werke, Leipzig 1905 ff.

*Hobbes, Thomas:* Leviathan, übersetzt von Walter Euchner, Neuwied, Berlin: Luchterhand, 1966

*Homer:* Ilias, Neue Übertragung von Wolfgang Schadewaldt, Frankfurt am Main: Insel, 1975

*Homer:* Odyssee, aus dem Griechischen von Johann Heinrich Voß, 6. Auflage, München: Goldmann, 1996

*Hume, David:* Untersuchung über die Prinzipien der Moral, übersetzt von Carl Winckler, Hamburg: Meiner, unv. Nachdruck 1972 der ersten Aufl. von 1929. Philosophische Bibliothek. Band 199

*Kant, Imanuel:* Grundlegung zur Metaphysik der Sitten, in: Gesammelte Schriften, Band IV, Leipzig, 1838

*Locke, John:* Zwei Abhandlungen über die Regierung, übersetzt von Hans Jörn Hoffmann, Frankfurt am Main: EVA und Wien: Europa, 1967

*Machiavelli, Niccolò:* Il Principe. Der Fürst, übersetzt und herausgegeben von Philipp Rippel, Stuttgart: Reclam 1986

*Marx, Karl/Engels, Friedrich:* Werke (MEW), Berlin: Dietz

*Mill, John Stuart:* Über die Freiheit, Leipzig 1928

*Montaigne, Michel de:* Essais, erste moderne Gesamtübersetzung von Hans Stilett. © Eichborn GmbH & Co Verlag KG, Frankfurt am Main, 1998

*Das Neue Testament,* übersetzt von Martin Luther, Stuttgart: Würtembergische Bibelanstalt, 1912

*Nietzsche, Friedrich:* Zur Genealogie der Moral. Eine Streitschrift, 3. Auflage, München: Goldmann, 1992

*Platon:* Der Staat. Übertragung: Friedrich Schleiermacher, München: Goldmann, 1970

*Rousseau, Jean-Jacques:* Der Gesellschaftsvertrag, übersetzt von Hermann Denhardt, Stuttgart: Reclam, 1968

*Rousseau, Jean-Jacques:* Über den Ursprung der Ungleichheit unter den Menschen, übersetzt von Heinz Mende und Karl Peter, Berlin: Aufbau, 1955

*Sappho:* Strophen und Verse, übersetzt von Joachim Schickel, Frankfurt am Main: Insel, 1978

*Shakespeare, William:* König Lear, übersetzt von Wolf Graf Baudissin

*Sophokles:* König Ödipus. Übertragen und herausgegeben von Wolfgang Schadewaldt, Frankfurt am Main: Suhrkamp, 1973

*Vergil:* Aeneis, Übertragung und Erläuterungen von Thassilo von Scheffer, 8. Auflage, München: Goldmann, 1993

*Whitman, Walt:* Grashalme. Mit einem Essay von Gustav Landauer, Nachdichtung von Hans Reisiger, Zürich: Diogenes, 1985

*Wollstonecraft, Mary:* Rettung der Rechte der Frauen, Schnepfenthal 1793

*Woolf, Virginia:* Ein Zimmer für sich allein. © 1929 by Quentin Bell and Angelica Garnett. Aus dem Englischen von Renate Gerhardt. © Gerhardt Verlag, Berlin, 1978

*Woolf, Virginia:* Zum Leuchtturm. © 1927 Angelica Garnett, Virginia Bell and Cressida Bell. Aus dem Englischen von Karin Kersten. © S. Fischer Verlag GmbH, Frankfurt am Main, 1991